Constant von Wurzbach

Biographisches Lexikon des Kaiserthums Oesterreich

enthaltend die Lebensskizzen der denkwürdigen Personen, welche seit 1750 in den

österreichischen Kronländern geboren wurden oder darin gelebt und gewirkt haben

Constant von Wurzbach

Biographisches Lexikon des Kaiserthums Oesterreich
enthaltend die Lebensskizzen der denkwürdigen Personen, welche seit 1750 in den österreichischen Kronländern geboren wurden oder darin gelebt und gewirkt haben

ISBN/EAN: 9783743439559

Hergestellt in Europa, USA, Kanada, Australien, Japan

Cover: Foto ©ninafisch / pixelio.de

Manufactured and distributed by brebook publishing software (www.brebook.com)

Constant von Wurzbach

Biographisches Lexikon des Kaiserthums Oesterreich

Biographisches Lexikon

des

Kaiserthums Oesterreich,

enthaltend

die Lebensskizzen der denkwürdigen Personen, welche seit 1750 in den österreichischen Kronländern geboren wurden oder darin gelebt und gewirkt haben.

Von

Dr. Constant von Wurzbach.

Sechzigster Theil.

Zichy—Żyka.

Mit acht genealogischen Tafeln.

Mit Unterstützung des Autors durch die kaiserliche Akademie der Wissenschaften.

Wien.

Druck und Verlag der k. k. Hof- und Staatsdruckerei.

1891.

Vorrede

zum

LX. (letzten) Bande

des

Biographischen Lexikons des Kaiserthums Oesterreich.

Indem ich an die Generalübersichten der Vorreden zum 13. und 31. Bande anknüpfe, in welchen der Inhalt der Bände 1—13 und und jener der Bände 14—30 summarisch dargestellt war, lasse ich hier noch eine gleiche über die Bände 31—60 folgen.

Die Bände 1—13 enthalten	. 6.399	Biographien
„ „ 14—30 „	. 6.839	„
Zusammen	. 13.238	„

Indem ich gleicher Weise die Uebersicht der Bände 31—60 nach Kronländern und Ständen zusammenfasse, so ergeben sich folgende Resultate:

Die Kronländer enthalten Biographien in alphabetischer Ordnung:

	Band 1—13	Band 14—30	Band 31—60	Zusammen
I. Banat und Wojwodina . .	40	59	47	146
II. Böhmen	885	1169	1451	3505
III. Bukowina	6	12	26	44
IV. Croatien	53	89	104	246
V. Dalmatien	68	90	154	312
VI. Galizien	139	193	410	742
VII. Kärnthen	75	102	229	406
VIII. Krain	60	117	146	323
IX. Krakau	38	96	312	446
X. Küstenland, Istrien, Triest .	67	89	130	286

	Band 1—13	Band 14—30	Band 31—60	Zusammen
XI. Lombardie	295	179	234	708
XII. Mähren	205	359	595	1159
XIII. Militärgrenze, Slavonien .	31	51	127	209
XIV. Oesterreich ob der Enns . .	126	158	272	556
XV. Oesterreich unter der Enns .	1062	1877	2547	5486
XVI. Salzburg	104	167	231	502
XVII. Schlesien	61	83	137	281
XVIII. Siebenbürgen	185	92	202	479
XIX. Steiermark	209	276	527	1012
XX. Tirol	325	383	600	1308
XXI. Ungarn	1076	1019	1249	3344
XXII. Venedig	334	153	152	639
XXIII. Vorarlberg	7	26	25	58
Außerdem von in Oesterreich denkwürdig gewordenen Ausländern .	648	488	583	1719
und von im Auslande denkwürdig gewordenen Oesterreichern . .	300	303	526	1129

Die 60 Bände des Lexikons enthalten somit im Ganzen 24.254 größere und kleinere Biographien, und zwar 21.406 von in den verschiedenen Kronländern des Kaiserstaates Geborenen, dann von 1129 in Oesterreich denkwürdig gewordenen Ausländern und von 1719 im Auslande denkwürdig gewordenen Oesterreichern. Davon entfallen 8922 auf die rein deutschen Provinzen Oesterreich ob und unter der Enns, Salzburg, Steiermark, Tirol, Vorarlberg; 3823 auf Ungarn und Siebenbürgen, 1347 auf Lombardo-Venetien, der Rest von 7314 auf die slavischen und anderen Kronländer Banat, Böhmen, Bukowina, Croatien, Dalmatien, Galizien, Kärnthen, Krain, Krakau, Küstenland, Istrien, Triest, Mähren, Militärgrenze, Schlesien. Reich ist der Adel des Kaiserstaates vertreten, indem das Lexikon 3420 Adelige aufweist, und sind in den Bänden 31—60 besonders hervorzuheben:

Die Fürstenhäuser **Toscana** — **Wasa** — **Wied-Runkel** — **Württemberg**; ferner die Adelsgeschlechter **Schönborn** (16) *) — **Schrattenbach** (8) —

*) Die in den Klammern eingeschlossenen Zahlen beziehen sich auf die denkwürdigsten im Lexikon behandelten Sprossen der Familie.

Schwaiger von Lerchenfeld (3) — Schwarzenberg (57) — Sebottendorff (11) — Seckendorf (5) — Sedlnitzky (23) — Seilern (9) — Seldern (11) — Sennyey (5) — Serényi (14) — Sermage (6) — Simbschen (7) — Sinzendorf (24) — Skrbensky (8) — Sobeck (16) — Spaur (45) — Splény (15) — Spork (11) — Sprinzenstein (32) — Stadion (22) — Stadnitzki (18) — Stainach (17) — Starhemberg (67) — Sterneck (12) — Sternberg (49) — Stipsicz (4) — Stockau (2) — Stollberg (11) — Strassoldo (18) — Strattmann (4) — Stubenberg (50) — Sulkowski (8) — Sweerts-Spork (13) — Sylva-Tarouca (3) — Szapáry (12) — Széchényi (26) — Szembeck (14) Szepticky (13) — Szentiványi (15) — Szirmay (29) — Sztáray (22) — Taaffe (20) — Taris (3) — Teleki (41) — Terlago (8) — Teske (10) — Teuffenbach (61) — Thürheim (41) — Thun-Hohenstein (80) — Thurn-Taris (48) — Thurn-Valsassina (53) — Tige (3) — Tököly (5) — Török von Szendrö (19) — Torockay (3) — Trapp (9) — Traun-Abensberg (23) — Trautson (27) — Trauttmansdorff (50) — Trivulzio (10) — Troger (21) — Tyskiewicz (21) — Uechtritz (5) — Ugarte (9) — Ueberacker (36) — Ulfeld (3) — Ulm (4) — Ürményi (6) — Uruski (14) — Varicourt (7) — Vass (5) — Vasquez (7) — Vay de Vaya (6) — Vay-Ibrányi (9) — Vécsey de Hajnácskeö (12) — Vecsey de Vecse (6) — Vetter von der Lilie (14) — Visconti (15) — Wagensperg (16) — Waldstein (38) — Wallis von Karighmain (18) — Wallmoden-Gimborn (7) — Walsegg (6) — Walterskirchen (20) — Weigelsperg (5) — Weissenwolf (18) — Welden (5) — Welsersheimb (6) — Welsperg-Raitenau (8) — Weltz (18) — Wenckheim (8) — Wengersky (5) — Wenzyk (3) — Wernhardt (2) — Wesselényi (17) — Westphalen (7) — Wickenburg (6) — Wied-Runkel (8) — Wielopolski (7) — Wieżnik (6) — Wilczek (4) — Wildenstein (11) — Wimpffen (40) — Windisch-Grätz (41) — Wodzicki (8) — Wolkensperg (2) — Wolkenstein-Rodenegg (16) — Wolkenstein-Trostburg (14) — Woraciczky (20) — Wratislaw-Mitrowicz (37) — Wrbna-Freudenthal (44) — Wřesowicz (11) — Wrtby (5) — Wurmbrand (52) — Wurmser (6) — Zaluski (16) — Zamoyski (20) — Zay (7) — Zedlitz (14) — Zedtwitz (9) — Zessner von Spitzenberg (6) — Zeyk von Zeykfalva (6) — Zichy-Ferraris und Zichy-Vásonykeö (43) — Zierotin (60) — Zinzendorf (17) — Zois von Edelstein (4).

Von den übrigen Ständen umfassen die Bände 31—60:

300 Aerzte, die sämmtlichen 60 Bände 900 [darunter in den letzten 30 Bänden: Franz Schuh — Scopoli — Seligmann — Heinrich Sigmund — Skoda — Spurzheim — Stifft — Störck — Stoffela — Stoll — Swieten — Türkheim — Em. Veith — Lor. Vest — Wallaszkay — Wattmann — Weszprémi — Wirer von Rettenbach — Wolstein — Wurmb — Zang — Zauschner].

63 Archäologen, Kunstforscher, Kunstfreunde, in allen 60 Bänden 897 [darunter: Selvatico — Sorgo — Sperges — Spork — Sternberg — Thausing — Franz Graf Thun — Timoni — Trivulzio — Tschager — Wezlar — Wimmer — Winckelmann — Wolfskron — Alfred von Wurzbach — Zap — Zappert].

89 Architekten, in allen 60 Bänden 255 [darunter: Freiherr Schwarz — Schwendenwein — Semper — Siccardsburg — Sidoli — Sitte — Sprenger — Stache — Stas — Struppi — Trezza — Uggeri — Vantini — Wiebeking — Wielemans — Wiesenfeld — Al. Wurm — Ybl — Jos. Peter Zallinger — Zavoreo — Zernecke].

25 berühmte Bauern, in allen 60 Bänden 50 [darunter: Szela — Tschaup — Tschofen — Verschizh — Zherne].

101 Bibliographen, Bibliothekare, Buchhändler, in allen 60 Bänden 328 [darunter: Schönfeld — Schratt — Slotwiński — Sollinger — Sommer — Steffaneo — Ant. Strauß — Stroński — Szinnyei, Vater und Sohn — Szlachtowsky — Tempský — Traßler — Trattner — Ungar — Urbański — Valentinelli — Vrachien — Wallishauser — Widmanstetter — Willforth Wislocki — Wucherer — Wussin — Const. von Wurzbach — Zahn — Fortunat Zeni].

211 Bildhauer, Erzgießer, Medailleurs, in allen 60 Bänden 601 [darunter: Schönthaler — Schönlaub — Somaini — Seidan — Michael Stolz — Tandardini — Tautenhayn — Tilgner — Weitmann — Wenger — Weyr — Winterhalter — Zaluski — Zandomeneghi — Zauner].

557 Frauen, in allen 60 Bänden 1336 [darunter: Sophie Schröder — Schröder-Devrient — das Mädchen von Spinges — Friederike Susan — Taglioni — Mariam Tenger — Tietjens — Treffz — Tuczek — Unger-Sabattier — Vogqenhuber — Walzel — Wewerka — Josephine Wessely — A. Gräfin Almásy-Wickenburg — Wilbrandt-Baudius — Willemer — Marie Wilt — Wodzicki — Emilie Wolfsberg — Charlotte Wolter — Karoline Woltmann — Flora Wrbna — Stephanie Wurmbrand — Gabriele Zierotin — Honorata Zap — Marie Zay-Csömör — Zerkowitz — Anna Zerr].

69 Geo-, Ethno-, Topographen, Reisende, in allen 60 Bänden 217 [darunter: Schweickhardt — Schweiger-Lerchenfeld — Schwoy — Simony — Sommer — Sonklar — Staffler — Steinhauser — Vámbéry — Vischer — Vonbun — Weidmann — Weiskern — Graf Wilczek — Henri Wolf — Franz Ad. Wratislaw — Lad. Gund. Graf Wurmbrand — Xantus — Zehden — Martin Zeiler — Anton Zhisman — August und Wilhelm Zichy].

40 Geologen, Mineralogen, in allen 60 Bänden 101 [darunter: Schwind — Guido Stache — Steiger — Thinnfeld — Tunner — Waldauf — Rudolf Wrbna-Freudenthal — Ludw. Zejszner — Zepharovich].

234 Geschichtsforscher, Geschichtsschreiber, in allen 60 Bänden 659 [darunter: Schneller — Schröckh — Schönherr — Schrötter — Schuller-Libloy —

Seivert — Šembera — Sickel — Siegel — Spatzenegger — Springer — Spaun — Stadnicki — Stadl — Stülz — Stumpf-Brentano — Süß — Szabó — Szalay — Szilágyi — Szlachtowski — Szujski — Tangl — Tartarotti — Teleki — Teutsch — Thaler — Thürheim — Tiepolo — Tiraboschi — Tomaschek — Tomek — Trausch — Troyer — Varnhagen — Verri — Viczaj — Vivenot — Voigt — Waitzenegger — Waldstetten — Walz — Wartinger — Beda Weber — Weingartner — Weiß — Widmanstetter — Wiedemann — Wincklern — Windisch — Wörz — Adam Wolf — Gregor Wolny — J. Th. Zauner — Woronicz — Zeibig — von Zahn — Zeißberg — Zappe].

34 **Homileten, Kanzelredner,** in allen 60 Bänden **78** [darunter: Seibt — Silbert — Emanuel Veith — Zacharias Werner — Wiesinger — J. P. Woronicz — Ign. Wurz — Rom. Zängerle — Zaluski — Bartolomeo Zender].

235 **Humanisten,** in allen 60 Bänden **576** [darunter: Alois Schöpf — Sichrowsky — Slomschek — Walther Stadion — Stamm — Stiebar — Sylva-Tarouca — Franz Széchényi — Terpinz — Trivulzio — Marie Truchseß — Tschiderer — Vierthaler — Walterskirchen — Wartinger — Wertheimer — Westphalen — Wirer — Vincenz Wolff — Ignaz Edler von Würth — Andr. Zelinka — Franz X. Zeuner].

147 **Industrielle,** in allen 60 Bänden **432** [darunter: Sigl — Skene — Spörlin — Streicher — Stroußberg — Sueß — Theyer — Thonet — Tonello — Trattner — Traßler — Trenkler — Trentsensky — Tschinkel — Voigtländer — Veit — Wahliß — Waldstein — Werndl — Wertheim — Whitehead — Wiedenfeld — Wiese — Winterstein — Wolfram — Würth — Wurmb — Zdekauer — Ziegler].

117 **Juden,** in allen 60 Bänden **816** [darunter: Schulhof — Ed. Schwarz — Sonnenfels — Steinschneider — Strousberg — Sulzer — Szántó — Szeps — Tauber — Treves — Vámbéry — Em. Veith — Wolfgang Wessely — Warrens — Wertheimer — Wiesner — Wittelshofer — Winternitz — Wölfler — Max Wolf].

141 **Kupferstecher, Xylographen,** in allen 60 Bänden **288** [darunter: Schön — Scotti — Sonnenleiter — Steinschneider — Unger — Volpato — Weinrauch — Würthle — Wrenk — Zastera — Zetter].

124 **Land- und Forstwirthe,** in allen 60 Bänden **271** [darunter: Schreibers — Smoler — Tessedik — Trautmann — Vockel — Washington — Weber — Wöber — Wrbna-Freudenthal — Franz Karl Wurmbrand-Stuppach — Zallinger-Stillendorf — Zaluski — Zay — Jos. Alois Zeman — Valentin Zherne — Zierotin].

874 **Maler, Zeichner, Lithographen,** in allen 60 Bänden **2336** [darunter: Karl Schnorr von Karolsfeld — Alois Schönn — Ad. Schreyer — Franz Schrotzberg — Jacob von Schuppen — Schwemminger — Schwenninger — Mor. v. Schwind — Gotth. Seelos — Smuglewicz — Em. Spitzer — Stachowicz — Stattler — Steinfeld — Ed. Steinle — Franz Stohl —

Alex. Strähuber — Straschiripka-Canon — Straßgschwandtner — Ströhl — Stur — Ed. Swoboda — Karl Swoboda — Székely — Szemler — Szlegel — Teltscher — Gebrüder Theer — Otto von Thoren — Tkadlik — F. Treml — Trenkwald — Paul Troger — J. E. Tunner — Unterberger — Valerio — Varoni — Vastag — Vöscher — Waldmüller — Wehle — Wasmann — Weirotter — Wertheimer — Olga Wiesinger — Willroider (2) — Winterhalter — Wörndle — Wopfner — Helene Würzburg — Würthle — Wurzinger — Ed. Young — Zampis — Zeleny — Michael Zichy].

184 **Ritter des Maria Theresien-Ordens**, in allen 60 Bänden **909** [darunter: Schneider von Arno — Schönhals — Schröder — Schustekh — Schwarzenberg — Simbschen — Simonyi — Smola — Splény — Starhemberg — Stein — Sterneck — Stipsics — Stwertnik — Sunstenau — Szapáry — Sztaray — Tegetthoff — Unterberger — Vecsey — Vetter von der Lilie — Vega — Vlassits — Vukassovich — Wallmoden — Welden — Wernhardt — Wied-Runkel — Wimpffen — Windisch-Grätz — Wohlgemuth — Wratislaw — Nicolaus Herzog von Württemberg — Wurmser — Anton Zach — Karl Zeisberg — Thomas Zobel].

27 **Marine und Seeleute**, in allen 60 Bänden **57** [darunter: Scopinich — Sourdeau — Stalimene — Sterneck — Tegetthoff — Weyprecht — Wickede — Wimpffen — Wiplinger — Wohlgemuth — Wüllerstorff].

107 **Mathematiker. Astronomen**, in allen 60 Bänden **300** [darunter: Leop. Schulz von Straznicki — Segner — Slop von Cadenberg — Sim. Spitzer — S. Stampfer — Stepling — Stratico — Tessanek — Triesnecker — Toaldo — Urbański — Unferdinger — Vega — Weiß — Weiße — Em. Weyr — Wolfstein — Wydra — Zach — Wenzel Karl Zenger].

1925 **Kriegshelden. Militärs**, in allen 60 Bänden **4114** [darunter: (mit Ausschluß der schon angeführten Ritter des Maria Theresien-Ordens) Schulzig — Sebottendorf — Serbelloni — Simonitsch — Sivkovich — Skrbensky — Sokcevich — Sonklar — Spork — Stampa — Strach — Strassoldo — Stratimirovich — Stutterheim — Suplikac — Streffleur — Szécsen — Szirmay — Szluha — Sztankovich — Taaffe — Teimer — Tettenborn — Teuchert — Teuffenbach — Thielen — Thürheim — Török — Tomassich — Trapp — Traun — Trenck — Trivulzio — Türr — Uchatius — Ulm — Varicourt — Vasquez — Veigl — Vivenot — Vrecourt — Waldstetten — Wallenstein — Wangen — Watlet — Weigelsperg — Welsersheim — Wengersky — Nic. Wesselényi — Wieland — Wocher — Wolfskeel (2) — Felix Woyna — Wucherer — Karl Vinc. Windisch-Grätz].

23 **Missionäre**, in allen 60 Bänden **50** [darunter: Szluha — Thomann — Unterthiner — Weninger — Wurnitsch — Zeisberger — Zephiris — Athanasius Zuber].

589 Musiker, Componisten, Virtuosen, in allen 60 Bänden 1472 [darunter: Franz Schubert — Schoberlechner — Schulhof — Schuppanzigh — Sim. Sechter — Serwaczynski — Franciscaner Singer — Skroup — Sonnleithner — Jac. Stainer — Stegmayer — Strauß, Vater und Söhne — Streicher — Sucher — Suppé — Sulzer — Szarvady-Klauß — Szczepanowski — Tartini — Tausig — Taur — Tedesco — Thalberg — Till — Tomaschek — Tuma — Marie Tunner — Umlauf — Veit — Vesque-Püttlingen — Vieuxtemps — Vogel — Volkert — Volkmann — Wagenseil — Wanhal — C. M. von Weber — Wehle — Weigl — Weinkopf — Weinwurm — Willmers — Winter — Winterberger — Wölfl — Worzischek — Wranitzky — Stephanie Wurmbrand — Wutky — Zamara — Zimmermann — Hans Zois].

31 Nationalökonomen, Finanzleute, in allen 60 Bänden 88 [darunter: Schey — Schnabel — Schwartner — Springer — Sternegg-Inama — Stöger — Graf Uruski — Verri — Vigano — Wirth — Zahlheim].

257 Naturforscher, Botaniker, Zoologen, in allen 60 Bänden 788 [darunter H. Schott — Schreibers — Schrötter — Schur — Scopoli — Segner — Sieber — Simony — Skofitz — Sonklar — Spalanzani — Stefan — Steindachner — Graf Sternberg — Stoliczka — Sueß — van Swieten — Szontagh — Sztoczek — Thurwieser — Tkany — Tommasini — Trattinick — Treitschke — Tschermak — Uchatius — Ulrich — Unger — Uruski — Lor. Vest — Vierthaler — Vietz — Visiani — Volta — Vukotinovich — Waltenhofen — Ad. Weiß — Ed. Weiß — Weitenweber — Welwitsch — Welden — Wiesner — Graf Wodzicki — Woldrzich — Wretschko — Xantus — Zahlbruckner — Zantedeschi — Zauschner — Zawadzki — Zelebor].

626 Ordensgeistliche (Benedictiner, Dominicaner, Redemptoristen, Piaristen, Jesuiten, Franciscaner, Capuciner), in allen 60 Bänden 1584 [darunter: Piarist Schönberger — Benedictiner Schultes — Benedictiner Schwarzenbrunner — Benedictiner Schwarzhuber — Augustiner Schwoy — Benedictiner Sealsfield — Sebach — Sedlaczek — Franciscaner Singer — Kreuzherr vom rothen Stern Smetana — Graf Spaur — Redemptorist Stelzig — Jesuit J. N. Stöger — Jesuit Storchenau — Dominicaner Stratico — Benedictiner Stülz — Benedictiner Szeder — Tersztnyansky — Tiraboschi — Triesnecker — Tupy — Prämonstratenser Ungar — J. E. Veith — Piarist J. A. Voigt — Franz Wadler — Benedictiner Beda Weber — Zach. Werner — Otto und Marian Wiser — Benedictiner Gregor Wolny — Franz Wulfen — Prämonstratenser Zeidler — Benedictiner Zängerle — Zauner — Zauper — Chorherr Zeibig].

26 Orientalisten, in allen 60 Bänden 85 [darunter: Romeo Seligmann — Sonnenfels, Vater — Sprenger — Steinschneider — Vámbéry — Wallenburg — Victor Weiß — Wenrich — Pius Zingerle — Herm. Zschokke].

330 Pädagogen, Schulmänner, in allen 60 Bänden 697 [darunter: Schönberger — Ign. Seibt — Ferd. Schubert — Slomschek — Soave — Spendou — Stanek — Stelzig — Stronski — Tessedik — Teutsch — Tiestrunk — J. K. Unger — Vernaleken — Vierthaler — Vinaricky — Volkmann — Wartinger — Weiser — Wenzig — Wilhelm — Winternitz — Wulfen — Zauper].

36 philosophische Schriftsteller, in allen 60 Bänden 151 [darunter: Smetana — Sniadecki — Ign. Thanner — Volkmann — Willmann — Zallinger — Robert Zimmermann — Joh. Chr. Zwanziger].

200 Poeten aller Volksstämme des Kaiserstaates, mit Einschluß der Dialektdichter, in allen 60 Bänden 771 [darunter: Schindler (Julius von der Traun) — Schosser — Schreivogel — Andreas Schumacher — Sealsfield (Postel) — Joh. Gab. Seidl — J. P. Silbert — Lucian Siemienski — Ferd. Stamm — Steigentesch — Stelzhammer — Adalbert Stifter — J. L. Stoll — J. Streiter — Sundecić — Szigligeti — Szelesten — J. S. Tauber — Tarkányi — Thaler — K. Töpfer — Tommaseo — Tompa — Trembecki — Tschabuschnigg — Tyl — Ujejski — A. Vachot — Vilhar — Vinaricky — Vörösmarty — Joh. Nep. Vogel — Walther von der Vogelweide — Weißenbach — Weilen — Zach. Werner — Wickenburg, Graf und Gräfin — Wilbrandt — Wocel — Oswald von Wolkenstein — Zaleski (Václav z Olesko) — Maria Elis. Zay — Zedlitz — Zechmeister — Apostolo Zeno — Ziegler (Carlopago) — Vinc. Zusner].

243 Rechtsgelehrte, in allen 60 Bänden 507 [darunter: Schnabel — G. von Schreiner — Schuler von Libloy — Schulte — Siegel — Slotwinski — Sonnenfels — Stählin — Lorenz von Stein — Tausch — Tomaszczuk — von Umlauff — J. Unger — Wessely — Virozsil — B. A. Wagner — Wahlberg — Waaser — Wildner von Maithstein — Winiwarter — von Würth — Maximilian von Wurzbach — von Zeiller].

490 Reichsräthe, Reichs- und Landtagsabgeordnete, in allen 60 Bänden 709 [darunter: Schindler — Schöffel — Schuselka — Sennyey — Simonyi — Skene — Somsich — Ed. Sueß — Szaszkiewitsch — Széchényi — Szemere Szujski — Szontagh — Leo Graf Thun — Tinti — Tomaszczuk — Trefort — Ürményi — Unger — Vay — Vörösmarty — Waser — Beda Weber — Weitlof — Wesselényi — Winterholler — Wolfrum — Würth — Graf Wurmbrand.]

194 Schauspieler, Sänger, Tänzer (Männer und Frauen), in allen 60 Bänden 577 [darunter: Sophie Schröder — Schröder-Devrient — Wenzel Scholz — Schulz-Kilitschky — Ign. Schuster — Schuselka-Brüning — Sonnenthal — Staudigl — Steger — Stöger — Strakaty — Stöckl-Heinefetter — Stranitzky — Swoboda — Szigligeti — Taglioni — Tadolini — Tesi — Tichatschek — Tietjens — Tomaselli — Treumann — Tuczek — Cajetan Tyl — Unger-Sabathier — Bertha Unzelmann — Voggenhuber — Walzel-Franchetti — Joseph Wagner — Franz Wallner — Franz T.

Weidmann — Josephine Wessely — Marie Wilt — Wildauer — Weißkern — Ign. Weiß — Charlotte Wolter — Wothe — Wilhelmi — Zahlhas — Anna Zerr].

1018 Schriftsteller, Journalisten, Publicisten, in allen 60 Bänden 2109 [darunter: Chr. Schneller — Schottky — Schreivogel (West) — Andreas Schumacher — Franz Schuselka — Schwarz — Prof. Schwicker — Sealsfield (Postel) — Silberstein — Silesius — Siemiński — Silbert — Sitter — Spaun — Speidel — Dan. Spitzer — Stamm — Steinhauser — Stierle — Emanuel Straube — Andr. Freih. Stifft — Streiter — K. Szajnocha — Szalay — Szantó — Szécsen — Szeps — Szilágyi — Szinnyei (2) — Tartarotti — Tauschinsky — Terstenjak — Thiergen — Andreas Graf Thürheim — Thurnberg — Tipaldo — Tiraboschi — J. N. Török — Told — Franz Toldy — Joh. Tomaschek — Tommaseo — Coloman Tóth — Treitschke — Trausch — Treves — Irma von Troll — Tuczek — Tuvora — Ugoni — Uhl — Vacano — Vajda — Varnhagen — Vernaleken — J. Wessely — Vespermann — Vierthaler — Vinařicky — Vincenti — Volpi — Wänner — Wagner-Valdeck — Alfr. Waldau — Franz Wallner — Camillo Walzel — Ed. Warrens — Alex. Freih. Warsberg — Ernst Wechsler — Weidmann — K. von Weil — Weilen — Weinhold — Weißenthurn — Wenzig — Karl Werner — Rich. Mar. Werner — Ig. Weyl — Wiedemann — Wiesberg — Ad. Wiesner — Wiest — Willomitzer — J. Wimmer — M. Wirth — Witthauer — Wittmann — Ad. Wolf — Ferdinand Wolf — Gerson Wolf — Wolfram (Prantner) — Wolfskron — Woltmann — Wüllerstorff-Urbair — Betti Young — August Zang — Karl Zap — Lad. Zawadzki — Zehden — Zetsche].

65 Sonderlinge und sonst durch ihre Geschicke merkwürdig, in allen 60 Bänden 144 [darunter: Schnepfleitner — Schobri — Schütte — Sehfeld — Sempenz — Sequens — F. W. Sieber — Simon — Angelo Soliman — Somoskeöy — B. S. Spitzer — Emil Starker — Peter Staudinger — Martin Stephan — Stein — Steinwendner — Andr. Stifft — J. L. Stoll — Jos. Strasser — K. H. Strauß — Strohlendorf — Stubica — Subaric — C. C. Sweth — Joh. Szantó — Lad. Székely — Szela — Stephan Graf Szirmay — Nic. Szukiewicz — Prosp. Tedeschi — Urban Tertor — Karl Thill — Franz Joseph Graf Thun — K. Ferd. Graf Thun — C. Fr. Trauttmansdorff — Caj. Treml — Franz Trenck — Triebelnigg — Tschuggmall — Vogelhuber — Luca Vukalovic — Wackerbarth — Th. F. Ward — Ant. Webereus — Wilh. Weiß — Juliane Weißkircher — der falsche Wesselényi — J. C. Wetzel — F. v. Wetzelsberg — Wetzlar — Wiesböck — Willmers — G. Wimmer — Jos. Winkler — Witt, genannt v. Dörring — Scharfrichter Wohlmuth — Wolstein — Wothe — Zannovich — Zechmeyer].

559 Staats- und Gemeindebeamte, Bürger, in allen 60 Bänden 896 [darunter: Schöffel — Schwabe von Waisenfreund — Bürgermeister Seiler — Somma-

ruga — Franz Anton Sonnenfels — Spaun — Stählin — Freiherr von Stelzhammer — Fr. v. Streit — Stroynowski — B. M. Süß — Szymonowicz — Trausch — Unterrichter — Visini — Wagner — Wallenburg — Wenzel Wanka — Weitenhiller — Wildschgo — Wiser — Winterholler — J. G. Wörz — Wolfram — Jos. Edl. v. Würth].

436 Staatsmänner (Minister, Diplomaten, Consuln, Gesandte, Botschafter), in allen 60 Bänden 1092 [darunter: F. Ed. v. Schrötter — Felix Fürst Schwarzenberg — Senfft-Pilsach — Paul von Sennyey — Jos. v. Sonnenfels — Sperges — Spielmann — Joseph Philipp Graf Stadion — Franz Graf Stadion — Steffaneo-Carnea — Jos. Freih. Stifft — Theodor Graf Strattmann — van Swieten — Sylva-Tarouca — Franz Graf Széchényi — Stephan Graf Széchényi — Szécsen — Szlavy — Taaffe (2) — Joseph Graf Teleki — Thugut — Leo Graf Thun — Coloman Tisza — O. Graf Traun — Trautson — Trauttmansdorff — Ugarte — Ulefeld — Waldstein — Wallmoden — Welsersheimb — Welsperg — Wenckheim — Freiherr von Werner — Wesselényi — Wessenberg — Wilczek — Wimpffen — Windisch-Grätz — Wodzicki — Wüllerstorff — Wratislaw — Wrbna — Wurmbrand — Oskar Wydenbruck — Wenzel Zaleski].

74 Techniker, Mechaniker, in allen 60 Bänden 186 [darunter: Schneider — Matth. Schönerer — Senefelder — Georg Sigl — Stark — Stockert — Jos. Strasser — Stummer — J. Streffleur — Szerelmey — Tangitsch — Trentin — Truska — Tschulik — Tschuggmall — Ugazy — Venier — Verschitz — Villa — Voigtländer — Volffich — Wockenberger — Werndl — Wertheim — Max von Weber — Whitehead — Winiwarter].

706 Theologen, katholische (mit Ausschluß der Ordensgeistlichen), in allen 60 Bänden 1687 [darunter: Siegm. Graf Schrattenbach — Schrenk von Notzing — Schwetz — Jos. Schöpf — Fürst Schwarzenberg (2) — Leop. Graf Sedlnitzky — Sembratowitz — Simor — Slomšek — Sommerau-Beckh — Spendou — M. Stadler — Pet. Stancovich — Ben. Stay — Stepischnegg — St. Stratimirovich — Stroßmayr — Jos. Graf Stubenberg — Sylva-Tarouca — Szaszkiewicz — Szaniszlo — Max Tarnóczy — Thun (4) — J. J. Graf Trautson — J. N. Th. Trauttmansdorff — F. J. Graf Troyer — Tschiderer — Em. Veith — Viale-Prelà — Vinařicky — Waitzenegger — Walland — Beda Weber — Weinrich — Wenzyk — Widmer — Wiery — Wiltola — Anton Alois Wolf — Woronicz — Zacharyjasiewicz — Zaluski (5) — Zamoyski — Zeiter].

207 protestantische und griechisch-unirte Theologen, in allen 60 Bänden 392 [darunter: Mich. Ign. Schmidt — C. Schneider — Joh. Schuleck — L. Sedlnitzky — Steinacker — Karl Štur — Szeberényi — Karl Szász — Szathmáry — Szoboszlay — Taubner — Tessedik (2) — Teutsch — M. Tompa — Sam. Topperzer — Joh. Wachter — N. Wallaszky — Wehrenpfennig — Wenrich — Wimmer — Jos. Wolf].

Tiroler Landesvertheidiger, in allen 60 Bänden 115 [darunter: Anton Schneider — Siberer — Speckbacher — Sterzinger — Straub — Struber — Sweth — Teimer v. Wildau — Untersteiner — Unterthiner — A. Wallner — Wallnöfer — Wintersteller — Wörndle].

Anfänglich (einschließlich bis zum V. Bande) — wurden die genealogischen Artikel der hohen Adelshäuser, wie Cobenzl, Colloredo, Csáky, Dietrichstein, Erdödy, Eszterházy, Festetics, Fürstenberg, Haager u. s. w. im Texte behandelt, vom VI. Bande an dagegen in der übersichtlicheren Form der Stammtafeln dargestellt, womit im Artikel das Kaiserhaus Habsburg und Habsburg-Lothringen begonnen ward; und so enthalten die Bände VI und VII dreizehn Stammtafeln des erlauchten Herrscherhauses, und zwar A: Vor Kaiser Rudolf (ungewisse Zeit) — B: Vor Kaiser Rudolf (sichere Zeit) — C und D: Die Grafen von Habsburg zu Laufenburg und Kyburg — E: Ferner von Kaiser Rudolf I. bis Kaiser Sigismund — F: Von Ernst dem Eisernen bis Maximilian II. — G: Von Karl Herzog von Steiermark bis Maria Theresia — H: Von Maria Theresia bis Kaiser Franz Joseph I. und die Mitglieder des Kaiserhauses, wie sie bis 1856 vorhanden waren, umfassend — I: Die Habsburger in Spanien — K: Habsburg-Lothringen-Este — L: Eine Uebersichtstafel der römisch-deutschen Kaiser und Könige aus dem Hause Habsburg und Habsburg-Lothringen — M: Austria felix nube (der Ländererwerb des Hauses Habsburg durch Eheschließungen) — N und O: Zwei Grufttabellen (seit Stiftung der Capucinergruft in Wien durch das Herrscherpaar Matthias und Anna) und a, b, c Darstellung des großen, mittleren und kleinen Wappens. Ferner sind in meinem Lexikon Stammtafeln enthalten zu den Artikeln im

VIII.	Bande:	Herberstein (2) *)	2
IX.	„	Hoyos	1
X.	„	Jablonowski, Jósika	2
XI.	„	Károlyi, Kaunitz, Kazinczy, Keglevich, Kemény, Khevenhüller (2), Kinsky (2)	9
XII.	„	Königseck, Kohary, Kollonits (2), Kolowrat (4)	8
XIII.	„	Krasicki, Kuefstein, Khuenburg, Künigl	4

*) Die in den Klammern befindlichen Zahlen zeigen die Anzahl der Stammtafeln an.

XIV.	Bände:	Lamberg (4), Lazansky, Lázár, Lebzeltern, Lederer . .	8
XV.	„	Liechtenstein (2), Lobkowitz, Lodron (2)	5
XVI.	„	Majthényi, Majláth, Magnis	3
XVII.	„	Mednyanski, Mensdorff	2
XVIII.	„	Metternich, Mitis, Mladota, Mitrowsky, Metzburg, Mikó, Mier	7
XIX.	„	Morzin, Moser von Ebreichsdorf, Mozart, Münch-Bellinghausen, Mylius, Moll	6
XX.	„	Nádasdy (2), Neipperg, Nostiz	4
XXI.	„	Orczy, Paar, Pálffy, Pallavicini, Paumgartten, Pejacevich, Perényi	7
XXII.	„	Pergen, Planck von Plankberg, Pillersdorff, Pidoll, Pichler, Petter, Petrasch	4
XXIII.	„	Porcia, Potocki, Pozza Sorgo, Prato, Primisser, Preisler	5
XXIV.	„	Prónay, Puchner, Raday, Radetzky	3
XXV.	„	Reischach, Révay, Reviczky, Revertera, Reyer	5
XXVI.	„	Roschmann, Rohan, Rogendorf, Riese-Stallburg . .	4
XXVII.	„	Rosenberg, Rzewuski, Rothschild, Rothkirch, Rosenfeld	5
XXVIII.	„	Salm, Eugen von Savoyen, Saurau, Sardagna . . .	4
XXIX.	„	Schaffgotsche (2)	2
XXX.	„	Schirnding, Schlechta von Wschred, Schlik (2), Schloissnig, Schmerling, Schmidburg	7
XXXI.	„	Schönborn, Schönburg, Schrattenbach	3
XXXII.	„	Schubert, Straßnitzky	2
XXXIII.	„	Schwarzenberg (2), Schwind, Sebottendorff, Sedlnitzky .	5
XXXIV.	„	Seilern, Sennyey, Serényi, Sermage, Seyffertitz, Simbschen, Sina	7
XXXV.	„	Sinzendorff, Skrbensky, Sommaruga, Sobek, Smola, Somsich	6
XXXVI.	„	Sonnleithner, Soterius, Spaur (4), Spiegelfeld, Spielmann, Spindler, Splény, Spork, Sprinzenstein, Spaun	13
XXXVII.	„	Stadion, Stadl, Stadnitzki, Starhemberg, Starzenski, Stainach	6
XXXVIII.	„	Stellwag, Stelzhammer, Sternbach, Sternberg (2), Sternegg, Sternheim, Stiebar	8
XXXIX.	„	Stifft, Stillfried, Stockar, Stockau	4
XL.	„	Stubenberg (3), Stürgkh, Stürmer, Sturmfeder, Stwrtnik, Sulkowski	8
XLI.	„	Suttner, Sweerts-Spork, Swieten, Sylva-Tarouca, Szalay, Szapáry, Szász, Széchényi, Szécsen . . .	9

Also im Ganzen 347 Stammtafeln der höchsten Adels- und sonst geschichtlich hervorragenden Familien, deren Genealogie für den Forscher mehr oder minder interessant ist, wie Mozart, Primisser,

Schwind, Sonnleithner, Stellwag, Swieten, Trausch Veith, Vesque, Vivenot, Weitenhiller, Wörtz, Zerboni, Zwiedinek.

In den 37 Jahren, während deren die bändeweise Ausgabe des Lexikons stattfand, das nicht bloß die Biographien der verstorbenen, sondern auch der lebenden denkwürdigen Oesterreicher enthält, ergaben sich mannigfache Veränderungen. Die Forschung brachte neues Quellenmaterial über die Verstorbenen und über die Lebenden, von letzteren waren mittlerweile mehrere dahingeschieden, es erschienen deren Biographien und Nekrologe und andere dieselben nahe berührende Mittheilungen, kurz es ergab sich, um im Laufenden zu bleiben und den Besitzern des Werkes dasselbe recht nutzbringend zu machen, die Nothwendigkeit der Nachträge. Deren erschienen bis zum 28. Bande sieben. Der erste Nachtrag, die Buchstaben A bis K, theils neue Biographien, theils Ergänzungen, Berichtigungen und neue Quellenangaben enthaltend, befindet sich im 11. Bande, S. 349—434; — der zweite, A bis L, im 14. Bande, S. 375—496; — der dritte, die Buchstaben A und B, im 22. Bande, S. 460—488; — der vierte, A bis C, im 23. Bande, S. 359—381; — der fünfte, A bis E, im 24. Bande, S. 373—407; — der sechste, A bis K, im 26. Bande, S. 367 bis 400; — der siebente, A bis R, im 28. Bande, S. 323 bis 372. Auf Wunsch der kaiserlichen Akademie der Wissenschaften, welche das Werk unterstützte, unterblieb die Fortsetzung der Nachträge, und ein alphabetisches Generalregister der ersten fünf wurde dem alphabetischen Register des 24. Bandes beigegeben. Die Register des 6. und 7. Nachtrages befinden sich im 26. und 28. Bande.

Und nun übergebe ich die Arbeit von 40 und mehr Jahren dem Wohlwollen und unbefangenen Urtheile des Publicums, indem ich mit einem Verzeichniß der benützten Quellenwerke schließe.

15. October 1891.

Dr. Constantin von Wurzbach.

Verzeichniß

der zum biographischen Lexikon benützten Quellenwerke.

Album österreichischer Dichter. 2 Bände mit KK. (Wien 1850 und 1858, Pfautsch und Voß, 8⁰.).

Album des königlichen Schauspiels und der königlichen Oper in Berlin [von Küstner] (Berlin, 4⁰.).

Allgemeiner musicalischer Anzeiger. Redigirt von Castelli. I. bis XII. Jahrg. (1829—1840).

Almanach der kaiserlichen Akademie der Wissenschaften für das Jahr 1851 und die folgenden bis auf die Gegenwart (Wien, Staatsdruckerei, 8⁰.).

Appel (Bernhard). Geschichte des regulirten lateranensischen Chorherrenstiftes des h. Augustin zu Reichersberg in Oberösterreich (Linz 1857, J. Feichtinger's Erben, 8⁰.).

Aquarellen aus den beiden Reichsstuben. Von J. J. K.(rasnig), 2 Hefte (Wien 1868, R. v. Waldheim, br. 12⁰.).

Arabesken. Reise-, Zeit- und Lebensbilder aus Steiermark (Graß 1866, Fr. Ferstl, 8⁰.) 3 Hefte.

Archiv für Kunde österreichischer Geschichtsquellen. Herausgegeben von der zur Pflege vaterländischer Geschichte aufgestellten Commission der kaiserlichen Akademie der Wissenschaften (Wien, Staatsdruckerei, gr. 8⁰.) V. Bd. (1850), S. 661 der Aufsatz (XIV): „Materialien zur österreichischen Kunstgeschichte. Mit einer Uebersichtstabelle und alphabetisch geordnetem Originaltexte von etwa vierthalbhundert Namen". Von Joh. Ev. Schlager.

Arneth (Alfred Ritter von). Das Leben des kaiserlichen Feldmarschalls Grafen Guido von Starhemberg [1657—1737] (Wien 1853, 8⁰.).

— Prinz Eugen von Savoyen. 3 Bände (Wien 1859, Gerold, gr. 8⁰.).

— Geschichte der Kaiserin Maria Theresia. 6 Bände (Wien 1863 u. f., Braumüller, gr. 8⁰.).

Athenäum, jüdisches. Galerie berühmter Männer jüdischer Abstammung und jüdischen Glaubens, von der letzten Hälfte des achtzehnten bis zum Schluß der ersten Hälfte des neunzehnten Jahrhunderts (Grimma und Leipzig 1851, Verlagscomptoir, 8⁰.).

Baader (Clemens Alois). Lexikon verstorbener bayrischer Schriftsteller des achtzehnten und neunzehnten Jahrhunderts (Augsburg und Leipzig 1824,

Jenisch und Stage, 8°.) I. Bd., 1. und 2. Theil; II. Bd., 1. und 2. Theil [enthält viele Salzburger].

Ballus (Paul von). Preßburg und seine Umgebungen (Preßburg 1823. Andr. Schweizer und J. Landes).

Barącz (Sadok Xiądz dominikan). Żywoty sławnych Ormian w Polsce, d. i. Biographien berühmter Armenier in Polen (Lemberg 1856, Wojciech Maniecki, 8°.).

— Rys dziejów zakonu kaznodziejskiego w Polsce, d. i. Geschichte des Dominicaner- (Prediger-) Ordens in Polen, 2 Bände (Lemberg 1861, Maniecki, 8°.).

Baur (Samuel). Allgemeines historisch-biographisch-literarisches Handwörterbuch aller merkwürdigen Personen, die in dem ersten Jahrzehnt des neunzehnten Jahrhunderts gestorben sind, 2 Bände (Ulm 1816, Stettini, gr. 8°.).

— Galerie historischer Gemälde aus dem achtzehnten Jahrhundert. Ein Handbuch für jeden Tag des Jahres, 6 Theile (Hof 1805, G. A. Grau, 8°.).

Bergmann (Joseph). Pflege der Numismatik in Oesterreich im XVIII. und XIX. Jahrhundert mit besonderem Hinblick auf das k. k. Münz- und Medaillencabinet in Wien. Mit erläuternden Anmerkungen, 4 Hefte (Wien, Staatsdruckerei).

— Medaillen auf berühmte und ausgezeichnete Männer des österreichischen Kaiserstaates vom XVI. bis zum XIX. Jahrhundert. In treuen Abbildungen mit biographisch-historischen Skizzen, 2 Theile (Wien 1844 bis 1857, 4°.).

Bericht über die österreichische Literatur der Zoologie, Botanik und Paläontologie aus den Jahren 1850, 1851, 1852, 1853. Herausgegeben von dem zoologisch-botanischen Vereine in Wien (Wien 1855, W. Braumüller's k. k. Hofbuchhandlung, 8°.).

Bernsdorf (Ed.) und Schladebach (Jul.). Neues Universal-Lexikon der Tonkunst. Für Künstler, Kunstfreunde und alle Gebildeten. Unter Mitwirkung der Herren Dr. Franz Liszt, Dr. H. Marschner, C. G. Reisinger, Dr. L. Spohr. Nebst Anhang, 4 Theile (Dresden 185.., Rob. Schäfer, gr. 8°.).

Besetzny (Emil Dr.). Die Sphinx. Freimaurerisches Taschenbuch (Wien 1873).

Beth-El. Ehrentempel verdienter ungarischer Israeliten von Ignaz Reich, Heft 1—5 (Pesth 1856—1864, Alois Bucsansky, 4°.).

Bidermann (Prof. Dr.). Deutsches Culturleben in Ungarn (Wien 1862, Alex. Eurich, 8°.).

Biographien salzburgischer Tonkünstler (Salzburg 1845, Oberer).

Biographisches Lexikon, Kleines, — enthaltend Lebensskizzen hervorragender um die Kirche verdienter Männer (zuerst Salzburg 1861, Endl und Pender, dann Znaim 1862, gedruckt bei M. F. Lenk, 8°.).

Böckh (Franz Heinrich). Wiens lebende Schriftsteller, Künstler und Dilettanten im Kunstfache. Dann Bücher, Kunst- und Naturschätze und andere Sehenswürdigkeiten dieser Haupt- und Residenzstadt. Ein Handbuch für Einheimische und Fremde (Wien 1821, B. Ph. Bauer, kl. 8⁰.).

Boleslawita (B.) i **Kolumna** (Zygmunt). Pamiątka dla rodzin polskich. Krotkie wiadomości biograficzne ostraconych na rusztowaniach, rozstrzelanych, poległych na placu boju, oraz zmarłych w więzieniach, na tułactwie i na wygnaniu Syberyiskiem od roku 1861—1866 ze zródel i akt urzędowych, dzienników polskich podań ustnych osób wiarogodnych i towarzyszy broni; zebrał i ułożył — — d. i. Andenken für polnische Mütter. Kurze biographische Nachrichten über die auf den Rüstungen Erschossenen, im Kampfe gefallenen und in den Gefängnissen Verblichenen; der in sibirischer Verbannung in den Jahren 1861—1866 zu Grunde Gegangenen u. s. w. Nach Acten u. s. w., 3 Theile (Kraków 1868, 8⁰.).

Borbis (Johannes). Die evangelisch-lutherische Kirche Ungarns in ihrer geschichtlichen Entwickelung, nebst einem Anhang über die Geschichte der protestantischen Kirchen in den deutsch-slavischen Ländern und in Siebenbürgen von — — Mit einer Vorrede von Dr. theol. Ch. Ernst Luthardt (Nördlingen 1861, C. H. Beck, 8⁰.).

Bornschein (Adolf). Oesterreichischer Cornelius Nepos oder Leben, Thaten und Charakterzüge österreichischer Feldherren, die sich von der ältesten Zeit bis zur Schlacht bei Deutsch-Wagram durch ihre Thaten besonders ausgezeichnet haben. Nach den besten Quellen bearbeitet (Wien 1812, auf Kosten des Herausgebers, 8⁰.).

Bremer (Friedrich). Handlexikon der Musik (Leipzig 1832, Phil. Reclam jun. 32⁰.) in Reclam's „Universalbibliothek".

Breve Chronicon Monasterii beatae Mariae virginis Lambacensis ordinis Sancti Benedicti (Lentii 1865, 8⁰.).

Brümmer (Franz). Lexikon der deutschen Dichter und Prosaisten von den ältesten Zeiten bis zum Ende des 18. Jahrhunderts (Leipzig 1884, Reclam, 32⁰.) in Reclam's „Universalbibliothek".

— Lexikon der deutschen Dichter und Prosaisten des neunzehnten Jahrhunderts, 2 Bände (ebd. 1884, 32⁰.) in Reclam's „Universalbibliothek".

Brunner (Sebastian). Die Kunstgenossen der Klosterzelle. 2 Theile (Wien 1863. Braumüller, 8⁰.).

Burger (Honorius). Geschichtliche Darstellung der Gründung und Schicksale des Benedictinerstiftes St. Lambert zu Altenburg in Niederösterreich, dessen Pfarren und Besitzungen und mehrerer hiesige Gegend betreffender Ereignisse (Wien 1862, Gerold, 8⁰.).

Caffi (Francesco). Storia della Musica sacra dal 1318 al 1797 (Venezia 1854).

Catalogus Bibliothecae Hungaricae Francisci com. Szechenyi. 8 Bände (Soproni 1799—1807, Siess, 8⁰.).

Chronik, illustrirte, von Böhmen. Ein geschichtliches Nationalwerk, enthaltend den gesammten Schatz vaterländischer Ueberlieferungen u. s. w., 2 Bände (Prag 1853 u. f., D. Vetterl, 8⁰.).

Chronologie des deutschen Theaters (Leipzig 1774, 8⁰.).

Clement (Félix). Les musiciens célèbres depuis le seizième siècle jusqu' à nos jours. Ouvrage illustré etc. (Paris 1868, Hachette, gr. 8⁰.).

Croquis aus Ungarn (Leipzig 1843, Otto Wigand).

—, neue, aus Ungarn (Leipzig 1844, J. B. Hirschfeld).

Csengery (Anton). Ungarns Redner und Staatsmänner, 2 Bände (Leipzig und Wien 1852, Manz, 8⁰.).

Czetz (Johann). Bem's Feldzug in Siebenbürgen in den Jahren 1848 und 1849 (Hamburg 1850, Hoffmann und Campe, 8⁰.).

Dandolo (Girolamo). La caduta della Repubblica di Venezia ed i suoi ultimi cinquant' anni. Studii storici, 2 Bände (Venezia 1854, Naratovich, 8⁰.) Appendice (ib. 1857, 8⁰.).

Der deutsche Antheil des Bisthums Trient. Topographisch-historisch-statistisch und archäologisch beschrieben von Mehreren und herausgegeben von den Vereinen für christliche Kunst und Archäologie in Bozen und Meran (Brixen 1866, A. Weger, 8⁰.).

Dillinger Adolf und August von Conraths. Guide und Souvenir-Album der Wiener Weltausstellung 1873. Herausgegeben von — — — (Wien, C. Vogt, 12⁰.).

Dudik (B. Dr.). Geschichte des Benedictinerstiftes Raigern im Markgrafenthum Mähren, 2 Bände (Wien 1868, Gerold's Sohn, gr. 8⁰.).

Dudumi (Demeter). Pesther Briefe über Literatur, Kunst, Theater und gesellschaftliches Leben (Pesth 1856, Lauffer und Stolp, 8⁰.).

Dumreicher (Armand Freiherr von). Die Verwaltung der Universitäten seit dem letzten Systemwechsel in Oesterreich (Wien 1873, Hölder).

Dux (Adolf). Das ungarische Nationalmuseum. Eine Skizze (Pesth 1859, Emil Müller, gr. 8⁰.).

Ebeling (Friedrich W.). Zahme Geschichten aus wilder Zeit (Leipzig, Industrie-comptoir, 8⁰.) [betrifft das 48er Jahr].

Ehrentempel der katholischen Geistlichen. Enthaltend eine Auswahl edler, menschenfreundlicher, erhabener und großartiger Züge des Herzens und persönlicher Aufopferung und Hingebung von katholischen Geistlichen, nebst einer poetischen Zugabe, Kirchliches, hohe Kirchenhirten und Priester betreffend (Wien 1845, Joh. Tirnböck, 8⁰.).

d'Elvert (Christian Ritter von). Geschichte der Musik in Mähren und Oesterreichisch-Schlesien mit Rücksicht auf die allgemeine böhmische und östereichische Musikgeschichte (Brünn 1873, Rohrer, Lex. 8⁰.).

— Geschichte der k. k. mährisch-schlesischen Gesellschaft zur Beförderung des Ackerbaues, der Natur- und Landeskunde u. s. w. (Brünn 1870, Mährisch-schlesische Gesellschaft, gr. 8⁰.).

— Zur Culturgeschichte Mährens und Oesterreichisch-Schlesiens, 2 Theile (Brünn 1868).

vert (Christian Ritter v.). Geschichte des Bücher- und Steindrucks, des Buchhandels, der Büchercensur und der periodischen Literatur u. s. w. in Mähren und Oesterreichisch-Schlesien (Brünn 1854, R. Rohrer's Erben, gr. 8°.).
Notizenblatt. Vom Jahre 1855 bis auf die Gegenwart (Brünn, 4°.).

klopedyja powszechna, d. i. Allgemeine polnische Real-Encyklopädie (Warschau, S. Orgelbrand, gr. 8°.).

ert (Erasmus). Katalog der k. k. Gemäldegalerie im Belvedere zu Wien (Wien 1858, Gerold's Sohn, 8°.) und Anhang: Die moderne Schule.

l (Johann Evang.). Gedenkbuch der Salzburger Liedertafel zum 25jährigen Stiftungsfeste am 22. November 1872. Verfaßt von.... (Selbstverlag der Salzburger Liedertafel, 8°.).

en (Karl Jaromir). Die Primatoren der königl. Altstadt Prag (Prag 1858, Haase's Söhne, 8°.).

er (Wilhelm Franz Dr.). Beiträge zur Geschichte der Gewerbe und Erfindungen Oesterreichs u. s. w. (Wien 1873).
Das k. k. polytechnische Institut in Wien, seine Gründung, seine Entwickelung und sein jetziger Zustand (Wien 1861, 8°.).

lanich (Donato P.). Storia dei Frati minori dal primordi della loro istituzione in Dalmazia e Bossina fino ai giorni nostri, 2 Theile (Zara 1863, Battara, gr. 8°.).

tasten- und Predigeralmanach, katholischer — auf das Jahr 1784. Sammt den Evangelien auf alle Sonntage des ganzen Jahres (Rom, Madrid und Lissabon auf Kosten der heiligen Inquisition, 8°.).

er (Georg). Historia Academiae scientiarum Pazmaniae Archi-Episcopalis ac M. Theresianae Regiae literaria (Budae 1835, 4°.).

löcker Siegmund. Geschichte der Sternwarte des Stiftes Kremsmünster (Linz, 4°.).

nkl (Ludwig Aug.). Inschriften des alten jüdischen Friedhofes in Wien. Beitrag zur Alterthumskunde Oesterreichs (Wien 1855, 8°.).

uberger (Heinrich). Biographisches Lexikon der Wiener Weltausstellung 1873. Herausgegeben von Engel und Rotter. Redigirt von — — (Wien 1873, Lex. 8°.).

iedenfels (Eugen von). Joseph Bedeus von Scharberg. Beiträge zur Zeitgeschichte Siebenbürgens im neunzehnten Jahrhundert, 2 Theile (Wien 1871, Braumüller, gr. 8°.).

ind (Anton). Die Geschichte der Bischöfe und Erzbischöfe von Prag u. s. w. (Prag 1873, J. C. Calve, 8°.).

lleria di Ragusei illustri (Ragusa 1841, Pier-Francesco Martecchini, 4°.).

allerie von teutschen Schauspielern und Schauspielerinnen der älteren und neueren Zeit (Wien 1783, Epheu, 8°.).

ssner (F. S. Dr.). Universal-Lexikon der Tonkunst. Neue Handausgabe in einem Bande. Mit Zugrundelegung des größeren Werkes neu bearbeitet, ergänzt und theilweise vermehrt — — (Stuttgart 1849, Franz Köhler).

Gaßner (F. S. Dr.). Zeitschrift für Deutschlands Musicantenvereine.

Gemme d'arti italiane (Milano, Venezia, Verona, Paoli Ripamonti Carca 4º.) anno I—XIII.

Genealogisches Taschenbuch der Ritter- und Adelsgeschlechter, I. Jahrg (Brünn 1870, Buschak, 32º.) und die folgenden bis auf die Gegenwa

Gothaisches genealogisches Taschenbuch der freiherrlichen Häuser (Got Justus Perthes, 32º.) Jahrgang 1850 bis auf die Gegenwart.

— genealogisches Taschenbuch der gräflichen Häuser (Gotha, Just. Perth 32º.) I. Jahrg. bis auf die Gegenwart.

— genealogisches Taschenbuch nebst diplomatisch-statistischem Jahrbuc I. Jahrg. bis auf die Gegenwart.

Gemmel-Flischbach (Max Freih. v.). Album des k. k. Theresianums [1746—18 (Wien 1880, Moriz Perles, gr. 8º.).

Gerber (Ernst Ludwig). Historisch-biographisches Lexikon der Tonkünstl welches Nachrichten von dem Leben und Wirken musicalischer Schriftstell berühmter Componisten, Sänger, Meister auf Instrumenten, Dilettant Orgel- und Instrumentenmacher enthält.... 2 Theile (Leipzig 179 Joh. Gottl. Imma. Breitkopf).

— Neues historisch-biographisches Lexikon der Tonkünstler u. s. w., 4 The (Leipzig 1813, A. Kühnel, 8º.).

Geusau (Anton Reichsritter von). Geschichte der Stiftungen, Erziehungs- u Unterrichtsanstalten in Wien von den ältesten Zeiten bis auf gegenwärtig Jahr. Aus echten Urkunden und Nachrichten (Wien 1803, Ign. Gru kl. 8º.).

Gistel (Johannes). Lexikon der entomologischen Welt, der carcinologischen u arachnologischen (Stuttgart 1846, Schweizerbarth, 8º.).

Glubich da Città vecchia (Simeone). Dizionario biografico degli uomi illustri della Dalmazia compilato dal — — (Vienna 1856, Ro Lechner; Zara 1856, Battara ed Abelich, 8º.).

Goedeke (Karl). Grundriß zur Geschichte der deutschen Dichtung. Aus d Quellen, 3 Bände (Dresden 1859, Ehlermann, 8º.).

Gräffer (Franz). Jüdischer Plutarch oder biographisches Lexikon der marka testen Männer und Frauen jüdischer Abkunft (aller Stände, Zeiten u Länder) mit besonderer Rücksicht auf das österreichische Kaiserthum (Wi 1848, Eurich, 8º.) erstes und zweites Alphabet.

— Franciscëische Curiosa oder ganz besondere Denkwürdigkeiten aus d Lebens- und Regierungsperiode Kaisers Franz II. (I.) (Wien 184 Ign. Klang, 8º.).

— Josephinische Curiosa oder ganz besondere, theils nicht mehr, theils no nicht bekannte Persönlichkeiten, Geheimnisse, Details, Actenstücke und Den würdigkeiten der Lebens- und Zeitgeschichte Kaiser Josephs II. (Wien 184 J. Klang, 8º.) 1. bis 5. Bändchen.

ffer (Franz). Kleine Wiener Memorabilien: Historische Novellen, Genrescenen, Fresken, Skizzen, Persönlichkeiten und Sächlichkeiten, Anekdoten und Curiosa, Visionen und Notizen zur Geschichte und Charakteristik Wiens und der Wiener in älterer und neuerer Zeit, 3 Theile (Wien 1855, Fr. Beck, 8°.).

Neue Wiener Localfresken; geschichtlich, anekdotisch, curios, novellistisch ꝛc., ernst und heiter, alte und neue Zeit betreffend (Linz 1847, Friedrich Eurich und Sohn, 8°.).

Neue Wiener Tabletten und heitere Novellchen (Wien 1848, Matth. Kuppitsch, 8°.).

Wienerische Kurzweil oder lustige, drollige, auch possenhafte und schnurrige Auftritte, Geschichtchen, Gattungsstücke und andere derley Schilbereyen und Einfälle, Wien betreffend und die Wiener (Wien 1846, A. Pichler's sel. Witwe, 8°.).

Wiener Dosenstücke; nämlich: Physiognomien, Conversationsbildchen, Auftritte, Genrescenen, Caricaturen und Dieses und Jenes, Wien und die Wiener betreffend, thatsächlich und novellistisch. Zweite Ausgabe, 2 Bände (Wien 1852, J. F. Greß, 8°.).

- Zur Stadt Wien, und zwar neue Memorabilien und Genreskizzen, Burleskes und Groteskes, Possen und Glossen, Leute und Sachen und Zustände des alten und neuen Wien betreffend (Wien 1849, A. Pichler's Witwe, 8°.).

ın (Ludovicus). Jena hungarica sive memoria hungarorum a tribus saeculis academiae Jenensi adscriptorum (Gyula 1858, Leop. Rethy, 8°.).

gn (Theodorich). Das Wirken der Benedictinerabtei Kremsmünster für Wissenschaft, Kunst und Lebensbildung. Ein Beitrag zur Literar- und Culturgeschichte Oesterreichs (Linz 1848, Quirin Haslinger, 8°.).

hn (Siegmund). Reichsrathsalmanach für die Session 1867. Herausgegeben von — — Erster Jahrgang (Prag 1867, H. Carl J. Satow, 8°.). Alle folgenden Jahrgänge.

nslick Eduard. Aus dem Concertsaal. Kritiken und Schilderungen aus den letzten 20 Jahren des Wiener Musiklebens u. s. w. (Wien 1870, W. Braumüller, gr. 8°.).

- Geschichte des Concertwesens in Wien (Wien 1869, W. Braumüller, gr. 8°.).

- Zur Geschichte des Concertwesens in Wien. Aufsätze in der „Oesterreichischen Revue: 1864, IV. Bd., S. 167; V. Bd., S. 152; VI. Bd., S. 121; VIII. Bd., S. 165 [vollständiger als das vorige Werk des Verfassers „Aus dem Concertsaal"].

ıuswirth (Ernest Dr.). Abriß einer Geschichte der Benedictinerabtei U. L. F. zu den Schotten in Wien (Wien 1858, Mechitaristen, 4°.).

ıcker (J. F. C. Dr.). Geschichte der neueren Heilkunde. Erstes Buch. Die Volkskrankheiten von 1770. Zweites Buch. Die Wiener Schule (Berlin 1839, Th. Chrph. Fr. Enslin, 8°.).

Heindl (Joh. Bapt.). Galerie berühmter Pädagogen, verdienter Schulmän[ner,] Jugend- und Volksschriftsteller und Componisten der Gegenwart in [Bio]graphien und biographischen Skizzen (München 1859, Jos. Ant. Finster[lin], 2 Bände.

Hentl (F. R. v.). Gedanken über Tonkunst und Tonkünstler (Wien 18[..], Hilberg, gr. 8°.).

Helfert (Jos. Alex. Freih.). Geschichte Oesterreichs vom Ausgange des Wie[ner] October-Aufstandes 1848. 4 Bände (1. Band G. v. S.....n) (Leipzig [und] Prag 1869, Tempský, gr. 8°.).

Henze (Adolf). Die Handschriften der deutschen Dichter und Dichterinen [mit] 350 Facsimiles, kurzen Biographien und Schriftcharakteristiken (Leip[zig] 1855, Bernh. Schlicke, 8°.).

Hermann (Heinrich). Handbuch der Geschichte des Herzogthums Kärnthen [in] Vereinigung mit den österreichischen Fürstenthümern (Klagenfurt, J. Le[on,] gr. 8°.) III. Bandes 3. Heft: Culturgeschichte Kärnthens vom Jahre 17[..] bis 1857 (1859) oder der neuesten Zeit.

Hirsch (Rud.). Galerie lebender Tondichter. Biographisch-kritischer Beit[rag] (Güns 1836, C. Reinhard, 8°.).

Hirschel (Bernhard Dr.). Compendium der Geschichte der Medicin von [den] Urzeiten bis auf die Gegenwart. 2. umgearb. und verm. Aufl. (Wien 18[..], Braumüller, gr. 8°.).

Hirtenfeld (J. Dr.). Oesterreichischer Militär-Kalender für die Jahre 1850—18[..] (Wien, kl. 8°.).

— Der Militär-Maria Theresien-Orden und seine Mitglieder. Nach authe[n]tischen Quellen bearbeitet. Zur ersten Säcularfeier 1857 (Wien, Staat[s]druckerei 1857, 4°.).

Historisch-heraldisches Handbuch zum genealogischen Taschenbuch der gräflich[en] Häuser [von Hermann Soltmann] (Gotha 1855, Just. Perthes, 32°.).

Hock (Karl Freih. v.). Der österreichische Staatsrath (1760—1848). Ei[ne] geschichtliche Studie, vorbereitet und begonnen — fortgesetzt und vollen[det] von Dr. Herm. Ign. Bidermann (Wien 1879, Braumüller, gr. 8°.).

Hoffinger (J. Ritter v.). Oesterreichische Ehrenhalle, 5 Hefte. Separatabdruck a[us] dem österreichischen Volks- und Wirthschaftskalender (Wien, Brand[el,] gr. 8°.).

Huemer (Georg). Die Pflege der Musik im Stifte Kremsmünster (We[ls] 1877, 8°.).

Jelenkor. Politikai és társas élet Encyklopediája, d. i. Die Gegenwart (Pes[t] 1858, Heckenast, gr. 8°.).

Jelinek (Karl Dr.). Das ständisch-polytechnische Institut zu Prag. Program[m] zur fünfzigjährigen Erinnerungsfeier an die Eröffnung des Institutes (Pra[g] 1856, Haase).

a čitanka za gornje gimnazije. Knjiga pérva, d. i. Illirisches Lesebuch für Obergymnasien, 1. Band (Wien 1860, k. k. Schulbücherverlag).

rtiri della libertà Italiana dal 1794 ai 1848, Memorie Raccolte da A. Vannucci (1860).

ens (Karl Heinrich). Lexikon deutscher Dichter und Prosaisten. 6 Bände und Supplementband (Leipzig 1808, Weidmann, 8°.).

mann (Josef). Historie literatury české aneb: Saustawný přehled spisů českých s krátkau historií národu, oswícení a jazyka. Druhé wydání, d. i. Geschichte der čechischen Literatur, 2. Ausgabe (w Praze 1849, F. Řiwnáč, Lex. 8°.).

jński (Hieronym.). Dykcyonarz poetów polskich, d. i. Lexikon der polnischen Poeten, 2 Bände (Krakau 1820, Jos. Matecki, 8°.).

er (Friedrich). Unter fünfzehn Theaterdirectoren (Wien 1870, R. v. Waldheim, 12°.).

ay (Aranyos). Licht- und Schattenbilder zur Charakteristik des ungarischen Landtages. Aus dem Ungarischen (Pesth 1867, Wilh. Lauffer, gr. 8°.).

nerad, der — Illustrirter österreichischer Militärkalender für 1865, 1866 (Wien, Dirnböck, 8°.).

itz (August). Geschichte der Botanik in Ungarn [Skizzen] (Hannover 1863, Wilh. Riemschneider, 12°.). Die neue Auflage unter dem Titel: „Versuch einer Geschichte der ungarischen Botanik. Aus dem XXXIII. Bande der ‚Linnaea' besonders abgedruckt (Halle 1865, Gebauer und Schwetschke, 8°.).

rein (Joseph). Biographisch-literarisches Lexikon der katholischen deutschen Dichter, Volks- und Jugendschriftsteller im neunzehnten Jahrhundert. 2 Bände (Zürich, Stuttgart, Würzburg 1869, Woerl, gr. 8°.).

rtbeny (C. M.). Album hundert ungarischer Dichter. In eigenen und fremden Uebersetzungen (Dresden und Pesth 1854, Rob. Schäfer und Herm. Geibel, 12°.).

- Silhouetten und Reliquien. Erinnerungen an Albach, Bettina u. s. w., 2 Bände (Prag 1863, J. L. Kober, 8°.).

autz (Franz Constantin Florian). Versuch einer Geschichte der österreichischen Gelehrten (Frankfurt und Leipzig 1755, Jos. Friedr. Jahn, 8°.).

app (Michael.) Wiener Bilder und Büsten (Troppau 1867, H. Kolck, 8°.).

ar Libussa. Taschenbuch (Prag 1851—1859, br. 12°.).

ein (Joh. Samuel). Nachrichten von den Lebensumständen und Schriften evangelischer Prediger in allen Gemeinen des Königreichs Ungarn, 2 Theile (Leipzig und Ofen 1789, Diepold und Lindauer).

imesch (Philipp). Stift Tepl. Uebersicht der merkwürdigsten, in den Annalen des Prämonstratenserstiftes Tepl verzeichneten Ereignisse in und außer dem genannten Stifte seit dessen Gründung. Im Auftrage seiner Vorsteher ausgegeben und zusammengestellt von.... (Prag 1859, Pospišil, 8°.).

Klun (Prof. Dr.). Die slovenische Literatur. Eine historische Skizze. Separ abdruck aus der „Oesterreichischen Revue" III. Bd., 1864.

Kneschke (Ernst Heinr. Prof. Dr.). Deutsche Grafenhäuser der Gegenwart heraldischer, historischer und genealogischer Beziehung, 3 Bände (Leip 1853, Weigel, gr. 8°.).

— Neues allgemeines deutsches Adelslexikon (Leipzig, Voigt, 8°.).

Köchel (Ludwig Ritter v. Dr.). Die kaiserliche Hofmusikcapelle in Wien von 15 bis 1867. Nach urkundlichen Forschungen (Wien 1869, Beck, 8°.).

Kőváry (László). Erdély nevezetesebb családai, d. i. Siebenbürgische Ade familien (Klausenburg 1854, Barrán und Stein, gr. 8°.).

Koppelmann (Lieben). Gal-Ed. Grabsteininschriften des Prager israel. al Friedhofes, mit biographischen Skizzen (Prag 1856, M. J. Landau, 16

Krafft (Albrecht). Verzeichniß der k. k. Gemäldegalerie im Belvedere zu W (Wien 1855, A. Pichler's Wwe. und Sohn) 5. Aufl.

— Die moderne Schule der k. k. Gemäldegalerie. Als Anhang zu dem V zeichnisse derselben (Wien 1854, Pichler's Wwe. und Sohn).

Křížek (Václav). Anthologie Jihoslovanská s předcházející krátkou src návací naukou o tvarech a připojeným slovníčkem, d. i. Südslavis Anthologie (v Praze 1863, A. Storch, 8°.).

Künstler, die — aller Zeiten und Völker. Leben und Werke der berühmtesten Ba meister, Bildhauer, Maler, Kupferstecher, Formschneider, Lithograph u. s. w., u. s. w. von den frühesten Kunstepochen bis zur Gegenwa Begonnen von Prof. Fr. Müller, fortgesetzt von Dr. Klunzinge 3 Bände mit Anhang (Stuttgart, Ebner und Seubert, Lex. 8°.).

Kukuljević-Sakcinski (Ivan). Slovnik umjetnikah jugoslavenskih, d. i. Lexik südslavischer Künstler (Agram 1859, Ljudevit Gaj, gr. 8°.).

Kurz (Heinrich). Geschichte der neuesten deutschen Literatur von 1830 bis a die Gegenwart u. s. w., 4 Bände (Leipzig 1872, Teubner, Lex. 8°.).

Lamprecht (J.). Aus Oberösterreich entstammende Geistliche höheren Rang (Linz 1867, J. Feichtinger, 8°.).

Lapinski (Theophil). Feldzug der ungarischen Hauptarmee im Jahre 18 Selbsterlebtes von — (Hamburg 1850, Hoffmann und Campe).

Laube (Heinrich). Das erste deutsche Parlament. 3 Bände (Leipzig 1849, Wei mann, 8°.).

— Geschichte der deutschen Literatur. Band 1—4 (Stuttgart 1840, Ha berger, gr. 8°.).

— Das Burgtheater. Beitrag zur deutschen Theatergeschichte (Leipzig 1868, 8°

— Das Wiener Stadttheater (ebd. 1875, 8°.).

Leardi (Peter). Reihe aller bisherigen Erzbischöfe zu Salzburg, wie auch d Bischöfe zu Gurk, Seckau, Lavant und Leoben sammt einer kurz

Geschichte dieser Bisthümer vom Jahre 582 bis 1817 (Grätz 1818, Alois Tusch, 8°.).

...sbilder aus der Vergangenheit. Als Beitrag zu einem Ehrenspiegel der Steiermark, besonders der Stadt Marburg (Gratz 1863, Friedrich Leyer).

...ann (Ernst). Bildende Kunst in der Gegenwart. Gedenkbuch an die Kunsthalle der Wiener Weltausstellung von — — Zweite Auflage (Wien 1873, Alfr. Hölder, 8°.).

...er von Leitentreu (Th. Ign.). Ausführliche Geschichte der Wiener-Neustädter Militärakademie. Nebst einem Anhang über die Leistungen derselben durch ihre Zöglinge in der Armee und vor dem Feinde. 2 Bände (Hermannstadt 1852, Theodor Steinhaußer, 8°.).

...schnigg (Heinrich Ritter von). Kossuth und seine Bannerschaft. Silhouetten aus dem Nachmärz in Ungarn, 2 Bände (Pesth 1850, Heckenast).

...owsky (Robert Graf). Des fürstlichen Hochstiftes Olmütz Münzen und Medaillen, nach der zu Kremsier befindlichen Sammlung verzeichnet und beschrieben (Kremsier 1865, Heinrich Gusek, 8°.).

...reso (Giacomo). Vite dei primarj Marescialli e Generali francesi, italiani, polacchi, tedeschi, russi, inglesi, prussiani e spagnuoli, che ebbero parte nelle guerre Napoleoniche dal 1796 al 1815 (Milano 1840, Borroni e Scotti, Lex. 8°.).

...ern, gesammelt von den Soldaten des kaiserlich österreichischen Heeres im Feldzuge 1859. Nach officiellen Quellen. Heft 1—4 (Wien 1863, L. W. Seidl und Sohn, 8°.).

...eer und Cypressen von 1866. Nordarmee. Dem Heere und Volke Oesterreichs gewidmete Blätter der Erinnerung an schöne Waffenthaten (Wien 1868, Aug. Prandel, 8°.).

und Cypressen von 1866. Südarmee. Dem Heere und Volke Oesterreichs gewidmete Blätter der Erinnerung an schöne Waffenthaten [beide von J. Ritter von Hoffinger] (Wien 1868, Prandel, 8°.).

...n (Hieronymus). Wiens poetische Schwingen und Federn (Leipzig 1847, Fr. Wilhelm Grunow).

...asburg (Friedrich von). Geschichte der obersten Justizstelle in Wien (1749 bis 1848] (Prag 1879, J. B. Reinitzer und Comp., gr. 8°.).

...nner der Zeit. Biographisches Lexikon der Gegenwart. I. und II. Serie (Leipzig 1860 und 1862, Karl B. Lorck, 4°.).

...rzroth (Dr.). Geister und Gestalten aus dem alten Wien (Wien 1868, Prandel, 12°.).

...gyar irók. Életrajz-gyüjtemény. Gyüjte Ferenczy Jakab és Danielik József. Kiadja a Szent-István társulat, d. i. Ungarische Schriftsteller. Lebensbeschreibungen, herausgegeben von Jac. Ferenczy und Jos. Danielik, v legt vom St. Stephansvereine (Pesth 1856, Gustav Emich, 8⁰.).

Magyar írók. Életrajz-gyüjtemény. Második az elsőt kiegészitő kötet. Gy Danielik József. Kiadja ut supra. Lebensbeschreibungen wie ob Zweiter den ersten ergänzender Theil. Von Joseph Danielik (Pesth 18 Josef Gyurian, 8⁰.).

— arczképei és életrajzai. Első gyüjtemény 40 arczképpel, d. i. Unga Schriftsteller in Bildern und Biographien (Pesth 1858, Gustav Hecken kl. 4⁰.).

Majláth (Johann Graf). Geschichte des österreichischen Kaiserstaates, 5 Bä nebst Register von J. H. Möller (Hamburg 1850, Perthes, 8⁰.).

Majer (István). Bibliographia Cleri Archi-Dioecesis Strigoniensis in Hunga (Pest 1873).

Martini. Aufzeichnungen eines Honvéd. Beiträge zur ungarischen Revolutio geschichte 1848 und 1849, 2 Bände (Leipzig 1850, F. W. Grun und Comp.).

Mechel (Christian von). Verzeichniß der Gemälde der k. k. Bildergalerie Wien. Verfaßt von — nach der von ihm auf ah. Befehl im Ja 1781 gemachten neuen Einrichtung (Wien 1783, Rud. Gräffer, Aeltere, 8⁰.).

Menzioni onorifiche dei defunti in Venezia. Die erschienenen Jahrgä (Venezia, F. A. Perini, 8⁰.).

Mells (Em.) und Bergmann (Jos.). Průvodce v oborů českých tistenych pí etc. Od r. 1800—1862, d. i. Führer im Gebiete der čechischen im D erschienenen Gesänge. Von 1800—1862 (Prag 1863, 12⁰.)

Memoria Basilicae Strigoniensis anno 1856 die 31. Augusti consecra (Pestini 1856, J. Beimel et Bas. Kozma, Lex. 8⁰.).

Menzel (Wolfgang). Die deutsche Literatur. Zweite verm. Aufl. Bd. I— (Stuttgart 1836, Hallberger, kl. 8⁰.).

Mettenleiter (Dominik). Philomele. Noten und Klänge aus dem Reiche der Tö I. und II. Folge (Brixen 1868, Weger, 8⁰.).

Meusel (Johann Georg). Lexikon der vom Jahre 1750—1800 verstorbe teutschen Schriftsteller. Bd. I—XV (Leipzig 1802—1816, Fleischer, 8

Milde (Theodor). Ueber das Leben und die Werke der beliebtesten deutsc Dichter und Tonsetzer. 2 Theile (Meißen 1834, Goedsche, 8⁰.).

Miltner (Heinrich Otokar). Beschreibung der bisher bekannten böhmisc Privat-Münzen und Medaillen. Herausgegeben von dem Vereine für Num matik zu Prag. Beschrieben von — — (Prag 1852, 4⁰.).

Mittheilungen des historischen Vereines für Krain. Jahr 1846—1859 (Laib Kleinmayr, 4⁰.).

Monatschrift für Theater und Musik. Redigirt von dem Verfasser der „Recensionen" (Fürst Czartoryski). Herausgegeben von Joseph Klemm. I. bis X. Jahrg. [1857—1865] (Wien, 8°. und 4°.).

Mondseer Gelehrte. Von Prof. Vincenz Stauffer. Im 14. und 15. Jahresbericht des k. k. Obergymnasiums zu Melk veröffentlicht 1864 und 1865, 2 Hefte (Wien 1865, Ludw. Mayr, 4°.).

Morelli di Schönfeld (Carlo). Istoria della Contea di Gorizia..... in quattro volumi compresavi un appendice di note illustrative (Gorizia 1855, Paternolli, 8°.).

Morgenstern (Raphael). Oesterreichs Helden des 17. und 18. Jahrhunderts (St. Pölten 1783, Franz Lorenz, 8°.).

Mosenthal (S. H. Dr.). Museum aus den deutschen Dichtungen österreichischer Lyriker und Epiker der frühesten bis zur neuesten Zeit u. s. w. (Wien 1854, C. Gerold und Sohn).

Müller (Hermann Alex. Dr.). Biographisches Künstler-Lexikon (Leipzig 1882, bibliogr. Institut, br. 12°.).

Mugna (Pietro). Delle scuole e degli uomini celebri di Belluno. Cenni (Venezia 1858, tipogr. del Commercio, gr. 8.).

Musicalischer und Künstler-Almanach auf das Jahr 1783 (Kosmopolis).

Nagler (G. K. Dr.). Neues allgemeines Künstler-Lexikon oder Nachrichten von dem Leben und den Werken der Maler, Bildhauer, Baumeister, Kupferstecher, Formschneider, Lithographen, Zeichner, Medailleure, Elfenbeinarbeiter u. s. w. Bd. I—XXII (München 1835—1852, gr. 8°.).

Nagy (Iván). Magyarország családai czimerekkel és nemzékrendi táblákkal, d. i. Die ungarischen Familien in ihren Wappen und Stammtafeln, Bd. I bis XII (Pesth 1860, Moriz Ráth, gr. 8°.).

Nedopil (Leopold). Deutsche Adelsproben aus dem deutschen Ordens-Centralarchiv, 3 Bände (Wien 1868, Braumüller, gr. 8°.).

Nehring (Wladyslaw). Kurs literatury polskiej dla użytku szkól, d. i. Lehrcurs der polnischen Literatur (Poznan 1866, 8°.).

Neilreich (August). „Geschichte der Botanik in Niederösterreich" im 5. Bande (1855) der Verhandlungen des zoologisch-botanischen Vereines in Wien in den „Abhandlungen" S. 23.

Neugart (Trudpert). Historia monasterii Ord. S. Benedicti ad S. Paulum in valle inferioris Carinthiae Lavantina. Partes 2 (Clagenfurti 1854, Leon, 8.).

Nowack (Karl Gabriel). Schlesisches Schriftsteller-Lexikon oder bio-bibliographisches Verzeichniß der im zweiten Viertel des 19. Jahrhunderts lebenden schlesischen Schriftsteller. Heft 1—6 (Breslau 1836, Korn, 8°.).

Ô Cahill (Baron). Geschichte der grösten (sic) Heerführer neuerer Zeiten, gesammelt und mit taktisch-geographischen Noten begleitet — — Theil 1—12 (Frankfurt und Leipzig 1784—1799, 8°.).

Oesterreich im Jahre 1840. Staat und Staatsverwaltung, Verfassung und Cultur. Von einem österreichischen Staatsmann, 2 Bände (Leipzig 1840, Otto Wigand, gr. 8°.).

Oesterreichische Adelshalle. Sammlung historischer Dichtungen von ausgezeichneten Schriftstellern (Wien 1842, Franz Wimmer, 8°.).

Oesterreichische Biedermannschronik. Ein Gegenstück zum Phantasten- und Predigeralmanach. 1. (einziger) Theil (Freiheitsburg [Linz] 1785, 8°.).

Oesterreichischer Parnaß, bestiegen von einem heruntergekommenen Antiquar. [Von Uffo Horn!] (Frey-Sing [Hamburg, Hoffmann und Campe] o. J. [1835] Athanasius und Comp., 8°.).

Památky archeologicke a mistopisne Redaktor K. Wl. Zap, d. i. Archäologische und topographische Denkwürdigkeiten; redig. von K. Wl. Zap (Prag, 4°.) 1859 u. f.

Parlaments-Album. Autographirte Denkblätter der Mitglieder des ersten deutschen Reichstages (Frankfurt a. M. 1849, S. Schmerber, kl. Fol.).

Pawlowski (Franciscus). Premislia sacra sive Series et Gesta Episcoporum r. l. Premisliensium. E fontibus domesticis et extraneis etc. (Cracoviae 1870, V. Jaworski, 8°.).

Perger (A. R. v.). Die Kunstschätze Wiens in Stahlstich nebst erläuterndem Text. Herausgegeben vom österr. Lloyd (Triest 1854, 4°.).

Peternader (Anton). Tirols Landesvertheidigung nebst interessanten Biographien und Skizzen merkwürdiger Tiroler Landesvertheidiger. Drei Theile in einem Band (Innsbruck 1853, Witting, 8°.).

Pietrucci (Napoleone). Delle illustri donne Padovane cenni biografici di — Seconda edizione con note ed aggiunte dell'autore (Padova 1853, 8°.).

— Biografia degli artisti Padovani (Padova 1858, tipogr. Bianchi, gr. 8°.).

Plutarch, neuer, oder Biographien und Bildnisse der berühmtesten Männer und Frauen aller Nationen und Stände, von den älteren bis auf unsere Zeiten. Vierte Auflage. Mit Verwendung der Beiträge des Freiherrn Ernst von Feuchtersleben, neu bearbeitet von Aug. Diezmann, 4 Theile (Pesth, Wien und Leipzig 1858, C. A. Hartleben, 8°.).

Poggendorff (J. C.). Biographisch-literarisches Handwörterbuch zur Geschichte der exacten Wissenschaften u. s. w., 2 Bände (Leipzig 1860, Joh. Ambr. Barth, gr. 8°.).

Pohl (C. P.). Gesellschaft der Musikfreunde des österreichischen Kaiserstaates und ihr Conservatorium (Wien 1871, Braumüller, gr. 8°.).

Přecechtěl (Rupert). Rozhled dějin československé literatury a životopisy československych vytečníkuv, d. i. Ueberblick der čechoslavischen Literatur und Biographien der čechoslavischen Koryphäen (Kremsier 1872, 12°.).

'rochaska (Faustinus. Ordinis minimorum S. Francisci etc.). De saecularibus liberalium artium in Bohemia et Moravia fatis commentarius (Pragae 1782, Ad. Math. Schmadl, 8°.).

'roschko (Franz Isidor Dr.). Das Cistercienserstift Hohenfurth in Böhmen. Aus Anlaß der sechshundertjährigen Jubelfeier seines Bestehens (Linz 1859[?], Eurich).

'uff (Rud. Gust.). Marburg in Steiermark. Seine Umgebung, Bewohner und Geschichte, 2 Bände (Gratz 1847, Leykam, 8°.).

'anzoni (Emmerich). Malerei in Wien, mit einem Anhang über Plastik (Wien 1873, Lehmann und Wentzel, kl. 8°.).

— Wiener Bauten (Wien 1873, Lehmann und Wentzel, 8°.).

Rapp (Ludwig). Freimaurer in Tirol (Innsbruck 1867).

Rastawiecki (Edward). Słownik malarzów polskich tudzież obcych w Polsce osiadłych lubcsasowo w niej przebywających, d. i. Lexikon der polnischen Maler, ebenso der fremden dort ansässigen, wie der dort zeitweise lebenden, 3 Bände (Warszawa 1850—1857, Orgelbrand, gr. 8°.).

Ratzeburg (J. J. C.). Forstwirthschaftliches Schriftsteller-Lexikon. Von — — (Berlin 1873, Nicolai, 4°.).

Realis. Curiositäten- und Memorabilien-Lexikon von Wien. Ein belehrendes und unterhaltendes Nachschlag- und Lesebuch in anekdotischer, artistischer, biographischer, geschichtlicher, legendarischer, pittoresker, romantischer und topographischer Beziehung. Von Realis. Herausgegeben von Anton Köhler, 2 Bände (Wien 1846, gr. 8°.).

Reber (Franz Dr.). Geschichte der neueren deutschen Kunst (Stuttgart 1876, gr. 8°.).

Reichsrath, der — Biographische Skizzen der Mitglieder des Herren- und Abgeordnetenhauses des österreichischen Reichsrathes, nebst dem Programm der verschiedenen Parteien 2c. Erstes und zweites Heft (Wien 1861 und 1862, Förster und Bartelmus, 8°.).

Reichstagsgallerie. Geschriebene Porträts der hervorragendsten Deputirten des ersten österreichischen Reichstages. Erstes bis viertes Heft (Wien 1848, Jasper und Manz, 8°.).

Reilly (Franz Johann Joseph von). Skizzirte Biographien der berühmtesten Feldherren Oesterreichs von Maximilian dem I. bis auf Franz den II. In Verbindung mit der Geschichte ihrer Zeit und mit ihren echten Abbildungen.... Von — — (Wien 1813, k. k. priv. Kunst- und Industrie-comptoir, 4°.).

Reisinger (Dr.). Politische Bilder aus Ungarns Neuzeit (Hamburg 1849, Hoffmann und Campe, 8°.).

Richter (Franc. Xav.). Augustini Olomucensis Episcoporum Olomucensium series. Quam recensuit, continuavit, notisque historico-chronologicis illustravit — — (Olomucii 1831, Al. Skarnitzl, 8°.).

Riehl (W. H.). Musicalische Charakterköpfe. Ein kunstgeschichtliches Skizzenbuch, 2 Theile (Stuttgart und Tübingen 1853, J. G. Cotta, 8⁰.).

Riemann (Hugo Dr.). Musik-Lexikon (Leipzig 1882, bibliographisches Institut, 12⁰.).

Ritratti e Biografie d'illustri Bassanesi (Bassano 1853, Tipografia Basseggio, 4⁰. a spese di Domenico Conte).

Rycharski (L. T.). Literatura polska w historyczno-krytycznym zarysie, d. i. Die polnische Literatur in geschichtlich-kritischen Umrissen, 2 Bände (Krakau 1868, 8⁰.).

Šafařik (Paul Jos.). Geschichte der südslavischen Literatur. Aus dessen handschriftlichem Nachlasse herausgegeben von Jos. Jireček. I. Slovenisches und glagolitisches Schriftthum; II. Illyrisches und croatisches Schriftthum; III. Das serbische Schriftthum, 1. und 2. Abth. (Prag 1864 und 1865, Friedrich Tempský, gr. 8⁰.).

Sarkady (István). Haynal. Arczképekkel és életrajzokkal diszitett Album, d. i. Morgenröthe. Bildniß- und Biographienalbum (Wien 1867, Sommer, 4⁰.).

Schaller (Jaroslaw). Kurze Lebensbeschreibungen jener verstorbenen gelehrten Männer aus dem Orden der frommen Schulen, die sich durch ihr Talent und besondere Verdienste um die Literatur und Wissenschaften von der Errichtung dieses Institutes bis auf gegenwärtige Zeiten vorzüglich ausgezeichnet haben (Prag 1799, Franz Gerzabek, 8⁰.).

Schallhammer Anton (Ritter von). Kriegerische Ereignisse im Herzogthume Salzburg in den Jahren 1800, 1805 und 1809 (Salzburg 1853, Mayr, gr. 8⁰.).

Scheyrer (Ludwig). Die Schriftsteller Oesterreichs in Reim und Prosa auf dem Gebiete der schönen Literatur aus der ältesten bis auf die neueste Zeit. Mit biographischen Angaben und Proben aus ihren Werken (Wien 1858, typogr.-lithogr.-artist. Anstalt, 8⁰.).

Schiffner (Joseph). Galerie der interessantesten und merkwürdigsten Personen Böhmens, nebst der Beschreibung merkwürdiger böhmischer Landesseltenheiten alter und neuer Zeiten. Aus den besten und bewährtesten böhmischen Geschichtsschreibern historisch-chronologisch abgefaßt (Prag 1802, Johann Buchler, 8⁰.) Bd. 1—5.

Schilling (Gustav). Das musicalische Europa oder Sammlung von durchgehends authentischen Lebensnachrichten über jetzt in Europa lebende ausgezeichnete Tonkünstler, Musikgelehrte, Componisten, Virtuosen, Sänger u. s. w. In alphabetischer Ordnung herausgegeben u. s. w. (Speyer 1842, F. C. Neidhard, gr. 8⁰.).

Schimmer (Karl August). Bilder aus der Heimat. Oesterreichische Volksschrift zur Belehrung und Unterhaltung, mit besonderer Rücksicht auf vaterländische Geschichte, Topographie und Statistik. Unter Mitwirkung ausgezeichneter Fachmänner (Wien 1853, A. Pichler's Witwe und Sohn, Lex. 8⁰.).

Schlesinger (Max). Aus Ungarn. Zweite Auflage (Berlin 1850, Max Duncker, 8°.).

Schlichtegroll (Friedrich). Nekrolog. Enthaltend Nachrichten von dem Leben merkwürdiger in.... (den Jahren 1790—1801) gestorbenen Personen (Gotha 1791—1806, Justus Perthes, kl. 8°.).

Schlosser. Geschichte des achtzehnten Jahrhunderts und des neunzehnten bis zum Sturz des französischen Kaiserreichs, 7 Bände (Heidelberg 1848, Mohr, gr. 8°.).

Schmieder (Pius P.). Breve Chronicon Monasterii beatae Mariae virginis Lambacensis ordinis S. Benedicti (Typis J. Feichtinger, Lentii 1865, 8°.).

Schmidt (August Dr.). Allgemeine Wiener Musikzeitung (Wien, 4°.), alle Jahrgänge, auch die von seinen Vorgängern Glöggl und Luib redigirten.

— Denksteine. Biographien von Ignaz Ritter von Seyfried, Joseph Edler von Eybler u. s. w. (Wien 1848, Mechitaristen, 4°.).

Schmitth (A. P. Nicolaus). Archi-episcopi Strigoniensis compendio dati. Editio altera. Pars I^a, II^a (Tyrnaviae 1758, typ. acad. S. J., 8°.).

Schmutz (Karl). Historisch-topographisches Lexikon von Steiermark. Vier Theile. Mit den Wappen aller 97 steiermärkischen Marktflecken in 3 Steindrucktafeln (Gratz 1822, Andr. Kienreich, 8°.).

Schönfeld (Ignaz Ritter). Adelsschematismus des österreichischen Kaiserstaates. Im Verein mit mehreren Freunden dieses Faches herausgegeben. I. und II. Jahrg. (Wien 1825, Schaumburg und Comp., 8°.).

Schrader-Hering. Biographisch-literarisches Lexikon der Thierärzte aller Zeiten und Länder, sowie der Naturforscher, Aerzte u. s. w., welche sich um die Thierheilkunde verdient gemacht haben. Gesammelt von G. W. Schrader. Vervollständigt und herausgegeben von Ed. Hering (Stuttgart 1863, Ebner und Seubert, gr. 8°.).

Schuler von Libloy (Friedrich). Kurzer Ueberblick der Literaturgeschichte Siebenbürgens von der ältesten Zeit bis zu Ende des vorigen Jahrhunderts. Sylvestergabe für Gönner und Freunde (Hermannstadt 1857, Closius, gr. 8°.).

Schwarzer (Guido). Biographien zur Gallerie berühmter und verdienter Forstmänner (Brünn 1870, 8°.).

Scriptores facultatis theologicae, qui C. R. scientiarum universitatem Pestinensem ab ejus origine a. 1635 ad annum 1858-um operabantur (Pestini 1859, Jos. Gyurian, 8°.).

Seidlitz (Julius Dr.). Die Poesie und die Poeten in Oesterreich im Jahre 1836. 2 Bände (Grimma 1837, J. M. Gebhardt, 8°.).

Šembera (Al. Voit.). Dějiný řeči a literatury československé, d. i. Geschichte der čechoslavischen Sprache und Literatur (Wien 185., Selbstverlag, gr. 8°.).

Serie cronologica dei Vescovi Olivolensi Castellani e Patriarchi di Venezia ec. ec. (Venezia 1857, 8°.).

Series abbatum monasterii O. S. B. ad S. Petrum Salisburgi (Salzburg 1864, Duyle, 8°.).

Seyfried (Ferdinand Ritter von). Rückschau in das Theaterleben Wiens seit den letzten fünfzig Jahren (Wien 1864, Selbstverlag des Verf., 8°.).

Siebengestirn, das, und die kleineren Sterngruppen im Gebiete der Tonkunst aus Seraph Lener's Werken, 2 Theile (Pesth 1861, Joh. Herz, gr. 8°.).

Slavin (Pantheon). Sbírka podobizen, autografů a životopisů etc., d. i. Sammlung von Bildnissen, Autographien und Biographien (Prag 1872, Bartel, 8°.).

Slovník naučný, d. i. Wissenschaftliches Wörterbuch. Redaktor Dr. Frant. Lad. Rieger. Spoluredaktor J. Malý, 10 Bände (v Praze 1859, J. L. Kober, gr. 8°.).

Smolik (Josef). Mathematikové v Čechách, d. i. Die Mathematiker in Böhmen (Prag 1865).

Sojka (Jan Eraz.). Naši mužové. Biografie a charakteristiky mužův slovanských. Sepsal..., d. i. Unsere Männer. Biographien und Charakteristiken der slavischen Männer (Prag 1862, Ant. Renn, 8°.).

Sorgato (Gaetano). Memorie funebri antiche e recenti. 3 Bände (Padova 1856, gr. 8°.).

Sowiński (Albert). Les musiciens polonais et slaves anciens et modernes. Dictionnaire biographique des compositeurs, chanteurs, instrumentistes, luthiers, constructeurs d'orgues, poètes sacrés et lyrics etc. etc. (Paris 1857. Adrien Le Clerc et Comp.).

Springer (Anton). Geschichte Oesterreichs seit dem Wiener Frieden 1809. 2 Bände (Leipzig 1864 und 1865, Hirzel, gr. 8°.).

Steiermärkische Zeitschrift. Redigirt von Dr. G. F. Schreiner, Dr. Albert von Muchar, C. G. Ritter von Leitner, A. Schrötter (Grätz 1840, 8°.). Neue Folge, VI. Jahrg., 1. und 2. Heft; VII. Jahrg., 1. Heft.

Stenographische Protokolle des Hauses der Abgeordneten des Reichsrathes 1861 u. d. f. (Wien, Staatsdruckerei, 4°.).

— Protokolle des Herrenhauses des Reichsrathes 1861 u. d. f. (ebd., 4°.).

Stoeger (Johann Nep.). Scriptores Provinciae austriacae Societatis Jesu ab ejus origine ad nostra usque tempora (Viennae et Ratisbonae 1856, G. J. Manz. gr. 8°.).

Storch (Franz Dr.). Skizzen zu einer naturhistorischen Topographie des Herzogthums Salzburg. Erster (und einziger) Band. Flora von Salzburg (Salzburg 1854, Mayr'sche Buchhandlung, 8°.).

Strack (Joseph). Die Generale der österreichischen Armee. Nach k. k. Feldacten und anderen gedruckten Quellen (Wien 1850, Jos. Beck und Sohn, 8°.).

traszewicz (Joseph). Die Polen und die Polinen der Revolution vom 29. November 1830. Hundert Porträts derjenigen Personen, die sich in dem letzten polnischen Freiheitskampfe ausgezeichnet haben; mit der Lebensbeschreibung eines jeden Porträt (sic). Deutsche Originalausgabe (Stuttgart 1832—1837, E. Schweizerbart, 8°.) [ohne Bilder].

tubenrauch (Moriz von). Bibliotheca juridica austriaca. Verzeichniß der von den ältesten Zeiten bis zum Schlusse des Jahres 1846 in Oesterreich (außer Ungarn und Siebenbürgen) erschienenen Druckschriften und der in den österreichischen juridischen Zeitschriften enthaltenen Aufsätze aus allen Theilen der Rechtsgelehrsamkeit. Mit einem ausführlichen Sachregister. Ein Versuch von — — (Wien 1847, Friedrich Beck, 8°.).

tupnicki (Hipolyt). Imionospis poległych i straconych ofiar powstania roku 1863 i 1864. Zebrał i ułożył — — d. i. Namenverzeichniß der im Aufstande der Jahre 1863 und 1864 gefallenenen Opfer (Lemberg 1865, M. F. Poremba, 8°.).

Sturmfeder (W. F.). Repertorium der deutschen Militärjournalistik (Cassel 1859, Oswald Bertram).

Süß (Maria Vincenz). Die Bürgermeister in Salzburg von 1433—1840. Mit den Bildnissen derselben u. s. w. (Salzburg 1840, Jos. Oberer, 8°.).

Szöllösy (Joh. Nep.). Tagebuch gefeierter Helden und wichtiger kriegerischer Ereignisse der neuesten Zeit, nebst entsprechenden Aphorismen (Fünfkirchen in Ungarn 1837, bisch. Lyc. Druckerei, gr. 8°.).

Taschenbuch für die vaterländische Geschichte, 1811, 1812, 1813, 1814 (Wien, Anton Doll, 12°.).

Taufrath (Michael). Kurze Nachrichten über die k. k. evangel. theolog. Facultät in Wien, nebst Biographien ihrer ehemaligen Directoren und bisherigen Professoren, sowie Verzeichniß aller bis jetzt an ihr immatriculirten Studirenden. Zweite verm. Aufl. u. s. w. (Wien 1871, Braumüller).

Tempel, der — des Nachruhms oder Sammlung kurz verfaßter Lebensgeschichten großer ausgezeichneter Militärpersonen, Staatsminister verschiedener Mächte, dann durch besondere Thaten, Weisheit, Gelehrsamkeit, Künste und Eigenschaften bekannt gewordener Männer sowohl als auch Frauenzimmer älterer und neuerer Zeiten, 2 Theile (Wien 1797, J. G. Binz und Linz, akadem. Buchhandlung, 8°.).

Teuffenbach (Albin Reichsfreiherr). Vaterländisches Ehrenbuch. Poetischer Theil. Geschichtliche Denkwürdigkeiten aus allen Ländern und Ständen der österreichisch-ungarischen Monarchie in Gedichten (Salzburg 1879, H. Dieter, gr. 8°.).

Vaterländisches Ehrenbuch. Geschichtliche Denkwürdigkeiten u. s. w. Prosaischer Theil (Wien und Teschen 1877, Prochaska, gr. 8°.).

Thaten und Charakterzüge berühmter österreichischer Feldherren, 2 Bände (Wien 1808, Degen, 8°.).

Theater-Lexikon, allgemeines — oder Encyklopädie alles Wissenswerthen für Bühnenkünstler u. s. w. Herausgegeben von R. Herloßsohn, H. Marggraff u. A. Neue Ausgabe, VII Bände (Altenburg und Leipzig o. J., kl. 8°.).

Thürheim (A. Graf). Gedenkblätter aus der Kriegsgeschichte der k. k. österreichischen Armee. 2 Bände (Wien und Teschen 1880, Prochaska, Lex. 8°.).

— Die Reiter-Regimenter der k. k. österreichischen Armee. I. Band: Die Kürassiere und Dragoner; II. Band: Die Huszaren; III. Band: Die Uhlanen (Wien 1862 und 1863, Geitler, gr. 8°.).

Tirolisches Künstler-Lexikon oder kurze Lebensbeschreibung jener Künstler, welche geborene Tiroler waren oder eine längere Zeit in Tirol sich aufgehalten haben. Von einem Verehrer der Künste (dem geistlichen Rathe Leman) (Innsbruck 1830, Felician Rauch, 8°.).

Toldy (Franz) und Fenyéry (Julius). Handbuch der ungarischen Poesie oder Auswahl interessanter chronologisch geordneter Stücke aus den vortrefflichsten ungarischen Dichtern u. s. w., 2 Bände (Pesth und Wien 1828, G. Kilian und K. Gerold, 8°.).

— Geschichte der ungarischen Dichtung von den ältesten Zeiten bis auf Alex. Kisfaludy. Aus dem Ungarischen übersetzt von Gustav Steinacker (Pesth 1863, Gustav Heckenast, 8°.).

— (Ferencz). Irodalmi arczképei s újabb beszédei. Kiadta Tárkányi, d. i. Literarische Porträte von Franz Toldy. Herausgegeben von Tárkányi (Pesth 1856, Gustav Emich).

— (Ferenc). A magyar nemzeti irodalom története a legrégibb időktől a jelenkorig rövid előadásban, d. i. Geschichte der ungarischen Literatur von den ältesten Tagen bis auf unsere Zeit (Pesth 1864/65, Gustav Emich, gr. 8°.).

— Irodalmi beszédek, d. i. Literarische Reden. Erster Band. Leichen- und Gedächtnißreden. Első kötet. Gyász- és emlékbeszédek. 1833—1855 (Pesth 1872, Mor. Ráth, kl. 8°.).

— A magyar költészet kézikönyve. A mohácsi vésztől a legújabb időig. Irta...., d. i. Handbuch der ungarischen Dichtung. Von der Schlacht bei Mohács bis auf unsere Tage. 1. und 2. Bd. (Pesth 1855 und 1857, Gustav Heckenast, gr. 8°.).

Tomek (Wenzel Wladivoj). Geschichte der Prager Universität. Zur Feier der fünfhundertjährigen Gründung derselben verfaßt (Prag 1849, G. Haase's Söhne, 8°.).

Trausch (Joseph). Biographisch-literarische Denkblätter der Siebenbürger Deutschen, 3 Bände (Kronstadt 1846, Jos. Gött, gr. 8°.).

Tschischka (Franz). Kunst und Alterthum im österreichischen Kaiserstaate (Wien 1835, Fr. Beck, gr. 8°.).

Ugoni (Camillo). Geschichte der italienischen Literatur seit der zweiten Hälfte des achtzehnten Jahrhunderts. Aus dem Italienischen, 3 Theile (Zürich 1830, Orell, Füßli und Comp., 8°.).

Ugoni (Camillo). Della letteratura italiana nella seconda metà del secolo XVIII. Opera postuma. Volume I—IV (Milano 1856, Bernardoni, gr. 8⁰.).

Ungarns politische Charaktere. Gezeichnet von F. R. (Mainz 1851, J. G. Wirth's Sohn).

Ungarische Reichstag, der — 1861, 3 Bände (Pesth 1861, Karl Osterlamm, 8⁰.).

Ungarns Männer der Zeit. Biographien und Charakteristiken hervorragendster Persönlichkeiten. Erzählende Skizzen nach sichersten, vielfach intimen Mittheilungen und vieljährigem persönlichen Umgange. Aus der Feder eines Unabhängigen (von Kertbeny) (Prag 1862, A. G. Steinhauser, 8⁰.).

Ungarischer Plutarch oder Nachrichten von dem Leben merkwürdiger Personen des Königreichs Ungarn und der dazu gehörigen Provinzen. Aus authentischen Quellen geschöpft und in chronologischer Ordnung dargestellt von Karl Vincenz Kölesy und Jakob Melzer, Bd. I—IV (Pesth 1816, Joseph Eggenberger, 8⁰.)

Väter, die neuen — der Großcommune Wien, hervorgegangen aus der freien Wahl und dem Vertrauen ihrer Mitbürger im Jahre 1861. Von Mor. Bermann und Franz Evenbach (Wien 1861, Keck und Comp., gr. 8⁰.).

Válkai (Imre). Hass! Alkoss! Gyarapits! Irodalmi s müvészeti Daguerreotypek. Magyar irók és mûvészek ismertetése. Irta.... Szerzö tulajdona, d. i. Literarische und Künstler-Daguerreotypen (Wien 1858, Sommer Lipót, 8⁰.).

Vasárnapi ujság, d. i. Sonntagsblätter, Jahrgänge 1854 und die folgenden (Pesth, 4⁰.).

Vaterländische Blätter des österreichischen Kaiserthums. 1808—1820 (4⁰.), 1808—1814 redig. von J. M. Armbruster, 1815—1820 von Dr. Franz Sartori unter dem Titel: „Erneuerte vaterländische Blätter".

Verhandlungen des österreichischen verstärkten Reichsrathes 1861, 2 Bände (Wien, Manz, kl. 8⁰.).

— des zoologisch-botanischen Vereins in Wien (Wien 1855, 8⁰.) Bd. V, Jahr 1855, Aufsatz in den Abhandlungen S. 23—76: „Geschichte der Botanik in Niederösterreich. Von August Neilreich."

Vlasák (Franz). Der altböhmische Adel und seine Nachkommenschaft nach dem dreißigjährigen Kriege. Historisch-genealogische Beiträge von — — Aus dem Böhmischen übersetzt und verbessert von dem Verfasser (Prag o. J. [1866] E. Styblo, kl. 8⁰.).

Voigt (Adauctus a S. Germano). Acta litteraria Bohemiae et Moraviae. Voluminis I. pars 1—6 (Pragae 1874, C. Hraba, 8⁰.).

Waldheim's Illustrirte Zeitung (Wien, R. v. Waldheim's xylogr. Institut, kl. Fol.) 1862—1866.

Wallaszky (Paulus). Conspectus reipublicae litterariae in Hungaria ab initiis regni ad nostra usque tempora delineatus (Posonii et Lipsiae 1785, Ant. Loewe, 8.).

Walter (Julius). Neue Sprudelsteine. Karlsbader Bilderbuch (Wien 1876, Rosner).

Weihrauch (Erwin Anton). Geschichte des königlichen Prämonstratenser-Chorherrenstiftes Strahow, bearbeitet von — — (Prag 1863, Selbstverlag des Stiftes, 8°.).

Weis (Karl). Geschichte der öffentlichen Anstalten, Fonde und Stiftungen für die Armenversorgung in Wien (Wien 1867, Selbstverlag des Gemeinderathes, 8°.).

— Edler von Starkenfels (Victor). Die k. k. orientalische Akademie zu Wien, ihre Gründung u. s. w. (Wien 1839, C. Gerold, 8°.).

Weill (Philipp). Wiener Jahrbuch für Zeitgeschichte, Kunst und Industrie und Oesterreichische Walhalla. Erste Abtheilung (Wien 1851, Anton Schweiger, 8°.).

Wenzig (Joseph). Blicke über das böhmische Volk, seine Geschichte und Literatur mit einer reichen Auswahl von Literaturproben (Leipzig 1855, Brandstetter, 8°.).

Weszprémi (Stephan). Succincta medicorum Hungariae et Transylvaniae Biographia. Centuria prima (Lipsiae 1774, Sommer, 8°.). — Centuria altera, pars prior (Viennae 1778, Trattnern, 8°.). — Centuria altera, pars posterior (ib. 1781, 8°.). — Centuria tertia, Decas I et II (ib. 1787, 8°.).

Wien, das geistige. Künstler- und Schriftsteller-Lexikon. Herausgegeben von Ludwig Eisenberg und Richard Groner, Jahrg. 1890 (Wien 1890, Heinrich Brockhausen, br. 8°.).

Wiener Rothbuch. Kalender für das Schaltjahr 1872. Herausgegeben von Karl Linder und L. Groß (Wien 1872, 8°.).

Wlassak (Eduard Dr.). Chronik des k. k. Hofburgtheaters (Wien 1876, Wallishausser, 8°.).

Wolf (G.). Vom ersten bis zum zweiten Tempel. Geschichte der israelitischen Cultusgemeinde in Wien (1820—1860) (Wien 1861, Braumüller, gr. 8°.).

Wolny (Gregor Dr.). Kirchliche Topographie Mährens. Brünner Kreis. Olmützer Kreis, 7 Bände (Brünn 1857, gr. 8°.).

Wojcicki (K. Wl.). Historyja literatury polskiej w zarysach, d. i. Geschichte der polnischen Literatur in Umrissen, Tom. I–IV (Warszawa 1846, Gust. Sennewald, gr. 8°.).

Zakrajsek (Franz). Abriß der neuslovenischen Literaturgeschichte im ersten Jahresbericht über die k. k. Oberrealschule in Görz (Görz, J. B. Seitz, 8°.).

Zauner (Jud. Thaddäus). Biographische Nachrichten von den salzburgischen Rechtslehrern von der Stiftung der Universität an bis auf gegenwärtige Zeiten (Salzburg 1789, Waisenhausbuchhandlung, 8°.).

— Chronik von Salzburg, und Fortsetzung von Corbinian Gärtner. 11 Bände (Salzburg 1796—18.., 8°.).

'genossen. Almanach für das Jahr 1863. Enthaltend interessante biographische Skizzen hervorragender um Staat oder Kirche, Wissenschaft, Kunst, Industrie verdienter oder in anderer Beziehung denkwürdiger Männer der Gegenwart (Graz, Triegler, später S. Settele, kl. 8°.) I. bis IV. Heft, incompl.

ologisch-botanischer Verein. Personen-, Orts- und Sachregister der fünf ersten Jahrgänge (1851—1855) der Sitzungsberichte und Abhandlungen des Wiener zoologisch-botanischen Vereines. Zusammengestellt von A. Fr. Grafen Marschall. Herausgegeben von dem zoologisch-botanischen Verein (Wien 1857, W. Braumüller's k. k. Hofbuchhandlung, 8°.).

ır Geschichte des ungarischen Freiheitskampfes. Authentische Berichte (zwei Bände in einem) (Leipzig 1851, Arnold, 8°.).

Z.

Zichy, August Graf (Kunstforscher und Reisender, geb. 14. Juni 1852), vom I. Zweige der Karlsburger Linie. Ein Sohn des Grafen Franz aus dessen Ehe mit Maria Clara geborenen Marquise de Ville Gräfin Dem blin, wendete er sich nach einer sehr sorgfältigen Erziehung und beendeten Vorbereitungsclassen dem Studium der Rechte zu und erlangte daraus die Doctorwürde. 23 Jahre alt, trat er im Herbst 1875 mit seinem älteren Bruder Joseph eine Reise um die Welt an. Zuerst nahmen sie ihren Weg über Constantinopel, nach Aegypten, stiegen in Suez an Bord des Schiffes „Anadyr" und schifften, Aden, Ceylon, Singhapur berührend, nach den niederländischen Colonien, wo sie längere Zeit sich aufhielten. Ueberall, in Batavia, wo sie Gäste des Obergouverneurs waren, auf der Insel Java, welche sie vollständig bereisten, fanden sie die beste Aufnahme. Dann begaben sie sich über Singhapur nach Siam, wo ihnen der König ein eigenes Schiff zur Verfügung stellte, auf welchem sie in das Innere des Landes einen interessanten Ausflug machten. Dann ging es nach China, wo sie Hongkong, Macao, Canton, Shangai u. s. w. besuchten. Infolge eines Sturmes aber in den chinesischen Meeren, durch den ihr Schiff beinahe zu Grunde ging, erlitt ihr ursprünglicher Reiseplan, eine Umsegelung der Erde, eine wesentliche Aenderung. Sie reisten nun nach Japan, wo sie vom Mikado in auszeichnender Weise empfangen wurden. Dort nahmen sie längeren Aufenthalt, bereisten das fabelhaft schöne Inselland und gelangten vermittelst besonderer von der Regierung ausgestellter Erlaubnißscheine an viele Orte, welche vor ihnen noch keinem Europäer zu sehen möglich gewesen. Aus Japan kehrten sie nach Shangai zurück; besuchten noch Peking und kehrten nun auf dem Landwege über die Mongolei oder die Wüste Gobi und Sibirien nach Hause zurück. Eine zweite Reise machten sie dann durch die Vereinigten Staaten Amerikas, Canada und Californien. Ueber diese Reisen hielt Graf August nach seiner Heimkehr in den Sitzungen der ungarischen geographischen Gesellschaft zu Pesth in den Jahren 1876—1879 Vorlesungen, welche auch in der Zeitschrift dieser Gesellschaft abgedruckt erschienen, und zwar: „Reise von Peking über die mongolische Wüste nach Ura" 1876; — „Die Colonien und das Colonisationssystem der Niederlande in Ostindien" 1877; — „Dominion of Canada" 1878; — „Beobachtungen und Betrachtungen über Japan" 1879.

Alle diese Vorträge kamen überdies in Sonderabdrucken und der letztgenannte auch in deutscher Sprache im „Pesther Lloyd" heraus. Eine in der Sitzung der ungarischen Akademie am 3. November 1879 gehaltene Vorlesung „Ueber die Kunst der Japanesen" ist in deutscher Sprache vollständig mit 18 Tafeln in der von Paul Hunfalvy herausgegebenen Zeitschrift „Literarische Berichte aus Ungarn" (Budapesth, gr. 8°.) Bd. IV, S. 1—104 abgedruckt und gibt über einen völlig neuen Gegenstand eine ebenso umfassende und interessante als sachkundige Darstellung. Bei der maritimen Bedeutung, welche das ungarisch-croatische Küstenland überhaupt und Fiume insbesondere besitzt, und welche von der ungarischen Regierung in ihrem ganzen Umfange erkannt worden, fiel das Augenmerk derselben, als es sich um die Hebung und Förderung so mächtiger Interessen handelte, sofort nach der Rückkehr von seiner Reise auf den Grafen, der nunmehr zum Gouverneur von Fiume und dem ungarisch-croatischen Küstenlande ernannt wurde, welche Stelle derselbe noch zur Stunde bekleidet. Ueberdies ist der Graf Finanzdirector der königlich ungarischen Finanzdirection in Fiume, Präsident der königlich ungarischen Seebehörde daselbst, als Gouverneur von Fiume Mitglied der Magnatentafel und der Delegation des ungarischen Reichstages zur Behandlung der gemeinsamen Angelegenheiten und correspondirendes Mitglied der sprach- und schönwissenschaftlichen Classe der ungarischen Akademie der Wissenschaften. August Graf Zichy ist seit 31. Mai 1881 mit Hedwig geborenen Gräfin Wimpffen, einer Tochter des Grafen Victor Wimpffen aus dessen Ehe mit Anastasia geborenen Freiin von Sina, vermält, und stammen aus dieser Ehe zwei Töchter, Maria und Theodora.

I. **Zur Genealogie des Grafenhauses Zichy de Zich und Vásonykeö und Zichy-Ferraris.** Eines der ältesten, berühmtesten und denkwürdigsten Adelsgeschlechter Ungarns, führt es seinen Ursprung bis Ende des 12. und Anfang des 13. Jahrhunderts zurück. Es ist tatarischer Abstammung, und **Gallus** Zichy erscheint in der zweiten Hälfte des 13. Jahrhunderts als Ahnherr des Hauses, von ihm geht die Stammesfolge in ununterbrochener Reihe fort, sich in verschiedene Linien, Zweige und öfter erlöschende Nebenzweige abtrennend. Leider verkümmern uns unvorgesehene und unliebsame durch unablässiges Drängen der Staatsdruckerei veranlaßte Beschränkungen die Möglichkeit, wie wir es früher bei berühmten Adelsfamilien gethan, unsere Stammtafel bei dem ältesten bekannten Ahnherrn zu beginnen, wie wir uns überhaupt aus gleichen Gründen jetzt öfter kürzer fassen müssen, als es für Zweck und Bedeutung des Werkes gut ist. Indem wir also einfach die Stammesfolge von vier Jahrhunderten überspringen, beginnen wir unsere Stammtafel mit dem 1724 gestorbenen **Johann** Zichy, dem Sohne **Pauls** aus dessen Ehe mit Katharina Freiin Károlyi. Johanns zwei Söhne: **Johann** und **Stephan** sind die Stifter der noch heute blühenden zwei Hauptlinien dieses Geschlechtes, der Palotaer und der Karlsburger. Erstere spaltet sich dann in mehrere Zweige, und zwar in den von Adony und Szent-Miklós, von Nagy-Láng und in den im Mannesstamme erloschenen von Palota. Die Karlsburger Linie, welche Stephan gründet, scheidet sich in drei Zweige: I, dessen Gründer der Veszprémer Obergespan **Franz** ist; II, der mit dessen Bruder **Karl I.** und III, der mit dem Bruder **Stephan** beginnt. Der zweite von Karl I. ausgehende Zweig theilt sich in viele Nebenzweige, die mit Ausnahme des von Franz mit seiner Gemalin Marie Wilhelmine geborenen Gräfin Ferraris gestifteten, der den Namen Zichy-Ferraris angenommen, keine besonderen Bezeichnungen haben und aus der zweiten Stammtafel leicht ersichtlich sind. Was die Würden betrifft, so ist der Adel dieses Geschlechtes, abgesehen von der ausdrücklichen Verleihung des Freiherrn- und Grafentitels, uralt. Die Verleiung der vorbenannten Würden aber fällt in die Jahre 1625—1675, in welch letzterem **Stephan** in den Grafenstand erhoben ward. Von Aemtern bekleideten die Zichy seit dem 16. Jahrhunderte die Obergespanschaften des Zalaer, Eisenburger, Veszprémer, Tolnaer, Szabolcser, Biharer und anderer Comitate, sie waren Mitglieder der Magnatentafel, in welcher zur Zeit nicht weniger als 32 Sprossen dieses Hauses ihren Platz einnehmen. Wir finden den Namen dieses Geschlechtes im Rathe der Krone, in den Reihen unseres glorreichen Heeres, unter den Fürsten der Kirche und unter den Boten, welche das Volk in den Landtag entsendet zur Berathung über sein Wohl und Wehe. Unter den Rathgebern der Krone steht obenan Graf **Karl I.**, den der Monarch mit seinem höchsten Ehrenzeichen, mit der Collane des goldenen Vließes, schmückte; aber auch sonst sind als Würdenträger zu nennen die Grafen **Edmund, Eugen,** der für die Treue, mit der er zu seinem Könige hielt, unter der Mörderhand der Rebellen den Märtyrertod erlitt, ferner die Grafen **Felix, Ferdinand, Franz, Heinrich, Joseph, Karl II.** und **III., Stephan;** in den Reihen des Heeres stehen in höheren und niederen Diensten die Grafen **Alexander, Béla, Edmund, Emanuel, Ferdinand, Franz, Rudolf,** die sich alle vor dem Feinde hervorgethan, **Friedrich,** der den ehrenvollen Tod auf dem Schlachtfelde fand, während General **Ferdinand,** in den schweren Tagen des Jahres 1848 Commandant Venedigs, seine humane Absicht, Blutvergießen zu vermeiden, mit der kriegsgerichtlichen Verurtheilung büßen mußte. Unter den Würdenträgern der Kirche ragen zwei Sprossen des Hauses: der Veszprémer Bischof Graf **Dominik** und der Raaber Bischof Graf **Franz,** beide als Wohlthäter ihrer Diöcese verehrt, besonders hervor. Glänzend aber erscheint die Familie in Förderung der Interessen der Künste und Wissenschaften und der Volkswirthschaft, und sind Männer wie die Grafen **August, Edmund, Eugen, Geza, Joseph, Peter** Zierden ihrer Familie und Wohlthäter ihres engeren Vaterlandes, dessen volkswirthschaftlichen Wohlstand sie durch Rath und That in verschiedenen Richtungen zu fördern suchen, und bilden ein helleuchtendes Beispiel für den cisleithanischen Adel der Gegenwart, dem wir im großen Ganzen solch rühmliches Vorgehen nicht eben nachrühmen können. Als Freunde und Kenner der Poesie und Musik sind **Peter** und der einarmige Graf **Geza** insbesondere zu nennen, welch Letzteren sein musikalischer Genius zwang, mit einer Hand auf dem Instrumente, das er spielt, das zu leisten, was andere Künstler nicht immer mit zwei Händen fertig bringen. Auf dem Felde der Wissenschaft sind schriftstellerisch thätig: Graf **Johann,** der als Botaniker rühmlich genannt wird, die Grafen **August, Joseph,** welche ihre Reise um die Welt beschrieben haben, Graf **Eugen,** der als Volkswirth verschiedene wichtige sociale Fragen erörterte, Graf **Edmund,** welcher als Kunstforscher und Förderer des Kunstgewerbes eine Thätigkeit entfaltet, die weit über die Grenzen des engeren Vaterlandes Anerkennung fand. Besonders lebhaft ist in der Familie der Drang, die Welt zu sehen, und viele Mitglieder haben, demselben folgend, große Reisen in den verschiedenen Theilen der Erde, aber nicht bloß zum Vergnügen und um zu jagen unternommen, sondern um in fernen Ländern Verbindungen mit dem Mutterlande anzuknüpfen oder sonst Verhältnisse kennen zu lernen, die sich nutzreich auf heimischen Boden verpflanzen ließen. Vor Allen sind da die Grafen **August** und **Joseph** zu nennen, und dann Graf **Wilhelm,** der sich als Entdeckungsreisender einer Expedition gegen Abessinien anschloß, leider aber auf derselben einen gewaltsamen Tod fand. — Damit es unter so viel Licht auch am Schatten nicht fehle, bemerken wir, daß im Gegensatze zu dem Grafen Eugen, der den Märtyrertod für seine Königstreue erlitt, zwei Sprossen des Hauses diese Treue brachen und sich offen dem Landesverräther — damals Landesgouverneur, genannt Lajos Kossuth — anschlossen und die Rebellion mit allen Mitteln, die ihnen zu Gebote standen, unterstützten und förderten. Diese sind Graf **Emanuel** Zichy-Vásonykeö, der sein ganzes Silber auf den Altar des Vaterlandes niederlegte, um die Rebellion zu fördern, und Graf **Otto** Zichy-Vásonykeö, welcher die Honvéds organisirte und als Rebellenoberst die Komorner Capitulation unterzeichnete. — Werfen wir noch einen Blick auf die Frauen des Hauses, so finden wir, daß ebenso die Töchter desselben in die edelsten Familien ihrer engeren Heimat und des österreichischen Adels heirateten, wie sich die Söhne ihre Gattinen aus den vornehmsten Geschlechtern halten; wir finden in den Stammtafeln die Namen: Apponyi, Batthyányi, Colloredo, Csáky, Eszterházy, Ferraris, Festetics, Hoyos, Hunyady, Karátsonyi, Keglevich, Khevenhüller, Khuen-Belásy, Kinsky, Klebelsberg, Königsegg, Kolowrat, Kornis, Lichnowsky, Metternich, Rádasdy, Odescalchi, d'Orsay, Pálffy, Pallavicini, Seilern, Sermage, Starhemberg, Stubenberg, Szápáry, Széchényi, Sztaray, Thalheim, Vécsey, Waldstein, Wenckheim. Aber Schönheit und tragisches Geschick spielen in den Lebensläufen der Frauen des Hauses Zichy eine große Rolle. Ist schon Männern dieses Geschlechtes das Göttergeschenk der Schönheit in die Wiege gelegt worden, denn selten finden sich in den Adelsfamilien des Kaiserstaates solche Prachtgestalten wie in jenen der Zichy, so prangen die Frauen nicht minder mit dem Schmuck natürlicher Schönheit und seltener Reize. Unter den berühmten Schönheiten des Wiener Congresses, aus welchen Kaiser Alexander von allen sechs heraushob, deren jede er mit einem Beiwort charakterisirte, erscheinen in diesem halben Dutzend zwei Damen Zichy, die Gräfin **Julie** Zichy als beauté céleste und Gräfin Sophie Zichy als beauté triviale. Das tragische Geschick aber, welches in den Lebensläufen einiger Frauen aus diesem Hause eine Rolle spielt, finden wir bei der Gräfin **Eleonore** Zichy vermälten Fürstin Lichnowsky, deren Sohn Felix unter den Händen einer wilden Meute fiel, bei **Crescentia** Zichy, der Witwe des Grafen Karl und nachmaliger Gattin Stephan Széchényi's, des großen Patrioten, der, von seinem Volke verkannt, von seinen Standesgenossen verfolgt, in geistiger Umnachtung seinem Leben selbst ein Ende machte, bei **Antonie** Zichy, der Gemalin des Grafen Ludwig Batthyányi, der durch kriegsrechtlichen Spruch den Tod fand, und bei **Melanie** Zichy, nachmaliger Fürstin Metternich, die den Sturz ihres Gatten, des allmächtigen Staatsmannes im Vormärz, erlebte. Wenn wir einen übersichtlichen Blick in die Geschichte dieses Hauses thun, so finden wir neben tiefen Schatten viel glänzend strahlendes Licht, neben Irrthümern und verhängnißvollen Thaten eine Summe von geistigen Gaben, Talenten und seelischen Vorzügen, die wir in solchem Maße vereint bei nur wenigen Familien antreffen, bei allen aber und selbst bei jenen, die ihrem Könige untreu geworden — denn sie wurden aus Liebe zu ihrem Vaterlande bethört durch das Gaukelspiel eines Verräthers — einen unauslöschlichen Patriotismus, der in der Förderung höherer Zwecke und der Wohlfahrt des Ganzen seine Lebensaufgabe erkennt. [**Quellen zur Geschichte des Grafengeschlechtes Zichy-Vásonykeö.** Oesterreichische National-Encyklopädie von Gräffer und Czikann (Wien 1832, 8°.) Bd. VI, S. 240. — (Zedler's) Universal-Lexikon, Band 62, Sp. 1594—1595 unter den Schreibungen Zitsche und Zitsy seine ungemein dürftige, von den genealogischen Artikeln dieses noch heute brauchbaren Werkes stark abweichende Darstellung]. — Schönfeld (Ignaz Ritter von). Adels-Schematismus des österreichischen Kaiserstaates (Wien 1824, Schaumburg, 8°.) I. Jahrgang, Seite 132 bis 138. — Die genealogischen Taschenbücher der gräflichen Häuser vom Jahre 1844 bis auf die Gegenwart. — A Zichy és Vásonykeöi Gróf Zichy család idöab ágának okmánytára, d. i. Diplomatarium der alten Linien der Familie Zichy von Zich und Vásonykeö, herausgegeben von der ungarischen historischen Gesellschaft, redigirt von Emmerich Nagy (Budapesth) sind bis 1888 fünf Bände erschienen. — Györi Történelmi és Régészeti Füzetek (Györ) Bd. I, 1861, S. 240, 253, 277; Bd. II, 1863, S. 37, 38, 59; Bd. III, 1865, S. 67, 71, 221: „Zichy Gróf család“. — *Nagy (Iván)*. Magyarország családai czimerekkel és nemzékrendi táblákkal, d. i. Die Familien Ungarns mit Wappen und Stammtafeln (Pesth 1865, M. Ráth, gr. 8°.) Bd. XII, S. 368—395. — Századok, d. i. Die Jahrhunderte (Pesth) Bd. IV, 1870, S. 207: „Gróf Zichy-levéltári bizottság“; Bd. V, 1871, S. 361, 362; Bd. VII, 1873, S. 143, 276: „Zichy-codex, I. és II. kötet“; Bd. VII, 1873, S. 374: „Radnay (Ferencz). Zayk Gál a Zichy-család őse volt-e?“ — Történelmi Adattár (Temesvár) Bd. II, 1872, S. 383—427: „Zichy-család idöab ága szélyi levéltarának...“.

II. **Einige denkwürdige Sprossen des Grafengeschlechtes Zichy-Vásonykeö und Zichy-Ferraris.** 1. **Adalbert** Graf Zichy, siehe **Béla** [Nr. 5]. — 2. **Alexander** Graf rolyi

Karlsburger Linie,

Stephan,
der Komorner Gespansch
geb. 16. Juli 1715, † 1767
ria Cäcilie Gräfin Stube

	Josephine
	geb. 20. Juni 175
12.	vm. **Johann**
ky.	Graf **Csáky**.

nd

847.

	Therese
ril	geb. 24. Juni
	1778,
856,	vm. **Ferdinand**
el	Graf **Györy**.
dy	

nna	
ctober 1808,	geb. 2.
August	vm.
desvaldhi	Freiherr
tober 1884.	† 2. D

	Franci
869.	geb. 13. Novem
	vm. **Ludwig** Gr

burger Linie.)

Zichy-Ferraris.

Franz [17] geb. 25. Juni 1777, † 6. October 1839. **Maria Wilhelmine** Gräfin **Ferraris** [36] geb. 3. September 178 † 1866

c 1792, 830, and er-Metsch Juli 1837.

Eleonore [8] geb. 24. Mai 1795, vm. **Eduard** Fürst **Lichnowsky** † 1. Jänner 1845.

Nicolaus geb. 2. December 1796, † 27. Jänner 1836. **Julie Loë de Wissen** geb. 1. December 1797, † 15. Februar 1865.

Karoline, Nonne in Brüssel geb. 11. Februar 1802.

Antonie geb. 11. Dec. 1830

Karoline geb. 1832, †.

Stephan geb. 7. Juli 1836. **Josephine** Gräfin **Klebelsberg** geb. 16. Oct. 1849.

Wilhelm [43] geb. 21. Oct. 1840. † ✕ im Nov. 1875.

Christine geb. 8. Jän. 1843.

Melanie geb. 3. Juli 1881.

Antonie Josephine geb. 1. August 1884.

dos ruar 1860.

Wladimir geb. 4. Mai 1864.

Maria geb. 12. Oct. 1822, vm. **Anton** Graf **Wenckheim**.

Geisa geb. 2. April 1828.

Emmerich geb. 6. Dec. 1831.

Rudolf [39] geb. 11. Juni 1833. **Jacobine** Gräfin **Péchy** geb. 13. Jän. 1846.

Helene geb. 9. Aug. 1834. **Oswald** Graf **Pallavicini**.

Rudolf 862. geb. 6. Februar 1864.

Maria geb. 26. Juni 1869.

Martha geb. 11. Juli 1870.

Jacob geb. 2. April 1872.

Clara geb. 3. Jänner 1875

Henriette geb. 10. Februar 18 vm. **Vincenz** Fürst **Odescalchi** † 24. September 18

r [12] vember 1810, ember 1885. borene Gräfin **Reichenbach** Juni 1820.

Alfred geb. 13. März 1812, † 16. September 1812.

Ludwig geb. 1. August 1814, † 30. December 1859. **Auguste Bleszinska**.

Karl geb. 16. November 1817, †.

Victor [S. 32] geb. 1. Juli 1842, † 28. Mai 1880.

manuel Februar 1832.

---

*) Die in [ ] voransteht, auf die Seite, auf welcher die ausführlichere Lebensbeschreibung des Betreffenden steht.

Zichy-Vásonykeö (geb. 4 Februar 1829), vom II. Zweige der Karlsburger Linie. Ein Sohn des Grafen Nicolaus aus dessen Ehe mit Julie Freiin de Loö, trat er in jungen Jahren in ein kaiserliches Reiterregiment und wurde 1849 Oberlieutenant bei Erzherzog Johann-Dragonern Nr. 2. Im Sommerfeldzuge 1849 in Ungarn war seine Escadron der russischen Infanterie-Division des Generals Paniutin zugewiesen, und Oberlieutenant Graf Zichy erhielt für sein ausgezeichnetes Verhalten in mehreren Gefechten vor Komorn in den ersten Tagen des Monats Juli den russischen Annenorden dritter Classe. Zur Zeit ist Graf Alexander Major bei der ungarischen Landwehr-Cavallerie. [Thürheim (Andreas Graf). Gedenkblätter aus der Kriegsgeschichte der k. k. österreichischen Armee (Wien und Teschen 1882, Prochaska, Lex. 8°.) Bd. II, S. 77, Jahr 1849. — Derselbe. Die Reiter-Regimenter der k. k. österreichischen Armee (Wien 1863, 8°.) Bd. I: „Die Kürassiere", S. 235.] — 3. **Anna** (geb. in Gratz 9. August 1821), eine geborene Gräfin Stubenberg, in erster Ehe vermält mit Friedrich Grafen Zichy, Witwe seit 20. Mai 1848. Am 28. Februar 1872 vermälte sie sich mit Otto Grafen Bullar. Wir haben dieser geistvollen Claviervirtuosin und Componistin bereits im 40. Bande, S. 115 unter Anna Gräfin Stubenberg ausführlich gedacht. — 4. **August** Graf Zichy-Vásonykeö [siehe die besondere Lebensskizze S. 1]. — 5. **Béla (Adalbert)** Graf (geb. 21. October 1816), vom II. Zweige der Karlsburger Linie. Ein Sohn des Grafen Karl II. aus dessen zweiter Ehe mit Julie geborenen Gräfin Festetics, trat er jung in ein k. k. Reiterregiment und ward 1843 erster Rittmeister bei König Albrecht von Sardinien-Huszaren Nr. 5, 1847 Major bei Liechtenstein-Huszaren Nr. 7 und, als Dienstkämmerer Seiner k. k. Hoheit Erzherzog Stephan zugetheilt, 1849 Oberstlieutenant im Regimente, 1854 Oberst und Regimentscommandant bei Haller-Huszaren Nr. 12 und 1858 Obersthofmeister bei Seiner k. k. Hoheit Erzherzog Karl Ferdinand. Im folgenden Jahre zum Generalmajor befördert, trat er in der Folge als solcher in den Ruhestand und lebt seitdem in Ungarn. Der General ist wirklicher geheimer Rath, Mitglied der ungarischen Magnatentafel, besitzt für ausgezeichnetes Verhalten vor dem Feinde das Militär-Verdienstkreuz mit Kriegsdecoration und außerdem seit 1863 das Ritterkreuz des St. Stephansordens, ist auch Ritter des souveränen Johanniterordens. Der Graf ist unvermält geblieben. — 6. **Dominik** Graf Zichy-Vásonykeö [siehe die besondere Lebensskizze S. 13]. — 7. **Edmund** Graf Zichy-Vásonykeö [siehe die besondere Lebensskizze S. 14]. — 8. **Eleonore** Gräfin Zichy-Vásonykeö (geb. 24. Mai 1793, †), eine Tochter des Grafen Karl I., Stifters des zweiten Zweiges der Karlsburger Linie, aus dessen Ehe mit Anna Maria Gräfin Khevenhüller-Metsch. Sie vermälte sich am 24. Mai 1813 mit Eduard Maria Fürsten Lichnowsky, dem Historiographen des Kaiserhauses Habsburg, der sie am 1. Jänner 1845 als Witwe zurückließ. Sie ist die Mutter des unglücklichen Fürsten Felix, der am 18. September 1848 zu Frankfurt a. M. zugleich mit General Auerswald unter den Händen des rasenden Pöbels ein entsetzliches Ende fand. — 9. **Emanuel** Graf Zichy-Ferraris (geb. 26. December 1808, gest. in Pesth am 7. April 1877), von der Linie Zichy-Ferraris. Ein Sohn des Grafen Franz und der Maria Wilhelmine geborenen Gräfin Ferraris, trat er in jungen Jahren in ein kaiserliches Reiterregiment, und bereits 1838 finden wir ihn als Major bei Kaiser Ferdinand-Huszaren Nr. 1. Mit ihm starb das älteste Mitglied des zweiten Zweiges der Karlsburger Linie. Nachdem der Graf sich am 2. April 1837 mit Charlotte Miß Strachan vermält hatte, quittirte er 1839 den Dienst. Im denkwürdigen Jahre 1848 schloß er sich der Rebellenregierung an und diente als Major in der Honvédarmee. Er widmete damals all sein Silberzeug dem Zwecke der Nationalvertheidigung. Er nahm auch in der Folge regen Antheil am politischen Leben, und im Ausgleichs-Reichstage 1861 saß er in der Magnatentafel, ohne jedoch bemerkbar hervorzutreten. Als er in den Siebenziger-Jahren in seiner Eigenschaft als Kämmerer mit dem Stabe die ungarische Delegation den kaiserlichen Majestäten vorführte und die prächtige Erscheinung in der kostbaren Magnatentracht allgemeine Aufmerksamkeit erregte, auch einige Delegirte dem Grafen über sein imposantes Aeußere Complimente machten, sagte er lachend: „Igaz, nekem olyan publikumnak való pofám van" ('s ist wahr, ich habe so eine Visage fürs Publicum). In den letzten Jahren zog sich der Graf vom öffentlichen Leben zurück. Aus seiner Ehe mit **Charlotte (Sarolta) Miß Strachan**, die ihn am 12. November 1851 als Witwer zurückließ, hatte er keine Kinder. Die Linie **Zichy-Ferraris** blüht in den Kindern seines 1855 verstorbenen jüngeren Bruders **Felix** fort. — 10. **Eugen** Graf Zichy-Vásonykeö [siehe die besondere Lebensskizze S. 16]. — 11. **Eugen** Graf Zichy-Vásonykeö [siehe die besondere Lebensskizze S. 19]. — 12. **Felix** Graf Zichy-Ferraris (geb. 20. November 1810, gest. 9. September 1885), vom II. Zweige der **Karlsburger** Linie. Ein Sohn des Stifters der Linie **Zichy-Ferraris** Grafen **Franz** und der **Maria Wilhelmine** Gräfin **Ferraris**. Besitzer des Gutes Oroszvár im Wieselburger Comitate, wurde er frühzeitig k. k. Kämmerer. In der Folge erwarb er die Herrschaften Karlsburg und Sahndorf in Ungarn. Nachdem Fürst **Windisch-Grätz** im December 1848 den Oberbefehl über die zur Bewältigung der ungarischen Rebellen aufgestellte Hauptarmee übernommen hatte, erging am 13. dieses Monates noch vor Aufbruch der Hauptarmee, an Joseph **Ürményi** [Band XLIX, Seite 137] und **Felix** Grafen **Zichy** die Einladung, sich im Hauptquartier einzufinden; es war ihnen die provisorische Leitung des Preßburger und Wieselburger Comitates zugedacht. **Ürményi** lehnte ab, Graf **Zichy** aber fand sich bald darauf ein. Der Graf ist einer der Unterzeichner des berühmten Memorandums, welches die Altconservativen Ungarns am 18. März 1850 an den Kaiser gerichtet. Dieses denkwürdige Actenstück wirft auf die Taktik der altconservativen Partei in Ungarn ein helles Streiflicht und bietet im Zusammenhange mit manchen vorausgegangenen und nachgefolgten Kundgebungen geeignete Anhaltspunkte zur Beurtheilung des Wirkens und der Consequenz dieser kleinen, aber mächtigen Partei. Es war zuerst in dem von **Albert Hugo** [Bd. IX, S. 112] 1850 redigirten „Pesther Morgenblatt“ als Beilage zu Nr. 68 abgedruckt und wurde später von Eugen von **Friedenfels** in seiner Monographie „Joseph Bedeus von Scharberg“ (Wien 1877, Braumüller, gr. 8°.) Bd. II, Seite 433, Nr. XXXV, aufgenommen. An dem auf den 2. April 1861 nach Ofen einberufenen Ausgleichs-Reichstage nahm der Graf als Obergespan des Raaber Comitates Theil und sprach in der Debatte, ob die Antwort auf die Thronrede in Form einer Adresse oder eines Beschlusses abzufassen sei, für erstere und, wie ein Zeitungsberichterstatter damals schrieb, „in einer einem Oberhausmitgliede geziemenden Weise klug und mit feinem Tact kurz“. Graf Felix starb im Alter von 75 Jahren. Er war seit 10. März 1839 mit Emilie geborenen Gräfin Reichenbach-Lessonitz (geb. 8. Juni 1820) vermält, aus welcher Ehe außer dem verstorbenen ältesten Sohne **Victor** zwei Söhne: **Ludwig**, zur Zeit Chef des Zweiges **Zichy-Ferraris**, und **Emanuel** und drei Töchter, **Melanie**, **Karoline** und **Emilie** stammen. — 13. **Ferdinand** Graf Zichy-Vásonykeö [siehe die besondere Lebensskizze S. 20]. — 14. **Ferdinand** Graf Zichy-Vásonykeö [siehe die besondere Lebensskizze S. 21]. — 15. **Franz** Graf Zichy-Vásonykeö [siehe die besondere Lebensskizze S. 22]. — 16. **Franz** Graf Zichy-Vásonykeö [siehe die besondere Lebensskizze S. 23]. — 17. **Franz** Graf Zichy-Ferraris (geb. 23. Juni 1777, gest. 6. October 1839). Der älteste Sohn des Grafen **Karl I.** aus dessen Ehe mit **Anna Maria** Gräfin **Khevenhüller-Metsch**, trat er in ein Reiterregiment der k. k. Armee, wurde 1813 zum Oberstlieutenant bei Kaiser Franz-Huszaren Nr. 1, 1814 zum zweiten Obersten in demselben befördert und im folgenden Jahre zur ungarischen Leibgarde übersetzt. Er starb als Feldmarschall-Lieutenant. Er war zugleich geheimer Rath und Obergespan des Raaber Comitates. Graf Zichy commandirte sein Regiment im Feldzuge 1813, wo es, zur Beobachtung des Feindes in Böhmen in der Gegend von Friedland aufgestellt, am 19. Mai bei dem Angriffe des französischen Generals **Vandamme** auf das Städtchen Gabel Widerstand leistete; am 23. August desselben Jahres brach er mit vier Escadrons, zwei Compagnien Peterwardeiner und einer halben Batterie gegen Gabel auf, als aus dem feindlichen Lager starke Abtheilungen gegen Wartenberg und Reichstadt vorprellten und die Bewohner durch allerlei Erpressungen quälten. Seit 6. Mai 1799 mit Maria Wilhelmine geborenen Gräfin Ferraris, Tochter des Feldmarschalls Joseph Grafen **Ferraris** [Bd. IV, S. 198] vermält, vereinigte er nach dessen Tode den Namen **Ferraris** mit dem seinigen, und ist die Nachkommenschaft dieses

Nebenzweiges des II. Zweiges der Karlsburger Linie auf der II. Stammtafel ersichtlich. Der Graf hatte acht Söhne und drei Töchter. Von den Söhnen wurde der Grafen Emanuel und Felix schon unter Nr. 9 und 12 gedacht. Von den Töchtern vermälte sich Henriette mit dem Fürsten Vincenz Odescalchi, sie war Vorsteherin der Gesellschaft adeliger Frauen zur Beförderung des Guten und Nützlichen zu einer Zeit, wo die vornehmen Damen noch uneigennützig humane Zwecke förderten, und nicht wie jetzt als Repräsentantinen weiblichen Strebertbums selbst nichts thun, sondern die Geschäfte solcher Vereine durch „Stützen" besorgen lassen; die zweite Tochter Emilie wurde die zweite Gemalin Pauls Grafen Széchényi [Bd. XLI, S. 233, Nr. 26] und Mutter jenes Andreas Grafen Széchényi, der an der Pesth in Syrien starb, und an dem sein Waffengefährte Lieutenant Dumont eine Freundschaft übte, die an die herrlichsten Beispiele aus den Tagen der Kreuzzüge erinnert; die dritte Tochter Melanie spielt aber als Gattin des Staatskanzlers Clemens Fürsten Metternich in den vormärzlichen Tagen eine Rolle, deren Geschichte noch geschrieben werden soll. Vergleiche Artikel Melanie Fürstin Metternich im XVIII. Bande dieses Lexikons S. 56, Nr. 27. [*Nagy (Iván).* Magyarország családai czimerekkel és nemzékrendi táblákkal, d. i. Die Familien Ungarns mit Wappen und Stammtafeln (Pesth 1860, Moriz Ráth, 8°.) Bd. XII, S. 393.] — 18. **Franz** Graf Zichy-Vásonykeö (geb. 17 Februar 1731, gest. 8 August 1812), Stifter des I. Zweiges der Karlsburger Linie. Der älteste Sohn des Grafen Stephan aus dessen Ehe mit Marie Cäcilie Gräfin Stubenberg. Für die staatsamtliche Laufbahn erzogen, wurde er, 23 Jahre alt, 1774 k. k. Kämmerer und trat bei der königlichen Hofkammer in den Staatsdienst. In seinem 26. Jahre, 1777, ward er Administrator des Békeser, 1784 des Pesther Comitates und 1788 Obergespan des Zempliner Comitates. Nun erlangte er das Königsamt eines Oberstmundschenken von Ungarn; schließlich erhielt er 1792 die Obergespanstelle der Veszprémer Gespanschaft. Für das Ludoviceum machte er eine Stiftung von zwölftausend Gulden. Seine erste Gemalin Maria Anna Gräfin Kolowrat-Krakowsky, die er 1776 heiratete, verlor er am 9. Juli 1803 durch den Tod; die zweite, Maria Dominica geborene Gräfin Lodron Laterani, mit der er sich am 26. October 1808 vermälte, überlebte ihn und verheiratete sich zum zweiten Male, und zwar mit Maximilian Grimaud Grafen d'Orsay. Aus seinen beiden Ehen hinterließ Graf Franz Söhne und Töchter, alle aus der Stammtafel ersichtlich. Ueber die Söhne aus erster Ehe, Franz und Karl, wie über die Söhne aus zweiter Ehe, Dominik, Eugen und Edmund, siehe die besonderen biographischen Skizzen. — 19. **Franz,** auch **Franz Joseph** Graf Zichy-Vásonykeö (geb. zu Preßburg 20. September 1774, gest. daselbst 13. August 1861), vom I. Zweige der Karlsburger Linie. Der älteste Sohn des Grafen Franz [siehe den Vorigen] aus dessen erster Ehe mit Maria Anna Kolowrat-Krakowsky, wurde er, für den Staatsdienst ausgebildet, Obergespan des Biharer Comitates und Oberstthürhüter des Königreichs Ungarn. Der Graf gehörte auch zu den Unterzeichnern jenes denkwürdigen Memorandums der Alt-Conservativen Ungarns vom 18. März 1850, dessen wir schon bei Felix Grafen Zichy-Ferraris [Nr. 12] gedachten. Er war zweimal vermält, seit 20. Mai 1795 mit Amalie Gräfin Esterházy (geb. 29. Jänner 1776, gest. 30. Juli 1817); in zweiter Ehe, seit 20. October 1822, mit Johanna Gräfin Cavriani, verwitweten Graf Ladislaus Kollonits (geb. 31. August 1775, gest. 1. März 1834). Nur aus erster Ehe sind Kinder, sechs Söhne, Ladislaus, Kasimir, Leopold, Paul Albert, Franz und Hippolyt und zwei Töchter, Maria vermälte Jos. Graf Seilern und Francisca, Gattin Ludwigs Grafen Normann, vorhanden. Von den Söhnen pflanzten mit Ausnahme Hippolyt's, welcher Domherr in Waitzen ist, alle das Geschlecht fort. Vergleiche die I. Stammtafel. [Ungarns politische Charaktere. Gezeichnet von F. L. (Mainz 1851, J. G. Wirth's Sohn, 8°.) S. 167. — Országos nagy képes naptár (Pesth 1862) S. 349. — Magyar tudományos Értekező, 1862, Bd. I, S. 82. — **Porträt.** Unterschrift: „Franciscus comes Zichy". Ferd. Baron de Lütgendorf 1826 (rad., Pesth, 8°.) selten. — 20. **Friedrich** Graf Zichy-Vásonykeö (geb. 10. Jänner 1823, gefallen vor dem Feinde 20. Mai 1848), vom II. Zweige der Karlsburger Hauptlinie. Ein Sohn des Grafen Nicolaus, Herrn von Draßburg und Szent-Péter, aus dessen Ehe mit Julie geborenen Freiin von Loë de Wissen, trat er jung in ein kaiserliches Reiterregiment und wurde 1843 Lieutenant bei Erzherzog Karl-Uhlanen Nr. 3. Im Jahre 1848 stand er mit dem Regimente als Oberlieutenant im Operationscorps des Feldzeugmeisters Grafen Nugent in Oberitalien im Felde. Im Gefechte bei Vicenza am 20. Mai 1848 saß Graf Zichy ab, ergriff ein Gewehr und rückte an der Spitze unserer Tirailleurs, jede Deckung verschmähend, auf offener Straße gegen die feindliche Aufstellung vor, bis er, von einer Kugel tödtlich in den Kopf getroffen, fiel. Graf Friedrich hatte sich am 22. Februar 1848 vermält mit Anna geborenen Gräfin Stubenberg [Bd. XL, S. 113], die sich als Pianistin und Compositeurin einen Namen gemacht; die nur dreimonatliche Ehe ist kinderlos geblieben. [Thürheim (Andr. Graf). Die Reiter-Regimenter der k. k. österreichischen Armee (Wien 1862, F. B. Geitler, gr. 8°.) Bd. II: „Die Uhlanen" S. 63.] — 21. **Geza** Graf Zichy-Vásonykeö [siehe die besondere Lebensskizze Seite 23]. — 22. **Heinrich** Graf Zichy-Vásonykeö (geb. 4. November 1812), vom II. Zweige der Karlsburger Linie. Ein Sohn des Grafen Karl II. (geb. 1778, gest. 1834) aus dessen zweiter Ehe mit Julie Gräfin Festetics. Er war k. k. Kämmerer und wirklicher geheimer Rath und gehört zu den Unterzeichnern des ungarischen Memorandums vom 18. März 1850, dessen bei Graf Felix Zichy-Ferraris des Näheren gedacht ist. Am 22. März 1843 mit Irene Freiin Meskó von Széplak und Enyiczke (geb. 1823) vermält, wurde er am 16. December 1879 Witwer und blieb kinderlos. [Az ország tükre, d. i. Der Reichsspiegel (Pesther illustrirtes Blatt) 1862, S. 166 mit lithogr. Bildniß.] — 23. **Hermann** Graf Zichy-Vásonykeö [siehe die besondere Lebensskizze S. 27]. — 24. **Hippolyt** Graf Zichy-Vásonykeö (geb. 3. Juni 1814), vom I. Zweige der Karlsburger Linie. In Ed. Maria Oettinger's „Moniteur des dates" 31me livr. Juillet 1868, p. 32 wird er irrig ein Sohn des Grafen Kasimir genannt, während er der jüngste Bruder desselben und der jüngste Sohn des Grafen Franz Joseph aus dessen erster Ehe mit Amalie geborenen Gräfin Eszterházy ist. Er widmete sich dem geistlichen Stande, trat nach vollendeten theologischen Studien in die Seelsorge, wurde Pfarrer zu Magnora bei Pesth, dann (1851) Domherr und Stadtpfarrer zu Waitzen, Abt zu St. Jacob de Simigio (Somogy), darauf Erzdechant des Erzdecanats zu Pesth, Hausprälat Seiner Heiligkeit des Papstes und bischöflicher Commissär am Gymnasium zu Waitzen; in der Folge resignirte er auf seine Domherrnstelle in dieser Stadt und lebt nun als Abt von Somogy und Herr zu Ussalu im Stuhlweißenburger Comitate. — 25. **Johann** Graf Zichy-Vásonykeö (geb. 31. December 1835), vom Zweige Nagy-Láng der Palotaer Linie. Ein Sohn des Grafen Georg aus dessen Ehe mit Luise Gräfin Pálffy, trat er am 26. September 1849 zur militärischen Ausbildung in die Wiener-Neustädter Akademie, welche er aber vor Vollendung des Lehrcurses 27. September 1855 wieder verließ. Im folgenden Jahre finden wir ihn als Lieutenant bei Clam-Gallas-Husaren Nr. 10, wo er 1859 Oberlieutenant wurde, und 1861 kam er als Rittmeister zu König Franz von Sicilien-Uhlanen Nr. 12. Im folgenden Jahre schied er aus der Armee und vermälte sich am 22. März 1863 mit Marie geborenen Gräfin Redern. Als Oberlieutenant bei König von Sicilien-Uhlanen Nr. 12 erkämpfte er sich im Feldzuge 1859 in Italien durch ausgezeichnetes Verhalten in der Schlacht von Solferino (24. Juni 1859) das Militär-Verdienstkreuz. Nach dem im October 1879 erfolgten Tode seines Vaters trat Graf Johann den Besitz der Herrschaft Nagy-Láng mit Szöny in Ungarn an. Aus seiner Ehe stammen fünf Kinder: zwei Töchter und drei Söhne [vergleiche die Stammtafel], sämmtlich unvermält. — 26. **Johann** Graf Zichy. Eines Sprossen dieser Familie mit Vornamen Johann gedenkt August Neilreich in seiner „Geschichte der Botanik in Niederösterreich", welche in den Verhandlungen des zoologisch-botanischen Vereines in Wien V. Bd. (Jahrg. 1855) in den „Abhandlungen" enthalten ist, auf S. 65 und nennt ihn „vorzüglich um die Flora der Alpen verdient". Der Graf veröffentlichte auch durch den Druck in den Sitzungsberichten und Abhandlungen des Wiener zoologisch-botanischen Vereines im III. Jahrgang (1853) eine Darstellung seiner „Bereisung der österreichischen Alpen" (S. 76 u. f.) und berichtete im nämlichen Jahrgange „über seltene Pflanzen"

(S. 16). Wahrscheinlich ist er es auch, nach welchem Hügel und Bentham eine Gattung der Leguminosae Phaseoleae, einen neuholländischen Strauch und Zierpflanze Zichya tricolor benannt haben. Welcher Graf Johann gemeint ist, können wir bei dem Mangel an allen näheren Angaben und da in den verschiedenen Linien dieses Geschlechtes gleichzeitig mehrere Sprossen mit dem Taufnamen Johann lebten, nicht festsetzen; vielleicht ist es Graf Johann (geb. am 23. September 1820 und seit 1848 mit Irma Freiin Kray vermält) vom I. Zweige der Karlsburger Linie, ein Sohn des Grafen Karl III. aus dessen Ehe mit Antonie Gräfin Batthyányi. — Ein Johann Graf Zichy ist auch vereint mit einem Grafen Franz Zichy Förderer der Herausgabe seiner Familiengeschichte, welche von Emmerich Nagy redigirt unter dem Titel: „A Zichi és Vásonykeöi Gróf Zichy család idösb ágának okmánytára“ bis 1888 zum 5 Bande vorgeschritten ist und die Zeitperiode 1396–1409, insbesondere die Regierungszeit des Königs Siegmund beleuchtet. — 27. Joseph Graf Zichy-Vásonykeö [siehe die besondere Lebensskizze Seite 27] — 28. Julie Gräfin Zichy-Vásonykeö (gest. am 8. November 1816), eine geborene Gräfin Festetics und seit 1806 zweite Gemalin des Grafen Karl II. Zichy, eines Sohnes des gleichnamigen Grafen, ehemaligen Finanzministers und besonderen Günstlings des Kaisers Franz. Sie zählte zu den weiblichen Sternen des Wiener Congresses 1815, um welche sich namentlich Kaiser Alexander I. von Rußland und König Friedrich Wilhelm III. von Preußen bewarben, und denen vornehmlich Letzterer in einer von seinem gewöhnlichen finsteren Wesen stark abweichenden Art huldigte. Unter den Schönheiten, welche der Kaiser Alexander besonders auszeichnete, und deren jede er mit einem charakterisirenden Beiwort bezeichnete, so daß er die Gräfin Karoline Szécsényi la beauté coquette, Sophie Zichy la beauté triviale, Gräfin Rosine Esterházy la beauté étonnante, die Gräfin Saurma la beauté du diable, die Gräfin Gabriele Auersperg geborene Prinzessin Lobkowitz la beauté, qui inspire seule du vrai sentiment nannte, gab er der Gräfin Julie Zichy das schmeichelhafte Prädicat la beauté céleste. Gräfin Julie hatte ihrem Gatten zwei Töchter: Julie, später Gemalin eines Grafen Hunyady, Felicie, nachmalige Gattin Heinrichs Grafen Hoyos, und vier Söhne: Heinrich, Hermann, Otto und Béla geboren; an den Folgen der Geburt des Letztgenannten (21. October 1816) starb die Gräfin am 8. November 1816. [Vehse (Eduard Dr.). Geschichte des österreichischen Hofs und Adels und der österreichischen Diplomatie (Hamburg 1852, Hofmann u. Campe, kl. 8°.) Bd. IX, S. 313, 324, 326 und 327.] — 29. Karl I. Graf Zichy-Vásonykeö [siehe die besondere Lebensskizze S. 28]. — 30. Karl II. Graf Zichy-Vásonykeö (geb. 20 Juni 1778, nach Anderen 1779, gest. zu Ofen 13. December 1834). Der zweitgeborene Sohn des Grafen Karl I. aus dessen Ehe mit Anna Maria Gräfin Khevenhüller-Metsch, erstieg er, für den Staatsdienst erzogen, unter dem omnipotenten Einfluß seines Vaters, den er nur um acht Jahre überlebte, in rascher Folge die höchsten Würden, wurde königlich ungarischer Schatzmeister, Präsident der ungarischen Hofkammer und Obergespan der Wieselburger Gespanschaft; auch erhielt er die Würde eines geheimen Rathes. Er war dreimal vermält: seit 8. September 1800 mit Francisca geborenen Gräfin Eszterházy, die er, nachdem sie ihm einen Sohn, den Grafen Paul, am 8. August 1802 geboren, nach kaum vierjähriger Ehe durch den Tod verlor; seit 4. September 1806 mit Julie Gräfin Festetics [Nr. 28]; seit 3. August 1819 mit Maria Crescentia geborenen Gräfin Seilern (geb. 13. Mai 1799, gest. 30. Juli 1875), die ihn um 41 Jahre überlebte, sich nach seinem Tode am 4. Februar 1836 mit dem von der Nation mit dem Ehrentitel „der große Ungar“ benamseten Patrioten Stephan Grafen Széchényi wieder vermälte und auch diesen (gest. 8 April 1860) noch um fünfzehn Jahre überlebte, da sie erst im Alter von 76 Jahren starb. Seine zweite Gattin schenkte ihm sieben Kinder: zwei Töchter und fünf Söhne, seine dritte: drei Töchter und vier Söhne, sämmtlich aus der Stammtafel ersichtlich. Von den Söhnen pflanzten nur Hermann, Otto und Rudolf diesen II. Zweig der Karlsburger Linie fort und bildeten die noch heute blühenden drei Nebenzweige dieser Hauptlinie. — 31. Karl III. Graf Zichy-Vásonykeö (geb. am 11. October 1785, gest. zu Cziffer 1. Juni 1876), vom I. Zweige der

Karlsburger Linie. Ein Sohn des Grafen Franz, Obergespans von Veszprém, und dessen erster Gemalin Maria Anna Kolowrat-Krakowsky, wurde er k. k. Kämmerer und Administrator des Eisenburger Comitates. Auch erschien er auf dem von Kaiser Franz Joseph mit Einladungsschreiben ddo. Wien 11. Februar 1861 auf den 2. April desselben Jahres in die königliche Freistadt Ofen einberufenen Landtag und hielt in der Sitzung des Oberhauses vom 19. Juni seine höchst interessante Rede, in welcher er für die Adresse stimmte. Diese Rede, obgleich eine der kürzeren, ist doch eine bündige Geschichte der ungarischen Verfassung und ihrer Geschicke. „Graf Karl Zichy", schrieb damals ein Berichterstatter, „der alte Opponent, sprach heftig, aber doch auf für einen alten Herrn (er zählte damals 76 Jahre) sich schickende Art zur Sache". Der Graf widmete, wie das ungarische Schulblatt „Idők Tanúja" 1864 meldete, 3000 fl. zum Bau eines Schulhauses zu Divény im Neograder Comitat und außerdem 1000 Gulden zu einer Stiftung, deren Zinsen der Divényer Hilfsschullehrer unter der Bedingung zu beziehen hat, daß er die Schulkinder in der ungarischen Sprache unterrichte. Im Jahre 1869 hatte er die Absicht, in das Kloster Maria Besnyö zu treten und den Rest seines Lebens in religiöser Beschaulichkeit zuzubringen, nur den vereinten Bitten seiner Kinder und Enkel gab er insofern nach, daß er nicht für beständig, sondern jährlich nur für eine bestimmte Zeit sich in das Kloster zurückziehe und mit den Mönchen in völliger Gemeinschaft lebe. Der Graf, welcher im Alter von 91 Jahren starb, war zweimal vermält: zuerst seit 17. Februar 1807 mit Antonie Gräfin Batthyányi (geb. 8. Juni 1789, gest. 13. Juni 1825), zum zweitenmal seit 28. Juni 1842 mit Franzisca Gräfin Apponyi verwittweten Gräfin Szápáry (geb. 26. April 1807, gest. 29. März 1869). Nur aus erster Ehe hatte er Kinder: drei Söhne und vier Töchter; von Ersteren heiratete Graf Joseph die Gräfin Melanie, Tochter des Staatskanzlers Clemens Lothar Fürsten Metternich; von den Töchtern aber wurde Gräfin Antonie die Gemalin des am 6. October 1849 wegen Hochverrathes erschossenen Ludwig Grafen Batthyányi. Auch die nahe Verschwägerung mit dem Fürsten Metternich konnte den Partisan Kossuth's nicht retten [Az ország tükre, d. i. Der Reichsspiegel, 1864, Nr. 9, mit lithogr. Bildniß ohne Angabe des Zeichners.] — 32. **Karoline** Gräfin Zichy-Vásonykeö (geb. 8. November 1818), vom 1. Zweige der Karlsburger Linie. Eine Tochter des Grafen Karl III. aus dessen erster Ehe mit Antonie Gräfin Batthyányi, vermälte sie sich am 16. Mai 1836 mit Georg Grafen Károlyi von Nagy-Károly, demselben, der dem Hochverräther Ludwig Kossuth, nachdem sich dieser zum Landesgouverneur hatte decretiren lassen, am 5. Juni 1849 seinen Wagen zum feierlichen Einzug freiwillig zur Verfügung stellte und während desselben hoch zu Roß neben dem Wagen dahintrabte. Es war dies die tiefste Erniedrigung, welche sich der magyarische Adel aus eigener Machtvollkommenheit auferlegte! — 33. **Ladislaus** Graf Zichy-Vásonykeö (geb. zu Fölsöbatya im Eisenburger Comitate 26. Februar 1693, gest. zu Karlsburg 1. August 1742). Er gehört einer von dem Eisenburger Vicegespan Georg Zichy (1580—1591) gestifteten auf unseren Stammtafeln nicht ersichtlichen Nebenlinie des Hauses Zichy an und ist ein Sohn Johanns aus dessen Ehe mit Eva Komáromy. 18 Jahre alt, trat er in den Orden der Gesellschaft Jesu, in welchem er längere Zeit im Lehr-, dann im Predigtamte verwendet und zu den eifrigsten Mitgliedern der Gesellschaft gezählt wurde. Er hat viele Controverslibelle, darunter mehrere aus dem Deutschen ins Magyarische übersetzte, durch den Druck veröffentlicht, welche unter das Volk vertheilt wurden; außerdem gab er das elegische Gedicht: „Guttae in libethra delibatae" (Cassoviae 1720, 12°.) heraus [*Fejér (Georgius).* Historia Academiae scientiarum Pazmaniae Archiepiscopalis ac M. Theresianae regiae literaria (Budae 1835, 4°.) p. 64.] — 34. **Livia** Gräfin Zichy-Vásonykeö (geb. 4. October 1840), vom 1. Zweige der Karlsburger Linie. Eine Tochter des Grafen Edmund aus dessen Ehe mit Pauline Gräfin Odescalchi, vermälte sie sich am 22. Juni 1860 mit ihrem Vetter Grafen Ferdinand (geb. 16. November 1829), dem Chef des Nagy-Länger Zweiges der Palotaer Linie. Die „Illustrirte Frauen-Zeitung" (Berlin, Fol.) vom 12. Jänner 1880 berichtete: die Gräfin Livia Zichy habe dem Präsidium des Pesther Studenten-Unterstützungsvereins die Eröffnung gemacht, daß sie während der

den Winterszeit (1880 1881) täglich
) Studenten Mittags und Abends unent-
tlich werde beköstigen lassen. — 35. Me-
aie Gräfin Zichy-Ferraris (geb.
Jänner 1805, gest. 3. März 1854). Eine
chter des Grafen Franz aus dessen Ehe
: Marie Wilhelmine geborenen Gräfin
rraris, wurde sie am 30. Jänner 1831
Jahre alt, als dritte Gemalin dem da-
ls 58jährigen Staatskanzler Clemens Lothar
rsten Metternich angetraut. Sie galt als
e ungemein geistvolle witzige Dame, die
ihrer Art die Künste unterstützte und reiche
bums von Bildnissen und Handschriften,
runter sehr kostbare Blätter, angelegt
tte. Daß sie auch — vielleicht ohne zu
llen — nicht unwesentlichen Einfluß auf
: politischen Zustände im Vormärz genom-
en, ist unbestritten. Moering in seinen
ybillinischen Büchern aus Oesterreich" nennt
einen „Charakter für die Zeit von 1700,
ne Größe ihrer Art". [Mein Lexikon
VIII. Bd., S. 56, Nr. 27. — Vehse
duard Dr.). Geschichte des österreichischen
ofes und Adels und der österreichischen
iplomatie (Hamburg, Hofmann u. Campe,
8°) Theil X (1852), S. 89 u. f.] —
ine Nichte der Fürstin, eine Tochter ihres
ruders Grafen Felix Zichy, gleichfalls
it Vornamen Melanie (geb. 16 August
843), ist seit 10 Mai 1868 mit ihrem
Vetter Paul Prinzen Metternich-Winneburg,
er Zeit Feldmarschall-Lieutenant in der Reserve, vermält. — 36. Molly Gräfin Zichy
Unter diesem Namen erscheint Maria Wilhelmine geborene Gräfin Ferraris (geb.
September 1780, gest. 1866), seit 6. Mai
1799 mit Franz Grafen Zichy vermält, der nach
einer Vermälung mit dem Namen Zichy
den Namen Ferraris verband, wonach
heute noch ein Zweig der Zichy sich Zichy-
Ferraris nennt. Gräfin Molly ist die
Schwiegermutter des Staatskanzlers Clemens Lothar Fürsten Metternich;
ihre Tochter Melanie war die dritte Gattin
des Fürsten. [Vehse (Eduard Dr.). Geschichte des österreichischen Hofes und Adels
und der österreichischen Diplomatie (Hamburg, Hofmann und Campe, kl. 8°) Bd. X,
S. 15.] — 37 **Otto** Graf Zichy-Vásonykeö (geb. 21. Juli 1815, gest. 17. Juni
1880), vom II. Zweige der Karlsburger
Linie. Ein Sohn des Grafen Karl II. aus
dessen zweiter Ehe mit Julie geborenen
Gräfin Festetics, diente er im Vormärz
in der kaiserlichen Armee und trat als Oberlieutenant aus derselben. Er zählte im Vormärz zu den heftigsten Mitgliedern der Opposition im ungarischen Landtage, und zwar trat er so entschieden auf, daß man sein Gebaren in seinen Kreisen für einen Anachronismus bezeichnete, während er doch in Wirklichkeit nur ein Vorläufer der magyarischen Rebellion war. Merkwürdigerweise aber, wie heftig er sich im Vormärz geberdete, so wenig machte er sich bemerkbar, als die Bewegung wirklich ausbrach, auch nicht einmal sprach er im ganzen Verlaufe des ungarischen Landtags von 1848. Dafür entwickelte er eine umso regere Thätigkeit für die Organisation der Nationalgarde und der Freischaaren, wie später der Landstürmler. Von seinen Waffenthaten schweigen die magyarischen Bulletins. Als letztes Lebenszeichen von ihm erscheint sein Name unter den zwölf Unterschriften, welche unter den Capitulationsbedingungen der Festung Komorn ddo. Puszta Harkály 27. September 1849 von ungarischer Seite zu schauen waren, wo er seinem Namen die Charge Oberst beigefügt hat. Graf Otto bekleidete zuletzt das Ehrenamt eines Präsidenten des Honvédvereins zu Raab. Er war seit 20. August 1856 mit Gabriele geborenen Gräfin Csáky (geb. am 1. Juni 1831) vermält, welche ihm zwei Söhne Adorján und Rudolf und zwei Töchter Irene und Irma, die sämmtlich noch unvermält sind, gebar. Von den Söhnen ist Adorján (geb. 11. Juli 1857) Oberlieutenant a. D., und von den Töchtern Irene (geb. 17. Februar 1859) k. k. Sternkreuzordens- und Hofdame Ihrer kaiserlichen Hoheit der Erzherzogin Klotilde. [Levitschnigg (Heinrich Ritter von). Kossuth und seine Bannerschaft. Silhouetten aus dem Nachmärz in Ungarn (Pesth 1850, Heckenast, 8°.) Bd. II, S. 132.] — 38. **Peter** Graf Zichy-Vásonykeö (geb. 1674, gest. 23. Jänner 1726) gehört dem von dem Wieselburger Obergespan Georg (1580—1591) absteigenden von dessen Urenkel Stephan gebildeten auf unseren Stammtafeln nicht ersichtlichen Nebenzweige des Hauses Zichy an, welcher mit Peters Sohne Franz [S. 22], Bischof von Raab, im Jahre 1783 erlosch. Er war Kämmerer, erblicher Obergespan des Szabolcser Comitates, kaiserlicher Truchseß, geheimer Rath, zuletzt Septemvir. Er hatte sich zweimal verheiratet. Seine erste Frau war Clara Drugeth von Homonna, welche er in

mehreren Gedichten besang, von denen acht in der Pesther Universitätsbibliothek aufbewahrt sind und von Franz Toldy im „Neuen Ungarischen Museum" Jahrg. 1852, veröffentlicht wurden. Auch ist noch ein Gebetbuch in deutscher Sprache, das er geschrieben, vorhanden. Seine zweite Gemalin war Susanna geborene Bersényi. Aus beiden Ehen entsprangen sieben Kinder, vier aus der ersten, darunter der obenerwähnte Bischof Franz, die übrigen aus der zweiten Ehe. Der zweite Sohn erster Ehe, Ladislaus, blieb unvermält. Nicolaus, der Sohn zweiter Ehe, hatte mit seiner Gemalin Elisabeth Freiin Berényi keine Kinder [*Toldy (Ferenc).* A magyar nemzeti irodalom története a legrégibb időktől a jelenkorig rövid előadásban, d. i. Geschichte der ungarischen National-Literatur von den ältesten Zeiten bis auf die Gegenwart (Pesth 1864, Gustav Emich, gr. 8°.) S. 76. — Magyar Akademiai Értesitő 1841, S. 65. — *Nagy (Iván).* Magyarország családai czimerekkel és nemzékrendi táblákkal, d. i. Ungarns Adelsfamilien mit Wappen und Stammtafeln (Pesth 1865, Moriz Ráth, gr. 8°.) Bd. XII, S. 385. — Uj magyar Museum (Pesth, 8°.) 1851, Bd. I, S. 239.] — 39. **Rudolf** Graf Zichy-Vásonykeö (geb. 11. Juni 1833), vom II. Zweige der Karlsburger Linie. Ein Sohn des Grafen Karl II. aus dessen dritter Ehe mit Crescentia Gräfin Seilern, trat er 1854 in die kaiserliche Armee und wurde 1855 Lieutenant bei Fürst Reuß-Huszaren Nr. 7, 1856 Oberlieutenant bei Graf Haller-Huszaren Nr. 12. Im Jahre 1859 machte er den Feldzug in Italien mit und erhielt, zum Rittmeister bei König Friedrich Wilhelm IV.-Huszaren Nr 10 befördert, für ausgezeichnetes Verhalten in der Schlacht bei Solferino (24. Juni 1859) den Orden der eisernen Krone mit Kriegsdecoration. Später, 1863, schied er aus dem Verbande der k. k. Armee und vermälte sich am 10 Mai 1864 zu Oedenburg mit Jacobine geborenen Gräfin Péchy (geb 13. Jänner 1846), aus welcher Ehe sieben Kinder, zwei Söhne und fünf Töchter [vgl. die Stammtafel] stammen. Graf Rudolf, früher Obergespan der königlich ungarischen Freistädte Bartfeld, Eperies, Kaschau und Zeben, ist Mitglied der ungarischen Magnatentafel und Ersatzmitglied des obersten Disciplinargerichtes für die Präsidenten, Richter u. s. w. der königlichen Curie der königlichen Tafeln und der Kronanwälte [Thürheim (Andreas Graf). Gedenkblätter aus der Kriegsgeschichte der k. k. österreichischen Armee (Wien und Teschen 1880 K. Prochaska, gr. 8°.) Band I, S. 225 Jahr 1859. — Derselbe. Die Reiter-Regimenter der k. k. österreichischen Armee (Wien 1862, Geitler, gr. 8°.) Bd. II: „Die Huszaren", S. 279.] — 40. **Sophie** Gräfin Zichy-Vásonykeö (geb. 23. November 1790, gest. 19 April 1863). Eine Tochter des Grafen Franz Széchényi, Ritters des goldenen Vließes [Bd. XLI, S. 246], aus dessen Ehe mit Juliana geborenen Gräfin Festetics de Tolna, vermälte sie sich am 13. September 1807 mit Ferdinand Grafen Zichy dem späteren Feldmarschall-Lieutenant und unglücklichen Commandanten von Venedig im Jahre 1848. Sie war die ältere Schwester des Patrioten Grafen Stephan Széchényi, genannt der „große Ungar". In ihrer Jugend mit allen Reizen der Anmuth geschmückt zählte sie — damals 25 Jahre alt — zu den sechs gefeierten Schönheiten des Wiener Congresses 1815, welche Kaiser Alexander I. mit eigenen Beinamen — und er verstand sich darauf — bezeichnete. Den wenigst schmeichelhaften erhielt Gräfin Sophie, die er la beauté triviale benannte [vgl. oben: Julie Gräfin Zichy S. 9, Nr 28.] Gräfin Sophie, deren Ehe übrigens kinderlos geblieben, überlebte ihren Gatten um dritthalb Jahre. — 41. **Stephan** Graf Zichy-Vásonykeö [siehe die besondere Lebensskizze S. 30]. — 42. **Victor** Graf Zichy-Ferraris [siehe die besondere Lebensskizze S. 32] — 43. **Wilhelm** (magyarisch **Vilmos**) Graf Zichy-Vásonykeö (geb. 21 October 1840, ermordet im Feldzug in Abessinien im November 1875), vom II. Zweige der Karlsburger Linie. Ein Sohn des Grafen Nicolaus aus dessen Ehe mit Julie Freiin Loë, schloß er sich als Entdeckungsreisender den ägyptischen Truppen unter dem Befehl des schwedischen Capitäns Arendrup an und wurde mit dieser Streitmacht, welche in der Richtung auf Tigre in die Engpässe von Goudet eindrang, im November 1875 von den vom König Johannes von Abessinien befehligten Schaaren umzingelt und mit einem großen Theile der Truppen niedergemacht. Spätere Nachrichten vervollständigten die Darstellung. Thatsächlich ward die etwa 4000 Mann starke Colonne

…ndrup's in den Defiléen von Goubet, …ere nennen sie Goundel, von einer zehn…n Uebermacht überfallen und bis auf …n letzten Mann vernichtet. Nun fährt die „Times“ (October 1876) fort: Unter den Freiwilligen in Arendrup's Expedition befand sich ein österreichischer Cavalier Graf Zichy bei der Avantgarde, welcher verwundet und als todt auf dem Schlachtfelde gelassen wurde. Fünfzehn Tage später reiste der französische Generalconsul in Massawah, Herr von Sarseck, zum Besuche des Königs Johannes nach Aduwa und kam bei dieser Gelegenheit durch das gräßliche Defilé von Goundel, wo die niedergemetzelte ägyptische Armee hingestreckt lag. Unter den Leichen entdeckte Sarseck einen Mann, der noch athmete. Er näherte sich ihm und ließ ihm seinen Beistand zutheil werden, bei welcher Gelegenheit er entdeckte, daß der noch Lebende Graf Zichy sei, der für todt zurückgelassen worden, aber wieder zu sich gekommen war. Durch vierzehn Tage hatte derselbe unter unbeschreiblichen Leiden seinen Hunger blos mit Kräutern und Wurzeln gestillt, die er, unter den Leichen umherkriechend, einsammelte, den Durst aber aus den in den Feldflaschen seiner todten Waffengefährten befindlichen Wasserresten gelöscht. Sarseck brachte den Grafen nach einem abessinischen Orte und vertraute den nicht Transportablen der Sorgfalt eines der dortigen Bewohner an, worauf er seine Reise in der Absicht fortsetzte, den unglücklichen Grafen bei seiner Rückkehr mit sich zu nehmen. Während seiner Unterredung mit dem Könige Johannes erzählte er diesem den traurigen Vorfall und bat um die Erlaubniß, den Grafen mit sich nach Aegypten führen zu dürfen, was ihm auch ohneweiters zugestanden wurde. Aber als der Generalconsul zwei Tage später wieder in die Ortschaft kam, erfuhr er, daß bewaffnete abessinische Soldaten auf Befehl des Königs Johannes den Grafen Zichy ergriffen und weggeführt hätten. Seitdem wurde nichts mehr von demselben gehört. Wahrscheinlich wollte der König, nachdem er vernommen, daß Zichy einer hochangesehenen und reichen Familie angehöre, schweres Lösegeld von ihm erpressen, welche Absicht aber der mittlerweile eingetretene Tod des unglücklichen Grafen vereitelt hatte, von welchem dann jede Spur absichtlich verwischt wurde.

III. **Wappen des Grafenhauses Zichy.** In Blau zwei siebenendige Hirschhörner, die aus einer offenen goldenen Krone hervorgehen, und zwischen welchen ein silbernes Kreuz schwebt. Auf dem Schilde ruht ein rechtsgekehrter gekrönter Turnierhelm, auf dessen Krone das doppelte Hirschhorn mit dem eingestellten Kreuze sich erhebt. Die Helmdecken sind blau mit Gold unterlegt.

Zichy-Vásonykeö, Dominik Graf (vormals Bischof von Veszprém in Ungarn, geb. in Wien am 21. Juli 1808, gest. nach 1879), vom I. Zweige der Karlsburger Linie. Ein Sohn des Grafen Franz aus dessen zweiter Ehe mit Maria Dominica Gräfin Lodron-Laterani, widmete er sich dem geistlichen Stande, erlangte die theologische Doctorwürde, im Jahre 1831 die Priesterweihe, wurde Domherr des fürstlichen Hoch- und Erzstiftes Olmütz und nachdem er in rascher Folge die höheren geistlichen Würden erstiegen, 1840, erst 32 Jahre alt, Bischof von Veszprém. Als Kirchenfürst Mitglied des ungarischen Oberhauses, war er in den Vierziger-Jahren der entschiedenste Gegner der liberalen Partei und unterstützte seinerzeit im Zalaer Comitate den nicht wohlbeleumundeten Stuhlrichter Georg Forintás gegen Franz Deák, infolge dessen auch Letzterer bei der Wahl durchfiel. Der Graf, der fest zu Metternich hielt, zog sich, nachdem die liberale Partei in Ungarn Oberwasser gewonnen hatte, im Jahre 1848 zurück, resignirte auf seinen Bischofsitz und lebte seit 1849 auf seinem Gute bei Naszód im Bistritzer Districte Siebenbürgens, von aller Welt zurückgezogen, vom Volke geachtet und geliebt. Der Politik entsagte er, nur einmal noch, als es 1877 galt, Sennyey ans Ruder zu bringen, agitirte er im Interesse desselben, ohne jedoch das Ziel, das er anstrebte, zu erreichen. Im Uebrigen lebte er ganz der Wohlthätigkeit, unterstützte die Armen und

Nothleidenden der Gegend, in der er lebte, mit Geld und Nahrungsmitteln, war der jederzeit bereitwillige Rathgeber der Kranken, denen er auf seine Kosten vorzügliche Aerzte ins Haus schickte. Bekanntlich trieben in der Gegend, in der er lebte, Räuberbanden ihr Unwesen und bereiteten der rumänischen Bevölkerung viel Unruhe. Nur der Bischof schien wie gefeit und hatte von diesen Unholden nichts zu besorgen, da dieselben nur zu gut wußten, daß sie, wenn sie dem Bischof Böses zufügten, in der Gegend nicht länger verbleiben konnten und sich das ganze Landvolk in solchem Falle zu ihrer Ausrottung erheben würde. In der Nähe des in modernem Styl erbauten Schlosses Naszód, in welches der Bischof nach Niederlegung seiner hohen Kirchenwürde sich zurückzog, befindet sich ein aus hübschen Holzhäusern bestehendes Dorf Namens Meiern mit einer auffallend schönen rumänischen Kirche, welche der katholische Bischof Graf Dominik Zichy der Gemeinde hatte erbauen lassen. Des Grafen Todesjahr kennen wir nicht, 1879, damals 71 Jahre alt, lebte er noch, 1885 nicht mehr.

Kleines biographisches Lexikon, enthaltend Lebensskizzen hervorragender um die Kirche verdienter Männer (Znaim 1862, Lenck, 8°.) Seite 253. — *Nagy (Iván).* Magyarország családai czimerekkel és nemzékrendi táblákkal, d. i. Die Familien Ungarns mit Wappen und Stammtafeln (Pesth 1860, Moriz Ráth, 8°.) Bd. XII, S. 391 [auf der Stammtafel daselbst S. 375 ist die irrige Angabe des Geburtsdatums 21. Juli 1838, statt 1808].

Zichy-Vásonykeö, Edmund Graf (Staatsmann, geb. in Wien am 19. Juli 1811), vom I. Zweige der Karlsburger Linie. Ein Sohn des Grafen Franz aus dessen zweiter Ehe mit Maria Dominica geborenen Gräfin Lodron-Laterani, erhielt er den ersten Unterricht in Wien, besuchte drei Jahre die theresianische Ritterakademie daselbst, kam dann zu weiterer Ausbildung in das Kloster zu Totis und zur Vollendung seiner Studien nach Presburg. Im Jahre 1818 trat er in die österreichische Armee, verließ aber dieselbe, als er 1832 sich verheiratete. 1840 bis 1843 unternahm er große Reisen nach dem Orient, nach Spanien, Frankreich und Italien und als 1846 der Aufstand in Galizien ausbrach, nahm er den militärischen Dienst wieder auf und eilte nach Krakau, wo er als Rittmeister und Adjutant des Feldmarschall-Lieutenants Grafen Wrbna in Verwendung kam. 1847 zum Oberststallmeister-Stellvertreter von Ungarn ernannt, trat er bei Ausbruch der Märzbewegung in einem geschichtlichen Momente des Jahres 1848 in den Vordergrund. Es war der 13. März. Die Nachrichten von der Wiener Erhebung waren bereits in Pesth eingetroffen. Der Erzherzog Palatin Stephan, von allen Seiten bedrängt, hatte nicht geringe Mühe, sich der an ihn gestellten, sich oft kreuzenden Forderungen der verschiedenen Parteien zu erwehren. Indessen stieg die Aufregung unter der Bevölkerung, namentlich unter der Jugend in bedrohlichster Weise. Von Seite der Preßburger Stadthauptmannschaft und der Bürgerwehr liefen von Minute zu Minute die besorgnißerregendsten Nachrichten ein, und es war jeden Augenblick zu befürchten, daß die bisher mit allen möglichen Mitteln eingedämmte Bewegung aus ihren Schranken treten werde, wenn nicht die entschiedensten Gegenmaßnahmen ergriffen würden. Am Nachmittag des 13. März eilte demnach Graf Edmund zum Erzherzog-

Palatin und beschwor ihn, den Reichstag, nach eingeholter Ermächtigung durch den Telegraphen, des anderen Morgens aufzulösen und ihm selbst die Ermächtigung zu ertheilen, im Falle der Nothwendigkeit nach der Auflösung mehrere Magnaten und Deputirte verhaften zu dürfen. Der Erzherzog Palatin bestellte den Grafen für 11 Uhr des nächsten Tages. Vor ihm aber wurden bereits Graf Ludwig Batthyányi, Kossuth, Szemere und Graf Ladislaus Teleki, welche dringend um Audienz gebeten hatten, zu derselben zugelassen. Diese wußten in so eindringlicher Weise auf den Erzherzog einzuwirken, daß er ihnen das feierliche Versprechen gab, für eine selbständige Regierung Ungarns mit seinem vollen Ansehen einstehen zu wollen. Als nun Edmund Graf Zichy um die vom Erzherzog anberaumte Stunde in der Ofener Burg erschien, traten gerade Batthyányi, Kossuth, Szemere und Teleki aus dem Gemache des Erzherzogs heraus, und Batthyányi, der den Grafen Zichy erblickte, ging raschen Schrittes mit den Worten auf ihn zu: „Ihr wollet uns festnehmen, wir werden Euch hängen lassen.“ (!) Graf Edmund Zichy betrat nach diesen Worten wohl noch das Audienzzimmer des Erzherzog-Palatins Stephan, aber nur um seine Resignation demselben zu Füßen zu legen. Es war dies der entscheidende Augenblick; der Bruch mit Wien war ausgesprochen, nun begannen die Ereignisse, welche so entsetzliche Greuel im Gefolge hatten. Der Graf legte seine Würde nieder, und nachdem kurz darauf sein Bruder Eugen den Opfertod für das Vaterland erduldet hatte, begab er sich nach Brüssel, wo er bis zur Einnahme Wiens durch Windisch-Grätz blieb. Dann kehrte er wieder heim und trat in die Armee, in welcher er als Armeecommissär des Fürsten Edmund Schwarzenberg thätig war. In den nun folgenden Friedensjahren hielt sich der Graf von Politik fern, war aber auf anderen Gebieten in ersprießlichster Weise thätig. Bei der ersten französischen Ausstellung im Jahre 1857 wurde er zum Ausstellungscommissär für Oesterreich ernannt. In diese Zeit fällt auch seine Berufung in das Curatorium des österreichischen Museums für Kunst und Industrie. Nun unternahm er wieder eine Reise in den Orient, welche vorwiegend die Förderung der türkischen Bahnen und ihre Verbindung mit Oesterreich zum Zwecke hatte. Um diese Zeit gab er auch seine Schrift: „Welche Bahnen braucht Siebenbürgen?“ (Wien 1866, Braumüller, Lex. 8°.) heraus. Auch auf der nächstfolgenden Pariser Ausstellung war der Graf Mitglied der österreichischen Commission, wie denn überhaupt während dieser Jahre kein bedeutenderes mit der bildenden Kunst oder der Kunstindustrie nur halbwegs in Verbindung stehendes Ereigniß sich vollzog, bei welchem er nicht in vorderster Reihe mitberathend und helfend betheiligt gewesen wäre. Vielen Künstlern, welche später zu Ruf und Ansehen gelangten, hat er die Wege geebnet, befähigte Anfänger auf seine Kosten ausbilden lassen und auch sonst durch sein Fürwort seinen Schützlingen weiter geholfen. Er war es, der seinerzeit mit Nachdruck und Erfolg gegen die Zerreißung und Zerstreuung der berühmten Eszterházy-Galerie agitirte, und einige Jahre später sprach er in einem offenen in einer Kunstzeitung abgedruckten Briefe zu Gunsten einer würdigen Vertretung der modernen Meister in der kaiserl.

Gemäldesammlung in Wien, in der bis dahin große Meister der Gegenwart durch ihre Abwesenheit glänzten. Ebenso ist sein Name mit dem Inslebentreten des orientalischen Museums unauslöschlich verknüpft. Aber auch auf praktischen Gebieten begegnen wir dem Grafen als bahnbrechend und umgestaltend. Auf jenem der Landwirthschaft galt er immer als Autorität, und er selbst war einer der hervorragendsten Landwirthe Ungarns. Seine ausgedehnten Besitzungen daselbst, namentlich seine Herrschaft Szent Mihály im Stuhlweißenburger Comitate galten als Musterwirthschaften. In Erkenntniß der Bedeutung der Mehlindustrie in Ungarn wurde das Getreide, das auf seinen Gütern durch die Schwere und den Mehlgehalt der Körner hervorragt, im ganzen Lande nach dem Muster auf Zichy's Herrschaften für den Export zu Mehl verarbeitet. Auch die Schafzucht ward auf seinen Gütern mit besonderer Sorgfalt betrieben und die daselbst gewonnene Wolle auf der Pariser Ausstellung 1867 prämiirt. Auch andere Culturproducte, wie Hanf u. s. w., werden noch heute in ausgezeichneter Beschaffenheit auf den gräflichen Gütern gezogen. Graf Edmund Zichy ist Mitglied und Präsident mehrerer bedeutender land- und volkswirthschaftlicher Institute und war Mitglied der Weltausstellungscommission 1873, wo die Erfolge der ungarischen Abtheilung zum großen Theile seiner Mitwirkung zu verdanken waren. Er hatte sich am 6. Mai 1832 mit Pauline Fürstin Odescalchi (geb. 25. Juli 1810, gest. 30. November 1866) vermält, und aus dieser Ehe stammen zwei Söhne Edmund und Eugen und eine Tochter Livia, vermält mit dem Grafen Ferdinand von dem Zweige Nagy-Láng des Palotaer Astes des Grafenhauses Zichy-Vásonykeö.

Allgemeine Zeitung (Augsburg, später München, 4°.) 1878, Beilage Nr. 131: „Wiener Briefe von v. V.(incenti). 89. Brief"; 1879, Beilage, Nr 13: ebenda, 99. Brief; 2. Februar 1880, Nr. 33, S. 475: „Das orientalische Museum von Max Wirth". — Kákay (Aranyos). Licht- und Schattenbilder zur Charakteristik des ungarischen Landtages. Aus dem Ungarischen (Pesth 1867, Wilh. Lauffer, gr. 8°.) S. 126. — Wirkner (Ludwig von). Meine Erlebnisse. Blätter aus dem Tagebuche meines öffentlichen Wirkens vom Jahre 1825—1852 (Preßburg 1879, Stampfel, 8°.) S. 219. — Wiener Weltausstellungs-Zeitung, 22. März 1873, Nr 26: „Edmund Graf Zichy-Vásonykeö".

Porträts. 1) Holzschnitt in vorgenannter „Weltausstellungs-Zeitung", nach Zeichnung von Palm. — 2) In der „Bombe" 10. December 1876, Nr. 49, Farbendruck. Zeichnung von Ignaz Eigner. — 3) In den „Humoristischen Blättern von Klič 28. März 1873, Nr. 13. Farbendruck. Zeichnung von Klič. — 4) In der „Neuen Illustrirten Zeitung" (Wien, Zamarski, kl. Fol.) X. Jahrgang, Nr. 27. Holzschnitt von Paar, nach Zeichnung von F. W. (elb). — 5) In Zaladay's „Hajnal". Lithographie von Marastoni (4°.).

Zichy-Vásonykeö, Eugen Graf (ein Märtyrer der ungar. Rebellion 1848, geb. 25. September 1809, hingerichtet auf Befehl Görgey's am 30. September 1848), vom II. Zweige der Karlsburger Linie. Der zweitjüngste Sohn des Grafen Franz aus dessen zweiter Ehe mit Maria Dominica Gräfin Lodron-Laterani und Bruder der Grafen Dominik [S. 13] und Edmund [S. 14], gehörte er in früherer Jugend der ungarischen Oppositionspartei an, als aber die Ziele derselben, das gesetzliche Band, das Ungarn an den Gesammtstaat knüpft und für beide die Bedingung gedeihlichen Bestandes ist, zu zerreißen, offenbar wurden, als der Te rismus, die Unduldsamkeit, mit der an alle anderen Meinungen unterdrückte, e Rohheit, die hochmüthige Unwissen-it, die mehr als zweifelhafte Moralität niger der Führer, unter denen es no-risch bekannte Fälscher und Betrüger ab, sich immer dreister offenbarten, ging , von Ekel über solches Treiben erfüllt, r conservativen Partei über, der er ann als Mitglied der Magnatentafel nd später auch in amtlicher Stellung ls Administrator des Weißenburger omitates angehörte. In letzterer Eigen-haft verfolgte er mit rücksichtsloser chärfe die Mißbräuche der Comitats-erwaltung, die Nachlässigkeiten und Be-rügereien der Beamten; mit Ent-hiedenheit und oft drolligem Humor rat er den Bestrebungen der adeligen Proletarier entgegen, die als Comitats-eamte, Advocaten den Kern der radi-alen Partei bildeten. Schonungslos griff er die Großmuth jener an, die stets bereit waren, aus fremdem Säckel freigebig zu sein oder aus fremder Haut Riemen zu schneiden, und verschonte keineswegs die moralische Armseligkeit mancher seiner Standesgenossen, die zwischen einem Spazierritte und einem Balle mit demselben Leichtsinne revolutionirten, mit dem sie allenfalls Karten spielten, und den Umsturz der bestehenden Verhältnisse ihres Vaterlandes als Gegenstand der Mode, der Unterhaltung und des unreifen Enthusiasmus behandelten. Damit aber soll keineswegs bestritten werden, daß ein Theil der ungarischen Opposition von edleren und ernsteren Motiven geleitet wurde, daß sie tüchtige Capacitäten und ehrenwerthe Charaktere in ihren Reihen zählte. Der Graf hatte nach Bildung des Ministeriums Batthyányi seine amtliche Stellung aufgegeben und lebte in stiller Zurückgezogenheit auf seiner Besitzung. Schon hatte die verhängnißvolle Sitzung vom 21. September 1848 stattgehabt und in derselben Kossuth die Revolution offen declarirt, den Landesvertheidigungsausschuß eingesetzt und dieser 200.000 Mann und 42 Millionen Gulden zur Rettung des bedrängten Vaterlandes votirt. So standen die Dinge, als gegen Ende September der Ban von Croatien mit seinen Truppen in Weißenburg erschien. Es ist nicht Aufgabe dieses Werkes, die Aufregung zu schildern, welche der Einmarsch des Ban im Lande verbreitete. Der Graf war immer noch so viel Ungar, um diesen Einmarsch zunächst als eine nicht zu verhindernde Thatsache entgegenzunehmen. Die Begegnungen mit dem Ban, die rein zufällige waren und sich unter diesen Umständen auf gewöhnliche Höflichkeitsacte beschränkten, sollten ihm aber verderblich werden. Obwohl er wußte, wie man den Haß gegen ihn schürte, wie man seine Unterthanen gegen ihn aufwiegelte, konnte er sich, trotz des ihm von vielen Seiten ertheilten Rathes, sich zu entfernen, doch nicht entschließen, Haus und Hof zu verlassen, da er seine Unterthanen bei den unter den damaligen Verhältnissen unvermeidlichen Bedrückungen der vordringenden Truppen durch seine Anwesenheit am besten zu schützen glaubte. Und nur aus diesem Grunde erbat er sich einen Geleitsbrief vom Ban zum Schutze gegen die nachrückenden Truppen des Generals Roth. Dieser Geleitsbrief war aber sein Verderben. Als er mit demselben nach Kaloz auf sein Landgut zurückfuhr, wurde er vom Landsturme aufgegriffen und von Görgey, der, damals ein einfacher Honvédmajor, seine Rebellenschwingen zu prüfen begann, vor ein Kriegsgericht gestellt. Schon die Zusammensetzung desselben ist eine so bezeichnende, daß wir sie angeben müssen. Der Vorsitzende war Görgey, dessen Mitrichter ein ehemaliger Wirthschaftsbeamter, Namens Szalay, den der Graf wegen Betrugs entlassen, dann ein Mann, Namens Zopf, den er und seine Brüder auf ihre Kosten hatten erziehen lassen, und dessen Mutter noch eine Pension von ihm bezog. Sein Geleitsbrief wurde zum Beweise des Landesverraths gestempelt! Seine Bitte, wenigstens den Tod des Kriegers durch Pulver und Blei sterben zu dürfen, abgewiesen und er ohne Beweis für eine willkürlich als Verbrechen bezeichnete Handlung zum Strange verurtheilt. Aber die Aeußerung eines seiner Richter: „Du sollst den Tod der Diebe sterben", die an den Vorwurf des Diebstahls und Betrugs erinnert, den der Graf mit vollem Rechte gegen Madarasz und ähnliche Genossen vorgebracht, stempelt dieses Gericht als einen Racheact, welcher dem Vorsitzenden desselben ein unauslöschliches Brandmal aufdrückt. Das Urtheil ward in schimpflichster Weise vollzogen. Als der Graf kurz vor dem Morde, der am Abend mit allen Greueln einer Rebellenjustiz in Scene gesetzt wurde, noch den Major Görgey sprechen wollte, war derselbe nicht zur Stelle! Die Quellen, welche über diese Schandthat der Rebellion ausführlich berichten, werden unten alle ohne Unterschied der Parteien angeführt. Dieser Mord hatte die ganze ungarische Aristokratie eingeschüchtert. Zichy's Tod war es, der den größten Einfluß auf das Verhalten eines großen Theiles des magyarischen Adels hatte. Es ist keine Frage, daß ohne diesen Fall die ungarische Revolution viel edle Namen weniger in ihren Reihen gezählt hätte.

Die Capelle zum Andenken des an dem Grafen Eugen Zichy verübten Mordes. Diese wurde im Auftrage des Kaisers Franz Joseph auf der Insel Csepel nächst der Ortschaft Lore, welche den Platz bezeichnet, wo Graf Eugen Zichy in treuer Hingebung für seinen Monarchen den Märtyrertod erlitten erbaut und am 15. November 1859 feierlich eingeweiht. Im gothischen Style erbaut, ist sie nicht mit Mörtel angeworfen, auch nicht übertüncht, so daß das solide zum Theil massive Material, rein behauene Steine und Ziegelsteine, ihr ein würdiges Aussehen verleiht. Die Andachtsstätte ist auf erhöhtem Punkte gelegen und weit sichtbar. Der aus ganz gemeißeltem Stein erbaute Thurm trägt eine klangreiche Glocke. Ueber dem kunstreich geschnitzten Portal liest man in lateinischer Sprache folgende Inschrift: Franz Joseph Kaiser und Apostolischer König, erbaute dieses Gotteshaus zum Andenken des am 30. September 1848 wegen seiner treuen Hingebung an seinen Regenten gemordeten Grafen Eugen Zichy. Auch das Innere der Capelle ist gothisch gehalten. Auf dem Altar prangt zwischen zwei Säulen und vier reich vergoldeten Leuchtern ein vergoldetes Crucifix in Lebensgröße, auf welches durch ein mit bunten Farben bemaltes Fenster die Sonne ihr Licht ergießt. Alljährlich am Sterbetage des edlen Grafen wird an dieser seinem Andenken geweihten Stätte eine Messe gelesen.

Helfert (Jos. Alex. Freih. v.). Der ungarische Winter-Feldzug und die octroyirte Verfassung December 1848 bis März 1849 (Prag 1876, Tempsky, gr. 8°.) I. Theil, S. 266, 267 und Anhang S. 112. — Janotyckb von Adlerstein (Joh.). Die letzten zwei Jahre Ungarns. Chronologisches Tagebuch der magyarischen Revolution (Wien 1850 u. f., J. P. Sollinger's Witwe, 8°.) Bd. III, S. 263. — Oesterreichischer Courier (vormals Bäuerle's „Theater-Zeitung") 27. Jänner 1849, Nr. 43, S. 90: „Nekrolog. Graf Eugen Zichy" [aus der „Wiener Zeitung"]. — Reisinger (Dr.). Politische Bilder aus Ungarns Neuzeit (Hamburg 1849, Hofmann und Campe, 8°.) S. 161. — Die Wage (Prager Blatt, 8°.) 20. October 1849, Nr. 96: „Der Proceß wider den Grafen Eugen Zichy". — Wanderer. Redigirt von Ferd. Ritter von Seyfried (Wien, Sommer, Fol.) 11. October 1849, S. 1661:

„Der Tod des Grafen Eugen Zichy". — Országos Honvéd naptár (Pesth 1869) S. 130: „Gr. Zichy Ödön kivégeztetésérül rövid kivonat 1848 sept. 30".

Porträt. Kriehuber lithogr. (Wien 1849, Neumann. Fol.)

Zichy - Vásonykeö, Eugen Graf (Staatsmann und Nationalökonom, geb. zu Mihály 5. Juli 1837), vom I. Zweige der Karlsburger Linie. Der jüngere Sohn des Grafen Edmund [S. 14] aus dessen Ehe mit Pauline Fürstin Odescalchi, widmete er sich schon als Jüngling, entgegen dem Dolce far niente, dem sich ein großer Theil unseres jüngeren seine wahre Mission ganz verkennenden Adels hingibt, mit großem Eifer den Studien, vollendete mit Auszeichnung jene der Rechte, erlangte daraus die Doctorwürde, bildete dann weiter durch große Reisen, auf denen er mit sehenden Augen schaute, seinen Geist und diente, heimgekehrt, dem Vaterlande, wo und wie er konnte. Dem Studium der Volkswirthschaft hingegeben, nicht als Cavalier, unsicher hin und her tastend, alles versuchend, doch nichts vollendend, sondern als richtiger Volksmann, der die Bedürfnisse des Volkes und mit diesem jene des Staates erkennt, agitirt er rastlos für die gewerblichen Interessen, in deren Belebung und Förderung er den wichtigsten Factor einer gesunden das Wesen der Allgemeinheit belebenden Volks- und Staatswirthschaft sieht. Vollkommen unabhängig, weder eine Stellung erstrebend, noch um Gunst der Unteren buhlend, ist er doch der richtige Volksmann, denn sein Name ist in sämmtlichen Gauen Ungarns gleichbedeutend mit dem eines Förderers der Volksinteressen und eines wahren Volksfreundes. Bekannt wurde sein Name erst durch den glänzenden Erfolg der von ihm angeregten und ausgeführten Stuhlweißenburger Ausstellung. Von da ab nahm er aber, allen Hindernissen, die sich ihm von den verschiedensten Seiten entgegenstellten, trotzbietend und sie energisch beseitigend, alle gewerblichen Angelegenheiten Ungarns in die Hand, und der Spitzname „Industriegraf", den die Neider und Widersacher für ihn erfunden hatten, wurde für ihn bald ein Ehrentitel; denn er ist nicht nur in Wirklichkeit der Patron des ungarischen Gewerbes, er ist noch weit mehr, er ist selbst ein Industrieller in größtem Maßstabe. Seine in sieben Comitaten gelegenen Besitzungen von etwa 133.000 Joch besten ungarischen Bodens bieten eine wahre Musterkarte der verschiedensten Industrien, Dampfsägen, Schleppbahnen, Kalköfen u. s. w. Um aber das Volk für seine Unternehmungen, die demselben ebenso wichtig sind, als ihm dem Privaten, zu interessiren, es für Versuche empfänglich und auf die noch ungehobenen Schätze, welche das Land Ungarn in seinem Schoße birgt, aufmerksam zu machen, arbeitet er gleichzeitig mit der Feder, und behandelt und bespricht er in einer Anzahl Brochuren die wichtigsten haus- und volkswirthschaftlichen Fragen, wie Canalisation, Eisenbahnen, Arbeiter- und gewerbliche Interessen u. s. w. Der Graf ist bei seinen Bestrebungen mehr auf der Eisenbahn als in seinen Schlössern, denn er bereist alle gewerblichen Bezirke, um theils Gewerbeschulen zu gründen, deren bis um die Mitte der Achtziger-Jahre nicht weniger als 86 aus seiner Initiative hervorgegangen, theils aber, wenn irgendwo große oder kleinere Ausstellungen im Lande selbst oder außerhalb desselben stattfinden, zur Theilnahme an denselben aufzumuntern. Auch fördert er in großartiger Weise die Künste. So bestellte er bei dem noch wenig gekannten ungarischen Bildhauer Adolf Huszár für die Pesther Landesausstellung 1885 eine Marmorgruppe „Venus mit Amor tändelnd“ und kaufte sie um 25.000 fl. an, mit der Bestimmung: daß sie nach der Ausstellung der Stadt Budapesth anheimfalle, welcher dann nur die Obsorge zufiel, sie öffentlich aufzustellen und zu verwahren. Der Graf, jetzt im vollen Mannesalter von 53 Jahren, hat als Abgeordneter, von Natur mit seltener rhetorischer Gabe ausgestattet, schon öfter seine Stimme erhoben, und es ist ihm in vielen Fällen gelungen, das zündende Wort zu finden, welches seinen Anhängern zum Siege verhalf; und mit der trefflichen Rednergabe verbindet er eine seltene Schlagfertigkeit. Mehr ein Anhänger der Partei Apponyi, als jener Tisza's, hat der „rothe Graf“, wie er auch seines röthlichen Vollbartes wegen im Volksmunde genannt wird, als „demokratischer Aristokrat“ noch lange nicht seine politische Rolle ausgespielt. Graf Eugen ist seit 15. Juni 1865 mit Hermine geborenen Gräfin Rebern (geb. 21. Februar 1844) vermält, welcher Ehe nebst fünf Töchtern ein Sohn Raphael (geb. 12. März 1877) entstammt.

Allgemeine Zeitung (Augsburg, 4°.) 1 Juni 1879, Nr. 152: „Eine Ausstellung in Ungarn“. Von F. S. — Neue Illustrirte Zeitung (Wien, Zamarski, kl. Fol.) XII. Jahrg. 18. November 1883, Nr. 8, S. 115: „Graf Eugen Zichy“. — (Schorer's) Familienblatt (4°.) 1888, 2. Beilage zum 1. Hefte.

Porträts. 1) Unterschrift: „Graf Eugen Zichy“. Holzschnitt von B.(aar) in der „Neuen Illustr. Zeitung“ (Wien) XII. Jahrgang, 18. November 1883, Nr 8. — 2) Trefflicher Holzschnitt in Schorer's „Familienblatt“ 1888, 2. Beilage, 1. Heft. — 3) In einer Gruppe von Medaillonsbildnissen im „Magyarország és nagy világ“ 1861, Nr 10. — 4) Holzschnitt im „Magyarország és nagy világ“ 1866, Nr. 10.

Zichy-Vásonykeö, Ferdinand Graf (Staatsmann, geb. zu Preßburg am 16. November 1829), vom Zweige Nagy-Láng der Palotaer Linie. Ein Sohn des Grafen Georg aus dessen Ehe mit Luise Gräfin Pálffy, vollendete er, für die diplomatische Laufbahn sich vorbereitend, an der Pesther Hochschule die rechtswissenschaftlichen Studien und erlangte daraus den Doctorgrad. Als infolge der politischen Ereignisse und Verhältnisse, die in die Zeit seiner Jünglingsreife fielen, ein großer Theil des ungarischen Adels sich von dem Eintritt in den österreichischen Staatsdienst in ostentativer Weise fernhielt, wendete er sich mit Vorliebe landwirthschaftlichen und nationalökonomischen Studien zu, verfolgte mit dem regsten Interesse alle Erscheinungen der Weltliteratur auf den genannten Gebieten und verwerthete die von ihm erworbenen Kenntnisse bei der Bewirthschaftung seiner eigenen, sowie der zahlreichen seiner Familie gehörigen Güter. Gleichzeitig schrieb er über die wichtigsten wirthschaftlichen und politischen Fragen, die Ungarn berühren, in einheimische und ausländische Fach- und Tagesblätter und betheiligte sich an wirthschaftlichen Unternehmungen und gemeinnützigen Vereinen. Aufsehen erregte im September 1865 seine Ernennung zum zweiten Vicepräsidenten der Statthalterei und die Annahme derselben von Seite des Grafen, da er nicht nur ausgesprochener Beschlußmann, sondern auch eine der materiellen und geistigen Hauptstützen des „Hon“ (d. i. Vaterland), des bekannten Organs der Beschlußpartei, war. Auch spielte er als

egespan des Stuhlweißenburger Co-
ates bei der wiedererweckten Thätig-
dieser alterthümlichen, erst Anfang
Siebenziger-Jahre auf eine zeit-
näßere Basis gestellten Institution
hervorragende Rolle. Mit der
derhergestellten Verfassung eröffnete
ihm ein weites Feld politischer Thä-
keit; er galt bald als eine der Capa-
iten des ungarischen Reichstages und
iört zu jener Gruppe von Staats-
nnern, welche den Fortschritt des
ndeswohls durch eine hauptsächlich
f die Pflege wirthschaftlicher Inter-
en gerichtete allen gefährlichen Expe-
nenten abgeneigte besonnene Politik zu
eichen strebt. Graf Ferdinand ist
t 22. Juni 1860 mit seiner Base
äfin Livia, einer Tochter des Grafen
dmund [S. 14], vermält und hat aus
ser Ehe zwei Söhne: Ferdinand,
k. Lieutenant in der Reserve bei Frei-
rr Edelsheim-Gyulay-Huszaren Nr. 4,
nd Alfred und drei Töchter, deren
teste, Sarolta (Karoline) mit dem
bergespan des Graner Comitates
eorg Grafen Majláth von Szé-
ely jun vermält ist.

…resse (Wiener polit. Blatt) 1867, Nr. 271: „Correspondenz aus Pesth 20. September". — Dieselbe, Nr. 299: „Neue Geheimnisse aus Paris. V. Intermezzo". — Wiener Weltausstellungs-Zeitung, II. Jahrgang, 28. August 1873, Nr. 71: „Das Präsidium der ungarischen Landescommission für die Wiener Ausstellung". — Kálay (Aranyos). Licht- und Schattenbilder zur Charakteristik des ungarischen Landtages. Aus dem Ungarischen (Pesth 1867, gr. 8°.) S. 98. — Triester Zeitung, 1869, Nr. 270 im Feuilleton.

Porträts. 1) Auf einem Gruppenbild des „Floh" 1873, Nr. 22, Lithographie. — 2) Holzschnitt von Angerer nach einer Zeichnung von A. P.(alm) in der obengenannten „Wiener Weltausstellungs-Zeitung".

Zichy-Vásonykeö, Ferdinand Graf (bis 22. März 1848 Feldmarschall-Lieutenant und Commandant in Venedig, geb. 13. Juli 1783, gest. in Venedig 7. October 1862). Ein Sohn des Stifters des II. Zweiges der Karlsburger Linie aus dessen Ehe mit Anna Maria geborenen Gräfin Khevenhüller-Metsch, trat er in jungen Jahren in ein kaiserliches Reiterregiment, rückte ungemein rasch vor, denn er wurde bereits 1810, damals erst 27 Jahre alt, Oberstlieutenant bei Merveldt-Uhlanen Nr. 1 und 1813 Oberst und Commandant des 7. Huszaren-Regimentes Johann Fürst Liechtenstein. In letzterer Eigenschaft gedenkt die Kriegsgeschichte seiner zu wiederholten Malen in ehrenvoller Weise, und namentlich 1813 hatte der Graf seine Ehrentage. Er stand in diesem Jahre mit seinem Regimente an der gegen Sachsen gelegenen Grenze und befehligte am 19. August den 2000 Mann starken Flügel einer Cavallerie-Division. Eine starke feindliche Colonne brach auf der Straße von Zittau bei Petersdorf ein. Oberst Graf Zichy bestand damals mit dem Obersten Baron Wieland und dem Oberstlieutenant Grafen Blankenstein gegen ein 15.000 Mann starkes feindliches Corps einen rühmlichen Kampf, und bot dem überlegenen Gegner einen halben Tag hindurch, ohne zu wanken, tapferen Widerstand. Am 7. September übernahm er mit einer Abtheilung seines Regimentes eine Recognoscirung gegen Rumburg, wobei er eine daselbst requirirende starke feindliche Abtheilung rasch angriff und mit Ausnahme jener, welche durch schleunige Flucht sich retteten, zusammenhieb, den Ort besetzte und dadurch, daß er dort festen Fuß faßte, für die weiteren Operationen unserer Armee in Sachsen ebenso günstig als einflußreich wirkte. Am 26. September rückte er mit einem größeren Streifcommando in der Richtung gegen Pirna vor und verjagte nach einem hartnäckigen und blutigen Gefechte eine zum Fouragiren dahin ausgeschickte starke feindliche Abtheilung. In der Relation über die Völkerschlacht bei Leipzig 13. bis 15. October erscheint der Graf unter den Helden dieser Tage. In den darauf folgenden Friedensjahren rückte er 1822 zum Generalmajor, dann zum Feldmarschall-Lieutenant vor, wurde 1840 zweiter Inhaber des Regiments Palatinal-Huszaren und bald darauf Commandant von Venedig. Auf diesem Posten traf ihn zugleich mit dem damaligen Gouverneur dieser Stadt, Alois Grafen Pálffy, das denkwürdige Bewegungsjahr 1848. Wohl wurden die ersten Aufläufe, die am 17. März statthatten, durch die Truppen des Grafen unterdrückt. Als aber die längst vorbereitete und im Geheimen genährte Bewegung immer heftiger stieg, dann in der Ermordung des Obersten Marinovich und in der Gefangennahme des Viceadmirals A. St. Ritter von Martini gipfelte, übergaben Graf Pálffy und Feldmarschall-Lieutenant Graf Zichy, um ferneres Blutvergießen zu verhüten, die Civil und Militärgewalt und unterwarfen sich den Aufständischen. Infolge dessen 1849 vor ein Kriegsgericht gestellt und schuldig befunden, wurde er zu zehn Jahren Festungshaft verurtheilt, im Jahre 1851 aber von Seiner Majestät dem Kaiser begnadigt. Aus dem Privatleben des Grafen, der noch 14 Jahre sein mißliches Geschick überlebte, erzählt A. Helfferich in seinen „Briefen aus Italien", indem er mehr voreilig als kritisch und sachlich bemerkt, daß der Commandant von Venedig durch seine vorzeitige Uebergabe dieser Stadt so vieles Unheil über dieselbe gebracht: der Graf sei der größte Feinschmecker dieses (des 19.) Jahrhunderts gewesen, habe oft den Koch während der Nacht wecken und ihn stehenden Fußes einen bisher unbekannten Leckerbissen bereiten lassen, zu welchem er selbst in süßer und erquickender Muße des Bettes das Recept entdeckt habe. Ferdinand Zichy war seit 13. December 1807 mit Sophie geborenen Gräfin Széchényi (geb. 16. October 1789, gest. zu Wien 19. April 1865), einer älteren Schwester des unglücklichen der „große Ungar" zubenannten Grafen Stephan Széchényi, vermält, welche Ehe aber kinderlos geblieben. Er starb als Majoratsherr des II. Zweiges der Karlsburger Linie, 79 Jahre alt.

Thürheim (Andreas Graf). Gedenkblätter aus der Kriegsgeschichte der k. k. österreichisch-ungarischen Armee (Wien und Teschen 1882, Prochaska, Lex. 8°) Bd. II, S. 188, 189, 191, 192. — Derselbe. Die Reiter-Regimenter der k. k. österreichischen Armee (Wien 1862, 8°) II: „Die Huszaren", S. 42, 137, 172, 173, 177, 187; III: „Uhlanen", S. 32. — Magyar tudományos Értekező (Pesth 1862) Bd II, S. 354.

Zichy-Vásonykeö, Franz Graf (Bischof von Raab, geb. in der Graner Diöcese Ungarns 1702, gest. zu Raab 8. Juni 1783). Unser Lexikon beginnt — da uns seit Jahren immer engere Grenzen gezogen werden und die Staatsdruckerei beharrlich zum Abschlusse des Werkes drängt — die Genealogie des Hauses Zichy mit Pauls Sohne Johann Grafen Zichy, der zu Ende des 17. und Anfang des 18. Jahrhunderts lebte. Pauls zwei Brüder Stephan und Adam gründeten auch besondere Linien ihres Geschlechtes; jene Adams erlosch mit seinen Enkelinen Regina und Sarolta; jene Stephans mit dessen Enkel, dem in Rede stehenden Raaber Bischof Franz. Derselbe war ein Sohn des Szabolcser Obergespans Peter (geb. 1674, gest. 1726) aus dessen erster Ehe mit Clara Drugeth von Homonna. Seine theologische Ausbildung erhielt er zu Olmütz, Wien und Rom, dann wurde er Doctor der Philosophie und der Theologie, 1725 Domherr von Großwardein, 1727 Domherr von Gran, 1734 Propst von Neustadtl, Weihbischof und Coadjutor des Bischofs Adolf von Raab und 1743 dessen Nachfolger im Bisthum und geheimer Rath, am 8. Juni 1744 Obergespan des Raaber Comitates, 1774 Großkreuz des St. Stephansordens. Er starb als Jubelpriester im Alter von 81 Jahren, im vierzigsten seiner bischöflichen Würde, im sechzigsten seines Priesterthums. Als ihm die Kaiserin Maria Theresia das Großkreuz des St. Stephansordens verlieh, überschickte sie ihm für seine Domkirche ein von ihrer eigenen und ihrer Hofdamen Hand gesticktes reiches Kirchenornat, welches noch jetzt einen Schmuck des Raaber Domschatzes bildet. Der gottesfürchtige Lebenswandel des Kirchenfürsten verschaffte ihm von seiner Kaiserin die Bezeichnung des „frommen Bischofs". Aber er war nicht bloß fromm, sondern auch ein großer Wohlthäter der Armen, Witwen und Waisen, und sein Andenken erhält sich durch seine Stiftungen bis zur Stunde in seiner Diöcese. Seine großen noch durch reiche Familiengüter vermehrten Einkünfte verwendete er zum Besten der Armen und oft in so ergiebiger Weise, daß die Geldkammer geradezu erschöpft war. Aber auch die Kirche vergaß er nicht, er baute die großartige bischöfliche Residenz Raab, das Schloß Kroisbach, die Sommerresidenz der Raaber Bischöfe, das Castell zu Szany, vermehrte die bischöflichen Einkünfte durch gute Verwaltung, baute sieben Kirchen in seiner Diöcese, stattete dieselben und auch andere in würdiger Weise aus; errichtete an allen diesen Orten den Seelsorgern anständige Wohnungen, schmückte und bereicherte die alte Kirche zu Steinamanger, ließ an Stelle des alten und bereits baufälligen Seminars zu Raab ein neues, geräumiges aufführen und versah es reichlich mit Allem für den Unterhalt, die leibliche und geistige Pflege der Zöglinge, baute aus den Ruinen die Raaber Domkirche neu auf, schmückte sie mit unermeßlichem Aufwand durch Zuziehung der besten heimischen Künstler, so daß die dazu verwendeten Summen Millionen überstiegen. Die irdischen Ueberreste des edlen Kirchenfürsten sind vor dem Marienaltare der von ihm erbauten Raaber Domkirche beigesetzt.

Roy (Ferencz) Trauerrede auf den Todesfall Seiner Excellenz des Grafen Franz Zichy, Bischofs zu Raab u. s. w. (Raab s. d. 1783). — *Majláth (Antal).* Oratio in solennibus exequiis F. comitis Zichy episcopi Jaurinensis (Raab 1783, 4°.). — Magyar Sion (Esztergom) Bd. I, 1863, S. 797: „Zichy Ferencz győri püspök a Vadosfán a katholikusokon elkövetett erőszakoskodás megbüntetését kéri Mária Terézia királytól". — Ehrentempel der katholischen Geistlichen..... (Wien 1845, 8°.) S. 139 — Katholischer Phantasten-Almanach, S. 86.

Zichy-Vásonykeö, Franz Graf (Staatsmann, geb. 24. Jänner 1811), vom I. Zweige der Karlsburger Linie. Ein Sohn des Grafen Franz Joseph, Obergespans des Biharer Comitates, und der Gräfin Amalie Eszterházy, wurde er, für den Staatsdienst erzogen, Hofrath bei der ungarischen Hofkanzlei in Wien, dann wirklicher geheimer Rath, Präses der Studienhofcommission und des Censurcollegiums und während der Abwesenheit des Palatins Präsident der ungarischen Statthalterei. Im Jahre 1849 leistete er, ohne gerade bei der Diplomatie verwendet zu sein, in Petersburg ausgezeichnete Dienste bei der Richtigstellung und Ordnung der Kosten der russischen Occupation in Ungarn. Als dann nach Aufhebung der 1848er Verfassung am 13. April 1851 der vom Kaiser ernannte Reichsrath ins Leben trat, befand sich unter den ersten Mitgliedern desselben Franz Graf Zichy zugleich mit Freiherrn von Buol, Hugo Fürsten Salm, Ladislaus von Szögyényi, B. Purckhardt, Andreas Freiherrn von Baumgartner und Herrn von Salvotti. 1874 erhielt er den Posten eines Botschafters bei der Pforte, den er mehrere Jahre bekleidete, und von welchem er auf sein Ersuchen 1879 enthoben wurde. Er war es, der in einer Audienz im März 1875 dem Sultan die Eröffnung machte, daß die Société d'exploitation des chemins de fer de Roumélie ihren Sitz von Paris nach Wien verlegt und aus einer französischen in eine österreichische Compagnie sich umgestaltet habe. Der Sultan hörte den Bericht des Botschafters an und bemerkte dann, daß er gegen diese Umgestaltung der Société d'exploitation nicht das Geringste einzuwenden habe. Auf Grund dieser Aeußerung des Sultans telegraphirte der Graf nach Wien, daß dieser wichtige Punkt nach der ihm vom Sultan persönlich gemachten Zusicherung als erledigt zu betrachten sei. Kaum aber hatte der Graf diese Depesche expedirt, als ihm der Großvezier Hussein Avni Pascha die Kunde übersandte, daß der Sultan keineswegs geneigt sei, die Frage in dem Sinne, welchen der Graf Zichy annahm, zu erledigen, und daß in diesem Falle umso gewisser ein Mißverständniß obwalte, als der Sultan eben an die hohe Pforte Instructionen gelangen ließ, welche der Annahme des Grafen Zichy vollständig entgegengesetzt lauten. Dieser Act türkischer Intriguenpolitik machte damals begreiflicher Weise in diplomatischen Kreisen nicht geringes Aufsehen und fand die einigermaßen befremdliche Lösung, daß der Sultan anerkannte: Graf Zichy habe ganz richtig an seine Regierung berichtet; nur ihm (dem Sultan) seien nach Entfernung des Botschafters financielle Bedenken aufgestiegen, welche ihn bestimmt hätten, seine ursprünglichen Ansichten über diesen Nationalitätswechsel einer Eisenbahngesellschaft zu modificiren. Allem Anscheine nach waren bei diesem ostensiblen Wechsel der Ansichten französisch russische Intriguen — es bekleideten damals Graf Vogué den französischen, Graf Ignatiew den russischen Botschafterposten bei der hohen Pforte — im Spiele. Doch verlief der anfänglich ziemlich ernste Zwischenfall ohne weitere politische Folgen. Aus der Zeit seiner Internuntiatur stammt eine Schenkung cypriotischer Vasen, welche der Graf dem ungarischen Nationalmuseum gemacht. Nach seiner Entlassung aus dem diplomatischen Dienste lebt er zurückgezogen von allen öffentlichen Geschäften. Die öffentliche Meinung hatte sich noch zweimal besonders mit ihm beschäftigt, das eine Mal längere Zeit und sehr eingehend, als er 1865 als Administrator der Fürst Esterházy'schen Concursmasse heftig angegriffen wurde und die Zeitungen wie besondere Libelle für und wider ihn Partei ergriffen;

das andere Mal nur vorübergehend, als er im Herbst 1874 in seiner Eigenschaft als Botschafter bei der hohen Pforte ein eben angekommenes Schiff von Seiner Majestät Kriegsmarine ohneweiters zu einer Spazierfahrt im Bosporus benützte, und den darüber an Seine Majestät erstatteten Bericht der Monarch an die competente Stelle mit der lakonischen Bleistiftglosse zurücksandte: „Wer zahlt die Kohlen?“ In welcher Weise diese eminent praktische Frage des Monarchen beantwortet wurde, ist uns nicht bekannt. Graf Franz hatte sich am 25. November 1847 mit Maria Clara geborenen Marquise de Ville Gräfin Demblin (geb. 15. August 1814, gest. 26. August 1868) vermält, und stammen aus dieser Ehe Joseph, Theodor und die Zwillinge Franz und August, von welch Letzteren Franz den Priesterstand erwählte, am 1. October 1876 das erste Meßopfer feierte und dann als Cooperator zu Szölös bei Großwardein in die Seelsorge trat, aber bereits das Zeitliche gesegnet hat.

Die Verwaltung des Fürst Eszterházy'schen Vermögens durch Grafen Franz Zichy Beilage zu Nr. 264 des Journals „Der Wanderer“ (Wien 1865, Alex Eurich, gr. 8°, 34 S.). — Die Verwaltung des Fürst Eszterházy'schen Vermögens durch Grafen Franz Zichy Berichtigung der in der gleichnamigen Brochure enthaltenen vollständig unwahren und entstellten Thatsachen (Wien 1865, C. Dittmarsch, gr. 8°, 73 S., das sogenannte „Schwarze Buch“). — Neue Freie Presse 1874, Nr. 3671: „Eine Frage des Kaisers“ in der Rubrik „Kleine Chronik“. — Dieselbe, 21. März 1875, Nr. 3796: „Ein ernster Zwischenfall im Orient“. — Fremden-Blatt. Von Gustav Heine (Wien, 4°.) 28. September 1876: „Empfang des Grafen Zichy beim Sultan“. — Didaskalia (Frankfurter Unterhaltungsblatt, 4°.) 1865, Nr. 332: „Eine Cause célèbre“. — Allgemeine Zeitung (Augsburg, Cotta, 4.) 1879, Nr. 302 und 313 in den „Correspondenzen aus Wien“. — Ueber Land und Meer (Stuttgart, Hallberger, Fol.) 38. Bd., 1877, Nr. 38, mit Porträt. — *Sarkady (István)*. Hajnal, d. i. Morgenröthe (Wien 1867, 4°.): „Zichy Ferencz Gróf“.

Porträt. Unterschrift: „Gróf Zichy Ferencz“. Marastoni Jós. 1864 (lithogr.), Druck von Grb. Pollak (Pesth 1864). — **Charge.** Ueberschrift: „Internuntius Graf Zichy“. [Der Graf unter einem Fenster, aus welchem sich eine schöne Orientalin herausneigt, die Mandoline spielend, während hinter seinem Rücken der Russe durchs Fenster zur Orientalin hineinsteigt.] Zeichnung von Laci von F.(recsay) in der „Bombe“ vom 15. October 1876, Nr. 41.

Zichy-Vásonykeö, Geza Graf (Tonkünstler und Dichter, geb. zu Sztára in Ungarn am 23. Juli 1849), vom I. Zweige der Karlsburger Linie. Wir halten uns in Bezug auf das Geburtsdatum des Grafen an das „Genealogische Taschenbuch der gräfl. Häuser“; wir finden aber in verschiedenen Quellen als Geburtsjahr 1842 und 1840 angegeben. Der jüngste Sohn des Grafen Leopold (gest. 1869), der in der ungarischen Armee diente und Besitzer des Gutes Seregelyes im Stuhlweißenburger Comitate Ungarns war, und Marias geborenen Gräfin Sztaray. Graf Geza verlebte Kindheit und Jugend zuerst in Tyrnau, dann seit 1860 in Preßburg, wo er die Rechtsstudien beendete. Im Alter von 15 Jahren hatte er das Unglück, durch einen Jagdunfall, der auf verschiedene Weise erzählt wird, den rechten Arm zu verlieren. Da er von Jugend auf sich mit Leidenschaft dem Pianospiel gewidmet hatte, mochte er dieser Kunst nicht entsagen, und während der zwei Jahre, welche die Heilung der Wunde beanspruchte, brachte er es durch hartnäckige Arbeit und rastlose Uebung dahin, beim Spiel seine rechte Hand zu entbehren und mit der Linken alle

Schwierigkeiten zu überwinden und kunstgerecht zu lösen. Dabei setzte er die juridischen Studien mit bestem Erfolge fort, nahm bei dem damaligen Capellmeister der Preßburger Kathedrale Mayrberger Unterricht in der Harmonielehre und als er später nach Budapesth übersiedelte, bei Volkmann im Contrapunkt und in der Composition. Zu gleicher Zeit vervollkommnete er seine Studien für die linke Hand auf dem Piano bei Liszt, der als Director des Pesther Conservatoriums jeden Winter in Budapesth zubrachte, des jungen Grafen eminentes Musiktalent erkannte und ihn mit den großen Werken der Classiker bekannt machte. So hatte sich Graf Geza zum Pianovirtuosen, der ganz ausnahmsweise einhändig die schönsten Bravourstücke mit größter Vollendung spielt, ausgebildet und ließ sich nun seit 1865 als einhändiger Pianist in Preßburg, Wien, Pesth, München, Paris mit großem Beifall hören. Ueber sein Spiel urtheilt ein Kenner: „er versteht nicht allein mit der einen Hand den Mangel der zweiten zu verdecken, sondern zeigt sich auch aller Nuancen mächtig vom Seelenvollsten bis zur größten Bravour". Als Componist hat Graf Zichy bereits mehrere Tonstücke veröffentlicht, darunter ein Ave Maria für Sopranstimme, eine Ballade, betitelt: „Clara Zách"; — „3 Pester Lieder" (Leipzig, Kahnt) und eine Sammlung Etuden für die linke Hand (Paris, Heugel), seinem Meister Liszt gewidmet, der über dieselben folgendes Urtheil fällte: „sie sind von gutem Geschmack, gutem Styl und sogar von mehr Wirkung als manche Composition für zwei und vier Hände; aber sie sind so schwierig, daß nur der Componist allein das Wunder aufführen kann, sie zu spielen". Noch sei bemerkt, daß der Graf, wenn er öffentlich sich hören läßt, nur zu wohlthätigen Zwecken, ohne Anspruch auf Honorar spielt, und daß seine Concerte, in denen er meist eigene Compositionen vorträgt, den Armen schon weit über 100.000 fl. eingetragen haben. Aber nicht bloß auf musicalischem Gebiete begegnen wir dem Grafen, er ist auch als Dichter im Vaterlande bekannt, und schon 1877 wurden seine ungarischen Gedichte von der Petöfi-Gesellschaft herausgegeben. Von seinen Arbeiten in dieser Richtung nennen wir noch: „*A szerelem harcza*", d. i. Der Liebeskampf, Drama in 3 Acten (1877); — „*A hazajáró lélek*", d. i. Der umgehende Geist eines Verstorbenen, ein Gedicht, welches in der Kisfaludy-Gesellschaft von Jos. Konocsy vorgetragen wurde; — dann „*Alár*", eine poetische Erzählung in sieben Gesängen (Budapesth 1883). Auch in schöngeistigen Blättern, so in der von der Kisfaludy-Gesellschaft herausgegebenen Monatschrift „Koszoru", d. i. Der Kranz, stehen Dichtungen und Anderes von seiner Hand, unter Anderem ein Gedicht an Franz Liszt (1879, Heft 4), eine Denkrede auf Szigligeti (ebd., Heft 3) u. s. w. Der Graf lebt in Budapesth, wo er als Mitglied mehrerer Vereine und Gesellschaften, so der Kisfaludy-Gesellschaft, ferner als Präsident des königlich ungarischen Nationalconservatoriums in künstlerischer und literarischer Richtung vielfach thätig ist. Im September 1888 meldeten die Zeitungen, daß der Graf im Laufe des Sommers ein größeres Opernwerk verloren habe, das trotz aller Nachforschungen nicht aufgefunden wurde. Seit 10. September 1871 ist Graf Zichy mit Melanie geborenen Gräfin Karátsonyi v. Beodra (geb. 16. September 1855) vermält, und hat er aus dieser

Ehe vier Kinder, drei Töchter und einen gleichnamigen Sohn Géza (geb. 3. November 1882).

Illustrirte Frauen-Zeitung (Berlin, Lipperheide, Fol.) 1. Juli 1883, Nr. 13. — Neue Illustrirte Zeitung (Wien, Zamarski) X. Jahrgang 1882, Nr. 16, S. 246. — Süddeutsche Presse (München) 25. Februar 1882, Nr. 56 im Feuilleton.

Porträts. 1) Unterschrift: Facsimile des Namenszuges: „Géza Graf Zichy". Aug. Schubert del. (Fol.). — 2) Unterschrift: „Graf Géza Zichy". F. W(eiß) sc., Vaar sc.

Zichy-Vásonykeö, Hermann Graf (Staatsmann, geb. 7. Mai 1814, gest. 18. Mai 1880), vom II. Zweige der Karlsburger Linie. Ein Sohn des 1834 verstorbenen königlich ungarischen Schatzmeisters, Präsidenten der königlich ungarischen Hofkammer und Obergespans der Wieselburger Gespanschaft Karl II. Grafen Zichy aus dessen zweiter Ehe mit Julie geborenen Gräfin Festetics und Stiefsohn des großen Patrioten Stephan Széchényi [vgl. die Stammtafel], mit dem er bis zu dessen Tode im häufigen und herzlichen Verkehre gestanden. Für den Staatsdienst erzogen, bekleidete er nach der Revolution den Posten eines k. k. Comitatsvorstandes des Eisenburger Comitates und später bis zur Publication des Octoberdiploms das Amt eines Hofrathes und Vicepräsidenten der Statthaltereiabtheilung in Großwardein, zu gleicher Zeit aber auch die des Präsidenten der k. k. ständigen Landescommission für Personalangelegenheiten der gemischten Stuhlrichterämter, der Grundentlastungs-Landescommission und der Grundentlastungsfonds-Direction. Nach Publication des Octoberdiploms wurde er als Statthaltereivicepräsident in den Ruhestand versetzt. Die Städte Debreczin, Großwardein, Arad, Steinamanger, Szathmár und Nagybánya hatten ihn während seines Großwardeiner Statthalterei-Vicepräsidiums zum Ehrenbürger erwählt. Darauf wurde er 1863 Administrator der Obergespanswürde des Eisenburger Comitates und im April 1864 nach dem Rücktritte des Grafen Forgách dessen Nachfolger in der Stelle des ungarischen Hofkanzlers, welche er nicht viel über ein Jahr bekleidete, indem er auf sein Ansuchen mit Handbillet des Kaisers Franz Joseph vom 26. Juni 1865 unter Vorbehalt fernerer Dienste seines Amtes enthoben ward. Doch wurden dieselben nicht weiter in Anspruch genommen. Graf Hermann mit seinen verschiedenen als königlich ungarischer Hofkanzler gesprochenen Toasten spielte eine nichts weniger als beneidenswerthe Rolle zu einer Zeit, in welcher der Dualismus des Kaiserstaates durch die Vertrauensseligkeit des Grafen Beust vorbereitet wurde, und er starb als wirklicher geheimer Rath und Besitzer des Gutes Jacobháza in der Eisenburger Gespanschaft im Alter von 66 Jahren. Seit 16. Jänner 1842 mit Karoline geborenen Szegedy von Mezö-Szeged (geb. 30. August 1817) vermält, hinterließ er aus dieser Ehe drei Töchter, Karoline, Antonie, Helene, sämmtlich verehelicht, und einen Sohn Hermann.

Presse (Wiener polit. Blatt) 1864, Nr. 113 und 114; Abendblatt Nr. 131 und 137. — Neue Freie Presse, 1865, Nr. 165, 287. — Fremden-Blatt. Von Gust. Heine (Wien 1864) Nr. 117.

Zichy-Vásonykeö, Joseph Graf (Staatsmann, geb. zu Preßburg in Ungarn 13. November 1841), vom I. Zweige der Karlsburger Linie. Der älteste Sohn des Grafen Franz, ehemaligen Internuntius, aus dessen Ehe mit Maria Clara geborenen Gräfin Demblin, machte er seine Studien in Wien und Preßburg und begab sich nach Vollendung derselben und erlangter rechtswissenschaftlicher Doctorwürde mit seinem Bruder August auf Reisen, auf welchen er sämmtliche Staaten Europas und Asien nach verschiedenen Richtungen besuchte. (In der Lebensskizze des Grafen August ist dieser Fahrten der beiden Brüder des Näheren gedacht.) Reich an Erfahrungen und Erlebnissen der interessantesten Art kehrte er in sein Vaterland zurück und wurde, nachdem er kaum die Großjährigkeit erlangt hatte, aus einem Wahlkreise des Preßburger Comitates in den denkwürdigen von Kaiser Franz Joseph auf den 2. April 1861 in die königliche Freistadt Ofen einberufenen allgemeinen Landtag gewählt. Er nahm lebhaften Antheil an den Arbeiten des Parlamentes und bekundete insbesondere große Vertrautheit mit handelspolitischen und volkswirthschaftlichen Fragen, deren praktische Studien auf seinen großen Reisen zu machen, er reichlich Gelegenheit gehabt. Bald lenkte sich auf den kenntnißreichen und wohlunterrichteten Parlamentarier die Aufmerksamkeit der Regierung, und Graf Joseph wurde 1867 als Sectionsrath ins Handelsministerium berufen. Aber schon zwei Jahre später gab er diese Stellung auf und abermals in den Reichstag entsendet, wirkte er in demselben als eines der eifrigsten Mitglieder des Budgetausschusses. Als dann Anfangs August 1870 der königliche Commissär für Fiume und des Fiumaner Comitates seiner Stelle enthoben wurde, erfolgte des Grafen Ernennung zum Gouverneur von Fiume, und entwickelte er in dieser durch mancherlei Rücksichtnahmen auf die verschiedenen Nationalitäten überaus schwierigen Stellung so viel Tact und Energie, daß er sich in allen Schichten der Fiumaner Gesellschaft der größten Beliebtheit erfreute. Anfangs December 1872 als Handelsminister in den Rath der Krone berufen, legte er in der Folge dieses Portefeuille nieder und lebt nun als geheimer Rath ohne staatliche Bedienstung auf dem Gute Berdród in Ungarn. Am 8. December 1873 wurde er mit dem Orden der eisernen Krone erster Classe ausgezeichnet. Graf Joseph ist seit 25. April 1879 mit Ilona geborenen Prinzessin Odescalchi (geb. 11. Mai 1859) vermält, und stammen aus dieser Ehe zwei Kinder, Graf Gyula (geb. 30. September 1880) und Gräfin Clara (geb. 13. Juni 1883).

Magyarország és a nagy világ, d. i. Ungarn und die große Welt (Pesth, gr. 4°.) VIII. Jahrg. 22. December 1872, Nr. 51: „Gr. Zichy József“. — Nemzeti nagy képes naptár (Pesth 1874) Bd. VI, Seite 98.

Porträts. 1) Holzschnitt ohne Angabe des Zeichners und Xylographen in Nr. 51 des Jahres 1872 der illustrirten Zeitschrift „Magyarország és a nagy világ“. — 2) Auch im Holzschnitt ohne Angabe des Zeichners und Xylographen in Nr. 7, 1873 des „Illustrirten Wiener Extrablattes“.

Zichy-Vásonykeő, Karl I. Graf (Staatsmann und Ritter des goldenen Vließes, geb. zu Preßburg am 4. März 1753, gest. zu Wien am 26., n. A. 28. September 1826). Ein Sohn des Grafen Stephan — und nicht, wie E. M. Oettinger im „Moniteur des Dates“ 31me livr. Jul. 1868, pag. 32 schreibt, des Grafen Franz — aus dessen Ehe mit Marie Cäcilie geborenen Gräfin Stubenberg, bezog er im Alter von 6 Jahren (1759) die theresianische Ritterakademie und blieb in derselben durch 12 Jahre, bis 1771. Daselbst vollendete er mit großer Auszeichnung die Studien und vertheidigte vor seinem Austritte vor einer zahlreichen und ansehnlichen Versammlung eine Reihe von Sätzen aus den politischen Wissenschaften mit glänzendem Erfolge. Nun kam er zur Erlernung der praktischen Staatsgeschäfte an die Seite des Hofrathes und damaligen Gouverneurs von Fiume Joseph Grafen Majláth [Bd. XVI, S. 305] und wurde schon 1775, erst 22 Jahre alt, wirklicher illyrischer Hofcommissionsrath bei der Hofkammer in Wien und am 7. März 1777 wirklicher Hofrath. 1786 erfolgte seine Ernennung zum Administrator des Békéser, 1787 zum Obergespan des Raaber Comitates und Präsidenten der ungarischen Hofkammer, 1788 zum Judex curiae, damals die höchste Stelle in Ungarn, da seit 1765 die Würde des Palatins nicht besetzt worden war. Als es nach Kaiser Josephs II. 1790 erfolgtem Tode auf dem Landtage dieses Jahres über den Krönungseid zu lebhaften Verhandlungen gekommen war, gelang es allein dem beredten Grafen Karl, die aufgeregten Gemüther zu beschwichtigen, sowie er sich denn überhaupt immer als gewandter Redner und als kenntnißreicher und umsichtiger Staatsmann auf den ungarischen Landtagen auszeichnete. Er war es auch, der die einstimmige Wahl des Erzherzogs Alexander Leopold zum Palatin und die Krönung des Kaisers Leopold zum König von Ungarn am 15. November 1790 vermittelte. Nun übernahm er den Posten des Präsidenten der allgemeinen Hofkammer, und gelang es seiner Umsicht und seinem klugen Gebaren, Ordnung in die sehr zerrütteten Finanzen zu bringen; freilich gingen durch den Krieg des Jahres 1805 die von ihm gewonnenen günstigen Ergebnisse wieder verloren. 1808 wurde er Staats- und Conferenzminister, 1809 Kriegsminister. 1813 und 1814 führte er die Leitung des Innern und nahm bis kurz vor seinem 1826 erfolgten Hinscheiden an allen wichtigen Staatsgeschäften den thätigsten Antheil. Das Gebaren des Grafen findet verschiedene, mitunter sehr gehässige Beurtheilung, insbesondere weil er zwischen den durch die Haltung Kaiser Josephs II. gegen Ungarn erbitterten Gemüthern immer zu vermitteln suchte, was aber doch bei den damaligen durch die Kriegswirren auf die Spitze getriebenen Verhältnissen das Klügste war, um den Staat in seiner Einheit zu erhalten. Wie immer man den Grafen beurtheile, ob man seine Maßnahmen billige oder verwerfe, unerschütterliche Königstreue kann man ihm nicht absprechen; er kann in den Mitteln, das Wohl seines Volkes zu fördern, geirrt haben, Eines ist sicher, im Festhalten an dieser Treue erkannte er die zuverlässigste Bürgschaft für das Fortbestehen seines Volkes, das, wie eine Oase mitten unter die anderen Völker des Continents hineingestellt und ringsherum von den ihm feindlich gesinnten slavischen Volksstämmen bedroht, nur in einem starken Königsthum eine sichere Gewähr für seine Erhaltung findet. In seinen jungen Jahren hatte der Graf schöngeistigen Anwandlungen gehuldigt, und erschien von ihm das Buch: „Verwandlung Ungarns. Ein prosaisches Gedicht aus dem Lateinischen" (Wien 1768, 138 S., 8°.) und sollen auch in der Sammelschrift „Jugendfrüchte des k. k. Theresianums" einige Gedichte des Grafen enthalten sein. Karl Graf Zichy war Ritter des goldenen Vließes und Großkreuz des St. Stephansordens. Er hatte sich am 12. Februar 1776 mit Anna Maria Gräfin Khevenhüller-Metsch (geb. 10. April 1759, gest. 18. Jänner 1809) vermält, und stammen aus dieser Ehe neun Kinder: vier Söhne und fünf Töchter. Von Ersteren ist der älteste, Franz, der Stifter der Linie Zichy-Ferraris; Karl II. setzte den zweiten Zweig der Karlsburger Linie fort; Ferdinand ist aber der tapfere Husarenoberst, der als General und Commandant von Venedig das Mißgeschick hatte, für die Uebergabe dieser Stadt sich vor dem Kriegsgerichte verantworten zu müssen und schuldig befunden zu werden. Von den fünf Töchtern, die sich alle verheirateten mit Ausnahme der jüngsten, Karoline, welche Nonne zu Brüssel wurde, ist Eleonore die Gattin geworden des Geschichtsschreibers des Hauses Habsburg, Eduard Fürsten Lichnowsky, und Mutter des Fürsten Felix, der im Jahre 1848 in Frankfurt a. M. zugleich mit General Auerswald ein entsetzliches Ende fand.

Horányi (Alexius). Memoria Hungarorum et Provincialium scriptis editis notorum (Posonii 1777, A. Loewe, 8°.) pars III, p. 587. — (De Luca). Das gelehrte Oesterreich. Ein Versuch. I. Bandes 2 Theil, S. 281. — Hock (Karl Freiherr von) Der österreichische Staatsrath (1760—1848) .... (Wien 1879, Braumüller, gr 8°.) S. 664, 665, 667, 670, 672, 673, 674 [daselbst heißt es, Karl Graf Zichy sei drei Tage vor der am 29. October 1826 erfolgten Ernennung des Grafen Franz Anton Kolowrat zum dirigirenden Staats- und Conferenzminister, also am 26. October 1826, gestorben]. — Neuer Nekrolog der Deutschen (Ilmenau, Voigt, 8°.) V. Jahrg. (1827), Theil I, S. 43—51. — Wiener Zeitung, 1827, Nr. 139: „Nekrolog“. — Vehse (Ed. Dr.). Geschichte des österreichischen Hofes und Adels und der österreichischen Diplomatie (Hamburg 1852, Hofmann und Campe, kl 8°) Th. IX, S. 135 und 239; X, S. 88. — Meyer (J.). Das große Conversations-Lexikon für die gebildeten Stände (Hildburghausen, Amsterdam, Paris, Philadelphia (Bibliographisches Institut, gr. 8°.). Zweite Abtheilung, Bd. XV (1852) S. 739 [mit der falschen Angabe, daß der Graf zu Petersburg 1773 statt zu Preßburg 1753 geboren sei.] — *Nagy (Iván).* Magyarország családai czimerekkel és nemzékrendi táblákkal, d. i. Die Familien Ungarns mit Wappen und Stammtafeln (Pesth 1865, M. Ráth, gr. 8°.) Bd. XII, S 392.

Porträts. 1) Lieder del. Lithogr. Inst. in Wien (Fol.). — 2) G. Mark sc., Gürtelbild (8°.), im Gürtel Name und Rang in lateinischer Sprache, darunter eine Platte mit Wappen und der Aufschrift: „Bonum virum facile crederes, magnum libenter, Tacit. Agric.“.

Zichy-Vásonykeö, Stephan Graf (Staatsmann, geb. 13. April 1780, gest. zu Wien 8. Juni 1853), vom III. Zweige der Karlsburger Linie. Ein Sohn des gleichnamigen Grafen Stephan aus dessen Ehe mit Therese Gräfin Pálffy, widmete er sich nach beendeter wissenschaftlicher Ausbildung früh der diplomatischen Laufbahn und begann dieselbe in Berlin unter keinem Geringeren als dem damaligen Legationsrath Freiherrn von Wessenberg-Ampringen [Bd. LV, S. 161], unter dessen specielle Leitung er gestellt worden. Aber in kürzester Zeit erfolgte seine Uebersetzung nach London, wo sein späterer Schwiegervater Ludwig Joseph Max Fürst Starhemberg eben damals und noch viele Jahre lang den österreichischen Gesandtschaftsposten innehatte und den Grafen Stephan zum Diplomaten heranbildete. 1805 wurde Graf Zichy selbst Gesandter und kam als solcher nach Dresden. 1810 zum Gesandten in Berlin ernannt, verblieb er in dieser Stellung durch 17 Jahre — bis 1827 — wohnte den Congressen zu Aachen, Troppau, Laibach und Verona bei und nahm insbesondere 1819 an den Karlsbader Conferenzen thätigen Antheil. Er war mit dem Minister Fürsten Hardenberg und mit Marschall Blücher sehr befreundet und erfreute sich auch der besonderen Huld des Königs Friedrich Wilhelm III., von dem er erst das Großkreuz des rothen Adlerordens und bei seiner Abberufung von Berlin den höchsten preußischen Orden, den schwarzen Adlerorden, erhielt. In die Zeit der diplomatischen Thätigkeit des Grafen in Berlin fällt das Wartburgfest, dessen Abhaltung in einer Conferenz des preußischen Staatskanzlers Fürsten Hardenberg und des Grafen Zichy als Gesandten Oesterreichs mit dem Großherzog von Weimar zu Weimar ernstlich gerügt wurde, und anläßlich dessen man die Professoren Fries und Oken in Criminaluntersuchung zog. Dabei muß man dem Grafen sowohl als dem Fürsten Hardenberg die Gerechtigkeit widerfahren lassen, daß sie die ganze Sache in einem viel milderen Lichte betrachteten, als die eifernden Gegner des Festes, welche sich in Verdächtigungen und Unkenrufen über die Theilnehmer daran gar nicht genug thun konnten. Im Juni 1827 kam Graf Zichy als außerordentlicher Botschafter an den kaiserlich russischen Hof von St. Petersburg. Ueber seinen dortigen Empfang schrieb er, wie wir aus dem in den Quellen genannten Werke des Grafen Andreas Thürheim, des begeisterten Historiographen der kaiserlichen Armee, erfahren, an seine noch in Berlin zurückgebliebene Gemalin unterm 31. Juli 1827: „daß er den Czar während der Manoeuvers gerade im Lager getroffen, inmitten eines zahlreichen und glänzenden Gefolges. Kaiser Nicolaus empfing ihn mit Wohlwollen und sagte: „Eh bien, Monsieur l'Ambassadeur, nous verrons un peu, si vous aimez encore l'exercice à cheval, puisque vous êtes Hongrois, et que vous portez une uniforme de hussards, je ne doute pas que ces manoeuvres vous offriront de l'intérêt“. Auch der Kaiser Nicolaus erwies sich gegen den Grafen stets sehr huldvoll und zeichnete ihn mit vielen Vertrauensbeweisen aus; aber da seiner Familie die klimatischen Verhältnisse nicht zusagten, kehrte Graf Zichy nach zwei Jahren nach Oesterreich zurück, trat dort ins Privatleben und wählte Wien zu seinem bleibenden Wohnsitz. Von seinem Monarchen erhielt er das goldene Civil-Verdienstkreuz und das Großkreuz des St. Stephansordens; überdies war er geheimer Rath und Erbobergespan des Veszprémer Comitates. Der Graf, der sich zu den altconservativen Principien der heiligen Alliance und der äußeren Politik des Fürsten Metternich bekannte, starb im Alter von 73 Jahren. Er war seit 26. Juli 1803 mit Francisca geborenen Gräfin Starhemberg (geb. 6. Jänner 1787, gest. 21. December 1864) vermält und hatte in seiner fünfzigjährigen Ehe den schweren Kummer, vier Söhne, darunter zwei in jungen Mannesjahren dahinsterben zu sehen. Seine Töchter Therese und Maria Anna heirateten in die Grafenhäuser Waldstein und Kinsky. Der Graf führte ein gastliches Haus und eine berühmte Küche. Seine Gattin Francisca, die ihn um 11 Jahre überlebte, und von welcher ein glaubwürdiger Gewährsmann, der in der Quelle benannte Graf Thürheim, berichtet, daß sie bis in ihr hohes Alter eine noch ganz jugendliche Gestalt bewahrte, starb als Greisin von 78 Jahren.

Thürheim (Andreas Graf). Licht- und Schattenbilder aus dem Soldatenleben und aus der Gesellschaft. Tagebuchfragmente und Rückblicke eines ehemaligen Militärs (Prag und Teplitz 1876, Dominicus, 8°) S. 37 u. f.

Zichy-Ferraris, Victor Graf (königlich ungarischer Staatsbeamter, geb. zu Hietzing nächst Schönbrunn bei Wien 1. Juli 1842, gest. in Pesth am 28. Mai 1880), von der Linie Zichy-Ferraris. Der älteste Sohn des Grafen Felix aus dessen Ehe mit Emilie geborenen Gräfin Lessonitz-Reichenbach, machte er in Pesth sämmtliche Studien durch und erlangte daselbst auch die rechtswissenschaftliche Doctorwürde. Zu Beginn der Sechziger-Jahre übte er im Wieselburger Comitate die Advocatur aus, und 1866 wählte ihn dasselbe zum Vicegespan. Schon 1870 wurde er Abgeordneter des ungarischen Landtags und 1872 Obergespan des vereinigten Comitats Pesth-Pilis-Solt. Aus letzterer Stellung schied er aber infolge von Differenzen, die zwischen ihm und dem damaligen Minister des Innern Julius Grafen Szápáry eintraten. Er betheiligte sich nun in den folgenden Jahren an der Verwaltung mehrerer Actiengesellschaften und nahm regen Antheil an den Verhandlungen des ungarischen Oberhauses, in welchem er Jahre lang die Stelle eines Schriftführers bekleidete. Aus dem Oberhause wurde er wiederholt in die Delegation entsendet, wo er das Referat über das Marinebudget führte. Bei den Wahlen des Jahres 1878 ward er wieder in das Abgeordnetenhaus gewählt und als Koloman Tisza seinem bisherigen Staatssecretär im Ministerium des Innern Gabriel Freiherrn Kemény das Handelsministerium übertrug, berief er den Grafen Victor Zichy im Herbst 1878 als Staatssecretär an seine Seite. Damals schon erblickte die öffentliche Meinung in dem Grafen Victor, dessen Befähigung allgemein anerkannt wurde, den zukünftigen Communicationsminister. Aber es sollte doch anders kommen. Plötzlich trat der Abgeordnete Johann Asboth mit Enthüllungen auf, welche zunächst aus politischen Motiven flossen, doch aber eines persönlichen und privaten Hintergrundes nicht entbehrten. Der nächste Anlaß zu der Verfolgung, welcher der Graf endlich erlag, wurde in dem in Wien durchgeführten Ordensschwindelproceß Sonnenberg gegeben. Da hieß es, außer Gabriel Varady [Bd. XLIX, S. 262] sei noch eine andere hoch angestellte Persönlichkeit in die schmutzige Geschichte verwickelt. Man nannte anfangs den Namen nicht, aber in den ungarischen Blättern wurde bald der Staatssecretär Graf Victor Zichy als der Schuldige bezeichnet. Von da ab blieb sein Name verwickelt mit dieser unsauberen Affaire, und es zog sich ein Netz von Anschuldigungen und Verleumdungen über ihn zusammen, das ihn endlich nöthigte, sein Abgeordnetenmandat und sein Staatsamt niederzulegen, nachdem er zwar manches gegen ihn Vorgebrachte hatte widerlegen, aber doch nicht Alles in befriedigender Weise aufklären können. Als dann der Graf sogar aus dem Pesther Jockeyclub hinausballotirt wurde, forderte er den Veranlasser dieser Maßregel, den Grafen Pista Károlyi, zum Duell, wobei er den verhängnißvollen Schuß in die Brust erhielt, der seinem Leben ein Ende machte. Er war glücklicher Weise unverheiratet.

Neue Freie Presse (Wiener polit. Blatt, Fol.) 6. Juni 1871, Nr. 2436: „Ein

Zwischenfall". — Allgemeine Zeitung (Augsburg, Cotta, 4°.) 3. Juli 1879, Nr. 184; 13. Juli 1879, Nr. 199; 26. Juli 1879, Nr. 207; 27. Juli 1879, Nr. 208; 31. Juli 1879, Nr. 212; 28. October 1879, Nr. 301; 6. November 1879, Nr. 310; 26. Mai 1880, Nr. 147; 27. Mai 1880, Nr. 148; 30. Mai 1880, Nr. 151 in den „Mittheilungen und Correspondenzen aus Pesth und Wien. — Fremden-Blatt. Von G. Heine (Wien, 4°.) 1880, Nr. 146: „Graf Victor Zichy-Ferraris".

Porträt. Unterschrift: „Graf Victor Zichy-Ferraris". L(aa)r sc.

Zichy, Anton (Dichter und Schriftsteller, geb. im Wieselburger Comitate Ungarns 1826). Der Umstand, daß in deutschen Quellen Anton Zichy auch als Mitglied der Grafenfamilie erscheint, erschwert sehr die richtige Darstellung seiner Lebensdaten, die im Ganzen sehr spärlich sind. Jedenfalls ist Zichy eine Persönlichkeit, die außerhalb des Kreises der Grafen Zichy von Vásonykeö steht. Ueber seine Familie und seinen Bildungs- und Lebensgang wissen wir gar nichts; 22 Jahre alt, erscheint er als Deputirter auf dem Landtage 1848, wo ihn aber sein gräflicher Namensgenosse Otto Graf Zichy in Thätigkeit und revolutionärem Gebaren überbietet. Schon damals, aber auch wohl früher, mag er als lyrischer Dichter in ungarischen Journalen aufgetreten sein. Selbst Kertbeny, der in der ungarischen Literatur so ziemlich Bescheid weiß, berichtet über ihn nur, „daß er viele Reisen in Ungarn gemacht und dieselben in Journalen beschrieben habe". In den ungarischen Ausgleichslandtag, der mit dem k. Einladungsschreiben ddo. Wien 14. Februar 1861 auf den 2. April 1861 nach Ofen einberufen wurde, ward auch Anton Zichy, und zwar vom Somogyer Comitate gewählt, und er sprach in der 31. Sitzung des Repräsentantenhauses (28. Mai) für die Adresse (vgl. zum Verständniß der Sachlage die Biographie Paul Jámbor, [Bd. X, S. 60]). Diese im gemäßigten Tone gehaltene Rede erschien ganz allein für sich (Pesth 1861, Emich, 8°.) und auch im Verein mit der Rede Paul Királyi's (ebd. 1861, Lauffer, 8°.) im Druck. Auch in den folgenden Landtagen finden wir Anton Zichy. Doch meinen wir, daß das Schwergewicht seiner Thätigkeit weniger auf politischem als auf literarischem Felde zu suchen sei, obwohl er auf ersterem auch einige Libelle erscheinen ließ. Wir lassen hier eine Uebersicht seiner in die Oeffentlichkeit gelangten Arbeiten mit Umgehung der zahlreichen in schöngeistigen ungarischen Journalen erschienenen Gedichte folgen: *„A kérdéshez"*, d. i. Zur Frage (Pesth 1861, Pfeifer, 8°.); — *„A magyar szabadelvü conservativ-politika"*, d. i. Die liberal-conservative Politik in Ungarn (ebd. 1862, 8°.); — *„Czonka miniszterium mint közvetitő"*, d. i. Ein verstümmeltes Ministerium als Vermittler (ebd. 1866, 8°.). Mit dieser Schrift hat seine schriftstellerische Thätigkeit auf politischem Gebiete ihren Abschluß gefunden, und wir begegnen ihm nur noch auf dem dankbareren Felde der schönen Literatur und der Geschichte. In dieser Richtung gab er heraus: *„Stuart Mária Skóthonban, korrajz"*, d. i. Maria Stuart in Schottland. Zeitgemälde (Pesth 1865, Pfeifer); — *„Strafford. Tragédia az angol történetből"*, d. i. Strafford. Tragödie aus der Geschichte Englands (Pesth 1865, Emich, gr. 8°.); — *„Anglia története a forradalomig"*, d. i. Geschichte Englands bis zur Revolution (Pesth 1866, Emich, 8°.); — *„Cromwell vagy a nagyság átka. Történeti* *szomorújáték, 5 felvonásban*", d. i. Cromwell oder der Fluch der Größe. Geschichtliches Drama in 5 Acten (Pesth 1865, Emich, 8°.); — „*Az angol forradalom története*", d. i. Geschichte der englischen Revolution (ebd. 1867, 8°.). Mehrere biographische und literarische Essais ließ Zichy in den wissenschaftlichen Blättern Ungarns erscheinen, und zwar in den Jahrbüchern der Kisfaludy-Gesellschaft 1867 und 1868: „Erinnerung an Karl Berczy"; — in den „Verhandlungen der ungarischen Akademie" 1873, Bd. XIV: „Biographie des Andreas Fay"; — ebenda 1878 eine Abhandlung über Lessing, die als Vorrede zu seiner Uebersetzung von dessen Drama „Nathan der Weise" bestimmt ist. In dem „Budapesti Szemle", d. i. Pesth-Ofener Revue, 1879 veröffentlichte er „Fragmente aus des Grafen Stephan Széchényi Tagebüchern", und im Juni-Hefte 1890 der von Hunfalvi in deutscher Sprache herausgegebenen „Ungarischen Revue" brachte er eine Abhandlung über die Auslandreisen des Grafen Széchényi. Wie wir aus dieser Uebersicht seiner literarischen Arbeiten ersehen, wirkt Anton Zichy auf politischem, historischem und schöngeistigem Gebiete. Insbesondere aber ist es die Geschichte Englands, die ihn anzieht und seinen Schaffensgeist drängt, dieselbe poetisch und wissenschaftlich zu verwerthen. Anton Zichy ist Mitglied des dirigirenden Senates der ungarischen Akademie der Wissenschaften und Ehrenmitglied der sprach- und schönwissenschaftlichen Classe derselben. Im Jahre 1870 meldeten die Journale von einem provisorischen Director des Pesther Nationaltheaters, Anton Zichy, der einmal einfach als solcher, ein ander Mal als Graf erscheint und damals, im Juni,

diese Stelle in
niederlegte. Ob
Schriftsteller un
können wir nich
Grafenfamilie Z
einen Grafen A
des Grafen F
Anna Kornit

Der ungarisch
1861, Osterlam
— Kákay (Ar
bilder zur Ch
Reichstages (P
gr. 8°.) S. 74
der Zeit. Bio
hervorragendster
Feder eines U
beny) (Prag
gr. 12°.) S. 32
Album hunder
eigenen und fre
und Pesth 185
wann Geibel.
Fremden-Bl
(Wien, 4°.) 1
Presse (Wien
Nr. 158: „An
Presse (Wien
Nr. 344: „Pes
und „P. Hella

Zichy. Mi
und Genrem
Somogyer Com
wendete sich fr
wurde in Pes
stoni's, dessel
akademie in P
bei dem er da
suchte. Von Pe
Wien, wo er
Studien fortse
„Der sterbende
am Kreuze" (60
lescratio" noch
dieses Meisters
als Schüler W
schon seine eig

in denen sich eine eigenthümlich gestaltende und schöpferische Kraft offenbart, wie dies aus seiner Concurscomposition „Das Rettungsboot“ (1000 fl.) ersichtlich. Nebenbei bemerkt, ist eine der vielen Figuren derselben ein Porträt seines mit ihm zu gleicher Zeit bei Waldmüller arbeitenden Collegen Friedrich Friedländer (des Invalidenmalers). Zichy gewann damit den Ehrenpreis von hundert Ducaten. Als dann 1847 ein Lehrer der Zeichen- und Malkunst für die Großfürstin Katharina, eine Nichte des Kaisers Nicolaus, gesucht wurde, nahm er auf Rath Waldmüller's diesen Posten an, und so ging der zwanzigjährige Künstler nach St. Petersburg, wo er bis 1850 verblieb. Nach Oesterreich zurückgekehrt, sollte er während der nächsten drei Jahre auch „Künstlers Erdenwallen“ von der Schattenseite kennen lernen. Muthig und unverdrossen harrte er einer freundlicheren Wendung seines Geschickes entgegen, welche auch eintrat, als er bald nach der Krönung des Kaisers Alexander, welche am 26. August 1856 erfolgte, und welche er zur künstlerischen Darstellung brachte, als kaiserlich russischer Hofmaler eine feste Anstellung erhielt. Er wurde zunächst mit einem Gehalte von 6000 Silberrubeln auf zehn Jahre angestellt und diese Stellung nach Ablauf dieser Zeit auf weitere zehn Jahre verlängert. Aber der Künstler schied vor Ablauf der Verlängerung seiner Anstellung aus derselben. Ein Oelbild „Der Gefangene“, welches von seinen Gegnern am russischen Hofe ausgenützt wurde, um ihn zu verdächtigen, gab dem Hofministerium Veranlassung zu einem Schreiben, welches den Künstler so verletzte, daß er, ohne den Ablauf seiner Zeit abzuwarten, nach fünfzehnjähriger Thätigkeit unmuthig seine Stellung aufgab. Aber der Kaiser suchte diese Kränkung insoweit gut zu machen, daß er dem Künstler eine lebenslängliche Pension von 2000 Silberrubeln anweisen ließ. Im Jahre 1874 begab sich Zichy nach Paris, wo er dann seinen ständigen Aufenthalt nahm. In der letzten Zeit aber kehrte er in sein Vaterland zurück, wo er jüngst (Juni 1890) mit zwei Bildern für das Arader Märtyrer-Album zum Ueberfluß den demonstrativen Pfad in der Kunst betrat, den ein Maler von seiner Bedeutung doch nicht nöthig hat zu beschreiten. In den Rahmen dieser künstlerischen Thätigkeit nahezu eines halben Jahrhunderts fällt eine große Anzahl mitunter sehr bedeutender Werke, welche, da der Künstler lange Jahre in der Fremde weilte, auch nicht alle in die Oeffentlichkeit drangen. Wir können daher in der folgenden Uebersicht nur jene namhaft machen, die entweder durch Ausstellungen oder aber durch Berichte in den Zeitungen bekannt geworden sind. Den Katalog der im Jahre 1878 im Kunstvereine veranstalteten Zichy-Ausstellung konnten wir uns leider nicht mehr verschaffen. Wir nennen außer den bereits erwähnten Bildern Zichy's folgende: „Der Messias“; — „Luther auf der Wartburg“; — „Der Gelehrte als Himmelsstürmer“; — dann eine Suite von Zeichnungen, die, wie einer seiner Biographen schreibt, man sich nur „unter dem Tische zeigt“, und welche es deutlich bekunden, welche tiefen Blicke der Künstler in die Nachtseiten des Lebens und der menschlichen Natur gethan; die vorgenannten alle Aquarelle; — „Die Waffen des Teufels“ (November 1878), ein colossales Wandgemälde für die Pariser Ausstellung; — „Die Kaiserin am Sarge Deák's“; — „Der Mensch zwischen Vernunft und Wahrheit“,

Zeichnung; — „Jüdische Märtyrer", Kohlenzeichnung und Aquarell; — „Du bist von Erde und sollst Erde werden", in gleicher Ausführung; — „Das Edelfräulein"; — „Der Jagdjunker"; — „Der letzte Besuch des Arztes"; — „Holländischer Soldat in Weinlaune"; — „Der Raucher"; — „Der Schachspieler"; — „Auerhahnjagd in Russland"; — „Aus der Zeit der spanischen Judenverfolgung" (Eigenthum des Banquiers Bloch in Warschau), im Holzschnitt aus der xylogr. Anstalt von Aarland im 28. Bande der „Gartenlaube" S. 17; — „Fackeltanz in Schottland", im Holzschnitt von R in „Ueber Land und Meer" 34. Bd., 1875, S. 728 und 729; — „Triumph des Bösen auf Erden" (1878); — „Sternschnuppen" (1879), im Besitz des Directors des Renaissancetheaters in Paris Victor Coning; — „Gespensterstunde auf dem Friedhofe", eine ganze Folge Compositionen erotischer Natur, Eigenthum der Herren Begrow und Bellen in St. Petersburg; — Siebzehn Bilder im Besitze des Prinzen von Wales, diese sind in der Holzdecoration eines nach dem Maler benannten Zichy-Saales incrustirt; — auch nachdem der Künstler Rußland verlassen hatte, erhielt er von dort immer noch Aufträge, so z. B. ließen die Herausgeber der Petersburger illustrirten Blätter ihre Prämienbilder von ihm malen; für den Jahrgang 1880 der „Niwa" lieferte er zwei Kunstblätter, deren Gegenstand den Lermantoff'schen Gedichten entnommen war; für 1881 malte er einzelne Scenen aus Gogol's Roman „Bulba Taras"; ferner ist zu nennen ein Illustrationscyclus zu Madách's „Tragödie des Menschen", welche als die ungarische Faustdichtung bezeichnet wird; zwei in Sepiazeichnung ausgeführte, „Lebensbilder" bezeichnete Blätter; dann eine Bleistiftzeichnung: „Der Todesengel", „Luther und der Papst", Carton, alle vier in der Wiener Weltausstellung 1873; dann im Kronprinzenwerke: „Die österreichisch-ungarische Monarchie in Wort und Bild" in der Abtheilung „Ungarn" Bd. I, Heft 10 und 11: „Entscheidung eines Processes durch Zweikampf"; — „Entscheidung einer Schlacht durch Zweikampf"; — „Der Feuersprung"; — „Weihung des neugeborenen Kindes bei den Urmagyaren"; — „Der todte Krieger und seine Braut"; — „Burschenerweckung bei einem Todtenschmaus aus der Vorzeit"; — „Attila's Gastmahl"; — „Der Weg des Csaba"; — „Die Wasserfee und der Königssohn"; — „Der *garabonczás diák* (der fahrende Student) und das Waisenkind", sämmtliche zehn Blätter wahre Zierden des Werkes. Seine jüngste Arbeit sind, wie schon oben erwähnt, die zwei Bilder für das Arader Märtyrer-Album: „Die Arader Tragödie": die gefesselte Ungaria, von einem russischen General festgehalten, im Hintergrund der Galgen, an dessen Stufen der Henker in der Uniform eines österreichischen Generals (!) Das zweite Bild stellt den „Sieg des Constitutionalismus" vor. Wieder die Ungaria, und ein General, hinter dem die gedemüthigte österreichische Camarilla, zu Füßen der Ungaria Petöfi's Leichnam. Beide Bilder, im höchsten Grade unzeitgemäß reißen zum Ueberflusse vernarbte Wunden auf, und der magyarische Maler vergißt die Greuel, welche sein eigenes Volk an Tausenden Wehrloser und Unschuldiger verübt. Als Gegengabe für das Arader Märtyrer-Album sind von einem anderen nicht malenden patriotischen Ungar zwei Aquarelle bei dem Spanier Benliure y Gil bestellt, und zwar „Die Ermordung des Grafen Lamberg, des Grafen Zichy und des siebenbürgischen Pfarrers Stephan Ludwig Roth"; das zweite Bild aber stellt die Geister der 4834 Opfer des magyarischen Terrorismus in Siebenbürgen in den Jahren 1848 und 1849 dar, welche von ihren Mördern Jenci Jósika, Alex. Nagy, Oberst Sáros, Kemény, Csepe, Gyarmati, Teleki, Szabó und vielen Anderen Rechenschaft fordern für das Blutgericht, dem sie wider Recht und Gesetz unterlagen. Der Künstlerkranz Zichy's wäre, wenn die obengenannten zwei Blutblätter fehlten, nicht minder reich geblieben. Michael Zichy als Künstler ist eine geradezu elementare Kraft, in Auffassung und Technik durchaus eigenartig und hervorragend. Gehalt- und gefühlvoll, den Stoff immer aus innerster Tiefe packend, wirkt er auf unser Gemüth oft in erschütternder Weise. Er fordert mit seinen Bildern nicht selten offenen Widerspruch heraus, wirkt aber nichtsdestoweniger damit in erschütternder Weise. Er versteht es mit dichterischer Einbildungskraft und philosophischem Geiste seine Motive herauszuheben und zu verbinden. In der Mehrheit seiner Schöpfungen mehr düster und ernst, hat der Künstler doch wieder Momente, wo ihm der Schalk im Genicke sitzt. Er hat oder hatte doch auch Schüler, die er aber nach dem Grundsatze seines Meisters Waldmüller mit großer Strenge auswählt, denn nur wo Begabung für die Kunst sich unwiderleglich ausspricht, will er das Lehramt üben. Am meisten genannt wird eine russische Dame, die unter dem Namen „Mary" in Pariser und Wiener Salons bekannt geworden und ihm die Eigenart seiner Technik und Wahl der Motive mit merkwürdiger Findigkeit abgelauscht hat. Von Seite der russischen Regierung ist der Künstler mehrere Male mit Orden ausgezeichnet. Ob Michael Zichy, der auch adelig ist, zur Familie der Zichy-Vásonykeö gehört, ist nirgend ersichtlich. Iván Nagy in seinem ungarischen Adelslexikon führt keine zweite Adelsfamilie Zichy auf.

Presse (Wiener polit. Blatt) 14. März 1878, Nr. 72 im Feuilleton: „Ein Künstlerleben". — Allgemeine Zeitung (Augsburg) 18. März 1880, Nr. 78, Beilage: „Wiener Briefe" CXVI. v. V.(incenti). — Dieselbe (München) 25. Juni 1890, Nr. 174, Abendblatt. — Nagler (G. K. Dr.). Neues allgemeines Künstler-Lexikon (München, E. A. Fleischmann, 8°.) Bd. XXII, S. 270. — Müller (Hermann Alex. Dr.). Biographisches Künstler-Lexikon der Gegenwart. Die bekanntesten Zeitgenossen auf dem Gesammtgebiete der bildenden Künste aller Länder, mit Angabe ihrer Werke (Leipzig 1882, Bibliogr. Institut, gr. 12°.) S. 572. — Oesterreichische Kunst-Chronik. Herausgegeben von Dr. Heinrich Kábdebo (Wien 1879, 4°.) I. Jahrg., Nr. 1, 1. November 1878, S. 10; Nr. 2, 15. November S. 24; Nr. 5, 1. December 1879, S. 73; III. Jahrg., Nr. 2, 15. November 1879, S. 43; V. Jahrg. S. 67, 94, 100. — Neue illustrirte Zeitung (Wien, Zamarski, Fol.) 1877, Nr. 24, S. 374.

Porträt. Unterschrift: „Michael v. Zichy". Zeichnung von F. W(eiß) in der vorangeführten „Neuen illustrirten Zeitung". — **Charge.** Ueberschrift: „Michael Zichy und seine Schülerin Frl. Mary". Von Klič im „Floh" 9. Jänner 1881, Nr. 2.

Ziegelbauer, Magnoald (gelehrter Benedictiner, geb. zu Elwangen in Schwaben um 1689, gest. zu Olmütz 14. Juni 1750). Zuerst kam er in das kaiserliche Stift Zwiefalten, das, wie sein Biograph Legipont und nach diesem Pelzel schreibt, „mit trägen, dummen, zanksüchtigen und doch dabei stolzen Mönchen angefüllt war". Da sah er sich ganz und gar nicht an seinem Platze. Er sollte es auch noch besonders fühlen, als er nicht den Weg seiner Mitbrüder ging, sondern den Studien oblag und dabei bescheiden blieb, noch mehr aber, als eine von ihm herausgegebene Arbeit den Beifall der Sachkenner fand und er dafür Verfolgungen und Gehässigkeiten erfuhr. Als dies dem ebenso bescheidenen wie geduldigen Mönch zu viel wurde, bat er seinen Abt, in ein anderes Kloster treten zu dürfen, was ihm dieser auch gewährte, worauf er in das Benedictinerstift Reichenau am Bodensee sich begab, wo er einige Jahre im Lehramt der Theologie thätig war. Der Reichenauer Abt erkannte alsbald die Gediegenheit und die Kenntnisse des Mönches und schickte ihn nach Wien, um ihn daselbst am kaiserlichen Hofe die Geschäfte seines Stiftes besorgen zu lassen. Während Ziegelbauer diese Angelegenheit zu gedeihlichem Ende führte, hatte er mit verschiedenen Männern, die den Wissenschaften oblagen, Bekanntschaft gemacht, auch sonst an dem Wiener Leben Gefallen gefunden, so daß er es vorzog, die bisherige klösterliche Einsamkeit mit einem weiteren Aufenthalt in der Residenz zu vertauschen, zu welchem Zwecke er in das Haus des Freiherrn von Lattermann 1734 als Erzieher eintrat. Die Muße seines Erzieheramtes widmete er wissenschaftlichen Arbeiten in Wiens Bibliotheken, damals noch wenig bekannten Privatarchiven und Sammlungen gelehrter Männer, die ihm zuvorkommend entgegenkamen und ihn in seinen Arbeiten, die sich ziemlich rasch aufeinander folgten, förderten. Durch den Beifall, welchen diese Arbeiten fanden, wurde der Abt Benno von Braunau, ein großer Freund und Förderer der Wissenschaft, auf den jungen Gelehrten aufmerksam, und alsbald berief er ihn nach seinem Stifte, welchem Rufe Ziegelbauer um so lieber folgte, als ihm das Kloster ein wohleingerichtetes Archiv und alle sonstigen Hilfsmittel für die Forschungen, denen er sich hingab, erschloß. Um diese Zeit befahl die Kaiserin Maria Theresia, bewogen durch den Rath des obersten Kanzlers Ph. Grafen Kinsky, da es mit den Studien in Böhmen sehr schlecht bestellt war, für den böhmischen Adel in Prag eine Akademie zu stiften und Aufsicht und Leitung derselben den Benedictinern zu übertragen. Der Braunauer Abt Benno wurde infolgedessen beauftragt, geschickte und zu diesem Zwecke taugliche Männer seines Ordens namhaft zu machen. Er wählte zugleich mit Anselm Desing, Oliver Legipont und Udalrich Weis unseren Ziegelbauer aus, und diese vier Mönche traten in Braunau zusammen, um die innerliche Einrichtung der zu schaffenden Akademie zu berathen. Als aber 1744 der preußische Krieg ausbrach und der Feind bereits die Stadt Prag bedrohte, stockten diese Berathungen. Ziegelbauer blieb dessenungeachtet nicht unthätig und arbeitete an einer Zusammenstellung sämmtlicher Schriftsteller und Geschichtschreiber des Landes Böhmen, welche mehrere Bände umfaßte. Das fertige Manuscript sandte er nach Wien zur Censur, von wo er jedoch die Arbeit, die ihn viel Zeit, Geld und Mühe gekostet hatte, trotz aller Betreibungen immer nicht zurückerhalten konnte. Die durch den Krieg veranlaßte Pause hatten aber die Jesuiten benützt, um die Leitung der von der Kaiserin geplanten und ursprünglich den Benedictinern überwiesenen Akademie an sich zu reißen, und ihren Plänen wie noch immer glückte ihr Vorhaben. Doch wurde die Akademie — das 1747 gegründete Theresianum — nicht in Prag, wie es die Kaiserin ursprünglich im Sinne hatte, dern in Wien ins Leben gerufen. Die ı Abt Bruno berufenen Mönche rten nunmehr in ihre Klöster zurück, egelbauer aber folgte noch im näm- en Jahre einem Rufe nach Olmütz Secretär des Freiherrn von Pe- asch, welcher eben mit Bearbeitung Statuten einer zu stiftenden gelehrten ademie „Die Ungenannten“ sich be- äftigte und den gelehrten Benedictiner s den Mann ausersah, der ihm dabei hilflich sein sollte. Der Freiherr trug m Tisch und Wohnung auf lebenslang ı, was Ziegelbauer auch annahm. n Olmütz arbeitete derselbe nun an ner Geschichte des Bisthums und an ner des Markgrafenthums Mähren. ls beide Werke druckfertig waren, wen- ete er sich an seinen Freund Legi- ont, er möge ihm einen Verleger in rankfurt a. M. oder Nürnberg ver- haffen, denn die Herausgabe in Oester- eich wollte er unter allen Umständen ermeiden, „weil“, wie er in einem Brief n seinen Freund schreibt, „ein jeder Schriftsteller, der die Wahrheit liebt, iese Censur meiden und ihr ausweichen muß“. Aber nicht lange sollte er dieses otium operosum in Olmütz genießen, chon nach dritthalb Jahren erkrankte er und starb. Mit vortrefflichen Eigen- chaften des Menschen und würdigen Priesters verband er gründliches Wissen, inen tiefen Forschergeist und einen ernen Fleiß. Mit Pitter [Bd. XXII, S. 361] zugleich ist Ziegelbauer der eigentliche Begründer einer neuen Epoche n der Geschichtsforschung und Geschichts- reibung Mährens und gewissermaßen uch Böhmens, da Beide die Herausgabe der „Scriptores Bohemicarum“ planten und Pitner auf Dobner, den Her- ausgeber der „Monumenta historica Bohemiae nusquam antehac edita“, der für den eigentlichen Vater der kriti- schen Geschichtsforschung Böhmens gilt, sehr anregend wirkte. Wir schließen diese kurze Skizze mit einer vollständigen Uebersicht von Ziegelbauer's gedruck- ten und handschriftlichen Werken.

Uebersicht der gedruckten Werke des Magnoald Ziegelbauer. „Mancipatus illibatae Virginis Deiparae“ (Constantiae 1726, Sumptib. Joann. Pfizzor, 130 S., kl. 8°.) — „Triumphale silentium, das ist sigprangendes Still-schweigen oder heylsame Bruderschaft zur Außreittung der grundbösen Gewohnheit zu schelten unter dem Namen des großen Ritters und Martyr Georgii zu Oberzell in der Insul Reichenau im Jahre 1727 aufgerichtet“ (Constanz 1727, Leonh. Parcus, 137 S., 8°.), ohne Angabe seines Namens. — „Predigt auf das Fest des hl. Marcus in der Münsterkirche zu Reichenau“ (Fol., Druckort und Jahr unbekannt); ein Auszug steht im „Freiburger Kirchenblatte“ 1874, Nr. 40 und 41. — „Red-Verfassung von dem vilmögenden Beystand des hl. Erz-Vatters Benedicti in der letzten Sterbstund“ (Constanz 1730, Joh. Jg. Reyer, 174 S., 8°). — „Historische Nachricht von der St. Georgen-Fahne, so vor Zeiten der deutsche Adel in Religions- und Reichskriegen geführt hat“ (Wien 1735, mit 1 Kupfer, 64 S., 4°). — „Leben und Geschichten des hl. Stephanus, worinnen die Prärogativen mit Verehrung des hl. Erzmartyrers in der kaiserl. Haupt- und Residenzstadt Wien ersten und vornehmsten Patronen gründlich vorgetragen werden“ (Wien 1736, 4°). — „Novissima de negotio saeculorum, hoc est opus parthenicum de ss. mysterio immaculatae conceptionis B. V. Mariae, qua eadem virgo Deipara ut sine labe concepta elapsis temporibus et culta fuit et a nobis in posterum colenda est“ (Rezii [Austr.] 1737, 393 S., Fol.); enthält auch die erste obenangeführte Schrift. — „Pretium magnum redemptionis humanae, seu de sacratissimo sanguine D. N. Jesu Christi, de quo nonnullae reliquiae in quibusdam ecclesiis catholicis ac monasteriis asservantur“ (Rezii 1737, Chr. Joh. Hueth, 8°.). — „Novus rei literariae Ord. S. Bened. Conspectus, opus ad perfectam historiae Benedictinae cognitionem summe necessarium. Pars I. vel „generalis“ (Ra tisbonae 1739, Typ. J. Casp. Memmel, 322 S., Fol.); ist nur dieser erste Theil erschienen. — „Meyeri Emblemata, sive loca quaedam ex Ad. Adami ad tractatus pacis westphalicae quondam legati nuper ex authentico exemplari edita historia de pacificatione westphalica a J. God. de Meyern interpolata, inversa vel omissa prorsus, hinc inde notata vel delibata“ (Ratisbonae 1739, Typ. et impens. Memmel, 89 S., 4°.); ohne Angabe seines Namens. — „Edit. II. adornavit P. Joh. B. Kraus“ (Ratisbonae 1760, Radlmayr, 32 und 89 S., 4°.); ohne Namen. — „Sacra sponsalia virginem Deiparam inter et duodenos coelites“ (Coloniae 1740, Goth. Joh. Pittner, 8°.). — „Epitome historica regii liberi et exempti in regno Bohemiae antiquissimi monasterii Brevnoviensis vulgo S. Margarethae O. S. B. prope Pragam“ (Coloniae 1740, Pittner, 338 S., Fol., mit Abbildung des Stiftes). — „Disquisitio sacra numismatica de origine, quidditate, virtute pioque usu Numismatum seu crucularum S. Benedicti abbatis, novissime per St. D. N. Benedictum XIV. instaurato ad preces Rss. D. Bennonis lib. et exempti Monast. Brzenoviensis abbatis“ (Viennae 1743, Typ. Leop. Kaliwoda, 214 S., 8°.); ohne Namen. — „Historia didactica de S. Crucis cultu et veneratione in ordine divi Benedicti“ [Vindobonae [in bibliopol. ad sig. aurei velleris] 1746, 343 S., 4°., mit 8 Kupfern). — „De Sanguine Christi et aliis reliquiis in regio Vindobonensi S. Clarae monasterio asservatis“ (1749). — „Kayserliche und königliche Jagdgeschichten“ unter dem Namen Venantius Diana (Cöln 1749, 8°.). — „Centifolium Camaldulense, sive notitia scriptorum Camaldulensium, quam ceu prodromum exceptura est bibliotheca P. P. Camaldulensium“ (Venetiis 1750, Typ. Albrizzi, Fol. maj., 96 S.). — Nach seinem Tode erschien: „Historia rei litterariae Ord. S. Bened. Recensuit, auxit jurisque publici fecit P. Oliverius Legipontius O. S. B. ad S. Martinum maj. Coloniae coenobita“ (Aug. Vind. 1754 Sumpt. Mart. Veith 1754) 4 Tomi, Folio. Pars I, pag. 638: „Studiorum in O. S. B. origines, progressus, celebriores scholas, bibliothecas, archiva ac rei litterariae cimelia horumque custodes repraesentat“. Pars II, pag. 584: „Historia artium et scientiarum inde ab aevo S. Benedicti ad nostra usque tempora apud Benedictinos excultarum“. Pars III, pag. 674: „Biographica, virorum illustrium vitas, scripta exhibet“. Pars IV, p. 731: „Bibliographica sive Bibliotheca Benedictina historico-critica realis“. — In Handschrift hinterließ er: „Olomucium sacrum quo historia ecclesiastica Moraviae et ejus Episcopatus exponitur“ Tomi 3, Fol. — „Infulae doctae in Germania“ Tomi 2, 4°. — „Epistolae variae Pontificum, Cardinalium, Archiepiscoporum, Episcoporum, Abbatum et aliorum ab a. 560 ad a. 1715 cum annotationibus“ Tomi 4, 4°. — „Sacrae Eremi in Oriente et Occidente celebriores“ Tomi 2, 4°. — „Nova et vetera epitaphia ecclesiae cathedralis Olomucensis“. — „Commentarius brevis et jucundus itineris Dñi Baronis de Rozmital“. — „Bibliotheca bohemica, in qua notitia traditur auctorum, qui scripsere de rebus bohemicis“. — „Notae in commentarios Rabani Mauri“.

Oesterreichische National-Encyklopädie von Gräffer und Czikann (Wien 1837, 8°.), Bd. VI, S. 241. — Gottsched. Neuestes aus der anmuthigen Gelehrsamkeit (1751, Ostermann) Nr. 8. — Pelzel (Franz Mart.). Abbildungen böhmischer und mährischer Gelehrter und Künstler u. s. w. (Prag 1782, 8°.) Theil IV, S. 109—116. — (Dunkel's) Nachrichten von verstorbenen Gelehrten, Bd. III, Theil 4, S. 886. — d'Elvert (Christian). Historische Literaturgeschichte von Mähren und Oesterreichisch-Schlesien (Brünn 1850, R. Rohrer, gr. 8°.) S. 39, 212, 223, 247, 253, 269, 296, 301, 341, 499. — Saxii Onomasticon litterarium P. VI, p. 572.

Porträt. Ohne Angabe des Zeichners und Stechers in Pelzel's Abbildungen (8°.).

Noch ist des **Augustin** Ziegelbauer, der in Gratz lebte, zu gedenken, eines Handwerkers von Haus aus, der aber jede Muße, die ihm das Handwerk übrig ließ, benützte, um zu zeichnen, was ihm eben vorlag. Ein Kunstfreund bekam eines seiner Blätter zu Gesicht, ließ ihn rufen und von ihm ein Osterei bemalen. Als dies sehr gelungen ausfiel, gab er ihm die Aufgabe, sein Bildniß (des Gönners) und eine Ansicht von Gratz auszuführen, auch dies fiel sehr gut aus. Nun brachte der Kunstfreund den jungen

Ziegelhauer in die Akademie, wo dessen Studienköpfe und Gruppenbilder bald allgemeinen Beifall fanden. Dies Alles fällt in den Anfang der Sechziger-Jahre. Die weiteren Erfolge des jungen Künstlers sind uns unbekannt. Wastler's „Steirisches Künstler-Lexikon" enthält seinen Namen nicht. [Tagespost (Graz) 1863, Nr. 14.]

Ziegelhauser, Georg Julius (Schauspieler, geb. in Wien 1770, gest. daselbst 15. Juni 1820). Er entstammt einer alten angesessenen Wiener Bürgerfamilie. Der Sohn eines Magistratsrathes, war er von dessen achtzehn Kindern eines der jüngeren. Seine frühzeitige Neigung zum Theater, welche von Seite der Eltern mit allen denkbaren Mitteln unterdrückt wurde, da zu jener Zeit der Schauspielerstand sozusagen für unehrlich galt und in besseren Familien gemieden wurde, ließ sich nun einmal nicht bannen, und indem er seinen Familiennamen kürzte und in Ziegler verwandelte, trat er bei der Gesellschaft des Theaterdirectors Seipelt ein, dessen Schauspielhaus damals sich in der Vorstadt Landstraße befand. So hatte er den Bruch mit seiner Familie besiegelt. Doch gelang es einem alten bewährten Freunde derselben, den Thespisjünger mit den Seinigen zu versöhnen. Nach des Vaters Tode kam Ziegelhauser auf das Theater in der Josephstadt, das damals unter Karl Mayer's Leitung stand, der mit seiner Gesellschaft während der Sommerszeit im Fürst Liechtenstein'schen Hoftheater zu Feldsberg an der Thaya in Niederösterreich Vorstellungen gab. Als der Fürst für sein Theater eine besondere Gesellschaft zusammenstellte, wählte er aus der Mayer'schen die brauchbarsten Mitglieder und unter diesen auch unseren Ziegelhauser. Als dann die Gesellschaft wieder beim Tode des Fürsten aufgelöst wurde, stand Ziegelhauser brodlos da. So trat er denn, es war die Kriegsepoche des Jahres 1797, in die Reihen der Vaterlandsvertheidiger, nahm aber nach geschlossenem Frieden, ohne sich eben bemerkbar gemacht zu haben, wieder seine Entlassung. Nun versuchte er es mit Gastrollen in Schikaneder's Gesellschaft, aus welcher er dann in jene des Directors Marinelli im Theater in der Leopoldstadt kam. An demselben blieb er durch 13 Jahre, 1798 — 1810, und wirkte meist in komischen Partien, im Fache der Pantoffelmänner, bornirten Gecken u. d. m. Als dann Ferdinand Graf Pálffy im Theater an der Wien auch die Localposse in sein Repertoire aufzunehmen Anstalt machte, erhielt Ziegelhauser ein Engagement, das er aber schon, da die Localposse in diesem Theater keinen rechten Boden faßte, wegen Mangels an Beschäftigung nach einem Jahre aufgab. Er kehrte wieder auf das Theater in der Leopoldstadt zurück. Dort aber gestalteten sich für ihn, da mittlerweile Ignaz Schuster sich sein Publicum erobert hatte, die Verhältnisse schwieriger. Dazu hatte ihn ein sehr schmerzliches Nervenleiden befallen, und in dieser Zeit, 1812, wo er sich mehr und mehr zurückzuziehen begann, gründete er das bekannte Taschenbuch vom k. k. priv. Theater in der Leopoldstadt, die spätere „Thalia", und führte es bis an sein Lebensende fort, worauf es von seiner Witwe, dann von Joh. Nep. Vogl, zuletzt von seinem Sohne viele Jahre noch fortgesetzt wurde. Ziegelhauser war ein trefflicher Komiker seiner Zeit und mit Hasenhut zusammen ergötzte er weidlich das Publicum. Von seinen Rollen nennen wir den Doctor Schnitzl in Kringsteiner's „Ehestandsscenen", den Hafnermeister

Schlegel in Schikaneder's „Bürgerlichen Brüdern", den Herrn von Barthel im „Pumpernickel". Auch in seinen eigenen Stücken schrieb er sich gute Rollen, und aus seiner Feder flossen mehrere seinerzeit öfter aufgeführte und gern gesehene Localpossen, von denen uns bekannt sind: „Die Speculationsgeister", „Der Automat", „Der Schusterfeierabend", „Der Bäckeraufzug in Wien", „Die Lappländerin oder der betrogene Vormund", „Die Zusammenkunft in Baden", „Die Feuerkönigin im Feenreich". Doch scheinen alle diese Stücke Manuscript geblieben zu sein, da wir sie in Bücherkatalogen vergebens suchen; auch wurden sie bald von den lebenskräftigeren Stücken eines Bäuerle, Gleich, Meisl und Anderer verdrängt, wie diese dann jenen eines Raimund, Nestroy, Kaiser und Anderer weichen mußten.

Noch sind zu erwähnen: 1. **Georg** Ziegelhauser, den wir im ersten Viertel unseres Jahrhunderts als Groteskklänzer einer Wiener Bühne aufgeführt finden. Die Erinnerung an ihn hat sich durch ein von Lanos lithographirtes Bildniß (12°) mit der Unterschrift: „Georg Ziegelhauser, | Groteskklänzer" erhalten. Ob derselbe nicht mit obigem Schauspieler Georg Julius Ziegelhauser identisch ist? — 2. **Johann** Ziegelhauser, ein Tonkünstler, der in der zweiten Hälfte des vorigen Jahrhunderts in Wien lebte und offenbar wie der Vorige und wie die Folgenden zu derselben Bürgerfamilie gehört, aus welcher der Localkomiker Georg Julius stammt. Von Johann Ziegelhauser sind mehrere Compositionen im Stich erschienen: „XII Variations p. 2 violons sur l'air: *A Schüsserl und a Reindl*" (Wien 1798, Artaria); — „XXIV österreichische Landtänze für das Clavier" (ebd. 1798); — „XII österreichische Ländlertänze für das Fortepiano. Zweiter Theil" (ebenda 1799). [Gerber (Ernst Ludw.). Neues historisch-biographisches Lexikon der Tonkünstler u. s. w. (Leipzig 1814, Kühnel, gr. 8°.) Bd. IV, Sp. 642.] — 3. **Karl** Ziegelhauser (geb. 1800 in Wien, gest. 2. October 1866), ein Sohn des Localkomikers Georg Julius. Er schrieb in verschiedenen Wiener Journalen Erzählungen und Gedichte. Nach dem Tode des Vaters übernahm dessen Witwe die Fortsetzung des in „Thalia" umgetauften Taschenbuchs; nach dem Hinscheiden der Mutter führte es Johann Nepomuk Vogl 1843–1849 fort, worauf es Karl Ziegelhauser fortsetzte, der 1862 anläßlich des fünfzigjährigen Erscheinens dieses Taschenbuches in demselben einen geschichtlichen Rückblick veröffentlichte, welcher zur Charakteristik der älteren Wiener Literaturzustände manche interessante Einzelnheiten enthält. [Fremden-Blatt. Von Gustav Heine (Wien 1866) Nr. 275.] — 4. **Leopold** Ziegelhauser (geb. in Wien 1814), ein Sohn Johanns, dessen unter Nr. 2 Erwähnung geschah, trat im April 1834 als Zögling in die k. k. Akademie der bildenden Künste. Ueber seine Erfolge im Gebiete der Kunst fehlen uns alle Nachrichten. — 5. **Sebastian** Ziegelhauser lebte in der zweiten Hälfte des 15. Jahrhunderts, in den Tagen, als unter Wolfgang Holzer, der zu Herzog Albrecht stand, sich die Wiener Bürger gegen Kaiser Friedrich III. erhoben. Als dieser dann in Wien einzog, war es eine seiner ersten Handlungen, daß er einen neuen Bürgermeister wählen ließ. Sebastian Ziegelhauser wurde ausgerufen. Das Volk lärmte darüber, erklärte die alten Ordnungen, seine Freiheiten durch diese Wahl verletzt. Da dankte Ziegelhauser ab, und die neue Wahl fiel auf Wolfgang Holzer, unter dem nun die Unruhen nur noch heftiger ausbrachen, bis er gefangen genommen und nach richterlichem Spruche geviertheilt wurde. Aller Wahrscheinlichkeit nach ist Sebastian Ziegelhauser ein Ahnherr aller obengenannten Träger seines Namens. [Majláth (Johann Graf). Geschichte des österreichischen Kaiserstaates (Hamburg 1834, Perthes, 8°.) Bd. I, Seite 289.

Ziegesar, Karl Wilhelm Freiherr (k. k. Generalmajor und Ritter des Maria Theresien-Ordens, geb. zu Durlach im Großherzogthum Baden 1717, gest. zu Preßburg in Ungarn 23. September 1781). Der Sproß eines alten Meißener Geschlechtes, trat er,

6 Jahre alt, in ein kaiserliches Reiter-
egiment. Im Kriege gegen die Türken
cht er bereits als Rittmeister, im öster-
ichischen Erbfolgekriege 1740—1748
s Major. 1752 wurde er Oberstlieute-
ant und im Februar 1758 Oberst in
em später reducirten Kürassier-Regi-
ente Benedict Graf Daun. Im sieben-
hrigen Kriege erfocht er sich die höchste
ilitärische Auszeichnung, das Maria
heresienkreuz. Zuerst that er sich bei
Meißen 21. September 1759 hervor,
ndem er unter Commando des Generals
Brentano eine auf dessen Corps un-
estüm anrückende sechshundert Reiter
arke feindliche Abtheilung angriff, nach-
em er das erste Glied seines Regiments
atte die Musketen abfeuern lassen, an
er Spitze der Seinen in die feindliche
Cavallerie mit allem Nachdruck einhieb,
uerst diese, dann die ihr folgende In-
anterie zersprengte und ihr vier Ge-
chütze abnahm. Eine nicht minder glän-
ende Waffenthat vollführte er bei Tor-
au, wo er mit seinem Regimente in
inem lebhaften Angriff die feindliche
Cavallerie, dann auch die Infanterie
urückwarf, vollends zersprengte und
nehrere Geschütze wegnahm. Dann griff
r mit gleichem Erfolge die preußischen
on General Lewald befehligten Gre-
adiere an. Bei dieser Gelegenheit am
echten Knie durch einen Streifschuß verwundet, ließ er sich nur seine Wunde
erbinden, dann aber kehrte er wieder an
ie Spitze seines Regimentes zurück, mit
velchem er in dieser Schlacht mehrere
Fahnen erbeutete und 18 Officiere und
500 Mann gefangen nahm. Zuletzt zum
Generalmajor befördert, starb Freiherr
Ziegesar in Ungarn im Alter von
54 Jahren.

Thürheim (Andreas Graf) Gedenkblätter aus der Kriegsgeschichte der k. k. österreichisch ungarischen Armee (Wien und Teschen, Prochaska, gr. 8°.) Bd. II, S. 632, Jahr 1759.

Zieglauer Edler von Blumenthal, Ferdinand (Geschichtsforscher, geb. zu Bruneck in Tirol am 28. Februar 1829). Ein Abkömmling der Tiroler Familie Zieglauer, über welche die Quellen unter Joseph von Zieglauer [S. 44] Näheres melden. Er besuchte das Gymnasium und die philosophische Facultät der Innsbrucker Hochschule, hörte zum Theil an derselben, dann an jener zu Wien die Rechtswissenschaften, trat aber, für das Studium der Geschichte sich entscheidend, 1852 in das von den Professoren Aschbach und Bonitz geleitete Seminar für allgemeine Geschichte, in welchem er drei Jahre blieb, und als 1855 das Seminar für österreichische Geschichte errichtet worden, wurde er einer der sechs Zöglinge desselben. Nachdem er das Doctorat der Philosophie erlangt hatte, erfolgte mit allerhöchster Entschließung vom 28. September 1856 seine Ernennung zum außerordentlichen Professor der Geschichte an der Rechtsakademie in Hermannstadt, seine Beförderung zum ordentlichen Professor an dieser Lehranstalt aber mit ah. Entschließung vom 2. November 1862. Zur Zeit ist er mit dem Titel eines Regierungsrathes Professor der österreichischen Geschichte an der k. k. Franz-Josephs-Universität in Czernowitz, außerdem Mitglied der Prüfungscommission für das Lehramt an Gymnasien und Realschulen und der rechtshistorischen Staatsprüfungscommission. In seinem Fache auch schriftstellerisch thätig, hat er Folgendes durch den Druck veröffentlicht: „Harteneck, Graf der sächsischen Nation und die siebenbürgischen Parteikämpfe seiner Zeit. 1691—1703. Nach den Quellen des Archivs der bestandenen siebenbürgischen Hofkanzlei und des sächsischen Nationalarchivs in Hermannstadt" (Hermannstadt 1869, Steinhaußer, 8°., II und 472 S. und Beilagen, 1872 ebenda, 80 S.); — „Zur Geschichte der Kreuzcapelle in der Elisabethvorstadt von Hermannstadt" (Hermannstadt 1875, Filtsch, 8°.), auch in ungarischer Sprache; — „Abhandlung über die Zeit der Entstehung des sogenannten ältesten österreichischen Landrechts" (im Jännerheft 1856 der „Sitzungsberichte philosophisch-historischer Classe der kaiserlichen Akademie der Wissenschaften"); — „Drei Jahre aus der Rákoczy'schen Revolution in Siebenbürgen. Vom Ausbruche der Bewegung bis zur Schlacht von Sibó. Größtentheils nach handschriftlichen Quellen des kaiserlichen Kriegsarchivs" (im VIII. Bande der „Neuen Folge des Archivs des Vereines für siebenbürgische Landeskunde" S. 163—283); — „Geschichte der Freimaurerloge St. Andreas zu den 3 Seeblättern in Hermannstadt 1767—1790" (1876); — „Die politische Reformbewegung in Siebenbürgen" (1881); — „Die Befreiung Ofens von der Türkenherrschaft 1688" (1886).

Trausch (Joseph). Schriftsteller-Lexikon oder biographisch-literarische Denkblätter der Siebenbürger Deutschen (Kronstadt 1871, Joh Gött, gr. 8°.) Bd. III, S. 533.

Zieglauer, Joseph von (Tiroler Landesvertheidiger, geb. in Südtirol 1774, gest. zu Brixen am 8. November 1865). Ueber die Familie Zieglauer, die späteren Zieglauer von Blumenthal, geben die Quellen näheren Bescheid. Unser Joseph befand sich als Knabe ein Jahr in einem Militärinstitut und wendete sich dann dem Handlungswesen zu, in welchem er durch vier Jahre thätig war. Aber ebenso wenig wie der Beruf des Soldaten wollte ihm der kaufmännische genügen, und er entschloß sich, die priesterlich[e] Laufbahn einzuschlagen, und beende[te] die theologischen Studien zu Brixe[n]. Als 1797 der Kriegslärm durch d[as] Land Tirol schallte und Alt und Ju[ng] zu den Waffen griff, eilte auch er unt[er] die Fahne und zog mit der Bruneck[er] Compagnie bis gegen Feltre hinab. D[rei] Jahre später, 1800, als Tirol wied[er] bedroht war, marschirte er zur Deckun[g] der Landesgrenze mit derselben Com[pagnie] auf den Arlberg, an dessen Fu[ß] in Stuben der Feind sich bereits gelage[rt] hatte. Im denkwürdigen Jahre 18[09] zog er aber als Feldcaplan mit der Ste[r]zinger Compagnie auf den Berg Ise[l], wo er durch begeisternde Ermunterun[g] und seinen thätigen Beistand sich u[m] sein Vaterland verdient machte. Na[ch] geschlossenem Frieden kehrte er wied[er] zu seinem geistlichen Berufe zurück un[d] wirkte bis an sein Lebensende als schlic[h]ter Localcaplan in Mülland und Seni[or] der Diöcese Brixen.

Volks- und Schützen-Zeitung (Inn[s]bruck, 4°.) 20. Jahrgang, 17. Novemb[er] 1865, Nr. 139: „Mittheilung aus Brixen" — Fremden-Blatt. Von Gustav Hei[ne] (Wien, 4°.) 1865, Nr. 324. — Kamera[d] (Wiener Soldatenblatt, 4°.) 1865, Nr. [...] [schreibt ihn unrichtig Ziegelauer].

Ueber die Familie Zieglauer. Der Adel d[er] Familie Zieglauer stammt aus unsere[m] Jahrhundert, und zwar aus jener Zeit, [da] noch die Bischöfe als souveräne Fürsten d[as] Recht der Adelsverleihung besaßen. **Johan[n] Anton** Zieglauer, ein Bruder oder nah[er] Verwandter unseres Joseph, war Lan[d]wehrhauptmann und Apotheker zu Brune[ck] in Tirol und wurde von dem Gra[fen] Lodron, Fürstbischof von Brixen, 1801 m[it] dem Prädicate von Blumenthal in d[en] Adelstand erhoben. Dann erhielt er v[om] Kaiser Franz I. ddo. Wien 1. Octob[er] 1803 die österreichische Adelstandsbestätigun[g]. Von diesem Johann Anton unmittelba[r] oder von seinem Sohne stammen die no[ch] vorhandenen Zieglauer von Blumen[thal]

thal, und zwar P. **Cassian** Zieglauer (geb. in Tirol 1784, gest. zu Strass in Steiermark 25. Jänner 1838), Capitular des Benedictinerstifts Admont, Hofmeister zu Jaringhof und Jubelpriester, einer der ausgezeichnetsten Priester seines Stiftes. [Grätzer Zeitung, 1838, Nr. 28]; dann **Eduard** Zieglauer von Blumenthal (geb. zu Bruneck 23. Juli 1841), fürstbischöflich brixenscher geistlicher Rath, Dekan, Pfarrer und Schulcommissär zu Windischmatrei in Tirol, jetzt Dekan und Pfarrer zu Lienz im Pusterthale; und **Ferdinand** Zieglauer von Blumenthal, dessen besondere Lebensskizze S. 33 steht.

Wappen. Getheilt. Rechts sechsmal abwechselnd von Gold und Schwarz schrägrechts getheilt; links ebenso in gleicher Weise und Reihe von Silber und Roth getheilt. Darüber ein grün gekleideter Arm, in der bloßen Hand einen Birschstutzen (kurzes Gewehr) zum Schusse bereit gegen die obere rechte Schildesecke haltend. Auf der auf dem Schilde aufliegenden Krone steht ein offener Flug, rechts von Gold und Schwarz schrägrechts sechsmal getheilt, links von Silber und Roth ebenso schräglinks getheilt. Die Helmdecken sind rechts schwarz mit Gold, links roth mit Silber unterlegt.

Ziegler, Anton (Schriftsteller, geb. in Wien 1793, gest. daselbst im Versorgungshause 17. Februar 1869). Ueber seinen Bildungs- und Lebensgang wissen wir gar nichts. Frühzeitig begann er zu schreiben, und eine Anzahl von Werken, von denen einzelne wiederholte Auflagen erlebten, machte seinen Namen bald in weiteren Kreisen bekannt. Da sie in den Bücherkatalogen gar nicht verzeichnet stehen, einige von ihnen aber durch die bildlichen Beigaben, namentlich die „Memorabilien" künstlerischen Werth besitzen, so führen wir sie weiter unten nach der Reihenfolge ihres Erscheinens an. Im Bewegungsjahre 1848, in welchem Ziegler Mitglied der Wiener Nationalgarde (im Wiedener Bezirke) war, machte er sich durch ein Placat bemerkenswerth, welches er im Juni an die Mitglieder der akademischen Legion richtete, und in welchem er die Ermordung seines 23jährigen Sohnes Anton, Historienzeichners und Garden der akademischen Legion, meldet. Derselbe sei, wie das Placat provocirend berichtete, auf seiner Kunstreise nach Dresden in Prag „am Pfingstmontage den 12. Juni 1848 mit dem deutschen Bande auf der Brust und in der Wiener akademischen Uniform gekleidet, meuchelmörderisch aus dem Fenster herab von einem Czechen erschossen und liege neben zahllosen deutschen Brüdern in seinem Blute auf den Straßen von Prag u. s. w." In der ganzen Notiz ist nicht eine Sylbe wahr gewesen, und Dr. Anton Beck deckte diese haarsträubende Lüge in der „Presse" 1848, Nr. 12 in dem Artikel: „Ein Opfer der blutgierigen Czechen" auf. In der That wurde Ziegler's Sohn bald nach Erscheinen des Placates in den Straßen und Kaffeehäusern Wiens gesehen, wo er wohlgemuth erzählte, wie er auf den Barricaden in Prag mitgefochten. Anton Ziegler, der Vater, hatte es aber unterlassen, das Placat zu widerrufen. Diese Episode gehört zur Signatur des Jahres 1848 und seiner Ereignisse in Wien. Dieser Sohn Anton aber diente vom 28. bis 30. October als Officier der Wiener Mobilgarde und wurde seit jenen Tagen von seinem Vater neuerdings vermißt. Ob er wieder gefunden worden, darüber schweigt die Geschichte. Anton Ziegler (der Vater) hatte noch früher, ehe er jenes nichtswürdige Placat verbrochen, am 3. April 1848 mit einem volksbeglückenden Journal debutirt, das den Titel führte: „Das große freie Oesterreich. Ein Volksblatt zur Belehrung und unparteiischen Mittheilung aller politischen Begebenheiten im In- und Auslande", als dessen verantwortlicher Redacteur er selbst genannt war. Dasselbe erschien bei Jos. Keck und Sohn wöchentlich in einem aus 4 Textblättern bestehenden Druckbogen in gr. 8°., hauchte aber mit der vierten Nummer sein Leben aus. Nach dieser wenig erquicklichen Episode aus seiner schriftstellerischen Thätigkeit im Jahre 1848, die aber den Mann doch ziemlich deutlich charakterisirt, kehren wir zu seinen im Vormärz erschienenen Schriften zurück. Diese sind: *„Bildliche Darstellung der Evangelien auf alle Sonn- und Feiertage in zwei Bänden mit 120 Bilderbeilagen"; — *„Galerie aus der österreichischen Vaterlandsgeschichte in 3 Bänden, mit 137 Bilderbeilagen"; — *„Vaterländische Immortellen aus dem Gebiete der österreichischen Geschichte.... in 3 Bänden mit 192 Bilderbeilagen" (Wien 1838, 4°.); — „Memorabilien des In- und Auslandes für anziehende Weltbegebenheiten u. s. w., aus mehreren Jahrhunderten gesammelt und mit Federzeichnungen von dem k. k. Professor Peter Joh. Nep. Geiger ausgestattet in einem Bande mit 96 Bilderbeilagen"; dieses und das vorige Werk behalten durch des trefflichen Künstlers Geiger [Bd. V, S. 123 u. f.] Zeichnungen, in welchen sich dessen ganze Genialität ausspricht, bleibenden Werth; — „Vaterländische Bilderchronik aus der Geschichte des österreichischen Kaiserstaates von seinen ältesten Bewohnern bis auf die gegenwärtige Zeit in 3 Bänden mit 270 Bilderbeilagen" (Wien 1848, 4°.); — „Bilderchronik in einer neuen Folge mit den neuesten Zeitereignissen in den Nachbarstaaten in 3 Bänden mit 152 Bilderbeilagen"; — *„Der vaterländische Pilger im In- und Auslande für anziehende geschichtliche Ereignisse, in einem Bande mit 33 Bilderbeilagen"; — „Geschichte des k. k. Militärs aus allen Waffengattungen von der frühesten Zeit bis zur Gegenwart, in einem Bande mit 60 Bilderbeilagen"; — „Stammtabellen des allerdurchlauchtigsten Kaiserhauses Habsburg-Lothringen, mit ausführlicher Erklärung"; — „Wiener Häuser-Schema sammt den nächsten Umgebungen, in k. k. Polizeibezirksgrundrisse eingetheilt, mit 15 Grundrissen, nach der neuesten Häusernumerirung in zwei Abtheilungen nach den Vorstädten und Gemeinden codirt"; — „Die Kirchen, Klöster, Capellen und Bethäuser Wiens und der nächsten Umgebung". Alle die vorgenannten Werke scheinen im Selbstverlag herausgekommen und Ziegler mit denselben, um sie an Mann zu bringen, in Person hausiren gegangen zu sein. In den Buchhandlungen waren sie nicht zu haben und, da sie nur für die bestimmte Anzahl Abnehmer in einer beschränkten Anzahl Exemplaren gedruckt wurden, auch bald vergriffen. Dies haben wir bei den einzelnen Werken mit einem Stern (*) angedeutet. Reich ist Ziegler mit seinem Verlage nicht geworden, denn er starb im Wiener Versorgungshause am Alserbach hochbetagt.

Neues Wiener Tagblatt, 1869, Nr. 31. — Dunder (W. G.). Denkschrift über die Wiener October-Revolution. Ausführliche Darstellung aller Ereignisse aus amtlichen Quellen geschöpft... (Wien 1849, gr. 8°.), Seite 727.

Ziegler, Ambros, siehe: **Ziegler**, Karl [in den Quellen, S. 57, 58, Nr. 1 u. 2].

Ziegler, Andreas, siehe: **Ziegler**, Karl [in den Quellen, S. 58, Nr. 3 und 4].

Ziegler, Augustin, siehe: **Ziegler**, Karl [in den Quellen, S. 58, Nr. 5].

Ziegler, Christian (evangel. Theolog und Geschichtsforscher, geb. zu Hermannstadt 1. Jänner 1709, gest. daselbst 2. Juni 1771). Sein Vater Johann (geb. 1666, gest. 1714) war Pfarrer zu Heltau in Siebenbürgen, und

Trausch gibt (Bd. III, S. 538) nähere Nachricht über denselben. Christian bezog nach beendeten Vorbereitungsstudien die Universität Jena, auf welcher er sich für den geistlichen Beruf ausbildete. 1733 nach Hermannstadt zurückgekehrt, fand er zunächst Verwendung im Schuldienste, 1736 kam er daselbst in das Ministerium, im Mai 1737 wurde er Rector am Gymnasium, aus welcher Stellung ihn 1746 die Gemeinde Schellenberg als ihren Pfarrer berief. 1766 erwählte ihn das Capitel zum Dechanten, im April 1676 ward er Stadtpfarrer. Nur fünf Jahre, bis zu seinem Tode, blieb er in diesem Amte thätig. Von ihm sind theologische und historische Arbeiten, meist in Handschrift, vorhanden. Von seinen heiligen Reden finden sich mehrere in der Hamburger Sammlung von Kanzelreden abgedruckt. Von seinen Handschriften sind außer einer Sammlung „Epigrammata" bekannt: „Martini Schmeizel collegium de rebus Traunicis historicum"; — „Memoria Principum Transylvaniae"; — „Anmerkungen und Fortsetzung des Schmeizel'schen Entwurfes der vornehmsten Begebenheiten u. s. w. vom Jahre 1747 bis 1754"; — „Tractatus epistolaris de origine Saxonum in Traunia". Christian Ziegler's sämmtliche Originalhandschriften und Autobiographie kamen in neuerer Zeit in den Besitz des Grafen Jos. Kemény.

Seivert (Johann). Nachrichten von siebenbürgischen Gelehrten und ihren Schriften (Preßburg 1785, Weber und Karabinski, 8°.) S. 511. — Trausch (Joseph). Schriftsteller-Lexikon oder biographisch-literarische Denkblätter der Siebenbürger Deutschen (Kronstadt 1871, Joh. Gött und Sohn, gr. 8°.) Bd. III, S. 535.

Ziegler, Daniel, siehe: **Ziegler**, Karl [S. 59, in den Quellen, Nr. 6].

Ziegler, Ernst, siehe: **Ziegler**, Karl [S. 59, in den Quellen, Nr. 7].

Ziegler, Franz, siehe: **Ziegler**, Karl [S. 59, in den Quellen, Nr. 8].

Ziegler, Friedrich von, siehe: **Ziegler**, Karl [S. 59, in den Quellen, Nr. 9].

Ziegler, Friedrich Wilhelm (Schauspieler und Theaterdichter, geb. in Braunschweig zwischen 1756 und 1761, gest. in Preßburg 21., nach Anderen 24. September 1827). Die Angaben seines Geburtsjahres schwanken zwischen 1756 und 1761. Jedenfalls war er noch jung, als er 1783 auf der Wiener Hofbühne auftrat. Er fand Beifall und wurde an derselben engagirt, erhielt aber von Kaiser Joseph II. die Bewilligung, auf Reisen zu gehen, um sich an anderen Theatern in seiner Kunst auszubilden. Nach seiner Rückkehr verblieb er bis zu seiner 1822 erfolgten Pensionirung an dieser ersten Bühne und wirkte durch vierzig Jahre im Fache der Helden-, Tyrannen- und Charakterrollen. Nebenbei aber schrieb er fleißig Theaterstücke. War er als Schauspieler im Ganzen ein guter, sehr befähigter und verwendbarer Darsteller, ohne an die Koryphäen dieser Bühne, wie Anschütz, Korn, Heurteur, Löwe u. s. w., hinanzureichen, so paßte er doch immerhin in den Rahmen dieses einst so glänzenden Kreises. Ihn, wie es hie und da geschieht, einen mittelmäßigen Schauspieler zu nennen, ist unrecht und unbegründet. Das Schwergewicht seiner Thätigkeit fällt aber in die dramatische Schriftstellerei, in welcher er ungleich bedeutender ist und in seiner Zeit auch wirklich bedeutend war. In den späteren Jahren wurde er eben in Rücksicht auf seine dramatische Thätigkeit zum Theaterconsulenten ernannt. Nach seiner Pensionirung zog er sich nach Preßburg in Ungarn zurück, wo er nahe den Siebzigern starb. Als dramatischer Dichter war er ziemlich fruchtbar. [Daneben folgen seine Dramen nach der Zeit ihrer Aufführung und, wo es uns möglich, mit Angabe der Anzahl ihrer Aufführungen.] Schon der Umstand, daß er viele Jahre auf dem Repertoire blieb, spricht dafür, daß seine Stücke gefielen. Einzelne von ihnen, wie das Schauspiel „Parteiwuth" und die Lustspiele „Die Temperamente" und „Liebhaber und Nebenbuhler in einer Person", haben sich lange auf der Bühne erhalten und kommen sporadisch noch hie und da auf einer kleinen Provinzbühne zur Darstellung. Im Ganzen sind sie aber für unsere Zeit veraltet, doch ließe ein und das andere noch eine zeitgemäße Bearbeitung zu und würde in neuer Gestalt seine Wirkung nicht verfehlen: denn sie alle bekunden seinen Erfindungsgeist, besitzen mitunter äußerst glückliche Situationen, verrathen tüchtige Kenntniß des Bühneneffects und spielen sich in ihrem sich rasch entwickelnden Gange leicht und gut ab. Mit Iffland und Kotzebue beherrschte er jahrelang das Repertoire der Wiener Hofbühne. Neben seinen Dramen hat Ziegler auch einige theoretische Theaterwerke geschrieben, in denen das Können mit dem Wollen nicht gleichen Schritt hält, denn ihr Inhalt ist im Ganzen matt und bedeutungslos. Wir führen die Titel dieser Schriften der Vollständigkeit halber sofort an: „Hamlet's Charakter nach psychologischen und physiologischen Grundsätzen durch alle Gefühle und Leidenschaften zergliedert" (Wien 1803, Beck, 8⁰.); — „Maximen für junge Männer, die aus Erziehungshäusern, Stiftungen, Gymnasien und Akademien in die Welt treten" (Wien 1806, Geistinger, 12⁰.); — „Systematische Schauspielkunst in ihrem ganzen Umfange" (Wien 1821, 8⁰.); — „Der innere und äussere Mensch in Beziehung auf die bildenden Künste, besonders auf die Schauspielkunst". 2 Theile (Wien 1825, 8⁰.). Ziegler war auch Mitglied der seinerzeit vielgenannten Künstler- und Schriftstellergesellschaft „Die Ludlamshöhle in Wien", in welcher er den absonderlichen Namen „Mirsa Abdul Hassan Temperament Chan" wohl in Anspielung auf ein paar Rollen in seinen Stücken führte.

Chronologische Uebersicht seiner Stücke und Angabe ihrer Druckorte und Jahre. (Die in den Klammern befindliche Zahl weist auf den Band in der Gesammtausgabe seiner dramatischen Werke). 1) „Liebhaber und Nebenbuhler in einer Person". Lustspiel in 4 Aufz. (Wien, R. A. 1834, 8⁰.) zum ersten Mal aufgeführt 28. September 1790, zum letzten Mal 23. Februar 1852, im Ganzen 111mal (11. Bd.). 2) „Mathilde Gräfin von Giesbach oder das Faustrecht. Trauerspiel in 5 Aufz." (Wien 1791. 8⁰.) z. e. M. 20. November 1790, z. l. M. 13. September 1813, im G. 46mal (7. Bd.) 3) „Die Pilger. Schauspiel in 5 Aufz." (Wien, Wallishausser) z. e. M. 18. October 1791, z. l. M. 23 Jänner 1812, im Ganzen 56mal (7. Bd.). 4) „Fürstengröße. Vaterländisches Schauspiel in 5 Aufz." (Leipzig 1793, Köhler; Wien 1804, 8⁰.) z. e. M. 15. November 1791, z. l. M. 1. Mai 1825, im G. 25mal (5. B.). 5) „Weiberehre. Sittengemälde des 13. Jahrhunderts in 5 Aufz. (Wien 1796 und 1808, Wallishausser) z. e. M. 24. April 1792, z. l. M. 17. December 1815, im G. 41 M. (4. Bd.) 6) „Weiberlaunen und Männerschwäche. Originallustspiel in 5 Aufzügen" (Leipzig 1797, Wien 1809, 8⁰.) zum ersten und einzigen Male 12. Juni 1792 (6. Bd.) 7) „Das Incognito oder der König auf Reisen. Ein Originallustspiel in 4 Aufz." (Wien 1796 und 1817, Wallishausser, 8⁰.) z. e. M. 26. December 1792, z. l. M. 12. Mai 1824, im G. 41mal (7. Bd.). 8) „Barbarei und Größe. Ein Trauersp. in 4 Aufz. (Wien 1793 und 1810 8⁰) z. e. M. 27. April 1793, z. l. M. 11. Jänner 1818, im G. 32mal (3. Bd). 9) „Weltton und

Herzensgüte. Familiengemälde in 4 Aufz." (Leipzig 1800, Kobler; Wien 1802, Wallishausser, 8°.) z. e. M. 27. November 1793, z. l. M. 18. März 1810, im G. 23mal (2. Bd.). 10) „Die Freunde. Originalschauspiel in 4 Aufz." (Leipzig 1797, Voß, 8°.) z. e. M. 11. Februar 1796, z. l. M. 3. April 1797, im G. 10mal (5. Bd.). 11) „Der Hausdoctor. Lustsp. in 3 Aufz." (Wien, Wallishausser, 8°.) z. e. M. 11. Februar 1797, z. l. M. 21. December 1820, im G. 53mal (3. Bd.). 12) „Jolantha, Königin von Jerusalem. Originaltrauerspiel in 5 Aufz." (Wien 1799, Wallishausser, 8°) z. e. M. 17. April 1797, z. l. M. 7. März 1800, im G. 9mal (3. Bd.) 13) „Der Liebhaber im Harnisch. Originallustspiel in 4 Aufz." (Wien 1799 und 1802, 8°.) z. e. M. 20., z. l. M. 21. Jänner 1798, im G. 3mal (11. Bd.). 14) „Das Petschaft. Originalschauspiel in 5 Aufz." (Wien 1800, Wallishausser, 8°.) z. e. M. 9. Februar 1798, z. l. M. 21. Februar 1799, im G. 4mal (11. Bd.) 15) „Der Lorberkranz oder die Macht der Gesetze. Ein Originalschauspiel in 5 Aufz." (Wien 1799 und 1807, Haas, 8°.) z. e. M. 26. Februar 1798, z. l. M. 18. October 1822, im G. 43mal (8. Bd.). 16) „Der Tag der Erlösung. Ein Originalschauspiel in 4 Aufz." (Wien 1799, Haas, 8°.) z. e. M. 10. August 1798, z. l. M. 2. September 1817, im G. 31mal (8. Bd.). 17) „Das Gastrecht. Schausp. in 5 Aufz." (Wien, Wallishausser, 8°.) z. e. M. 27. März 1799, z. l. M. 10. December 1815, im G. 39mal (12. Bd.) 18) „Seelengröße oder der Landsturm in Tirol. Ein Denkmal der Vaterlandsliebe der Tiroler. Schauspiel in 5 Aufz. (Wien, Wallishausser, 8°.) z. e. M. 18. Juni 1799, z. l. M. 18. Mai 1800, im G. 11mal (2. Bd.). 19) „Stumme Liebe. Lustspiel in 1 Aufz." (Wien 1802, Wallishausser, 8°.) z. e. M. 30. October 1799, z. l. M. 28. Juni 1803, im G. 14mal (10. Bd.). 20) „Der Erbprinz oder das große Geheimniß. Schauspiel in 4 Aufz." (Wien 1801, 8°.) z. e. M. 23. September 1800, z. l. M. 13. Mai 1801, im G. 6mal (10. Bd.). 21) „Erst Ernst, dann Scherz. Lustspiel in 3 Aufz." (Wien 1817, Haas) zum ersten und einzigen Mal 4. Jänner 1801 (9. Bd.). 22) „Repressalien. Schauspiel in 4 Aufz." (Wien 1802, Wallishausser, 8°.) z. e. M. 14. October 1801, z. l. M. 21. Jänner 1805, im G. 11mal (4. Bd.). 23) „Der seltene Ehemann. Schauspiel in 4 Aufz." z. e. M. 7. Jänner 1801, z. l. M. 23. Jänner 1802, im G. 9mal (13. Bd.). 24) „Die Mohrin. Schauspiel in 4 Aufz." (Wien 1801 und 1834, Wallishausser) z. e. M. 29. April 1801, z. l. M. 12. Juni 1821, im G. 27mal (2. Bd.). 25) „Der Vaterstand. Lustspiel in 4 Aufz." (Wien, 8°.) z. e. M. 8. April 1802, z. l. M. 29. Jänner 1803, im G. 5mal. 26) „Der Machtspruch. Ein Originalschauspiel in 5 Aufz." (Wien 1811, 8°.) z. e. M. 12. März 1807, z. l. M. 24. Juni 1818, im G. 39mal (3. Bd.). 27) „Thekla die Wienerin. Ein vaterländisches Schauspiel in 5 Aufz." (Wien 1817, 8°) z. e. M. am 17., z. l. M. am 26. April 1809, im G. 4mal. 28) „Die Macht der Liebe. Ein Originaltrauerspiel in 4 Aufz." (Wien 1817, 8°.) z. e. M. 11. März, z. l. M. 10. August 1811, im G. 7mal. 29) „Das Scheibenschießen oder die Liebe von Jugend auf. Lustspiel in 4 Aufz." z. e. M. 30. April, z. l. M. 15. Mai 1819, im G. 3mal (Bd. 13). 30) „Die seltsame Heirat. Lustspiel in 4 Aufz." z. e. M. 14. Mai 1819, z. l. M. 16. Mai 1820, im G. 7mal (13. Bd.). 31) „Parteiwuth oder die Kraft des Glaubens. Schauspiel in 5 Aufz." (Wien 1817 und 1839, 8°) z. e. M. 28. August 1831, z. l. M. 10. März 1839, im G. 23mal (10. Bd.), auch aufg. in Berlin und Dresden. Außer den bisher angeführten Stücken, deren Aufführungen wir angeben konnten, sind im Druck erschienen: 32) „Der Brudermörder wider Willen. Originaltrauerspiel in 4 Aufz." (Augsburg 1822, 8°.) (Bd. 1). 33) „Eulalia Meinau oder die Folgen der Wiedervereinigung. Trauerspiel in 4 Aufz." (Leipzig 1791, Kobler, 8°.; Wien 1807, Wallishausser, 8°.) (1. Bd.), Fortsetzung zu Kotzebue's „Menschenhaß und Reue" (1. Bd.). 34) „Die Großmama. Lustspiel in 4 Aufz." (Wien 1817, Wallishausser) (16. Bd.). 35) „Hermione, die Braut der Unterwelt. Pathet. Trauerspiel" (Brünn 1823, Traßler) (6. Bd.) 36) „Das verkaufte Kind. Originallustspiel in 3 Aufz." (Wien 1817, 8°.) 37) „Der seltsame Onkel. Originallustspiel in 4 Aufz." (Wien, Wallishausser) (4. Bd.) 38) „Rache für Weiberraub. Gemälde der Barbarei des 11. Jahrhunderts" (Wien 1790 und 1807) (11. Bd.). 39) „Die Schirmherren von Lissabon. Originalschauspiel in

3 Aufz." (Wien 1817, Haas, 8°.) (9. Bd.). 40) „Die Schöne und die Häßliche. Originallustspiel in 4 Aufz." (Brünn 1822, Trabler, 8°) (6. Bd.). 41) „Die vier Temperamente. Originallustspiel in 3 Aufz." (Dresden 1821, Arnold, 8°.) (1. Bd.); aufgeführt in Berlin 13. März 1820, im Theater an der Wien 11. Februar 1819; in Prag 19. September 1819; in Leipzig im October 1819; in Dresden 4 November 1819. 42) „Vaterliebe. Lustsp. in 4 Aufz." (Wien 1802, 8°.). 43) „Vierzehn Tage nach dem Schusse. Originallustspiel in 1 Act", Fortsetzung der „Vier Temperamente" (1. Bd.). 44) „Benvenuto Cellini oder das Bild der Porzia" (9 Bd.). Sammlungen der dramatischen Arbeiten Ziegler's sind zwei erschienen, die erste betitelt: „Schauspiele" in 3 Bänden mit KK (Wien 1791 — 1794, Kaiserer); die zweite unter dem Titel: „Sämmtliche dramatische Werke. Von dem Verfasser verbesserte Originalauflage mit Ziegler's Bildniß" (Wien bei Lechner, 8°.), davon sind bis zum Jahre 1824 XIII Bände erschienen. XVIII Bände waren in Aussicht genommen, davon sollte der XIV. die Stücke „Der Liebe Leiden, der Liebe Freuden", „Raymund von Mayenne", „Amphitryo"; der XV.: „Verrath an Freundes Hand", „Blutopfer"; der XVI.: „Die Großmania" (separat gedruckt erschienen); der XVII.: „Der weibliche Huszar. Lustspiel in 5 Aufz."; der XVIII.: „Ueble Gewohnheit", „Es bleibt beim Alten", „Die Caution", „Ehrgefühl" und „Glückswechsel" enthalten. Die XIII Bände enthalten: Bd. I: die Stücke 32, 41, 43, 33; Bd. II: 18, 24, 9; Bd. III: 26, 12, 11; Bd. IV: 5, 22, 37; Bd. V: 8, 10, 4; Bd. VI: 40, 6, 35; Bd. VII: 2, 3, 7; Bd. VIII: 15, 16; Bd. IX: 44, 21, 39; Bd. X: 31, 20, 19; Bd. XI: 1, 13, 38; Bd. XII: 17, 25, 14; Bd. XIII: 23, 30, 29. Die unter den Nummern 27, 34, 36, 42 genannten sind einzeln gedruckt erschienen. Nicht gedruckt, aber aufgeführt wurden: „Der Brudermörder wider Willen" und „Der Mann im Feuer. Lustspiel in 3 Aufz.", aufgeführt in Breslau 16. Februar 1829.

Abendzeitung von Theodor Hell (Dresden, schmal 4°.) 1827, Nummer 272. — Allgemeines Theater-Lexikon ..... Herausgegeben von K. Herloßsohn, H. Marggraff u. A. (Altenburg und Leipzig o. J., Expedition des Theater-Lexikons, kl. 8°.). Neue Ausgabe, S. 240 [nach diesem geb. 1760]. — (J. F. Dr.). Memoiren meines Gefundenes und Empfundenes. (Wien Prag 1861, Kober und Markgraf, 8°) Bd. S. 213; Bd. II, S. 212. — Goede (Karl). Grundriß zur Geschichte der deutsch Dichtung. Aus den Quellen (Hannover 18 Ehlermann, 8°.) Bd. II, S. 1066, Nr. 63 Bd. III, S. 806 Nr. 393 [nach diesem geb. 1759, gest. 21. September 1827 zu Wien]. — Gräffer (Franz). Kleine Wiener Memoiren: Historische Novellen, Genrescenen, Fresken, Skizzen u. s. w. (Wien 1845 Fr. Beck, 8°.) Bd. II, S. 128 im Aufsatz: „Ein Souper" [eine jener geistvollen Scenen dieses unvergeßlichen Altwieners, in welchen er das literarische Wien von anno 1806, wie es leibt und lebt, mit wenigen grotesken Zügen abkonterfeit]. — Lembert's Taschenbuch für Schausp., Jahrg. 1822, S. 43 u. f. — Neuer Nekrolog der Deutschen (Ilmenau 1829, Voigt, kl. 8°.) V. Jahrg. (1827), 2. Theil, S. 1140, Nr 1071 [nach diesem geb. 1758, gest. 21. September 1827]. — Oesterreichische National-Encyklopädie von Gräffer und Czikann (Wien 1835, 8°.) Bd. VI, S. 242 [nach dieser geb. 1756, gest. 21. September 1827]. — Oesterreichischer Zuschauer. Herausgegeben von J. Ebersberg (Wien, 8°.) 1837, Bd. III, S. 1148 [nach diesem geb. 1758, gest. 21. September 1827]. — Wigand's Conversations-Lexikon, Bd. XV, S. 468 [nach diesem geb. 1760, gest. 21. September 1827]. — Wlassak (Eduard Dr.). Chronik des k. k. Hofburgtheaters (Wien 1876, 8°.) S. 60, 73, 93.

Porträt. Unterschrift: „F. W. Ziegler". Adal. Suchy (del.), J. Passini sc. (12°.).

Ziegler, Gregor Thomas (Bischof von Linz, geb. zu Kirchheim in Schwaben am 7. März 1770, gest. in Linz 15. April 1852). Er trat, 18 Jahre alt, in das vorderösterreichische Benedictinerkloster Wiblingen bei Ulm, in welchem er am 26. April 1791 die Ordensgelübde ablegte. Am 25. Mai 1793 wurde er zum Priester geweiht und zunächst im Lehramte verwendet, in welchem er sieben Jahre hindurch im

nem Stifte, dann zu Constanz am
odensee und zu Freiburg im Breisgau
oetik und griechische Sprache vortrug.
t dieser Zeit schrieb er zwei Bücher:
nstitutiones artis poeticae" und eine
Geschichte des Hauses Habsburg", die
cht gedruckt, aber an den Gymnasien
Wiblingen, Constanz und Freiburg
s Schulbücher gebraucht wurden. Als
ich dem Preßburger Frieden (26. De-
mber 1805) die Aufhebung des Bene-
ctinerstiftes Wiblingen erfolgte und es
i dessen Ordensgliedern nun auf die
Wahl der Berufsarbeit, sowohl als der
egierung ankam, so war Ziegler, ob-
ohl ihm württembergischerseits eine
nsehnliche Lehrkanzel angeboten wurde,
er erste zu einem Uebertritt entschlossen,
nd mehrere seiner Mitbrüder schlossen
ch ihm an. Mit ihnen zog er in das
Benedictinerstift Tyniec nächst Krakau,
wo sie alsbald bei Besetzung der Gym-
nasialstellen und der theologischen Lehr-
anzeln an der Krakauer Universität in
Verwendung kamen. Aber auch in
Krakau traf sie im Jahre 1809 infolge
er Länderabtretung Westgaliziens das
oos, das sie schon einmal in Wiblingen
fahren hatten. Die Brüder wurden
ann einzeln angestellt, und Ziegler
im 1811 als Professor der Kirchen-
eschichte an das Lyceum in Linz;
ine Gelehrsamkeit und sein Eifer in
usübung des Lehramtes veranlaßten
315 seine Berufung als Professor der
ogmatik nach Wien. Nach sieben-
ähriger Thätigkeit als solcher wurde er
3. Februar 1822 zum Bischof von
niec, nachmals Tarnów, ernannt und
19. April desselben Jahres von
pst Pius VII. bestätigt; am 9. Sep-
ber 1827 erfolgte seine Berufung auf
erledigten Bischofstuhl in Linz, auf
chem er bis zu seinem Tode verblieb.
Ziegler zählte zu den Zierden des österreichischen Episkopats der franciseischen Periode. Ein tüchtiger Benedictiner von altem Schrot und Korn, besaß er große Gelehrsamkeit, dabei aber eine durch und durch kirchliche Gesinnung. Ueber seinen Vortrag findet sich in Sebastian Brunner's unten angeführter Schrift eine ergötzliche Schilderung. Seine Schriften haben als Werke eines gelehrten Benedictiners bleibenden Werth, und namentlich seine Hirtenbriefe erheben sich weit über den gewöhnlichen Charakter dieser Art kirchlicher Actenstücke.

Chronologische Uebersicht der Schriften Gregor Thomas Ziegler's. „Rede über die Einführung der erblichen Kaiserwürde Oesterreichs" (Günzburg 1800, Jos. Berger, 8°.). — „Positiones et Compendium Theologiae moralis" (Constantiae 1805). — „Litterae pastorales editae ab Andrea Rawa Gawroński Episcopo Cracoviensi ad universum Clerum praemisso decreto Caes. Regio de 29. April. 1802" (Cracoviae 1808). — „Oratio funebris in Exequiis Ill. et Exc. DD. Philippi comitis de Svarts-Spork, supr. appell. tribun. Praesidis (Cracoviae 1809, Trassler). — „Die gute Sache der deutschen Hierarchie bei Deutschlands Wiedergeburt" (Augsburg 1813). — „Institutiones theologico-dogmaticae Eng. Klypfel. II partes quartis curis revisae" (Viennae 1819, Binz, gr. 8°.), eine vollständige Umarbeitung des Klypfel'schen Werkes. — „Die Feier der h. Firmung in der katholischen Kirche" (Wien 1817, Doll, 8°.). — „Oratio academica de rationalismo theologico etc. evangelicae et reformatae ecclesiae pariter adversanti" (Viennae 1818, 8.), auch deutsch von C. R. unter dem Titel: „Ueber die Verwerflichkeit des der katholischen Kirche sowohl als den evangelischen und reformirten Kirchen widerstrebenden theologischen Rationalismus und von der einzigen und wahren göttlich bestimmten Glaubensregel, mit besonderen Anmerkung." (Freiburg 1821, Wagner, 8°.). — „Acta et scripta Engelb. Klypfel theologi Friburgensis". — „Predigt über den Werth des Alters im Christenthum, gehalten bei der Jubelfeier des Propstes in Klosterneuburg Gaudentius Dunker" (Wien 1821, Ueberreiter, 8°.). — „Das katholische Glaubensprincip aus der Geschichte der christlichen Offenbarung nachgewiesen in der latein. Abhandlung: Von der Kirche als Grundlage der Dogmatik. Von zwei Freunden der theologischen Literatur mit Vorwissen des Verfassers frei übersetzt und mit dessen Vorrede begleitet" (Wien 1823, Ant. Schmid, gr. 8°.). „Litterae pastorales ... Episcopi Tynecensis ad Clerum Tynecensem et ad suos olim auditores ddo. Tynecii prid. Cal. Maji 1823" (Vindobonae 1824, 8°.). — „S. Petrus primus Christianorum sacerdos lapsus et velociter surgens pia meditatione, quales esse debeant ministri verbis docuit et gestibus" (Tarnoviae 1825, 8°.). — „Litterae pastorales occasione Jubilaei universalis editae 1826" (Tarnoviae 1827). — „Hirtenbrief" (Wien 1827). — „Hirtenbrief in Betreff des Leopoldiner Vereins im Jahre 1829" (Linz 1829). — „Rede, gehalten zu Olmütz 12. Juni 1831 als am Tage der 7. Säculareinweihung der dortigen Metropolitankirche" (Brünn 1831, J. Gastl, 8°) — „Hirtenbrief, Linz 12. Februar 1832". — „Hirtenbrief bei der Feier des Jubiläums 1833. Ein vollkommener Unterricht über den Ablaß" (Linz 1833, J. Huemer, 8°.). — „Predigt bei den feierlichen Exequien für Weiland Seine Majestät Franz I." (Linz 1835, J. Huemer, 8°.). — „Züge und Schilderungen aus dem Leben des sel. Sebastian Franz Job, Beichtvater der Kaiserin Karolina Augusta" (Linz 1835, Huemer 18°.). — „16 Thesen, welche der Erzbischof Clemens August seinem Clerus zu unterzeichnen vorgelegt hat, mit den Einwendungen gegen dieselben und der katholischen Dogmatik verglichen" (Linz 1838, 8°.). — „Hirtenbrief, 30. November 1839", abgedruckt in der Pletz'schen Zeitschrift XII, 2, S. 81 u. f. — „Oratio habita ad Capitulum Cremifanense 22. Sept. 1840" (Lincii 1840). — „Hirtenbrief, veranlaßt durch das von Pius dem IX. verm. Bulle ddo. 20. November 1846 ausgeschriebene allgem. Jubiläum" (Linz 1847, 8°.). — „Betrachtungen über religiöse Gesellschaften in Verbindung mit den weltlichen Staaten oder über Religion, Kirche und Staat in freundlicher Verbindung" (Linz 1849, J. Huemer's Ww.). — „Der Glaube an Gottes Wort bahnt den einzig sicheren Weg zum Himmel" (Linz 1850, 12°.) — „Katechismus der den ersten Menschen bis auf Christi Geburt gegebenen Offenbarungen Gottes", 2 Theile (Linz 1850, 8°.). — „Verba salutis scripta ad venerabilem suum Clerum" (Lincii). — In Zeitschriften: „Ermunterung zur würdigen Feier der h. Weihnachten", in der Zeitschrift „Chrysostomus" 1837, Bd. II. — „Untersuchungen über die Beichtanstalt der katholischen Kirche"; in Frint's „Theologischer Zeitschrift" I. Jahrgang S. 191 — 247; II. Jahrg. 2, S. 376—382; IV. Jahrgang 1, S. 271—308; auch schrieb er zu der heiligen Schrift: „Aus der Vulgata, übersetzt und erläutert von Jos. Franz Allioli" (Nürnberg 1834 u. f., gr. 8°.) die Vorrede.

Brunner (Sebastian). Clemens Maria Hofbauer und seine Zeit. Miniaturen zur Kirchengeschichte von 1780 — 1820 (Wien 1858, Braumüller, kl. 8°.) S. 144 u. f. — Die deutsche Volksschule. Monatblatt für Schule und Haus (Linz, 8°) 1852, Nr 5: „Gregorius Thomas Ziegler, Bischof von Linz". — Linzer Zeitung, 1852, in einer der Aprilnummern 1852 bald nach dem Ableben des Bischofs; auch ging der Artikel sofort in das in Linz erscheinende oberösterreichische Bürgerblatt über. — Oesterreichische National-Encyklopädie von Gräffer und Czikann (Wien, 8°.) Bd. VI, S. 243. — Waitzenegger (Franz Jos.), Gelehrten- und Schriftsteller-Lexikon der deutschen katholischen Geistlichkeit (Landshut 1820, Jos. Thoman, gr. 8°.) Bd. II, S. 538. — Wetzer und Welten. Kirchen-Lexikon, II. Bd. S. 1283.

Porträt. Unterschrift: Facsimile des Satzes und Namens: „Una fides, grex Christi unus, una ecclesia Petro-apostolica. | Gregorius Thomas Episcopus. | Lincensis antea Tarnoviensis". Darunter das bischöfliche Wappen. Unter demselben: „Hochdemselben | gewidmet von | Leopold Schulz aus Wien". Unter dem Bilderrande: Gedr. bei Mansfeld und Comp. (Fol.).

Ziegler, Johann (Zeichner und Kupferstecher, geb. um 1750, gest. zu Wien um 1812). Wenn verschiedene Lexika das angegebene Geburts- und Todesjahr als ein bestimmtes anführen, so ist dies nur Willkür. Er war ein Zögling der k. k. Akademie der bildenden Künste in Wien, an welcher er sich in der Kupferstecherkunst ausbildete und es darin zur Meisterschaft brachte. Er stach große Blätter in Aberli's Manier, mit denen er vielen Beifall erntete. Von seinen Werken nennen wir: „Vier Parkansichten des Schlosses Neuwaldegg zu Dornbach“ (gr. qu. Fol.); — „Vier Ansichten des Schlosses Schönbrunn mit reicher Staffage“ (gr. qu. Fol.); — „Vier Ansichten des Gartens von Schönbrunn und Laxenburg, nach L. Janscha“ (gr. roy. qu. Fol.); über Janscha, der ein trefflicher Prospectenmaler war, vergleiche dieses Lexikon Bd. X, S. 90; — „Ansicht von Frohsdorf, nach M. v. Molitor“ (gr. roy. qu. Fol.). In Verbindung mit Karl Schütz [Bd. XXXIX, S. 131] gab er in einer Folge von fünfzig radirten und colorirten Blättern Ansichten von Wien, den Vorstädten und der Umgebung der Stadt unter dem Titel: „*Collection de cinquante vues de la ville de Vienne, de ses faubourgs et de quelques-uns de ses environs*“ (Wien bei Artaria, Höhe 12 Zoll, Breite 16 Z.) heraus; diese Blätter sind reich staffirt, stellen mitunter feierliche Aufzüge dar, wodurch sie historischen und culturhistorischen Werth besitzen; dann erschien von ihm eine Folge von etwa hundert Blättern in Qu.-Fol. und kleinerem Formate mit Ansichten von Nieder- und Oberösterreich, Steiermark, Kärnthen und Tirol nach Zeichnungen von Janscha und R. Runk [Bd. XXVII, S. 268], sämmtlich radirt, colorirt und mit ländlicher Staffage. Von anderen Blättern des Künstlers sind uns bekannt: ein Aquatintablatt, darstellend die „Pfarrkirche von Mödling“ (4⁰.); — „Drei Aquarelle mit Wiener Ansichten“, in Qu.-Fol. aus der Wilhelm Koller'schen Sammlung, welche im Februar 1872 in Wien versteigert wurde; die Magistratsbibliothek der Reichshauptstadt Wien besitzt von Ziegler etwas über zwanzig Ansichten mit Darstellungen einzelner Plätze und Straßen und einiger Gegenden aus der Umgebung. Ziegler war ein eifriger Freimaurer und seinerzeit zweiter Secretär der Loge zur „Beständigkeit“ im Orient von Wien, wo er, nach von ihm vorhandenen Briefen zu urtheilen, das heitere Element bis zur äußersten Grenze des Erlaubten repräsentirte; aus diesen Briefen erfahren wir auch, daß er trotz seiner Kunst nicht eben in glänzenden Verhältnissen sich befunden haben mag. Nach der Unterschrift eines dieser Blätter, die „**Jean Ziegler aus Meiningen, Vienne 7. April 1781**“ lautet, scheint er aus Sachsen gebürtig gewesen zu sein.

Nagler (G. K. Dr.). Neues allgemeines Künstler-Lexikon (München 1839, E. A. Fleischmann) Band XXII, Seite 274. — Künstler aller Zeiten und Völker... Begonnen von Professor Fr. Müller, fortgesetzt und beendigt von Dr. Karl Klunzinger und A. Seubert (Stuttgart 1864, Ebner und Seubert, gr. 8⁰.) Band III, S. 922, daselbst die Abbildung seines Monogramms.

Ziegler, Johann, siehe: **Ziegler**, Karl [S. 60 u. 61, in den Quellen, Nr. 10, 11, 12, 13 und 14].

Ziegler, Johann Anton (Großindustrieller, geb. in Böhmen (?) 1800, gest. zu Friedrichshütte, Bezirk Taus in Böhmen, am 12. October 1865). Mit einem bescheidenen Vermögen begann er 1820 mit der Erzeugung von Tafelglas; bald dehnte sich der sorgsam geführte Betrieb so aus, daß er im Jahre 1826 die Fabrication von Spiegeln und Spiegelgläsern in den Bereich desselben ziehen konnte. Dabei war er auf billige Erzeugung der Waare bedacht, um sie auch dem minder Bemittelten zugänglich zu machen. So brachte er der Erste die halb weißen Spiegel in den Handel, welche 1835 mit der silbernen Industriemedaille ausgezeichnet wurden. Schon im Jahre 1848 arbeiteten über 2000 Menschen in seinen fünf von ihm neu errichteten Spiegel- und Spiegelfolien-Fabriken, den ersten in Oesterreich. Die Gegend im westlichen Theile Böhmens, im Böhmerwalde längs der bayrischen Grenze von Ronsperg bis Klattau, damals noch Urwald, zeigt jetzt blühende Dörfer, lachende Fluren, Kirchen und Schulen mit starker, ziemlich wohlhabender Bevölkerung und schönen Straßen, die einen mächtigen Verkehr vermitteln. Einer der Hauptpionniere, welche aus dem Urwald diese reich bewohnte, emsig bebaute anmuthige Landschaft schufen, war in erster Linie Johann Anton Ziegler. Das Jahr 1848, das auch in Böhmen seine blutigen Tage hatte, und in welchem die Arbeiterverhältnisse infolge der stockenden Geschäfte sich auf das kläglichste gestalteten, hinterließ in der Gegend, in welcher die Ziegler'schen Fabriken standen, keine Spuren. Trotz mangelnden Absatzes schränkte Ziegler die Arbeit nicht nur nicht ein, sondern schuf neue Thätigkeit, indem er neue Straßen baute, die alten schadhaften herstellen ließ und sonst große materielle Opfer brachte, um die Arbeiter zu beschäftigen und dadurch die Ruhe zu erhalten, was ihm auch vollkommen gelang. Bei den Glasmacherleuten gab es keine Revolution. Ueber den humanen in alle Lebensverhältnisse sowohl seiner Familie, als seiner Arbeiter sich erstreckenden Sinn Ziegler's sind die Nekrologe des Lobes voll. Als 1865 die Gemeinde Millitz durch Schadenfeuer

großen Verlust e
er dieselbe un
nöthigen Bauh
reichlich, daß si
wohnlicher Bez
Stand setzen kon
Brande gewesen.
Fabriken zu Fr
Nürschan, dann
und Wittuna ha
jahre so zugeno
selben nahezu 4
Beschäftigung g
das Geschäft im

Amtlicher Kat
im Reichsrathe
Länder Oesterreic
8°.) S. 303, Nr.
Preise (Wien
Nr. 413: „Joh
singer (J. v.)
(Wien 1866, gr.

Ziegler, Jos
[S. 61, in den

Ziegler, Jo
Schriftstelle
am 10. Juli 17
23. Mai 1840)
von seiner fr
1792 nach Chr
Verwendung d
lus Kory da
Dann setzte er
bis 1803 in Pr
Facultät unter
Anderen seine
gann er an de
gische Studium
Doctorat aus
Unter Einem be
das Studium
besuchte zu dies
lesungen von F
Nejebli und e

che Kenntniß dieser Idiome an, daß er als Lehrer derselben in mehreren hochadeligen Familien Prags berufen wurde und davon seinen Lebensunterhalt bestritt. Am 13. August 1806 empfing er die Priesterweihe und kam nun als Kaplan nach Dobruška, im October 1809 als Administrator auf die Pfarre Meseritsch, im December desselben Jahres als Localist nach Dobřan. Nach mehrjähriger Thätigkeit daselbst erfolgte im October 1817 seine Ernennung zum Professor der Pastoraltheologie, čechischen Sprache und Literatur an der theologischen Lehranstalt zu Königgrätz. Im November 1818 erlangte er an der Universität in Prag die theologische Doctorwürde. Im October 1825 zum Dechanten in Chrudim ernannt, erhielt er 1832 die Stelle des Vicars und Oberaufsehers der Volksschulen im Chrudimer Kreise, in welcher Stellung er auch starb. Ziegler schrieb viel und in verschiedenen Zweigen der Literatur, so verfaßte er mehrere Gebet-, Andachts- und Predigtbücher, etliche Jugendschriften und Schulbücher, mehrere sprachliche Werke in deutscher und čechischer Sprache und lieferte einige Uebersetzungen. Die unten bezeichneten Quellenwerke und Franz Doucha's čecho-slavisches Bücher-Lexikon (Knihopisný slovník česko slovenský) vom Jahre 1865 gibt auf S. 306 und 307 eine vollständige Uebersicht seiner Schriften. Davon nennen wir: „Böhmische Uebungen" (Königgrätz 1818); — „*Dobroslaw*" .... (Prag 1820), 3 Theile zu je 4 Heften, eine Unterhaltungsschrift belehrenden und erheiternden Inhalts, Lebensbeschreibungen gelehrter und sonst denkwürdiger Čechen, Erzählungen, dramatische Spiele u. d. m.; — „*Milozor*" ... (Königgrätz 1824) 1. Theil; und „*Milina*" .... (ebd. 1825), beides sozusagen Fortsetzungen des obigen „Dobroslaw"; — „*Přítel mládeže*", d. i. Der Jugendfreund, Theil 1—20 (Prag 1823, 8°.); — „*Wěrný raditel rodičů, dítek, pěstaunů a učitelů*", d. i. Der wahre Rathgeber der Eltern, Kinder, Vormünder und Lehrer, 2 Theile (Königgrätz 1824, 8°.); — „*Mluwnice česká*", d. i. Böhmische Sprachlehre (Chrudim 1842, 8°.); — „*Nejkratší spůsob dobropisemnosti české dokonale se naučiti*", d. i. Kürzeste Anleitung, fehlerlos čechisch zu schreiben (Čáslau 1842, 12°.); — „Deutsch-böhmische Sprachlehre zum Gebrauche der Schuljugend" (Čáslau 1845). Ferner übersetzte er Telemach's Reisen aus dem Französischen ins Čechische und war ein fleißiger Mitarbeiter der Zeitschriften „Rozmanitosty", d. i. Miscellen, „Hlašatel", d. i. Der Verkündiger, „Časopis katolick. duchowenstwa", d. i. Zeitschrift katholischer Geistlichkeit, und schrieb viel für seine eigenen oben genannten Blätter. Ziegler war ein Mann von umfassender Bildung; nicht nur ein tüchtiger Pädagog, von gründlichem theologischen Wissen, besaß er auch Kenntnisse in anderen wissenschaftlichen Fächern, besonders in der Geschichte, in der Philosophie und in den classischen und orientalischen Sprachen. Im Königgrätzer Seminar gründete er eine Bibliothek, und seine eigene nicht unansehnliche Büchersammlung verschrieb er der Schule und dem Decanat in Chrudim. Mitglied vieler nationaler Vereine und Gesellschaften, förderte er das nationale Leben durch Wort und That. Anton Rybicka, dem man vielfache Aufschlüsse über das literarische Leben der Čechen verdankt, veröffentlichte in den Jahrgängen 1869 und 1870 der čechischen illustrirten Zeitschrift „Světozor“ manche interessante Notizen über Ziegler's literarischen Verkehr.

Jungmann (Jos.). Historie literatury české, d. i. Geschichte der čechischen Literatur (Prag 1849, F. Řivnáč, schm. 4°.). Zweite von W. W. Tomek besorgte Auflage, S. 637. — Květy, d. i. Blüten (Prager illustr. Blatt) 1872, S. 222. — *Šembera (Alois Vojtěch).* Dějiny řeči a literatury československé. Věk novější, d. i. Geschichte der čechoslavischen Sprache und Literatur. Neuere Zeit (Wien 1868, gr. 8°.) S. 309 — Slovník naučný. Redaktoři Dr. Frant. Lad. Rieger a J. Malý, d. i. Conversations-Lexikon. Redigirt von Dr. Franz Ladisl. Rieger und J. Malý (Prag 1873 J. L. Kober, Lex.-8°.) Bd. X, S. 347, Nr. 3. — Světozor (Prager illustr. Blatt) 27. August 1869 und 12. August 1870: „Fragmente aus Briefen und Schriften Ziegler's. Mitgetheilt von Anton Rybicka“. — Slavische Jahrbücher, herausgegeben von Jordan (Leipzig, schm. 4°.) 1843, S. 393.

Porträt. Nach einer Zeichnung von Karl Meixner, Holzschnitt in den „Květy“ 1872, Nr. 28.

Ziegler, Karl (österreichischer Poet, geb. zu St. Martin in Oberösterreich am 12. April 1812, gest. in Wien am 20. Mai 1877). Erst vier Jahre alt, verlor er seinen Vater, einen in sehr guten Verhältnissen lebenden herrschaftlichen Pfleger, durch den Tod. Mit der Mutter, die sich wieder verheiratete, und den Geschwistern übersiedelte er 1818 nach Wien. Als aber der Stiefvater die provisorische Syndicusstelle zu Mödling bei Wien annahm, ging auch die Familie dahin und blieb daselbst bis zum Jahre 1823, in welchem sie wieder nach der Hauptstadt zurückkehrte. 1817 begann Ziegler die philosophischen Studien, aber poetische Neigungen und eine früh angesponnene Liebschaft veranlaßten ihn, baldigste Versorgung zu suchen und nach einer Kanzleianstellung zu streben, die er denn auch 1835 bei der k. k. Schulbücherverlagsdirection fand, in welcher er bis zu seiner nach 22jähriger Dienstleistung erbetenen Versetzung in den Ruhestand thätig blieb. 1843 verheiratet, verlor er schon nach zweijähriger Ehe seine Gattin durch den Tod, welche ihm 1846 ein Töchterlein geboren hatte, das sich im Alter von 21 Jahren, im März 1867, mit dem Buchhändler Ludwig Taube in Salzburg verehelichte. Im September 1867 schritt er zur zweiten Ehe, und zwar mit einer jungen Salzburgerin, Rosa geborenen Strnad. Auf mehreren Reisen in den Jahren 1830, 1831, 1833 und 1855 besuchte er sein Heimatland Oberösterreich, 1857 München und 1862 Stuttgart, von wo er auf der Rückreise Nürnberg und Regensburg kennen lernte. Im letztgenannten Jahre folgte er auch der Einladung eines Freundes nach Triest, und 1864 und 1867 dehnte er seine Ausflüge bis nach Venedig aus. Frühzeitig erwachten seine poetischen Regungen; der mehrjährige Aufenthalt in einer der reizendsten Gegenden in Wiens Nähe und öfterer Besuch der Theater der Residenz weckten und nährten die jugendliche Phantasie, welche sich schon im Alter von sieben Jahren zu regen begann. Als er 14 Jahre alt war, erblickte er in der Poesie den Mittelpunkt seines Lebens, das Ziel seines Strebens und wurde dadurch zu eigenem Nachtheil von ernster wissenschaftlicher Arbeit abgelenkt, die bei seiner unleugbar hohen poetischen Begabung von bildendem Einfluß für ihn gewesen wäre. Sein erstes Gedicht erschien im März 1832, es war eine Ode an den Sänger Wild, die von seinem älteren Bruder ohne sein Wissen unter dem Pseudonym Carlopago, einem Spitznamen, den ihm derselbe im

milienkreise zu geben pflegte, veröffent-
)t wurde. Von nun ab erschienen seine
:dichte in Zeitschriften und Taschen-
chern unter obigem Pseudonym, den
bis 1856 beibehielt. Im Jahre 1843
m seine erste Sammlung „Gedichte" bei
rockhaus in Leipzig heraus. Vorher
er hatte Er mit einigen literarischen
eunden eine Art Musenalmanach in
eften herauszugeben begonnen, welches
nternehmen jedoch schon mit dem
Hefte seinen Abschluß fand. Im Laufe
:r Jahre gab er noch einige Gedicht
mmlungen unter folgenden Titeln:
Himmel und Erde" (Wien 1856); —
Cdra" (Salzburg 1866) und „Vom
atharn der Lyrik" (ebd. 1869) heraus.
wei Trauerspiele, in den Jahren 1834
nd 1836 geschrieben, blieben ungedruckt.
:e Kritik nahm seine Dichtungen mit
roßem Wohlwollen auf. Bornmüller
ählt ihn zu den „formfeinsten österrei-
:ischen Dichtern der neuesten Zeit"; ein-
chränkender beurtheilt ihn Adolf Stern,
ach welchem er „zu den besseren, weil ein
aderen deutsch-österreichischen Poeten"
gehört.

Neue illustrirte Zeitung (Wien, Zamarski, kl. Fol.) 1877, Nr. 22. — Illustrirte Zeitung (Leipzig, J. J. Weber
kl. Fol.) 1. September 1877, Nr. 1783. —
Kehrein (Jos.). Biographisch-literarisches
Lexikon der katholischen deutschen Dichter,
Volks- und Jugendschriftsteller im 19. Jahrhunderte (Zürich, Stuttgart und Würzburg
1871, Leo Wörl, gr. 8°.) Bd. II, S. 282. —
Bornmüller (F.). Biographisches Schriftsteller-Lexikon der Gegenwart. Die bekanntesten Zeitgenossen auf dem Gebiete der Nationalliteratur aller Völker mit Angabe ihrer
Werke (Leipzig 1882, Bibliogr. Institut,
br. 12°.) S. 781. — Stern (Adolf). Lexikon
der deutschen Nationalliteratur (Leipzig,
bibliogr. Institut 1882, br. 12, S. 404. —
Kurz (Heinrich). Geschichte der neuesten
deutschen Literatur (Leipzig 1872, Teubner,
schm. 4°.) S. 38 a. — Oesterreichischer
Volksfreund (Wiener Parteiblatt) 1864,
Nr. 244 im Feuilleton [darin wird Carlopago mit dem Dichter Otto Prechtler
verwechselt, denn dieser und nicht Ziegler
war einige Zeit Großmeister der Wiener
Rittergesellschaft „Grüne Insel". Carlopago
war gar nicht Mitglied derselben].

Ziegler, Martin, siehe: **Ziegler**, Karl
[S. 62, in den Quellen, Nr. 17].

Ziegler, Michael, siehe; **Ziegler**, Karl
[S. 62, in den Quellen, Nr. 18].

Ziegler, Peter, siehe; **Ziegler**, Karl
[S. 62, in den Quellen, Nr. 19].

Ziegler (Czigler), die Adelsfamilie,
siehe: **Ziegler**, Karl [S. 63, in den
Quellen, Nr. 20].

Noch sind von Trägern dieses Namens bemerkenswerth: 1. **Ambros** Ziegler (gest.
in Wien 1578). Er stammte aus Württemberg und wurde 1570 von den evangelischen
Ständen Kärnthens nach Klagenfurt berufen,
wo er mehrere Jahre das Predigtamt ausübte und der ständischen Schule der adeligen
Jugend vorstand. Damals tauchte die Secte
der Flacianer auf. Diese trägt ihren Namen
von Matthias Flacius Illyricus (eigentlich
Frankovich aus Albona in Istrien), welcher
behauptete, „die Erbsünde, habe die Natur
des Menschen völlig verderbt und so durchdrungen, daß sie das Wesen und die Sub-
stanz dieser Natur sei". Auch in Kärnthen
fand der Flacianismus Eingang, und die
Stände waren zuletzt bemüssigt, alles Dispu-
tiren über die Erbsünde unter der Strafe der
Relegation zu verbieten. Es half aber nichts,
und Ambros Ziegler mußte mit ein paar
Collegen (Pastor Lang und Rector Hau-
bold) im October 1575 das Land räumen.
Nun folgte er 1576 einem Rufe der evangelischen Stände im Lande unter der Enns
und übernahm das Pfarramt Hernals vor
der Linie Wiens. Im Streite über die Erbsünde erwies er sich keineswegs als Flacianer, die damals im niederösterreichischen
Adel- und Ritterstande großen Anhang hatten
und den ihnen unbequemen Ziegler wegzu-
schaffen trachteten. Es entstanden aus diesem
Anlaß Controversen, an denen der Adel beider
Parteien regen Antheil nahm, und jener Theil,
der zu Ziegler hielt, war ernstlich bestrebt

den auch sonst würdigen Pastor zu halten. Aber mitten unter diesen religiösen Kämpfen starb der schon längst leidende **Ziegler**. Ob er Verfasser der Schrift: „Signa et prodigia in sole et luna anno 1557 visa ab Ambrosio Ziegler descripta Viennae apud Raphaelem Hoffhalter", können wir nicht sagen. [Bergmann (Joseph). Medaillen auf berühmte und ausgezeichnete Männer des österreichischen Kaiserstaates vom sechzehnten bis zum neunzehnten Jahrhunderte. In treuen Abbildungen mit biographisch-historischen Notizen (Wien 1844 bis 1857, Tendler, 4°.) Band II (1857), S. 42—47: Ambrosius Ziegler mit Abbildung der auf ihn geprägten Medaille auf Tafel XVII, Nr. 80.] — 2. **Ambros Ziegler** (geb. in Gmunden 24 Mai 1684, gest. zu Pettenbach 3. September 1739). Er studirte in Kremsmünster, wo er am 13. November 1702 als Novize in das Stift eintrat und seine Taufnamen Wolfgang Andreas mit dem Klosternamen Ambros vertauschte. Daselbst wirkte er im Lehramte. 1712 wurde er an die Salzburger Hochschule berufen, an welcher er folgeweise Philosophie, Patristik, Moraltheologie, Dogmatik bis 1726 vortrug. Dann kehrte er in sein Stift zurück, um die Stiftspfarre Pettenbach zu übernehmen. Dort nach einem Jahre vom Schlage getroffen, wurde er ins Stift zurückgebracht, wo er nach zehnjährigem Leiden verschied. Er gab außer mehreren theologischen Schriften auch die zwei folgenden: „Nosce te ipsum seu anima vegetativa, sensitiva et rationalis" (1714, 4°.); — „De contractibus in genere et specie" (1719, 4°.) heraus. [*Pachmayr (Marianus P.)* Historico-chronologica series abbatum et religiosorum Monasterii Cremifanensis etc. (Styrae 1777, Wimmer-Pachmayr, Fol.) — Hagn (Th.). Das Wirken der Benedictinerabtei Kremsmünster für Wissenschaft, Kunst und Jugendbildung. Ein Beitrag zur Literatur- und Culturgeschichte Oesterreichs (Linz 1848, Quirin Haslinger, 8°.) S. 78, 83, 113, 208, 233.] — 3. **Andreas Ziegler** (geb. zu Kronstadt in der zweiten Hälfte des 16. Jahrhunderts, gest. zu Tartlau in Siebenbürgen am 7. März 1632). Er widmete sich dem ärztlichen Berufe, in welchem er 1610 zu Wittenberg die Doctorwürde erlangte. Durch besondere Vergünstigung der Superintendentur erhielt er als Doctor Medicinae den Ruf als Pfarrer zu Tartlau am 23. Februar 1628, als welcher er auch starb. Seine ärztlichen Streitschriften, die er zur Erlangung der Doctorwürde an der Hochschule Wittenberg vertheidigte, und zwar über Stimme und Werkzeuge der menschlichen Rede, dann über die äußeren Sinne des menschlichen Körpers, über Anzeichen der Krankheit, über die Gesundheit des menschlichen Körpers, über Kardialgie (Magenkrampf), sind sämmtlich in lateinischer Sprache verfaßt und zu Wittenberg 1606, 1607 und 1610 im Druck erschienen. [Seivert (Johann). Nachrichten von siebenbürgischen Gelehrten und ihren Schriften (Preßburg 1785, 8°.) S. 511. — Trausch (Joseph). Schriftsteller-Lexikon oder biographisch-literarische Denkblätter der Siebenbürger Deutschen (Kronstadt 1871, Johann Gött und Sohn, gr. 8°.) Bd. III, S. 534.] — 4. Ein zweiter **Andreas Ziegler**, Zeitgenoß, diente in der k. k. Armee und war im Jahre 1863 Hauptmann bei Gorizutti-Infanterie Nr. 56 (vormals Fürstenwärther). Er schrieb im Auftrage des Regimentes die Geschichte desselben unter dem Titel: „Das kais. kön. 56. Linien-Infanterie-Regiment. Von seiner Errichtung bis zur Gegenwart. Nach den Quellen des k. k. Kriegsarchivs" (Wien 1861, Braumüller, Lex. 8°., 313 S.). — 5. **Augustin Ziegler** (geb. zu Greiffenberg in Oberbayern 11. April 1720, gest. zu Straubing 12. Juli 1778). Trotz aller Bemühungen der Jesuiten, ihn für ihren Orden zu gewinnen, trat er doch am 9. October 1740 zu Niederaltaich in den Orden der Benedictiner. Im Kloster versah er die Aemter eines Professors, Novizenmeisters und Priors. Dann wirkte er mehrere Jahre als Pfarrer zu Regen. 1751 folgte er einem Rufe der Universität in Salzburg als Professor der theoretischen Philosophie. 1761 wurde er Abt in seinem Kloster, versah aber dabei die Präsesstelle der Universität in Salzburg und des Lyceums in Freysing. 1775 legte er die Abtwürde nieder und starb drei Jahre später. Ziegler's zahlreiche philosophische Schriften (11) in lateinischer Sprache, und zwar über Psychologie, Logik, Metaphysik, Pneumatologie und Physik, welche sämmtlich in Salzbug 1732 und 1733 gedruckt erschienen, zählt bibliographisch genau Clemens Alois Baader auf. Der gelehrte Benedictiner sorgte in seinem Wirkungskreise für Aufnahme und Beförderung der Wissenschaften und ermunterte die jungen Klostergeistlichen zu Studien. [Baader (Clemens

Alois). Lexikon verstorbener bayrischer Schriftsteller des achtzehnten und neunzehnten Jahrhunderts (Augsburg und Leipzig 1824, Jenisch und Stage, 8°.) I. Bandes 2. Theil, Seite 366 — Meusel (Joh. Georg). Lexikon der vom Jahre 1750 bis 1800 verstorbenen teutschen Schriftsteller (Leipzig 1816, Fleischer der Jüngere, 8°.) Bd. XV (1816) S. 394.] — 6. **Daniel** Ziegler (gest. zu Bistritz 1733). Ein Bruder des Hermannstädter Stadtpfarrers Christian [s. d. S. 46], studirte er 1722 und die folgenden Jahre in Wittenberg Theologie. Nach seiner Rückkehr diente er anfänglich zu Hermannstadt, wo er dann die Stelle eines Vesperpredigers erhielt. 1733 als Archidiakon nach Bistritz berufen, wurde er nach dem 1742 erfolgten Hinscheiden des dortigen Pfarrers Andreas Schaller dessen Nachfolger im Amte. 11 Jahre, bis an seinen Tod, versah er die Pfarre. Seine schriftstellerischen Arbeiten, theils gedruckt, theils Handschrift, führen Trausch und Seivert an. Mehrere seiner Kanzelreden sind in Wagner's „Sammlung auserlesener Canzelreden u. s. w." aufgenommen; sonst gedenken wir noch seiner in Handschrift befindlichen „Merkwürdigkeiten des Bistritzer Capitels. Aus Urkunden entworfen", welche Schrift eine Fortsetzung der „Annotanda ex monumentis veteribus et recentioribus jurium ac privilegiorum Capituli Bistricensis" des Heydendorfer Predigers Johann Ziegler [S. 60, Nr. 10] sein soll. [Seivert (Johann). Nachrichten von siebenbürgischen Gelehrten und ihren Schriften (Preßburg 1783, 8°.) S. 513. — Trausch (Joseph). Schriftsteller-Lexikon oder biographisch literarische Denkblätter der Siebenbürger Deutschen (Kronstadt 1871, Johann Gött und Sohn, gr. 8°.) Bd. III, S. 537]. — 7. **Ernst** Ziegler (geb. zu Stettin 22. November 1847). Er widmete sich anfänglich dem Buchhandlungsgeschäfte, erwarb dann den Besitz einer Kunsthandlung in Paris, welche er aber im Jahre 1883 verkaufte, worauf er in Wien seinen bleibenden Aufenthalt nahm. Daselbst ist er im Gebiete der Journalistik thätig, als Mitarbeiter des „Pesther Lloyd" und der Prager „Politik", für welche Blätter er Essais über französische Literatur schreibt. Seit 1888 gibt er in Gemeinschaft mit Karl Colbert (geb. in Wien 1858) die illustrirte Zeitschrift „Wiener Mode" heraus. Sonst sind noch folgende Schriften von ihm im Druck erschienen: „Mein Debut. Novellen und Studien" (Wien 1886, 12°.); — „Spinngewebe. Roman", 2 Bände (1886); — „Monte Carlo. Ein Spielroman" (1888) und die Uebersetzungen der Romane Zola's „Germinal" und „Aus der Werkstatt der Kunst (l'oeuvre)". [Das geistige Wien. Künstler- und Schriftsteller-Lexikon. Herausgegeben von Ludwig Eisenberg und Richard Groner (Wien, Brockhausen, br. 8°.) Jahrgang 1890, Seite 319.] — 8. **Franz A.** Ziegler, Hymenopterolog in Wien, lebte Ende des vorigen und in der ersten Hälfte des laufenden Jahrhunderts und bekleidete 1821 eine Custosstelle im kaiserlichen Naturaliencabinete. Sein eigentliches Fach war die Insectenkunde und in dieser vornehmlich die Hymenopteren. Ein sorgfältiger Sammler, hat er während zwanzig und mehr Jahre eine Sammlung von mehr als 10.000 Arten, deren Gebiet sich auf ganz Deutschland, Frankreich, Italien nebst Corsica, Oesterreich, Ungarn, Portugal, Polen, Spanien, Rußland und Schweden erstreckte, zusammengebracht. Er hatte die Sammlung, welche nur ganz vollkommene Exemplare enthielt, nach dem Flügeladersystem des Genfer Professors Jurine geordnet. Zu Anfang der Vierziger-Jahre war sie zum Verkaufe ausgeboten, ob sie gekauft worden, und wer sie erworben, ist mir nicht bekannt. [Böckh (Franz Heinrich). Wiens lebende Schriftsteller, Künstler und Dilettanten im Kunstfache (Wien 1821, Bauer, 12°.) S. 186 — Gistel (Joh). Lexikon der entomologischen Welt, der carcinologischen und arachnologischen (Stuttgart 1846, Schweizerbart, 8°.) S. 79.] — 9. **Friedrich** von Ziegler und Klipphausen (geb. um 1820). Er entstammt der meißenischen Adelsfamilie, welcher Heinrich Anselm von Ziegler und Klipphausen (geb. 1653, gest. 1690) angehört, der mit seinem Roman „Die asiatische Banise oder blutiges doch muthiges Pegu" (Leipzig 1668) seinerzeit großes Aufsehen gemacht und viele Nachahmer, nicht zum Frommen der Entwicklung des deutschen Romans, gefunden hat. Friedrich von Ziegler trat um 1840 als Cadet in das Chevauxlegers-Regiment Freiherr Kreß von Kressenstein Nr. 7. Stufenweise vorrückend, wurde er 1853 Major bei Kaiser Alexander II. von Rußland-Uhlanen Nr. 11 und 1861 Oberstlieutenant daselbst. Im Feldzug 1866 finden wir ihn in dem in Westgalizien aufgestellten Corps des Feldmarschall-Lieutenants Baron Rzykowsky als Obersten und Commandanten des Uhlanen-Regiments Graf Grünne Nr. 1, welches im anstrengenden Vorpostendienste und im kleinen Kriege an der galizisch-preußischen Grenze verwendet wurde. Die bedeutendste Affaire, in der es sich mit Ruhm bedeckte, war das Gefecht bei Oświęcim. In diesem Städtchen lag als Besatzung die 4. Escadron des 1. Uhlanen-Regiments, das 4. Bataillon des 37. Infanterie-Regiments und 4 Geschütze. Das Commando führte Oberst von Ziegler und Klipphausen. Der Gegner bestand aus vier Escadrons des 2. schlesischen Landwehr-Uhlanen-Regiments und zwei Escadrons Landwehr-Husjaren. Das Gefecht, in welchem sich Rittmeister Moriz Ritter von Lehmann zugleich mit seinem Tode das Maria Theresienkreuz erkämpfte, fand am 27. Juni 1866 statt. Der Oberst wies die wiederholten Attaquen der preußischen Reiter entschieden zurück und entwickelte dabei so große Umsicht, daß er in Anerkennung dessen mit dem Leopoldorden ausgezeichnet wurde. Oberst von Ziegler rückte in der Folge zum Generalmajor und Feldmarschall-Lieutenant vor und trat als letzterer in den Ruhestand, den er zu Kaschau verlebt. Feldmarschall-Lieutenant von Ziegler ist überdies mit dem Orden der eisernen Krone zweiter Classe und dem Militär-Verdienstkreuze ausgezeichnet [Thürheim (Andreas Graf). Gedenkblätter aus der Kriegsgeschichte der k. k. österreichischen Armee (Wien und Teschen 1882, Prochaska, gr. 8°.) Bd. II, S. 269, Jahr 1866; S. 273, Jahr 1866.] — 10. **Johann** Ziegler (aus dem Grebischenker Stuhle Siebenbürgens gebürtig, gest. zu Neudorf im Bistritzer Districte 1743). Von evangelischen Eltern, widmete er sich dem geistlichen Berufe und kam zunächst als Pfarrer nach Heydendorf, dann 1730 als solcher nach Neudorf, wo er nach dreizehnjähriger Thätigkeit auch starb. In den Mußestunden seines geistlichen Berufes beschäftigte er sich mit geschichtlichen Forschungen, darunter auch über seine Kirchengemeinde. Er hinterließ in Handschrift: „Annotanda ex monumentis veteribus et recentioribus jurium ac privilegiorum Capituli Bistricensis excerpta“, wovon die „Merkwürdigkeiten des Bistritzer Capitels“, welche Daniel Ziegler [s. d. Nr. 6] in Handschrift hinterlassen, eine Fortsetzung sein sollen; — „Chronica sive annales Hungarico-Transsilvanici Fuchsio-Lupino-Oltardiani, quibus ex lucubrationibus Gunneschianis et aliis fide non indignis Manuscriptis adjecit quaedam Joh. Ziegler“, ist von Franz Joseph Trausch [s. d. Bd. 47, S. 30 u. f.] 1847 und 1848 in 2 Bänden herausgegeben und der größte Theil der Auflage nach Paris und London verkauft worden; — „Emerici Amicini historia diplomatica capituli Bistricensis de a. 1399 per Joan. Ziegler a. 1727“. [A magyar nyelvmivelő társaság kiadása (N.-Szeben) 1796, S. 193. — Trausch (Joseph). Schriftsteller-Lexikon oder biographisch-literarische Denkblätter der Siebenbürger Deutschen (Kronstadt 1871, Johann Gött und Sohn, gr. 8°.) Bd. III, S. 538.] — 11. **Johann** Ziegler, ein Künstler, der in der ersten Hälfte des laufenden Jahrhunderts in Wien lebte. Vornehmlich Bildnißmaler, erschien er zuerst in der Jahresausstellung 1820 der k. k. Akademie der bildenden Künste zu St. Anna in Wien und beschickte dann die Ausstellungen daselbst 1822, 1828, 1832 und 1834 fleißig mit Bildnissen von Privaten, darunter ungarischen Magnaten, Kirchenfürsten u. s. w. Außerdem stellte er aber auch Heiligenbilder aus, so 1820: eine „Dornenkrönung Christi“; 1825 „Drei Zeichnungen aus der Leidensgeschichte Jesu“; — eine „Anbetung der h. drei Könige“; — „Christus am Kreuze“; — „Johannes der Täufer predigt in der Wüste“; — „Die Anbetung der Hirten“; — „Die Taufe Christi im Jordan“; — „Die Grablegung Christi“; 1832: „Die h. Elisabeth, den Armen Almosen austheilend“; — „Maria mit dem Jesukinde und Johannes“; 1834: „Judas“; — „Apostel Thaddäus“; — ein Costumbild: „Die Königin von 16 Jahren“. Achtzehn Jahre später erscheint wieder ein Johann Ziegler, der sein Atelier auf der Neuen Wieden 743 hatte, mit zwei Bildern: „Maria und Joseph mit dem Kinde“ (120 fl.) und „Zigeuner im Walde“ (450 fl.). Ob dieser Johann mit dem Vorigen identisch, können wir nicht sagen. Ueber Lebens- und Bildungsgang dieses Künstlers, der sämmtlichen Kunstlexiken eine unbekannte Größe ist, können wir nichts berichten. [Kataloge der Jahresausstellungen in der k. k. Akademie der bildenden Künste bei St. Anna in Wien, 1820, 1822, 1828, 1832, 1834 und 1852.] — 12. **Johann** Ziegler, Zeitgenoß; ein Holzblasinstrumentenmacher, der im Jahre 1820 in Wien (Leopoldstadt,

Elisenbrunngasse Nr. 3) sein Geschäft eröffnete, und dessen Name in seinem Fache weit über die Grenzen des Kaiserstaates einen ausgezeichneten Ruf besitzt. Seine Flöten und Clarinetten, an denen er vortreffliche Verbesserungen angebracht, wurden von den ersten Künstlern gesucht und vom Ausland stark verlangt. In Oesterreich arbeitete er für dreißig Regimenter die Blasinstrumente. Er wurde auch auf den Ausstellungen in Wien, Stettin, Paris, London u. s. w. in den Jahren 1835, 1839, 1841, 1852, 1854, 1855, 1862, 1865 mit Medaillen ausgezeichnet. [**Allgemeine Wiener Musik-Zeitung**, redigirt von Aug. **Schmidt** (4°.) V. Jahrg., 24. Juli 1845, Nr. 88, S. 351: „Industrielle Ausstellung der österr. Monarchie in musicalischer Beziehung". — **Systematische Darstellung** der neuesten Fortschritte in den Gewerben und Manufacturen und des gegenwärtigen Zustandes derselben... Mit besonderer Rücksicht auf den österreichischen Kaiserstaat. Herausgegeben von Steph. Ritter von **Kees** und W. C. W. **Blumenbach** (Wien 1830, Gerold, 8°.) Bd. II, S. 3 — und die in Wien gedruckten Ausstellungsberichte von **Arenstein** u. A. der Jahre 1855, 1863, 1867 und 1873.] — 13. **Johann (Janez) Ziegler** (geb. zu Udmat bei Laibach 1792, Todesjahr unbekannt). Er widmete sich dem geistlichen Stande und wurde 1833 Strafhauscurat auf dem Schloßberge zu Laibach. Außer einem Meßbuch in slovenischer Sprache (Mashne bukvize), das mit Holzschnitten 1832 in Laibach herauskam, dann einem Andachtsbuche für Kranke (Molitve sa bolnike) (ebd. 1832 in 2. Aufl.) und vier Leichenreden (Shtiri poslednе rezhi) (ebd. 1831), schrieb er auch lyrische Gedichte, von denen einzelne in der von Mich. **Kastelic** 1830 herausgegebenen „Krainischen Biene" (Krajnska zhbeliсa), einer Art slovenischer Almanach, mit Gedichten der slovenischen Poeten abgedruckt sind. [**Šafařik** (Paul Joseph). Geschichte der südslavischen Sprache und Literatur nach allen Mundarten. Aus dessen handschriftlichem Nachlasse herausgegeben von Jos. **Jireček** (Prag 1864, Tempský, gr. 8°.). I. Slovenisches und glagolitisches Schriftthum, S. 43, 76, 139, 118.] — 14. **Johannes Ziegler** (geb. in Hamburg am 8. Februar 1838). Er lebt seit vielen Jahren, mit schriftstellerischen Arbeiten zum größten Theile für politische und wissenschaftliche Blätter beschäftigt, in Wien. Zu Studienzwecken unternahm er wiederholt ausgedehnte Reisen und verwerthete die auf denselben empfangenen Eindrücke zu seinen Arbeiten. Selbständig gab er heraus: „Denkwürdigkeiten der Gräfin zu Schleswig-Holstein, Leonore Christina vermälten Gräfin **Ulfeldt**, aus ihrer Gefangenschaft im Thurme des Königsschlosses zu Kopenhagen 1663—1685. Nach der dänischen Originalhandschrift im Besitze Sr. Exc. des Grafen Johann **Waldstein**" (Wien, 2. Aufl. 1879, Gerold, mit Bildn., gr. 8°.). Dieser Uebersetzung schickte er in einer Einleitung die Geschichte **Corfiz Ulfeldt's** voran. 1864—1872 gab er in Hamburg das „Archiv für Seewesen", 9 Bände, heraus. Er ist zur Zeit Mitarbeiter der großen Blätter Wiens und mehrerer des Auslandes und zeichnet bisweilen seine Aufsätze mit dem Pseudonym **Jan van Zuylen**. [**Deutscher Literatur-Kalender** für das Jahr 1889. Herausgegeben von Jos. **Kürschner** (Berlin und Stuttgart, W. Spemann, 32°.) S. 556.] — 15. **Joseph Ziegler** (geb. 1774, gest. in Wien 25. September 1816) wendete sich der technischen Laufbahn zu und bildete sich zum Architekten aus. In den Jahresausstellungen der k. k. Akademie der bildenden Künste zu St. Anna in Wien waren 1834 bis 1838 eine Reihe seiner Ansichten und Pläne zu sehen, und zwar im Jahre 1834: „Grundriß — Aufriß von der vorderen Ansicht — Durchschnitt nach der Länge und Aufriß von der Seitenansicht der St. **Karlskirche** in Wien", 3 Blätter Zeichnungen; 1835: „Ein Zimmer", Gouachegemälde; — „Ein Punschtopf", getuschte Zeichnung; — „Der Marstempel", getuschte Zeichnung; 1836: „Ansicht der k. k. Hofburg in Wien, nebst Uebersicht der Burgbastei", Zeichnung; 1837: „Perspectivische Darstellung einer Jagdburg"; 1838: „Idee zu der baulichen Ergänzung der k. k. Burg in Wien", Zeichnung. [**Kataloge** der Jahresausstellungen bei St. Anna 1834, 1835, 1836, 1837 und 1838.] — 16. Ein **Joseph Ziegler** lebte um die Mitte des 18. Jahrhunderts in Wien. Daselbst war er, wie **Gerber** berichtet, Violinist an der kaiserlichen Hofcapelle. Doch befand er sich nicht unter den festangestellten Mitgliedern derselben, da er in Ludw. Ritter von **Köchel's** „Monographie über die kaiserliche Hofmusikcapelle in Wien" nicht angeführt ist. **Joseph Ziegler** war auch Lehrer des seinerzeit so beliebten

Tonsetzers von Dittersdorf [Band III, S. 318], überdies Compositeur, und sind von ihm um das Jahr 1760 Symphonien erschienen. [Gerber (Ernst Ludwig). Historisch-biographisches Lexikon der Tonkünstler u. s. w. (Leipzig 1792, Breitkopf, gr. 8°.) Bd. II, Sp. 331. — Derselbe. Neues historisch-biographisches Lexikon u. s. w. Bd. IV, Sp. 644.] — 17. **Martin** Ziegler (geb. in Kronstadt 1660, gest. zu Brenndorf am 6. Februar 1716). Er erscheint auch Czigler geschrieben. Sein Vater, aus Kaschau in Oberungarn gebürtig und seines Zeichens ein Weißbäcker, war nach Kronstadt in Siebenbürgen übersiedelt, wo ihm der Sohn Martin geboren wurde. Nachdem dieser das Gymnasium in Kronstadt besucht hatte, bezog er 1679 die Hochschule in Wittenberg und kehrte nach nahezu zwölfjährigem Aufenthalt in der Fremde in seine Vaterstadt zurück, in welcher er am 21. Juli 1691 Lector und nach drei Jahren am 12. November 1694 Rector des Gymnasiums wurde. Dann zum Pfarrer in Tartlau ernannt, ward er eines sittlichen Vergehens wegen vom Burzenländer Capitel zur Vermeidung öffentlichen Aergernisses seines Amtes enthoben, aber in seines Dienstnachfolgers Stelle candidirt und 1713 zum Pfarrer von Brenndorf gewählt, als welcher er schon drei Jahre später starb. Streitigkeiten mit seinen Vorgesetzten, besonders mit dem gelehrten Stadtpfarrer Marcus Fronius hinderten sehr die gedeihliche Entwicklung des Schulwesens während der Jahre seines Rectorats. Seine Gattin Margaretha überlebte ihn um volle 47 Jahre und starb als Greisin von 91 Jahren am 28. October 1763. Durch seine Forschungen und geschichtlichen Aufzeichnungen hat sich aber Ziegler um seine Heimath sehr verdient gemacht. Seine Arbeiten sind: „Inscriptiones passim ad moenia urbis Coronensis incisae aut adscriptae", welche Arbeit Jos. Trausch fortgesetzt und ergänzt hat; — „Catalogus familiarum hung. gentis maxime illustrium, quae saeculo XV. et XVI. per Hungariam et Transylvaniam floruerunt", aus Istvánffy's „Historia de rebus hungaricis" ausgezogen; — „Virorum Coronae eximiorum ac illustrium vita, honores et mors ab A. R. S. 1348 usque ad annum 1692", wurde von dem Brenndorfer Pfarrer Georg Matthiae bis 1719 fortgesetzt, dann von Jos. Trausch bis in die Siebziger-Jahre unseres Jahrhunderts bereichert und fortgesetzt; — *„Historia Transylvaniae", ein über 769 S. starkes Manuscript; — „De origine Saxonum epistola ad M. Martinum Kelpium (Dresdae anno 1684 exarata); — „Collectanea historica... res Traunicas... tradentia..." (1692, 4°.), Auszüge aus Istvánffy und Anderen; — „Calendarium historicum" (Fol., 732 S. Manuscript); — „In historicam Marci Fuchsii Past. et Roson. et Coron. notationem observationes et supplementa" (4°.). Das mit einem Stern bezeichnete Manuscript ist mit noch anderen handschriftlichen Arbeiten Ziegler's verloren gegangen. [*Horányi (Alex.).* Memoria Hungarorum et Provincialium scriptis editis notorum (Viennae 1776, A. Loewe, 8°.) Tom. III, S. 588 [das daselbst von Horányi unserem Ziegler zugeschriebene Werk: „Antiquitates Transylvaniae ex lapidum inscriptionibus et nummis antiquis etc. etc." ist nicht von Ziegler, sondern von Schmeizel]. — Trausch (Joseph) Schriftsteller-Lexikon oder biographisch-literarische Denkblätter der Siebenbürger Deutschen (Kronstadt 1871, gr. 8°.) Bd. III, S. 340.] — 18. **Michael** Ziegler (geb. in Oberösterreich 22. Februar 1744, gest. zu St. Florian 3. Mai 1823). Er trat in das Chorherrenstift zu St. Florian in Oberösterreich, in welchem ihn seine Conventualen am 11. September 1793 zu ihrem Propste wählten, welche Würde er durch dreißig Jahre in verdienst- und segenvoller Weise bis zu seinem Tode versah. Das ihm 1807 angebotene Bisthum Linz lehnte er ab, übernahm aber das Directorat des Gymnasiums zu Linz. In den Hungerjahren 1816 und 1817 spendete er namhafte Summen Geld, große Mengen Getreide und verfügte Nachlaß von Giebigkeiten. Selbst ein Kenner und Freund der Wissenschaft, förderte er mit reichen Mitteln die Ausbildung der Conventualen, bereicherte in ausgiebigster Weise die Stiftsbibliothek und regte die literarische Wirksamkeit seiner Capitularen an. Der Tod entriß den würdigen Propst seinem berühmten Stifte im Alter von 80 Jahren [Pillwein (Bened.). Linz einst und jetzt von den ältesten Zeiten bis auf die neuesten Tage (Linz 1846, 8°.) Theil II, S. 36.] — 19. **Peter** Ziegler, Zeitgenoß, gebürtig aus Böhmen und einer Familie entstammend, die seit langer Zeit ein großes Gebiet der Glasindustrie Böhmens beherrscht. Von den langgestreckten Höhen des Böhmerwaldes herab bis zu den Niederungen, wo die Glasindustrie Tausenden und Tausenden Leben und Gedeihen gewährt, begegnet man in zahlreichen Fabriken und dazu gehörigen Anstalten den Gliedern dieser Familie. [Vgl. Johann Anton Ziegler, S. 33.] Im Jahre 1841 begann Peter Ziegler seine bisher kleine Hüttenanlage im Elisenthal großartig zu erweitern, regulirte die Wasserkräfte, verbesserte ringsum die Wege und errichtete ein großes Schleifwerk. Schon um die Mitte der Siebenziger-Jahre umfaßten seine Etablissements eine Gußspiegelfabrik, eine Glasfabrik und ein großes Spiegelschleifwerk zu Elisenthal, eine Tafelglasanlage zu Herlhütte und vier abgesonderte mit Wasserkraft betriebene Schleif- und Polirwerke zu Unterhölzschlag, Großholzschlag, Haidl und Höchel. Mit diesen Hauptanlagen in Verbindung standen Radstuben, Poch- und Stampfwerke, Calciniröfen, Brettsägen, Tischlerwerkstätten, Ziegeleien, Arbeiterwohnungen u. s. w. Jährlich wurden zehntausend Centner Spiegel- und Fenstertafeln im Gesammtwerth von einer halben Million Gulden erzeugt. Die Zahl der Arbeiter bei der Glaserzeugung, den Schleif- und Polirwerken betrug ein halbes Tausend. Die Erzeugnisse fanden nicht nur Absatz im Kaiserstaate Oesterreich, sondern gingen nach Rußland, Spanien, Amerika und Australien. Peter Ziegler hat der Erste in Böhmen das Gußspiegelverfahren eingeführt, den Kampf mit der Gußspiegelfabrication des Auslandes siegreich aufgenommen und ein gleich vorzügliches Fabricat nur billiger hergestellt. Von dem Verein zur Ermunterung des Gewerbfleißes in Böhmen erhielt er in Würdigung seiner Verdienste um die heimische Industrie schon im Juli 1858 die goldene Vereinsmedaille, und in der Verleihungsurkunde ist diese Auszeichnung mit den Worten begründet: „Für seine hohen Verdienste um die vaterländische Industrie durch Einführung des Glas- und Spiegelgußverfahrens im großen Umfange und musterhaften Betrieb in Verbindung mit rühmlicher Arbeiterführung". [Prager Morgenblatt, 23. und 26. Juli 1858, Nr. 203 und 204: „Ein Industrieller Böhmens".] — 20. Noch ist der ungarisch-siebenbürgischen Adelsfamilie Ziegler, deren jüngere Linie ihren Namen in Czigler magyarisirte, zu gedenken. Sie ist eine siebenbürgisch-sächsische Familie, und Johann Ziegler (geb. 1666, gest. 1714), Pfarrer zu Heltau in Siebenbürgen, über welchen Trausch in seinem „Siebenbürg. Schriftsteller-Lexikon" Bd. III, S. 538 nähere Nachricht gibt, ist ihr Stammvater. Von dessen Nachkommen erlangte **Samuel** (geb. 1745, gest. 1833) für seine Verdienste im Staatsdienste mit Diplom ddo. 6. December 1816 den ungarisch-siebenbürgischen Adelstand, wobei sein bisheriger Name Ziegler in Czigler metamorphosirt wurde. Ein anderer Nachkomme Johanns, **Johann Daniel** (geb. zu Bistritz 13. Mai 1777, gest. zu Hermannstadt 18. November 1854), war Bürgermeister in Hermannstadt und hat sich in dieser Stellung in den Sturmjahren 1848 und 1849 durch musterhafte Treue gegen den Kaiser und die gesetzliche Regierung so bethätigt, daß er 1850 mit dem Ritterkreuze des Leopoldordens ausgezeichnet und den Ordensstatuten gemäß mit Diplom ddo. 1. September 1850 in den österreichischen Ritterstand erhoben wurde. Während diese ältere Linie die Schreibung Ziegler nicht aufgab, hält die obenerwähnte jüngere an der magyarischen Schreibung Czigler, auch Cziegler. Ob dieser letzteren die Schriftstellerin Hermine Czigler von Eny-Vecse (geb. in Pesth 1840), seit 1869 vermälte Wilhelm Cappilleri, angehört, welche in den Jahren 1864 bis 1866 die belletristische Zeitschrift „Fata morgana" und auch mehrere Gedichtsammlungen in deutscher Sprache herausgegeben hat, ist uns nicht bekannt. Ueber sie berichtet unter dem Namen Hermine Cappilleri Fr. Brümmer's „Lexikon deutscher Dichter und Prosaisten des neunzehnten Jahrhunderts" [Reclam's Universal-Bibliothek 1981—1990] Bd. 1, S. 111; über die Adelsfamilien Czigler und Ziegler das „Genealogische Taschenbuch der Ritter- und Adelsgeschlechter" (Brünn, Buschak und Irgang, 32°.) IV. Jahrgang (1879), S. 705—709.

Ziehrer, Karl Michael (Tanzcompositeur, geb. in Wien 1843). Seine Eltern sind Wiener Bürger, die ein ansehnliches Hutmachergeschäft in der Vorstadt Mariahilf besitzen. Von früher Jugend zeigte er Neigung und Talent zur Musik, und besonders war es die Tanzmusik, welche er mit Vorliebe pflegte. Aber der junge Mann brauchte lange, um durchzudringen, und hatte wahrhaftig einen Kampf ums Dasein zu bestehen, trotz aller Hilfe und Unterstützung, welche ihm der Verleger Karl Haslinger in aufopferndster Weise zutheil werden ließ. Derselbe war lange Zeit der Verleger der Wiener Walzerkönige Vater und Söhne Strauß. Als aber Letztere mit ihren wachsenden Erfolgen — Anfangs der Sechziger-Jahre — höhere Honoraransprüche stellten, glaubte er dieselben ablehnen zu müssen. Sofort knüpften Gebrüder Strauß ihre frühere Verbindung mit der Musicalienhandlung C. A. Spina an, und nun ging Haslinger auf Suche nach einem Concurrenten. Er griff nach einem Schüler des Professors Em. Hasel, einem jungen Manne, der recht fertig Clavier spielte und auch einige Compositionen zu Papier gebracht hatte. Dieser junge Mann war K. M. Ziehrer. Haslinger nahm sich seines Schützlings in geradezu aufopfernder Weise an, ließ es von dessen erstem Auftreten im Dianasaale angefangen an Reclamen und was sonst denselben fördern konnte, nicht fehlen, ohne jedoch sein vorgestecktes Ziel zu erreichen. Im Jahre 1863 erschien bei Haslinger Ziehrer's erste Tanzcomposition mit dem Titel: „Wiener Tanzweisen", und er veröffentlichte deren nahezu bis zum zweiten Hundert; aber nach Haslinger's Tode mußte die Verlagshandlung doch die Herausgabe weiterer Ziehrer'schen Compositionen aus commerciellen Gründen einstellen. Indessen fuhr der Componist fort, durch öffentliche Concerte sich ein Publicum zu gewinnen. Aber er konnte sich immer nur kurze Zeit in öffentlichen Belustigungsorten behaupten, die Gebrüder Strauß hatten den Vorzug des ererbten Namens und der Gewohnheitsliebe des Publicums. Nach großen pecuniären Opfern, die er seiner Capelle gebracht, trat er zunächst als Capellmeister in das Regiment Gondrecourt Nr. 55, bildete aber wieder, als dasselbe Wien verließ, eine Civilcapelle. Doch auch mit dieser hatte es keinen Bestand, und er nahm neuerdings als Capellmeister im Regimente Knebel Nr. 76 Dienste, bis im Frühling 1878 die Capelle Strauß vacant wurde, indem sich dieser ein anderes beweglicheres Orchester zusammenstellte, worauf sich das leitende Comité der aufgelassenen Capelle Ziehrer als Dirigenten erwählte. Nun trat er mit derselben Concertreisen an und spielte in Pesth, Bukarest, Odessa, Constantinopel und anderen Orten. In Bukarest, wo er 1879 vor dem Hofe concertirte, wurde er zum rumänischen Hofcapellmeister ernannt. Seit 1885 ist er auch Capellmeister des Regimentes Hoch- und Deutschmeister Nr. 4, das seinen Stab- und Hauptwerbbezirk in Wien hat. Die Zahl seiner Compositionen hat schon eine ansehnliche Höhe erreicht, sie übersteigt die Nummer 400 und besteht aus Walzern, Quadrillen, Polkas, Märschen, Ouverturen u. s. w. Von den Walzern sind einige, aber doch verhältnißmäßig sehr wenige populär geworden, wir nennen: „Die Jägerin", „Die Rudolfsheimerin", „Mamsel Uebermuth", „Hat ihm schon" Op. 100, „Der Walzer der Kaiserin" (Nr. 177), „Der Himmel voller Geigen", „Wienerisch". Auch in der Operette hat er sich versucht und deren einige geschrieben: „Cleopatra", in Gemeinschaft mit Richard Genée, welche in der ehemaligen komischen Oper zur Aufführung gelangte, ohne jedoch sich auf dem Repertoire zu erhalten; besser glückte es ihm mit „König Jerome", und dann schrieb [illegible] die Operetten „Wiener Kinder“ und „Ein Deutschmeister“. Außer auf musicalischem Gebiete trat er auch auf journalistischem Felde auf und begründete am 1. Jänner 1874 das Musikblatt: „Die deutsche Musikzeitung“, welche aber schon nach einigen Jahren in fremde Hände überging und nur den Namen Ziehrer's als Gründers beibehielt. Unser Componist besitzt die österreichische goldene Medaille für Kunst und Wissenschaft.

Das geistige Wien. Künstler- und Schriftsteller-Lexikon. Herausgegeben von Ludwig Eisenberg und Richard Groner (Wien, Brockhausen, kl. 12°.) Jahrg. 1890, S. 319.

Porträts. 1) Unterschrift: „C. M. Ziehrer“. Nach einer Photographie von J. Löwy. Jg. Eigner (grz.), Angerer und G. ch. gr 4°. im 1. Jahrg. der von Ziehrer begründeten „Deutschen Musik-Zeitung“. — 2) Lithographie auf dem Titelblatt seiner Polkacomposition „Hat ihm schon“ Op. 100.

In der ersten Hälfte des laufenden Jahrhunderts lebte in Wien ein Flötenvirtuos und Compositeur **Franz** Zierer, welcher 1839 als erster Flötist und Solospieler am Hofoperntheater angestellt war. Er trat öffentlich in Concerten auf, in welchen er nebst Meisterwerken anderer Tonkünstler auch seine eigenen Compositionen vortrug. Von seinen im Stich erschienenen Werken sind uns nur die „Variationen mit Begleitung des Pianoforte auf ein Thema von Lord Burghers“ bekannt. — In den Sechziger-Jahren lebte in Wien ein Kirchencomponist **F. J.** Zierer, dessen religiöse Compositionen nicht nur auf dortigen Chören, sondern häufig auch auswärts gespielt wurden. 1864 gelangte von demselben in der Michaelerkirche Wiens eine von Kennern als ein würdevolles schönes Werk bezeichnete Messe nebst Einlagen zur Aufführung. In den biographischen Werken über Musiker finden sich weder Franz, noch F. J. Zierer vor. [Oesterreichischer Zuschauer. Von Ebersberg (Wien, gr. 8°.) 1839, Bd. II, S. 471. — Hanslick (Eduard). Geschichte des Concertwesens in Wien (Wien 1869, Braumüller, gr. 8°.) S. 327 [über Franz Zierer]. — (Zellner's) Blätter für Theater, Musik u. s. w. (Wien, kl. Fol.) 1864, Nr. 63 [über F. J. Zierer]

Zieleniewski, Michael (Arzt, geb. in Galizien um das Jahr 1820). Nach beendeten Vorbereitungsstudien hörte er an der Krakauer Hochschule Arzeneiwissenschaft und erlangte 1845 die Doctorwürde der Medicin und Chirurgie. In die Praxis tretend, war er zunächst als Adjunct der Lehrkanzel der Klinik in Krakau thätig, später wurde er Bezirksarzt in dem durch seine eisenhaltige Mineralquelle bekannten Badeorte Krynice im Sandecer Kreise und zugleich Secretär der dortigen Badecommission. Er war ein sehr fleißiger Fachschriftsteller, wie es die nachstehende Uebersicht seiner Schriften bekundet. Diese sind: *„O przesądach lekarskich ludu naszego“*, d. i. Von den medicinischen Vorurtheilen unseres (d. i. des polnischen) Volkes (Krakau 1845), eine mit dem Preise gekrönte Schrift, welche dann als Inauguraldissertation gedruckt erschien; — *„De Chlorosi“* (ebd. 1852); — *„Wody lekarskie Szczawnickie“*, d. i. Die Heilquellen von Szczawnica (ebd. 1852); in deutscher Sprache (Wien 1853). Szczawnica ist ein im Sandecer Kreise Galiziens gelegener stark besuchter Badeort, dessen dem Selterswasser ähnliches Mineralwasser auch ins Ausland versendet wird; — *„Wody lekarskie okręgu rzadowego krakowskiego. Stan zdrojowiska w Krynicy“*, d. i. Die Heilquellen im Krakauer Gebiete. Gesundheitsstand in Krynice (Krakau 1858, 8°.), auch in deutscher Sprache; — *„Przyczynek do historyi akuszeryi w Polsce“*, d. i. Beitrag zur Geschichte der Entbindungskunst in Polen (Warschau 1857); — *„Mleko, serwatka, żętyca pod względem lekarniczo-zdrojowym“*

d. i. Milch und Molken, vom ärztlich sanitären Gesichtspunkte (Krakau 1861, 8°.); — *„O napelnianiu wód lekarskich na sprzedaz rozsylanych"*, d. i. Von der Füllung der zum Verschicken bestimmten Mineralwässer (ebd. 1861, 8°.); — *„Notatki do historyi akuszeryi w Polsce"*, d. i. Notizen zur Geschichte der Entbindungskunst in Polen (Warschau 1862, 12°.); — *„Pamiatka z Krynicy"*, d. i. Andenken aus Krynice (ebd. 1862, 8°.); — *„Pięć obrazów z dorocznego stanu zdrojowiska w Krynicy od r. 1857—1861"*, d. i. Fünf Bilder aus dem jährlichen Stande der Mineralquelle in Krynice vom Jahre 1857—1861 (ebd. 1862); — *„Przewodnik podróży do zdrojowiska Krynicy"*, d. i. Wegweiser zur Reise in die Mineralquelle Krynice (ebd. 1862); — *„Kilka słów o wodach lekarskich w Wysowy"*, d. i. Einige Worte über die Heilquellen zu Wysowa (ebd. 1859), auch in deutscher Sprache; — *„Rzut oka na ruch przy zdrojach w Krynicy w r. 1863"*, d. i. Ein Blick auf die Heilwirkung des Bades Krynice im Jahre 1863 (Krakau 1864); — *„Nowe lazienki w Krynicy"*, d. i. Neue Bäder in Krynice (Krakau 1866, 8°.); — *„Wody lekarskie w poblizu Krynicy"*, d. i. Heilquellen in der Nähe von Krynice (ebd. 1865, 8°.); — *„Poglad na rozwój zakladu zdrojowego w Krynicy w ciagu ostatniego dziesięciolecia od r. 1857—1866"*, d. i. Ueberblick auf die sanitäre Entwickelung der Krynicer Quelle während des letzten Jahrzehents 1857 — 1866 (Warschau 1867, 8°.). Was seinerzeit Joh. Jos. Nehr für den Curort Marienbad in Böhmen war, das ist Zieleniewski für den Curort Krynice in Westgalizien, an dessen Aufschwung und gedeihlicher Entwickelung er wohl den wesentlichsten [redacted] besitzt.

Zieliński, Johann (Maler, geb. in Krakau 1819, gest. zu Rom 18. Februar 1846). Sohn armer Eltern, erhielt er seine erste Ausbildung und den ersten Unterricht im Fache, für das er Talent und Neigung besaß, und das er sich als Lebensberuf erwählte, am Lyceum zu St. Barbara in Krakau, wo Joseph Sonntag [Bd. XXXVI, S. 17] sein erster Lehrer im Zeichnen wurde. Darauf trat er in das Lyceum zu St. Anna ein. Sechzehn Jahre alt, bezog er 1835 die Krakauer Malerschule, an welcher er sich vornehmlich unter Johann Bizański und Joseph Brodowski, einem ganz tüchtigen Künstler, ausbildete. 1840 kam er schließlich in das Atelier des Malers Albert Cornel Stattler [Bd. XXXVII, S. 242], unter welchem er die akademische Laufbahn seiner Kunststudien beschloß. Er malte schon damals mit Geschick Bildnisse, Ansichten und Copien der Werke berühmter Meister. Im Jahre 1843 reiste er nach Warschau, wo er alsbald mit so viel Aufträgen zu Bildnissen überhäuft ward, daß er sich die Mittel zu einer Reise nach Rom, wohin längst seine Sehnsucht ihn zog, erübrigen konnte. Nach Krakau zurückgekehrt, traf er sofort Vorbereitungen zu dieser Reise und machte sich im Juli 1845 auf den Weg. In Rom warf er sich mit allem Feuereifer der jugendlichen Begeisterung auf seine Kunst und studirte die Meisterwerke derselben; in dieser Vertiefung seines Geistes gewahrte er aber nicht, daß seine Ersparnisse sich allmälig verringerten, und als sie zu Neige gingen, war er genöthigt, die Begeisterung den leiblichen Bedürfnissen zu opfern und mühsam um das tägliche Brod zu arbeiten Das aber reichte auch nicht immer; die Noth, der Mangel zerstörten allmälig seinen Körper; die Sehnsucht nach der Heimat, die zu stillen ihm alles: Gesundheit und Mittel fehlten, gesellte sich zum körperlichen Verfall, und in der Jugendblüte, er zählte erst 27 Jahre, starb er in Rom, und mit ihm erlosch ein Leben, das im Gebiete der Kunst zu den schönsten Hoffnungen berechtigte. Außer den ziemlich zahlreich in Krakau und Warschau im Privatbesitz befindlichen Bildnissen sind von ihm bekannt ein noch während seiner Studienzeit in ersterer Stadt ausgeführter historischer Carton, eine Grabesscene, wie der h. Stanislaus bei Fackellicht einen Todten zum Leben erweckt; dann mehrere Copien von Gemälden Titian's und der Danaë von Correggio im Auftrage des Grafen Bronislaw Dzialiński; „Kosciuszko in den Wolken" und sechs Bildnisse der Familie Konopka in Tomaszewic; Ansicht des Ringplatzes in Krakau von der St. Adalbertkirche aus gesehen und mehrere Bildnisse im Besitze von Stanislaus Konopka in Mogila und Xaver Konopka in Rzeszów.

Przyjaciel ludu, d. i. Der Volksfreund (illustr. polit. Blatt) 1849, S. 113–115: „Biographie Zieliński's. Von J. Jerzmanowski".

Porträts. 1) Lithographie von Balicki (Krakau 1847). — 2) Holzschnitt im „Przyjaciel ludu", nach Balicki's Lithographie.

Zieliński, Ludwig (Schriftsteller, geb. in Galizien, Ort und Jahr seiner Geburt unbekannt), Zeitgenoß. In der ersten Hälfte des laufenden Jahrhunderts nahm er seinen bleibenden Aufenthalt in Lemberg und begann dort — nachdem er zuvor mit Gedichten und Erzählungen in Tagesblättern aufgetreten — mit der Herausgabe einer mit Bildern ausgestatteten Zeitung, in welcher er Genealogien des galizischen Adels veröffentlichte, womit er glücklich auf die Eitelkeit vieler Abnehmer speculirte, hohe Preise erzielte, aber auch nicht dem Vorwurfe der Käuflichkeit und nicht unbefangenen Kritik entging. Nachdem er sich auf diesem Wege einiges Vermögen erworben hatte, kaufte er sich eine ländliche Besitzung, zog aufs Land und widmete sich der Bewirthschaftung seines Gutes. Außer der vorerwähnten Zeitschrift gab er noch Folgendes heraus: „*Gonzalw z Kordowy, melodramma*", d. i. Gonzales von Cordova, Melodram (Przemyśl 1830, 8°.); — „*Panowanie Władysława Hermana, powieść*", d. i. Die Regierung des Wladislaus Hermann, eine Erzählung (Krakau 1831); — „*Satyry i bayki*", d. i. Satiren und Fabeln (Lemberg 1833, 8°.); — „*Zbiór pism różnych autorów*", d. i. Sammlung von Schriften verschiedener Verfasser (ebd. 1835, 8°.); — „*Zbiór potrzebnych i użytecznych wiadomości*", d. i. Sammlung nöthiger und nützlicher Kenntnisse (ebd. 1835, 8°.); — „*Lwowianin przeznaczony krajowym i użytecznym wiadomościom*", d. i. Der mit örtlichen und nützlichen Kenntnissen ausgerüstete Lemberger. Mit Abbildungen, 10 Bände (Lemberg 1835 bis 1842, 4°.), die erste polnische Realencyklopädie; — „*Pamiątki historyczne krajowe*", d. i. Oertliche geschichtliche Denkwürdigkeiten (ebd. 1841, 8°.); — „*Karol XII. król szwedzki w Lwowie powieść*", d. i. Karl XII. König von Schweden in Lemberg. Erzählung (ebd. 1842, 12°.). Seine oben erwähnte Genealogien des galizischen Adels behandelnde Zeitschrift enthält unbedingt schätzbare Materialien, ist aber im Hinblick auf die schwankende Zuverlässigkeit nur mit Vorsicht zu benützen.

Zieliński, Thomas (Alterthumsforscher, geb. in Krakau 1802, gest. 1858). In seiner Vaterstadt erhielt er den ersten Unterricht. Dann zog er ins Königreich und nahm 1819 Dienste beim Magistrat der Stadt Warschau. Daselbst wurde er 1837 Polizei-Kreiscommissär. Die Muße seines Amtes widmete er einem sorgfältigen Sammeleifer, bei welchem er sein Augenmerk auf gute Bilder, Kunstblätter, Alterthümer und seltene Bücher ausdehnte, welche er mit einem ganz eigenen Scharfblicke zu suchen und zu finden verstand. Ohne eigentlich in dieser Richtung gründliche Studien gemacht zu haben, wurde er doch bei seinen Nachforschungen sozusagen von einem glücklichen Instinct geleitet, und zuletzt gesellte sich eine bei seinen vielen Funden und Entdeckungen gewonnene Erfahrung hinzu, die ihn selten beim Erwerb eines Gegenstandes täuschte. Als er dann 1846 Vorsteher zu Kielce im Krakauer Gebiete wurde, erbaute er sich daselbst ein eigenes Haus, in welchem er seine Sammlungen aufstellte. Den Hauptbestandtheil derselben bildeten die Gemälde, so daß seine Sammlung zu den bedeutenderen im Lande Polen befindlichen gehörte. Sie zählte im Ganzen 350 Nummern, unter denen sich befanden aus den italienischen Schulen 55, aus der holländischen und vlämischen 41, aus der altdeutschen 34, aus der französischen 29, aus der spanischen 5. Von polnischen Malern oder solchen, welche in Polen gelebt und gemalt, enthielt die Sammlung 150 Stück. Darunter stammten aus dem XV. Jahrhunderte 2, aus dem XVI. 13, aus dem XVII. 78, aus dem XVIII. 80, aus unserer Zeit 88. Der Katalog dieser Sammlung von S. J. Sachowicz verfaßt, soll im Druck erschienen sein. Den archäologischen Theil dieser Sammlung, der nicht minder … und kostbar ist, hat der bekannte Archäolog J. Lepkowski beschrieben und 1860 durch den Druck veröffentlicht. Ob die Sammlung noch besteht — zehn Jahre nach ihres Gründers Tode, 1868, bestand sie noch — ist dem Herausgeber dieses Werkes nicht bekannt.

Noch sind folgende Personen dieses Namens bemerkenswerth: 1. **Angela** Zielińska (geb. zu Krzemieniec am 19. August 1824, gest. an der Cholera am 24 Juni 1849). Mit großem Talent für die Malerei begabt, bildete sie sich darin zuerst in ihrem Geburtsorte, unter dem aus Dresden dahin übersiedelten Johann Gottlieb Larius, einem ganz tüchtigen Aquarellisten, Miniatur- und Gouachemaler (gest. 1842). Um die Mitte der Vierziger-Jahre kam sie nach Lemberg, wo sie mehrere Jahre sich in ihrer Kunst vervollkommnete, und zwar, wenn ich nicht irre, als Schülerin des berühmten Alois Reichau [Bd. XXV, S. 160]. Später siedelte sie mit ihren Eltern nach Warschau über und fand dort einen frühen Tod. Angela widmete sich anfangs dem Blumenfache, nach und nach machte sie sich an Figuren, malte Köpfe nach der Natur und zuletzt Porträts. Mit ihr ging ein zu schönen Hoffnungen berechtigendes Talent vor der Zeit zu Grabe. — 2. **Constantin** Zieliński (geb. in Galizien im Jahre 1648, gest. zu Minsk im April 1708, nach Anderen 1714). Der Sproß einer Senatorenfamilie aus dem Wappengeschlechte Swinka (das Schweinchen), im Wappen mit dem Eberkopf im rothen Felde, kam er in jungen Jahren nach Rom, um sich dort für den geistlichen Stand im Collegium romanum vorzubereiten. In seine Heimat zurückgekehrt, erstieg er in rascher Folge eine geistliche Würde um die andere, bis er 1698 zum Erzbischof von Lemberg ernannt wurde. Er war anfangs ein Anhänger König Augusts II., gegen den auf Betreiben Karls XII., Königs von Schweden, Stanislaus Leszczynski zum König ausgerufen ward. Nun aber gab es unter den Kirchenfürsten Niemand, der denselben gekrönt hätte. Das Recht dazu besaß der Cardinalprimas Mich. Radziejowski, aber dieser hatte sich nach Danzig geflüchtet, und der zunächst dazu berechtigte Kirchenfürst

Stanislaus Szembek, Bischof von Kujawien, war mit der Krone nach Schlesien abgefahren Infolge dessen verbot Rom, den König Stanislaus zu krönen. Da verfielen die Schweden auf den Lemberger Erzbischof Constantin Zieliński. Dieser, die Gefahr ahnend, verließ sofort seine Diöcese und verbarg sich auf seinen Gütern, aber vergebens. Der Starost Johann Sapieha begab sich mit schwedischen Reitern auf Suche, fand ihn auch bald und führte ihn nach Warschau, um dort die Krönung des Königs zu vollziehen. König Stanislaus legte nun in Zieliński's Hände den Krönungseid (September 1705) nieder und wurde am folgenden Tage mit seiner Gemalin Katharina Opalińska gekrönt. Mittlerweile starb der Cardinal-Primas Radziejowski, worauf Stanislaus Leszczynski unseren Constantin Zieliński zum Primas ernannte, obgleich König August II. bereits seinen Candidaten Stanislaus Szembek zum Primas hatte ausrufen lassen und diesem von der römischen Curie die Bestätigung ertheilt worden war. Nun fand sich durch die Krönung Leszczynski's der Verbündete König Augusts II., Czar Peter, beleidigt, und so mußte sich Zieliński auch vor diesem Widersacher verbergen. Nach sechzehn Monaten endlich spürten die Russen sein Versteck auf, hoben ihn aus und brachten ihn unter ihrer Bewachung tief hinein ins Lithauische. Die Gefangennahme und Entführung des Erzbischofs erregte in Polen Bestürzung und Aufsehen. Als dann König August seiner Krone entsagte und die ganze Geistlichkeit um des Erzbischofs Befreiung sich ernstlich bemühte, ließen doch die Russen ihren Gefangenen nicht los, und dieser starb nach manchen Unbilden in Minsk. Die Zeit seines Todes läßt sich nicht festsetzen. Zedler's Lexikon, welches die Zeitereignisse scharfen Blickes verfolgt, meldet, daß er im April 1708 gestorben sei. [Encyklopodyja powszechna, d. i. Polnisches Conversations-Lexikon (Warschau, Orgelbrand, gr. 8°.) Bd. XXVIII, S. 481–486.] — 3. **Eduard** Zieliński, ein Zahntechniker, der in der ersten Hälfte des laufenden Jahrhunderts seine Praxis in Wien ausübte und über seine Kunst das erste Handbuch: „Praktische Darstellung der receptirenden Zahnheilkunde. Ein Hilfsbuch für jeden Arzt mit Rücksicht auf den heutigen Standpunkt der Medicin nebst einem Anhang über Diätetik der Zähne und Beobachtungen im Gebiete der praktischen Zahnheilkunde" (Wien 1841, Tauer und Sohn, gr. 8°.) herausgegeben hat. — 4. **L. C.** de Zieliński, ein zeitgenössischer Compositeur, von dem in Prag bei Hoffmann im Jahre 1869 die Composition „**Vive l'Empereur! Marche**" für Pianoforte" zu zwei Händen im Druck erschienen ist.

Ziemba, Theophil (Schriftsteller, geb. zu Jarczów in Galizien 1847). Nachdem er das Gymnasium in Lemberg bis 1865 besucht hatte, studirte er an der dortigen Hochschule bis 1868 und erlangte an derselben 1869 die philosophische Doctorwürde. 1871 wurde er zum Professor der Philologie und philosophischen Propädeutik am Gymnasium zu St. Anna in Krakau ernannt, 1872 habilitirte er sich als Docent der Philosophie an der Jagiellonischen Universität und dehnte 1878 seine Docentur auf das ganze Gebiet der Philosophie aus. Auf philosophischem, literarhistorischem Felde und als Uebersetzer schriftstellerisch thätig, hat er bisher herausgegeben: „**Locke und seine Werke. Nach den für die Philosophie interessantesten Momenten dargestellt und gewürdigt**" (Lemberg 1869. 112 S., 8°.); — *„Jan Sniadecki na polu filosofii"*, d. i. Johann Sniadecki auf dem Felde der Philosophie (Krakau 1872, 8°., 80 S.) [vergleiche über Johann Sniadecki dieses Lexikon Bd. XXXV, S. 211 bis 216]; — *„Pozytywizm i jego wyznawcy we Francyi"*, d. i. Der Positivismus und seine Anhänger in Frankreich (Krakau 1872, 8°., 100 S.); — *„Tadeusz Czacki i jego zasługi"*, d. i. Thaddäus Czacki und seine Verdienste (ebd. 1873, 8°., 79 S.); — *„Psychologia"* (ebd. 1877, 8°., 196 S.); — *„Estetyka poezyi"*, d. i. Die Aesthetik der Poesie (ebd. 1882, 8°., 161 S.); — *„Herman i Dorota. Przekład rymowy"*, d. i. Hermann und Dorothea. Uebersetzung in Versen (ebd. 1883, 8°., 86 S.); — „*Piotr Ronsard. Studyum z literatury XVI. wieku*“, d. i. Peter Ronsard. Studie aus der Literatur des 16. Jahrhunderts (ebd. 1886, 8°., 98 S.); — im „**Przewodnik naukowy i literacki**“, d. i. Wissenschaftlicher und literarischer Wegweiser, Jahrgang 1886: „**Zamachy na Autorstwo Szekspira**“, d. i. Ausfälle gegen die Autorschaft Shakespeare's (im Augustheft S. 721, im Septemberheft S. 817, im Octoberheft S. 912, im Novemberheft S. 1020); — „Obrazy z zycia i charaktera Mickiewicza“, d. i. Bilder aus dem Leben und Charakter von Mickiewicz; — fünfzehn verschiedene Essays über diesen Dichter, welche in der „Warschauer Bibliothek“, im „Wissenschaftlichen und literarischen Wegweiser“ und im „Illustrirten Wochenblatt“ der Jahrgänge 1883—1886 erschienen sind.

Kronika Uniwersitetu Jagiellońskiego od r. 1864 do r. 1887 i obraz jego stanu dzisiejszego, d. i. Chronik der Jagellonischen Universität vom Jahre 1864—1887. Gemälde ihres heutigen Standes. Von Stanislaus Tarnowski (Krakau 1887, 4°.) Seite 76 und 171.

Ziemialkowski, Florian Freiherr von (Minister ohne Portefeuille a. D., geb. zu Brzezowice im Tarnopoler Kreise Galiziens 27. December 1817). Nachdem er das Gymnasium und die philosophischen Jahrgänge in Tarnopol beendet hatte, bezog er, um sich der Rechtswissenschaft zu widmen, die Lemberger Hochschule, an welcher er im Jahre 1840 die juridische Doctorwürde erlangte. Im folgenden Jahre wurde er zum Adjuncten der juridisch-politischen Studien an derselben ernannt, aber noch im nämlichen Jahre politischer Umtriebe wegen verhaftet und nach vierthalbjähriger Untersuchungshaft zum Tode verurtheilt, jedoch vom Kaiser begnadigt. Im Jahre 1848 wählte ihn die Stadt Lemberg in den österreichischen Reichstag, in welchem er als Mitglied des Constitutionsausschusses zu den Verfassern des Kremsierer Constitutionsentwurfes gehörte. Dieser merkwürdige und für die Entwickelung und das Scheitern der ganzen Verfassung so bedeutsame Ausschuß hatte zum Vorstande Feifalik und als dessen Stellvertreter Kautschitsch und Palacky, zum Schriftführer Lasser und zu Referenten über die Grundrechte: Ambrosch, Cavalcabò, Filippi, Fischhof, Gobbi, Goldmark, Goriup, Halter (an Alois Fischer's Stelle), Hein, Jachimoviz, Krainz, Madonizza, Caj. Mayer, Miklositsch, Petranovich, Pfretzschner, Pinkas, Plenkovich, Ratz, Rieger, Scholl, Smolka, Turco, Violand, Ziemialkowski. Nach Auflösung des Kremsierer Reichstages wurde Letzterer nach Tirol verbannt, wo er zehn Monate verblieb. 1850 erlangte er die Befähigung zum Advocaten, doch ward es ihm verwehrt, die Advocatur in Wirklichkeit auszuüben. 1860 erfolgte seine Ernennung zum Rechtsconsulenten der Lemberger Filiale der Creditanstalt, im folgenden Jahre wählte ihn die Stadt Lemberg in den galizischen Landtag und in diesem die städtische Curie in den Landesausschuß. 1863 neuerdings wegen Theilnahme an dem polnischen Aufstande verhaftet und in einen Hochverrathsproceß verwickelt, wurde er vor ein Kriegsgericht gestellt und zu drei Jahren Festungshaft verurtheilt. Nachdem er seine Strafe zur Hälfte abgebüßt hatte, erlangte er infolge einer Amnestie wieder die Freiheit. Als er den Kerker verließ und die Nachsicht der Rechtsfolgen des strafgerichtlichen Urtheils erhielt, nahm er mit dem Anbruche des Verfassungslebens in Oesterreich seine politische Thätigkeit wieder auf und wurde 1866 von der Stadt Stanislawów zum Landtagsabgeordneten gewählt. Bei den Neuwahlen im Februar 1867 gelangte er als Vertreter der Stadt Lemberg neuerdings in den Landtag, welcher ihn am 2. März in den Reichsrath wählte, während die Curie der Landgemeinden ihn in den Landesausschuß delegirte. Im Mai 1867 erfolgte seine Ernennung zum zweiten Vicepräsidenten des Abgeordnetenhauses. Am 21. April 1873 trat er als Minister ohne Portefeuille in das Cabinet Auersperg, in welchem er bis zum October 1878 verblieb, worauf ihm wieder ein Pole, Wenzel Ritter von Zaleski [Bd. LIX, S. 106], folgte. Als im October 1873 die directen Reichsrathswahlen stattfanden, wurde er sowohl von der Stadt Lemberg als von dem Landgemeindenbezirke Biala-Saybusch gewählt, entschied sich aber für das Mandat des letzteren. Ziemialkowski erhielt die geheime Rathswürde, den Orden der eisernen Krone erster Classe und den Statuten desselben gemäß den Freiherrnstand. Er ist unter harten Prüfungen und mitunter bei glänzenden Aussichten und auch solchen Erfolgen dem Freiheitsgedanken jederzeit treu geblieben. Im Abgeordnetenhause des Reichsrathes hält er selbstverständlich zur polnischen Partei, welche in ihren Plänen und Tendenzen in der Münchener „Allgemeinen Zeitung" Morgenblatt vom 8. Juli 1890, Nr. 187 im ersten Leitartikel „Die Polen in Oesterreich" zutreffend geschildert wird.

Allgemeine Zeitung (Augsburg, später München, Cotta, 4°.) 4. October 1879, Nr. 308, S. 4525; 1. November 1883, Nr. 304. — Constitutionelle Vorstadt-Zeitung (Wien, Fol.) 1867, Nr. 133: „Die Präsidenten des Reichsrathes". — Dunder (W. G.). Denkschrift über die Wiener October-Revolution. Ausführliche Darstellung aller Ereignisse aus amtlichen Quellen geschöpft... (Wien 1849, gr. 8°.) S. 501. — Helfert (Jos. Alex. Freih. v). Die Thronbesteigung des Kaisers Franz Joseph I. (Prag 1872, Tempsky) (oder die Geschichte Oesterreichs vom Ausgange des Wiener Octoberaufstandes 1848. III. Theil) S. 312, 418. — Neue Freie Presse, 1866, Nr. 764; 1868, Nr. 1462; 1873, Nr. 3121. — Neue illustrirte Zeitung (Wien, Zamarski, kl. Fol.) I. Bd., 4. Mai 1873, Nr. 18: „Dr. Florian Ziemialkowski". — Der Osten (Wiener polit. Blatt, 4°.) 27. April 1873. — Springer (Anton Heinrich). Geschichte Oesterreichs seit dem Wiener Frieden 1809 (Leipzig 1865, Hirzel, gr. 8°.) Bd. II, S. 620 — *Sarkady (István).* Hajnal, d. i. Morgenröthe (Wien 1867, Sommer, 4°.)

Porträts und Chargen. Porträts: Unterschrift: „Dr. Florian Ziemialkowski". Kuß xyl. in der „Neuen illustr. Zeitung" (Wien, Zamarski) I (1873), Nr. 4. — 2) Lithographie im Spottblatt „Kaktus" (Wien 1874) Nr. 32. — 3) Unterschrift: „Dr. Florian Ziemialkowski, | Vicepräsident des Abgeordnetenhauses". J. Marastoni (lith.) 1867 in Stephan Sarkady's Buch „Hajnal", d. i. Morgenröthe (4°.). — 4) Ueberschrift: „Dr. Florian Ziemialkowski". Poncelet sc. in den illustrirten Blättern des „Floh" (Wien, Fol.) 24. April 1873, Nr. 20. — Chargen: 1) „Die polnische Karte" [Bil-As. Oben Smolka, das Blatt mit der December-Verfassung mit der Linken emporhaltend; unten Ziemialkowski mit derselben ein Blatt: Resolution vorweisend]. Jäger 1873 (del.) im „Neuen Freien Kikeriki" (Wien) 3. Mai 1873, Nr. 18. — 2) In den „Humoristické listy", d. i. Humoristische Blätter (Prag 1873) S. 141. [Ziemialkowski in der Geheimrathsuniform hält in der Rechten eine Lanze, auf der ein Fähnlein mit der Aufschrift: Centralisace flattert, mit der Linken schüttet er aus einer Dziennik bezeichneten Kanne Wasser in die aus einem burgähnlichen Gebäude auflodernden das Wort Oposice zeigenden Flammen.

Zierer, Franz, siehe: **Ziehrer,** Karl Michael [S. 65, in den Quellen].

Zieringer, Franz Xav. (Bildhauer, Ort und Jahr seiner Geburt unbekannt), Zeitgenoß. Er arbeitete in den Fünfziger-Jahren in Wien, wo er 1858 und 1859 einige seiner Arbeiten ausstellte, und zwar 1858 im Juni: „Ein Kind mit einem Vogelnest", nach Raphael Donner, aus Holz geschnitten (50 fl. W. W.); im November: „Ein Kind mit einem Fisch", gleichfalls aus Holz geschnitten (50 fl. ö. W.); 1859 im März „Eine Bacchantin", Gypsgruppe (25 fl. C. M.).

Monatsverzeichnisse des österreichischen Kunstvereines in Wien 1858 Juni und November; 1859 März.

Ziernfeld, Balthasar Edler von (Staatsbeamter, geb. zu Reschen in der Pfarre Graun im Obervintschgau am 11. August 1754, gest. zu Cilli in Steiermark am 19. Jänner 1846). Die Mittheilung des k. k. steiermärkischen Guberniums, mit welcher dasselbe die Versetzung des in Rede Stehenden in den erbetenen Ruhestand begleitete, enthält die Worte: „daß Kreishauptmann von Ziernfeld eine Zierde unter den höheren Beamteten in Steiermark war und sich für immer ein ehrenvolles Andenken gesichert". Das war er auch: ein wahres Musterbild des vormärzlichen Beamten. Er besuchte das k. k. Gymnasium in Meran und beendete 1779 die Rechtsstudien an der Universität Graz. Der Sohn eines vermögenlosen Landmannes, bestritt er vom Unterrichtertheilen seinen Lebensunterhalt. Nachdem er etliche Jahre Privatsecretär des Grafen Gundakar Thomas von Wurmbrand gewesen, trat er 1784 als Practicant bei dem k. k. Kreisamte in den Staatsdienst. Stufenweise vorrückend, wurde er 1796 Kreisamtssecretär in Graz, im folgenden Jahre Kreiscommissär in Judenburg. Im October 1801 kam er nach Cilli und wirkte daselbst in verdienstlichster Weise in schwerster Zeit. Am 15. Juli 1814 wurde er zum Kreishauptmann des nach Auflösung des von den Franzosen gebildeten Königreichs Illyrien wiedergewonnenen Adelsberger Kreises ernannt und im November 1816 auf seine Bitte in gleicher Eigenschaft von Adelsberg nach Cilli versetzt. Im April 1836 trat er nach 52jähriger Dienstzeit im Alter von 82 Jahren in den Ruhestand, und zwar mit oben angedeuteter amtlicher Ehrung. Er genoß denselben noch ein Jahrzehent. Ziernfeld war ein Beamter, der in schwerer Zeit seines verantwortlichen Amtes mit einer Umsicht und Würde zu walten verstand, wie Wenige. In dem von Bergmann ihm gewidmeten Nachrufe wird sein segensvolles Wirken in ausführlicher Weise geschildert. Der Schutz, den er den Unterthanen gegen Bedrückungen des Feindes zur Zeit wiederholter Invasionen leistete, die Aufrechthaltung der Ordnung, da in den revolutionären Tagen Alles aus Rand und Band ging, die Aufstellung einer Fuhrwesensbrigade im Cillier Kreise im Jahre 1809, seine Umsicht und Klugheit bei Gelegenheit des Durchmarsches der russischen Marinetruppen 1810, seine Oberleitung der Civiladministration des Cillier Militärspitals in den Jahren 1804 und 1817, die Durchführung des verworrenen Lieferungsgeschäftes bei 14 Landeslieferungen und Stellungen aller Art im Jahre 1814, die Abwickelung der verschiedensten Geschäfte während der feindlichen Invasion, wobei er nicht selten sein Leben aufs Spiel setzte, dann die Umsicht bei Organisirung der Sanitätsanstalten bei Ausbruch der Cholera; dies Alles und noch mehr sind nur Momente seiner von den schönsten Erfolgen begleiteten segensvollen Thätigkeit. Der Monarch ehrte den verdienstvollen Staatsbeamten am 23. April 1822 durch taxfreie Erhebung in den Adelstand des Kaiserstaates, durch Verleihung des Ritterkreuzes des Leopoldordens anläßlich der Versetzung Ziernfeld's in den Ruhestand, und die Stadtgemeinde Cilli überreichte demselben als Beweis ihrer langverdienten Verehrung am 2. Juni 1836 das Ehrenbürgerdiplom ihrer Stadt.

Neuer Nekrolog der Deutschen (Weimar 1848, Voigt, 8°.) XXIV. Jahrgang (1846), 2. Theil, S. 877, Nr. 247. — Wiener Zeitung vom 7. April 1846: „Nekrolog". Von Joseph Bergmann. — Tiroler Bote, 1846, Nr. 23 und 24: „Nekrolog" [auch im Sonderabdruck].

In keinem Zusammenhang mit obigem Balthasar Edlen von Ziernfeld steht die steirische Freiherrenfamilie Zierenfeld, welche die Güter Friedhofen, Stibichhofen und Zmell in Steiermark besaß. **Karl Ludwig** von Zierenfeld wurde am 22. März 1690, **Georg Joachim** am 10. März 1738 in die steirische Landmannschaft aufgenommen. **Leopold Maria** Edler von Zierenfeld auf Stibichhofen und Friedhofen ward mit Diplom ddo. Wien 21. April 1787 von Kaiser Joseph in den Freiherrenstand erhoben. **Franz Leopold** Zierenfeld war 1709 innerösterreichischer Hofkammerrath und Kammergraf in Eisenerz.

Zierotin, Franz Joseph Graf (Humanist, Forst- und Landwirth, geb. in Mähren 6. April 1772, gest. in Brünn 30. Mai 1845). Einer der edelsten Humanisten und einflußreichsten Förderer der Forst- und Landwirthschaft im Lande Mähren. Er ist ein Sohn des Grafen Joseph Karl (gest. 1818) aus dessen Ehe mit Johanna Gräfin von Schrattenbach. Bald nach Antritt seines großen Grundbesitzes — vorher stand er im kaiserlichen Staatsdienste, zuletzt als Gubernialrath — erkannte er die Gebrechen und Nachtheile des mangelhaften Forstbetriebes. Rasch diese Angelegenheit vom praktischen Gesichtspunkte regelnd, berief er sofort theils aus Maria-Brunn, theils aus Privatanstalten tüchtige Zöglinge, welche sich zunächst einen Ueberblick der Wälder zu verschaffen und alsdann die Forsteinrichtung derart zu treffen hatten, daß aus der fortschreitenden Bewirthschaftung und Controle, zum Beispiel durch ein Jahrzehnt, Besitzer und Taxator in jeder Periode den Stand der Besorstung ganz zu überblicken und zu berechnen im Stande waren. In solcher Weise begann der Graf und leitete persönlich mit scharfem Blicke diese fruchtbringende Forsteinrichtung der Reihe nach auf seinen Herrschaften und Gütern Blauda im Olmützer, Meseritsch im Prerauer Kreise und Prauß in Preußisch-Schlesien. Alles, was zum Behufe und zur Förderung einer guten Forsteinrichtung und wissenschaftlichen Ausbildung nöthig war, Instrumente, Bücher, Zeitschriften, wurde angeschafft und unter die verantwortliche Aufsicht des Forstpersonals gestellt. In gleicher Weise aber wie die Forstwirthschaft förderte der Graf auch die Landwirthschaft. Als mit ah. Entschließung vom 18. April 1826, nachdem alle seit 1798 vorgenommenen Versuche, dem Brandunglücke auf dem Lande zu steuern, sich als fruchtlos erwiesen hatten, die Statuten der wechselseitigen Brandschaden-Versicherungsanstalt für Mähren bestätigt wurden, bildete sich dieselbe zunächst unter dem Vorsitze Zierotin's, begann dann am 1. Juni 1830 ihre Wirksamkeit und wählte den Grafen, der schon provisorisch die Direction führte, 1831 zu ihrem Generaldirector. Im Jahre 1827 auch zum Director der mährisch-schlesischen Gesellschaft zur Beförderung des Ackerbaues, der Natur- und Landeskunde gewählt, versah er diese Stellen bis zu seinem Tode. Auch der wissenschaftlichen Förderung wendete der Graf sein Augenmerk zu und bereicherte das Landesmuseum und andere Anstalten mit mehreren hundert Büchern und Flugschriften, welche sich vornehmlich auf die neueste Zeitgeschichte bezogen. Ueber das edle humane Wesen des Grafen spricht sich sein Nekrolog in höchst bezeichnender Weise aus: „Aus allen seinen Handlungen strahlte nur Wohlthun gegen Arme, Unterthanen und Diener; besonders waren Letztere nach seinem Wunsche stets so gestellt, daß Nahrungssorgen auch bei der zahlreichsten Familie nie drückten; Witwen, elternlose Kinder fanden in ihm ihren Beschützer und Versorger. Alle liefen ihm mit Freude entgegen, ergriffen unter Freudenthränen küssend seine Hände, umklammerten knieend seine Füße — wie hob er sie dann freundlich auf, tröstete und unterstützte Jeden nach Bedürfniß. In dieser Situation aber mußte man diesen edlen Beschützer nur sehen! Freude, Wehmuth, mit einer Thräne im Auge, verklärten ihn stets zu einem himmlischen Gesandten der hilfsbedürftigen Menschen, sowohl der Würdigen als Undankbaren." Der Monarch würdigte auch die Verdienste dieses Edelmannes in des Wortes voller Bedeutung, und nachdem der Graf 1833 preußischerseits den rothen Adlerorden erhalten hatte, verlieh ihm der Kaiser von Oesterreich im nämlichen Jahre die geheime Rathswürde und im folgenden das Ritterkreuz des Leopoldordens. Graf Franz Joseph war seit 3. September

1804 mit Ernestin
Skrbenský von H
und entstammten dieser Ehe
und zwei Töchter. Von Erster
die Zwillinge Joseph und
noch im Jahre ihrer Geburt 1
stav Ernst als Jüngling von 2
während Zdenko den Sta
pflanzte. Von den Töchtern ve
Gräfin Mathilde mit E
Grafen Dubsky von Trzeb
und Ernestine mit Alois G
rónyi von Kis-Serénye.

Wolny (Gregor). Taschenbuch der
Mährens und Schlesiens (Brünn,
12°.) I. Jahr. (1826) S. 138. —
(Christian Ritter von). Geschichte
mährisch-schlesischen Gesellschaft zur
rung des Ackerbaues, der Natur un
kunde u. s. w. (Brünn 1870, Rohrer,
S. 202, 244, 247, 401. — Moravi
Seite 97.

1. **Zur Genealogie der Grafen von**
Freiherren von Lilgenau. Die Zie
die auch Žirotin, sogar Scherot
schrieben vorkommen, zählen zu den
und edelsten Geschlechtern des österre
Kaiserstaates. Väterlicherseits leiten
Abstammung von einem russischen
Fürsten **Wladimir**, der 1003 gest
weiblicherseits von einer kaiserlichen
zessin byzantinischen Geblütes ab, da
solche die Gemalin Wladimirs gew
Ihr Ursprung läßt sich bis ins 11.
hundert zurück verfolgen, in welchem
law, ein Urenkel obigen Wladimirs,
dem Herzog Boleslaw von Polen,
Bischofsmörder, nach Mähren kam und
Herzog Wratislaw in dessen Kriegen
großer Tapferkeit kämpfte. Seine Sö
Budisch und **Zemislaus** pflanzten
Geschlecht fort, das sich in mehrere Aeste
Zweige spaltete, welche nach ihren Besitz
gen sich zu nennen pflegten. Vorab unterscheiden
wir eine böhmische, eine mährische und
schlesische Hauptlinie. Die böhmische,
von Budisch (Budislaw) gestiftet, weist
in den Trägern des Namens **Plichta** eine
Reihe von ritterlichen Recken und Helden
auf und erlosch mit **Plichta VIII.**, der

nu.

Johann Joachim [31].
1706 Reichsgraf, 1712 österr. Graf
nigung des Grafentitels mit dem Freiherrntitel **Lilgenau**)
geb. 1666, † 8. Mai 1716.
Ludovica Freiin von Lilgenau
† 1736.

Johann Ludwig [33]
geb. 1692, † 11. Mai 1761.
Maria Francisca Gräfin Herberstein
geb. 1697, † 6. April 1763.

itz und **Falkenstein**

Karl, †.

Joseph Karl [35]
geb. 8. October 1728,
† 26. September 1818.
nna Gräfin von **Schrattenbach**
geb. 2. Mai 1742,
† 27. September 1818

Karl, †.

Ludovica
geb. 29. März 1727,
† 8. August 1754,
vm. **Johann Joseph**
Graf von **Saint Julien**
† 5. Jänner 1794

3]
.
ensky
77,
4.

Joseph
geb. und
† 1774.

Johann Ludwig
geb. 11. November 1775
† 24. März 1813.

Maria Karoline
geb. 21. Mai 1777,
† 13. Mai 1861,
vm. **Ferdinand**
Graf **Nimpsch**
† 18. December 1809.

Zdenko [39]
r 1812, † 18. November 1887.
máſy de **Jsadányi** [16]
21. April 1816.

Ernestine Anna Seraphine
geb. 29. December 1813,
vm. **Alois** Graf **Serényi** von **Kis-Serénye**
geb. 25. September 1812

arl **Emanuel** [S. 97]
geb. 13. August 1850.

Gabriele Emma Mauritia
geb. 27. April 1853
vm. **Theodor** Freiherr **Podstatzky-Prusſinowitſch**
geb. 4. September 1844

rbt, auf die Seite, auf welcher die ausführlichere Lebensbeſchreibung des

im Felde im 15. Jahrhunderte sein Ende fand, während sein Wappen die Lobkowitz und Swihowský in das übrige aufnahmen. Die mährische Linie, von welcher sich im 17. Jahrhunderte die schlesische abtrennte, beginnt mit Zemislaw, dem Bruder des Budisch, und zweigte sich in eine Menge Seitenlinien, die Prerauer, Lundenburger, Großmeseritscher, Hustopetscher, Buchlauer, Stramberger, Neutitscheiner, Namiester, Ullersdorfer, Schönberger, Wiesenberger u. a. ab. Die schlesische Linie, einen Zweig von der mährischen zu Meseritsch und Ullersdorf, gründete der berühmte Landeshauptmann und Beschützer der mährischen Brüder **Karl** von Zierotin, der 1615 freiwillig ins Exil nach Breslau ging. Da er selbst keine Leibeserben besaß, erhielten seine Vettern in Mähren seinen Besitz und bildeten zwei Linien, und zwar die eine im Oppelnschen mit der Herrschaft Falkenberg, die andere im Münsterbergischen mit den Herrschaften Groß-Wilkau und Johnsdorf. Als dann die Johnsdorfische ums Jahr 1680 ausstarb, erbte die Falkenbergische die Güter. Der ungeheure Besitz, der sich in den Händen der Familie befand, ging zum großen Theil infolge der Unruhen und der Betheiligung vieler Sprossen aus dem Hause an der böhmischen Rebellion, in welcher Friedrich von der Pfalz von den Rebellen zum Könige von Böhmen ausgerufen wurde, nach Bewältigung des Aufruhrs verloren. Denn die Theilnehmer an dem Aufstande wurden zur Confiscation der Güter und hohen Vermögensstrafen verurtheilt, und von diesen Verlusten konnte sich das Geschlecht der Zierotin nicht wieder zur einstigen Größe emporschwingen. Die heute noch blühende mährische Linie hat zu ihrem Ahnherrn den Gemal der durch ihre Frömmigkeit und Demuth einer Heiligen gleichgeachteten Elisabeth Juliane geborenen von Oppersdorf, den Freiherrn **Przimislaus**, von dem in gerader Linie die Stammesfolge bis in die Gegenwart reicht. Wohl spaltete sich mit seinen Urenkeln **Ludwig Anton** und **Joseph Karl** noch einmal das Geschlecht in zwei Zweige, aber jener des Grafen Ludwig Anton erlosch schon in dessen Kindern männlicherseits noch im vorigen Jahrhundert (1774), weiblicherseits in unseren Tagen (1837). Die Standeserhöhungen und Aemter der männlichen Sprossen beschränken sich auf den Grafentitel und das Erbkämmereramt in Mähren. Das letztere datirt aus dem Jahre 1537. **Johann** Zierotin der Aeltere wurde 1478 der erste aus diesem Geschlechte in den mährischen Herrenstand aufgenommen, dann erfolgte die Erhebung in den Reichsgrafenstand am 18. September 1706 und in den böhmischen Grafenstand mit 17. August 1711 und die Genehmigung zur Namens- und Wappenvereinigung der Freiherren von Lilgenau am 23. Februar 1745. Der heutige Besitzstand besteht aus der Fideicommißherrschaft Praus, zu welcher die Rittergüter Praus (444 Hekt.), Gorkau (143 Hekt.), Gollschau (295 Hekt.), Klein-Johnsdorf (160 Hekt.), Mallschau (87 Hekt.), Rothneudorf (282 Hekt.), Plottnitz (174 Hekt.) und Rauchwitz (124 Hekt.), sämmtlich im Kreise Nimptsch in Preußisch-Schlesien gelegen, gehören; ferner aus der Allodialherrschaft Krumpisch mit Blauda und Walachisch-Meseritsch in Mähren. Die Sprossen des Hauses Zierotin dienten dem Staate im Heere und im Rathe des Fürsten und in den Landtagen dem Volke und dessen Ständen; aber so sehr die Religion ihnen immer Hauptsache gewesen, nie der Kirche. Denn seit Luther und Huß dem Glauben seine Unabhängigkeit von Rom zu wahren bestrebt, standen die Zierotin selbst in den Tagen der religiösen Verfolgungen für die Unabhängigkeit in Glaubenssachen ein, und vor Allen stehen als leuchtende Beispiele einer ebenso freien Glaubensvereinigung als echten Religiosität **Johann** der Aeltere von Zierotin und sein berühmter Sohn **Karl** da. Als Staatsmänner und im Rathe der Krone wirkten viele Sprossen dieses Hauses, und von Anderen sind zu nennen **Kaspar, Friedrich**, mehrere Träger des Namens **Johann, Johann Joachim, Joseph Karl** und der Feldmarschall **Karl**, wie sein Vetter, der berühmte Landeshauptmann **Karl**. Die Zierotin bekleideten die höchsten Aemter im Lande, so das des Oberstlandrichters, des Landeshauptmanns, kaiserl. Räthe, des Obersthofmeisters, Oberstkämmerers, der Appellationspräsidenten u. s. w., insbesondere erschienen sie auf den Landtagen nicht als Jasager, sondern als Berather und Vertreter des Landes, wo ihre Stimme voll in die Wagschale fiel und in entscheidenden Momenten über das Wohl, leider auch über das Weh des Landes den Ausschlag gab. Insbesondere aber erscheint Einer als weiser Berather in schweren Tagen, der fest an den

Rechten des Landes, das er vertrat, hielt, den auch der Glanz der Krone nicht blendete, wenn es das Richtige galt, und der sich nicht scheute, lieber das Loos der Verfolgung auf sich zu nehmen, als von dem, was er als wahr erkannte, zu weichen, wir meinen den Landeshauptmann **Karl** glorreichen Andenkens. Nicht minder glänzt der Name des Hauses in den Reihen der Krieger, die für ihren Fürsten in den Kampf zogen und insbesondere, wenn Türkennoth zu Hilfe rief an die Marken des Landes eilten, um dasselbe vor den wilden Horden zu schützen; wir nennen **Friedrich, Habard, Hynko, Johann I., Karl, Peter, Plichta** Vater, Sohn, Enkel und Urenkel, **Zdislaw, Zdenko, Budisch,** von welchen die Letztgenannten auf der Wahlstatt verbluteten; ging doch von den edlen Zierotin die Sage, daß so oft einer ihrer Fürsten auf der Wahlstatt bleibe, auch ein Zierotin sein Leben lasse; so war es auf dem Marchfelde, wo Ottokar gegen Rudolf das Leben ließ, bei Crecy, wo der Luxemburger Johann fiel, und bei Mohács, wo der Jagellone Ludwig gegen die Türken in den Sümpfen umkam, alle dreimal fiel ein berühmter Kampfheld des Hauses Zierotin mit seinem König. Aber auch den Werken des Friedens, den Künsten und Wissenschaften huldigten die Sprossen dieses Hauses, der Feldmarschallschall **Karl** ist Erbauer der Veste Neuhäusel, seine Vettern **Johann** und **Karl** legten Druckereien an und förderten die čechische Bibelübersetzung mit reichen Mitteln und auch sonst die Literatur; **Johann Ludwig** ist der Schöpfer des herrlichen Gartens zu Ullersdorf, dem selbst die Muse der Dichtung ihren Tribut darbrachte; mehrere Zierotin standen in Diensten der Könige von Preußen als Musikgrafen, der berühmte Landeshauptmann **Karl** und sein Vetter Ladislaus Welen versammelten auf ihren herrlichen Schlössern Künstler und Gelehrte; wenngleich Ersterer mehr zu persönlichem Genügen im Bedürfniß nach veredelndem geistigen Verkehr und im ernsten Streben, dem Volke die Segnungen der Cultur zugänglich zu machen, hingegen Letzterer, um mit einem nahezu fürstlichen Hofstaate zu prunken, von dem freilich auch Einiges für Veredlung und Gesittung des Volkes abfiel, das alles aber mit einem Male ein trauriges Ende fand, als sich Ladislaus Welen, trotz aller Warnungen und Vorstellungen seines Vetters Karl, in die Arme der Revolution warf, viele von seinen Vettern und Verwandten in dieselbe mitriß und so nicht nur Weh über sein Land brachte, sondern den großen Wohlstand, üppigen Reichthum seines Geschlechtes mit einem Schlage und für immer vernichtete. Daß auch Poesie und Romantik in der Geschichte des Hauses Zierotin eine Rolle spielte, erfahren wir aus den Ueberlieferungen, welche wir bei **Plichta III.** in Schilderung seiner prahlenden Rauflust, bei **Fiedrich,** den die nicht zu befriedigende Habsucht zum Mörder gemacht haben soll, und bei **Hans** und **Siegmund,** die um ein streitiges Erbe zu feindlichen Brüdern wurden und um dessen habhaft zu werden, den Kampf ums Leben wählten, mitgetheilt haben. Was nun die Frauen des Hauses betrifft, so finden wir darunter die edelsten Namen des österreichischen Adels: die Almásy, Boskowitz, Dubsky, Eszterházy, Fürstenberg, Herberstein, Königseck, Kragir, Krawarz, Mittrowsky, Rimpsch, Oppersdorff, Podstatzky, Saint Julien, Schrattenbach, Serényi, Skrbensky, Sternberg, Talmberg, Thurn, Trczka, Waldstein, Zdausky von Zastrzizl. Einzelne von ihnen treten auch geschichtlich oder sonst durch ihre Frauentugenden besonders hervor, wie **Kunka (Kunigunde),** welche durch ihre Ehe mit dem Tatarenbezwinger Jaroslaw von Sternberg die Ahnfrau eines der edelsten Geschlechter des Kaiserstaates, der Grafen Sternberg wurde; **Skanka,** welche mit ihrem Gatten Wilhelm Swihowsky von Riesenberg ins Feld zog und gleich ihm voller Muth und Tapferkeit kämpfte; **Katharina,** die vierte Gattin des unvergeßlichen Landeshauptmanns Karl von Zierotin, die in ihrer Seelengröße und Glaubensinnigkeit mit ihrem Gatten ins freiwillige Exil nach Schlesien zog, und deren noch vorhandener Briefwechsel eine nicht unwichtige Quelle für jene durch die Religionswirren so schwer getrübte Zeit bildet; **Elisabeth Juliana,** deren Frömmigkeit und Demuth sie, ohne daß sie heilig gesprochen wurde, doch einer Heiligen ähnlich machen; dann aber eine Frau des Hauses, die der Gegenwart angehört, nämlich Gräfin **Gabriele,** die ein heroisches Beispiel des Muthes gab, der in der Virtus Leonina, einer Chronik dieses Geschlechtes, schon längst verherrlicht worden, worüber wir in dem dieser Dame gewidmeten

Artikel Näheres berichten. Und so schließen wir die genealogische Uebersicht dieses edlen Geschlechtes und verweisen zur Bekräftigung des im vorstehenden Gesagten auf die einzelnen Lebensskizzen, welche wir nach den hier angeführten Quellen folgen lassen. — [Quellen. Notizenblatt der historisch-statistischen Section der k. k. mährisch-schlesischen Gesellschaft zur Beförderung des Ackerbaues, der Natur- und Landeskunde. Redigirt von Christian Ritter d'Elvert (Brünn, 4°.) Jahrg. 1879, Nr. 7: „Descendenz der Herren und Grafen von Zierotin, Freiherren von Lilgenau. Von 1632 — 1879". Von M. Trapp (in der Anmerkung wird ein ansehnlicher Quellenapparat beigebracht, daher wir von den daselbst verzeichneten Quellen Umgang nehmen und nur darauf verweisen, hingegen Quellen angeben, die daselbst nicht verzeichnet und für die neuere Geschichte des Hauses bemerkenswerth sind; auch enthalten die Jahrgänge des d'Elvert'schen „Notizenblattes" von 1855 bis auf die Gegenwart, sowie die „Schriften der k. k. mährisch-schlesischen Gesellschaft zur Beförderung des Ackerbaues u. s. w." zur Geschichte des Hauses reiches Material, das leicht in denselben aufzufinden, da jeder Jahrgang und alle Bände ein kurzes Register enthalten, bei ersteren aber für je fünf Jahrgänge 1855 bis 1860, 1861—1865, 1866—1870 u. s. w. ausführliche Namensregister beigegeben sind; auch ist in neuester Zeit ein Generalregister über alle Schriften dieser rastlos thätigen und ungemein nutzbringenden Gesellschaft erschienen, auf welches wir vor Allem verweisen.) — Hellbach (Johann Christian von). Adelslexikon oder Handbuch über die historischen genealogischen Nachrichten vom hohen und niederen Adel besonders in den deutschen Bundesstaaten u. s. w. (Ilmenau 1826, B. F. Voigt, 8°.) Bd. II, S. 803 und 823. — Taschenbuch für vaterländische Geschichte. Herausgegeben von Hormayr und Mednyanský (Wien, Strauß, 12°.) I. Jahrg. 1820, S. 160—179 [der Aufsatz bricht ab mit Karl von Zierotin (gest. 1636), dann heißt es Beschluß folgt; aber dieser ist in den folgenden Jahrgängen vergebens zu suchen]. — Wolny. Taschenbuch buch für die Geschichte Mährens und Schlesiens (Brünn, Traßler, 12°.) I. Jahrgang 1826, S. 93—160: „Die Zierotin. Von Christian d'Elvert". — d'Elvert (Christian). Historische Literaturgeschichte von Mähren und Oesterreichisch-Schlesien (Brünn 1850, Rohrer, gr. 8°.) [das ausführliche Inhaltsregister enthält die betreffenden Nachweise]. — (Zedler'sches) Lexikon, 62. Bd., Sp. 1334 bis 1363 [ein sehr oberflächlicher Artikel, aber reiches Quellenmaterial enthaltend]. — Schönfeld (Ignaz Ritter von). Adelsschematismus des österreichischen Kaiserstaates (Wien 1824, Karl Schaumburg und Comp., kl. 8°.) I. Jahrgang, S. 139—140 und 239. — Slovník naučný, Redaktoř Dr. Frant. Lad. Rieger a J. Malý, d. i. Conversations-Lexikon. Redigirt von Dr. Franz Lad. Rieger und J. Malý (Prag 1872, J. L. Kober, Lex.-8°) Bd. X, S. 482—492. — Die genealogischen gothaischen Taschenbücher der gräflichen Häuser vom Jahrgang 1841 bis auf die Gegenwart. — Viele Quellen sind bei den einzelnen Biographien angegeben.]

II. **Besonders denkwürdige Sprossen des Hauses Zierotin.** 1. **Balthasar**, der im 16. Jahrhunderte lebte, zählt zu den wenigen Zierotin, welche in den unglückseligen Tagen der böhmisch-mährischen Rebellion treu zum Kaiser hielten. Der erste Zierotin in Mähren, der zur katholischen Religion übertrat, stand er in großer Gunst bei Cardinal Dietrichstein. Er war Besitzer von Meseritsch und Beisitzer der Landrechte. — 2. **Bedrzich** von Zierotin, ein Sohn Johanns I., lebte im 16. Jahrhundert, war Herr auf Stramberg und Neutitschein, brachte durch seine Heirat mit Anna von Lomnitz (um 1349) einen Theil von Namiest an sich und gründete diesen Zweig des großen Geschlechtes. Ein eifriger Anhänger Luther's, untersagte er die aus den Tagen der Tatarengefahr üblichen Wallfahrten zum Berge Kotaucz bei seinem Schlosse Stramberg. — 3. **Bedrzich** von Zierotin, siehe: **Friedrich** v. Zierotin [S. 80, Nr. 13, 14, 15]. — 4. **Bernhard** von Zierotin, welcher zu Ende des 15. und Anfang des 16. Jahrhunderts lebte, war einer der Führer des mährischen Volkes gegen die Türken, als Ludwig König von Ungarn gegen sie auszog und in der unglücklichen Schlacht bei Mohács (29. August 1526) mit vielen Magnaten und kirchlichen Würdenträgern, die mit ihm gegen den Erbfeind des Christenthums kämpften, den Tod fand. Aber als Bernhard zur Verstärkung des Ungarheeres ankam, fand er schon den jungen König todt und die Schlacht verloren. Er zog sich nun mit seinen Mannen an die Grenzen des Landes zurück, um von diesen den furchtbaren Feind abzuwehren. Als dann die Stände in der immer wachsenden Türkennoth auf einem Tage zu Brünn (9. September 1529) jeden fünften Mann des Landes zur Wehr verpflichteten und das Land in vier Theile theilten, wurden Bernhard von Zierotin und Przenko von Wiczkow Oberste, wo die Gefahr am größten war, im Bistrizer Viertel zwischen der Oder und March. [*Pessina de Czechorod (Joh. Thom.)*. Mars moravicus (Pragae 1677, Fol.) pag. 937.] — 5. **Bernhard** von Zierotin, der Ende des 16. und Anfang des 17. Jahrhunderts lebte, stand unter seinen Zeitgenossen ob seiner Gelehrsamkeit in solchem Ansehen, daß er im October 1614 von den Professoren der Prager Hochschule, die ihm dadurch einen besonderen Beweis ihrer Achtung ertheilen wollten, zum Rector der Hochschule erwählt wurde. d'Elvert in seiner geschichtlichen Skizze des Hauses Zierotin läßt ihn 1614 Rector der Wiener Hochschule sein [Tomek (Wenzel Wlad.). Geschichte der Prager Universität (Prag 1849, 8°) S. 233] — 6 **Budisch** von Zierotin lebte im 13. Jahrhunderte, kämpfte in der Entscheidungsschlacht Przemysl Otokars von Böhmen bei Marchegg am 26. August 1278 und fand mit dem Könige sein Ende in derselben. — 7. **Dietrich** der Aeltere und **Dietrich** der Jüngere betheiligten sich Beide mit noch vielen Anderen ihres eigenen Geschlechtes und vielen des mährischen Adels an der Rebellion, welche Ladislaus Welen von Zierotin als entschiedener Anhänger des Winterkönigs Friedrich von der Pfalz (1620) auf der Burg zu Aussee bei Olmütz gegen Kaiser Ferdinand II. angezettelt hatte, und nach deren Niederwerfung die Theilnehmer mit großen Geldsummen und Verlusten ihrer Güter büßen mußten [Wolny (Gregor). Taschenbuch der Geschichte Mährens und Schlesiens (Brünn, Traßler, gr. 12°.) I. Jahrgang (1826) S. 146 und 147.] — 8. **Dionys** von Zierotin lebte in der zweiten Hälfte des 16. und zu Anfang des 17. Jahrhunderts. In den genealogischen Darstellungen von Hormayr, d'Elvert und in Zedler's Lexikon wird er nirgends erwähnt. Jedoch befinden sich in zwei Fascikeln seine in čechischer Sprache geschriebenen Briefe aus den Jahren 1597—1603 und 1608 im Familienarchiv der Zierotin zu Blauda. — 9. **Elisabeth Juliana** von Zierotin (geb. 23. Februar 1632, gest. im März 1676). Eine geborene von Oppersdorff, vermälte sie sich am 25. Februar 1654 mit Primislaus von Zierotin, Herrn auf Wiesenberg, Ullersdorf und Johnsdorf, kaiserl. Rathe und Landrechtsbeisitzer in Mähren. Sie gebar ihrem Gatten fünf Söhne: Wenzel, Primislaus, Franz, Maximilian und Johann Joachim, und zwei Töchter: Maria Angelina und Josepha Karolina, Zwillinge, welche jung starben. Mit Primislaus und seiner Gattin hebt unsere Stammtafel an. Elisabeth Juliana war eine Dame von seltener Frömmigkeit und — wie ihr merkwürdiges Testament es bekundet — von einer Demuth, die ihres Gleichen sucht. Sie war eine große Wohlthäterin des Dominicanerklosters zu Schönberg in Mähren. Als sie, erst 38 Jahre alt, dahinstarb, stellte der Prior des Dominicanerklosters zu Breslau am 13. März 1670 in den „Exequiis, welche vor abführung dehro ent-Seel-ten Cörpers zu seiner Beerdigung nach Glatz durch dreitägliche Solennien bey anwesenheit hoher Standspersonen in der Pfahrrkirche zu Ullersdorff Ihr seind gehalten worden" in einer Lobrede, zu welcher er folgenden Vers des Klagliedes des Propheten Jeremias zum Text nahm: „Siehe, die ist krank worden, welche hat Sieben geboren, die Sonne ist ihr untergegangen, da es noch Tag war", und in welcher er aus dem Namen Zierotin das bedeutsame Anagramm: *It in zero* anwandte, alle frommen Werke, welche die Gräfin gethan, zum Muster auf. Diese merkwürdige, ganz im Style eines P. Abraham a S. Clara gehaltene Leichenpredigt, welche zu jener Zeit für ein Meisterstück der Homiletik galt, erschien 1670 zu Neiße bei Ignaz Constantin Schubart im Druck und ist heute eine bibliographische Seltenheit. Ein Forscher in curiosen Dingen bemerkt bezüglich ihres Testamentes, das wörtlich in Hormayr's „Archiv für Statistik, Geschichte u. s. w." 1822, S. 687 abgedruckt steht, daß dasselbe sehr an die letztwillige Anordnung der Witwe Karls IX. Königs von Frankreich, Elisabeth von Oesterreich (geb. 5. Juni 1554, gest. zu Wien 22. Jänner 1592), die 22jährig am 26. December 1576 dem damals 26jährigen Karl IX. vermält wurde, erinnere. Elisabeths von Oesterreich Gemal starb lange vor ihr. 1374. Sie zog sich nun zunächst zu ihrem Bruder Kaiser Rudolf zurück, verbrachte aber den Rest ihrer Tage in dem von ihr selbst gestifteten Clarissinenkloster bei St. Maria der Engelkönigin, in welchem sie auch beigesetzt wurde. Auf ihr ausdrückliches Verlangen ward sie nicht einbalsamirt in einem hölzernen Sarge begraben und ihre Ruhestätte mit folgenden Versen bezeichnet: „Peccantem me quotidie et non me poenitentem | Timor mortis conturbat me: quia in inferno nulla | Est Redemptio, miserere mei Deus et salva me." — 10. **Ernestine** (geb. in Blauda am 11. Juni 1844). Eine Tochter des Grafen Zdenko aus dessen Ehe mit Gabriele geborenen Almásy de Zsadány und Török Szent-Miklós und Schwester des Reichstagsabgeordneten Grafen Karl [S. 97]. Verfasser dieses Lexikons trat mit dieser Dame um 1874 in Correspondenz, um Aufschlüsse über ihre Familie zu erhalten, da ja solche in Urkunden im Familienarchiv, das im Schlosse Blauda sich befindet, enthalten sein mußten. Die Gräfin unterzog sich auch dieser Arbeit, verfaßte Abschriften einzelner Urkunden, oder machte Auszüge aus denselben und setzte den Herausgeber dieses Lexikons in den Stand, seine biographisch-genealogische Arbeit über diese in der Geschichte Mährens und namentlich durch die beiden Karl von Zierotin, den General und den Landeshauptmann, so berühmt gewordene Familie in vorliegender, wenngleich zusammengedrängter Vollständigkeit auszuführen. Denn die in diesem Werke wiederholt angegebene Ursache, welche ihm Schranken in der Ausarbeitung auferlegt, gestattete es ihm nicht, jenen ausgedehnten Gebrauch davon zu machen, wie er solchen wünschte. Die Gräfin Ernestine ist auch eine gewandte Zeichnerin, und Verfasser dieses Werkes verdankt ihr die von ihrer eigenen Hand in Farben streng heraldisch und künstlerisch ausgeführte Abbildung des Wappens ihres Hauses. Ueberdies wirkt sie noch nach humaner Richtung als Präsidentin des Olmützer Zweigvereines vom rothen Kreuze. Von ihren Schwestern ist Gräfin Zdenka k. k. Sternkreuz-Ordensdame und Assistentin im k. k. theresianischen adeligen Damenstift im Hradschin zu Prag und Gräfin Emma letztere Stiftsdame des herzoglich savoyischen Damenstiftes in Wien. — 11. **Franz Joseph** Graf [siehe die besondere Biographie S. 73]. — 12. **Franz Ludwig** Graf (gest. 27. August 1731), Erbherr der Herrschaften Meseritsch, Rožnau, Falkenberg und Tilowitz, Oppelner und Ratiborer Landrechtsbeisitzer und Landesältester im Fürstenthum Brieg, ist der Erbauer des neuen Schlosses zu Meseritsch, das vordem größtentheils aus Holz aufgeführt gewesen. Den Trinitariern, einem zu Ende des 13. Jahrhunderts zur Befreiung der in den Kerkern der Sarazenen schmachtenden Christensclaven gestifteten Orden, übergab er die Kirche im Dorfe Zaischau, dann einen Platz zur Erbauung ihres Klosters und dotirte sie für ihren Unterhalt mit Abgaben von Naturalien der Herrschaft Meseritsch. Graf Franz Ludwig hatte sich 1713 mit seiner Base Maria Luise Gräfin Zierotin vermält, und im Familienarchiv zu Blauda werden noch darauf bezügliche Papiere: „Poetische Gedanken auf den Vermälungstag....", dann eine „Lobrede auf die Vermälung des Grafen Franciscus Ludwig...." aufbewahrt, ferner die Leichenrede aus Anlaß des Todes der Gräfin Maria Luise mit dem drastischen Titel: „Die gute Endigung des Lebens in Eil ohne lange Weil", gesprochen bei den Exequien u. s. w. [Richter (Andreas Ant.). Leichenrede auf Franz Ludwig Grafen Zierotin (Troppau 1734, Fol.). — D'Elvert (Christian Ritter). Notizenblatt der historisch-statistischen Section der k. k. mährisch-schlesischen Gesellschaft zur Beförderung des Ackerbaues, der Natur- und Landeskunde 1875, S. 77: „Stiftung des Dorfes Karlowitz u. s. w.] — 13. **Friedrich.** Ein Sproß der Napajedler Linie, von welchem Hormayr eine wahre Schauermähr erzählt. Friedrich wartete mit Ungeduld auf den Tod des ihm verschwägerten in kinderloser Ehe lebenden Burgherrn von Buchlau Heinrich Zdausky von Zastrzizl, der gegen seine Unterthanen mit so unerbittlicher Strenge vorging, daß sie in ihrer Empörung über solches Gebahren ihn in seiner eigenen Burg belagerten und aushungerten. Erst als seine Noth aufs höchste gestiegen, schickten ihm die Bürger von Hradisch durch die List eines treuen Knechtes Wein und Brod. Friedrich, der dem harten Manne längst kalt gegenüberstand und sich zuletzt mit ihm entzweite, verständigte sich mit dem von Zastrzizl hart behandelten und dadurch gereizten Knappen, um durch diesen an das

Ziel seiner Wünsche, zum reichen Erbe zu kommen. Thatsächlich ermordete der Knappe seinen Herrn, - und wie Hormayr erzählt, zeigt man noch heute (1820) in Buchlowitz das Schwert, welches der Knappe auf einer Jagd seinem Herrn in den Leib stieß, worauf er entfloh. Aber Friedrich hatte durch diesen Mord doch nichts erreicht, denn Buchlau fiel nicht an ihn, sondern an den Geschlechtsvetter Georg Siegmund Markowsky von Zastrzizl, und noch weiter wirkte der Fluch des geplanten Mordes auf Zierotin, indem er alle ihm von vier Frauen geborenen Kinder vor sich hinsterben sah, und indem endlich der von ihm für Heinrich von Zastrzizl gedungene Mörder das Racheschwert wider ihn zückte. Der Knappe, theils aus Reue über den begangenen Mord, theils von Gewissensbissen getrieben, irrte durch Wald und Feld, Dickicht und Moor, und immer drängte es ihn an jenen, der ihn zur Frevelthat gedungen. Dieser aber, sich der Gunst des Kaisers Rudof II. erfreuend, bekleidete die Stelle des Landeshauptmanns von Mähren, und nicht so leicht war es dem Mörder, in die Nähe Friedrichs zu gelangen. Endlich aber erreichte er doch sein Ziel; in der Umgebung des Schlosses Czernabora schlich er sich an den keines Ueberfalls Gewärtigen, und so ward Zierotin eines Tages mit der von einem Dolch tief durchstoßenen Brust todt aufgefunden. Der Mörder aber war spurlos verschwunden, er scheint, schreibt Hormayr, in irgend einem Abgrund, in irgend einem See das Verdammungsurtheil der ewigen Gerechtigkeit an sich selbst vollzogen zu haben. Das Gesagte soll Alles sich auf den zweitnächsten Friedrich [Nr. 13] beziehen. d'Elvert aber weist das Ganze, worin sich Wahrheit und Dichtung mischt, als grundlose Fabel zurück. [Taschenbuch für die vaterländische Geschichte. Herausgegeben von Freih. v. Hormayr und Mednyansky (Wien, 12°.) I. Jahrgang 1820, S. 169 und 170 im Artikel: „Die Zierotine".] — 14. **Friedrich** von Zierotin (gest. 1422). Er lebte in jenen Tagen, in welchen ein wilder Sturm über die Gefilde des Böhmerlandes brauste und religiöser und politischer Fanatismus die Gemüther in schreckenerregender Weise aufrüttelte. In dieser düsteren Zeit trat er aus seiner bisherigen Zurückgezogenheit in den Vordergrund, er wohnte der großen Versammlung, welche am Montag vor St. Elisabeth 1421 stattbatte, bei und war einer der Ersten, die sich von der Sache der trotzigen und aufrührerischen Čechen lossagten und festhielten an dem Glauben ihrer Väter, welcher durch die Gewaltthaten der Taboriten bedroht wurde. Er sollte glücklicher Weise die Tage des blutigen Religionskrieges nicht mehr erleben, da er schon im folgenden Jahre starb. Friedrich war ein Wohlthäter der Kirchen und Klöster und stiftete zu Kloster Hradisch die Capelle St. Victorins, vielleicht zur Sühne seines abtrünnigen Bruders Victorin, der zur Partei der Königsfeinde und religiösen Neuerer hielt. [*Pessina de Czechorod (Joh. Thom.).* Mars moravicus (Pragae 1676, Fol.) pag. 474. — *Calin (Dom. Franz).* Virtus leonina.] — 15. **Friedrich** (gest. 30. Mai 1595), einer der glänzendsten Kriegshelden des 16. Jahrhunderts, zählt zu den Sternen des Hauses Zierotin. Ein Sohn Pauls aus dessen Ehe mit Elisabeth von Kunowitz auf Ostrau, verlebte er unter Obhut seines Vetters, des Feldmarschalls Karl [S. 86, Nr. 36], seine Tage an den Höfen der Kaiser Karl V., Ferdinand I. und Maximilian II. In allen Künsten des Friedens und Krieges wohlerfahren und gewandt in aller Sitte des großen Lebens, wurde er in männlicher Vollkraft von Ferdinand zum Rathe erhoben und zu mehreren Sendungen verwendet, die er glücklich ausführte. Als nach Ferdinands Tode Johann Siegmund Zápolya, von den Türken unterstützt, den Krieg von Neuem begann, ward Friedrich von Zierotin von Kaiser Maximilian II. zum Kriegsrathe ernannt und mit Lazarus Schwendi, dem erprobten Feldherrn, nach Ungarn geschickt, wo er an den Kämpfen thätigen Antheil nahm. In zwei Feldzügen, in welchen die Vertheidigung von Szigeth durch Niclas Zrinyi das strahlendste Beispiel von Aufopferungsmuth und Vaterlandsliebe bildet, bewährte sich Friedrich in rühmlichster Weise. Dem in Kriegswissenschaften, vornehmlich in der Befestigungskunst Wohlerfahrenen übertrug Kaiser Rudolf II. 1576 den Bau der Festung Neuhäusel (Újvár) im Neutraer Comitate, die gegen die Grenzen Mährens und Schlesiens anderthalb Jahrhunderte ein Bollwerk wider die Türken bildete, bis sie Kaiser Karl VI. 1725 schleifen ließ. 1590 war Friedrich auf dem Landtage zu Prag thätig, ebenso 1593 auf jenem zu Brünn, wo er im Vereine mit dem berühmten Bischof Stanislaw Pawlowsky [Bd. XXI, S. 397 in den Quellen] alle Anstalten traf, dem Einfall der Türken vorzubauen. Er war dreimal vermält: a) mit Magdalena, aus dem reichen ansehnlichen Geschlechte der Zastrzizl, die ihm 1566 der Tod entriß; b) mit der kaiserlichen Hofdame Elisabeth Gräfin Viglia, einer Italienerin, und c) mit Magdalena Slawata von Chlum und Koschumberg, verwitweten Johann Zierotin auf Namiest. Vom Haus aus und durch seine Heiraten war er ein reich begüterter Edelmann, Herr auf Selowitz, Auerschitz, Pausram, Mönitz, einem Theile von Schabnitz und Prerau. Nur aus zweiter Ehe hatte er einen Sohn, der aber im zarten Alter dahinstarb. Mit ihm erlosch die Napajedler Linie, und über seine nachgelassenen Herrschaften entbrannte ein langwieriger Rechtsstreit. Die Anschuldigung, wie sie Hormayr's „Taschenbuch für vaterländische Geschichte" (1820, S. 169 u. f.) mit voller Bestimmtheit ausspricht und mit allem romantischen Beiwerk ausschmückt, daß Friedrich, in ungezähmter Begierde nach weiterem Besitz und größerem Reichthum den ihm verschwägerten und kinderlosen Buchlauer Burgherrn Heinrich Zdausky von Zastrzizl durch dessen Waffenträger auf der Jagd habe meuchlings ermorden lassen, verweist der Biograph des Hauses Ritter von d'Elvert in den Bereich der Sage. [Siehe Nr. 13] Gewiß aber ist es, mit ihm, zu seiner Zeit, stand das Haus Zierotin im Zenith seiner Größe, seines Glanzes. Nicht selten erschienen in jenen Tagen mit einem Male 18 Zierotine auf den Landtagen oder bei feierlichen Anlässen, und mehr als ein volles Dritttheil des Landes Mähren war in ihren Händen, die großen Güter in Böhmen und Schlesien ungerechnet. — 16. **Gabriele** (geb. 21. April 1816), Tochter des Joseph Almásy von Zsadány und Török-Szent Miklós und der Sophie geborenen Berzewiczy von Berzewicze, seit 16. December 1838 vermält mit Zdenko Otto Ernst, einem Sohne des Grafen Franz Joseph von Zierotin. Besitzerin der Allodialherrschaft Krumpisch mit Blauda in Mähren, führte sie die Verwaltung und Bewirthschaftung ihrer Güter selbst. Sie ist eine ausgezeichnete Obstzüchterin und wurde für die von ihr auf verschiedenen Ausstellungen zur Schau gebrachten Obstsorten öfter prämiirt, so schon im Jahre 1876 auf der Weltausstellung in Philadelphia, wo sie nicht nur das Anerkennungsdiplom, sondern nebstdem die große Broncemedaille erhielt; ferner erwarb sie silberne Medaillen in den Ausstellungen zu Mährisch-Schönberg, Mieglitz und Mährisch-Trübau und zuletzt 1888 bei der größten Obstausstellung, die je in Wien statthatte, die Broncemedaille. Die Früchte und edlen Obstsorten, welche die Gräfin ausstellte, fanden umso größere Anerkennung, als der dem Altvater-Gebirge so nahe Boden nichts weniger als für gedeihliche Obstzucht günstig und auch das Klima für dieselbe nicht mild genug ist. Aber nicht blos auf wirthschaftlichem Gebiete leistet die Gräfin Ausgezeichnetes, auch in den Beweisen ihres Opfermuthes hat sie den Titel Virtus leonina, mit welchem Dom. Franz Calin, der Biograph des Hauses, sein Werk über dasselbe betitelte, bestätigt. Ihr Bruder Paul von Almásy präsidirte der denkwürdigen Sitzung des ungarischen Reichstages am 14. April 1849, in welcher die Unabhängigkeitserklärung Ungarns stattfand. Das Schicksal Almásy's nach Niederwerfung der Rebellion durch die kaiserliche Armee war besiegelt. Er war bei der damaligen Handhabung der Kriegsgesetze dem Tode verfallen. Es galt ihn zu retten. Gräfin Gabriele, seine Schwester, befand sich damals auf ihrer Herrschaft Blauda in Mähren. Ihr Gemal — Officier bei Kaiser-Uhlanen Nr. 4 — stand aber bei der k. k. Armee in Ungarn. Als sie sah, welchen Ausgang die Dinge in Ungarn nehmen würden, faßte sie, besorgt um das Leben ihres Bruders, den heldenmüthigen Entschluß, ihn zu retten, und reiste, nur von ihrer Kammerjungfer begleitet, zu Wagen nach Ungarn. An die Stelle des Kutschers, der den Wagen führte, sollte dann der zu rettende Bruder treten. Die Gräfin nahm den Weg über Preßburg und Raab, wohin sie mittels eines in Olmütz ausgestellten Passirscheines gelangte, den alle Militär- und Civilbehörden signirten, so Graf Lamberg, General Schlik und Andere. Als Vorwand der Reise galt der Besuch ihres bei der kaiserlichen Armee stehenden Gemals. Auf den durch die Truppenmärsche furchtbar zerfahrenen Wegen stand sie bei Tag und Nacht mit Vorspannspferden reisend große Angst aus; aber das Gefühl, ein Rettungswerk zu vollenden und den Lieblingsbruder einem entsetzlichen Geschicke zu entreißen, stählte ihre Willenskraft und ließ sie Alles ertragen und vergessen. In Bia-Bicske hielt sie, von den großen Strapazen der mühseligen Reise ermüdet, Rast. Ein befreundeter Edelmann räumte sein eigenes Zimmer der erschöpften Gräfin zur Lagerstätte ein. In Ofen befand sich Almásy's Gemalin, eine geborene Gräfin Batthyányi, welche in ihrer Seelenangst ihre Schwägerin Gabriele in Briefen gebeten hatte, ihrem Gatten einen Paß ins Ausland zu verschaffen. Indessen war es der Letzteren gelungen, durch Verwandte dem in der Nähe von Ofen sich verborgen haltenden Bruder Nachricht zu geben, daß sie angekommen sei und ihn zu retten versuchen werde. Sie traf nun alle Vorbereitungen zur Flucht. Paul von Almásy zog die Livrée ihres Kutschers an und gelangte in dieser Verkleidung bis Komorn. Mittlerweile hatte der Ausfall aus dieser Festung stattgefunden. Der Wagen der Gräfin mußte einen Theil der dortigen Honvéd-Armee passiren. Während sie allein zurückblieb, ging der als Kutscher verkleidete Paul von Almásy in die Festung zu Klapka — der von diesem ausgestellte Passirschein ist noch in den Händen der Gräfin Gabriele. Bei den ungarischen Vorposten, nur eine halbe Stunde von den österreichischen entfernt, war die Stellung der Gräfin Zierotin eine sehr gefährliche, sie mußte beim Wachtfeuer im Wagen schlafen, und ihr Bruder, als verkleideter Kutscher, schlief unter demselben. In Bruck an der Leitha war die größte Gefahr, als die Gräfin auf den vom Militär ganz umstellten Platz einfuhr. Dort war indessen der Paßzwang eingeführt worden, und wohl nur dem Umstande, daß den in Olmütz zur Reise nach Ungarn ausgestellten Passirschein schon Unterschriften einer Unzahl hochgestellter Persönlichkeiten bedeckten, verdankte die Gräfin die Erlaubniß zur Fortsetzung ihrer Reise. Sie gelangte endlich nach Wien, wo sie in einem Privathause abstieg und der verkleidete Kutscher mit einem kaiserlich gesinnten Hausmeister zu fraternisiren genöthigt war, um keinen Verdacht zu erwecken. Auf der Bahn brachte die Gräfin ihren Bruder nach Blauda und von dort auf die Majoratsherrschaft Prauß in Preußisch-Schlesien. So gelangte dann Paul Almásy leicht über die Grenze, von da ins Exil, in welchem er theils in Genf, größtentheils aber in Paris bis zum Jahre 1859 lebte. — 17. **Georg**, der im 14 Jahrhunderte lebte, wurde von seinem Vetter Wlichta IV. nach Moskau gesandt, um daselbst die Beweise der Abstammung des Hauses Zierotin vom alten Czarengeschlecht anerkennen zu lassen und die Lücken in der Stammesfolge zu ergänzen. Aber er erfüllte nicht nur nicht die ihm übertragene Aufgabe, sondern kehrte gar nicht wieder heim, zu Tode getroffen von der Nachricht, daß sein Auftraggeber und Vetter Wlichta IV. mit seinem Könige Johann dem Blinden und dem Kern des böhmischen Adels, den er mit seinen Mannen dem französischen Könige Philipp VI. wider die Engländer, die unter ihrem Könige Eduard III. fochten, als Hilfsvölker zugeführt, in der blutigen Schlacht bei Crecy (26. August 1346) auf der Wahlstatt geblieben. — 18. **Georg** — d'Elvert nennt ihn den Vierten dieses Namens, ohne der anderen drei auch nur zu gedenken — ein Neffe Friedrichs, des königs- und glaubenstreuen, erhielt von König Wladislaw auf einem Landtage zu Olmütz 1453 die böhmische Freiherrnwürde. Durch seine Gemalin Anna geborene Krawarz wurde er der Ahnherr dieses berühmten sich in viele Zweige entfaltenden Geschlechtes. Seine Söhne waren Bernhard, dessen Nachkommenschaft mit Friedrich 1398 erlosch, und Johann, der den Stamm fortpflanzte welcher zur Stunde noch blüht. — 19. **Hasard** von Zierotin lebte im 13. Jahrhundert. Ein Sohn Wlichtas I. aus dessen Ehe mit Offka (Euphemia) von Martinitz und Bruder Wlichtas II., „erkämpfte er", wie d'Elvert schreibt, „sich schönen Waffenruhm und ging im Greisenalter von dieser Welt". [Wolny (Gregor). Taschenbuch für die Geschichte Mährens und Schlesiens, (Brünn, Traßler, 12°.) I. Jahrg., 1826, S. 99.] — 20. **Hostislaw** von Zierotin, welcher um die Mitte des 15. Jahrhunderts lebte, erscheint bei dem Banquet und dem ritterlichen Kampfspiel, das 1459 zu Brünn statthatte, als Kaiser Friedrich III. daselbst weilte, um mit Georg Podiebrad, damals bereits König von Böhmen, ein Schutz- und Trutzbündniß zu errichten gegen Matthias Corvinus von Ungarn. — 21. **Hynko** — deutsch bald Heinrich, bald Ignaz — lebte im 12. Jahrhunderte und ist der erste Zierotin, von dem sich eine urkundliche Nachricht findet. Als nach dem Siege des Sultans Saladin bei Tiberias 1187 die hundert

Jahre früher von den Christen erstürmte Stadt Jerusalem wieder in die Hände der Ungläubigen gefallen, faßte Hynko den Entschluß, sich zu einem Zuge zu rüsten und dem heiligen Lande Hilfe zu bringen. Da schrieb Papst Gregor VIII. an Zierotin, daß er mit Freude dessen Vorhaben vernommen und ihn mit allen Angehörigen in des h. Petrus Schutz nehme, so lange als der Ritter sich an den nächsten vom apostolischen Stuhle zu bestimmenden allgemeinen Kreuzzug anschließen werde und man von seiner Rückkehr oder seinem Tode versichert sei. Auch Bischof Kain von Olmütz sprach der Kirche Fluch gegen Alle aus, die es wagen sollten, gegen Zierotin, dessen Familie, Vasallen, Knechte oder Länder Unrecht zu thun oder Gewalt zu gebrauchen. Ob Hynko aber seinen Vorsatz ausgeführt, oder gar nicht ins Morgenland gezogen, oder dort ein Opfer der allgemeinen Christenvertilgung geworden, darüber schweigt die Geschichte. [*Dobner (Gelas).* Tom. IV, p. 250.] — 22. **Jetřich** von Zierotin, der zu Ende des 16. und Anfang des 17. Jahrhunderts lebte, ist allem Anscheine nach ein Sohn Johann Wilhelms, dessen Leiche am 8. März 1606 von Nikolsburg nach Walachisch-Meseritsch gebracht und am 4. Mai feierlich bestattet wurde. Er kam am 2. December desselben Jahres aus Frankreich in Walachisch-Meseritsch zur Uebernahme der Herrschaften an. Anfänglich bekannte er sich zur Religion der böhmischen Brüder. Er stellte den Georg Tranowsky, der die „Cithara Sanctorum", ein berühmtes 1635 zu Liptau erschienenes Liederbuch und später 1639 mit Joh. Amos Comenius zu Amsterdam das „Kancionál" herausgab, im Jahre 1616 als Prediger der Brüder in Walachisch-Meseritsch an. Jetřich selbst trat nach der Krönung Ferdinands II. zum Könige Böhmens am 2. August 1617 zum katholischen Glauben über. Er nahm dann bei dem Landesdirector und General Přeclavsky Herrn in Lundenburg als Rittmeister Dienste. Als die Aufständischen am 6. März 1620 in Meseritsch eindrangen, verließen viele Bürger und auch Jetřich von Zierotin die Stadt. Im Jahre 1623 flüchtete sich derselbe zu Bethlen Gábor nach Siebenbürgen. So weit reichen die Aufzeichnungen des Andreas Ziny, Bürgers von Walachisch-Meseritsch, welche von B. M. Kulda in d'Elvert's „Notizenblatt" 1858, Nr. 5 und Nr. 6 unter dem Titel: „Gedenkbuch der Stadt Walachisch-Meseritsch und des Marktes Krasno" veröffentlicht sind. Weiters werden noch Schenkungsurkunden, Vorschriften für Zünfte u. dgl., welche Jetřich und auch Andere aus der Familie Zierotin ertheilten, angeführt. Die Verdeutschung des Namens Jetřich, welcher Georg, Friedrich oder anders heißen könnte, wollen wir nicht versuchen und behalten die im Gedenkbuch vorkommende Schreibung des Namens bei. — 23. **Johann I.** (gest. um 1522), der zweite Sohn Georgs IV. aus dessen Ehe mit Anna von Krawarz, war reich begütert, er besaß Fulnek, Ullersdorf und Wiesenberg und erwarb noch durch Kauf die Stadt Schönberg mit Blauda, welch letzteres noch heute im Besitze der Familie sich befindet. Als Georg Podiebrad die böhmische Krone trotz des Bannfluches der Kirche und trotz des von dieser zur Empörung aufgestachelten Volkes trug und sich des mächtigen Gegners Matthias von Ungarn zu erwehren hatte, hielt Johann zu Letzterem; als aber nach Podiebrads Tode Wladislaw von Polen 1471 König von Böhmen wurde, trat Johann zu diesem über, was ihm Matthias, nachdem durch den Frieden von Olmütz Mähren an ihn gekommen, nicht verzeihen mochte, denn von da ab erscheint Johann nicht mehr in öffentlichen Geschäften, wozu ihn doch sein Rang sein Ansehen im Lande und sein Reichthum berechtigten. Umso mehr betheiligte er sich an denselben, als Wladislaus mit der Krone Ungarns auch die Herrschaft über Mähren erhielt. Im Kampfe des Königs mit Maximilian II. von Oesterreich befehligte Zierotin einen Trupp von tausend Reitern. Picardit von ganzer Seele, vertheidigte er, wie d'Elvert schreibt, „Lehre und Glaubensgenossen, wie die beredte und rastlose Martha von Boskowitz in Wort und Schrift, in der That". Als dann bei der immer weiter um sich greifenden Verwirrung und sich steigernden Raub- und Beutelust der König, um dem Faustrechte zu steuern, einen allgemeinen Landtag nach Glatz ausschrieb, fand sich auch Zierotin 1512 als mährischer Gesandter daselbst ein. Die Wirren aber dauerten, trotz einiger geringen Waffenerfolge, weiter fort, und so begab sich denn Johann auch auf den im Jahre 1515 nach Prag einberufenen Landtag. Auch dieser ging resultatlos vorüber, und König Wladislaw II. starb mitten unter diesen sich immer mehr steigernden Unruhen 1316. Der neue König Ludwig, der in Ungarn residirte, sandte nun 1518 den damals schon greisen Zierotin an der Spitze einer Gesandtschaft an die Böhmen, die königliche Gewalt von den Ständen zu fordern; diese zeigten sich wohl geneigt, verlangten aber, der König müsse in ihr Land kommen und nach altem Brauch Rechte und Gewohnheiten beschwören. Der König aber blieb in Ungarn und die Regierung bei den Ständen, indessen alle Straßen unsicher wurden und das Rauben und Plündern weiter dauerte. Diese Gesandtschaft scheint Johanns letztes bemerkenswerthes Geschäft gewesen zu sein, denn nun wird er in der Geschichte nicht mehr genannt. Seine Gemalin Barbara von Sternberg gebar ihm mehrere Söhne: Johann II., welcher Herr auf Straßnitz war, 1483 Lundenburg kaufte und Gründer der Lundenburger Linie wurde; Peter, von dem weiter unten [S. 93, Nr. 44] die Rede sein wird; Bedrzich, Herrn auf Stramberg und Neutitschein, der durch seine Ehe mit Anna von Lomnitz, um 1549, einen Theil von Namiest an sich brachte und diesen Zweig seines Geschlechtes gründete, und Przenko (Przemysl), Herrn auf Schönberg, Ullersdorf und Wiesenberg und Ahnherrn der Wiesenberger Linie. [*Pessina de Czehorod (Joh. Thom.)*, Mars moravicus (Pragae 1877) S. 841 u. f. — Moraviae historia politica et ecclesiastica cum notis et animadversionibus criticis probatorum auctorum, quam compendio retulerunt Adolphus Pilarz et Franciscus Morawetz (Brunae 1785—1787, 8°.) tomus secundus.] — 24. **Johann III.**, welcher in der ersten Hälfte des 16. Jahrhunderts lebte, war ein Sohn Johanns II. aus dessen Ehe mit Helene von Lubanitz und ein Enkel Johanns I. [siehe den Vorigen]. Er hielt sich zu Straßnitz auf und begleitete seinen Vater auf verschiedenen Missionen, mit denen dieser von seinen Fürsten betraut worden. Dadurch aber erwarb er sich eine solche Gewandtheit in Behandlung öffentlicher das Land betreffender Geschäfte, daß ihn die Kaiser Ferdinand I. und Maximilian II. zu ihrem Rath ernannten und ihn auch sonst in wichtigen Angelegenheiten beriefen; dann wurde er Obersthofmeister, Oberstkämmerer in der Markgrafschaft Mähren und zuletzt in einstimmiger Wahl der Stände Landeshauptmann. Ein früher Tod raffte ihn in der Vollkraft des Lebens dahin. Ob er mit seiner Gemalin Johanna geborenen von Lippa Kinder gehabt, ist nicht gewiß. — 25. **Johann** von Zierotin (gest. 23. Februar 1583), Schüler des berühmten Johann Blahoslaw (geb. 1523, gest. 1571), zweiten Bischofs der Brüdergemeinde, und einer der reichsten und angesehensten Barone des Landes. Er war in den Angelegenheiten seiner Heimat vielfach thätig, bekleidete die Kreishauptmannstelle des Brünner Kreises, vertrat oft den Oberstlandkämmerer, den Oberstlandrichter, repräsentirte sein Vaterland bei den Reichscongressen, gehörte zur Commission, welcher die Redaction der neuen Landesordnung oblag, und zu anderen Comités, welche der Landtag in wichtigen Gesetzgebungs- und Verwaltungsfragen niedergesetzt hatte. Noch bedeutungsvoller war seine Stellung als das einflußreichste Glied der Brüdergemeinde in Mähren. Seit Huß' Zeiten zählten die Zierotin unter sich keinen Anhänger der katholischen Religion, und schon zu seiner Zeit waren sie nahezu anderthalb hundert Jahre die eifrigsten Vertheidiger des durch die Brüder verkündeten göttlichen Wortes im Lande. Wohl war er nicht das Oberhaupt der Unität, aber alle Autorität und alles Ansehen, die in derselben einem Laien übertragen werden konnten, besaß er in Mähren, wie die Krajeck in Böhmen, im vollsten Maße. Dabei von seinem erleuchteten Mentor für alles Geistige und Geistiggroße frühzeitig angeregt und empfänglich gemacht, schätzte er die Wissenschaft und förderte sie mit den reichsten Mitteln. Die Druckerei in Kralitz, aus welcher die berühmte nach diesem Orte benannte Kralitzer Bibel hervorging, die durch die seltene Reinheit der Sprache hochgeschätzte čechische Bibelübersetzung, die Gründung der Schule in Eibenschitz, alles dies ist nur durch die großartige Unterstützung Zierotin's möglich geworden. Der Freiherr war mit Marianne von Boscowitz vermält, welche ihm zu Brandeis an der Adler am 14. September 1564 den berühmten Karl von Zierotin, das Glanzgestirn des Hauses, wohl den größten Mann, dessen sich das Land Mähren rühmen kann, seinen Hort in seinen bedrängten Tagen, geboren. — 26. **Johann (Hanè)**, welcher im 16. Jahrhunderte lebte, war der älteste Sohn Przenkos von Zierotin von der Wiesenberger Linie. Mit seinem jüngeren Bruder

Siegmund gerieth er betreffs der Theilung des väterlichen Erbes in so heftigen Zwiespalt, daß beide zu den Waffen griffen und Siegmund im Kampfe an der erhaltenen Kopfwunde den Geist aufgab. Infolge dessen verklagte der kaiserliche Fiscal Johann von Zierotin bei den Landrechten wegen Ueberschreitung der Nothwehr. Das Haus Zierotin versammelte sich und sprach, mit Ausschluß des gewöhnlichen Adelsgerichtes (oder Landrechtes), in einer Art von Austrägalinstanz das Urtheil auf harten Kerker in der Dauer eines Jahres. Alle Fürbitten einer Strafmilderung blieben vergeblich. Hans selbst richtete von Ullersdorf im Kerker (ddo. Sonntag Invocavit in den Fasten im Jahre des Heils 1563) eine Bittschrift an die bei dem Landrecht in Brünn beisitzenden Herren, Freunde, Ritter und Wladiken um Milderung der Strafe. [Taschenbuch für die vaterländische Geschichte. Herausgegeben von dem Freiherrn von Hormayr und von Mednyansky (Wien, 12°.) I. Jahrgang 1820, S. 170 und 171 im Artikel: „Die Zierotine".] — 27. Ein **Johann** von Zierotin lebte zu Ende des 16. und im ersten Viertel des 17. Jahrhunderts. Welcher Linie er angehört, ist nicht festzusetzen. Wegen der Glaubensverfolgungen, von denen seine Heimat schwer betroffen wurde, verließ er gleich vielen Anderen dieselbe, um unter Gustav Adolf, in dem die Verfolgten zu jener Zeit den Schützer ihres Glaubens erkannten, Schutz zu suchen. Er begab sich nach Elbing, wo er sich mit noch anderen Glaubensgenossen seiner Heimat 1628 befand, und wo er auch starb. In neuerer Zeit ward in Elbing ein Leichenfund gemacht, bei dessen näherer Untersuchung auch die Ueberreste eines Johann von Zierotin erkannnt wurden. Ein Versuch der Familie, die aufgefundenen Leichen in ihren Besitz zu bekommen, scheiterte an den geradezu unverschämten Forderungen der Elbinger, die aus dem Leichenfunde ein vortheilhaftes Kaufgeschäft zu machen suchten. Man vergleiche über diesen Fund und die Muthmaßungen, wer die Leichen sein könnten, die Volks- und Schützen-Zeitung (Innsbruck, 4°) vom 12. März 1858, Nr. 31, S. 178. — 28. **Johann** Graf Zierotin (gest. 1776), Besitzer des Majorates Prauß mit dem Lehen Meseritsch, war oberster Musikdirector bei Friedrich II. von Preußen. Er starb kinderlos. — 29. **Johann (Hans) Dietrich**, welcher in der zweiten Hälfte des 16. und in der ersten des 17. Jahrhunderts auf seiner Herrschaft zu Ullersdorf lebte, betheiligte sich mit noch Anderen seines Hauses an der durch den Winterkönig Friedrich von der Pfalz hervorgerufenen Rebellion und verfiel gleich Anderen, als nach der Schlacht am Weißen Berge (8 November 1620) der Racheengel der Vergeltung erbarmungslos wüthete, den Folgen seines Unternehmens, indem ein großer Theil seines Besitzes confiscirt wurde. Er war mit Katharina von Zampach vermält. [Wolny (Gregor). Taschenbuch für die Geschichte Mährens und Schlesiens (Brünn, Traßler, 12°.) I. Jahrg. 1820, S. 146 in d'Elvert's Monographie: „Die Zierotine" (theilt das Urtheil mit, das über ihn gefällt worden.)] — 30. **Johann Friedrich** von Zierotin, der zu Ende des 16. und Anfang des 17. Jahrhunderts zu Straßnitz lebte, ertheilte und bestätigte den Unterthanen daselbst mehrere Privilegien und Gerechtsame, deren Urkunden von der Stadtgemeinde Straßnitz, wo sie bis dahin aufbewahrt gewesen, dem mährisch-ständischen Landesarchiv zur Aufbewahrung übermittelt wurden. Diese Urkunden rühren aus den Jahren 1593, 1609, 1611 und werden ihrem Inhalt nach in d'Elverts „Notizenblatt der historisch-statistischen Section der k. k. mährisch-schlesischen Gesellschaft zur Beförderung des Ackerbaues u. s. w." 1858, Nr. 7, S. 60 und 61 mitgetheilt. — 31. **Johann Joachim**, erster Graf von Zierotin (geb. 1666, gest. 8. Mai 1716), Besitzer von Ullersdorf, Wiesenberg, Blauda, Johnsdorf und Kemnitz und durch seine Gattin Ludovica von Lilgenau Herr von Prauß in Schlesien, war k. k. Kämmerer, geheimer Rath und Beisitzer des obersten Gerichtes für Mähren. Zugleich mit seinem Bruder Maximilian erbat er sich von Kaiser Joseph I. die Erhebung in den Grafenstand, welcher ihnen auch durch die Kaiserin Eleonore, nachdem diese nach Josephs I. Tode die Regierung übernommen hatte, mit den Diplomen von der Hofkammer ddo. 18. September 1706 und von der böhmischen Hofkanzlei ddo. 14. April 1712 verliehen wurde. Johann Joachims Sohn Johann Ludwig nahm von seiner Mutter, der letzten Freiin von Lilgenau, den Titel eines Freiherrn von Lilgenau an, den aber erst sein Sohn Johann Ludwig zu führen benann. [Trauer- und Ehrengebet. Preisnachruf an Herrn Johann Joachim Grafen Zierotin. — Der gute von Adel in Geblüt und Gemüth bei den Exequien des Joh. Joach. von Zierotin. Beide in der Bibliothek im Schlosse Blauda.] — 32. **Johann Karl** (geb. 1719, gest. 1776), der älteste Sohn des Grafen Johann Ludwig aus dessen Ehe mit Maria Francisca Gräfin von Herberstein, wurde in der damaligen k. k. Ritterakademie zu Liegnitz erzogen und vertheidigte am 19. März 1739 unter dem Vorsitz des Professors der Mathematik Johann Georg Wagner den Satz „Quidenim majus, quid sanctius Imperiali est Majestate", welcher 13½ Bogen stark im Druck erschienen ist. Die Widmung ist an den Kaiser gerichtet. Der Graf vermälte sich am 26 August 1744 mit Maria Josepha Gräfin Königseck-Erps, und die Kaiserin-Witwe Elisabeth Christine von Braunschweig-Wolfenbüttel, bei welcher die Braut Hofdame war, richtete derselben in ihrem Schlosse Schönbrunn selbst die Hochzeit aus, weil es die hundertste Dame ihres Hofstaates war, welche sich verheiratete. Das Gastmahl, welches die Kaiserin dem Brautpaare zu Ehren gab, fand im großen Saale zu Schönbrunn unter einem besonderen Ceremoniell statt. Nach d'Elvert wäre, wie Graf Johann [Nr. 28] oberster Musikdirector bei Friedrich von Preußen, so auch Graf Johann Karl Spielgraf bei demselben gewesen. (?) [Wolny (Gregor). Taschenbuch für die Geschichte Mährens u. s. w., I. Jahrg. 1826, S. 137 und 139.] — 33. **Johann Ludwig** (geb. 1692, gest. 11. Mai 1761), der erstgeborene Sohn des Grafen Johann Joachim und Ludovicas geborenen Freiin von Lilgenau, rief zu Ullersdorf mit großem Kostenaufwande in den Jahren 1731 bis 1738 den berühmten im holländischen Style gehaltenen Garten ins Leben, mit einem künstlichen starken Wasserfall, mit herrlichen Springbrunnen, deren einer einen Trieb von fünfzehn Klaftern Höhe hatte, mit Pavillons, Statuen u. s. w. Leider wurde derselbe, der seinerzeit poetisch verherrlicht worden, bald verwahrlost und gerieth in gänzlichen Verfall. Ullersdorf ist jetzt Fürst Liechtenstein'scher Besitz. Graf Johann Ludwig nahm nach seiner Mutter Freiin von Lilgenau der Erste den Namen eines Freiherrn von Lilgenau an. Seiner Ehe mit Maria Francisca geborenen Gräfin von Herberstein entstammen vier Söhne und drei Töchter. Von Ersteren pflanzten Ludwig Anton und Joseph Karl das Geschlecht fort. Der von Ludwig Anton ausgehende Zweig erlosch schon mit dessen Kindern; die Nachkommen Franz Josephs blühen noch zur Stunde. [Vgl. im Uebrigen die Stammtafel.] — 34. **Johann Peter** (gest. 1620) ist der einzige Sohn des Johann Theodor von Zierotin auf Ullersdorf. Im Archiv des Schlosses Blauda befindet sich die auf ihn gehaltene Leichenpredigt. — 35. **Joseph Karl** (geb. 8. October 1728, gest. 26. September 1818), ein Sohn des Grafen Johann Ludwig aus dessen Ehe mit Maria Francisca geborenen Gräfin Herberstein, stand im Staatsdienste und bekleidete zuletzt die Stelle des Appellationspräsidenten und Oberstkämmerers im Lande Mähren. Er vermälte sich am 6. October 1763 mit Johanna geborenen Gräfin Schrattenbach, welcher Ehe sechs Töchter und drei Söhne (vgl. die Stammtafel) entsprossen. Von den Söhnen pflanzte nur Franz Joseph den Stamm fort. — 36. **Karl** (geb. 1509, gest. 1560), von der Alttitscheiner Linie. Ein Sohn Peters von Zierotin auf Schönberg (nach Anderen Victorins) und Margarethas aus dem mächtigen Geschlechte der Pernstein, wurde er jung in den Maltheserorden aufgenommen, erhielt eine sorgfältige Erziehung und bildete sich weiter auf Reisen, auf welchen er fast alle Länder Europas besuchte. Zunächst trat er dann in die Dienste Kaiser Karls V., mit dem er den Zug nach Tunis (1535) machte, um den furchtbaren und vom Glück begünstigten Seeräuber Barbarossa zu züchtigen. Er wohnte mit noch 120 Maltheserrittern der Erstürmung der Veste Goletta, der Vormauer von Tunis, bei und eroberte Bona. Nach seiner Rückkehr von diesem Zuge erhielt er in der Heimat eine Commende seines Ordens. Als dann nach dem Tode Johann Zápolya's dessen ränkevolle Witwe mit den Türken sich verband und der Krieg in Ungarn 1540 wieder von neuem aufloderte, begab er sich zum kaiserlichen Heere und stand unter dem Befehle des Feldmarschalls Wilhelm von Roggendorf. Er brachte Pesth in kaiserliche Gewalt. Während der Belagerung Belgrads fiel er in das türkische Lager, aber plötzlich von Türken umringt, mußte er sich durch einen Haufen Spahis durchschlagen. Im Jahre 1541 befehligte er die mährischen Hilfstruppen und schlug mit Franz Nyáry [Bd. XX, S. 444, Nr. 2] vereint auf dem Sulcaner Felde zwischen Lewenz und Gran die Türken, welche viele Hunderte auf der Wahlstatt ließen, in die Flucht. 1547 zog er gegen Johann von Sachsen und Philipp von Hessen, die Häupter des schmalkaldischen Bundes, ins Feld. Damals bekleidete er schon die Feldmarschallwürde, befehligte die schwere Reiterei und nahm an allen Kämpfen Theil, von der Mühlberger Schlacht bis zur Besetzung Prags, worauf er 1548 die Böhmen zur Ordnung und zum Gehorsam gegen ihren rechtmäßigen König zurückbrachte. 1551 führte er wieder die mährischen Hilfsvölker nach Ungarn. Als bei Lippa die Türken einen ebenso plötzlichen als raschen Ausfall machten, ließ er sofort seine Reiter absitzen, drang gegen die Stürmenden unaufhaltsam vor und brachte ihnen eine furchtbare Niederlage bei, eroberte die Stadt und nahm den Türken auch Csanád ab. Der Kaiser belohnte den Helden durch die erbliche Schenkung der Herrschaft Ziehuschitz in Böhmen 1553. Als der Kaiser dann 1556 seinen Sohn Ferdinand von Tirol mit dem Oberbefehl des Heeres in Ungarn gegen die Türken betraute, stellte er ihm Zierotin an die Seite. Mehrere Schlösser fielen, Szigeth, von den Türken eingeschlossen, ohne Lebensmittel und Geschütz, war nahe daran, in die Hände der Feinde zu fallen. Den ihm übertragenen Entsatz der Veste löste Zierotin mit bewunderungswürdiger Umsicht und mit Heldemuth. Mitten durch das Lager der Türken bahnte er sich an der Spitze seiner böhmischen und mährischen Reiter mit reichlicher Zufuhr den Weg, warf sie nach allen Seiten und nachdem er der Veste Hilfe gebracht, kehrte er glücklich zum Heere zurück. Die Türken aber gaben wegen einbrechender Kälte die Belagerung auf. Als der Winter dem Feldzuge ein Ende machte, führte Zierotin sein Heer in die Heimat zurück. Mit dem Entsatze von Szigeth beschloß er seine Waffenthaten. Noch sei erwähnt, daß er während der Kriege zu diplomatischen Missionen an den Feind verwendet wurde und diese stets mit Erfolg ausführte. Die letzten Lebensjahre verweilte er am kaiserlichen Hofe. Karl brachte das Erbkämmereramt von Mähren 1537 an sein Geschlecht. Ueber seine Heirat finden sich widersprechende Nachrichten. Nach Chlumecky's Forschung steht dieselbe außer Zweifel, er hatte auch zwei Söhne, Kaspar und Victorin, Letzterer vermält mit Elisabeth geborenen Freiin von Weitmühl. Beim kaiserlichen Hofe stand er im großen Ansehen. Andreas Graf von Burgau, ein Sohn Erzherzog Ferdinands von Tirol aus dessen Ehe mit Philippine Welser, wollte selbst, um den Feldmarschall Karl von Zierotin, seines fürstlichen Vaters Freund, Lehrer und Kriegsgefährten zu ehren, die Biographie desselben in einem Druckwerke veröffentlichen lassen, und Dr. Johann Martin Robmann trat dieserhalb mit Herrn von Zierotin in Verbindung. Man vergleiche darüber Pet. Ritter von Chlumecky's Werk: „Karl von Zierotin und seine Zeit. 1564—1615" (Brünn 1862, A. Nitsch, Lex. 8°.) S. 129. Reusner in seinen „Symbolis heroicis" führt als Karls Wahlspruch den Satz an: „Omnia Deo, fortunae nihil". [Bornschein (Adolf). Oesterreichischer Cornelius Nepos oder Leben, Thaten und Charakterzüge österreichischer Feldherren (Wien 1812, kl. 8°.) S. 277. — Thaten und Charakterzüge berühmter österreichischer Feldherren (Wien 1808, Degen, 8°.) S. 63. — Reilly Franz Joh. Jos.). Skizzirte Biographien der berühmtesten Feldherren Oesterreichs... (Wien 1813, 4°.) S. 36. — **Porträt.** D. Custos sc., gr. Folio in ganzer Figur.] — 37. **Karl** (geb. zu Brandeis in Böhmen 14. September 1564, gest. zu Prerau 9. October 1636). Ein Sohn des Kreishauptmannes des Brünner Kreises Johann von Zierotin aus dessen Ehe mit Marianne von Boskowitz, erhielt er eine sehr gediegene Erziehung und trefflichen Unterricht in Eibenschitz unter E. Rüdiger, in Straßburg, wo damals berühmte Lehrer Humanitäts- und Naturwissenschaften vortrugen, zuletzt in Genf, wohin ihn der große Ruf eines Theodor von Beza zog. An den genannten Orten lernte er bedeutende geistige Größen seiner Zeit kennen und befreundete sich mit ihnen. Dann unternahm er, um seine Bildung zu vollenden, eine größere Reise, auf welcher er Italien, Frankreich und die Niederlande besuchte. Zurückgekehrt, trat er sein väterliches Erbe an und war nach Friedrichs von Zierotin Tode 1598 das Haupt der Familie. Er wohnte auf seinem stattlichen Schlosse in Namiest und machte sich bald im öffentlichen Leben durch sein diplomatisches Talent in Führung der politischen Angelegenheiten seines Landes und den energischen

Schutz, den er der Brudergemeinde, welcher er selbst angehört zu haben scheint, gewährte, vortheilhaft bemerkbar, mußte aber auch die Anklage der Häresie und Ketzerei über sich ergehen lassen und Verfolgungen und Verdächtigungen schlimmster Art erdulden. Das Leben Karls hat einen so reichen Inhalt, daß in folgender Skizze nur Hauptmomente in Umrissen gezeichnet werden können, übrigens hat er an Herrn von Chlumecky einen Biographen gefunden, welcher der Bewältigung eines ebenso reichhaltigen als schwierigen Stoffes völlig gewachsen war. Alle ihm angebotenen staatlichen Bedienstungen schlug Zierotin aus und widmete sich, dem Beispiele seines Vaters folgend, vorerst dem Kriegsdienste. Er kämpfte in Ungarn gegen die Türken, bis 1606 die Feindseligkeiten durch einen Frieden geschlossen wurden. Nicht minder schwere Zeiten folgten, als die Wirren durch den Zwist der beiden kaiserlichen Brüder Rudolf und Matthias die einzelnen Länder des Staates arg schädigten. Karl trat auf die Seite des Letzteren und beobachtete gegen den Kaiser eine solche Haltung, daß die Anschläge desselben gegen Matthias ihre Wirkung verfehlten. Den Grund des Widerstandes, den er gegen den Kaiser Rudolf bethätigte, erzählt er in einem seiner Briefe, worin er sich beklagt, daß er von demselben ohne alles Verschulden eines seiner Ehrenämter entsetzt worden sei. Als die Wirren im Lande immer bedrohlicher wurden, trat er mit seinem Widerstande gegen Rudolf ganz offen auf, er veranlaßte die Mährer, dem Beispiele der Ungarn und Oesterreicher zu folgen und dem Erzherzog Matthias den Eid der Treue zu leisten. Er begleitete Letzteren auch auf dessen Heerzuge nach Böhmen; er übernahm dann die Gesandtschaft an den Kaiser, und er vermochte denselben, seinem Bruder die Länder Ungarn und Oesterreich abzutreten. Als nun 1610 die sogenannten Passauer Truppen eine drohende Haltung gegen Mähren und Oesterreich annahmen, besetzte er unter Befehl Albrechts von Waldstein, nachmaligen Herzogs von Friedland, die Grenzen der ihm anvertrauten Länder, und einige Jahre später, nach Ausbruch der Rebellion in Böhmen, sammelte er in aller Eile ein Heer und traf alle Anstalten, um zu verhüten, daß Mähren in dieses allgemeine Unglück verwickelt würde. Als ihn dann die mährischen Stände, auf seine Umsicht und Beredtsamkeit alles Vertrauen setzend, nach Prag schickten, so blieb seine unwiderstehliche Beredtsamkeit nicht ohne Einfluß auf den erbitterten böhmischen Adel, den er zur Einigkeit und zur Treue gegen den Kaiser zu bereden versuchte. Aber Graf Thurn und mit ihm noch einige Malcontenten des böhmischen Adels vereitelten alle Bemühungen Zierotin's. Nach dem Tode des Kaisers Matthias ergriff Karl mit gleichem Eifer die Partei dessen Nachfolgers, des Kaisers Ferdinand II. Obgleich selbst kein Katholik, ließ er sich doch in keiner Weise bewegen, seine Einwilligung zu den aufrührerischen Bewegungen der protestantischen Landstände in Mähren zu geben, die sich ebenfalls der Rebellion in Böhmen anschlossen. Als die Rebellen festen Fuß gefaßt, die kaiserlichen Beamten vertrieben und ihre eigenen Creaturen in Aemter und Würden gestellt hatten, blieb er doch unentwegt der treue Unterthan seines Kaisers, wenn es gleich noch immer auch von dieser Seite an heimlichen Machinationen nicht fehlte, die ihn zu verderben suchten. Zunächst aber hatte er die Unbilden derjenigen zu erdulden, die ihn als den Abtrünnigen ihrer Partei ansahen, der seine Macht und seinen Einfluß anwenden konnte und anwendete, um ihren hochverrätherischen Plänen Widerstand zu leisten. Diese seine Standhaftigkeit war auch Ursache, daß er nebst dem Cardinal Dietrichstein, dem Fürsten Karl Liechtenstein und Ladislaw von Lobkowitz von den böhmischen Rebellen nach Brünn in Verwahrung gebracht wurde. Friedrich von der Pfalz, der, zum Könige von Böhmen ausgerufen, nach Mähren zog, wo ihm, nachdem die Rebellen auch in diesem Lande die Macht an sich gerissen hatten, 1620 öffentlich gehuldigt wurde, versuchte persönlich wie durch seine Anhänger Zierotin für seine Sache zu gewinnen. Aber ebenso wenig die größten Ehrenstellen und Belohnungen, die ihm angeboten wurden, konnten Karl in der Treue gegen seinen Kaiser und Herrn wankend machen, als die Androhungen von Elend, Verbannung, ja selbst des Todes. Er erwiderte auf Alles mit unerschütterlicher Ergebenheit in sein Geschick, „daß er sein Leben und sein Glück gern hingeben werde, um dadurch die Schande des Meineids und der Untreue von sich abzuwenden, welche nicht nur sein Andenken, sondern auch seine ganze Nachkommenschaft beflecken würde“ Von solcher Seelengröße und Charakterfestigfeit blieb selbst Pfalzgraf Friedrich nicht unberührt. Er ließ Zierotin vor sich bescheiden, besprach sich mit ihm in seinem Gemache, forderte ihn auf, bei der Erfahrung, die er sich durch so viele Jahre erworben, bei seiner bekannten Klugheit und erprobten Rechtlichkeit ihm offen seine Ansichten zu sagen, und beschwor ihn, ihm seine Meinung über die zweifelhafte Lage der damaligen Umstände nicht zu verhehlen. Man will an dem Pfalzgrafen nach dieser Unterredung nicht mehr die vorige Heiterkeit wahrgenommen haben, und derselbe soll nach der seine gänzliche Niederlage besiegelnden Schlacht am Weißen Berge (8. November 1620) auf der Flucht seinen Höflingen mit Wehmuth erzählt haben, daß nunmehr Alles so eingetroffen sei, wie es ihm damals Zierotin in Brünn vorhergesagt habe. Als nach dieser Schlacht auch die Mährer bedenklich ihrem Geschicke entgegensahen, erkannten sie bald, daß Niemand geeigneter sei, des Kaisers Gnade für das irregeführte Land zu erflehen, als eben Karl von Zierotin. Dieser übernahm in Liebe für sein Vaterland die heikliche Sendung, und auf sein Fürwort geschah es auch, daß der Kaiser mit Mähren milder verfuhr als mit Böhmen. Aber wenn Zierotin für sein treues Verhalten Rücksichten — an Lohn dachte er ja nicht — erwartete, so sah er sich sehr getäuscht. Der allerorten wüthende religiöse Zelotismus jener Zeit verschonte auch den nicht, der, obgleich anderen religiösen Bekenntnisses, doch ein treuer Paladin seines Monarchen in den schwersten Tagen, die über dessen Reich hereingebrochen, ihm treu zur Seite geblieben. Es ist nicht genau ermittelt, an welches Bekenntniß Zierotin sich hielt, ob an jenes der Calviner oder der sogenannten mährischen Brüder; gewiß ist es, daß er Letztere, vornehmlich ihre geistlichen Vorsteher hoch schätzte, daß er die Ausbreitung ihrer Grundsätze auf alle mögliche Weise beförderte und die Brüder, nachdem dieselben auf Befehl des Kaisers aus Böhmen und Mähren verbannt worden, auf seinen Gütern aufnahm und ihnen Schutz gewährte. Aber auch seine Güter blieben nicht verschont, auch auf diesen suchte man die Verfolgten und zog ihn dafür, daß er ihnen Schutz gewährte, zur Verantwortung. Man ging so weit, ihm, als er bat, ihm einen einzigen Prediger in seinem Hause zu belassen, diese Bitte abzuschlagen. Solches Gebaren ging ihm denn doch zu weit. Dazu gesellten sich die Racheacte — denn es war nicht immer Gerechtigkeit, mit welcher man gegen die Verführten vorging, oft mischte sich persönliche Feindseligkeit in die Vollzugsacte — an denen seine Heimat zu leiden hatte; dies verleidete ihm alsbald den weiteren Aufenthalt im Vaterlande. Wenn man ihm auch persönlich gestattete, so lange er lebte, an seinem Glaubensbekenntnisse zu halten, so widerten ihn doch die im Ganzen gewaltsamen Vorgänge aus tiefster Seele an. Vorerst legte er die Landeshauptmannstelle, die er bisher bekleidet hatte, nieder, die von ihm am 17. December 1614 begehrte Enthebung von seinem Amte wurde ihm am 26. Februar 1615 gewährt, dann verkaufte er seine großen Güter seinem Schwager Albrecht Waldstein Herzog von Friedland und behielt nur die Herrschaft Prerau in seinem Besitze. Und nun theilte er freiwillig mit anderen Glaubensgenossen das Exil und lebte zu Breslau. Als er sein Ende nahe fühlte, trieb ihn die Sehnsucht nach seiner schwer heimgesuchten Heimat zurück und auf dem Schlosse zu Prerau schloß er, 72 Jahre alt, für immer die Augen, welche in warmer Treue über sein Vaterland gewacht. Werfen wir noch einen kurzen Blick auf Zierotin den Förderer der Wissenschaft und Glaubensfreiheit und über seine häuslichen Verhältnisse. Er selbst war kein Gelehrter im gewöhnlichen Sinne des Wortes, aber er trieb mit großem Eifer das Studium philosophischer, mathematischer und der schönen Wissenschaften. Chlumetzky's großes und treffliches Geschichtswerk gibt im fünften Capitel ein anziehendes Bild seines geistigen Lebens und Webens. Der Ruf seiner Thätigkeit ging bald weit über die Grenzen seines kleinen Stammlandes hinaus, und wie hochgeschätzt der mährische Edelmann im Auslande war, bezeugen die vielen Zueignungsschriften, mit welchen die Gelehrten seiner Zeit vornehmlich in Deutschland und in den Niederlanden sich und ihn ehrten. Er schrieb eine Geschichte seiner Zeit, die zwar nicht gedruckt, aber doch von zwei gediegenen Forschern, Balbin und Pessina benützt wurde. Auch soll er, wie Balbin in „Epitome Rer. Boh." lib. V c. 15 berichtet, eine Geschichte des böhmischen Krieges „Bellum bohemicum" verfaßt haben. Wäre ja doch Niemand mehr dazu berufen gewesen als gerade er, der, über den Parteien stehend, Augenzeuge aller Vorfallenheiten war. Aber das Werk, welches Balbin für eine Arbeit Zierotin's hält, hat nicht diesen, sondern einen Anhänger des Pfalzgrafen Friedrich, den seinerzeit berühmten Arzt Andreas von Habernfeld zum Verfasser. Eines der schönsten Denkmale seiner Liebe für die Wissenschaft war aber die Errichtung einer Buchdruckerei der mährischen Brüder, die Zierotin auf seine Kosten zu Kralitz in Mähren, unweit von seinem Schlosse Namiest, wo er gemeiniglich wohnte, aufstellte. Außer verschiedenen anderen Werken ist namentlich die čechische Bibel des alten und neuen Testamentes in 6 Bänden hervorzuheben, welche aus der Kralitzer Druckerei hervorgegangen. Sie ist nicht nur ein Denkmal der Typographie infolge der Pracht der Ausstattung, sondern auch ein Denkmal der Sprache, welche sich durch ihre Reinheit, Zierlichkeit und Gediegenheit hervorthut, wurden doch zur Ausführung die gelehrtesten Männer jener Zeit zur Mitwirkung beigezogen. Ueber Karls häusliche Verhältnisse hat erst Chlumecky die wahren und richtigen Angaben gebracht. Karl von Zierotin hatte sich viermal verheiratet. Seine erste Frau war Barbara von Kragiř, aus einer Familie, die zu den eifrigsten Beschützern der Brüder zählte. Im Sommer 1589 fand die Vermälung statt. Barbara gebar ihm 1590 die Tochter Bohunka, starb aber schon am 21. Juni 1591. Vor seiner Kriegsfahrt nach Gran (1593) lernte er Elise Kragiř, eine entfernte Verwandte seiner ersten Frau und Tochter des Heinrich Wenzel von Kragiř auf Mladoniowitz kennen und feierte mit ihr im Februar 1596 auf seinem Schlosse Namiest mit großem Pompe die Hochzeit. Auch Elise verlor er nach erst vierjähriger Ehe durch den Tod am 24. Jänner 1600, sie hatte ihm eine Tochter Helene und den Sohn Friedrich geboren, der aber, nur drei Monate alt, der Mutter ins Grab folgte. Nach vierjährigem Witwerstand schritt er zur dritten Ehe mit Katharina Anna (geb. 1584), einer Tochter Wilhelms von Waldstein auf Heřmanitz und der Frau Margaretha Smiřicky, einer Schwester Albrechts von Waldstein, des in der Dichtung als Wallenstein populären Friedländers. Die Vermälung fand in Rossitz am 24. August 1604 statt, aber nicht ein ganzes Jahr dauerte die Ehe mit dieser dritten Frau, die nach langwieriger Krankheit — sie war sieben Monate bettlägerig — am 8. August 1605 starb. Zehn Jahre später schritt Karl, damals schon 50 Jahre alt, zur vierten Ehe mit einer gleichaltrigen Dame Katharina, aus dem Hause Waldstein, verwitweten Emil Ciowsky von Daubrawitz auf Trebitsch. Die Hochzeit fand am 22. Juni 1614 statt. Aus allen vier Ehen blieben ihm nur die zwei Töchter Bohunka (Beatrix) und Helena. Bohunka war in erster Ehe mit Hynek von Wrbna [Bd. LVIII, S. 179, Nr. 19] vermält; in zweiter Ehe mit Wolfgang Siegmund v. Teuffenbach [Bd. XLIV, S. 80, Nr. 56]. Helena heiratete Georg von Náchod. Wir können diese kurze Skizze nicht besser schließen als mit den Worten des Herrn von Chlumecky: „Zierotin wurde eine Lieblingsgestalt seiner Nation, weil diese Nation in ihm ihr Ideal verwirklicht sah. Er war ein leuchtendes Gestirn im Niedergang, welches noch helle Lichtstrahlen hinwarf, bevor die Nacht hereinbrach, welche lang und tief auf den Gefilden Böhmens und Mährens ruhte." [Chlumecky (Peter Ritter von). Karl von Zierotin und seine Zeit. 1564—1615 (Brünn 1862, A. Nitsch. Lex. 8°., XXIV u. 864 S. und Urkundenband) — Slavín (Pantheon). Sbírka podobizen autografů a životopisů předních mužů českoslovanských, d. i. Slavin. Sammlung von Bildnissen, Autographen und Lebensbeschreibungen hervorragender čechoslavischer Männer (Prag 1873, F. Bartel, 8°) S. 242 bis 251. — Taschenbuch für vaterländische Geschichte. Herausgegeben von Freiherren von Hormayr und von Mednyansky (Wien. 12°.) 1. Jahrgang 1820, S. 171—176. — Blätter für literarische Unterhaltung (Brockhaus, 4°.) 1864, S. 50. — Svetozor (Prager illustrirtes Blatt) Bd. I, S. 230 und 233. — *Monse (J. W. v.).* Caroli L. B. a Zierotin epistolae selectae fascic. I (Brunae 1781, 8°.). — *Brandl (K.).* Spisy Karla staršiho z Žerotina (Matice moravská 1772). — Das Archiv des Schlosses Blauda in Mähren enthält eine Fülle von Briefen und anderen Handschriften, Karl von Zierotin betreffend, welche aber wohl schon Peter von Chlumecky benützt hat. Viele Briefe des Comenius an Zierotin in der Graf Wrbna'schen Bibliothek, vordem zu Hořowitz aufbewahrt, wurden nebst dem handschriftlichen Nachlaß Karls von Zierotin von der Familie Zierotin angekauft und sind in dem Archiv zu Blauda aufbewahrt. — **Porträts.** 1) Unterschrift: „Carolus Liber Baro a Zierotin". Joann. Quirin. Jahn del. Joan. Balzer sc. (Pragae, 8°.). — 2) Holzschnitt ohne Angabe des Zeichners und Xylographen. — 3) Facsimile des Namenszuges. Holzschnitt in den „Kvety" 1871, Nr. 11, S. 81. — 4) Facsimile des Namenszuges. Holzschnitt von Bartel (?) in dessen „Slavin".] — 38. **Karl Emanuel** Graf [siehe die besondere Biographie Seite 97]. — 39. **Kaspar Melchior,** der im 16. Jahrhunderte lebte, war ein Sohn Karls von Zierotin auf Colin aus dessen Ehe mit Veronica Terczka von Lipa. Er trat zur katholischen Kirche über und blieb in der böhmisch-mährischen Rebellion dem Kaiser treu. Er erfreute sich als einer der ausgezeichnetsten Männer seines Landes und seiner Zeit der besonderen Huld Kaiser Ferdinands II., wurde zu allen Verhandlungen, die das Land betrafen, berufen, um mitzurathen. Als kaiserlicher Commissär geleitete er die Kriegsvölker des Erzherzogs Matthias aus Böhmen, und als zu Parcubitz zwischen den Bürgern und den ergrimmten Ungarn ein blutiger Zwist ausbrach, schlichtete er mit persönlicher Lebensgefahr den Streit. Er wird auch als ein großer Freund der Jesuiten bezeichnet. Kaspar Melchior hatte aus zwei Ehen: *a)* mit Elisabeth Katharina von Schleinitz und *b)* mit Elisabeth von Waldstein, nach Anderen von Duba, Söhne und Töchter. Aber nur zwei Töchter, Elisabeth, später vermälte Peter Swihowský, und Anna Veronica vermälte Freiherr von Berka, überlebten den Vater. [*Dobner (Gelas).* Monumenta histor. Bohemiae (Prag 1764 u. f., 4°.) Tomus II, p. 307—319 im „Diarium Anonymi". — d'Elvert (Christian Ritter). Notizenblatt der historisch-statistischen Section der k. k. mährisch-schlesischen Gesellschaft für Beförderung des Ackerbaues u. s. w. (Brünn, 4°.) Jahrg. 1858, S. 60: „Straßnitzer Urkunden Nr. 6, 7, 8".] — 40. **Katharina** (geb. 1564, gest. um 1633). Sie war aus dem Hause Waldstein und eine verwitwete Smil Osowsky von Daubrawitz auf Trebitsch. Nachdem Karl von Zierotin bereits drei Gattinen in kürzester Zeit durch den Tod verloren, entschloß er sich, obgleich nicht mehr jung, zu einer vierten Ehe, eben als er durch die politischen und religiösen Wirren seines Vaterlandes veranlaßt worden, seine Landeshauptmannstelle niederzulegen und seinen bedrängten und vertriebenen Glaubensgenossen ins freiwillige Exil nach Breslau zu folgen. Im Gefühle des Verlassenseins, das sich unter solchen Umständen seiner bemächtigte, schritt er zur Wahl einer Gefährtin, die, im Alter ihm gleich und mit reifer Lebenserfahrung und hohem Verstande, eine Glaubenstreue, wie es seine eigene war, verband und das reiche Gemüthsleben auffassen konnte, das er ihr zu bieten hatte. Nachdem er mit dem Bruder seiner Braut, dem böhmischen Landhofmeister Adam von Waldstein auf Hradek und einem anderen nahen Verwandten, dem Marschall von Böhmen, Berthold Bohobud von Lipa zuvor die Vermögensfragen geordnet, erfolgte am 22. Juni 1614 die Trauung. Katharina wird als eine geistreiche Frau geschildert und als eine Patronin der Brüderunität. In der Sammlung Schwoy's, jetzt wohl im mährischen Landesmuseum zu Brünn, befand sich ein Manuscript, bestehend aus drei Foliobänden, welches Abschriften aller Briefe Katharinens aus den Jahren 1631—1633 incl. aus ihren verschiedenen Aufenthaltsorten Breslau, Prerau und Brandeis an ihre vielen Correspondenten enthält und für den Geschichtsforscher Wichtigkeit besitzt. Auch die im mährischen Landesarchive vorhandenen Ueberreste des Trebitscher Schloßarchives enthalten manchen Brief von Katharina und an sie. Alle aber sind Zeugen der ungewöhnlichen Bildung und Thatkraft dieser vierten Gemalin Karls von Zierotin. — 41. **Kunka (Kunigunde)** von Zierotin lebte im 13. Jahrhunderte, sie war eine Tochter Blichtas I. aus dessen Ehe mit Offka (Euphemia) geborenen von Martinitz, eine Schwester Blichtas II. und Gemalin Jaroslaws von Sternberg, dessen Ruhm als Tatarenbesieger vor Olmütz (am 24., nach Anderen 25. Juni 1241) bis an den heutigen Tag fortlebt. [Vergleiche Band XXXVIII, S. 274, Nr. 16.] — 42. **Ladislaus Welen** (geb. 1579, Todesjahr unbekannt). Ein Sohn Johanns IV. von Zierotin auf Lundenburg und Kunigundens geborenen von Boskowitz, zählte er zu den reichsten und angesehensten Magnaten des Landes Mähren. Ohnehin schon reich durch eigenen Besitz, erbte er nach dem Tode seines Oheims Johann Sembera von Boskowitz, des Letzten seines Geschlechtes, die großen Herrschaften Trübau, Hohenstadt und Eisenberg. In Trübau hielt er wie ein Fürst einen glänzenden Hofstaat und versammelte um sich eine Menge Gelehrte, Künstler, so z. B. die Theologen und Dichter: Veruntius (aus Meißen), Spaldholz, Manigius, Pistorius; die Alchymiker und Chemiker: Phönix, Rab, Klinger und Marco Eugenio Bonacina (aus Mailand); die Aerzte: Rencius, Brechart, Denart, Schwabacher; die Bildhauer: Koler (aus Meißen), Fanler, Gatschke (aus Eibenschitz), Paris; den Kupferstecher Kaspar Schum; die Architekten: Hans und Andreas Balzer (aus Neisse), Jacobus, Firne, Motal de Bona (alle drei Italiener); die Tonkünstler: Müller, Koch, Borner (die letzteren zwei aus Meißen); die Goldschmiede: Knorr, Deutschländer, Bisnowsky. Unter solchen ästhetischen Genüssen wendete er den politischen und religiösen Wirren im Lande anfänglich nicht eben große Aufmerksamkeit zu, aber als Graf Thurn mit einer Macht von 16.000 Mann aus Böhmen in Mähren einbrach und sich in Znaim festsetzte, da that auch Ladislaus Welen mit. Brünn, welches bis dahin kaiserliche Truppen dem Kaiser erhalten hatten, fiel durch Meuterei in die Hände der Rebellen. Oberstlieutenant Stubenvoll spielte die Stadt in die Hände der meuternden Stände. Daselbst traten dieselben im Kaunitz'schen Hause zur Berathung zusammen. Diese hatte etwa eine Stunde gedauert, als ein Fenster des Rathsaales, der gegen den großen Platz hinausslag, plötzlich aufgerissen wurde und Ladislaus Welen mit mächtiger Stimme der unten ungestüm harrenden Volksmenge zurief: „Wollt Ihr zu den evangelischen Ständen halten?" Ein einstimmiges Freudengeschrei war die Antwort. Dann, indem man vorher noch die Thore schloß und Plätze und Straßen mit deutschen Reitern besetzte, ging es auf den Krautmarkt, und Stände und Bürger schwuren mit zum Himmel erhobenen Händen gegenseitige Treue und Hilfe. So war denn auch Mähren vom Kaiser abgefallen. Die Umgestaltung des Landes unter den Händen der Rebellen ging rasch vor sich. Die Katholiken verloren ihre Aemter und Würden, die Kirchen wurden den Evangelischen überantwortet, die Jesuiten vertrieben, die geistlichen Güter, wie es die Deutschen gethan, eingezogen und zum Theil verkauft. Ein Vertheidigungscorps ward sofort [illegible]stellt, und zwar 2000 Reiter und 3000 [illegible] Fußvolk unter Friedrich von Teuffenba[illegible] und Ladislaw Welen von Zieroti[illegible] Befehl, und in den nun folgenden Kämpfen mit den Truppen Dampierre's focht Letzterer siegreich. Als dann der bisherige Landeshauptmann von Mähren Ladisl. Popel von Lobkowitz abgesetzt worden, wählten die Stände Ladislaw Welen zum Landeshauptmann. „Was er als solcher", schreibt d'Elvert, „in wilder Hitze, Hohn, Uebermuth und schonungsloser Härte mit seinen rohen Trinkgesellen gethan, hat die Geschichte mit dem Griffel der Unvergänglichkeit aufgezeichnet". Am 3. Februar 1620 wurde der Winterkönig zur feierlichen Huldigung von den mährischen Ständen zum Einzuge in Brünn eingeholt, und Ladislaus Welen führte das Pferd desselben am Zügel. Aber nicht lange dauerte die Glorie. So lange der alte Hochverräther Thurn mit einigen Tausend Magyaren in Brünn hauste, ging Alles gut. Als aber Thurn aus der mährischen Hauptstadt nach Ungarn eilte, da folgte der Umschlag. Die Rebellen flüchteten Einer nach dem Andern und auch Ladislaus Welen. Diese Flucht rettete ihn vor dem Blutgericht. Unstät irrte er umher in Venedig, beim Pascha von Ofen, am Hofe Bethlen Gábor's. Letzterer nahm gebildete Ausländer und verfolgte Glaubensgenossen immer gern auf, so fand denn auch Ladislaus Welen bei ihm eine Zuflucht. Dieser, zum Oberstallmeister Bethlen's ernannt, knüpfte ein Liebesverhältniß mit dessen Gemalin Katharina, einer Schwester Wilhelm Georgs Kurfürsten von Brandenburg, an. Als Bethlen davon Kenntniß erhielt, machte er doch, wie nahe ihm auch die Sache ging, davon weiter keinen Gebrauch, als daß er seinen Oberstallmeister unter einem geeigneten Vorwande vom Hofe und aus dem Lande entfernte. Derselbe zog nun zu einem Bekannten im Ugócser Comitate, einem Herrn von Prinyi. Aber das Verhältniß dauerte fort, bis Stephan Bethlen, ein Bruder Gábors, Ladislaus Welen aus der Nachbarschaft verdrängen konnte. Uebrigens hatte die Fürstin an Csáky einen neuen Liebhaber und Ersatz für Ladislaus Welen gefunden. Als dann Gericht über die Rebellen gehalten wurde, verlor Zierotin alle seine Herrschaften: Trübau, Hohenstadt und Eisenerz schenkte der Kaiser dem

Fürsten Karl von Liechtenstein. Lundenburg wurde gegen eine Schuldforderung von 190.000 fl. der Gräfin Esther von Meggau überlassen. Die Häuser in Brünn und Olmütz fielen der Kammer anheim. Wo Ladislaus Welen in letzter Zeit gelebt und gestorben, ist nicht bekannt geworden. Er war zweimal verheiratet, zuerst mit Bohunka Kunowitz, dann mit Elisabeth von Thurn, welche 1624 starb. — 43. **Michael Joseph** (gest. 1779), von der Meseritscher Linie. Ein Sohn des Grafen Franz Ludwig und dessen Base Maria Luise Gräfin Zierotin, setzte er fort und vollendete den Bau des von seinem Vater begonnenen Schlosses zu Meseritsch. Er ist der Letzte der Meseritscher Linie, denn er starb unvermält. — 44. **Peter** von Zierotin, der im 15. Jahrhunderte lebte, war ein Sohn Johanns I. aus dessen Ehe mit Barbara von Sternberg. Als nach der Schlacht von Mohács (29. August 1526) die Türken ihre Macht in Ungarn ausbreiteten und auch die Nachbarländer bedrohten, zogen die Mährer an die Marken ihres Landes, um den furchtbaren Feind abzuwehren. In ihrer großen Noth bestimmten die Stände auf dem Landtage zu Brünn am 9. September 1529, daß jeder fünfte Mann des Landes zur Wehr verpflichtet sei, und theilten dasselbe in vier Kreise. Bei dieser Theilung wurden Peter von Zierotin und Waniek Kaneczky von Mirow Oberste des Tirschetitzer Kreises, was bei der großen Gefahr, von welcher das Land bedroht war, als kein geringes Zeichen des Vertrauens, das die Stände auf den Muth und die Einsicht der Erwählten setzten, angesehen werden muß. Peter hatte drei Söhne, welche Ahnherren ebenso vieler Linien wurden. — 45. **Plichta I.** von Zierotin lebte zu Ende des 12. und im 13. Jahrhundert. Er zog mit Kaiser Friedrich II. 1228 zu den Kämpfen in das gelobte Land, 1234 mit Przemysl Otokar II. an die Gestade der Ostsee gegen die heidnischen Preußen. Ihm wird die Stiftung des Klosters Hohenmauth in Böhmen zugeschrieben. Aus seiner Ehe mit Offka (Euphemia) geborenen von Martinitz stammen zwei Söhne und drei Töchter. Von Ersteren pflanzte Plichta II., den Kriegsruhm des Vaters vererbend, das Geschlecht fort. Von den Töchtern vermälte sich Dorothea mit Johann von Neuhaus; Kunak (Kunigunde) mit dem Mongolenbesieger Jaroslaw von Sternberg, und fand sie 1259 ihre Ruhestätte im Clarissinenkloster zu Olmütz; Crescentia aber nahm den Schleier im Kloster der Clarissinen zu Prag. — 46. **Plichta II.** (gest. 1278). Ein Sohn Plichtas I. von Zierotin aus dessen Ehe mit Offka (Euphemia) geborenen von Martinitz. In früher Jugend von Kriegslust getrieben, focht er die vielen und großen Kämpfe der Könige Wenzel und Otokar gegen Oesterreich und Ungarn, gegen die Preußen und Bayern und den letzten auf Leben und Tod gegen Rudolf von Habsburg mit. Als dann am 26. August 1278 Otokar den Entscheidungskampf in der Schlacht bei Marchegg kämpfte und bedeckt von 15 Wunden, fiel, fand auch Zierotin an des Königs Seite sein Ende. — 47. **Plichta III.** (gefallen bei Mühldorf am 28. September 1322) Ein Sohn Plichtas II. und eine jener grotesken Rittergestalten, wie sie das Mittelalter zu Nutz und Frommen aller Ritterromane und Balladen mit allem nur denkbaren Zauber ausgestattet hat. Es war in der Schlacht bei Ampfing und Mühldorf, am 28. September 1322, als Friedrich der Schöne mit Ludwig dem Bayern um die Herrschaft im deutschen Reiche kämpfte. Beide Heere standen mit aufgehender Sonne einander bereits gegenüber, jedes ungeduldig, daß das andere das Gefecht noch nicht begonnen. Plichta III. war mit den Mannen König Johanns von Böhmen, des Luxemburgers, zu den Truppen Ludwigs des Bayern gestoßen. Da in seiner Ungeduld über den noch immer nicht beginnenden Kampf rief Plichta von Zierotin: „Schau auf, mein König!" spornte das seine Reckengestalt tragende starke Streitroß, prallte, den scharfen und wuchtigen Rennspieß eingelegt, mitten in die Mannen Friedrichs des Schönen, trennte sie, den Seinigen eine Gasse zu bahnen, wendete, nachdem er den ganzen Haufen durchbrochen, rückwärts um, sprengte wieder zurück, stellte sich lächelnd vor König Johann und ließ seinen Streithengst verschnaufen. Dann wiederholte er das kecke Spiel ein zweites Mal — ungestraft. Als er aber zum dritten Mal Gott versuchte und übermüthig höhnte, gerieth er an die Ketten und Gruben der österreichischen Wagenburg, stürzte mit dem Rosse und wurde mit Keulen und eisernen Hämmern erschlagen. Abends, nach mühsam und blutig errungenem Siege wurde Plichta's Leiche gefunden. Der Bayernkönig Ludwig und der Böhmenkönig Johann traten hinzu. Sie befahlen den Leichnam mit kriegerischem Gepränge von der Wahlstatt zu tragen, trauernd auf den heimatlichen Boden zu überführen und in dem von Plichta selbst gestifteten Nonnenkloster in Teinitz beizusetzen. So berichten mit wenigen unwesentlichen Abweichungen d'Elvert und Hormayr. Moriz Bermann thut ein Uebriges hinzu, indem er der „Illustrirten Zeitung" vom 6. August 1870, Nr. 1414, S. 111: „Deutschlands Schild- und Wappensagen. Die Grafen Zierotin" nacherzählend, schreibt: „Friedrich sandte seine (Plichta's) Leiche mit ritterlichem Geleite ins bayrische Lager. Mit gesenktem Haupte schritt das treue Schlachtroß hinter derselben her. Von da ab soll es Sitte geworden sein, den Leichenbegängnissen berühmter Krieger das sogenannte Trauerpferd folgen zu lassen. (Schreiber dieses hält die Sitte für ungleich älter.) Es ging auch die Sage, daß, so oft ein Böhmenkönig falle, ein gleiches Loos einen Zierotin und einen Kolowrat treffe. Auf dem Marchfelde im Kampfe Otokar's mit Rudolf war es eingetroffen, später dann bei Crecy [siehe Georg von Zierotin S. 82, Nr. 17] und Marchegg [s. Budisch v. Zierotin S. 78, Nr. 6]. Den Vorgang im Mühldorfer Lager hat Carlopago in einer Ballade poetisch behandelt, welche in der „Oesterreichischen Ehrenhalle. Sammlung historischer Dichtungen" (Wien 1842, 12°) S. 364 abgedruckt steht. [Taschenbuch für die vaterländische Geschichte von Hormayr und Mednyansky Bd. 1, Jahrgang 1820, S. 163 u. f. — Wolny (Gregor). Taschenbuch für die Geschichte Mährens und Schlesiens, I. Jahrg. 1826, S. 99 u. f. — Bermann (Moriz). „Alt- und Neuwien" S. 323. Die Schreibung des Namens bei Bermann und in der „Illustrirten Zeitung" Pflichta ist falsch, Plichta die richtige.] — 48. **Plichta IV.** (gefallen in der Schlacht bei Crecy) [siehe Georg von Zierotin S. 82, Nr. 17]. — 49. **Plichta,** seines Namens VIII., beschloß, wie Zedler berichtet, im 13. Jahrhundert, da er sein Leben im ehelosen Stande im Kriege endete, als der letzte der böhmischen Linie des Hauses Zierotin sein Geschlecht in Böhmen. Die Lobkowitz und Swihowský haben das Wappen der böhmischen Zierotin in das ihrige aufgenommen. [(Zedler's) Universal-Lexikon, 62. Bd., Sp 1533.] — 50. **Przenko** von Zierotin [s. Przymislaus, unter Nr. 52]. — 51 **Przymislaus** von Zierotin Herr auf Wiesenberg, der Ende des 16. und Anfang des 17. Jahrhunderts lebte, nahm an der böhmisch-mährischen Rebellion unter dem Winterkönig Friedrich von der Pfalz, welche mit der Schlacht am Weißen Berge bei Prag 8. November ihr blutiges Ende fand, zugleich mit mehreren seines Geschlechtes Theil und verlor infolge dessen Wiesenberg. Seine Gemalin Anna war eine geborene Gräfin Schlik. [Wolny (Gregor). Taschenbuch für die Geschichte Mährens und Schlesiens, I. Jahrg. 1820, S. 145.] — 52. **Przymislaus (Przenko)** (gest. 24. Jänner 1632), ein Sohn des Staatsmannes und Kriegsobersten Johann I. aus dessen Ehe mit Barbara von Sternberg, war Herr auf Schönberg, Ullersdorf und Wiesenberg und ist des heute noch blühenden Geschlechtes Ahnherr, mit dem auch unsere Stammtafel anhebt. Das Archiv auf Schloß Blauda enthält ein Schreiben des Kaisers Ferdinand III. an Przymislaus aus dem Jahre 1643, ferner Briefe an dessen Gemalin Elisabeth Juliane geborene Freiin von Oppersdorff aus den Jahren 1637—1671 und mehreres Andere. Aus seiner Ehe mit Elisabeth Juliane [S. 78, Nr. 9] hatte Przymislaus sieben Kinder: zwei Töchter, Zwillinge, die in der Kindheit starben, und fünf Söhne, von denen nur Johann Joachim das Geschlecht fortpflanzte. — 53. **Scholastica** von Zierotin [siehe Skanka von Zierotin]. — 54. **Siegmund** von Zierotin. Im Streit über die Theilung des väterlichen Erbes mit seinem Bruder Johann (Hans) fiel er durch die Hand desselben im Zweikampfe. [S. 84, Nr 26]. — 55. **Skanka (Scholastica)** von Zierotin lebte zu Ende des 14. und Anfang des 15. Jahrhunderts. Sie war die Gattin Wilhelm Swihowský's von Riesenberg eines der berühmtesten Helden Böhmens im 15. Jahrhunderte, eines Riesen an Stärke, Begleiters und Lieblings des Königs Sigismund. Eine leibhafte Amazone, ging sie gewappnet ihrem Manne zur Seite und focht gleichfalls mit ungewöhnlicher Tapferkeit in manchem blutigen Kampfe. [Bergmann (Jos.). Medaillen auf berühmte und ausgezeichnete Männer des österreichischen Kaiserstaates vom sechzehnten bis zum neunzehnten Jahrhunderte. In treuen Abbildungen mit biographisch-historischen Notizen (Wien 1844 bis 1837, Tendler, 4°.) Bd. I, S. 91.] — 56. **Wictorin**, der im 14. und zu Anfang des 15. Jahrhunderts lebte, war ein Bruder des königs- und glaubenstreuen Friedrich, aber im Gegensatze zu diesem hielt er zu den Hussiten und zu den Widersachern Siegmunds, nachdem derselbe nach dem Tode seines Bruders Wenzel am 30. Juli 1420 zum Könige von Böhmen gekrönt worden. [D'Elvert in Wolny's Taschenbuch 1820. S. 103.] — 57. **Wenzel** von Zierotin lebte in der ersten Hälfte des 16. Jahrhunderts. Ein Sohn Bernhards Herrn zu Hostiez, Landesunterkämmeres in Mähren, und Katharinas von Sternberg, focht er in den Kämpfen, welche in Bayern nach dem Tode Herzog Georgs zu Landshut zwischen den Pfalzgrafen Philipp und Ruprecht Vater und Sohn und Albrecht und Wolfgang zu München über das Landshuter Erbe entbrannten. Wohl hatte Kaiser Maximilian die Ersteren in Reichsacht gethan und die benachbarten Fürsten zur Vollführung derselben aufgeboten. Da waren auch mehrere Tausend Böhmen und Mährer und unter diesen Wenzel von Zierotin nebst einigen Edlen mit einer Streitmacht von 1300 Mann mährischen Fußvolkes und 400 Reitern dem bedrängten Fürsten zu Hilfe geeilt. Als dann Ruprecht gestorben und sein Kriegsvolk zu schimpflicher Flucht sich gewendet hatte, hielten die Böhmen und Mährer zusammen und nahmen die Schlacht bei Regensburg (12. September 1504) mit dem Kaiser auf Nach langer geradezu verzweifelter Gegenwehr, in welcher der Kaiser selbst in große Gefahr gekommen sein soll, fiel der größere Theil nur der Uebermacht. Viele wurden dann auf der Flucht von den grimmigen Bauern erschlagen, über fünfhundert gefangen genommen, und nur ein geringer Rest entkam dem Verderben. Der Kaiser aber in seiner Großmuth entließ alle Gefangenen ohne Lösegeld. Wenzel war mit Anna von Zahradek, der Letzten ihres Geschlechtes, vermählt, welche ihm großes Vermögen und die Güter Buchlau, Napajedl u. s. w. mitbrachte. [*Pessina de Czechorod (Joh. Thom.).* Mars moravicus (Pragae 1677, Fol.) p. 915.] — 58. **Zdenko** von Zierotin (gest. am 29. August 1278) kämpfte im Heere Przemysl Ottokars in der Entscheidungsschlacht bei Marchegg am 26. August 1278 und erlag drei Tage später den in derselben empfangenen Wunden. — 59. **Zdenko** Graf Zierotin (geb. 23. November 1812, gest. 18. November 1887). Ein Sohn des Grafen Franz Joseph aus dessen Ehe mit Ernestine Gräfin Skrbensky von Hrzistie, legte er, zu Hause erzogen und durch einen Hofmeister für das Gymnasium vorbereitet, die Prüfungen zu Olmütz und Brünn öffentlich ab und trat, nachdem er die Studien beendet hatte, aus Neigung zum Waffendienste in das Regiment Kaiser-Uhlanen Nr. 4 Als er sich aber 1838 vermälte, quittirte er die Officierscharge und zog sich auf eines der Güter seines Vaters zurück, das er selbst bewirthschaftete. Nach dem 1845 erfolgten Tode seines Vaters kam er als Majoratsherr in den Besitz aller Güter desselben. Als dann 1848 die politischen Wirren begannen und den Bestand der Monarchie erschütterten, trat er aus eigenem Antriebe in seiner Lieutenantscharge bei Kaiser-Uhlanen wieder in die Armee und that sich im ungarischen Feldzuge durch seine Tapferkeit hervor. In der Schlacht von Komorn 2. Juli 1849, in welcher das Regiment mit großer Bravour focht, wurde er im Gedränge des Gefechtes plötzlich von sechs feindlichen Huszaren umringt. Obwohl er sich mit Löwenmuth gegen seine Angreifer wehrte, ward er doch nur durch die brave Mannschaft seines Zuges, die zur Rettung ihres Officiers herbeieilte, vom sicheren Tode errettet. Bei dieser Gelegenheit trug er auch eine schwere Verwundung davon. Später zeichnete ihn der Monarch durch den Orden der eisernen Krone dritter Classe aus. Seit dem Jahre 1850 lebte der Graf wieder auf seinen Gütern. Am 16. December 1838 hatte er sich mit Gabriele geborenen Almásy v. Zsadány und Török Szent-Miklós vermählt, aus welcher Ehe zwei Söhne und fünf Töchter, sämmtlich aus der Stammtafel ersichtlich, stammen. [Thürheim (Andreas Graf). Die Reiter-Regimenter der k. k. österreichischen Armee (Wien 1862, Geitler, gr. 8°.) Bd. III: „Die Uhlanen", Seite 108] — 60. **Zdislaw** lebte im 11. Jahrhundert; ein Urenkel des Großfürsten Wladimir, desselben, der seinen Besitz unter seine zwölf Söhne getheilt und dadurch unsäglichen Zwiespalt heraufbeschworen, wanderte er mit Herzog Boleslaw II. von Polen, der den Bischof Stanislaus vor dem Altare ermordet hatte, um 1079 nach Mähren ein und brachte das Wahrzeichen seines Geschlechtes, den schwarzen gekrönten Löwen, mit. Ein gewaltiger Kriegsheld, verlor er in einer Schlacht, in welcher er für die Sache des Herzogs **Wratislaw** mit unerschütterlicher Tapferkeit kämpfte, den rechten Arm. Der Herzog lohnte diese treue Hingebung mit reichem Besitzthum und mit einem goldenen Arm. Durch seine Söhne **Budisch** und **Zemislaus** erscheint **Zdislaw** als Ahnherr des großen im Laufe der Zeit sich in viele Aeste und Zweige zerspaltenden Hauses. — 61. Ein **Baron Zierotin**, dessen Taufnamen zu erfahren alle meine Bemühungen erfolglos geblieben, diente bei Pfalz Neuburg-Kürassieren 1699 als Rittmeister und 1707 als Oberstlieutenant bei dem 1748 reducirten Kürassier-Regimente Franz Graf Kokorzowa. Er hatte bereits gegen die Türken und Franzosen im Felde gestanden und sich überall durch seine Tapferkeit hervorgethan. Im Jahre 1707 zog er mit dem Regimente nach Italien ins Feld und nahm an dem Sturme auf Gaeta am 30. September 1707 Theil. In diesem saß **Zierotin** mit seiner Truppe ab, sprang über die Contreescarpe, überstieg eine Traverse und drang so in die Bresche ein. Er war dabei schwer verwundet worden. Mit der noch nicht zugeheilten Wunde wurde er doch im November dieses Jahres in Remontirungsangelegenheiten für fünf Cavallerie-Regimenter nach Wien geschickt. [**Thürheim** (Andreas Graf). Gedenkblätter aus der Kriegsgeschichte der k. k. österreichisch-ungarischen Armee (Wien und Teschen 1880, Prochaska, gr. 8°.) Bd. II, S. 619, Jahr 1707 — **Oberstpatent** ddo. Wien 30. Mai 1708.]

III. **Begräbnißstätten.** Bei dem Umstande, daß die Herren von **Zierotin** in Böhmen und Mähren ihre Schlösser, Burgen und Höfe hatten und auf diesen die Sprossen ihrer einzelnen Linien zu wohnen pflegten, mußte von einer gemeinschaftlichen Begräbnißstätte — Gruft, wie sie bei vielen alten Familien vorhanden ist — abgesehen werden, und so finden sich die Begräbnißplätze der Familie an vielen Orten zerstreut. Zu Anfang der Vierziger-Jahre wurde durch einen Zufall zu Brandeis in Böhmen, dem ehemaligen Hauptsitz der böhmischen und mährischen Brüder, deren Beschützer die **Zierotin** waren, eine Begräbnißstätte gefunden, die sich bei näherer Untersuchung als eine Gruft der **Zierotin** herausstellte, welche einmal Herren von Brandeis gewesen. Der damalige Pfarrer von Brandeis verkaufte die kupfernen und zinnernen Särge zu Gunsten seiner armen Gemeinde, die Gebeine aber ließ er nach Blauda in Mähren überführen. Dann wurden 1837 zu Elbing im preußischen Regierungsbezirke Danzig unter einem Kirchendache mehrere Särge gefunden, in denen, wie sich aus näherer Untersuchung ergab, mehrere Angehörige der Familie **Zierotin** lagen. Dies erklärte sich einfach aus der Thatsache, daß mehrere Glieder der Familie ob den religiösen Verfolgungen in Mähren nach Unterdrückung der böhmisch-mährischen Rebellion Zuflucht in Schlesien suchten und dort auch fanden. Da die Elbinger, als von Seite der Familie **Zierotin** Anfragen wegen des Fundes mit der Absicht, denselben zu erwerben, erfolgten, für die einzelnen Gegenstände desselben übertriebene Preise verlangten, wurde von einer Erwerbung des Schatzes Abstand genommen und den Elbingern derselbe gelassen. Einzelne Grabstätten befanden und finden sich noch in Kirchhöfen verschiedener Gemeinden in Mähren, welche ehemals **Zierotin**'scher Besitz waren, so sind zum Beispiel viele Glieder der Familie bis Anfang dieses Jahrhunderts in Ullersdorf bestattet, die Letzte, des Grafen **Franz Joseph** älteste ledig gebliebene Schwester Gräfin **Elisabeth**, welche zu Füßen ihrer Eltern beigesetzt wurde; ferner befindet sich der Grabstein einer **Helene von Zierotin** (gest. 1572) zu Buchlowitz, einer **Anna von Zierotin** (gest. 29. October 1596) in der Bartholomäuskirche zu Odrau; ein **Victorin von Zierotin** (gest. 11. September 1611) liegt in der Kirche zu Hustopetsch; ein **Karl von Zierotin** in der Bartholomäuskirche zu Kolin beerdigt, ein **Georg Zierotin** (gest. 1507) in der Kirche zu Fulnek, ein **Bartholomäus** (gest. 1568) in Napajedl und ein **Zierotin** (gest. 1573) zu Hultschin. [**Volks- und Schützen-Zeitung** (Innsbruck, 4°.) 12. März 1858, Nr. 30 u. Nr. 31, Seite 178: „Leichenfund in Elbing". — **Květy**, d. i. Blüten (Prager illustrirtes Blatt, Fol.) 1871, Nr. 11, S. 87: „Hroby Žerotinů". — **Wolny** (Georg). Kirchliche Topographie von Mähren (Olmützer Diöcese) Bd. III, S. 149, 168 und 380.]

IV. **Wappen.** Senkrecht getheilt mit gekröntem Herzschild. **Rechts:** in Roth auf silbernem

Dreihügel ein links aufwärts schreitender gekrönter schwarzer Löwe mit ausgeschlagener rother Zunge und aufwärts geschlagenem Doppelschweif; der Löwe hält in den Vorderpranken einen goldenen Streitkolben; links: quadrirt, 1 und 4 in Gold ein einwärts gekehrter gekrönter schwarzer Löwe mit Doppelschweif; 2 und 3 in Roth ein schrägrechter silberner Balken, begleitet von zwei silbernen Lilien. Der gekrönte Mittelschild zeigt in Gold einen schwarzen Adler. Das alte Wappen sah wesentlich anders aus, denn Balbin in seinen „Miscellaneor." liber I, Decas secunda schreibt: „Domini de Zierotin utuntur aquila nigra in albo campo, per cujus medium linea flava."

Zierotin, Karl Emanuel Graf (Mitglied des Abgeordnetenhauses des österreichischen Reichsrathes, geb. in Blauda 13. August 1850). Ein Sohn des verstorbenen Grafen Zdenko aus dessen Ehe mit Gabriele geborenen Almásy-Zsadány und Török Szent-Miklós. Nachdem er im Elternhause die Studien für das Untergymnasium beendet hatte, besuchte er in Olmütz das deutsche Obergymnasium. 1868 bezog er die Hochschule in Wien, an welcher er die Rechte beendete. 1873 trat er in den Staatsdienst, und zwar in der politischen Verwaltungssphäre. Nachdem er in derselben zuerst in Brünn, dann in Wischau und zuletzt acht Jahre in Prerau thätig gewesen, übernahm er am 1. Mai 1883 die Verwaltung der Herrschaft Blauda, die bis dahin von seiner Mutter geführt worden war, und schied im August desselben Jahres aus dem Staatsdienst. Die Verwaltung von Meseritsch hatte er schon 1877 übernommen, die der Fideicommißherrschaft Prauß trat er erst nach dem Tode seines Vaters im April 1888 an. 1884 wurde Graf Karl zum ersten Mal, und zwar aus dem II. Wahlkörper des Großgrundbesitzes in den mährischen Landtag und von diesem zum Ersatzmann des Landesausschußbeisitzers aus der Gruppe des Großgrundbesitzes gewählt. 1890 erfolgte zum zweiten Male seine Wahl in den Landtag. Er arbeitet in demselben im Finanz- und volkswirthschaftlichen Ausschusse. Im Juni 1885 wählte ihn der mährische Großgrundbesitz nach dem zwischen der Mittelpartei und den Deutschliberalen abgeschlossenen Compromiß zum Mitgliede des Abgeordnetenhauses im österreichischen Reichsrathe. In demselben arbeitete er bisher im Budget-, Zoll- und Anarchistenausschuß, führte das Referat über den obersten Rechnungshof und hat sowohl im Landtage als im Abgeordnetenhause schon öfter über volkswirthschaftliche Fragen gesprochen, deren Studium er vornehmlich seine Aufmerksamkeit zuwendet.

Heller (Hermann). Mährens Männer der Gegenwart (Brünn 1885, Karl Winiker, Lex. 8°.) I. Theil: „Gesetzgeber und Politiker" S. 83.

Zigan, Johann (Schriftsteller, geb. zu Aikau im Veszprímer Comitate am 19. März 1772, gest. 1809). Seine wissenschaftliche Ausbildung genoß er in Oedenburg von 1784—1792. Kaum hatte er daselbst seine Studien beendet, als er schon einen Ruf nach Veszprém als protestantischer Prediger erhielt. Von dort kam er 1798 in gleicher Eigenschaft nach Högyész im Eisenburger Comitate, wo er schon im Alter von erst 37 Jahren starb. Außer mehreren einzeln gedruckten Gelegenheitsgedichten, deren einige die „Bibliotheca Szecheniana" anführt, gab er im Druck heraus: *„Nagy Britaniának egyházi, polgári és tudománybeli állapotja a XVIII. század vége felé"*, d. i. Großbritanniens kirchlicher, bürgerlicher und wissenschaftlicher Zustand gegen Ende des 18. Jahrhunderts (Pesth 1808); — *„Palotási kisasszony története vagyis Gratziák Bibliothe-*

kája", d. i. Geschichte des Fräuleins Palotási oder die Bibliothek der Grazien (ebd. 1808); — „*Angliába, Skotziába és Hiberniába való utazás*", d. i. Reise nach England, Schottland und Irland. Letzteres Werk wurde erst mehrere Jahre nach Zigan's Tode in Johann Kis's Sammelwerk „Archiv berühmter Reisen" (Nevezetes utazások tárháza) im IV. Bande (1817) herausgegeben.

Zeitschrift von und für Ungarn (Pesth) IV, 1803, S. 38. — (Hormayr's) Archiv für Geographie, Historie, Staats- und Kriegskunst (Wien, 4°.) S. 135 im Texte. — Tudományos gyüjtemény, d. i. Wissenschaftliche Sammlung, 1826, X. Heft, S. 83. — Magyar Irók. Életrajz-gyüjtemény. Gyüjték Ferenczy Jakab és Danielik József, d. i. Ungarische Schriftsteller. Sammlung von Lebensbeschreibungen. Von Jacob Ferenczy und Joseph Danielik (Pesth 1856, Gustav Emich, 8°.) zweiter (den ersten ergänzender) Theil S. 627

Zigesar, siehe: **Ziegesar** [S. 42 dieses Bandes].

Ziggan, Joseph Freih. (k. k. Oberst und Ritter des Maria Theresien-Ordens, geb. in Prag 1751, gest. zu Wien 9. Juni 1809). Seit früher Jugend von Neigung für den Soldatenstand erfüllt, trat er in jungen Jahren in denselben und wurde bereits 1767 Officier bei Nicolaus Fürst Eszterházy-Infanterie Nr. 33. Außer seinem tapferen Wesen erwies er sich durch sein übriges kluges Verhalten sehr verwendbar und erhielt sowohl im bayrischen Erbfolgekriege (1778 und 1779) von Seite des Generalcommandos, als auch in den Friedensstationen seines Regiments in Ungarn von Seite der politischen Stelle verschiedene geheime Aufträge, die er immer mit Geschick und Erfolg ausführte. Im Türkenkriege (1788—1790) bereits Hauptmann, gab er zu wiederholten Malen Beweise seiner Tapf[...] Schon hatte er sich vor Schabacz, [...] diese Festung am 24. April mit St[...] genommen wurde, an der Spitze [...] Bataillons besonders hervorgethan, [...] Új-Palánka erkämpfte er sich das hö[...] Ehrenzeichen des österreichischen Kriege[...] Als nämlich am 21. October 1788 [...] Sturm auf Új-Palánka angeord[...] wurde, bot sich Hauptmann Zigg[...] aus freien Stücken an, die wichtig[...] Attaque, gegen die Kaserne, in welc[...] der Pascha in Person befehligte, [...] 300 Freiwilligen auszuführen. Kau[...] schritt er zum Angriff, als er noch vorh[...] eine Abtheilung Spahis, die sich ihm e[...] gegenstellte, versprengen mußte, da[...] erst nahm er im Sturm die Kaserne ei[...] nichtachtend zwei Wunden, die er empfa[...] gen hatte. Hierauf griff er mit all[...] Entschlossenheit die am Ufer der Dona[...] befindliche Redoute an, und obwohl [...] auch bei diesem Angriff wiederholt ve[...] wundet wurde, wollte er doch nicht sein[...] Leute verlassen und blieb, nachdem bereit[...] alle Officiere gefallen waren oder ve[...] wundet den Kampfplatz verlassen hatte[...] an der Spitze der Seinen. Endlich sie[...] reich in das Fort eingedrungen, empfin[...] er noch zwei tödtliche Verwundunge[...] und sank mitten auf dem Kampfplatz[...] zusammen. Erst nach zwölf martervolle[...] Stunden konnte er in Sicherheit gebrac[...] werden, aber nach seiner Genesung zwan[...] gen ihn die Folgen der empfangenen Wunden, den activen Dienst zu verlassen. Er erhielt dann als Major einen Posten bei der Wiener Oekonomie-Hauptcommission. Dort stand er viele Jahre in Verwendung, bis der Krieg 1809 über Oesterreich hereinbrach und in der Noth des Vaterlandes Alt und Jung zu den Waffen eilte. Da litt es ihn nicht länger in seiner friedlichen Anstellung, und be

…s 1801 zum Obersten befördert, über…hm er nun als solcher das Commando …r Wiener Landwehr. Aber noch im …mlichen Jahre ereilte ihn der Tod. …n der 23. Promotion (19. Jänner …790) war Ziggan mit dem Maria …heresien-Orden ausgezeichnet und 1795 …en Statuten gemäß in den Freiherrn…tand erhoben worden.

…irtenfeld (J.). Der Militär-Maria Theresien-Orden und seine Mitglieder (Wien 1857, Staatsdruckerei, kl. 4°.) Bd. I, S. 303; Bd. II, S. 1734.

Zigno, Achilles Freiherr (Mitglied des verstärkten Reichsrathes 1860, geb. in Padua 1801). Der Sproß einer alten paduanischen Familie, vollendete er an der Hochschule seiner Vaterstadt seine wissenschaftliche Ausbildung, in welcher er sich vornehmlich der Naturwissenschaft und in dieser der Zoo- und Geologie zuwendete, so daß er bald als Naturforscher in wissenschaftlichen Kreisen Italiens eines guten Rufes genoß. Dabei unterließ er es nicht, sich auch sonst im Gemeinwesen nützlich zu machen, und wurde, da er sich in dieser Richtung das Vertrauen der Bevölkerung erworben, zum Podestà von Padua erwählt. In der Folge wirkte er noch als Deputirter der venetianischen Centralcongregation und wurde, nachdem mit kaiserlichem Patent vom 5. März 1860 eine Verstärkung des Reichsrathes angeordnet worden, für das lombardisch-venetianische Königreich zugleich mit Philipp Grafen Nani-Mocenigo in diese Körperschaft berufen. In derselben sprach er in mehreren wichtigeren das Land Venedig betreffenden Fragen, so über die Gebarung mit dem venetianischen Landesfonde, den Steuerzuschlag; trat für die geologische Reichsanstalt energisch ein, als dieselbe nach dem Antrage des damaligen Ministers des Innern, Grafen Agenor Goluchowski, der dem neu geschaffenen seine Aufgabe so ehrenvoll lösenden Institute, wie Allem, was einen wissenschaftlichen Charakter hatte, feindselig gegenüber stand, in der Dotation Einbußen erleiden sollte; und als gar eine Vereinigung des Institutes oder vielmehr ein Aufgehen desselben in der kaiserlichen Akademie der Wissenschaften geplant wurde, sprach er sich ganz entschieden dagegen aus, indem er ebenso die Nothwendigkeit wie das Bedürfniß einer solchen Vereinigung bestritt und auf England hinwies, wo gleichfalls beide Körperschaften getrennt bestehen. Glücklicherweise ging auch dieser Antrag durch (wäre doch damals auch anderen Plänen und Verfügungen des sarmatischen Ministers das polnische nie pozwalam entgegengerufen worden, es würde Manches anders und besser stehen, als es zur Zeit der Fall ist). Auch befürwortete Baron Zigno zugleich mit seinem Collegen Grafen Nani-Mocenigo das Gesuch der Sette Comuni um das Privilegium der Tabakpflanzung, welches dieselben schon unter der venetianischen Republik besessen hatten. Da der Freiherr der deutschen Sprache nicht mächtig war, so verdolmetschte Reichsrathsabgeordneter v. Salvotti dessen Anträge und Reden. Werfen wir noch einen kurzen Blick auf den Naturforscher Zigno, so haben wir seiner Arbeiten über die fossilen Fische des Monte Bolca, über die geschichteten Gebirge der venetianischen Alpen, über außereuropäische Oolithgebilde, über fossile Pflanzen der venetianischen Alpen und schließlich seines selbständigen Werkes über die Oolithflora zu gedenken. Auch sind von ihm in den „Memorie dell'Instituto Veneto“ abgedruckt: „Sulle piante fossili del Trias di Recoaro raccolte dal professore A. Massolongo, con 10 tavole" [Bd. XI, S. 1] und in den „Atti dell'Instituto Veneto": „Sull Uredinea che in quest'anno invase il frumento in più luoghi delle provincie venete" [Bd. VIII]. Ob der Freiherr, der zur Zeit ein Greis von 90 Jahren wäre, noch lebt, wissen wir nicht.

Verhandlungen des österreichischen verstärkten Reichsrathes 1860. Nach den stenographischen Berichten (Wien 1860, Manz, kl. 8°.) Band I, S. 231, 260, 264, 265, 266, 293, 301, 633; Band II, S. 394.

Porträt. Unterschrift: „Achille Cavaliere de Zigno. Podestà della R. città di Padova". A. Astolfi dis. 1833. Lit. Lefévre Venezia Fol.

Noch ist des **Giacomo** Zigno, eines zur Zeit der österreichischen Herrschaft in Oberitalien lebenden Mailänders zu gedenken, der sich mit der Uebersetzung von Klopstock's „Messiade" beschäftigte, von welcher die Mailänder Verlagshandlung Silvestri im 21. Bande ihres Sammelwerkes „Biblioteca scelta di opere tedesche" die ersten zehn Gesänge im Druck herausgab. Es ist die erste italienische Uebersetzung dieses Epos und ward von der Kritik als eine gute bezeichnet, obwohl sie die Majestät und Zartheit des Originals doch nicht erreichte.

Zikmund, Wenzel (Schulmann, geb. zu Štahlavic im Pilsener Kreise Böhmens am 1. März 1816, gest. zu Prag am 3. October 1873). In Rede Stehender, dessen Vater Ortsrichter in Štahlavic war, erhielt die erste Ausbildung im Elternhause, dann in der Ortsschule, kam darauf nach Prag, wo er die Normalschule, das Gymnasium auf der Altstadt und zuletzt auf der Kleinseite besuchte. 1836 begann er das Studium der philosophischen Disciplinen und trat dann in das erzbischöfliche Seminar, wo er 1838—1841 die theologischen Studien beendete. Im letztgenannten Jahre erlangte er die Priesterweihe, und 18[illegible] und 1842 wirkte er zunächst als Präfe[ct] im erzbischöflichen Seminar. Nachdem e[r] in dieser Zeit die Concursprüfung für ein Gymnasiallehramt abgelegt hatte, wurde er Adjunct am Altstädter Gymnasium in Prag, kam 1847 als Humanitätslehrer an jenes zu Pisek und von dort 1858 nach eilfjähriger Thätigkeit an das Gymnasium in der Prager Altstadt. Bei seinem Abgang von Pisek verlieh ihm die Stadt das Ehrenbürgerrecht, 1861 wurde er außerordentliches Mitglied der k. böhmischen Akademie der Wissenschaften, 1867 Mitglied des Schulrathes für Obergymnasien und 1871 fürsterzbischöflicher Notar. Zwei Jahre später raffte ihn der Tod dahin. Auf sprachlichem Gebiete forschend, veröffentlichte er mehrere dahin abzielende Abhandlungen in Programmen des Piseker Gymnasiums der Jahre 1851—1854; im „Poutnik od Otava" erschien seine geschichtliche Darstellung der Piseker Schulen, dann gab er selbständig heraus: „*Škladba jazyka českého*", d. i. Syntax der čechischen Sprache (Leitomischl 1863) und „*Mluvnice jazyka českého*", d. i. Grammatik der čechischen Sprache, 2 Theile (ebd. 1866); im „Sbornik" erschienen seine philosophischen Abhandlungen: „O mysli a její moci", d. i. Vom Willen und seiner Macht (1861) und „O rozumu, jeho moci a podstatě", d. i. Vom Verstande, seinem Wesen und seinem Vermögen (1862), früher aber noch hatte er in lateinischer Sprache „*Vota sacrae laetitiae ac pietatis*" (Pisek 1856) herausgegeben. Auch betheiligte er sich an der Redaction der in Prag im Verlage von Grégr und Dattel erscheinenden „Bibliotheca klassikův řeckých a římských", d. i. Bibliothek griechischer und römischer Clas-

… Zikmund war ein verdienstlicher …ulmann, bald nach Antritt seines …amtes in Pisek legte er eine Schul…liothek an, welche zur Zeit seines Ab…ages nahezu an dritthalbtausend …ände zählte, er war Mitglied und Aus…uß des Vereines für Gründung von …einkinderbewahranstalten, dessen Ein….hmen er nicht unwesentlich vermehrte, …ßerdem zählten ihn die čechische Ma…a, die Prokopius-Bruderschaft und die …erschiedenen das nationale Bewußtsein …rdernden čechischen Vereine zu ihren …itgliedern.

…větozor (čechische illustr. Zeitschrift 1873), Nr. 42.

Des Obigen älterer Bruder **Joseph** (geb. zu Štablovic 7. Februar 1810, gest. zu Čáslau 17. December 1868) beendete die philosophischen Studien in Prag und trat 1833 als Accessist bei dem Pilsener Magistrat in den öffentlichen Dienst. Nachdem er in Wien die Richteramtsprüfung abgelegt hatte, kam er als Concipist zur Centralverwaltung der Fürst Metternich'schen Güter, versah dann Richterstellen 1838 auf Freiherr Doblhoff'schen Herrschaften in Niederösterreich, später auf böhmischen des Fürsten Metternich und ward zuletzt Oberamtmann auf letzteren. Bei Organisirung der politischen Behörden 1850 wurde er Bezirksrichter in Čáslau, trat aber schon 1854 aus dem Staatsdienste, um in dieser Stadt eine Advocatur zu übernehmen, welche er bis zu seinem Tode versah. 1860 ward er von dem Wahlbezirke Čáslau-Chotěboř in den böhmischen Landtag und von diesem 1861 in das Abgeordnetenhaus des österreichischen Reichsrathes gewählt. In demselben der čechisch-föderalistischen Partei angehörend, schloß er sich den Protestlern an und wurde in der berüchtigten Ehrenbürgerperiode, welche wie eine Seuche über das Böhmerland hereinbrach, auch Ehrenbürger von Čáslau, Chotěboř und verschiedenen anderen Gemeinden seines Wahlbezirkes.

Zilahy, Karl (ungarischer Schriftsteller, geb. zu Zilah am 28. October 1838, gest. in Pesth am 15. Mai 1864). Er besuchte in seiner Heimat die Schulen mit ausgezeichnetem Erfolge und widmete sich frühzeitig dem schriftstellerischen Berufe, in dem er ebenso große Begabung als außerordentlichen Fleiß bekundete. Im „*Budapesti szemle*“ begann er seine schriftstellerische Laufbahn und zog mit seinen Arbeiten, vornehmlich in kritisch-literarischer Richtung, bald die Aufmerksamkeit der Fachgenossen auf sich. Aber ein hartnäckiges Lungenleiden, für welches er vergebens in Gräfenberg Heilung suchte, raffte ihn in der Blüte seiner Jahre, da er mit seinen Werken zu den schönsten Hoffnungen berechtigte, dahin. Noch zwei Stunden vor seinem Tode beschäftigte er sich mit einer Kritik über einen eben erschienenen Roman. Selbständig sind von ihm folgende Werke erschienen: „*A leláncolt Prometheüsz. Tragoedia Aiszkhülosz után görögből*“, d. i. Der gefesselte Prometheus. Tragödie aus dem Griechischen des Aeschylus (Pesth 1861, 8°.); — „*Az Erdélyi nemzeti fejedelmek életirata*“, d. i. Biographien siebenbürgischer Regenten (Klausenburg 1861, 8°.); — „*Magyar koszorúsok albuma. Irós élet és jellemrajzok. Mutatványokkal és tizennégy acél metszettel*“, d. i. Album ungarischer Bekränzter. Leben und Charakterskizzen ungarischer Schriftsteller. Mit 14 Stahlstichen (Pesth 1863, Heckenast, 8°.); — „*Petőfy Sándor életrajza*“, d. i. Alexander Petöfi's Biographie (Pesth 1864, Osterlamm, 8°.); „*Hölgyek lantja, Magyar költőnők müveiből*“, d. i. Frauen-Lyra. Aus den Werken ungarischer Dichterinen. Mit dem Bildniß von Therese Ferenci (Pesth 1864, Heckenast, 8°.); — „*Tréfás versek gyüjteménye. A magyar költészetből összeszedve*“, d. i. Sammlung scherzhafter Gedichte aus der ungarischen

Poesie (Pesth 1864, Demjén und Sebes, 16°.). Nach seinem Tode erschienen seine zerstreut gedruckten Schriften gesammelt unter dem Titel: *„Munkai. Szépirodalmi és széptani apróbb dolgozatok. Két kötet“*, d. i. K. Zilahy's Werke. Kleinere belletristische und ästhetische Schriften, 2 Bände (Pesth 1865, Eggenberger, 8°.). Seine in Zeitschriften und Sammelwerken zerstreuten biographischen, literarischen und kritischen Arbeiten sind in Jos. Szinnyei's „Hazai és külföldi folyóiratok magyar tudományos Repertóriuma“ (1874) verzeichnet.

Az ország tükre, d. i. Der Reichsspiegel (Pest, 4°.) 1864, Nr. 16.

Porträt. Marastoni Joseph 1864 (lith.), auch im vorgenannten Blatte.

Noch sind anzuführen: 1. **Emmerich** Zilahy (geb. zu Zilah am 3. Februar 1845), ein zeitgenössischer magyarischer Schriftsteller, von dem bereits 1867 ein Band „Költemények“, d. i. Gedichte (Pesth bei Osterlamm, 8°.) erschienen sind. Außerdem übersetzte er ins Magyarische und gab im Druck heraus Racine's „Andromache“ und Byron's „Manfred“. [Magyarország és a nagy világ, d. i. Ungarn und die große Welt, 20. April 1867, Nr. 16. — A Divat, d. i. Die Mode (Pesth, 4°) 1867, S. 63. — **Porträt.** In beiden vorgenannten Blättern ist sein Bildniß von Jos. Marastoni, in Holz geschnitten von K. Rusz.] — 2. **Johann** Zilahy, der in der zweiten Hälfte des 17. Jahrhunderts lebte und in Klausenburg das evangelische Predigeramt bekleidete. Von ihm erschien im Drucke: „Az igaz vallásnak világos tököre“, d. i. Der klare Spiegel des wahren Glaubens (Klausenburg 1672, 8°.), worin er die Wahrheit und das begründete Alter des echten calvinischen Glaubensbekenntnisses nachzuweisen versucht. [*Horányi (Alexius)*, Memoria Hungarorum et Provincialium scriptis editis notorum (Posonii 1777, 8°.) Bd. III, S. 588.]

Zillner, Franz V. (Arzt, Culturhistoriker und Fachschriftsteller, geb. zu Salzburg 14. Februar 1816). Ein Sohn des Mechanikers und Salinenbaubeamten Anton Zillner [Seite 105, Nr. 1], besuchte er das Gymnasium und Lyceum und war die letzten vierthalb Jahre Zögling des Collegium Rupertinum in Salzburg. Darauf widmete er sich in Wien dem Studium der Medicin, erlangte das Doctorat aus derselben und aus der Chirurgie, sowie das Magisterium der Geburtshilfe und veröffentlichte aus diesem Anlaß 1841 als Inauguraldissertation einen historischen und einen statistischen Beitrag zur medicinischen Landesgeschichte Salzburgs. Nunmehr der damals sich entwickelnden Wiener Schule sich zuwendend, setzte er seine Studien in praktischer Richtung fort, indem er drei Jahre unter Schuh, Skoda und Hebra im Spitaldienste thätig war. 1844 trat er als Assistent an der medicinischen Klinik und als Secundararzt im St. Johannesspital zu Salzburg ein und blieb daselbst bis 1848, in welcher Zeit er im Lehrbuch des Professors und Primararztes Dr. Hornung den Abschnitt von den Hautkrankheiten bearbeitete und einen eingehenden statistisch gehaltenen Jahresbericht über die medicinische Abtheilung verfaßte, worüber ihm die Landesregierung in Linz ein Belobungsschreiben ertheilte. Im Jahre 1848 erfolgte seine Ernennung zum Irren- und Leprosenarzt in Salzburg. Als solcher entwarf er den Plan zur Vergrößerung des Irrenhauses von 16 Kranken auf ein halbes Hundert, wie es noch jetzt besteht, aber auch schon längst zu klein ist. Seit 1846 gab er für einige Wundärzte Privatvorträge über pathologische Anatomie und Brustkrankheiten, supplirte an der medicinisch-chirurgischen Lehranstalt kürzere Zeiten die Lehrkanzeln der theo retischen Medicin und Anatomie, durch neun Jahre aber bis zur Aufhebung der Schule die Lehrkanzel der Physiologie, Pathologie und Arzeneimittellehre, und ebenso lange hielt er Vorträge und Demonstrationen in der pathologischen Anatomie. Innerhalb des Zeitraumes von etwa dreißig Jahren machte er über tausend Sectionen. Im Jahre 1859 war er mehrere Monate Chefarzt des Aushilfs-Militärspitals St. Rochus und 1866 ein halbes Jahr Arzt des Filialspitals für Verwundete im Mutterhause der barmherzigen Schwestern. 1870 zum wirklichen Sanitätsrath ernannt, wirkte er in dieser Eigenschaft bis 1886, in welchem Jahre er altershalber sein Amt niederlegte, doch war er von Zeit zu Zeit als außerordentliches Mitglied des Sanitätsrathes thätig. Ueberdies ist er seit dem Jahre 1858 ordinirender Arzt im Mädchenwaisenhause, seit 1863 im Mutterhause der barmherzigen Schwestern. Neben seinem ärztlichen Berufe huldigt aber Zillner auch anderen wissenschaftlichen Disciplinen, darunter vornehmlich der Geschichte und Culturgeschichte, und widmete sich auch dem Dienste der Salzburger Gemeinde, in welcher er 1848—1858 infolge dreimaliger Wahl Mitglied des Gemeinderathes war. Diese Thätigkeit blieb in amtlichen und wissenschaftlichen Kreisen nicht unbeachtet. Der Monarch würdigte die Verdienste des Arztes außer der schon erwähnten Ernennung zum Sanitätsrath durch Verleihung des goldenen Verdienstkreuzes, die Gemeinde der Stadt Salzburg durch das Bürgerdiplom. Seit dem Jahre 1856 ist er Mitglied der Leopoldinisch-Carolinischen deutschen Akademie der Naturforscher, dann war er 1861 bis 1864 Vorstand der Gesellschaft für Landeskunde des Herzogthums Salzburg, deren Zustandekommen wesentlich sein Werk ist; ferner ist er correspondirendes Mitglied der k. k. statistischen Centralcommission, der Gesellschaften der Aerzte in Wien und Gratz und der deutschen Gesellschaft für Psychiatrie. Als Schriftsteller ist er vorzugsweise auf dem Gebiete der allgemeinen und der Irrenheilkunde und auf jenem der Heimatkunde thätig. Wir schließen diese biographische Skizze mit einer Uebersicht seiner schriftstellerischen Abeiten.

Uebersicht der durch den Druck veröffentlichten medicinischen, geschichtlichen und culturgeschichtlichen Schriften des Dr. Franz V. Zillner. Die Titel seiner größeren Schriften sind: „Die Pöschlianer oder betenden Brüder in Oberösterreich“, in der „Allgemeinen psychiatrischen Zeitschrift, 1856, S. 546—608; in zweiter vermehrter Auflage ebenda 1860, S. 563—719 — „Ueber kindlichen Schwach- und Blödsinn im Stadtgebiete Salzburg“, mit 10 Steindrucktafeln, in den Abhandlungen der Leop. Carolinischen Akademie „Nova acta“ XXVII, wurde von der k. k statistischen Centralcommission dem internationalen statistischen Congreß in London vorgelegt. — „Geschichte der Stadt Salzburg“, I. und II. Bd. (Salzburg 1885—1890, 8°). — „Salzburgische Culturgeschichte in Umrissen; veröffentlicht auf Veranlassung und Kosten des k. k. Baurathes Karl Ritter v. Schwarz“ (Salzburg 1871, 8°.) erschien zuerst als Beilage zur „Salzburger Zeitung“ und veranlaßte die Gegenschrift eines Ungenannten: „Einige Bedenken zur salzburgischen Culturgeschichte des Herrn Dr. Med. Fr. V. Zillner“ (Salzburg 1872, 8°.). Dieser Ungenannte ist der als Caplan bei Neumarkt verstorbene Vogelhuber, welcher Geistlicher war in dem jetzt bayrischen Antheil des einst salzburgischen Amtes Tittmoning, wegen eines sittlichen Vergehens aber abgestraft nach Oesterreich ging, wo er das Wort Vogel von seinem Namen strich und sich Huber nannte, in verschiedenen oberösterreichischen Klöstern, dann in Wien und zuletzt in Salzburg, und zwar im Stifte St. Peter lebte und sich in seiner Art mit Schriftstellerei beschäftigte. Zillner's kleinere Arbeiten theilen sich ein: a) zur allgemeinen und Irren-

Heilkunde, und sind diese: „Bericht über Versuche mit Schwefelbäder", in der „Salzburger Zeitung" 1847/48. — „Gesundheitsbriefe. I—VII" ebd. 1847 — „Zeittafel des Pflanzenwachsthums um Salzburg" in der Regensburger botanischen Zeitung" 1858. — „Sterblichkeitstafel der Stadt Salzburg" im Amts- und Intelligenzblatt der „Salzburger Zeitung" 1847, S. 140 — „Ueber epidemische Zellgewebsentzündung" in der „Oesterreichischen medicinischen Wochenschrift" 1843. — „Beitrag zur Lehre von der Ruhr" ebd. 1847 — „Ueber Erkrankungen von Volksmengen und Krankheitsconstitutionen" in der „Zeitschrift der Gesellschaft der Aerzte in Wien" 1850. — „Ueber Idiotie" ebd., neue Folge, III, S. 212, 238 — „Irrenhausbilder" (populär) in den Montagsblättern der „Salzburger Zeitung" 1855, Nr. 1, 3, 4, 5, 7. — „Die jährliche Zu- und Abnahme der Sterblichkeit in Salzburg" in der „Salzburger Zeitung" 1847. — „Ueber psychische Jahreszeitconstitutionen" in der „Psychiatrischen Zeitung" 1859. — „Ueber psychische Altersconstitutionen" ebd — „Ueber die salzburgische Stadtbevölkerung" in den „Mittheilungen für Landeskunde" 1861. — „Ueber den für die salzburgische Stadtbevölkerung nöthigen Friedhofsraum" ebd. 1862; diese Arbeit diente zur Grundlage bei der vier Jahre später erfolgten Anlegung des neuen Friedhofes. — „Der Typhus in Hallein" ebd., III. — „Die Bevölkerungsverhältnisse des Landes Salzburg" im Auftrage des Landesausschusses verfaßt, ebd., IV. — „Ueber den Einfluß der Witterung auf gastrische Krankheiten und die Typhusepidemie in Salzburg" ebd., VI; diese Arbeit war eine der Veranlassungen, daß sich Salzburg zur Untersbergwasserleitung und ausgiebigen Canalisirung entschloß, und sie wurde auch den Vorerhebungen zu denselben Zwecken in Linz als dienstleistend erkannt. — „Die Bevölkerungsverhältnisse des Landes Salzburg" im Auftrage der k. k. statistischen Centraldirection, in deren Druckschriften, eine von der vorbenannten Abhandlung ganz verschiedene Bearbeitung des gleichen Stoffes. — „Ueber die Häufigkeit der Erkrankungen an Irrsinn" in den „Mittheilungen für Landeskunde" 1879. Ferner schrieb Zillner für das anläßlich der 1881 in Salzburg stattgefundenen Naturforscherversammlung herausgegebene „Gedenkbuch" S. 121—187: „Die kurze Geschichte der Stadt Salzburg", eine Sanitätsstatistik derselben und über Boden, Wasser und Luft in Salzburg; und in der „Salzburger Zeitung" noch verschiedene kurze populäre Aufsätze über Impfung, Cholera und über deren Verlauf, die Salzachschifffahrt, das Od und im amtlichen Auftrage den Aufruf an die Bevölkerung bei der Entwerthung des Papiergeldes u. m. a. b) zur Heimatkunde „Ueber den Zusammenhang zwischen Geographie, Statistik und Geschichte. Vortrag vor den Mitgliedern des Landtages 1862" in den „Mittheilungen für Landeskunde" III. — „Die Wasserleitung der Alpen" ebd., V. — „Die Untersberg-Sagen. Nebst einem Abriß über Sagengeschichte überhaupt. Gesammelt und erläutert" (Salzburg 1861, Lex. 8°). — „Salzburg in den letzten fünfzig Jahren. Festvortrag zur Erinnerung an die Besitznahme Salzburgs durch Oesterreich" ebd. 1866 — „Zur Volks- und Landeskunde" in dem 1865 aus Anlaß des Brandes von Radstadt herausgegebenen Skizzenbuche — „Launige Geschlechtsnamen" ebd 1876. — „Streifzüge auf dem Quellengebiete der Rupertsfrage" ebd. 1878 — „Salzburgische Geschlechterstudien" ebd. 1877: „Die Goldecker"; 1879: „Die Uetzling", „Fischach", „Bergheim", „Radecker"; 1881: „Die Werfner Burggrafen"; 1881: „Die Tann". — „Zur Ortsnamenkunde" ebenda 1878: „Brand, Schwant, Mais, Reut"; 1879: „Die Widemgüter"; 1880: „Busch und Baum, Wald und Au"; 1882: „Das Wasser in den Ortsnamen". — „Die Noriker", ein Vortrag bei der 1881 in Salzburg stattgehabten Anthropologenversammlung". — „Die Grafschaften (in Salzburg) und die kirchliche Frei" ebd 1883. — „Charaktere und Sittenschilderung und Hausbau der Salzburger", im Kronprinzenwerke: „Die österreichisch-ungarische Monarchie in Wort und Bild" 1888/89.

Die Zillner sind ein salzburgisches Geschlecht; eine Familie dieses Namens ist in den Adelstand erhoben worden; aber weder diese noch der unten genannte Salzburger Bürgermeister Peter Zillner, noch der zur Zeit der Emigration genannte Reichstagsgesandte Salzburgs, noch endlich der salzburgische Hofrathspräsident, der diesen Namen führte, stehen mit unserem Arzt und Culturhistoriker Franz V., dessen Familie aus dem Kuchelthale stammt, in naher verwandtschaftlicher Verbindung. 1. Wohl aber **Anton** Zillner (geb. in der Vorstadt Mülln bei Salzburg 1756, ge am 20. October 1831), der Vater unseres Franz V. [S. 103] Mechaniker und zuletzt Salinenbaubeamter in Hallein. Er that sich durch sein mechanisches Ingenium, vermöge dessen er höchst sinnreiche Maschinen und mechanische Vorrichtungen erfand, ebenso hervor, wie er sich in seinem Dienste nutzbar machte. Nicht nur in Hallein, sondern auch in der Umgebung Salzburgs wurde seine Erfindungsgabe in Anspruch genommen, und führte er mehrere vorzügliche mechanische Apparate, Aufzugmaschinen, Sägewerke und dergleichen aus. So erwähnt Pillwein von Zillner's Arbeiten folgende: den Messingdrahtzug in Ebenau (1792), das Hammerwerk mit Cylindergebläse in Weißenbach (1794 und 1795), das Taufel-Sägewerk am Zinkenbach (1796); eine vortheilhafte Ankröpfungsmethode der unterschlächtigen Wasserräder in Ebenau, eine andere von ihm neu erfundene Ankröpfungsmethode und den Drahtzug des Franz Xaver Mangin in der Riedenburg (1808), eine neue Marmorsäge am Untersberg, eine Kanonenbohrmaschine für den Glockengießer Oberascher im Nonthal 1813 und 1814, die Wassersäulenmaschine im Stadtbrunnenhause in Salzburg 1813, die Säemaschine und Pferdehacke, wofür er vom landwirthschaftlichen Verein in Bayern mit der goldenen Medaille ausgezeichnet wurde. Zu den von Pillwein angeführten Arbeiten fügen wir hinzu: Umbau des Sägewerkes am Griese zu Hallein mit Errichtung von Kronensägen, Taufelsägen und Hobelwerken; Construction und Aufstellung eines Soolemessers im Pfannhause Raitenau; ein Rollenthor im Griesrechen; neues Gebläse und Fluder im Eisenhammer zu Oberalben; eine Blechlochmaschine für die Salzpfannen. Leider unterließ es Zillner, eine technische Schilderung seiner Erfindungen niederzuschreiben. [Pillwein (Benedict). Biographische Schilderungen oder Lexikon salzburgischer theils verstorbener, theils lebender Künstler u. s. w. (Salzburg 1821, Mayr, kl. 8°.) S. 269 u. f.] — 2. **Eduard** Zillner (geb. in Salzburg 21. October 1853, gest. zu Ajaccio 19. Februar 1886). Sohn des k. k. Sanitätsrathes und Directors der Landes-Irrenanstalt in Salzburg Franz V. Zillner, dessen Lebensskizze S. 102 u. f. mitgetheilt wurde. Nachdem er 1863—1871 das Salzburger Gymnasium besucht hatte, bezog er in letztgenanntem Jahre die Universität zu Würzburg, 1872 die in Wien und kehrte 1873 wieder nach Würzburg zurück, vollendete aber die medicinischen Studien in Wien, wo er auch 1877 den Doctorgrad aus der gesammten Heilkunde erlangte. Schon während des letzten Jahres seiner Studien war er als Demonstrator bei der Lehrkanzel für pathologische Anatomie thätig, 1878 wurde er Operationszögling an der von weiland Dr. Dumreicher geleiteten chirurgischen Klinik, und 1879 erwählte ihn Professor Hofmann zum Assistenten der Lehrkanzel für gerichtliche Medicin. Im Jahre 1883 von dem k. k. Landesgerichte in Strafsachen in Wien als Gerichtschemiker bestellt, verblieb er in dieser Stellung bis zu seiner im Mai 1885 erfolgten Beurlaubung. 1884 habilitirte er sich als Privatdocent der Lehrkanzel für gerichtliche Medicin. Schon im Frühjahr 1885 begann er zu kränkeln, und im darauffolgenden Winter wurde sein Zustand so besorgnißerregend, daß er auf Rath der Aerzte ein südliches Klima aufsuchte. Aber nur vorübergehend war eine dort eingetretene Besserung; in Ajaccio, fern von der Heimat und den Seinen fand der 33jährige vielversprechende Arzt sein Grab. Seine Schriften und Vorträge sind in Fachblättern abgedruckt, und zwar: „Drei Fälle von Carbolsäureeinwirkung“, in der „Wiener medicinischen Wochenschrift“ 1879, Nr. 47, 49. — „Milchige Flüssigkeit in der Bauchhöhle“, im „Anzeiger der Gesellschaft der Aerzte“ 1880, Nr. 16. — „Blutung aus den Ohren bei einer Selbsterdrosselten“, in der „Wiener medicinischen Wochenschrift“ 1880, Nr. 35 und 36. — „Sechs Fälle von Hundswuth“, im „Anzeiger der Gesellschaft der Aerzte“ 1880, Nr. 31. — „Nachweis von Cyankaliumvergiftung in einer nach vier Monaten aufgefundenen Leiche“, in der „Vierteljahrschrift für ger. Medicin“ n. F. XXXV, Nr. 2. — „Ein Fall von Vergiftung durch chlorsaures Kali“, in der „Wiener medicinischen Wochenschrift“ 1882, Nr. 43. — „Anatomischer Befund nach einer Extrauterinschwangerschaft“, im „Archiv für Gynäkologie“ XIX, Nr. 2, 1882. — „Beitrag zur Lehre von der Verbrennung“, in der „Wiener medicinischen Wochenschrift“ 1882 und in der „Vierteljahresschrift für gerichtliche Medicin und öffentliches Sanitätswesen“ XXXVII, Nr. 1 und 2. — „Die gerichtliche Todtenbeschau in England“, in den „Wiener medicinischen Blättern“ 1882, Nr. 28—32. — „Englands Sorge für seine geisteskranken Verbrecher“

in der „Wiener medicinischen Presse“ 1882, Nr. 35. — „Aus den Gefängnissen Deutschlands, Frankreichs und Englands“ in dem „Monatsblatt“ des wissenschaftlichen Clubs in Wien 1883. — „Der Arzt als Sachverständiger vor den englischen Gerichten“, in den „Wiener medicinischen Blättern“ 1883, Nr. 17 bis 23; die letzten vier Aufsätze sind die Ergebnisse einer mit einem Universitätsstipendium ausgeführten wissenschaftlichen Reise. — „Die Leichenerscheinungen in gerichtsärztlicher und sanitätspolizeilicher Beziehung“, in der „Wiener medicinischen Presse“ 1884. — „Darmbrüche bei Neugebornen“, in der „Vierteljahresschrift für gerichtliche Medicin und öffentliches Sanitätswesen“ 1884. — „Ueber Vergiftung mit chlorsaurem Kali“, in der „Wiener medicinischen Wochenschrift“ 1884, Nr. 33 und 34. — „Studien über Verwesungsvorgänge. I. Zur Kenntnis des Leichenwachses“, in der „Vierteljahresschrift für gerichtliche Medicin“ 1885, XLII, Nr. 1, und mehrere Jahre nach seinem Tode brachte die „Wiener klinische Wochenschrift“ 1889 Nr. 45 und 1890, Nr. 28—30 seine in Gemeinschaft mit Prof. E. Ludwig gemachten Untersuchungen „Ueber die Vertheilung des Quecksilbers im Organismus bei Vergiftungen“. In einem ihm gewidmeten Nachrufe heißt es: „Zillner gehörte zu den tüchtigsten, eifrigsten und gediegensten Kräften der jüngeren Generation der Wiener Hochschule. Er war ein Mann von Talent, von eisernem Willen und unbeschränkter Arbeitskraft; seine wissenschaftlichen Arbeiten sind hervorragend“. [Anzeiger der k. k. Gesellschaft der Aerzte, 1. April 1886, Nr. 12 — Dr. Eduard Zillner (ein Nachruf) (Salzburg, E. Angelberger, 8°.). — 3 **Peter** Zillner (gest in Salzburg 1719), ein Bürger Salzburgs, welcher 1701 zum Bürgermeister der Stadt gewählt wurde und als solcher durch achtzehn Jahre bis an seinen Tod wirkte. In seine Zeit fallen die Zwistigkeiten zwischen dem Erzbischof Johann Ernst von Thun und dem Kurfürsten Max Emanuel von Bayern, welcher bei dem damals ausgebrochenen österreichisch-spanischen Erbfolgekriege zu Frankreich hielt, in Tirol einfiel und später seine Feindseligkeiten auf das Erzstift Salzburg ausdehnte Unter Bürgermeister Zillner ist, wie Süß meldet, am 7. September 1703 die Eröffnung des von obgenanntem Erzbischof erbauten St. Johannesspitals erfolgt, dessen Männerabtheilung schon 1693 bezogen wurde. [Süß (Maria Vincenz). Die Bürgermeister in Salzburg von 1433 bis 1840 (Salzburg 1840, 8°) S. 87.

Zimanyi, Stephanus Ludovicus a Cruce Domini (Schulmann, geb. zu Kamenecz im Barser Comitate Ungarns 1738, gest. im Februar 1803). Er trat in jungen Jahren bereits in den Orden der frommen Schulen, in welchem er auch seine Studien beendete. Im Orden selbst versah er vorerst ein Lehramt in den Grammaticalclassen, dann einige Zeit die Stelle des Vicars in Debreczin. Wieder im Lehramte verwendet, trug er zu Neutra in den Humanitätsclassen, zu Pesth und Waitzen die Mathematik mehrere Jahre hindurch vor und lehrte dann wieder zu Neutra durch neun Jahre die Novizen in den theologischen Gegenständen. Zuletzt versah er das Rectoramt zu Trencsin, Kalocsa und Veszprém. Nachdem er auf seine Bitte des Rectoramtes in Veszprém enthoben worden, übernahm er den Vortrag der Theologie für die jüngeren Cleriker in Stuhlweißenburg, in welcher Anstellung er bis an seinen Tod wirkte. Von ihm sind im Druck erschienen: „*Carminum libri IV*“ (Vacii 1784, 8°.); — „*Calculi sublimioris una cum usu ejusdem multiplici institutio...*“ (Pestini 1784, 8°.); — „*Funus Sigismundi Orosz Praepositi per Hungar. et Transylvaniam Schol. piarum Provincialis*“ (s. l. 1782, 8°.); — „*Oratio de laudibus etc. Jos. Bajzath de Pészak etc. episcopi Veszprimiensis...*“ (Vesprimi 1802, Fol.); — „*Deo optimo maximo Eucharisticon ad solemnem in seminarium Albae regiae institutam cleris junioris introductionem...*“ (s. l. 1802, 8°.) und in der „Zeitschrift von und für Ungarn 1802: „Expeditio aditerata ill. ac rev.

Ludovici Csapodi de Szala Lövö Lecti episcopi Scopiensis". Zimanyi starb im Alter von erst 47 Jahren.

Forányi (Alexius). Scriptores piarum Scholarum liberaliumque artium magistri, quorum ingenii monumenta exhibet... (Budae 1809, typis regiae Universitatis hungaricae, 8°.) Pars II, pag. 896.

Zimay, Ladislaus (Compositeur, geb. zu Gyöngyös in Ungarn 29. Juni 1822). Er beendete das Gymnasium zu Kecskemét und bezog, da er Jurist werden wollte, die Hochschule in Budapesth. Als ihm aber dieser Beruf gar nicht zusagte, gab er ihn auf und widmete sich ausschließlich der Musik, für die er von früher Jugend ebenso Talent wie Neigung besaß. Mosonyi wurde sein Lehrer in der Harmonie. 1854 übernahm Zimay die Leitung einiger Budapesther Gesangvereine, und seine Bestrebungen auf musicalischem Gebiete wurden mehrfach durch Preise ausgezeichnet. Im September 1875 ward er Director der Ofener Musik- und Gesangakademie. Zu Anfang der Sechziger-Jahre tritt er selbst mit Compositionen, zumeist Liedern und mehrstimmigen Gesängen, auf, womit er sich bald zu einiger Beliebtheit emporschwang. Ende der Sechziger verschwinden seine Compositionen, welche sämmtlich bei dem Pesther Musikverleger Rózsavölgyi erschienen sind. Ihre Titel sind: „*Hegedűsné emléke. Abránd dal*" Op. 2 (1860); — „*Naptól virít. Édes rózsám. 2 magyar eredeti dal*" (1860); — „*Rózsa és tövis. 6 magyar eredeti dal*" (1860); — „*A szemeim néma könnyben feresnek. Dal*" Op. 5 (1861); — „*Nem hallottam soha ily bús harangszót. Magyar eredeti dal*" Op. 6 (1862); — „*Zord az idő. Magyar eredeti dal*" Op. 7 (1863); — „*Szerelmi dalok*" Op. 8 (1864); — „*Te vagy az én detem egy remény*" (1865); — „*Férfi négyesek 6 dal*", für 4 Männerstimmen, Op. 11 (1867); — „*Honfi dal*", für 4 Männerstimmen, Op. 13 (1867); — „*Éji hangok a Balatonon. Nocturne*" Op. 14 (1867); — „*Dalcsokor, 4 magyar dal*" Op. 16 (1868); — „*Hat népdal-átirat*", für Männerchor Op. 18 (1870). Mit Ausnahme von Op. 14, das für das Pianoforte zu zwei Händen gesetzt ist, sind alle übrigen Lieder für eine oder mehrere Singstimmen mit Begleitung des Pianoforte componirt.

Zimburg von Reinerz, Karl Freiherr (k. k. Fregattencapitän, geb. zu Penzing bei Wien 28. October 1788, gest. zu Wien 10. Juni 1835). Der Adel der Familie ist jung, denn ein Capitänlieutenant Johann Zimburg erhielt ihn 1819 mit gleichzeitiger Verleihung des Ehrenwortes und Prädicates Edler von Reinerz. Von diesem Johann scheinen alle in der Wiener-Neustädter Militärakademie herangebildeten Träger dieses Namens als Söhne und Enkel abzustammen, und zwar: Alois Zimburg Edler von Reinerz (geb. 1787), gest. als Oberstlieutenant in Pension zu Leipnik am 26. Mai 1854; Friedrich Zimburg Edler von Reinerz (geb. 1846), der seit 1863 als Lehrer in der k. k. Pionnierschule thätig war; Joseph Zimburg Edler von Reinerz (geb. zu Hohenmauth in Böhmen 28. October 1785), welcher zu Wien als Major des Gradiscaer Grenz-Regimentes Nr. 8 am 11. Mai 1830 starb und allem Anscheine nach wie der obige Alois ein Bruder Karls ist, und Wilhelm Zimburg Edler von Reinerz, der 1869 als Lieutenant bei Kaiser Ferdinand - Dragonern Nr. 4

diente. Obiger Karl von Zimburg trat am 23. März 1798 zur militärischen Ausbildung in die Wiener-Neustädter Akademie, aus welcher er am 31. October 1805 als Cadet zur k. k. Marine kam. Am 21. Jänner 1810 als Kaisercadet zu Hohenlohe-Infanterie Nr. 20 und im November desselben Jahres in gleicher Eigenschaft zum Pontoniercorps übersetzt, wurde er am 12. October 1811 Ober-Bruckmeister, am 25. November 1813 Linienschiffsfähnrich bei der k. k. Kriegsmarine, am 16. November 1820 Linienschiffs-Lieutenant, am 1. December 1827 Corvettencapitän und am 18. November 1833 Fregattencapitän. Als solcher starb er während einer kurzen Anwesenheit in Wien im Alter von erst 47 Jahren. Zimburg's Name — der auch irrthümlich Zinneburg geschrieben und nicht mit dem der alten Adelsfamilie Zinneburg zu verwechseln ist — ward seinerzeit viel und rühmlich genannt, als seine erfolgreichen Kreuzzüge gegen Seeräuber großes Aufsehen machten. Karls irdische Ueberreste wurden auf dem Schmelzer Friedhofe beigesetzt, und ein einfacher Denkstein, mit Schwert und Anker geziert, bezeichnete die Ruhestätte des wackeren Seeofficiers. Als zwanzig Jahre später ein Jugendfreund desselben, damals Bürger und Hausbesitzer am Spittelberg, den Grabhügel im verwahrlosten Zustande, den Grabstein dem Verfall nahe fand, sorgte er für die Restaurirung beider. Bei dieser Gelegenheit erzählte er dem damaligen Todtengräber Braun Vieles von den Heldenthaten Zimburg's und den demselben deshalb gewordenen Auszeichnungen, welche Schilderung den Todtengräber veranlaßte, aus eigener Sorge Denkstein und Grabhügel zu unterhalten. Zimburg erscheint in Johann Svoboda's „Die Zöglinge der Wiener-Neustädter Militärakademie" (Wien 1870, schm. 4°.) Sp. 309 als Freiherr; und das unten angeführte „Fremden-Blatt" nennt ihn irrthümlich Zinneburg statt Zimburg. Ueber die Zinneburg oder wie sie eigentlich sich schreiben Zinn von Zinneburg siehe später den besonderen Artikel.

Fremden-Blatt. Von Gust. Heine (Wien, 4°.) 1861, Nr. 137 in der Rubrik „Wien".

Zimmer, Karl (Abgeordneter des constituirenden Reichstages in Wien im Jahre 1848, geb. in Böhmen, Ort und Jahr seiner Geburt unbekannt), Zeitgenoß. Er widmete sich nach beendeten Gymnasial- und philosophischen Studien der Arzeneiwissenschaft und erlangte daraus die Doctorwürde. Im Bewegungsjahre 1848 nahm er vorerst so viel Theil an der politischen Erhebung, daß, als die Wahlen für den constituirenden Reichstag in Wien ausgeschrieben wurden, ihn die Stadt Tetschen in Böhmen in denselben entsendete. Im Parlamente, in welchem er auf der Linken zwischen dem schlesischen Gutsbesitzer Joseph Latzel aus Barsdorf und dem Abgeordneten des Wiener Vorortes Matzleinsdorf Dr. Adolf Fischhof seinen Platz nahm, wurde er in den Ausschuß für Unterrichtsangelegenheiten zugleich mit Dr. Pražák (der sich damals Praschak schrieb) zum Schriftführer gewählt. Seine Thätigkeit als Abgeordneter ging spurlos vorüber, und trat er erst in den Octobertagen bemerkbar hervor. Zunächst am 6. October, als nach der Ermordung des Kriegsministers Grafen Latour zugleich mit Borrosch, welcher die weiße Fahne trug, in den Reichstag sich bewaffnete Leute drängten, deren Entfernung mehrere Abgeordnete forderten, da erhob sich er Abgeordnete Zimmer und sprach nehr emphatisch als vernünftig: „Diese Waffen haben vor wenig Augenblicken die Freiheit dem Volke auf den Straßen erkämpft, sie haben daher auch das Recht, hier zu erscheinen(?!!); Ihr habt die Freiheit verrathen, Ihr müßt daher jetzt ihre Retter dulden.“ (Eine reine und lächerliche Nachäffung des Pariser Convents von anno 90). Dr. Zimmer versuchte auch noch später wiederholt sich bemerkbar zu machen, aber brachte es doch zu nichts, was der vorerwähnten oratorischen Prachtleistung gleichzustellen wäre. Ueber seine Wirksamkeit im Frankfurter Parlament, in welches er auch Gott weiß durch welches Mißgeschick gewählt worden, ist so wenig zu berichten, daß ihn selbst Laube in seinem dreibändigen Werke „Das erste deutsche Parlament“ mit keiner Sylbe erwähnt. Doch fand man den Geflüchteten trotz der vorerwähnten Abgeschmacktheiten so gefährlich, daß man ihn verfolgte. Er war über Dresden nach Berlin gegangen, wurde dort infolge einer Denuntiation seines Collegen im Reichsrath (nach Ebeling soll es Brauner gewesen sein) auf Requisition des österreichischen Gesandten mit Hilfe Manteuffel's und Hinckeldey's im März 1850 festgenommen, von Preußen an Oesterreich ausgeliefert und nach dreijähriger Untersuchungshaft von einem Ausnahmsgerichte zum Tode verurtheilt, dann aber zu fünfzehnjährigem Festungsarrest begnadigt. Doch erlangte er früher, wahrscheinlich aus Anlaß einer Amnestie, seine Freiheit wieder, denn er erzählt in einem Schreiben aus Karlsbad vom 17. Jänner 1861 selbst die näheren Umstände seiner Verhaftung in Berlin. Seine weiteren Geschicke sind uns nicht bekannt. Noch muß bemerkt werden, daß unser zweifacher Deputirter nicht mit August Zimmer zu verwechseln ist. Dieser stand 1848 als Gemeiner in der 5. Compagnie des Wiener Schützencorps, und als am 15. October 1848 um Mitternacht der Wachcommandant beim Kärntnerthore dem Obercommando die Anzeige erstattete, daß er für nöthig finde, noch mehr Pflastersteine an dem Kärntnerthore aufreißen zu lassen — Wien befand sich im vollen Aufruhr und baute Barricaden — meldete er auch, daß er den August Zimmer arretirt habe, weil derselbe dieses Aufreißen verhindern wollte. Ueber die weiteren Schicksale dieses braven Arrestanten, der weit vernünftiger war als sein Commandant, sind wir gleichfalls nicht unterrichtet.

Dunder (Wenzeslaw Georg). Denkschrif über die Wiener October-Revolution (1848) (Wien 1849, gr. 8°.) S. 138, 142, 434, 846. — Ebeling (Friedrich W.) Zahme Geschichten aus wilder Zeit (Leipzig 1851, Kollmann, kl. 8°) S. 187. — Neuigkeiten (Brünner polit. Localblatt) 1861, Nr. 29: „Eine Erklärung von Dr. Karl Zimmer“.

Zimmerl, Johann Michael Edler von (Rechtsgelehrter, geb. zu Ernstbrunn in Niederösterreich 29. August 1758, gest. in Wien 5. Februar 1830). Er besuchte das Gymnasium am Collegium Petrinorum seines Geburtsortes und setzte seine Studien in Wien fort. Nach Abschluß der philosophischen Jahrgänge begann er das Studium der Theologie, vertauschte es aber bald mit jenem der Rechtswissenschaft. Als seine Bemühungen, ein Lehramt aus derselben zu erlangen, erfolglos blieben, nahm er 1781 eine Auditorstelle bei einem k. k. Infanterie-Regimente an. Seine Tüchtigkeit in diesem Dienste brachte ihn vorwärts, so daß er 1790 Stabsauditor wurde. Da er aber das Klima im Banat, wo er seinen Standort hatte, nicht vertragen konnte, bewarb er sich um einen Civilposten und ward in Würdigung seiner Tüchtigkeit und Gesetzeskenntniß k. k. Rath und Referent bei dem niederösterreichischen Mercantil- und Wechselgerichte. 1802 als Mitglied zur Hofcommission in Gesetzsachen berufen, sah er sich 1803 zum Appellationsrathe in Venedig ernannt, doch trat er diesen Posten nicht an, sondern blieb auf sein Ansuchen in seiner bisherigen Anstellung. Von 1809—1816 ward er ausschließlich bei der Verfassung eines Gesetzbuches über das Handels- und Wechselrecht verwendet. 1818 zum k. k. niederösterreichischen Appellationsrathe mit der Dienstleistung bei dem Mercantil- und Wechselgerichte in Wien ernannt, starb er in dieser Stellung im Alter von 72 Jahren. In seinem Fache schriftstellerisch thätig, gab er heraus: „Allgemeiner Handlungsalmanach für Kauf- und Handelsleute auf das Jahr 1802" (Wien, 8°.); — „Alphabetisches Handbuch zur Kenntniss der Handlungs- und Wechselgeschäfte", 2 Bände (Wien 1798; 2. Aufl. 1805), ein Nachtrag dazu als dritter Band (ebd. 1817); — „Grundriss der Lehre von dem Wechselproteste, aus dem Lateinischen des Gottl. Hufeland übersetzt" (ebd. 1805, 8°.); — „Handbuch für Richter, Advocaten und Justizbeamten in den k. k. Erbstaaten", 2 Bände (Wien 1801, Gheleu, 8. Aufl. 1830, 8°.); die neunte Auflage erschien unter dem Titel: „Handbuch der allgemeinen Gerichts- und Concursordnung und der allgemeinen Gerichtsinstruction" und wurde nach Zimmerl's Tode von Dr. Ignaz Hoffmann (Wien 1838 und 1839, 8°.) herausgegeben; — „Beiträge zur Erläuterung des Wechselrechtes" (ebd. 1806, 8°.); — „Ueber das Vorrecht der Wechselbriefe in Concursfällen" (ebd. 1804, 8°.); — „Vollständige Sammlung der Wechselgesetze aller Länder und Handelsplätze in Europa. Nach alphabetischer Ordnung", 3 Bände, Band 1 und 2 je in zwei Abtheilungen (Wien 1809—1813), dazu Nachtrag der neuesten Wechselordnungen (ebd. 1829, 4°.); — „Anleitung zur Kenntniss des Wechselrechtes. Mit besonderer Rücksicht auf Oesterreich und die Abweichungen der fremden Länder und Handelsplätze" (eb. 1821, 8°.); — „Handbuch für Richter, Advocaten und Beamte in den k. k. österreichischen Staaten, welches sämmtliche bis jetzt erschienenen Erläuterungen sammt Bemerkungen zu dem Gesetzbuche über Verbrechen und schwere Polizeiübertretungen enthält" (ebd. 1823, 8°.), auch als dritter Band des obengenannten „Handbuches für Richter, Advocaten und Justizbeamten"; — „Sammlung sämmtlicher in den k. k. österreichischen Staaten bestehenden Wechselgesetze von der am 10. September 1717 erschienenen ersten Wechselordnung sammt allen bis Ende 1825 nachgefolgten Erneuerungen und Erläuterungen" (ebd. 1826), — „Taschenbuch für Kauf- und Handelsleute aus den Jahren 1803—1809" (ebd., 8°.), und in der Wagner'schen „Zeitschrift für österreichische Rechtsgelehrsamkeit" erschien im Jahrgang 1826, Bd. I, S. 167 u. f. sein Civilrechtsfall über die Jurisdiction der österreichischen Wechselgerichte in Rücksicht der ungarischen Unterthanen. In Anerkennung seiner Verdienste um die österreichische Gesetzgebung wurde Zimmerl im Jahre 1800 von Kaiser Franz in den erbländischen Adelstand erhoben.

Maasburg (M. Friedrich von). Geschichte der obersten Justizstelle in Wien (1749 bis 1848). Größtentheils nach amtlichen Quellen (Prag 1879, Reinitzer, gr. 8°) S. 171, 233, 238. — (Schwaldopler) Historisches Taschenbuch. Mit besonderer Hinsicht auf die österreichischen Staaten (Wien Anton Doll, 8°.) Jahrgang 1801, S. 245 1802, S. 153; 1803, S. 157.

Noch sind zu erwähnen: 1. Ein **Joachim** Zimmerl (geb. zu Olmütz 1728, gest. daselbst 22. April 1780). Er trat jung in den Orden der Gesellschaft Jesu, wurde Doctor der Theologie, wirkte 17 Jahre im Lehramte zuerst in den Gymnasial- und Humanitätsclassen, zuletzt in den theologischen Fächern und der Kirchengeschichte und in der Folge acht Jahre in der Mission. Von ihm haben wir ein Werk mit dem Nachweis dieser Welt als beste der Welten unter dem Titel: „Alloquia de principio rationis sufficientis item de mundo optimo“ (Olomucii 1764, 4°.). — 2. **Simon Thaddäus Joseph** Zimmerl, der im vorigen Jahrhundert lebte und königlicher Richter zu Olmütz war, wurde wegen seines ausgezeichneten Verhaltens während der Belagerung dieser Stadt im Jahre 1758 — König Friedrich II., über Troppau in Mähren eingebrochen, belagerte Olmütz, mußte aber, nachdem Daun am 30. Juni den großen preußischen Convoi bei Domstädtl weggenommen, die Belagerung aufheben — in den Adelstand mit dem Beinamen von Schneefeld erhoben.

Zimmermann, Albert (Maler, geb. in Zittau 20. September 1809, gest. zu München 18. October 1888). Nach dem Wunsche seines Vaters, der seines Zeichens Musicus war, sollte er sich auch in der Musik ausbilden und wurde, ungeachtet er frühzeitig großes Talent für Zeichnen und Malen bekundete, nach Dresden geschickt und im Flötenspiel unterrichtet, worin er auch unläugbare Fortschritte machte. Während aber der Vater aus dem Sohne um jeden Preis einen Musicus machen wollte, bildete sich derselbe umso eifriger im Zeichnen und Malen, obgleich er darin auf sich selbst und die Natur als Lehrerin und Bildnerin angewiesen war. So besuchte denn Albert zuletzt in Dresden mehr die Gemäldegalerie als die Musikschule und kehrte 1828 nach Hause zurück, fest entschlossen, mit dem ihm aufgedrungenen Berufe zu brechen. Zwei Jahre übte sich nun der junge Kunstbeflissene daheim im Landschaftmalen, ging aber 1830 wieder nach Dresden, wo unter den alten Meistern, welche die Galerie besitzt, Ruysdael, unter den neueren Caspar David Friedrich, der damals Professor an der Dresdener Akademie der Künste war, seine Vorbilder wurden. Von Dresden aus machte er in der sächsischen Schweiz und im böhmischen Erzgebirge Studien nach der Natur und trat, als er 1833 nach München kam, schon als fertiger Meister seines Faches auf, der mit der Eigenart in seinen Bildern bald die Aufmerksamkeit seiner Kunstgenossen erregte. Im Juli 1834 stellte er sein erstes Bild im Münchener Kunstverein aus, in den nächsten Jahren folgten mehrere, und nun vollzieht sich in seinen Bildern, aber sehr allmälig, der Uebergang von seinen holländischen Vorbildern und den Dresdener Motiven zu einer ganz ursprünglichen Auffassung der Großartigkeit der altbayrischen und Tiroler Alpenwelt. Als dann bald darauf von München aus der große Zug der historischen Kunst die Maler ergriff, zählte auch Zimmermann zu den geistvollsten Vertretern dieser Richtung und schuf eine Reihe von Gemälden, die zu den Perlen des Landschaftfaches zählen, aber bei der Menge seiner Schöpfungen — denn der Künstler malte unglaublich rasch und viel, ohne jedoch Minderwerthiges zu liefern — können wir unten nur seine schönsten und bekanntesten Arbeiten aufführen. In München verweilte er eine längere Reihe von Jahren, und dahin folgten ihm auch seine Brüder Max (geb. 1811, gest. 1878), Robert (geb. 1818, gest. 1875) und Richard (geb. 1820, gest. 1864), welche alle drei ihr Talent unter Alberts Einfluß und Vorbild, doch aber jeder in seiner Eigenart, entwickelten. Als seine Bemühungen, in München eine

Professur seiner Kunst — man huldigte damals der Ansicht, die Landschaftmalerei bedürfe keines Lehrers, sondern mache sich von selbst durch Anschauen und Abmalen der Natur — zu erlangen, erfolglos blieben, nahm er im Jahre 1854 einen Antrag aus Oesterreich an, wo eben damals die Reformen auch im Reiche der Kunst begannen, und trat die ihm verliehene Professur an der Akademie der bildenden Künste in Mailand an. Dahin folgten ihm auch mehrere seiner begeisterten Schüler, unter Anderen A. Waagen, der geistvolle Kunstinterpret des Berchtesgadener Landes und dessen unerschöpflicher Naturschönheiten. Aber nicht lange sollte es dem Meister und seinen Schülern vergönnt sein, unter dem sonnigen Himmel der Lombardie zu schaffen. Die politischen Ereignisse des Jahres 1859, welche Oberitalien in einen Kriegsschauplatz verwandelten, zersprengten die deutsche Malercolonie, und Zimmermann wurde unter ehrenvollen Bedingungen an die k. k. Akademie der bildenden Künste in Wien als Professor der Landschaftsmalerei berufen. Dort wirkte er zwölf Jahre, mit trotz seiner 60 Jahre jugendlicher Frische und sammelte einen Kreis von Schülern um sich, die mit ihren späteren Arbeiten den Ruhm ihres Meisters nach allen Windrichtungen verkündeten. Wir nennen nur die hervorragendsten: Ditscheiner, Groß, Hlavaček, Eugen Jettel (später in Paris), Kohen, Joseph Krieger, Lichtenfels, Lier, Osler, H. Otto, Julius Payer, der Nordpolfahrer, Petrovits, Ribarz, Rob. Ruß, E. Schindler, Unterberger. 1873 trat Zimmermann, damals 64 Jahre alt, in den Ruhestand, nachdem er bereits mit ah. Entschließung vom 15. Juni 1869 mit dem Ritterkreuze des Franz Joseph-Ordens ausgezeichnet worden war. Noch arbeitete der Künstler ein paar Jahre in der Kaiserstadt, bis er im Herbst 1876 seine Uebersiedlung nach Salzburg bewerkstelligte, wo er wieder eine Reihe von Jahren mit unveränderter Kraft und Genialität malte und mit seinen Bildern Kenner und Kunstfreunde entzückte. Eine von ihm beabsichtigte Malerschule kam nicht zu Stande. Um diese Zeit lernte ich den Künstler kennen, und er besuchte mich öfter, wenn er in seinem mit drei Ponys bespannten Wägelchen an schönen Herbsttagen nach dem Eldorado der Landschaftsmaler, dem Hintersee in der Ramsau, seine Frau an der Seite, selbst kutschirend, an meinem Häuschen vorüberfuhr und kurzen Halt machte. Meine wiederholte Bitte um ein Verzeichniß seiner Bilder schlug er nicht ab, aber betonte die Schwierigkeiten einer Zusammenstellung, da er es unterlassen hatte, die erforderlichen Aufzeichnungen vorzunehmen. Er hat mir leider keines geliefert. In Salzburg blieb er bis 1883, dann litt es ihn nicht länger in der reizenden Salzachstadt, die selbst ein großes Landschaftsmodell einer unerschöpflichen Sammlung von Studienobjecten für Landschafter ist. Er übersiedelte im genannten Jahre wieder nach München und „brachte, wie sein Biograph Dr. Holland schreibt, seine drei lustigen selbst aufgezogenen Ponys mit und ein ungarisches offenes Wägelchen, auf dem er jeden Morgen, unbekümmert um Wetter und Wind, durch die landschaftliche Umgegend jagte, bevor er zu neuen Schöpfungen schritt, denn auch jetzt noch galt ihm für das höchste und schönste aller Güter die Ausübung seiner Kunst, deren materielle Pflege ihm niemals Sorge bereitet hatte“. Noch im Septemder 1888 erschien im Münchener Kunstverein eine „Abendstimmung“ mit einem über dem See aufziehenden Gewitter, unter dessen Wolken die durchschimmernde Abendsonne einen fesselnden Lichteffect erzeugt. Noch beging er in fröhlichster Stimmung, in der Freude, drei neue Bestellungen erhalten zu haben, seinen achtzigsten Geburtstag, nicht volle vier Wochen später machte eine Lungenlähmung seinem künstlerischen Schaffen ein schnelles Ende. Zimmermann war eine echte Künstlernatur auch im schlimmen Sinne. Er hatte sich mit einem Mädchen vom Theater — sie spielte im Soubrettenfache — ziemlich frühzeitig verheiratet, aber das Paar führte eine echte Künstlerwirthschaft. Von einem Haushalt war keine Rede, so große Einnahmen er hatte, Alles ging flöten und er besaß nichts. Beständig in Geldverlegenheiten — was ihn auch in ernste Unannehmlichkeiten brachte und seine Pensionirung herbeiführte — lebte er oft in geradezu drückenden Verhältnissen, und die Juden nahmen ihm die Bilder noch naß von der Staffelei weg. Aber durch alles dies ließ er sich seinen Humor nicht trüben, es war, als ob mit der Noth sein Genius neue Flügel bekäme, denn er malte mit steter Meisterschaft weiter, und seinen Arbeiten sieht man nicht an, in welcher Stimmung, in welch mißlichen Verhältnissen sie gemalt waren. Daß ein Bild ihm oft eine kaum nennenswerthe Summe einbrachte, welches dann von Bilderwucherern um hohen Preis verkauft wurde, das verschlug ihm wenig; zu schleudern, leichtsinnig zu arbeiten, war ihm nicht gegeben. Seine Wandlungen in der Manier mögen mit seinen materiellen Verhältnissen in einigem Zusammenhange stehen, denn auch die Kunst steht im Solde der Mode, und die Bilderjuden mochten seine Noth ausgenützt und von ihm ein und das andere Bild verlangt haben, für dessen Absatz sie sichere Kundschaft hatten. Es machte immer einen abenteuerlichen Eindruck, wenn er mit seinen Ponys, die alternde Frau im phantastisch weißen flatternden Gewande auf dem Kutschbock seines Wägelchens, die Salzburg-Berchtesgadener Straße dahinrollte. Wir schließen die vorstehende Lebensskizze mit einer Uebersicht der bedeutenderen Bilder, denn ein vollständiges Verzeichniß derselben wird, da er, wie bereits erwähnt, keine Aufzeichnungen darüber führte, zusammenzustellen unmöglich sein. Ueber die Wandlungen seines Pinsels hat in Kürze, aber treffend sein Biograph Dr. Holland in der unten angegebenen Quelle berichtet. Zur Richtschnur des Preises seiner Bilder haben wir aus der Zeit, da er in Wien arbeitete, denselben aus den Ausstellungskatalogen beigefügt. Der ungeheuer hohe Preis von 3000 fl., den der Ausstellungskatalog 1873 für das Bild „Der Rabenstein“, Scene aus Goethe's „Faust“ angibt, ist auf die Krach-Vorperiode zurückzuführen, in der alle Bilder mit fabelhaften Preisen belegt waren, aber diese Bilder wurden nach der Ausstellung von dem allgemeinen Krach mitgerissen und dann um die Hälfte, oft weit unter ihrem wirklichen Werthe hintangegeben. Auch läßt der Ausstellungskatalog 1873 unseren Künstler in Wien geboren sein, während er ein Sachse, aus Zittau gebürtig, war.

Uebersicht der bedeutenderen Bilder Albert Zimmermann's. „Landschaft im niederländischen Charakter“. — „Judenfriedhof aus Böhmen“. — „Gegend im sächsischen Erzgebirge“. — „Partie aus Pöcking am Starnbergersee“; die genannten vier in den Ausstellungen des Kunstvereines in München im Jahre 1834. — „Winterlandschaft“. . —

„Fichtenlandschaft". — „Gebet der Bergknappen vor der Einfahrt in den Schacht". — „Waldpartie". — „Hühnerjagd". — „Gewitterlandschaft", ebd. 1835. — „Chiemsee-Sturm". — „Der hohe Göll". — „Einbruch der Nacht". — „Comersee" und „Golgatha"; beide in der Galerie Schack in München. — „Aussicht nach San Antonio" 1838. — „Sandsteinbrüche in Trannenburg". — „Partie an der Schelde". — „Gewitterlandschaft im Hochgebirge"; im Besitze des kaiserl. österr. Hofes. — „Morgendämmerung am Großvenediger". — „Der große Bergsturz"; auf der Ausstellung in Brüssel mit der goldenen Medaille betheilt. — „Sintfluth". — „Walpurgisnacht". — „Nillandschaft mit Findung Mosis"; radirt von K. P. Post. — „Große Felsenlandschaft". — „Kampf der Centauren gegen Leoparden"; dieses und das vorige in der Münchener neuen Pinakothek. — „Obersee". — Während seines Aufenthaltes in Wien: 1860: „Landschaft bei herannahendem Sturme" (900 fl.). — „Mondnacht. Motiv bei Bremen" (150 fl.). 1861: „Sonnenuntergang am Luganer See" (900 fl.). — „Der Chiemsee" (900 fl.). — „Der schwarze See bei Berchtesgaden" (300 fl.). — „Jagd auf der Heide". — 1862: „Der Hintersee" (800 fl.). — „Gebirgsgegend in Tirol" (920 fl.). — „Lago di Lupio" (300 fl.). — 1864: „Mondnacht an der Weser" (600 fl.). 1865: „Partie vom Hintersee". — „Partie vom Chiemsee". 1866: „Der Wasserfall". — „Isargegend" (300 fl.). 1867: „Hochensee am Seeborn bei Hirschbühl" (300 fl.). 1869: „Kartoffelernte". — „Gebirgsmühle in der Ramsau" (1000 fl.). 1871: „Die Kaiser Franz Joseph-Fjords in Grönland", Eigenthum des Kaisers Franz Joseph. — „Wasserfall im Zillerthal" (100 fl.). — „Niederländische Landschaft mit Jagd" (120 fl.). 1872: „Die Walpurgisnacht"; nach Goethe's „Faust". — „Ave Maria bei Genzano". — „Historische Landschaft: Kampf der Centauren mit den Lapithen nach dem Gastmahl der Hochzeit des Peirithoos mit Hippodame". — „Landschaft"; im Besitze der Landesgalerie in Linz. 1871: „Biblische Landschaft" (2300 fl.). — „Landschaft" (130 fl.). Außer den angeführten sind mir noch folgende Bilder Zimmermann's bekannt: „Das steinerne Meer mit der Ansicht des Hundstod" (300 fl.). — „Partie von der Eisenfluh mit der Jungfrau im Hintergrunde" (1300 fl.) — „Sonnenuntergang in den bayrischen Alpen". — „Partie am Obersee"; beide während seiner Wirksamkeit an der Mailänder Akademie in der Ausstellung des Jahres 1857. — „Alpenglühen am Lago Piano in der Lombardie". — „Der Luganer See". — „Streife auf Hasen auf ebenem Felde". — „Die Rebhühnersuche", beide auf Holz mit seinem ganzen Namen bezeichnet, Höhe 11½ Zoll, Breite 24 Zoll. — „Der Rabenstein; Scene aus Goethe's „Faust" (3000 fl.). — „Sonnenuntergang", beide in der Wiener Weltausstellung 1873. — „Menagio am Comersee". — „Eine Morgendämmerung mit biblischer Staffage". Auf seinen frühen Bildern bediente sich Zimmermann des folgenden Monogramms  zu dessen beiden Seiten er zwei Zahlen der Jahreszahl schrieb. Später zeichnete er mit seinem ganzen Namen, und wenn ihm das Bild vollkommen gelungen schien, setzte er über denselben drei Sterne.

Allgemeine Zeitung (München, Cotta 4°) 28 April 1889, Beilage Nr. 117 in den „Nekrologen der Münchener Künstler", von Dr. H. Holland, dem dieses Weltblatt bereits eine stattliche Reihe von Künstlernekrologen verdankt. — Nagler (G. Dr.). Neues allgemeines Künstler-Lexikon (München, E. A. Fleischmann, gr. 8°.) Bd. XXII, S. 283. — Müller (Hermann Alex.). Biographisches Künstler-Lexikon der Gegenwart. Die bekanntesten Zeitgenossen auf dem Gesammtgebiete der bildenden Künste aller Länder mit Angabe ihrer Werke (Leipzig 1882, Bibliogr. Institut, br. 12°.) S. 573.

Zimmermann, Alexander (Laborant am Probirgaden in Hall in Tirol, geb. zu Hall 1798, gest. daselbst in den letzten Tagen des Februar 1887). Der Lebenslauf dieses schlichten, doch unter allen Umständen sehr denkwürdigen Mannes ist ungemein einfach und bald erzählt. 14 Jahre alt, trat Zimmermann in den Dienst der Salmiakfabrik bei der k. k. Salinenverwaltung in Hall. Bald erwies er sich als sehr geschickter und denkender Arbeiter. Er lernte die Wirkung der Bestandtheile der Luft, des

Wassers, der Temperatur u. s. w. auf andere Stoffe aus eigener Beobachtung kennen, verfolgte mit lebhaftem Interesse die Vorgänge bei Krystallisation von Salzen und las dann auch in seiner freien Zeit aus ihm zugänglichen Büchern Alles, was ihn in das Gebiet der Chemie und Physik führte. In den späteren Jahren wurde er als Laborant in den Probirgaden übersetzt, wo seine vorzügliche Begabung für so sublime Manipulationen, wie sie die Bestimmungen des Gehaltes der Erze an Gold, Silber, Blei und Kupfer erheischen, so recht zutage trat. Dr. Hlasiwetz, der berühmte Professor der Chemie, der seinerzeit in Innsbruck lehrte und öfter das Haller chemische Laboratorium besuchte, war erstaunt, als er den einfachen Mann in Ausübung der Arbeiten am Probiröfen sah. Wir können uns nicht in eine nähere Darstellung seiner Arbeit und in die nur dem Fachmanne verständlichen, aber den ganz subtilen Scharfsinn dieses schlichten Arbeiters bekundenden Einzelnheiten einlassen und verweisen darum auf die unten angegebene Quelle. Zimmermann erreichte das selten hohe Alter von 89 Jahren, von denen er 60 Jahre die treuesten und besten Dienste leistete, wofür er mit dem silbernen Verdienstkreuze ausgezeichnet wurde. Als er dann als Laborant in dem ehemaligen k. k. Hauptprobiramte 1872 in Pension trat, führte er noch durch fünfzehn weitere Jahre die Proben der Braunkohlen- und Salzsorten für die Saline aus; diente also im Ganzen 75 Jahre dem Staate. Seine Bezüge — und daraus erklärt sich die Ueberschrift einer Biographie „Ein minderer Diener" — im activen Stande waren wöchentlich: 3/4 Metzen Weizen, 3/4 Metzen Roggen, 9 Pfund Schmalz und 9 fl. Bargeld; als Pensionist bezog er monatlich 15 fl. 21 kr. ohne Naturalien! — Es war ihm auf die Empfehlung des Professors Hlasiwetz 1856 von einem Fabrikbesitzer am Rhein eine weit vortheilhaftere Stelle angeboten worden. Er konnte sich aber nicht entschließen, seine Vaterstadt zu verlassen. In seinem „Ein minderer Diener" überschriebenen Nekrolog heißt es: „Unter dieser Bezeichnung erscheinen in den Personallisten ärarischer Montan-, Forst- und auch anderer Aemter diejenigen Männer aufgeführt, denen die unmittelbare Aufsicht und die ersten Aufschreibungen über das Arbeitspersonale obliegen. In dieser Kategorie befinden sich nicht selten Männer, die wahre Muster ihres Standes genannt werden müssen. Welchen moralischen Einfluß dieselben auf den ganzen Arbeiterstand auszuüben vermögen, weiß nur derjenige vollständig zu würdigen, der an der Leitung großer Arbeitercomplexe mitzuwirken in der Lage ist. Und welchen Werth hat es nicht für den Beamten in jener verantwortlichen Stellung, wenn er sich unbedingt auf Aufsichtsorgane verlassen kann, denen in ihrem ganzen Thun und Lassen nur ihr Pflichtgefühl zur Richtschnur dient." Mein Werk ließ wiederholt — ich verweise nur auf die Biographien J. Oettl [Bd. XXI, S. 34], Friedrich Sachse von Rothenburg [Bd. XXVIII, S. 28], Balthasar von Ziernfeld [in diesem Bande S. 72] — „höheren Dienern des Staates" Gerechtigkeit widerfahren, es will auch einmal einem minderen Diener, wie unser Laborant Alexander Zimmermann es ist, gerecht werden.

Tiroler Bote (Innsbrucker polit. Blatt) 1887, Nr. 49 und 64: „Ein minderer Diener".

Zimmermann, Alois, siehe: **Zimmermann**, Wilhelm [S. 137, in den Quellen, Nr. 1].

Zimmermann, Anton (Compositeur, geb. 1741, gest. zu Preßburg 8. October 1781). Ueber seinen Bildungs- und Lebensgang bis zur Zeit, da er in Preßburg erscheint, wissen die Quellen nichts; alle melden nur einstimmig, daß er in Preßburg Capellmeister eines Grafen Batthyányi, Organist an der Domkirche daselbst und seinerzeit als Instrumentalcomponist sehr beliebt gewesen. Mehreres von ihm ist gedruckt, noch mehr ist Manuscript geblieben. Von seinen gedruckten Sachen nennen wir: „III Claviersonaten mit 1 Violine" Op. 1 (Wien); — „VI Claviersonaten" Op. 2 (Lyon); — „VI Violinduos", auch als Op. 1 bezeichnet (Lyon); — „VI Violinquartette" (Lyon). Als ungedruckt führt der Träg'sche Musikkatalog in Wien noch auf: XIV Symphonien — I Concertino — I Notturno — VI Sestetti — I Hoboëconcert — I Concerto a 2 Fag. — I Harfenconcert — XII Quintetti a 3 V., A. e Vc. — XII Quintetti a Fl., 2 V., A. e Vc. — VI Duetti a V. ed Alto — VI Sonate a V. solo. Doch hat unser Meister auch größere Werke componirt, und zwar das Melodram „Andromeda und Perseus", das gleichfalls im Clavierauszug 1781 in Wien im Stich erschienen ist, aber in der bei Weingart in Erfurt 1864 verlegten „Musica theatralis" fehlt. Eine zweite gleich der vorigen einst sehr beliebte Operette „Narcisse und Pierre" ist wohl aufgeführt, aber nie gedruckt worden. Auch soll noch die Oper: „Die Belagerung von Valenciennes, für Clavier mit Begleitung einer Violine" in Wien bei T. Mollo im Stich erschienen sein. Gaßner rühmt Zimmermann's Compositionen gefälligen Satz und den Operetten desselben angenehme Melodien nach. Der Künstler starb in der Vollkraft des Alters von 40 Jahren.

Gaßner (F. S. Dr.). Neues Universal-Lexikon der Tonkunst. Neue Handausgabe in einem Bande (Stuttgart 1849, Franz Köhler, schm. 4°.) S. 911. — Gerber (Ernst Ludwig). Historisch-biographisches Lexikon der Tonkünstler u. s. w. (Leipzig 1792) Bd. II, Sp. 833. — Derselbe. Neues historisch-biographisches Lexikon der Tonkünstler u. s. w. Bd. IV, Sp. 643. — Neues Universal-Lexikon der Tonkunst. Für Künstler, Kunstfreunde und alle Gebildeten. Angefangen von Dr. Jul. Schladebach, fortgesetzt von Eduard Bernsdorf (Offenbach 1861, Johann André, gr. 8°.) Bd. III, S. 903. — Riemann (H. Dr.). Musik-Lexikon. Theorie und Geschichte der Musik, die Tonkünstler alter und neuer Zeit u. s. w. (Leipzig 1887, Bibliographisches Institut, br. 12°) S. 1031, Nummer 1.

Zimmermann, B. Pseudonym für den Schriftsteller Moriz Bermann, dessen dieses Lexikon schon im I. Bande, S. 322 gedenkt. Bermann schreibt überdies auch noch unter den Pseudonymen Bert. Mormann und Louis Mühlfeld.

Zimmermann, David, siehe: **Zimmermann**, Wilhelm [S. 137, in den Quellen, Nr. 2].

Zimmermann, Ferdinand Joseph (Arzt und Fachschriftsteller, geb. zu Pancsova in der ehemaligen banatischen Militärgrenze am 13. Mai 1775, gest. in Wien, Todesjahr unbekannt). Er beendete in Wien das Gymnasium und die philosophischen Jahrgänge, ging dann nach Pesth, wo er ein Jahr Chirurgie studirte, worauf er am 1. Jänner 1790 zur Zeit des Türkenkrieges als Unterarzt in die k. k. Armee eintrat und in den Armeespitälern zu Belgrad und Semlin unter der Leitung erfahrener und tüchtiger Chefärzte sich praktisch ausbildete. Dann setzte er unter Aufsicht seines Vaters, der als dirigirender Stabsfeldarzt die Oberleitung der Feldspitäler zu Belgrad über sich hatte, seine praktischen Studien fort und lernte gleichzeitig den Geschäftsgang der bei dem Hauptquartier befindlichen Sanitätsdirection vollständig kennen. Nach dem Friedensschlusse trat er 1791 als besoldeter Practicant an der Josephsakademie in Wien ein und vollendete an derselben den zweijährigen Lehrcurs. 1793 zum Oberarzt befördert, wurde er sofort bei der Rheinarmee eingetheilt; 1798 zur Anhörung des großen zweijährigen Lehrcurses an der Josephsakademie officiell einberufen, erlangte er am 23. Februar 1800 den Doctorgrad der Chirurgie. 1803 ward er Supplent der Lehrkanzeln der Chemie und Botanik an der Josephsakademie und nach Plenk's Jubilirung wirklicher Professor. Viele Jahre wirkte er in dieser Eigenschaft, bis 1833 seine Ernennung zum provisorischen Vicedirector der Josephsakademie erfolgte. Zimmermann war auch schriftstellerisch thätig und ein fleißiger Mitarbeiter der „Salzburger medicinisch-chirurgischen Zeitung“, als in derselben eben die damals auf die Tagesordnung gestellte Erregungstheorie lebhaft erörtert wurde. Selbständig gab er im Druck heraus: „Philosophisch-medicinisches Wörterbuch zur Erleichterung des höheren medicinischen Studiums“ (Wien 1803; 2. Aufl. 1807); — „Grundzüge der Phytologie“ (Pflanzenkunde) (ebd. 1813, 8°.). In Würdigung seiner Verdienste um das Sanitätswesen in der Armee und als Lehrer an der Josephsakademie wurde er 1826 von Kaiser Franz II. in den ungarischen Adelstand erhoben. Er war ferner Beisitzer der permanenten Feld-Sanitätscommission und Inspector der k. k. Militär-Medicamenten-Regie. 1837 befand er sich noch am Leben.

Meyer (J.). Großes Conversations-Lexikon für die gebildeten Stände (Hildburghausen, bibliogr. Institut, gr. 8°.) II. Abth., 15. Bd. (1852), S. 806, Nr. 14.

Zimmermann, Franz, siehe: **Zimmermann**, Wilhelm [S. 137, in den Quellen, Nr. 3].

Zimmermann, Franz Xaver, siehe: **Zimmermann**, Wilhelm [S. 137, in den Quellen, Nr. 4].

Zimmermann, Gusti [S. 136, in den Quellen, Nr. 5].

Zimmermann, Heinrich v. (Schriftsteller, geb. zu Gratz in Steiermark am 18. Februar 1847). Er beendete das Gymnasium, die philosophischen und rechtswissenschaftlichen Studien in Gratz, ging aber später zur Bühne über. Nach einiger Zeit übernahm er die Redaction des „Südungarischen Volksblattes“ und trat zuletzt in den Eisenbahndienst, in welchem er als Directionsbeamter im Secretariat der Dux-Bodenbacher Eisenbahn zu Smichow in Prag thätig ist. Schon als er der Bühne sich widmete, war er in Journalen und im Gebiete des Drama schriftstellerisch thätig. Von ihm sind im Druck erschienen: „Kunst und Liebe. Sittenbild“ (1881); — „Frommer Betrug. Schauspiel“ (1882); — „Attila. Drama“ (1883); — „Studentenstreiche. Posse“ (1883); — „Der Thalwirth. Trauerspiel“ (1884); — „Demetrius. Trauerspiel“ (1885); — „Spaziergänge eines Prager Poeten“ (1886); — „Schubert. Drama“ (1886); — „Ludwig der Einsame. Episches

Gedicht" (1887); — „Nero. Drama" (1887).

Deutscher Literatur-Kalender auf das Jahr 1889. Herausgegeben von Jos. Kürschner (Berlin und Stuttgart Spemann, 32°.) 11. Jahrg., S. 558.

Zimmermann, Heinrich Wilhelm (Maler, geb. in Wien, nach Patuzzi in Danzig am 5. Februar 1803, gest. zu Wien 15. Februar 1841). Ueber seinen Lebens- und Bildungsgang wissen wir nichts. 1832 tritt er in den Jahresausstellungen in der k. k. Akademie der bildenden Künste zum ersten Male mit einigen Genrebildern auf und beschickte dieselben bis 1840, da ihn im folgenden Jahre bereits der Tod dahinraffte. Nagler berichtet nur von ihm, daß er Landschaften und Genrebilder male. Wir lassen die Arbeiten des Künstlers nach den Jahren, wie sie in den Ausstellungen zu sehen waren, folgen. Es sind: 1832: „Ein Kastelbinder"; — „Ein alter blinder Mann mit seinem Hunde"; — „Eine Obsthändlerin"; 1834: „Küchengewächse"; — „Zwei Kinder am offenen Bogenfenster"; — „Eine Kinderstube"; — „Ein polnischer Jude"; 1835: „Ein Kind mit der Bassgeige spielend"; — „Die Waisen"; — „Ein Mädchen zieht sich einen Splitter aus dem Fuss"; — „Eine Bauernstube"; — „Portrait"; 1836: „Letztes Wiedersehen"; — „Der König in Thule"; 1837: „Der Besuch auf dem Kirchhof"; — „Die kleinen Schützen"; — „Zwei Bildnisse"; 1838: „Johannes der Täufer"; 1839: „Französische Bauern kehren bei Sonnenuntergang aus der Stadt zurück"; — „Der Blumenmarkt zu Paris"; — „Ein Invalide erzählt einer Kastanienhändlerin die Begebenheiten des Pont d'Arcole in Paris"; — „Das Innere einer Alpenhütte in Obersteiermark"; — „Alpensänger"; 1840: „Ein Segelboot"; — „Ein verwundetes Soldatenweib auf der Flucht"; — „Der Fischzug"; — „Vor dem Gewitter heimkehrende Fischer". Der Künstler hatte 1839 sein Atelier in Wien in der Jägerzeile Nr. 641. 1838 hielt er sich in Paris auf, was auch aus seinen in diesem Jahre ausgestellten Bildern erhellt.

Nagler (G. K. Dr.). Neues allgemeines Künstler-Lexikon (München, E. A. Fleischmann, gr. 8°) Band XXII Seite 291. — Pietznigg (Fr.). Mittheilungen aus Wien. Zeitgemälde des Neuesten und Wissenswürdigsten u. s. w. (Wien 1832, J. P. Sollinger, 8°.) Bd. I, S. 127. — Die Kataloge der Jahresausstellungen in der k. k. Akademie der bildenden Künste bei St. Anna in Wien (8°) 1832, 1834—1840.

Zimmermann, Jakob (Schulmann, geb. zu Waitzen in Ungarn am 8. Februar 1808, gest. im Juni 1878). Nachdem er die Mittelschulen in seiner Vaterstadt Waitzen besucht hatte, trat er 1824 in den Benedictinerorden und machte, gleichzeitig im Lehramte verwendet, zu Privigye die zwei Probejahre durch. Dann ward er von seinem Abt nach Tata, von dort nach Klausenburg geschickt, wo er die philosophischen Studien beendete und darauf den Doctorgrad erlangte. Zu Neutra und Szent-Györgyö hörte er die theologischen Studien und kam dann 1832 als königlicher Gymnasialprofessor nach Ofen, wo er drei Jahre Philologie, vier Jahre die Redekunst vortrug. Nun erfolgte seine Berufung an die theresianische Ritterakademie in Wien als Präfect und gleichzeitig als Professor der ungarischen Sprache und Literatur. Daselbst fand er Gelegenheit, sich mit mehreren einflußreichen Personen zu befreunden und das Wohlwollen des tüchtigen Schulmannes und nachmaligen Großwardeiner Domherrn Paul Kiss zu gewinnen. Um diese Zeit wurden für mehrere ungarische Lehrerbildungsinstitute Concurse ausgeschrieben. Er bewarb sich und erhielt 1844 eine Professur an der Lehrerbildungsanstalt in Pesth. 1846 erbat er sich die Erlaubniß des Austrittes aus seinem Orden und trat dann zu den Weltgeistlichen des Großwardeiner Kirchensprengels über. Im nämlichen Jahre noch wurde er supplirender Professor der Aesthetik und Philologie an der Pesther Hochschule. Zimmermann war ein tüchtiger Pädagog und in verschiedenen wissenschaftlichen Gebieten als Schulmann schriftstellerisch thätig. Szinnyei, Danielik und Ferenczy geben die von ihm herausgegebenen Schriften, die er in deutscher und ungarischer Sprache verfaßte, nach ihren Titeln. Wir nennen von den wichtigeren die deutschen: „Populäre Gesundheitslehre für Volks- und Sonntagsschulen" (Pesth 1856; in 2. Aufl. mit etwas verändertem Titel 1872, 8°.), früher (1845) in ungarischer Sprache; — „Populäre Viehzucht für Volks- und Sonntagsschulen" (ebd. 1856, 8°.); dann die ungarischen: „*Daguerre képei elkészítése módjának leirása*", d. i. Anleitung zur Verfertigung von Daguerreotypbildern. Aus dem Deutschen, mit 6 Tafeln (Wien 1840); — „*Ifjúságot képző ismeretek tára*", d. i. Archiv für die heranzubildende Jugend (ebd. 1843 u. f.); — „*Magyar irodalom. Nagy Mártonnal*", d. i. Ungarische Literaturgeschichte, nach Martin Nagy (ebenda 1843); — „*Vallási szokások és szertartások magyarázata*", d. i. Erklärung der religiösen Gebräuche und Ceremonien (ebd. 1845); — „*Magyarország oknyomozó története*", d. i. Ungarns nach Quellen erzählte Geschichte (ebd. 1846); — „*Népszerű barmászat nép és vasárnapi iskolák számára*", d. i. Populäre Thierarzeneilehre für Volks- und Sonntagsschulen (Pesth 1845). Dann gab er eine Reihe von Schul- und Lehrbüchern über deutsche und ungarische Sprache, Aufsatz- und Lesebücher, eine Erziehungskunde u. d. m. heraus, von denen mehrere vom Ministerium des Cultus und Unterrichts als Lehrbücher in den öffentlichen Schulen approbirt und viele Male aufgelegt wurden. Außerdem war er Mitarbeiter verschiedener schöngeistiger Zeitschriften, so der „Századunk", „Hasznos Mulatságok", „Religio és nevelés" u. a., worin er Abhandlungen über die gemischte Ehe und dann andere pädagogischen und populären Inhalts veröffentlichte.

Magyar irók. Életrajz-gyüjtemény. Gyüjték Ferenczy Jakab és Danielik József, d. i. Ungarische Schriftsteller. Sammlung von Lebensbeschreibungen. Von Jacob Ferenczy und Joseph Danielik. (Pesth 1856, 8°.) Bd. I, S. 627; Bd. II, S. 420. — Bibliotheca hungarica historiae naturalis et matheseos. Magyarország természettudományi és mathematikai könyvészete 1472—1875. Készítették Szinnyei József (Vater) és Dr. Szinnyei József (Sohn) (Budapesth 1878, schm. 4°.) Sp. 861. — Toldy (Ferencz). A magyar nemzeti irodalom története a legrégibb időktől a jelenkorig rövid elóadásban, d. i. Geschichte der ungarischen Nationalliteratur von den ältesten Zeiten bis auf die Gegenwart (Pesth 1834 u. f., Gustav Emich, gr. 8°.) S. 429.

Zimmermann, Ignaz Franz (Fürstbischof von Lavant, geb. zu Windisch-Feistritz in Untersteiermark am 26. Juli 1777, gest. 28. September 1843). Sein Vater Franz war Postmeister; er verlor ihn und seine Mutter frühzeitig. Die Normalschule besuchte er zu Pettau. 1787 ging er zur Fortsetzung seiner Studien nach Gratz, wo er — sonderbare Fügung des Geschickes — als armer Student in eben dem Quartier wohnte, aus welchem er später zur bischöflichen Würde berufen wurde. Er legte die Studien mit ausgezeichnetem Erfolge zurück; als er sich für ein Berufsstudium entscheiden sollte, fand er, wenn er sofort das theologische begänne, daß er zum Empfange der h. Weihen zu jung sein würde; so verlegte er sich denn an der Wiener Universität auf das Studium der Rechte, als aber der erwünschte Zeitpunkt zum Beginn der theologischen Laufbahn herangekommen, kündete er seinen Freunden an, daß er sie verlassen und sich fortan dem Dienste der Kirche widmen wolle. So nahm er in Wien das Studium der Theologie auf und vollendete dasselbe in Gratz. Am 8. Juni 1800 in der Maria Lorettokirche zu St. Andrä zum Priester geweiht, wurde er im October desselben Jahres Caplan in Windisch-Feistritz. Als solcher war er in so ersprießlicher Weise thätig, daß ihn Fürstbischof Leopold Graf Firmian im Juli 1803 zu seinem Hofcaplan ernannte; doch bat Zimmermann, in seiner Anstellung bleiben zu dürfen. Er versah diese Caplanei, indem er während derselben vom Mai 1805 bis Juli 1806 auch als Pfarrprovisor seiner Vaterstadt thätig war, bis zum 30. October 1807, an welchem Tage er zum Hauptpfarr- und Decanatsadministrator von Saldenhofen ernannt wurde. Am 5. November 1809 erfolgte seine Berufung als Consistorialrath und Diöcesanschulen-Oberaufseher nach St. Andrä. Am 22. Jänner 1816 vertauschte er diese Stelle mit der gleichen in Videm, einer Decanalpfarre im südlichen Theile des Cillier Kreises. Nach kurzer Wirksamkeit daselbst wurde er als k. k. Gubernialrath und geistlicher Referent zum Landesgubernium in Gratz berufen und trat diesen Posten am 20. November 1816 als Domherr von Seckau an. Am 19. Mai 1824 ernannte ihn der Fürsterzbischof von Salzburg, Augustin Gruber, nach dem ihm als solchem zustehenden Rechte zum Bischof von Lavant, welche Ernennung der Kaiser am 8. August 1824 bestätigte. Am 21. November desselben Jahres nahm Fürstbischof Zimmermann feierlich Besitz von seiner Kathedrale, in welcher er, abgeneigt und vorbeugend jeder Uebersetzung auf einen besser dotirten Bischofsitz, durch 19 Jahre ein treuer Führer der ihm angewiesenen Heerde, ein würdiger hochsinniger Kirchenfürst in des Wortes schönster Bedeutung war. Schon in allen seinen früheren Kirchenämtern folgte ihm die Verehrung seiner Kirchengemeinden mit der wahrhaften Trauer über sein Scheiden nach. Seine Wirksamkeit als Fürstbischof nach ihrem ganzen Umfange als Kirchenfürst, Staatsmann, Priester und Mensch zu schildern, reicht der uns zur Verfügung gestellte Raum nicht aus. Ein dem clericalen Stande nicht eben zugethaner, aber gerechter, scharfblickender und rücksichtsloser Beurtheiler schildert ihn folgendermaßen: „Als Gubernialrath einer der ausgezeichnetsten Geschäftsmänner, im Freundeskreise ebenso der geistreichste, leutseligste und unterhaltendste Gesellschafter, als Mann der Wissenschaft ebenso vielseitig gebildet, belesen und bescheiden, als Naturfreund unermüdet. Die Trauer um den leider viel zu früh verblichenen Kirchenfürsten war keine officiöse — der Priester, der an Zimmermann seinen väterlichen Freund und Rathgeber verlor, der Geschäftsmann, welcher die Tiefe der Einsicht und Schärfe des Urtheils an ihm bewunderte; der Landmann, mit dem sich der Fürst oft über ökonomische Gegenstände besprach, und der den „lieben guten Herrn“ nur als solchen liebte, ja Jedermann, der sich durch sein Wohlwollen angezogen fühlte, bedauerte aufrichtig den Verlust eines solchen Mannes." Der ihm von einem Ungenannten gewidmete Nekrolog würdigt diesen edlen Priester in ausführlicher Weise. Die wenige Muße, die ihm sein hoher Beruf gönnte, widmete der Bischof der Lecture von Zeitschriften, englischer und französischer Werke in der Originalsprache. Er besaß eine auserlesene Bibliothek. An dem Werke des Professors Karlmann Tangl [Bd. XLIII, S. 50] „Reihe der Bischöfe von Lavant" hatte er nicht unwesentlichen Antheil, indem er dem Verfasser, wie dieser es selbst ausspricht, 34 engbeschriebene Bogen mit Mittheilungen, welche allein das Zustandekommen des Werkes ermöglichten, zusandte. In den letzten Jahren mehrfach leidend und in den Bädern von Gastein und Tüffer Linderung seines Leidens suchend, konnte er durch nichts bewogen werden, wenn er auch litt, in der Erfüllung der Obliegenheiten seines hohen Amtes sich einigermaßen einzuschränken. Dadurch verschärfte sich sein Leiden, und so raffte ihn denn der Tod im Alter von erst 66 Jahren hin. 80 Priester geleiteten den geliebten Oberhirten zur letzten Ruhe, und der Prälat des Benedictinerstiftes Admont würdigte in tiefgefühlten Worten auf dem Friedhofe die Verdienste des Verblichenen, der letztwillig dem Bisthum seine vielen werthvollen Pretiosen, nebst anderen Emolumenten, deren Abgang er beim Antritt desselben schwer empfand, legirt hatte.

Ignaz Franz Zimmermann, Fürstbischof von Lavant. Nekrolog (o. J., O. und Angabe des Autors, 4°., 4 Seiten). — (Hofrichter). Lebensbilder aus der Vergangenheit. Als Beitrag zu einem Ehrenspiegel der Steiermark, besonders der Stadt Marburg (Graz 1863 Leyrer, kl. 8°.) 1. Heft, S. 30 u. f.

Zimmermann, Johann [S. 138, in den Quellen, Nr. 6].

Zimmermann, Johann Aug. (Schulmann und Poet, geb. zu Bilin in Böhmen am 14. Mai 1793, gest. in Diewic nächst Prag am 25. April 1869). Sohn eines in Oesterreich eingewanderten Sachsen, dessen Familie zu Ruhla in Thüringen ansässig war, der österreichische Kriegsdienste nahm und seiner Braut zuliebe zum Katholicismus übertrat. Johann August besuchte 1803 das Gymnasium in Prag, begann 1810 unter Bolzano's Führung, mit dem er bis zu dessen 1848 erfolgtem Tode in inniger Freundschaft verbunden blieb, die philosophischen Studien, beendigte auch jenes der Rechte, wandte sich aber vornehmlich auf Bolzano's Rath dem Lehramte zu und erhielt im Jahre 1817 eine Professur an den Humanitätsclassen (wie zu seiner Zeit die beiden obersten Gymnasialclassen hießen) am Gymnasium zu Iglau. 1819 kam er in gleicher Eigenschaft nach Pisek und 1822 nach Prag (auf der Kleinseite), wo er bis zum Jahre 1844 verblieb. In diese Zeit fällt seine Betheiligung an der damals unter Palacký's Redaction gestandenen „Monatsschrift des vaterländischen Museums", an der (freisinnig geübten) Censur der belletristischen 1838 von Johann Umlauft redigirten Zeitschrift „Der Novellist", an den Entwürfen der Statuten des damals (unter dem Grafen Thun) aufblühenden Prager Kunstvereines und der unter dem Schutze der Erzherzogin Sophie (von Zelen) gegründeten Sophien-Akademie zur Emporbringung classischer Musik in Böhmen, sowie des (vom Fürsten C. Rohan) beabsichtigten Schullehrer-Seminars. Im Jahre

1840 erhielt er von dem damaligen Staats- und Conferenzminister Grafen Kolowrat den Auftrag, einen Plan für die Reform der österreichischen Gymnasien auszuarbeiten, wurde infolge dessen 1844 zu der (damaligen) kaiserlichen Studienhofcommission in Wien einberufen und nahm von da an den im Laufe der folgenden Jahre stattgefundenen, zeitweise unterbrochenen, nach der Errichtung eines selbständigen Unterrichtsministeriums (unter Leo Thun) erneuerten Reformberathungen der Gymnasialstudien mit Exner, Bonitz und Anderen wirksamen Antheil, zog sich aber, zum Theil andauernder Kränklichkeit halber, zum Theil, weil er mit der völligen Beseitigung des Classen- und der ausschließlichen Anwendung des Fachlehrsystems aus pädagogischen Gründen nicht einverstanden war, im Jahre 1849 in den bleibenden Ruhestand zurück. Den Rest seiner Tage verlebte er theils in Wien, theils auf dem Gute seines Schwiegervaters, eines freisinnigen Advocaten aus der josephinischen Zeit und lebenslänglichen Freundes und Gesinnungsgenossen Bolzano's, Dr. Franz Pistl auf Raditsch, zuletzt auf seiner eigenen Besitzung Herzowka in Diewic nächst Prag, der Literatur und Philosophie ausschließlich gewidmet, wo er auch, in den letzten Jahren leidend, nach kurzer Krankheit starb. Zimmermann war ein dichterisch und philosophisch begabter, an originellen Gedanken auf den mannigfaltigsten Gebieten reicher, ebenso feinsinnig empfindender als logisch scharfer Geist, der mit der vielseitigsten Empfänglichkeit eine durchdringende Gründlichkeit und mit überlegener Intelligenz die nachsichtigste Schonung und das freundlichste Wohlwollen für Andere verband, so daß er bei seinen zahlreichen Schülern ein bleibendes dankbares Andenken zurück gelassen hat. Als Schriftsteller litt er wie fast alle Zeitgenossen unter der Ungunst der damaligen Verhältnisse, als philosophischer Schriftsteller überdies unter dem Drucke, der auf dem Namen seines 1820 vom Lehramte als kirchlich und politisch verdächtig entfernten Lehrers Bolzano [Band II, Seite 35] und dessen Schule lastete. Seine größeren poetischen Arbeiten sind meist Bruchstücke geblieben, seine philosophischen meist ohne seinen Namen ans Licht getreten. Unter den ersteren nehmen seine geistlichen Lieder durch Innigkeit und Wärme den ersten Platz ein. Außer seinem „Gebet des Herrn, in acht Liedern" (Prag 1828), das mehrere Auflagen erlebte, sind viele derselben in Zeitschriften und Werken zerstreut, so in Staudenmeyer's „Geist des Christenthums", Pletz's „Katholischer Vierteljahrschrift" u. a. O. Eines derselben, ein Meßlied für die Prager Universitätskirche (Salvatorkirche), hat seinen Weg in die katholische Hofkirche in Dresden und durch König Otto von Griechenland in die katholische Hofcapelle zu Athen gefunden. Von seinen weltlichen Liedern sind einige, darunter sein „Schwimmerlied", in Braunthal's „Oesterreichischem Musenalmanach" (1837), andere in der ehemaligen „Monatschrift des vaterländischen Museums" in Prag u. a. O. erschienen. Dieselbe Zeitschrift enthält auch seinen auf Hormayr's Antrieb entstandenen Versuch, die ältesten Legenden der böhmischen Geschichte, z. B. die der h. Ludmilla, in poetische Form zu bringen, und den ersten Act seines Trauerspiels „Johannes Nepomucenus", dessen eigentlicher Held aber, wie die im Nachlaß vorgefundenen Bruchstücke beweisen, vielmehr der König Wenzel (IV.) geworden wäre, und dessen Vollendung wohl aus diesem Grunde unterblieb. Ein die Legende des vorgenannten Heiligen behandelnder „Rosenzenkranz“ erschien im Jahre 1829 selbstständig mit Illustrationen von der Hand seines Bruders Karl, des Historienmalers [siehe diesen S. 128]. Auch Volkslieder aus dem Čechischen hat Zimmermann übersetzt, die zum Theil mit Musik von J. W. Tomaschek selbständig, zum Theil in John Bowring's bekannten „Slavish melodies“ abgedruckt sind. Von seinen gedruckten philosophischen Arbeiten ist außer einer ausführlichen und vortrefflichen Recension der Geschichte der Philosophie von Kant bis Hegel von Chalybaeus („Ost und West“ 1837) und einer ebensolchen der Schrift von Tafel „Supplement zu Kant's Biographie“ in Schmidl's „Oesterr. Blättern für Literatur und Kunst“ (1847), besonders seine zur Vertheidigung Bolzano's gegen des Leipziger Professors Krug Angriffe verfaßte Schrift: „Krug und Bolzano“ (Sulzbach 1839) zu nennen. Das Wort Schelling's über Baader: „er theile geistige Almosen aus“, paßt auch auf Joh. Aug. Zimmermann, dessen Zimmer nie leer wurde von Dichtern und Schriftstellern, jüngeren und älteren, die seinen Rath und sein Urtheil suchten, aus seinen freigebig ausgestreuten Goldkörnern Münze schlugen und dadurch ihm selbst die Zeit zum Arbeiten raubten. Sein reicher poetischer und insbesondere philosophischer Nachlaß, darunter eine Reihe von Sonetten zum größten Theil politischen Inhalts, zu denen ihm die Zeitereignisse Stoff genug boten, und Anderes, meist aus der Muße eines Lebensabends stammend, ist bisher ungedruckt geblieben. Im November 1823 vermälte er sich mit Francisca, Tochter des obgenannten Advocaten Dr. Franz Pistl, aus welcher Ehe drei Söhne: Robert [siehe die besondere Biographie S. 131], Winfried (Architekt, gest. 1881), Ottokar (lebt als k. k. Bezirksrichter zu Katharinaberg im Erzgebirge) und drei Töchter stammen, von welchen die jüngste, Francisca (geb. 1842), sich gleichfalls schriftstellerisch bekannt gemacht hat. Im Jahre 1841 erwählte ihn die königl. böhmische Gesellschaft der Wissenschaft zu ihrem Mitgliede.

Mittheilungen des Vereines für Geschichte der Deutschen in Böhmen. Redigirt von Dr. Ludwig Schlesinger (Prag, Lex. 8°.) X. Jahrg. (1871), S. 204—215: „Joh. Nep. Aug. Zimmermann“. Von Clemens Ritter von Weyrother. — Seidlitz (Julius). Die Poesie und die Poeten in Oesterreich im Jahre 1836, Bd. II, S. 44. — „Meyer's) Conversations-Lexikon, III. Aufl., 15. Band.

Zimmermann, Johann Wenzel (Schriftsteller, geb. zu Tomitz in Böhmen 4., nach Anderen 5. Mai 1788, gest. in Prag an der Cholera 27. August 1836). Er erscheint auch mit den Vornamen Johann Nepomuk. Nach beendetem Gymnasium bezog er die Prager Hochschule und trat 1808 in den Orden der Kreuzherren mit dem rothen Sterne, in welchem er an der Universität die theologischen Studien beendete. 1812 erlangte er die Priesterweihe und wirkte einige Zeit in der Seelsorge als Caplan der Kreuzherrenpfarre in der Prager Altstadt, wurde aber dann dem hebräischen Censor Fischer zur Seite gegeben. 1815 erhielt er die jüngste Scriptorstelle an der Prager Universitätsbibliothek und rückte bis zur ersten vor, in welcher er 1836 an der Cholera starb. In der Zwischenzeit wurde er auch 1820 als k. k. Büchercensor angestellt. Von ihm sind im Druck erschienen: „*Příběhové královstvi Českého zběhli za panování Ferdinanda I.*“, d. i. Begebenheiten des Königreichs Böhmen, die sich unter der Regierung Ferdinands I. zugetragen, 2 Theile (Prag 1820, 8⁰.); — „*Beneše z Hořovic pokračování kroniky neb příbehů země české od l. p. 1395 az do 1470 zběhlych kteréž ponejprv na svetlo vydal*“, d. i. Abgekürzte Chronik des Benesch von Horzowic oder die im Böhmerlande von 1395 bis 1470 vorgefallenen Begebenheiten zum ersten Male ans Licht gestellt (Prag 1819, Haase, 8⁰.); — „*Příběhové královstvi Českého za panování Maximiliana II.*“, d. i. Begebenheiten des Königreichs Böhmen unter der Regierung Maximilians II. (Prag 1822, 8⁰.); — „*Marka Tullia Cicerona Laelius aneb o přátelství, latinskym textem*“, d. i. Des M. T. Cicero Laelius oder von der Freundschaft, zugleich mit lateinischem Texte (Prag 1818, 12⁰.); — *Jana Joviana Pontana knihy o statečnosti valečné atd. Reh. Hrného z Jelení přeloženy z latinského*“, d. i. Des Joh. Jov. Pontanus Buch von der Tapferkeit, aus dem Lateinischen (Königgrätz 1819, 8⁰.); — „*Památka stoleté slavnosti svatořecení Jana Nepomuckého*“, d. i. Andenken der hundertjährigen Heiligsprechung des Johann Nepomuk (Prag 1830, 8⁰.); — „Vorbote einer Lebensgeschichte des h. Johann von Nepomuk“ (Prag 1820, 8⁰.); — „*Životopis sv. Jana Nepomuckého zpovědníka královny Johanny etc.*“, d. i. Lebensbeschreibung des h. Johannes Nepomuk, des Beichtvaters der Königin Johanna u. s. w. (Königgrätz 1829, mit K., 12⁰.); — „*Palma Svatojanská aneb modlitby pri mai svaté i. t. d.*“, d. i. St. Johannespalme oder Gebete zur h. Maiandacht u. s. w. (Königgrätz 1830, 12⁰.). Ein Jahr nach Zimmermann's Tode gab Dr. Legis Glückselig aus dessen Handschrift heraus: „Diplomatische Geschichte der aufgehobenen Klöster, Kirchen und Capellen in Prag“ (Prag 1837, 8⁰., XII und 246 S., Urkunden 548 S.), wovon aber schon 1831 die ersten zwei Hefte erschienen waren. Auch soll Zimmermann noch andere didaktische und geschichtliche Werke herausgegeben haben, deren bibliographische Titel ich aber nicht auffinden konnte, so eine Tugendlehre, eine Uebersetzung des Buches von der Regierung Böhmens von Bohuslaw von Lobkowitz, etliche Fragmente aus den Werken Cicero's und Anderes. Es erscheint dies Alles als eine verdienstliche und anständige schriftstellerische Thätigkeit, aber wie ganz anders stellt sich der Werth dieser Schriften dar, wenn man aus den über sein Leben und Wirken vorhandenen Nachrichten erfährt, daß er als Priester ein Zelot, als Censor ein Idiot, als Geschichtsschreiber ein Fälscher und Verstümmler von Handschriften war. Ueber seine haarsträubenden Striche als Censor vergleiche man S. 125 die Quellen. Nur ein Wort wollen wir beisetzen über seine Verbrechen als Fälscher und Verstümmler von Handschriften. Dr. Hanuš, Universitätsbibliothekar in Prag, fand bei Gelegenheit, als er einen neuen Bücherschrank aufstellen wollte und deshalb eine hinderliche Verschalung wegräumen mußte, hinter derselben unter anderem Gerümpel herausgerissene Blätter und verstümmelte Reste einer alten Chronik, die man schon längst vermißte, und die nun in diesem argen Zustande sich vorfand. Die gewissenhaftesten Untersuchungen und Forschungen über den Urheber wiesen unwiderleglich auf Zimmermann hin. Um seiner čechischen Nation den Ruhm dichterischen Schaffens zu einer Zeit (12. und 13. Jahrhundert) zu vindiciren, für welche bis dahin auch nicht ein literarisches Ueberbleibsel vorlag, verband er sich mit Hanka und Linda zu förmlichen Fälschungen von Liedern in der Weise jener in der vielbestrittenen Königinhofer Handschrift. Das Alles haben vorurtheilslose Forscher der deutschen und seiner eigenen Nation, wie Haupt, Büdinger, Feifalik, Šembera der Vater und Hanuš in unwiderleglicher Weise klar gelegt. Da nimmt sich die von čechischer Seite versuchte Ehrenrettung und wenn diese nach allen Seiten hinkte, die Annahme von Geisteszerrüttung ziemlich komisch aus: denn mit seinen Strichen als Censor die Fälschungen und Verstümmelungen der Manuscripte zusammengehalten, stellen sich seine Handlungen als zielbewußte Unthaten dar, die um so sträflicher erscheinen, als sie offenbare Verletzungen seines Diensteides an seiner Obhut anvertrautem Gute sind. Ueber den ganzen Sachverhalt geben die Quellen die nöthigen Nachweise. Dr. Hanuš, selbst ein begeisterter Čeche, ist es, welcher die Maske von dem Zeloten Zimmermann riß und den ganzen Schwindel, den dieser in dreifacher Eigenschaft als Mensch, Priester und Bibliothekar trieb, bloßlegte.

Zimmermann als Censor. Oben in der Biographie wird bemerkt, daß er frühzeitig dem hebräischen Büchercensor Fischer ad latus beigegeben, später aber, 1820, als k. k. Büchercensor angestellt wurde. Die Art und Weise, wie er sein Censoramt ausübte, ist — von der Infamie systematischen Gedankenmordes abgesehen — geradezu lächerlich. Er legte jedes Wort auf die Wagschale und ehe er eine Stelle in einem Werke passiren ließ, befragte er jedes Mal seine Loyalität und sein katholisches Gewissen. Zu seiner Zeit durfte kein „Roman“ erscheinen, dieses Wort verwandelte er in eine „Erzählung“. In einem Drama wurde der Name „Maria“ in „Marina“ umgeändert, weil ersterer Name eine Beleidigung der heiligen Jungfrau wäre. Jemand schrieb, daß es schicklich sei, Opfer auf den „Altar“ des Vaterlandes niederzulegen; allein Censor Zimmermann ließ diese Opfer auf den „Teller“ des Vaterlandes niederlegen! In einer Erzählung richtete ein Geliebter an seine Herzensdame die Frage, welcher Weg zu ihrem Schlafgemache führe, worauf diese antwortete: „Der Weg zu meinem Schlafgemache führt durch die Kirche.“ Die Kirche schien dem Censor in Verbindung mit dem Schlafgemache herabgewürdigt, und er schrieb statt „durch die Kirche“ ganz gemüthlich: „durch die Küche“! Die Worte „Freiheit“ und „Aufklärung“ durften in Schriften nicht vorkommen; als Jemand geschrieben: „Stellt die Aufklärung der Finsterniß entgegen“, strich er den Satz und schrieb: „Stellt Lichter der Finsterniß entgegen“. Statt des Satzes: „Der Vorhang wurde im Tempel zu Jerusalem durchrissen und das alte Testament vom neuen getrennt“, schrieb Zimmermann: „Der Vorhang wurde im Judenhause zerrissen und die alte Zeit von der neuen getrennt“. Genug der Proben

Jungmann (Jos.). Historie literatury české. Druhé vydání, d. i. Geschichte der čechischen Literatur (Prag 1849, F. Řiwnáč, schm. 4°). Zweite von W. W. Tomek besorgte Ausgabe, S. 637. — *Šembera (Alois Vojtěch).* Dějiny řeči a literatury česko-slovenské. Věk novější, d. i. Geschichte der čechoslavischen Sprache und Literatur. Neuere Zeit (Wien 1869, gr. 8°.) S. 309. — Bohemia (Prager politisches und Unterhaltungsblatt) 1861, Nr. 284, S. 2700: „Der Bock als Gärtner“. — Dieselbe. 1868, Nr. 109 im Feuilleton: „Die gefälschten böhmischen Gedichte“. — Slovník naučný. Redaktoři Dr. Frant. Lad. Rieger a J. Malý, d. i. Conversations-Lexikon. Redigirt von Dr. Franz Lad. Rieger und J. Malý (Prag 1872, J. L. Kober, Lex.-8°.) Bd. X, S. 356, Nr. 9. — Waitzenegger (Franz Joseph). Gelehrten- und Schriftsteller-Lexikon der deutschen katholischen Geistlichkeit (Landshut 1820, Trautmann, gr. 8°.) Bd. II, S. 340.

Zimmermann, Joh. Nep., [S. 138, in den Quellen, Nr. 7].

Zimmermann, Joseph (katholischer Theolog und Jugendschriftsteller, geb. zu Tomic in der Nähe von Bystricz nächst Beneschau am 4. Februar 1804, gest. zu Böhmisch-Brod am 24. Juni 1877) Das Gymnasium besuchte er in Prag auf der Kleinseite, hörte Philosophie und Theologie an der Hochschule daselbst und trat, nachdem er am 9. April 1829 die heiligen Weihen erlangt hatte, sofort vorerst zu Wořech nächst Prag in die Seelsorge. 1832 kam er als Caplan an die St. Galluskirche in letzterer Stadt und 1838 als Localist nach Stodulka in der Nähe derselben. Zuletzt wurde er Dechant zu Deutsch-Brod und fürsterzbischöflicher Notar und starb als solcher im Alter von 73 Jahren. Als Schriftsteller ungemein thätig, gab er mehrere seinerzeit beliebte Andachtsbücher und Jugendschriften, von letzteren meist Uebersetzungen aus dem Deutschen und Englischen des Görres, Christoph Schmid, Marryat u. A., heraus. Von seinen Andachtsschriften nennen wir die Uebersetzung der Handpostille von C. O. Goffine, die er vermehrt mit den Lebensbeschreibungen der čechischen Landespatrone in zwei Bänden (Prag 1843, 8°.) erscheinen ließ, ferner die Lebensbeschreibung des heiligen Procopius, Schutzpatrons von Böhmen (ebd. 1843, 8°.). Der von Franz Doucha mit Unterstützung von Jos. Al. Dunder und Franz Aug. Urbanek veröffentlichte „Knihopisný slovník česko-slovenský“, d. i. Čecho-slavischer Bücherkatalog (Prag 1865, Kober, schm. 4°.) führt auf S. 307 und 308 sämmtliche Schriften unseres Jugendschriftstellers Zimmermann an.

Jungmann (Jos.). Historie literatury české, d. i. Geschichte der böhmischen Literatur (Prag 1849, Řiwnáč, schm. 4°.). Zweite von W. W. Tomek besorgte Ausgabe, Seite 637.

Zimmermann, Joseph [S. 138, in den Quellen, Nr. 8].

Zimmermann, Joseph [S. 139, in den Quellen, Nr. 9].

Zimmermann, Joseph Andreas (Präsident des evangelischen Oberkirchenrathes, geb. zu Schäßburg 1810). Nachdem er die Vorbereitungsstudien in Maros-Vásárhely, wo er auch die Schätze der Graf Teleki'schen Bibliothek fleißig durchforschte, beendet hatte, widmete er sich der rechtswissenschaftlichen Laufbahn und trat im März 1832 bei dem siebenbürgischen Gubernium in den Staatsdienst. 1839 wurde er Professor des vaterländischen Rechtes am Hermannstädter Gymnasium, 1844 Professor an der neugegründeten sächsischen Rechtsakademie, in welcher Stellung er 1848 und 1849 an dem verfassungsmäßigen Verhalten seines Volkes in erfolgreichster Weise thätig war. Im Mai 1848 von der Nations-Universität in die Deputation gewählt, welche dem Kaiser im Namen der ganzen Nation huldigen sollte, ward er Anfang Mai 1850 Mitglied der sächsischen Nations-Universität selbst, welche die zum weiteren organischen Anschluß an die Gesammtmonarchie erforderlichen und den zukünftigen Verhältnissen des Sachsenlandes entsprechenden Einrichtungen zu beantragen hatte. Im nämlichen Jahre ins Ministerium für Cultus und Unterricht berufen, wo er zunächst die Organisationsarbeiten in diesem Zweige für Siebenbürgen zugewiesen erhielt, wurde er am 9. April 1852 zum Ministerialsecretär, mit allerhöchstem Cabinetschreiben ddo. 20. November 1858 zum Ministerialrath ernannt und am 1. September 1859 mit der Leitung des evangelischen Consistoriums in Wien betraut. Ende Juli 1867 erfolgte — nachdem er schon seit Juni 1861 Vorsitzender gewesen — seine Ernennung zum Präsidenten des Oberkirchenrathes der Evangelischen beider Bekenntnisse mit dem Range eines Sectionschefs. Am 15. November 1874 trat er mit vollem Activitätsgehalt in den Ruhestand, für seine Verdienste mit dem Comthurkreuze des Franz Joseph-Ordens mit dem Sterne ausgezeichnet. Während seiner Dienstzeit war er Abgeordneter beim Landtage zu Klausenburg 1846/47, in Pesth 1848, dann Mitglied der Nations-Universität von 1863/65, des Hermannstädter Landtages und Reichsrathsabgeordneter in Wien, zuletzt 1866/67 Deputirter des Landtages in Pesth. Friedenfels schildert ihn als „einen Mann in seinen Arbeiten tief gründlich, in seinen Entschlüssen von nicht gewöhnlicher (oft mit Unrecht übel vermerkter) Bedächtigkeit und Umsicht, stets für seine Arbeiten aus den Quellen der Literatur, namentlich der Deutschen schöpfend, im fortwährenden Contact mit den Strebungen deutscher Bildung im Mutterlande, durch zahlreiche aus seinen häufigen Reisen in Deutschland herrührende Verbindungen mit Gelehrten und Staatsmännern sich einen klaren von den engherzigen Formen des eigentlichen Bureaukraten freien Blick erhaltend. Als Lehrer erzielte er mit Beseitigung aller Kleinigkeitskrämerei bei seinen Schülern erhebende Erfolge, als Beamter war er gewissenhaft und als Mitglied der Vertretungskörper freimüthig, unabhängig, ein treuer Unterthan seines rechtmäßigen Herrn, ein unerschütterlich anhänglicher Sohn seines Volkes, ein selbstbewußter aufgeklärter Protestant. Im Jahre 1885 war er noch am Leben.

Friedenfels (Eugen von). Joseph Bedeus von Scharberg. Beiträge zur Zeitgeschichte Siebenbürgens im neunzehnten Jahrhunderte (Wien 1877, Braumüller) Bd. I, S. 91, Bd. II, S. 41, 134, 287, 443.

Nicht zu verwechseln mit Obigem ist J. A. Zimmermann, Pfarrer in Tirol, der das Werk: „Der h. Fidelis von Sigmaringen. Sein Leben, sein glorreicher Martertod, seine Wunder, seine Selig- und Heiligsprechung, nebst einem Anhang aller noch vorhandenen Briefe und Predigten dieses Heiligen" (Innsbruck 1863, Wagner, gr. 8°., XIV und 194 S., 1 Stahlstich) und das Andachtsbuch „Jesus der göttliche Lehrmeister oder die christliche Seele in der Schule der Tugend" (Innsbruck 1868, VIII und 573 S., mit T., kl. 8°.) herausgegeben hat.

Zimmermann, J. A., [S. 139, in den Quellen, Nr. 10].

Zimmermann, Karl (Historienmaler, geb. in Prag 1796, gest. daselbst 1862). Ein Bruder des Humanitätsprofessors Johann August, dessen Lebensskizze S. 121, und Oheim des philosophischen Schriftstellers Robert, dessen Lebensskizze S. 131 mitgetheilt ist. Nachdem er sich an der Akademie der Gesellschaft patriotischer Kunstfreunde in Prag, wo Kadlik (Tkadlik) und Führich seine Mitschüler waren, unter Leitung des seinerzeit tüchtigen Directors Johann Bergler — eines Schülers Martin Knoller's — herangebildet hatte, schlug er weder die ascetische Richtung des Ersteren, noch die romantische des Anderen ein, sondern hielt an der streng im Geist der italienischen Nachblüthe der Mengs und Battoni geschulten akademischen Manier seines Lehrers fest, in welcher er nicht nur viele gelungene Copien Wiener und Dresdener Galeriewerke, z. B. der Madonna della Sedia Raphael's, der Madonna mit dem Kinde Maratti's u. a., sondern eine beträchtliche Anzahl in verschiedenen Landkirchen Böhmens — z. B. in Tetin, Kwassitz, Těchobus und anderen Orten — zerstreuter Altarbilder malte und außerdem als Porträtmaler — wir erwähnen nur das Pastellbildniß seines Bruders Johann August, mit Glück thätig war. Einen größeren Bildercyclus, den er selbst gezeichnet und radirt hat, und der mit Führich's „Vaterunser" sich vergleichen läßt, bilden seine Illustrationen zu seines Bruders Romanzenkranz: „Die Geschichte des h. Johannes von Nepomuk, sein Handeln, Dulden und Tod", und ist dieser Cyclus unter dem Titel: „Des Beichtsiegels Verschwiegenheit", bezeichnet C. Zimmermann fec. 1829, 8 Blätter, kl. Fol. erschienen.

Nagler (G. K. Dr.). Neues allgemeines Künstler-Lexikon (München 1838, E. A. Fleischmann, 8°.) Bd. XXII, S. 286.

Zimmermann, Karl [S. 139, in den Quellen, Nr. 11].

Zimmermann, Ludwig Richard (Journalist, geb. zu Alsfeld in Hessen-Darmstadt, Geburtsjahr unbekannt, dürfte aber in das erste Viertel des laufenden Jahrhunderts fallen, gest. 1887). Er kam frühzeitig nach Oesterreich, wo er in die kaiserliche Armee trat. Vielleicht ist er identisch mit Ludwig Zimmermann, welcher 1843 der jüngste Cadet bei Kaiser-Infanterie Nr. 1 war. Er wurde Officier. Die strenge Disciplin, der er sich als Cadet fügte — wahrscheinlich um dadurch seine Beförderung zu beschleunigen — war nicht ganz nach dem Sinne des Officiers, der im vor-

märzlichen Gam
so unbehaglich fi
gen mit seinen L
endlich das golde
und ihn veranl
quittiren. Doch
Natur, um mit
lichen Armee au
zugeben, trat e
Armee. In der
sehr das Bewu
jeder Commando
unumschränkte
verantwortlich,
wissen und durf
Faust hin thätig
Revolution die e
gierungen und
Neapel stürzte,
förderte Zimm
Franz II. fest
thum über, we
Terra di lavo
1 und 2, Ab
Capitanata un
des Königs zu
weil es kein ge
konnte, in einze
um so hartnäckig
der neuen italie
und viel zu sch
mann wurde B
von ihm im Sel
herausgegebenen
ehemaligen Brig
aber nur der er
ein lebendiges B
nisse und seiner
teuerlichen Erleb
à la Casano
endlich die Sach
nicht mehr zu h
den Boden in N
nicht mehr für

er Neapel und kehrte nach Oesterreich zurück. Seiner ursprünglichen Absicht, sich der Publicistik zu widmen, traten mehrfache Hindernisse entgegen, in den damaligen politischen Verhältnissen des Kaiserstaates war ein Publicist vom Schlage Zimmermann's selbst den Zeitungen nicht willkommen, und da er sich ohne alle Subsistenzmittel befand, sah er sich gezwungen, in Privatdienste zu treten; so kam er, wenn ich nicht irre, zur Südbahn. Daselbst lebte er längere Zeit unbeachtet, nur mit dem Volke verkehrend, dessen Gebahren, Verhältnisse er beobachtete und studirte, so den Grundstein seiner späteren Thätigkeit legend. 1864 machte er für ein militärisches Journal den Feldzug in Schleswig-Holstein mit, 1866 ging er als Kriegscorrespondent nach Böhmen. Im Jahre 1867 begründete er in Graz das radicale Journal „Freiheit", und nun beginnt die Leidensgeschichte des Journalisten. Das Motto des Blattes lautete: „Unversöhnlichen Kampf der Gewalt, dem Betrug und der Dummheit; unvergängliche Treu' der Freiheit, Ehr und Vernunft", und die Sprache, welche er in Aufrechthaltung dieses Mottos führte, brachte ihm Preßprocesse — er mag wohl fünfzig Mal innerhalb dreier Jahre vor den Geschwornen gestanden sein — Verwarnungen, Haft und konnte schließlich nach den damals bei uns obwaltenden Rechtsanschauungen nichts Anderes als die Ausweisung Zimmermann's zur Folge haben, der überdies kein österreichischer Staatsbürger war, und dessen Gesuche um Erlangung der Staatsbürgerschaft abschlägig beschieden worden waren. Diese Ausweisung erfolgte mit Statthaltereibeschluß ddo. Gratz 24. Jänner 1871. Zimmermann wurde über die Grenze gebracht, kam nach Passau und schleuderte von dort noch energischen Protest gegen dieses Vorgehen. Ueber seine ferneren Geschicke aber sind wir in völliger Unkenntniß. Von seinen Schriften kennen wir noch: „Lose Skizzen aus dem österreichischen Soldatenleben" (Gratz 1866, 8^0^.) und „Pfaffenpeitsche. Sammlung anticlericaler Aufsätze aus der Zeitschrift: Freiheit" 1. und 2. Bd. (Braunschweig 1876, 8^0^.; auch wiederholt aufgelegt).

Gratzer Volksblatt, 1868, Nr. 99 — Dasselbe. Beil. zur Nr. vom 10. April 1868: „Ein Bischen Kriegsgeschichte. Herrn Ludw. Mich Zimmermann freundlichst gewidmet vom „deutschen Landsknecht". — Neues Wiener Tagblatt, 1870, Nr. 40, Nr. 111 in der polit. Rundschau, Nr. 248: „Geschwornengericht in Gratz". — Neue Freie Presse (Wiener polit. Blatt) 1871, Nr. 2305, 2307, 2308 — Fremden-Blatt. Von Gustav Heine (Wien, 4^0^.) 1871, Nr 31: „Affaire Zimmermann"; Nr. 41.

Porträt. Holzschnitt im „Kikeriki" 1871, Nr. 8. Ueberschrift: „Dr. Zimmermann und sein merkwürdiger Lorberkranz" [dieser besteht aus lauter Papierblättern mit den Aufschriften: Straferkenntniß, Strafantritt, Urtheil, Vorladung, Ausweisung u. s. w.].

Zimmermann, Matthäus. [S. 139. in den Quellen, Nr. 12].

Zimmermann, Michael (Compositeur, geb. zu Beleschdorf im Kokelburger Comitate Siebenbürgens um das Jahr 1830). Ein Siebenbürger-Sachse, erhielt er als Sohn eines Landmannes insoweit eine gute Erziehung, daß er 1848 als Schulgehilfe in Groß-Alisch bei Schäßburg einen Dienst annehmen konnte. Bald machte ihn sein musicalisches Talent in der ganzen Umgegend bekannt, beliebt und gesucht. Schon 1849 ließ er sich freiwillig auf sechs Jahre anwerben und kam in die Capelle des ungarischen Infanterie-Regimentes Erzherzog Karl Ferdinand Nr. 51. Nach Beendigung seiner Dienstzeit begab er sich nach Prag, trat in den Verein zur Ausbildung der Militärmusik und wurde nach fünfmonatlichem Aufenthalte daselbst Capellmeister bei Kaiser Franz Joseph-Kürassieren Nr. 1. Im Jahre 1864 trat er in gleicher Eigenschaft in das Infanterie-Regiment Herzog Wilhelm von Württemberg Nr. 73 über und brachte die Regimentscapelle desselben durch rastlose Thätigkeit, Energie und Umsicht auf eine Höhe, daß sie an dem Wettkampfe, welcher am 22. Juli 1867 in den Räumen des Pariser Industriepalastes stattfand, theilnehmen konnte. Um den Preis bewarben sich außer der Capelle des 73. österreichischen Infanterie-Regimtents (76 Mann) noch die Militärcapellen von acht Staaten: von Preußen das 2. Garde-Regiment und Garde-Grenadiere Kaiser Franz (90 Mann), von Frankreich die Garde von Paris (56 Mann), die Guiden der kaiserlichen Garde (62 Mann), von Belgien Grenadiere (59 Mann), von Bayern das 1. Infanterie-Regiment (51 Mann), von Rußland Garde-Cavallerie (71 Mann), von Holland Grenadiere und Jäger (56 Mann), von Spanien 1. Grenadier-Regiment (64 Mann) und von Baden Garde-Grenadiere (54 Mann). Die vier ersten Preise waren goldene Medaillen im Werthe von 5000, 3000, 2000 und 1000 Francs. Das Musikstück, mit welchem die von Zimmermann dirigirte Capelle den ersten Preis errang, war die Ouverture zu „Wilhelm Tell". Als die Capelle am 31. Juli 1867 noch ein Abschiedsconcert im Tuileriengarten gab, verlangte Kaiser Napoleon von Zimmermann einen Bericht über die Organisation der österreichischen Militär-Musikbanden. Die Rückreise der Capelle glich einem förmlichen Triumphzuge, in Baden-Baden gab sie zwei Concerte, in Canstadt am 5. August ein Concert, am 8. August rückte sie in Wien ein, wo sie am 9., von einer zahllosen Menschenmenge geleitet, auf die Burgwache zog. Mittlerweile hatte Kaiser Franz Joseph am 3. August den Capellmeister Zimmermann mit dem goldenen Verdienstkreuze mit der Krone ausgezeichnet. Infolge dieses Sieges erhielt derselbe die vortheilhaftesten Anträge von Paris und London, er lehnte jedoch alle ab, trat aber schon im nächsten Jahre von seinem Regiments-Capellmeisterposten zurück und nahm in seiner Heimat die Stelle als Stadtcapellmeister zu Kronstadt in Siebenbürgen an. Aber nicht lange verblieb er in derselben, indem er im Juli 1869 einem Rufe als Capellmeister des in Wien garnisonirenden Infanterie-Regiments Freiherr von Heß Nr. 49 folgte. In dieser Anstellung wirkte er 1871, in welchem Jahre die Errichtung einer Armee-Musikschule geplant wurde, für welche Zimmermann als Director in Aussicht genommen war. Als aber diese Musikschule die ah. Bewilligung nicht erhielt, nahm er im Jänner 1871 den ihm angetragenen Posten als Capellmeister der Marine an. In dieser Stellung verblieb er mehrere Jahre. Später zog er sich in die Ruhe zurück. Zimmermann hat auch Mehreres componirt, und zwar: eine *„Polka française. Annette"* (1867); — *„Iphigenien-Polka française"* (1868); — „Neujahrsgruss 1868. *Polka française"* (1868); — *„Etelka-Mazurka"*, im Wiener „Tanz-Album" zum Schützenfeste (1868); — „Wiedersehen. Schnellpolka", ein Tonstück, das er über Aufforderung des Kaisers Napoleon geschrieben, und das von Zimmermann auch eingesendet worden. Außerdem rühren von ihm zahlreiche Arrangements der verschiedenartigsten Tonstücke für seine Capellen her, worin er eine seltene Meisterschaft bekundete und die von ihm geleiteten Musikkörper zur höchsten Vollendung hob.

Wiener Zeitung, 1867, Nr. 183, S. 336 unter den Tagesneuigkeiten. — Fremden-Blatt. Von Gustav Heine (Wien, 4°.) 1867, Nr. 237; 1869, Nr. 348. — Neue Freie Presse (Wiener polit. Blatt) 6. Juni 1871, Nr. 2244.

Porträts. 1) Holzschnitt. Raninger sc. im „Wiener Familien-Journal" 1867, Nr. 70. — 2) Holzschnitt. Zimmermann, die Capelle dirigirend, im „Illustrirten Extrablatt" 1867, Nr. 3.

Zimmermann, Robert (philosophischer Schriftsteller, geb. zu Prag 2. November 1824). Ein Sohn des Humanitätsprofessors Johann August, dessen ausführliche Lebensskizze S. 121 mitgetheilt ist. Sein Vater, eine tief poetisch veranlagte Natur und ein gediegener Pädagog, übte den nächsten und nachhaltigen Einfluß auf den empfänglichen und mit ungewöhnlichen Geistesgaben ausgestatteten Knaben; neben ihm aber zwei Männer, welche zu jenen Sternen des vormärzlichen Oesterreich gehörten, die ihr Licht nicht leuchten lassen durften und deshalb manche Unbill und Verfolgung erdulden mußten: B. Bolzano [Bd. II, S. 35] und M. J. Fesl [Bd. XIV, S. 446]. Die Studien trieb Zimmermann in Prag, unter seinem Vater am Gymnasium, unter Exner an der Universität, und setzte dieselben in Wien fort, wo Ettingshausen in der Physik, Schrötter in der Chemie und Littrow in der Astronomie seine Lehrer waren; mathematische Vorbildung hatte er vorzugsweise von Bolzano erhalten. Nach beendeten Studien erlangte er in Wien am 26. Mai 1846 die philosopische Doctorwürde. Im März 1847 wurde er Assistent an der Sternwarte in Wien und verblieb es bis 1849, in welchem Jahre er sich im März als Privatdocent der Philosophie an der Wiener Universität habilitirte; in der Zwischenzeit wohnte er 1847 der unter den Auspicien des Herzogs von Sachsen-Coburg zu Gotha abgehaltenen Philosophenversammlung, 1848 der Versammlung der deutschen Universitäten in Jena bei und gewann am 1. Jänner 1848 den von der Akademie der Wissenschaften zu Kopenhagen ausgesetzten Preis für die beste „Comparatio monadologiae Leibnitzii et Herbarti". Mit kaiserlichem Hofdecret vom 28. November 1849 erfolgte seine Ernennung zum außerordentlichen Professor der Philosophie an der (damals noch bestandenen) Universität zu Olmütz, mit Hofdecret vom 23. Februar 1852 zum ordentlichen Professor desselben Faches an der Universität in Prag und mit Hofdecret vom 16. Jänner 1861 zum ordentlichen Professor desselben an der Universität in Wien. Mit ah. Entschließung vom 9. Mai 1870 erhielt er den Titel eines k. k. Regierungsrathes, mit ah. Entschließung vom 1. Jänner 1874 den Titel und Charakter eines k. k. Hofrathes und mit ah. Entschließung vom 4. Jänner 1880 das Ritterkreuz des österreichischen Leopoldordens. Vom April 1866 bis September 1867 bekleidete er (durch ah. Entschließung vom 17. April 1866) die Stelle eines Mitgliedes des damals bestandenen (und am 14. September 1867 aufgehobenen) k. k. Unterrichtsrathes. Seit 22. December 1878 ist er Mitglied der ständigen Ministerialcommission für Künstlerstipendien und seit 9. December 1879 Director der k. k. wissenschaftlichen Prüfungscommission für Candidaten des Mittelschullehramtes. Auch die Wissenschaft würdigte den rastlosen Forscher in ihrer Weise: die k. böhmische Gesellschaft der Wissenschaften zu Prag erwählte ihn am 7. Juni 1854 zum außerordentlichen Mitgliede, die kaiserliche Akademie der Wissenschaften am 26. Mai 1869 (kaiserliche Bestätigung vom 24. Juli 1869) zum wirklichen Mitgliede. 1861 bekleidete er die Würde eines Dekans der philosophischen Facultät an der Hochschule zu Prag; 1866 und 1877 an jener zu Wien, an welch letzterer er auch im Studienjahre 1886/87 Rector magnificus war. Mit diesen Angaben hätten wir die verschiedenen Stufen, welche er in seinem Lehrberufe allmälig erstiegen, und die Ehren, die ihm zutheil geworden, erschöpft. Dieser Rahmen seiner beruflichen Stellungen und Ehren umfaßt aber ein literarisches und wissenschaftliches Schaffen von einer Vielseitigkeit und einem Umfange seltener Art. Die umfassenden Gebiete der philosophischen und ästhetischen Disciplinen bilden sein Arbeitsfeld, auf dem er ebenso mit Geschmack, als Gründlichkeit und Vielseitigkeit eine dankenswerthe Thätigkeit bewährt. Unter der Leitung seines für das Schöne, Gute und Wahre begeisterten Vaters, durch ihn wie durch seinen Lehrer Bolzano streng und wissenschaftlich geschult, entfaltete früh der dichterische Genius des Jünglings seine Schwingen, und noch nicht großjährig, trat Zimmermann schon in seiner ersten Schrift mit einer philosophischen Arbeit auf, welche kein Geringerer als Ernst Freiherr von Feuchtersleben in Schmidl's „Oesterreichischen Blättern für Literatur und Kunst" [1847, Nr. 3 und 6] einer kritischen Prüfung unterzog, mit den Worten schließend: „Unserem Vaterlande, dem gesund und nüchtern denkenden Oesterreich, macht es Ehre daß solche Bestrebungen von ihm ausgehen. Es darf sich Glück wünschen zu geistigen Kräften, wie die des Verfassers vorliegenden Buches". Dieser ersten streng wissenschaftlichen Arbeit waren schon früher (seit 1841) in Zeitschriften, wie „Ost und West" u. a. Gedichte und Novellen, auch eine Sammlung politischer Gedichte (1845) und ein episches Gedicht „König Wenzel und Susanne" (1849), (beide aus dem Buchhandel zurückgezogen), vorangegangen. Die von der Akademie der Wissenschaften in Kopenhagen im Jahre 1848 preisgekrönte Schrift entschied für den schriftstellerischen Lebensgang. Er folgte der Wissenschaft, ohne sich jedoch ganz von der Dichtung abzuwenden, freilich weniger selbstschaffend, als mehr die Gaben, die Berufene und Unberufene auf den Altar der Muse legen, prüfend, um sie mit den ewigen Gesetzen der Schönheit zu vergleichen. Groß ist auf den Gebieten der Philosophie und Aesthetik die Zahl der Arbeiten, welche er während einer mehr als vierzigjährigen Schaffensperiode hat erscheinen lassen. Wenn schon die umfassenden selbständigen Schriften des Denkers unsere Aufmerksamkeit und Würdigung beanspruchen, wie wächst erst unser Staunen bei einem Ueberblick seiner in gelehrten Fachschriften enthaltenen Abhandlungen. Er ist Mitarbeiter der ersten wissenschaftlichen Zeitschriften Oesterreichs, Deutschlands und auch Englands, wir nennen unter den vielen die „Allgemeine Zeitung", die „Deutsche Rundschau", Zarncke's „Literarisches Centralblatt", die „Philosophischen Monatshefte", Fichte's „Zeitschrift für Philosophie", Fleischer's „Deutsche Revue", das englische „Athenaeum", in welch letzterem er seit mehr denn 20 Jahren die umfangreichen Jahresberichte über deutsche Literatur und Philosophie veröffentlicht; auch alle Artikel in der dritten und vierten Auflage von Meyer's „Conversations-Lexikon" und den dazu gehörenden Ergänzungsbänden über Philosophie und die verwandten Gebiete flossen aus seiner Feder. Noch größer aber ist die Reihe seiner Recensionen, die er vornehmlich im ersten kritischen Fachblatt Deutschlands, in Zarncke's „Centralblatt" niedergelegt, und wohl bereits vor mehreren Jahren hätte er das Jubiläum der tausendsten Recension feiern können. Wir schließen diese Lebensskizze mit den Worten eines seiner Biographen. „Zimmermann", schreibt Dr. Friedr. Krauß, „ist Philosoph, ist Gelehrter, doch kein Stubenphilosoph, kein Stubengelehrter. Der Fortschritt und die Errungenschaften der Neuzeit sind an ihm nicht spurlos vorübergegangen. Im Gegentheil war und ist er stets ihr unermüdlicher Beobachter und denkender Beurtheiler. Er vergrub sich niemals in ein einziges System, wie es sonst Brauch der Philosophen ist, vielmehr suchte er die Welt und ihre Erscheinungen allezeit im Großen und Kleinen zu erfassen und zu erklären. In einem seiner letzteren Werke, in der Anthroposophie oder deutsch Menschenweisheit, das er selbst sein „Lebenswerk" auf dem Gebiete der Philosophie nennt, spricht er es aus, daß ihm der Mensch selbst Ausgangspunkt seines Denkens ist; daß er die Welt vom anthroposophischen, nicht vom theosophischen Standpunkte aus betrachtet, daß er aber auch nicht bei den empirischen Thatsachen der Anthropologie stehen bleiben, sondern sie erklären und die metaphysischen Bedingungen derselben, wie die ethischen und ästhetischen Ideen darstellen will. Als Philosoph steht er innerhalb eines Bildungskreises, den Herbart's Einfluß beherrscht, und ergänzt eine weite Lücke, die der Meister selbst gelassen. Er ist von Herbart's Schülern der einzige, der es verstanden hat, diese Lücke auszufüllen, der, von Herbart ausgehend, in dessen Geiste weitergearbeitet hat. Wie bescheiden aber er von sich selbst denkt, dafür sind uns die Worte ein Beleg, mit welchen er 1861 seine Antrittsrede als Professor an der Wiener Hochschule schloß; diese aber lauten: Sehen Sie mich, meine Herren, als ihren Freund, als Ihren Berather, als Ihren Commilitonen an; denn auf dem Boden der Philosophie bleiben wir unser Lebenlang doch alle Studenten." Wir lassen nun eine Uebersicht der Arbeiten unseres Gelehrten folgen; eine Vollständigkeit der in gelehrten Zeitschriften und periodischen Fachwerken abgedruckten konnten wir mit bestem Willen nicht erreichen, aber keine wichtige Abhandlung ist übersehen.

Uebersicht der selbständig erschienenen und in Werken, Zeitschriften zerstreut gedruckten Schriften und gelehrten Abhandlungen des Dr. Robert Zimmermann. 1. Selbständige Werke: „Leibnitz's Monadologie. Deutsch mit einer Abhandlung über Leibnitz's und Herbart's Theorien des wirklichen Geschehens" (Wien 1847); — „Leibnitz und Herbart. Eine Vergleichung ihrer Monadologien", von der königlich dänischen Gesellschaft der Wissenschaften zu Kopenhagen am 1. Jänner 1848 gekrönte Preisschrift (Wien 1849); — „Das Rechtsprincip bei Leibnitz. Ein Beitrag zur Rechtsgeschichte der Rechtsphilosophie" (Wien 1852); — „Philosophische Propädeutik: Prolegomena — Logik — Empirische Psychologie. Zur Einleitung in die Philosophie" (Wien 1852; 2. umgearb. Aufl. 1860; 3. verm. Aufl. 1867), ist ins

Holländische, Italienische, Ungarische, Polnische und Čechische übersetzt; — „Ueber das Tragische und die Tragödie" (Wien 1856); — „Die Tempel von Paestum" (Prag 1858); — „Aesthetik. Erster histor. Theil: Geschichte der Aesthetik als philos. Wissenschaft" (Wien 1858); — „Zweiter systematischer Theil: Allgemeine Aesthetik als Formwissenschaft" (Wien 1865); — „Studien und Kritiken zur Philosophie und Aesthetik", 2 Bände (Wien 1870, gr. 8°.); — „Ungedruckte Briefe von und an Herbart. Aus dessen Nachlaß herausgegeben" (Wien 1876); — „Anthroposophie. Entwurf eines Systems idealer Weltanschauung auf realistischer Grundlage" (Wien 1882); — Vorreden zu: „Foucher de Careil's: Hegel und Schopenhauer (Deutsch von J. Singer)" (Wien 18..); — „Kant's Kritik der reinen Vernunft (Meyer's Volksbücher)" (Leipzig 1890). — 2. **Abhandlungen:** a) in den Schriften der königl. böhmischen Gesellschaft der Wissenschaften: „Ueber die Bedeutung der Rechtsphilosophie für das Rechtsstudium" [Sitz. Ber. 30. März 1857]; — „Ueber ein bisher unbekanntes rechtsphilosophisches Manuscript eines österreichischen Verfassers" [Prag 1854, Abh., V. F., Bd. 9]; — „Ueber die von A. Zeising aufgestellte neue Proportionslehre des menschlichen Körpers" [S. B. 28. Jänner 1856]; — „Beschreibung und Auslegung der Statue Laokoon's" [S. B. 10. November 1856]; — „Darstellung und Kritik der Schleiermacher'schen Aesthetik" [S. B. 2. März 1857]; — „Eine neue Eintheilung der Künste vom Standpunkte reiner Form" [S. B. 31. Mai 1858]; — „Leibnitzen's Verhältniß zur Begründung einer kaiserlichen Akademie der Wissenschaften in Wien" [S. B. 20. November 1854]; — „Ueber ein rechtsphilosophisches Manuscript: Com. de Hoditz libellus de hominis convenientia" [S. B. 12. Februar 1855]; — „Schiller als Denker. Ein Vortrag zu Schiller's hundertjährigem Geburtstag" [Abh., V. F., 11. Bd., 1859]; — „Ueber seine (Zimmermann's) Abhandlung: Leibnitz und Lessing" [S. B. 31. December 1855]; — „Lessing und die neuesten Ausleger der Aristotelischen Katharsis" [S. B. 3. December 1860, 4. März 1861]; — b) in den Schriften der Wiener kaiserlichen Akademie der Wissenschaften phil. histor. Classe: „Ueber den wissenschaftlichen Charakter und die philosophische Bedeutung Bernhard Bolzano's" [1849]; — „Ueber einige logische Fehler der Spinozistischen Ethik. I., II." [1850. 1851]; — „Der Cardinal Nicolaus Cusanus als Vorläufer Leibnitzens" [1852]; — „Ueber Leibnitzens Conceptualismus" [1854]; — „Leibnitz und Lessing" [1855]; — „Samuel Clarke's Leben und Lehre. Ein Beitrag zur Geschichte des Rationalismus in England" (1870); — „Ueber Kant's mathematisches Vorurtheil und dessen Folgen" (1871); — „Ueber Kant's Widerlegung des Idealismus von Berkeley" (1871); — „Zwei Briefe Herbart's" (1872); — „Ueber den Einfluß der Tonlehre auf Herbart's Philosophie" (1873); — „Ueber Trendelenburg's Einwürfe gegen Herbart's praktische Ideen" (1873); — „Kant und die positive Philosophie" (1874); — „Ueber Schelling's Kunstphilosophie. Ein Nachtrag zu seiner (Rob. Zimmermann's) Geschichte der Aesthetik" (1875); — „Perioden in Herbart's philosophischem Geistesgang" (1876); — „Glaube und Geschichte im Lichte des Dramas. Ein Beitrag zur Philosophie des Dramas" (1877); — „Lambert, der Vorgänger Kant's. Ein Beitrag zur Vorgeschichte der Kritik der reinen Vernunft" (1878); — „Kant und der Spiritismus" (1879); — „Henry More und die vierte Dimension des Raumes" (1881); — „Ueber Hume's Stellung zu Berkeley und Kant" (1883); — „Ueber Hume's empirische Begründung der Moral" (1884); — „Jacob Bernoulli als Logiker" (1885); — „Kant und Comte in ihrem Verhältniß zur Metaphysik" (1885); — „Leibnitz bei Spinoza" (1890). — 3. **Akademische Reden:** „Ueber die Stellung der philosophischen Facultät. Antrittsvorlesung zu Olmütz" (1850); — „Was erwarten wir von der Philosophie? Antrittsvorlesung zu Prag" (1852); — „Philosophie und Erfahrung Antrittsvorlesung zu Wien 1861"; — „Ueber den Antheil Wiens an der deutschen Philosophie. Rectoratsrede zu Wien" (1886). — 4. **Essays und Kritiken u. d. m. in Zeitschriften:** *a) in österreichischen* in Prag: Ost und West (von 1841 bis 1846) Gedichte, Novellen: „Eine alte Wiener Geschichte"; — Kritiken: Laube's „Monaldeschi"; Gutzkow's „Zopf und Schwert"; Immermann's „Opfer des Schweigens; Dingelstedt's „Friedliche Er.

zählungen"; Ebert's „Gedichte" u. s. w. — Bohemia (von 1834—1860): ausführliche regelmäßige Kunstausstellungsberichte, u. a. über Schwind's „Kaiser Rudolf's Ritt zum Grabe"; Karl Wurzinger's „Ferdinand II. und die Rebellen"; — in Schmidl's Oesterreichischen Blättern für Literatur und Kunst (1843—1848) zahlreiche Essays und Kritiken, u. a. über Exner's „Leibnitzen's Universalwissenschaft"; — „Hellas und Rom"; — „Jugendschriften"; — „Philosophie in Oesterreich"; — Matzka's „Lehrbuch der Chronologie"; — „Literarische Romane" u. a. — im Sammler: „Gedichte"; — in der Liter. Beilage zur Wiener Zeitung (von 1848 an bis auf die Gegenwart), u. v. a.: „Die erste Aufführung der Antigone in Wien"; — „Facultät und Lehrkörper"; — „Hebbel's Rubin, Herodes und Marianne, Michel Angelo, die Nibelungen"; — „Die speculative Aesthetik und die Kritik" (1834); — „Die naturwissenschaftliche Methode in der Philosophie" I—IV; — „Die ethischen Richtungen der Gegenwart" I—IV; — „Die psychologischen Richtungen der Gegenwart"; — „Ueber ästhetische Proportionslehre"; — „Ueber Schenach's Metaphysik"; — „Ueber Hanslick's Schrift: Vom Musicalisch-Schönen"; — „Asmus Carstens"; — „Anton Günther"; — „Ueber Ambros' Grenzen der Musik und Poesie"; — „Hamlet und Vischer" I—VI; — „Zum Fichte-Jubiläum"; — „Ein neuer Anti-Kant"; — „Lessing's Lemnius"; — die philosophischen Aufsätze in den „Sitzungsberichten philosophisch-historischer Classe der kaiserlichen Akademie der Wissenschaften": „Gottsched und Lessing" I—IV; — „Leibnitz und die Gründung der Akademie der Wissenschaften"; — „Ueber Schelling's Weltalter"; — „Ueber Ferdinand von Saar's Innocens, Heinrich IV."; — „Ueber Hamerling's Ahasverus in Rom und König von Sion"; — „Friedrich Hebbel" I—IV (in der „Oesterreichischen Wochenschrift für Kunst und Literatur"); — „Schelling und seine Frau" I, II (ebendaselbst); — „Die philosophische Literatur der Gegenwart [Schopenhauer, Hartmann]" (ebenda); — „Die Anfänge der mathematischen Psychologie in Wien" I—III; — „Ueber Adam Mickiewicz: Herr Thaddäus und Todtenfeier"; — „Velasquez" I—IV; — „Spinoza's Sterbehaus" u. s. w.; — in der Presse 1863 und 1864 die Kunstausstellungs-Feuilletons, u. a.: „Piloty's Nero"; — „Lessing's Hussbilder"; — „Preller's Odysseelandschaften"; — „Matejko's Theilung Polens"; — „Swoboda's Barbarossa in Mailand"; — „Blaas' Arsenalfresken"; — „Ungarische Kunstindustrie-Ausstellung" u. a.; — „Anton Günther. Nekrolog"; — in der Neuen Freien Presse: „Ueber geistliche Gymnasien"; — „Ueber den Auszug der Deutschen von der Prager Universität"; — „Zur Säcularfeier der Wiener Universität" (1865); — „Ueber Dilthey's Leben Schleiermacher's" u. v. a; — im Wanderer: „Der anonyme Poet von Polen"; — in der Deutschen Zeitung: „Zu Herbart's 100jährigem Geburtstag" (1876); — in der Oesterreichischen Revue: „Zur Geschichte des Dramas in Oesterreich" I—III (1864); — „Kunst- und Kunstvereine in Oesterreich: Wien, Prag, Pesth"; — in der Oesterreichisch-ungarischen Revue: „Philosophie und Philosophen in Oesterreich" I—IV; — im Oesterreichischen Schulboten: „Der neue Fiesole (Overbeck)"; — in der Zeitschrift für österreichische Gymnasien: „Ueber philosophische Propädeutik" (1851); — „Ueber die Instruction zum Unterricht in der philosophischen Propädeutik" (1854); — zahlreiche Recensionen; — in der Festschrift des Wiener Gemeinderathes (Wien 1848—1888): „Wissenschaft und Literatur 1848—1888"; — in den Recensionen über Musik und bildende Kunst: „Kunstvereine in Oesterreich"; — „David's Tod Marat's", — zahlreiche Recensionen; — in der Neuen Zeit (Olmütz): „Ueber W. Constant's: Aus einer verschollenen Königsstadt"; — in Frankl's Sonntagsblättern: „Ein Besuch bei Fr. Rückert"; — „Ein Gang auf die Wartburg"; — „Ein Blatt auf Gellert's Grab"; — „Ueber die Stellung der Philosophie in der kaiserlichen Akademie der Wissenschaften" u. v. a.; — in der Neuen illustrirten Zeitung: „Gedichte (aus dem Spanischen des Campeador, Rivas u. s. w.)"; — in der Ostdeutschen Post: „Ueber Hebbel's Herodes und Marianne"; — im Wanderer: „Ueber Cahagnet's Somnambulismus und Geisterseherei" u. a.; — in Lützow's Zeitschrift für bildende Kunst: „Die Aesthetik der Gegenwart"; — „Nachlese zu Carsten's Werken"; — „Winckelmann"; — „Ueber Lützow's

Geschichte der Akademie der bildenden Künste"; — zahlreiche Recensionen; — in Halla's Prager Vierteljahrschrift für praktische Heilkunde: „Ueber medicinische Psychologie von Lotze und medicinische Logik von Oesterlen": — *b) in ausserösterreichischen:* Grenzboten (1844): „Prager Skizzen. Von keinem Čechen"; — (Augsb.) Allgemeine Zeitung 1865: „Kahl's Parismythe"; — „Das Wiener Künstlerhaus"; — Allgemeine akademische Monatschrift (Würzburg 1852 — 1853): „Franz Exner. Nekrolog"; — Deutsche Rundschau: „Ueber Werder's Hamletvorlesungen"; — „Ueber Bernay's jungen Goethe" (1876); — „Ueber H. Grimm's Goethevorlesungen" (1877); — „Ueber Shelley's Entfesselten Prometheus und Swinburne's Kalydonische Jagd" (1876) u. m. a.; — Deutsche Revue (von R. Fleischer): „Der Jude Kant's (Salomon Maimon)" (1878); — „Kant in England" (1882); — „Diderot als Pädagog" (1880); — „Eine neue Wendung des Neokantianismus" (1884); — Fichte's Zeitschrift für Philosophie und philosophische Kritik: „Ueber die Lehre des Pherekides von Syros" (1834); — Zeitschrift für exacte Philosophie: „Zur Reform der Aesthetik als exacter Wissenschaft" (1863); — „Zur Abwehr" (1869); — „Ueber Lotze's Geschichte der Aesthetik" (1868) u. m. a.; — Philosophische Monatshefte: „Ueber R. Vischer's optisches Formgefühl" (1873); — Literarisches Centralblatt von Fr. Zarncke; für dasselbe war Rob. Zimmermann ständiger Mitarbeiter in den Gebieten der Philosophie und Aesthetik vom Jahre 1857 bis 1887; im Blatte sind wohl tausend und mehr Recensionen seiner Feder über philosophische und ästhetische Werke; — Athenaeum in London: seit 1870 regelmäßige Jahresberichte über die deutsche Literatur (bisher 21 Berichte); — „Ueber das Reisewerk des Kronprinzen Rudolf" (1879); — „Ueber Fürst Metternich's Memoiren" (1879); — Meyer's Illustrirtes Conversations-Lexikon: Redaction der III. und IV. Auflage für Philosophie und Aesthetik; alle dahin einschlägigen Artikel hat Zimmermann neu bearbeitet; außerdem in den Ergänzungsblättern zur II. Auflage die Artikel: „Aesthetik und das Musicalisch-Schöne" (1866); — in den Ergänzungsheften zur III. Auflage: „Die ästhetischen Richtungen der Gegenwart" (1880); — „Die logischen Richtungen der Gegenwart" (1882); — „Philosophische Schulen der Gegenwart" (1884).

Bornmüller (Fr.) Biographisches Schriftsteller-Lexikon der Gegenwart. Die bekanntesten Zeitgenossen auf dem Gebiete der Nationalliteratur aller Völker mit Angabe ihrer Werke (Leipzig 1882, Verlag des bibliographischen Instituts, br. 12°.) S. 783. — Brümmer (Franz). Lexikon der deutschen Dichter und Prosaisten des neunzehnten Jahrhunderts (Leipzig 1885, Reclam jun., 12°.) Bd. II. S. 526. — Neue Illustrirte Zeitung (Wien, Zamarski, kl. Fol.) 6. Jänner 1884, Nr. 15, S. 227 u. f. — Das geistige Wien. Künstler- und Schriftsteller-Lexikon. Von Ludw. Eisenberg und Richard Groner (Wien 1890, Brockhausen, br. 8°.) S. 320.

Porträt. Unterschrift: „Dr. Robert Zimmermann". Holzschnitt ohne Angabe des Zeichners und Xylographen in der oben genannten „Neuen Illustr. Zeitung" 6. Jänner 1884, Nr. 15; — ferner „Extrablatt" und „Morgenpost" vom 14. October 1886 (Zimmermann als Rector der Wiener Universität).

Zimmermann, Michael von, [S. 140, in den Quellen, Nr. 13].

Zimmermann, Paul von [S. 140, in den Quellen, Nr. 14].

Zimmermann, Siegmund [S. 140, in den Quellen, Nr. 15].

Zimmermann, S. A. [S. 141, in den Quellen, Nr. 16].

Zimmermann, Theod. Franz [S. 141, in den Quellen, Nr. 17].

Zimmermann, Wilhelm [S. 142, in den Quellen, Nr. 18].

Noch sind erwähnenswerth: 1. **Alois** Zimmermann, aus Bozen gebürtig, der im Jahre 1824 in Rom arbeitete, wie dies aus einer von ihm gemalten Copie eines Bildes von Camuccini erhellt: „Die Vermälung Amors mit Psyche im Olymp", welche mit „Zimmermann pinx. 1824 Romae" bezeichnet ist und sich im Innsbrucker National-museum befand. Der Katalog der Gemäldesammlung des Ferdinandeums 1874 weist dieses Bild nicht aus. [Nagler (G. K. Dr.). Neues allgemeines Künstler-Lexikon (München 1835 u. f., E. A. Fleischmann, gr. 8°.) Band XXII, Seite 283. — Tirolisches Künstler-Lexikon oder kurze Lebensbeschreibung jener Künstler, welche geborene Tiroler waren oder eine längere Zeit in Tirol sich aufgehalten haben. Von einem Verehrer der Künste [geistlicher Rath Leman] (Innsbruck 1830, Fel. Rauch, 8°.) S. 281. — (Hormayr's) Archiv für Geschichte, Statistik, Literatur und Kunst (Wien, 4°.) XVII. Jahrg. (1826), Nr. 73, S. 391.] — 2. **David** Zimmermann (geb. zu Eisleben 1741, gest. um 1790), salzburgischer Steinbrechermeister und Berghutmann. Er steht mit einem trotz des Gotthards- und zahlloser anderer Tunnel noch als Sehenswürdigkeit Salzburgs angestaunten Bauwerke, dem Neu- oder Siegmundsthor, das, durch die Felsen des Mönchsberges gebrochen die Stadt mit der Vorstadt Riedenberg verbindet, in so naher Beziehung, daß wir seiner in Kürze gedenken. Bevor er salzburgische Dienste nahm, trat er am 17. März 1763 zu Stadt Steyr in Oberösterreich zur katholischen Religion über und leitete in Salzburg unter Aufsicht des Ingenieurmajors von Geyer den Durchbruch des Neuthors. Diesen hatte Erzbischof Siegmund Graf Schrattenbach angeordnet; der Bau wurde 1763 begonnen und in zwei Jahren, 1767, beendet. Auf der Stadtseite steht unter des Erzbischofs Bildniß die Inschrift „Te saxa loquuntur". Pillwein meldet: „So rühmlich für Zimmermann der Durchbruch des Neuen Thores ausfiel, so schrecklich ward er dabei beschädigt und bekam darauf die monatliche Besoldung eines einfachen Hutmannes mit 12 fl." Worin die „schreckliche Beschädigung" Zimmermann's bestand, meldet Pillwein auffallenderweise nicht. Jedenfalls lebte der Steinbrechermeister nach derselben noch viele Jahre. [Pillwein (Benedict). Biographische Schilderungen oder Lexikon salzburgischer Künstler u. s. w. (Salzburg 1821, Mayr, 8°.) S. 272.] — 3. **Franz** Zimmermann. Ein Maler dieses Namens, aus Nassereit im Bezirk Imst des Oberinnthals in Tirol, findet sich zu Ende des Verzeichnisses der Tiroler Künstler angeführt, welches in Gräffer's „Conversationsblatt" 1820, Bd. III, S. 916, 923, 932 u. f. abgedruckt ist. Die Janke'sche „Romanzeitung" (Berlin, 4°.) berichtet im Jahrgang 1881, I. Quartal, S. 717 in dem jeder Nummer beigegebenen kurzen Nekrolog, daß Franz Zimmermann (geb. 1808), berühmter Maler, am 9. November 1880 in Wien, 72 Jahre alt, gestorben sei. — Ein **Franz Theodor** Zimmermann lebte in den Fünfziger-Jahren, seines Zeichens Thiermaler, in Wien und hat in der Jänner-Ausstellung 1852 des österreichischen Kunstvereins ein Thierstück „Windhunde mit einem Hasen" (230 fl.) ausgestellt. In den Werken über Kunst und Künstler von Nagler, Tschischka, Müller-Klunzinger Seubert, Hermann Alex. Müller, Leman u. s. w. ist weder ein Franz, noch Franz Theodor Zimmermann erwähnt. Es ist vielleicht derselbe Künstler, der mit Verstellung seiner Taufnamen als Theodor Franz erscheint und S. 141, Nr. 17 angeführt wird. — 4. **Franz Xaver** Zimmermann (geb. zu Odrau in Mähren am 7. November 1773, gest. 1830). Sohn eines Bürgers der Stadt Odrau, betrieb er das Tuchscherergewerbe und den Landbau. Seine Ausbildung beschränkte sich auf den primitiven Unterricht in der Ortsschule, den er aber später aus eigenem Antriebe vervollkommnete. Besondere Aufmerksamkeit widmete er der Viehzucht, und erhielt er bei der in Wagstadt 1814 abgehaltenen Nutzviehausstellung für sein Ausstellungsstück eine Prämie von 30 fl. Er war ein tüchtiger Bürger und wurde 1816 zum Polizeicommissär der Stadt, 1821 zum Stadtvorsteher gewählt, in welcher Stellung er bis 1828 wirkte. Aber nicht diese verdienstlichen Eigenschaften weisen ihm die Stelle in unserem Werke an, sondern eine von ihm verfaßte Chronik der Stadt Odrau, welche ihres Inhaltes wegen — so wenig kritisch derselbe stellenweise ist — doch die Aufmerksamkeit der Forscher auf sich zog und in reichhaltigem Auszuge von R. Trampler im d'Elvert'schen „Notizenblatt" 1869 Nr. 9, 10 und 11 mitgetheilt ist. Sie beginnt mit dem Ursprung der Stadt Odrau (zwölftes Jahrhundert) und reicht bis zum 7. März 1830; ist für die Geschichte dieser Stadt von besonderer Wichtigkeit, aber auch sonst und insbesondere für die Zeit des dreißigjährigen Krieges von großem Interesse. Die Chronik von Zimmermann eigenhändig geschrieben ist 96 Folioseiten stark, und eine Abschr derselben besitzt Herr Edmund Pfleger in Wagstadt, das Original aber die Familie des Chronisten in Odrau. — 5 Gusti Zimmermann (geb. zu Großwardein im Biharer Comitate Ungarns, Geburtsjahr unbekannt) betrat am 12. September 1883 als „Königin" in der Operette „Das Spitzentuch der Königin" im Linzer Stadttheater zum ersten Mal die Bühne. Dann führte sie mit Girardi mehrere Gastspiele aus und war 1883—1889 Mitglied des Theaters an der Wien. Sie versuchte sich auch in der Liedercomposition. Zur Zeit spielt und singt sie als Mitglied des Thaliatheaters in New-York. — Gusti Zimmermann ist nicht zu verwechseln mit der Tänzerin Zimmermann, welche 1878 im Theater an der Wien auftrat und sich durch ihre Leistungen besonders hervorthat. Lacy von Frecsay führte uns das Bildniß der Tänzerin in ganzer Figur im Tanze begriffen in der „Bombe" vom 2. Juni 1878, Nr. 22 vor. — 6. Johann Zimmer (geb. in Prag 1632, gest. zu Komotau in Böhmen 22. Februar 1701). Er trat nach langem Kampfe mit sich selbst, 1649, erst 17 Jahre alt, in den Orden der Gesellschaft Jesu. Anfänglich im Lehramt verwendet, trug er die Humanitätswissenschaften, hebräische Sprache und Mathematik vor. Dann stand er als Rector 5 Jahre Seminarien und 13 Jahre Schulen vor. Zuletzt war er 30 Jahre als Prediger thätig. Im Druck sind von ihm erschienen: „Discursus astronomicus de loco, magnitudine et materia novi Cometae" (Olomucii 1661); — „Sol siderum princeps propositionibus astronomicis illustratus" (ib. 1661, 8°.); — „Geometria de variis altimetriae instrumentis Anacrysis, in qua novum pantometron componitur instrumentum quodvis dimetiendi" (ib. 1662); — „Vir dolorum Jesus patiens per Jobum representatus" (Wratislaviae 1671, 8°.); — „Aula Dei gloriosa octo Beatorum classes continens, seu conciones panegyricae super celebriorum sanctorum festa" (Pragae 1691, 4°.). — 7 Johann Nepomuk Zimmermann (geb. zu Tyrnau in Ungarn 1812, gest. zu Preßburg 28. Juni 1878). Er trat 1828, 16 Jahre alt, in den Franciscanerorden, in welchem er 1836 die Priesterweihe empfing. Er selbst nennt sich in einer seiner Schriften Ordenspriester der Marianerprovinz und emeritirten Professor. 1863 wurde er zum Definitor eines Ordens gewählt. Im Druck erschienen von ihm: „Festrede, vorgetragen in der Pfarrkirche zu Baden in Oesterreich am 26. Mai 1867" [Secundizpredigt] (Wien 1868, 8°.); — „Deutsche Sprachlehre, enthaltend die praktische Anwendung der zehn Redetheile" (Preßburg 1865); — „Deutsche Sprachlehre zum Privatgebrauche" (ebd.). — 8. Joseph Zimmermann, ein Maler aus Tirol, dessen die unten benannten Quellen gedenken. Während ihm Leman keinen Taufnamen gibt, führt ihn Nagler als Joseph Zimmermann an. Unser Künstler, aus dem Oberinnthal gebürtig, arbeitete gegen Ende des 17. Jahrhunderts, und man findet von ihm in Tiroler Kirchen und Capellen „einige schöne Gemälde mit einem markigen, warmen und angenehmen Colorit; in einigen Gemälden ist die Anordnung gut, in anderen aber mit Figuren überhäuft; besonders malt er frohe, liebliche, zufriedene Köpfe". In seinen früheren Jahren soll er seines Zeichens Zimmermann gewesen sein und die Malerei erst später aus besonderem Triebe im Auslande erlernt haben. — Beide Quellen gedenken gleichzeitig eines zweiten Malers desselben Namens, der aber, nach dem Jahre, das auf seinem Bilde steht, Ende des 16. Jahrhunderts, also schon ein Jahrhundert früher thätig war. Von demselben berichtet Leman, daß sich in der Winkler'schen Stadtapotheke in Innsbruck ein Bild von ihm befinde, das die Anbetung der drei Weisen vorstelle, viele Figuren enthalte und markig und angenehm gemalt sei. An der Ecke des Bildes sieht man Zimmermanns-werkzeuge, und darunter ist zu lesen — — mann fecit. Auf der anderen Bildecke steht anno 1598 oder 1596. [Tirolisches Künstler-Lexikon oder kurze Lebensbeschreibung jener Künstler, welche geborene Tiroler waren oder eine längere Zeit in Tirol sich aufgehalten haben. Von einem Verehrer der Künste [geistlicher Rath Leman] (Innsbruck 1830, Fel. Rauch, 8°.) S. 281. — Nagler (G. K. Dr.), Neues allgemeines Künstler-Lexikon (München 1839, E. A. Fleischmann, 8°.) Bd. XXII, S. 292.] — 9. Joseph Zimmermann (gest. in Wien um 1769), ein Wiener Bürger und Hausbesitzer, dessen Andenken sich in seiner letztwilligen Verfügung erhalten hat. In seinem am 3. October 1769 veröffentlichten Testamente verpflichtet er seine Frau und Universalerbin Elisabeth, aus ihrem Vermögen ein Capital von 20.000 fl. zurückzulassen, welches zu einer Stiftung für 12 arme Knaben von Innsbruck in Tirol, deren Eltern unvermögend sind, sie studiren zu lassen, gewidmet bleiben und zu Handen des Wiener Stadtmagistrates hinterlegt werden soll. Damit sich aber Capital und Interessen nach und nach so vermehre, daß jedem Knaben jährlich 100 fl. verabfolgt und nach vollendeter Philosophie 50 fl. auf ein neues Kleid gegeben werden können, so wären anfänglich nur 6, dann 9 und endlich 12 Knaben in die Stiftung aufzunehmen. Die Stiftlinge können zu Innsbruck in Tirol oder in Wien studiren, verlieren aber nach vollendeter Philosophie den Genuß des Stipendiums. Die Stiftung nahm 1800 ihren Anfang. Das Präsentationsrecht übt der Wiener Stadtmagistrat, welcher sich in Betreff der Innsbrucker mit dem Magistrat zu Innsbruck ins Einvernehmen zu setzen hat. [Geusau (Anton von). Geschichte der Stiftungen, Erziehungs- und Unterrichtsanstalten in Wien von den ältesten Zeiten bis auf das gegenwärtige Jahr (1803) (Wien 1803, kl. 8°.) S. 423] — 10. **J. A.** Zimmermann, s. Zimmermann Joseph Andreas [S. 127, in den Quellen]. — 11. **Karl** v. Zimmermann (geb. 1791, gest. 4. November 1866). Ueber seinen Lebensgang fehlen alle Nachrichten, und die uns zu Gebote stehenden Quellen berichten nur: „daß er pensionirter Güterdirector Sr. kaiserl. Hoheit des Erzherzogs Albrecht, Ritter des Franz Joseph-Ordens, vielverdient um die Hebung der Landwirthschaft in Ungarn und geschätzter Mitarbeiter der land- und forstwirthschaftlichen Zeitung war". Unsere Nachforschungen, um Näheres über ihn und seine Fachschriften zu erfahren, blieben resultatlos. [Land- und forstwirthschaftliche Zeitung 10. November 1866, Nr. 20. — Oesterreichische Ehrenhalle (von J. Ritter von Hoffinger) Bd. IV, 1866 (Wien 1867, Schweiger, gr. 8°.) S. 68.] — 12. **Matthäus** Zimmermann (geb. zu Eperies in Ungarn am 21. September 1625, gest. zu Meißen 24. October 1689). Wir finden ihn auch mit dem Taufnamen Mathias. Sein Vater war Kaufmann und Rathsherr zu Eperies, seine Mutter Magdalena geborene Brodkorb. Vierzehn Jahre alt, kam er auf das Gymnasium in Thorn, auf welchem er drei Jahre blieb, 1644 bezog er die Universität in Straßburg, wo er 1646 Magister wurde. 1648 ging er nach Leipzig, und von da folgte er 1651 einem Rufe nach Leutschau in Ungarn als Rector des protestantischen Gymnasiums. 1652 berief ihn seine Vaterstadt Eperies als Pastor, in welcher Eigenschaft er acht Jahre wirkte. Als aber in Ungarn die Ketzerriecherei und die Protestantenverfolgungen begannen nahm er einen Ruf des Kurfürsten Johann Georg II. von Sachsen an, der ihn zum Adjuncten des Superintendenten zu Colditz in Meißen und hernach zu dessen Nachfolger ernannte. Nachdem er dann im November 1661 zu Leipzig Licentiat der h. Schrift geworden, kam er 1662 nach Meißen, wurde daselbst Superintendent und erlangte am 21. April 1666 zu Leipzig die theologische Doctorwürde. Er starb, 64 Jahre alt, eines plötzlichen Todes. Zimmermann hatte folgende Schriften durch den Druck veröffentlicht: „Historia Eutychiana, quae haereseos hujus ortum, progressum, propagationem, errorum enarrationem etc. complectitur" (Lipsiae 1659, 4°.); Zimmermann gab diese Schrift unter dem Pseudonym Theodor Althusen heraus, bekannte sich aber später offen zur Autorschaft; — „Dissertatio historico-theologica ad dictum Tertulliani: Christiani fiunt, non nascuntur" (ib. 1662, 4°.); — „Dissertatio de antiquis Christianis" (ib. 1662); — „Tractatus de montibus pietatis Romanensium" (ib. 1670, 4°.); unter dem Pseudonym Dorotheus Ascianus; — „Analecta miscellanea menstrua eruditionis sacrae et profanae, theologicae, liturgicae, historicae, philologicae, moralis, symbolicae ritualis curiosae, cum figuris et indicibus" (Meißen 1674 und 1677, 4°.). — „Planctus Misenensis (1680, 4°.); — „Commentariolus de presbyteris veteris ecclesiae" (Annaberg 1681, 4°.); — „Amoenitates Historiae Ecclesiasticae hactenus bonampartem ordine hoc intactae, cum fig." (Dresden 1681, 4°.; Leipzig 1703, 4°.); — „Florilegium philologico-historicum... adhibita re nummaria et gemmaria", Partes duo (Dresden 1687 und 1689, 4°.); — „Florilegii appendix" (ebd. 1688, 4°.); — „Wolkensteiner Bad-Sabbath oder Predigten... zu Wolkenstein gehalten" (Freiberg 1671, 4°.) und noch einige einzeln erschienene Predigten und Leichenreden. Zimmermann's „Florilegium philologico-historicum" dürfte als die erste Encyklopädie zu betrachten sein, denn sie enthält nach Schlag wörtern in alphabetischer Folge Artikel aus den Gebieten aller Künste und Wissenschaften. Er stand als Gelehrter und Priester in Sachsen in hohem Ansehen. Es dürften auch zwischen ihm und dem hingerichteten Eperieser Senator Siegmund Zimmermann [siehe Nr. 15] nahe verwandtschaftliche Beziehungen bestehen. [(Jöcher's) Gelehrten-Lexikon, Bd. IV. — (Uhsen's) Lexikon der berühmtesten Kirchenlehrer und Scribenten des XVI. und XVII. Jahrhunderts, Bd. II, Seite 1008. — *Horányi (Alexius)*. Memoria Hungarorum et Provincialium scriptis editis notorum etc. (Posonii 1777, A. Loewe, 8°.) tom. III, p. 589—592. — Klein (Joh. Samuel). Nachricht von den Lebensumständen und Schriften evangelischer Prediger in allen Gemeinden des Königreichs Ungarn (Leipzig und Ofen 1789, Diepold) Bd. I, S. 504—509. — Porträt. In Kupfer gestochen mit acht lateinischen Versen von Friedrich Rappolt unter dem Stich.] — 13. **Michael** von Zimmermann (gest. in Wien im Jahre 1565). Ein Spross aus adeligem Geschlechte, stand er in der Druckerei Aegid Adler's (Aquila) in Wien, nach dessen am 17. August 1552 erfolgtem Tode er im folgenden Jahre die Witwe heiratete und das im St. Annenhofe (in Curia divae Annae) befindliche Geschäft seines Vorgängers betrieb. Er zählt als Typograph zu den Berühmtheiten seines Faches. Er druckte Werke in lateinischer, italienischer, spanischer und deutscher Sprache. Seine Drucke sind ebenso schön als selten. Das mit syrischen Lettern 1555 gedruckte „Liber sacrosancti Evangelii de Jesu Christo Domino et Deo nostro" mit einigen Kupferstichen ist ein Meisterstück der Wiener Presse der damaligen Zeit. Seine Druckerei erfreute sich großen Zuspruches der Gelehrten, und aus ihr gingen zahlreiche Werke vom Flugblatte bis zum dicken Foliobande in fast allen Disciplinen hervor. Er war gleichzeitig Buchhändler, und sein Verkaufsladen befand sich im Bischofshofe auf der Seite des Stephansfreithofes. Denis führt aus den Jahren 1553—1560 zweiundsechzig Druckwerke Zimmermann's auf. Dr. Anton Mayer in seinem über alles Lob erhabenen geradezu unvergleichlichen Werke: „Wiens Buchdruckergeschichte 1482—1882" (Wien 1883, gr. 4°.) ergänzt die Angaben von Denis bis 1560 und setzt das Verzeichniß der Drucke Zimmermann's von 1560—1565 fort, welches deren noch 114 enthält. Nach Zimmermann's Tode betrieb seine Witwe die Druckerei noch durch drei Jahre. Mayer zählt Zimmermann's Drucke auf S. 73 bis 83, Nummer 323 bis 441 mit einer musterhaften Genauigkeit und bibliographisch-geschichtlichen Bemerkungen auf. Nagler im XXII. Bande seines Künstler-Lexikons S. 293 nennt unseren Typographen einen Maler und Formschneider. [Mayer (Anton Dr.). Wiens Buchdrucker-Geschichte 1482 bis 1882. Herausgegeben von den Buchdruckern Wiens. Verfaßt von — — (Wien 1887, gr. 4°.) Bd. I, S. 70—83, ferner an vielen anderen Stellen, welche in dem Personenregister dieses Bandes aufgezählt sind und Bd. II, S. 397. — 14. **Paul** von Zimmermann (geb. in Dresden am 3. September 1844) widmete sich dem Studium der protestantischen Theologie, wurde Prediger in der Thomaskirche zu Leipzig und folgte 1874 einem Rufe als Prediger an die evangelische Stadtkirche in Wien. Als homiletischer, philosophischer und theologischer Schriftsteller thätig, hat er bisher herausgegeben: „Die Unsterblichkeit der Seele in Plato's Phaedon" (Leipzig 1869, gr. 8°.); — „Gottesgrüße aus Natur und Menschenleben" (Leipzig 1872, 16°.); — „Die schwerste und herrlichste Stunde. Abschiedspredigt über 1. Mose 12, 1 und 2 am 24. Trinitatis-Sonntage in der Thomaskirche zu Leipzig" (Leipzig 1874, gr. 8°.); — „Tropfen ins Meer. Neun Predigten" (ebd. 1875, gr. 8°.); — „Gottes Gnaden. Antrittspredigt am 3. Jänner 1875 über 1. Corinther 15, 10 in der evangelischen Stadtkirche in Wien" (Wien 1875, gr. 8°.); — „Das Räthsel des Lebens" (ebd. 1877, gr. 8°.); — „Toleranz und Intoleranz" (ebd. 1881, gr. 8°.); — „Liebe und Leid" (ebd. 1883, gr. 8°.); — „Das Evangelium in Frankreich von den 200jährigen Gedenktagen bis auf die Gegenwart 1685—1885. Vortrag" (Wien 1885, 8°.); — „Das Evangelium in Oesterreich und Frankreich. Zwei Jubiläumsvorträge..." (ebd. 1885, 8°.); — „Vor der Pforte des Heiligthums. Ein Gespräch zur Glaubensstärkung für jugendliche Zweifler"; — „Trauerrede bei der Gedächtnißfeier für Seine Majestät Kaiser Wilhelm, König von Preußen... am 16. März 1888" (ebd. 1888, 8°.); — „Trauerrede bei der Gedächtnißfeier für Seine Majestät Kaiser Friedrich, König von Preußen..... am 23. Mai 1888" (ebenda 1888, 8°.). — 13. **Siegmund** von Zimmermann (geköpft zu Eperies am 5. März 1687). Der Sproß einer adeligen Familie, bekleidete er zuletzt die Stelle eines Senators und Inspectors des evangelisch-lutherischen Collegiums zu Eperies in Ungarn. Die Türken waren im Jahre 1683 von Wien zurückgeworfen worden. Emmerich Tököly, der den Lutheranern besonderen Schutz angedeihen ließ, aber die Türken nicht mehr unterstützen konnte, mußte auch vor den Kaiserlichen zurückweichen, in deren Hände 1686 die Stadt Ofen, bisher der Hauptsitz der türkischen Herrschaft in Ungarn, fiel. An diese Ereignisse schließt sich eine der furchtbarsten Scenen in Ungarns politischer und Religionsgeschichte, das Blutgericht Caraffa's. Anton Caraffa, kaiserlicher Befehlshaber in Oberungarn, benachrichtigte in einem Schreiben den Kaiser Leopold I., daß er einer weitverzweigten Verschwörung auf die Spur gekommen. Der Kaiser überließ ihm die Untersuchung und Bestrafung der Schuldigen, jedoch nach ungarischen Gesetzen und ohne Verletzung der verkündeten Amnestie. Caraffa setzte — ohne sich an die kaiserliche Weisung zu halten — aus zwei Italienern, einem Danziger und einem Schwaben ein Gericht zusammen und ließ in Eperies auf dem Platze vor seinen Fenstern das scheußliche Blutgericht aufführen, welches er, da Tököly lutherisch war, auch an mehreren Lutheranern übte. Am 5. März 1687 wurden der obgenannte Siegmund Zimmermann, dann sein Freund Kaspar Rauscher, Andr. Keczer und der Eperieser Stadtrath Franz von Baranyay zuerst gefoltert, dann ward ihnen die rechte Hand, hierauf der Kopf abgehauen, ihr Körper geviertheilt und in den Straßen der Stadt aufgesteckt. Zwei Wochen später, am 22. März wurden noch Gabriel v. Keczer, Martin Scharossy, Sim. Medvetzky, Georg Fleischhacker und Georg Schönleben und nach ihnen noch mehrere Andere am 9. Mai, doch ohne weitere Marter, hingerichtet. Nur des Kaisers ernste Vorstellungen über solch empörendes Gericht machte dem weiteren Wüthen des italienischen Generals, der auch bald von dem Schauplatz dieser Greuel entfernt wurde, Einhalt. Unser Siegmund Zimmermann, der mit dem obigen Matthäus [S. 139, Nr. 12] verwandt sein dürfte, ist nicht mit dem gleichnamigen Magister der Philosophie, der um das nämliche Jahr, in welchem der Eperieser Senator hingerichtet wurde, Pastor und Bergprediger zu St. Annaberg im sächsischen Erzgebirge war, zu verwechseln. [Magazin für Geschichte, Statistik und Staatsrecht der österreichischen Monarchie (Göttingen 1807 und 1808, Vandenhoeck 8°.) Bd. II.] — 16. **C. A.** Zimmermann, ein fleißiger österreichischer Componist von Liedern, Tanz- und Salonstücken, von welchem 1863 bei Jos. Kränzl in Ried als Opus 60 die Composition von Emanuel Geibel's „Abendlied für Männerchor" (Partitur und Stimmen) erschienen ist. Er componirte frühzeitig. Schon in das Ende der Zwanziger- und den Anfang der Dreißiger-Jahre des laufenden Jahrhunderts fallen seine ersten Compositionen. Mir sind von ihm bekannt: „Drei Lieder mit Begleitung des Pianoforte" Op. 6 [zwei Lieder von Frau von Chezy, eines von W. Gerhard]; — „Drei Favorit-Polonaisen für das Orchester" Op. 7; — „Ressource. Ballwalzer für das Pianoforte" Op. 17; — „Vier Lieder für eine Singstimme mit Begleitung des Pianoforte" Op. 18; — „Morceau de Salon. Für das Piano zu zwei Händen" Op. 53; — „La Clochette. Polka" und „Lemberger Damen-Polka". Die beiden letzteren auch für das Pianoforte zu zwei Händen. — 17. **Theodor Franz** Zimmermann (geb. nach Nagler um 1820). Nagler berichtet, daß in Rede Stehender sich in Wien an der k. k. Akademie der bildenden Künste herangebildet und Landschaften, Jagd- und Pferdestücke, architektonische Ansichten u. s. w. gemalt habe. Unsere Nachforschungen ergeben, daß er schon 1839 in den Jahresausstellungen in der k. k. Akademie der bildenden Künste zu St. Anna mit seinen Bildern erschien, dann mehrere Jahre hindurch, bis 1848, regelmäßig und danach erst nach einer Pause von zehn Jahren wieder ausgestellt habe. Wir nennen von seinen Oelbildern: 1839: „Großvater und sein Enkel"; — „Pferdestück"; — 1840: „Die Schnitterinen"; — „Pferde auf der Weide"; — 1841: „Das Gärtnermädchen"; — 1843: „Weidende Pferde"; — 1844: „Dornbach von der Mittagsseite"; — 1845: „Jagdstück"; — „Pferde"; — 1846: „Ein Pferdestall"; — 1848: „Fuchshetze" (400 fl.); — 1858: „Hetzjagd" (300 fl.); — „Todtes Geflügel" (250 fl.). Der Künstler hatte anfänglich (1841) sein Atelier auf der Wieden, Kettenbrückengasse 823, im Jahre 1843 und den folgenden in der Waaggasse

Nr. 301, seit 1816 auf der Neuen Wieden, Hauptstraße Nr. 479 und 1838 auf der Wieden Nr. 743. Obiger **Theodor Franz Zimmermann** ist wohl identisch mit dem Thierzeichner **T. F. Zimmermann**, von dem seinerzeit in der polygraphischen Zeitschrift „Faust“, herausgegeben von **M. Auer** in Wien, einige Thierstücke in Lithographie und Chromolithographie erschienen sind, und zwar der Gorilla — der Kaffernbüffel, Weibchen — die Mendesantilope — die Algazelle — der Fennek — der Caracal — der rosenfarbene Flamingo — der sudanesische Wallfischschnäbler, sämmtlich nach der Natur (wohl nach den lebenden Exemplaren der Schönbrunner Menagerie) gezeichnet in Groß-Quart. Von Ebendemselben brachte auch die „Neue illustrirte Zeitung“ (Wien, Zamarski, Folio) 1873, Nr. 31 im schönen Holzschnitt eine Abbildung des Auerstiers, wie er einen Fuchs (oder Wolf) mit den Hörnern niederspießt. [Vergl. auch oben **Franz Zimmermann** S. 137, Nr. 3 im Texte.] — 18. **Wilhelm Zimmermann**. Ein Maler dieses Namens lebte und arbeitete in Wien in den Dreißiger-Jahren unseres Jahrhunderts. Nur in der Jahresausstellung in der Akademie der bildenden Künste bei Sanct Anna 1832 war er durch die Genrebilder: „Ein Rastelbinder“; — „Ein blinder Mann mit seinem Hunde“; — „Eine Oebstlerin“ und durch das „Bildniß eines Knaben“ vertreten. In der Folge hat er nicht ausgestellt, und versagen uns alle Quellen nähere Auskunft über ihn.

Zimmeter Edler von **Treuherz**, Alois (**Tiroler Landesvertheidiger**, geb. zu **Innsbruck** 11. Juni 1813). Sohn eines Gärtners, trat er nach beendeten Gymnasial- und philosophischen Studien am 16. October 1834 in landschaftliche Dienste, in denen er stufenweise vorrückte. 1870 zum Landesbuchhalter befördert, ward er nach 42jähriger Amtsthätigkeit (mit doppelter Anrechnung von zwei Feldzugsjahren) 1874 auf sein Ansuchen vom Landtage mit dem Ausdrucke der vollsten Anerkennung seiner ausgezeichneten Dienstleistung in den Ruhestand versetzt. In den Rahmen dieser Wirksamkeit fallen aber anderweitige gemeinnützige und patriotische Dienstleistungen, welche ihm ein bleibendes Andenken sichern. Seine 1843 als Mitglied der Commission zur Regulirung der verschiedenartigen Tiroler Urbarialmaßereien verfertigten Abgleichungstabellen wurden von der Grundentlastungs-Landescommission am 22. Februar 1850 als gesetzliche Grundlage erklärt und auch in das statistisch-topographische Werk des Gubernialrathes Dr. Joh. Jacob **Staffler** aufgenommen. Im Sturmjahre 1848 trat er zur Vertheidigung des Landes einer Schützencompagnie bei, da er aber hierzu den nöthigen Urlaub nicht erhielt, verwendete ihn das Landes-Defensionscomité in Verpflegs- und Ausrüstungsangelegenheiten und auch für die folgenden Jahre als Verwalter des Waffenmagazins bis 1866, in welchem Jahre er seiner Wunden wegen um Enthebung von dem mühevollen Geschäfte ansuchte. Als 1859 neuerdings Tirols südliche Grenze bedroht war, eilte er sogleich an den gefährdeten Wormserjochpaß, und zwar als Oberjäger in der Glurnser Schützencompagnie, an deren Unternehmungen er bis zum Waffenstillstande am 12. Juli theilnahm. 1862 gründete er den k. k. Schießstand für die Gemeinden Vill und Igls und wirkte als Oberschützenmeister desselben durch 13 Jahre in so verdienstlicher Weise, daß ihn beide Berggemeinden zu ihrem Ehrenbürger ernannten. 1864 wurde er vom Landtage als Beirath des Landes-Oberstschützenmeisters erwählt und von diesem zum Schießstandsreferenten ernannt, und besorgte er dieses Geschäft bis 1877, in der Zwischenzeit auch als Mitglied der Commission für die Einführung der Hinterlader auf den k. k. Schießständen und bei den Berathungen im engeren Comité zur Durchführung der neuen Schießstandsordnung thätig. Als im Frühjahre 1866 der Feind in Tirol einzubrechen drohte, sammelte Zimmeter 100 bewährte Scharfschützen von Innsbruck und den Gemeinden des ehemaligen Gerichts Sonnenburg, darunter 25 Mann seines Schießstandes Vill, und zog als einstimmig erwählter Hauptmann dieser ersten freiwilligen Scharfschützencompagnie Innsbruck-Sonnenburg an die südliche Grenze. Dort bestand die Compagnie im Vereine mit Kaiserjägern und Landesschützen am 25. Juli bei Vigolo-Vattaro gegen die Truppen des Generals Medici ein hartnäckiges, aber siegreiches Treffen und erbeutete die Fahne des 61. Infanterie-Regiments der Brigade Sicilien, was im Kriegsbulletin mit Auszeichnung hervorgehoben wurde. Zimmeter erhielt in diesem Gefechte eine schwere Verwundung. Eine zweite Fahne, nämlich die des Infanterie-Regiments der Brigade Acqui, wurde dann bei dem Vorrücken der Compagnie in der Valsugana erbeutet. Zimmeter übergab beide Fahnen dem Museum in Innsbruck zur Aufbewahrung. Als im Jahre 1870 die von Dr. Staffler gegründete tirolisch-vorarlbergische Invaliden-Unterstützungsanstalt infolge des großen Zuwachses von Verwundeten keine neuen, wenn auch noch so dringenden Unterstützungen zu gewähren im Stande, ja selbst die bisherigen Gebühren theils einzuziehen, theils zu schmälern gezwungen war, veranstaltete er 1871—1872 eine Silber-Lotterie, welche, mit 807 größtentheils gespendeten werthvollen Silbergegenständen ausgestattet, ein schließliches Reinerträgniß von 46.550 fl. 79 kr. abwarf und es so ermöglichte, daß die Betheilungen der Invaliden von neuem erfolgen konnten. Als Vorstand des im Jahre 1873 entstandenen Kronprinz Rudolf-Veteranenvereines, welcher im Kriegsfalle auch zur Unterbringung und Pflege der Verwundeten verpflichtet ist, suchte er 1878 nach der Besetzung der Herzegovina diesen Zweck möglichst zu erreichen, indem er auch für die verwundeten Kaiserjäger und für die dürftigen Reservistenfamilien Spenden sammelte und Verband- und Wäschestücke unmittelbar auf den Kriegsschauplatz sendete. Am 19. September 1880 gründete er den patriotischen Landes-Hilfsverein vom rothen Kreuze für Tirol und entfaltete als Präsident desselben bei dem großen Ueberschwemmungsunglücke des Landes im Herbste 1882 eine segensreiche Thätigkeit. Die gesammelten Spenden beliefen sich auf 74.028 fl. 82 kr. ohne Einrechnung der Kleider und Wäsche und wurden an die armen Hilfsbedürftigen vertheilt, denen dann auch in der Folge durch den vom Vereine besorgten billigen Getreideankauf im Großen und kostenfreie Zusendung eine weitere Unterstützung zutheil wurde. Im Jahre 1883 errichtete Zimmeter auf Anregung der österreichischen Bundesleitung vom rothen Kreuze die aus 54 geeigneten und geschulten Veteranen bestehende 18. tirolische Blessirten-Transportcolonne, die jedoch 1889 infolge des gesetzlichen Ueberganges dieser Verpflichtung an die Landwehr ihres freiwilligen Dienstes enthoben wurde. Diese stets unentgeltlich erfolgte Thätigkeit Zimmeter's wurde bei jedem Anlasse vom tirolischen Landesausschusse, dem Landes-Oberschützenmeister, dem Landtage, dem Landesvertheidigungs- und Corpscommando, von der Landesvertheidigungs-Oberbehörde, der k. k. Statthalterei, der österreichischen Bundesleitung vom rothen Kreuze und von Seiner kaiserl. Hoheit Erzherzog Karl Ludwig als Protector-Stellvertreter des rothen Kreuzes in den ehrenvollsten Ausdrücken anerkannt und durch die Ernennung zum Ehrenmitgliede des patriotischen Landes-Hilfsvereines, des Kronprinz Rudolf-Veteranenvereines und vieler anderer Veteranenvereine und k. k. Schießstände des Landes gewürdigt. Ferner ward Zimmeter für seine Tapferkeit und seine humanitären Leistungen und für patriotisches Verhalten überhaupt am 4. October 1866 durch Verleihung des Militär-Verdienstkreuzes mit der Kriegsdecoration, am 26. März 1872 durch das Ritterkreuz des Franz Joseph-Ordens, ferner durch die Spende einer kostbaren Smaragd-Brustnadel laut ah. Cabinetserlasses vom 1. Februar 1873 und durch die Verleihung des österreichischen Adels mit dem Prädicate Edler von Treuherz laut ah. Handschreibens vom 3. Juni 1879 ausgezeichnet. Die Kriegs- und Landesvertheidigungsmedaille war demselben schon früher feierlich überreicht worden. Zimmeter, jetzt 77 Jahre alt, ist noch immer als Vorstand des Veteranenvereines Innsbruck, als Vorstand des Arbeiter-Unterstützungsvereines für die Arbeitergemeinden Sanct Nicolaus und Hötting und als Fondsverwalter der tirolischen Adelsmatrikelgenossenschaft, für welche er unlängst den von derselben angekauften Sandhof in Passeier, die Heimat Andreas Hofer's, übernahm, thätig. Zimmeter ist vermält mit Josephine geborenen Preindlsberger (geb. 18. Mai 1820). Von seinen Kindern leben noch: außer einer Tochter Johanna (geb. 7. August 1867) der Sohn Franz Joseph (geb. 22. April 1851), Dr. jur., Revident der Landesbuchhaltung, Besitzer der Kriegsmedaille, Landsturmofficier, vermält mit Anna geborenen von Hibler (geb. 27 Juni 1860), aus welcher Ehe der Sohn Otto (geb. 29. Juli 1890) vorhanden ist.

Bote für Tirol und Vorarlberg (Innsbruck, kl. Fol.) 58. Jahrg., 13. April 1872, Nr. 86: „Innsbruck 14. April" [Verleihung des Franz Joseph-Ordens an Alois Zimmeter.]

Zingerle, Anton (Philolog, geb. zu Meran 1. Februar 1842). Ein jüngerer Bruder des Ignaz Vincenz und Joseph und Neffe des Benedictinerpriors P. Pius Zingerle [s. d. S. 151], bildete er sich an dem Gymnasium seiner Vaterstadt und bezog dann die Universität zu Innsbruck, an welcher er 1865 seine Studien beendete. Dem Lehramte sich zuwendend, wirkte er zunächst 1864—1866 als Lehrer am k. k. Gymnasium zu Verona. In dieser Zeit besuchte er viele Städte Oberitaliens, vornehmlich zum Zwecke seiner philologischen Studien. 1866 zum Professor am k. k. Gymnasium in Trient ernannt, bekleidete er daselbst auch das Amt des Bezirksschulinspectors für die deutschen Schulen in Wälschtirol und kam, nachdem er 1869 an der Universität zu Tübingen die philosophische Doctorwürde erlangt hatte, 1870 als Professor an das k. k. Gymnasium in Innsbruck, wo er sich 1872 auch als Docent an der Universität habilitirte, an welcher er 1873 außerordentlicher Professor der classischen Philologie, 1877 ordentlicher Professor desselben Faches wurde. In letzterer Eigenschaft wirkt er noch zur Zeit an genannter Universität. Seit 1887 ist er auch Mitdirector des philologischen Seminars an derselben. Als Philolog auf dem Gebiete der classischen Sprachen und auch auf jenem der Dia-

t im besten Mannesalter starb. Beda
eber in dem unten angegebenen Werke
reibt: „Besonderer Eifer lebt im Volke
Kuens und Riffian für einen reinen und
lichen Gottesdienst. Zur Orgel werden
puläre Lieder gesungen, die der ehemalige
operator von Kuens, Joseph Zingerle,
ichtet und der Pfarrer daselbst, Thomas
aller in höchst einfache und liebliche
eisen gesetzt." [Weber (Beda). Tirol
nsbruck, 8°.) Bd. II, S. 336.] — 3. Jo-
ph **Thomas** Zingerle (geb. zu Meran
Jänner 1831). Bruder des Anton und
naz Vincenz (S. 144 und 146). Seine
re Ausbildung erhielt er bis 1847 am Gym-
sium seines Geburtsortes und wendete sich
h noch in Innsbruck 1847—1852 been-
em philosophischen Curse dem Gymnasial-
fache zu; in dem Augenblicke aber, als
eine solche Lehrerstelle angeboten wurde,
schloß er sich, Theologie zu studiren und
rte diesen Entschluß auch aus. Die Stu-
n in dieser Wissenschaft machte er nun
ils an der berühmten theologischen Fa-
ltät zu Tübingen, theils an den Diöcesan-
branstalten zu Brixen und Trient 1854
1858, und zwar mit solchem Erfolge
 er für geeignet befunden wurde, in die
here geistliche Bildungsanstalt zu Wien
genommen zu werden. 1858 erlangte er
Priesterweihe und verrichtete am 11. Juli
selben Jahres in der Meraner Pfarrkirche
n erstes Meßopfer. 1858 und 1859 setzte
seine theologischen Studien im Frintaneum
Wien fort. Schon 1859 wurde er Pro-
sor des Bibelstudiums des alten Testaments
der Diöcesan-Lehranstalt in Trient, 1863
1864 brachte er zu Rom im Collegium
Anima zu, um orientalische Sprache und
eratur zu studiren, dann kehrte er wieder
sein Vaterland zurück, wo er seit 1876
Domherr in Trient lebt. Auch er beschäf-
te sich mit der Ethnographie und Cultur-
schichte seines engeren Vaterlandes Tirol.
o sind uns von seinen Arbeiten bekannt:
ie Stadt Meran und ihre Umgebungen.
n Wegweiser für Fremde" (Bozen 1850);
mit seinem Bruder Ignaz Vincenz
theiligte er sich an der Herausgabe der
inder- und Hausmärchen aus Tirol" (1852)
d der „Kinder- und Hausmärchen aus
üddeutschland" (1854); mit seinem Vetter
ius Zingerle arbeitete er zugleich an den
Monumenta Siriaca ex romanis codicibus
llecta" (Innsbruck 1869 und 1878); gab
selbständig heraus: „Jacobi Sarugensis sermo de Thoma. Ex codice Vaticano 117 editus" (Innsbruck 1871) und wirkte als Sammler an seines Bruders Ignaz Vincenz Werke: „Sagen, Märchen und Gebräuche aus Tirol" (1859) mit. Kleinere Aufsätze exegetischen Inhalts u. a. befanden sich in der „Innsbrucker Zeitschrift für katholische Theologie" und in Lang's „Hausbuch". [Volks- und Schützen-Zeitung (ebd. 4°.) XIII. Jahrg., 16. Juli 1858, Nr. 85: „Correspondenz aus Meran, 13. Juli". — Kehrein (Jos.). Biographisch-literarisches Lexikon der katholischen deutschen Dichter, Volks- und Jugendschriftsteller im 19. Jahrhundert (Zürich, Stuttgart und Würzburg 1871, Leo Woerl, gr. 8°.) Bd. II, S. 286. — 4. **Wolfram** von Zingerle (geb. zu Innsbruck am 19. Februar 1854). Ein Sohn des Ignaz Vincenz und Bruder Oswalds, widmete er sich nach beendetem Gymnasium an der Innsbrucker Universität der Philologie und verlegte sich von 1878 bis 1881 an den Universitäten Erlangen, Wien, Paris speciell auf die romanische Philologie, für welche er sich 1884 als Privatdocent an der Universität Wien habilitirte; aus Gesundheitsrücksichten ließ er später die venia legendi an die Universität seiner Vaterstadt übertragen, wo er seit 1886 als Docent wirkt. Er veröffentlichte folgende Werke: „Untersuchungen zur Echtheitsfrage der Heroiden Ovid's" (Innsbruck 1878); — „Ueber Raoul de Houdenc und seine Werke, eine sprachliche Untersuchung" (Erlangen 1880); — „Floris et Liriope, altfranzösischer Roman des Robert de Blois" (Leipzig 1890). Außerdem erschienen von ihm verschiedene Aufsätze in gelehrten Zeitschriften, wie „Romanische Forschungen", „Literaturblatt für germanische und romanische Philologie", „Zeitschrift für französische Sprache und Literatur", „Revue critique".

Zink, Gregor (gelehrter Mönch, geb. zu Littau am 20. September 1708, gest. zu Prag am 28. März 1770). Er trat nach beendeten Vorbereitungsstudien zu Jarmeritz in Mähren in den Servitenorden, in welchem er zuletzt die Würde des Rectors der Ordensprovinz erlangte und im Alter von

von der kaiserlichen Akademie der Wissenschaften in Angriff genommenen kritischen Ausgabe der Kirchenväter.

Leyde (Fritz). Photographie der deutschen Gelehrten der Jetztzeit. Seite 34. — Kehrein (Jos.). Biographisch-literarisches Lexikon der katholischen deutschen Dichter, Volks- und Jugendschriftsteller im 19. Jahrhunderte (Zürich, Stuttgart und Würzburg 1871, Leo Wörl, gr. 8°.) Bd. II, S. 283. — Verlags-Katalog der Wagner'schen Universitäts-Buchhandlung in Innsbruck (8°.) S. 3, 6, 7, 8 [mit Beigabe von Auszügen der Urtheile verschiedener kritischer Blätter].

Zingerle, Ignaz Vincenz (Germanist und Culturhistoriker, geb. zu Meran am 6. Juni 1825). Ein älterer Bruder Antons. Nachdem er in seinem Geburtsorte das Gymnasium besucht hatte, ging er 1842 nach Trient und verlegte sich daselbst auf die philosophischen Studien, siedelte aber schon im folgenden Jahre nach Innsbruck über, wo sich bald ein literarischer Verein von gleichstrebenden talentvollen Jünglingen bildete. Anfänglich wollte er sich dem geistlichen Stande widmen und begann die theologischen Studien zu Brixen, welche er dann im Benedictinerstift Marienberg fortsetzte. Da er aber in diesem Berufe nicht die gewünschte Befriedigung fand, gab er die Theologie auf und bereitete sich 1846—1848 zu Brixen für ein Gymnasial-Lehramt vor. Nachdem er noch im Herbst 1848 eine Reise durch Deutschland gemacht hatte, erhielt er nach seiner Rückkehr eine Professur am Gymnasium zu Innsbruck, erlangte 1856 die philosophische Doctorwürde und wurde 1859 Professor der germanistischen Fächer an der Hochschule daselbst, in welcher Eigenschaft er noch zur Stunde thätig ist. 1867 erwählte ihn die kaiserliche Akademie der Wissenschaften in Wien zum correspondirenden Mitgliede der philosophisch-historischen Classe. Er ist zugleich Mitglied der Staatsprüfungscommission für das Gymnasial-Lehramt, erhielt 1887 von Seiner Majestät dem Kaiser den Titel eines Regierungsrathes und wurde mit Diplom ddo. 9. Jänner 1890 als Edler von Summersberg in den Adelstand erhoben. Zingerle hatte im Juni 1880 das alte Andechser Schloß Gufidaun oder Summersberg, wo der letzte Andechser, Otto, zeitweilig lebte und siegelte, käuflich erworben. Im Jahre 1874 regte Zingerle das Walther Denkmal in Bozen an, gründete dort ein Comité und schrieb in dessen Namen den Aufruf. Er hat sich als lyrischer Dichter, Märchensammler, tiefer Kenner des tirolischen Volkslebens und der mittelhochdeutschen Sprache und Literatur bekannt gemacht. Groß ist die Zahl seiner in diesen Gebieten veröffentlichten Schriften, und wir theilen dieselben in chronologischer Folge mit. Zingerle hat sich zuerst 1851 und nach dem Tode seiner ersten Gattin zum zweiten Male 1853 vermält. Der Germanist Oswald und der Romanist Wolfram sind seine Söhne.

Uebersicht der von Ignaz V. Zingerle herausgegebenen Werke und Aufsätze in chronologischer Folge. „Von den Alpen. Zwei Liedersträuße" (Innsbruck 1850), der erste Theil von B. v. Ehrhart [vgl. „Allgemeine Zeitung" Beilage 1850, Nr. 70]. — „Sagen aus Tirol" (Innsbruck 1850; 2. sehr vermehrte Auflage ebd. 1891). — „König Laurin oder der Rosengarten in Tirol" (ebd. 1850). — „Phönix. Zeitschrift für Literatur, Kunst und Vaterlandskunde" (ebd. 1850—1853); Zingerle gab dieses für die Literaturgeschichte Tirols in den ersten Jahren nach der Märzbewegung 1848 so wichtige Blatt heraus. — „Tirols Antheil an der poetischen Nationalliteratur im Mittelalter" (Innsbruck 1851) [vergleiche „N. Jahrb. für. Phil. und Päd." Bd. LXVII

S. 476]. — „Tirol. Natur, Geschichte, Sage im Spiegel deutscher Dichtung" (ebd. 1852). — „Kinder- und Hausmärchen aus Tirol" (ebenda 1852). — „Gedichte" (ebd. 1853). — „Kinder- und Hausmärchen aus Süddeutschland" (Regensburg 1854) [vgl. Beilage zur „Wiener Zeitung" 1853, S. 15; „Literarisches Centralblatt" 1855, S. 272; Beilage der „Neuen Münchener Zeitung" 1854, Nr. 272; Beilage zur „Augsburger Postzeitung" 1854, Nr. 283]. — Aufsätze in Wolf's „Zeitschrift für deutsche Mythologie" (Göttingen 1853—1856): „Die Kröten und der Volksglaube in Tirol" I, 7—18; „Aberglauben und Gebräuche aus Tirol" I, 235—239; II, 420—424; „Zwei Sagen aus der Steiermark" I, 244; „Wald, Bäume, Kräuter" I, 323—335; „Sagen aus Tirol" I, 461—466; II, 55—62, 345—357; „Der wilde Mann" II, 184—187; „Spuren des Holdadienstes in Tirol" II, 343; „Woher kommen die Kinder?" II, 345; „Die Schwendtage" II, 357; „Volksgebräuche aus dem Vintsgau" II, 359; „Das Sternsingen" II, 363; „Kinderreime" II, 264; „Einiges über den wilden Mann" III, 196—203; „Berahta in Tirol" III, 203 u. f.; „Einiges über Tatermann" III, 206; „Die Weiherjungfrau" IV, 31; „Der heilige Baum bei Nauders" IV, 33; „Stampa" IV, 37; „Verschiedenes aus Tirol" IV, 38; „Mantelfahrt" IV, 39; „Einige Notizen aus einem alten Kräuterbuche" IV, 40; „Zu Donar" IV, 149; „Die Hexenfahrten um Salz" IV, 149; „Weshalb gehen Geister ohne Kopf um?" IV, 150; „Die Feichtenheren in Sölden" IV, 172; „Die Sage vom Wiesjagg'l" IV, 208. — „Von den heiligen drei Königen. Nach einer alten Handschrift" (Innsbruck 1855). — „Aus einem mittelhochdeutschen Psalter. Nach einer alten Handschrift herausgegeben" (Innsbruck 1856). — „Die Oswaldlegende und ihre Beziehung zur deutschen Mythologie" (Dissertationsschrift, Stuttgart 1856) [Menzel's „Literaturblatt" 1856, Nr. 83; Abendblatt zur „Neuen Münchener Zeitung" 1856, Nr. 134; „Lit. Centralblatt" 1857, S. 350; Beilage zu „Deutschland" 1856, Nr. 141]. — „Zu Vintler's Blumen der Tugend" in M. Haupt's „Zeitschrift für deutsches Alterthum", 10, 255 u. f. — „Die Heimat der Eckensage" in F. Pfeiffer's „Germania" 1, 120. — „Die Gachischepfin" (ebd.) 1, 238. — „Die Personennamen Tirols in Beziehung auf deutsche Sage und Literaturgeschichte" (ebd.) 1, 290. — „Albrecht von Kemenaten" (ebd.) 1, 295. — „Die Innsbrucker Handschrift der Oswaldlegende" im „Anzeiger für Kunde deutscher Vorzeit" III, S. 271, 301. — „Sitten, Bräuche und Meinungen des Tiroler Volkes" (Innsbruck 1857) [„Literarisches Centralblatt" 1858, Seite 108, „Revue d'Alsace" 1858, Seite 370.] — „Freskencyclus des Schlosses Runkelstein bei Bozen. Gezeichnet von Ignaz Seelos, erklärt von Ig. V. Zingerle" (Innsbruck 1857) [Menzel's „Literaturblatt" 1858, Nr. 48]. — „Eine prosaische Bearbeitung der Oswaldlegende" im „Anzeiger für Kunde deutscher Vorzeit" IV, 38. — „Aufsätze in F. Pfeiffer's „Germania'": „Runze" 2, 213; „Zur deutschen Heldensage" 2, 434; „Frau Saelde" 2, 436; „Artus und Oswald" 2, 466; „Die Fresken im Schlosse Runkelstein" 2, 467. — „Barbara Pachlerin, die Sarnthaler Hexe, und Matthias Perger, der Lauterfresser. Zwei Hexenprocesse" (ebd. 1858) [Abendblatt zur „Neuen Münchener Zeitung" 1858, Nr. 197]. — „Ueber Garel von blühendem Thal" in der „Germania" 3, 23—41. — „Freidank und Oswald von Wolkenstein" im „Boten für Tirol" 1858, Nr. 39. — „Sagen, Märchen und Gebräuche aus Tirol" (Innsbruck 1859) [Abendblatt zur „Neuen Münchener Zeitung" 1859, Nr. 177; „Katholische Literaturzeitung" 1860, Nr. 26]. — „Ins Gras beißen" in der „Germania" 4, 112. — „Heinrich Sentlinger" im „Anzeiger für K. d. V." VI, 41. — „Johannes Nas, Weihbischof von Brixen" im „Anzeiger" VI, 324. — „Beiträge zur Priamelliteratur" in der „Germania" 5, 44. — „Wuotan, Ziu" (ebd.) 5, 68. — „Adler und Löwe" (ebd.) 5, 99. — „Das goldene Horn" (ebd.) 5, 101. — „Eigennamen aus Tirol" (ebd.) 5, 108. — „Zur Germania des Tacitus" (ebd.) 5, 219. — „Zwei Fabeln des Heinrich von Müglin" (ebd.) 5, 286. — „Zur Tannhauser-Literatur" (ebd.) 5, 361. — „Zum goldenen Horn" (ebd.) 5, 368. — „Wolfram von Eschenbach und Heinrich von Türlein" (ebd.) 5, 468. — „Bericht über die Wiltener Meistersängerhandschrift" (Wien 1861). — „Johannissegen und Gertrudenminne. Ein

10*

Beitrag zur deutschen Mythologie" (Wien 1862) [Morgenblatt zur „Bayr. Zeitung" 1863, Nr. 33; Menzel's „Literaturblatt" 1863, Nr. 24] — „Ueber die bildliche Verstärkung der Negation bei mittelhochdeutschen Dichtern" (Wien 1862). — „Der goldene Baum in mittelhochdeutschen Gedichten" in der „Germania" 7, 101. — „Becherinschrift" (ebd.) 7, 112 — „Der Rhein und andere Flüsse in sprichwörtlichen Redensarten" (ebd.) 7, 187. — „Was Minne sei" (ebd.) 7, 241. — „Die Partikel A" (ebd.) 7, 237. — „Ludwig Uhland. Nachruf" im „Boten für Tirol" 1862, Nr. 266. — „Die Sagen von Margaretha der Maultasche. Erinnerungsgabe zum 29. September 1863" (Innsbruck 1863) [„Blätter für liter. Unterhaltung" 1864, S. 633]. — „Zu Nuore" in der „Germania" 8, 36. — „Panther" (ebd.) 8, 38 — „Herze und Oren" (ebd.) 8, 111. — „Biten und Gebieten" (ebd.) 8, 381. — „Frau Saelde nach Heinrich von dem Türlein" (ebd.) 8, 414. — „Farbensymbolik" (ebd.) 8, 497. — „Bauernspiele in Tirol" im Morgenblatt zur „Bayrischen Zeitung" 1863, Nr. 13—20. — „Hünengräber in Tirol" im „Boten für Tirol" 1863, Nr. 119. — „Die Alliteration bei mittelhochdeutschen Dichtern" (Wien 1864). — „Der Maget Krône. Ein Legendenwerk aus dem 14. Jahrhunderte" (Wien 1864). — „Die deutschen Sprichwörter im Mittelalter" (Wien 1864) [„Blätter für literarische Unterhaltung" 1864, Nr. 41; „Berliner Zeitschrift für das Gymnasialwesen" XIX. Jahrg., S. 615]. — „Die Heidin und Witich von Jordan" in der „Germania" 9, 29. — „Farbenvergleiche im Mittelalter" (ebd.) 9, 385. — „Rother Mund" (ebd.) 9, 402. — „Zum Gebrauche des Comparativs im Mittelhochdeutschen" (ebenda) 9, 403. — „Eine Geographie aus dem dreizehnten Jahrhunderte" (Wien 1865) [„Blätter für literarische Unterhaltung" 1866, Nr. 43]. — „Zu Pleier's Garel. Die Bruchstücke der Meraner Handschrift" (Wien 1865). — „Zu Kudrun" in der „Germania" 10, 475. — „Karl der Große nach der deutschen Sage" in der „Oesterreichischen Wochenschrift" 1865 VI, 226 u. f., 262 u. f. — „Augenblick und Handumdrehen" in der „Germania" 11, 173. — „Pbruch" (ebd.) 11, 176. — „Bericht über die Sterzinger Miscellaneen-Handschrift" (Wien 1867) [„Allgem[illegible] tung" 1868, Nr. 27]. — „Findli[illegible] I. Heft (Wien 1867 [Zarncke's „[illegible] Centralbl." 1868, Nr. 4]. — „Recepte aus [illegible] 12. Jahrhunderte" in der „Germania" 1[illegible] 463. — „Bemerkungen zum Nachtsegen" in den „Sitzungsber. der k. bayr. Akademie der Wissenschaften" 1867. II, 4. S. 461. — „Meraner Fragmente der Eneide von Heinrich von Veldeken" (ebd.) S. 471 u. f. — „Historische Volkslieder" im „Boten für Tirol" 1867, Nr. 109—113. — „Das deutsche Kinderspiel im Mittelalter" (Wien 1868) [„Allgem. Zeitung" 1868, Beil. Nr. 179]. — „Das Urbarbuch des Klosters zu Sonnenburg" (Wien 1868); ohne das vom Herausgeber sorgfältig gearbeitete und willkürlich weggelassene Register, wodurch die Benützung dieser Schrift geradezu illusorisch wird. — „Bericht über die in Tirol im Jahre 1867 angestellten Weisthümerforschungen" (Wien 1868) siehe auch weiter unten. — „Einleitung zum Gedichte. „König Laurin und sein Rosengarten von Gottlieb Putz" (Innsbruck 1868). — „Vergleiche bei mittelhochdeutschen Dichtern" in der „Germania" 13, 294 — „Zu Freidank" (ebd.) 13, 320 — „Tiroler Ruinen" in der Beilage zur „Allgemeinen Zeitung" 1868, Nr. 305 — „Lusernisches Wörterbuch" (ebd. 1869) — „Bericht über die in Tirol im Jahre 1868 angestellten Weisthümer-Forschungen" (Wien 1869). — „Zwei Travestien" in der „Germania" 14, 405. — „Berühmte Tiroler Weine" im „Boten für Tirol" 1869, Nr. 152 153 — „Findlinge" II. Heft (Wien 1870) — „Beiträge zur älteren tirolischen Literatur. I. Oswald von Wolkenstein" (Wien 1870), siehe auch weiter unten. — „Kinder- und Hausmärchen aus Tirol. Zweite vermehrte Auflage" (Gera 1870) [vergl. „Literarisches Centralblatt" 1871, Nr. 5; „Allgemeine Zeitung" 1870, Beilage Nr. 354; „Illustrirte Zeitung" Nr. 1462; „Allgemeine Familien-Zeitung" 1871, Nr. 23]. — „Herbstblumen. Beiträge tirolischer Schriftsteller zum Besten der durch Feuersbrünste geschädigten Bewohner von San Martino und Terres" (Innsbruck 1870) [„Das freie Volksblatt" 1873, Nr. 16; „Allgemeine Zeitung" 1871, Beilage Nr. 37] — „Eine alte Bearbeitung der ‚Bürgschaft'" in der „Zeitschrift für deutsche Philologie" 2, 183. — „Kleine Beiträge zu den deutschen

…tsaltertbümern" (ebd.) 8, 324 u f. — …eiträge zur älteren tirolischen …teratur. II. Hans Vintler" (Wien …71) — „Sitten, Bräuche und …einungen des Tiroler Volkes. …eite verm. Aufl." (Innsbruck 1871) [vgl. …eidelberger Jahrbücher" 1871, S. 529 …f.; Reusch' „Theolog. Literaturblatt" …71, Nr. 18; „Zeitschrift für Ethnologie" …Heft; „Süddeutsche Presse" 1871, Nr. 130] …„Wie ein Müller Maler wurde" …insiedeln 1871). — „Johanna" (ebd. 1871) …„Margaretha von Schwangau" in der „Germania" 16, 75. — „Zu Wolfdietrich" (ebd.) …, 207. — „Aristotiles und Candacis" (ebd.) …, 406. — „Die Deutschen im Fersinathale …d ihre Sagen" in „Aus allen Welttheilen" …I, 133 u. f., 166 u f. — „Das deutsche …inderspiel im Mittelalter. Zweite …rm. Aufl." (Innsbruck 1873) [vgl. „Literar. …entralblatt" 1873, Nr. 27; „Wissenschaftliche Beilage zur Leipziger Zeitung" Nr. 78; …Das freie Volksblatt" 1873, Nr. 10]. — …Von sant Gregorio auf dem Stain …nd von sant Gertraud" aus …em „Wintertheile des Lebens der …eiligen" (Innsbruck 1873) [„Bespr. …eologisches Literaturblatt" 1874, Nr. 26]. — „Aus Südtirol" (Parchim 1873). — „Antelope und Alexander" in der „Germania" 18, 220. — „Swübel" in der „Zeitschrift für deutsche Philologie" 4, 83. — „Die Bluemen der Tugent des …Hans Vintler" (Innsbruck 1874) [„Bespr. …Wiener Abendpost" 1874, Nr. 89; Zarncke's …„Liter. Centralblatt" 1875, Nr. 17; „Allgemeine Zeitung" 1874, Nr. 248; „Literaturblatt der Tagespost" 1874, Nr. 32]. — „Der Bauer von Longvall" (Frankfurt 1874) [Blätter für liter. Unterhaltung" 1876, S. 314.] — „Christi Blumen" in der „Germania" 19, 182. — „Nöne" (ebd.) 19, 349. — „Nachträge zu Lemcke's …Jahrbuch' VI, 330" (ebd.) 19, 349. — „Die tirolischen Weisthümer, im Auftrage der kaiserl. Akademie der Wissenschaften herausgegeben von Ignaz V. Zingerle und K. Th. von Inama-Sternegg" I. und II. Theil (Wien 1875 bis 1876) [Literarisches Centralblatt" 1875, Nr. 32; „Bote für Tirol" 1876, Nr. 110], siehe unten. — „Ueber zwei tirolische Handschriften" in der „Zeitschrift für die Philosophie" 6 13 u. f., 377 u. f. — „Sagen von Jochstumm" (ebd.) 6, 301. — „Zur Heimatfrage Walther's" in der „Germania" 20, 257 u. f. — „Schildereien aus Tirol" I. und II. Band (Innsbruck 1876 und 1887) [Bespr. „Didascalia" 1876, Nr. 333; „Feldkircher Zeitung" 1877, Nr. 14; „Die Natur" 1877, Nr. 11, S. 119; „Schlesische Presse" 1877, Nr. 39; „Bohemia", Beilage, 1877, Nr. 76; „Mittheilungen des deutschen Alpenvereines" 1877, Maiheft, S. 126 u. f.; „Allgemeine Zeitung" 1877, Beil. 183]. — „Ulrich Putsch" in der „Germania" 21, 41. — „Frô Bône" (ebenda) 21, 47. — „Zu Walther von der Vogelweide" (ebd.) 21, 193. — „Reiserechnungen Wolfger's von Ellenbrechtskirchen, Bischofs von Passau Ein Beitrag zur Waltherfrage". Text und Anmerkungen sind von seinem Sohne Oswald (Heilbronn 1877) [Bespr. Zarncke's „Liter. Centralblatt" 1877, Nr. 20]. — „Die tirolischen Weisthümer" III. und IV. Theil (Wien 1877—1886; den Schluß [1891] besorgte Prof. Dr. Jos. Egger). — „Engelmar. Eine Erzählung" (Innsbruck 1882; 6. Aufl. 1883), erschien anonym — „Blätter der Erinnerung an das Burggrafenamt" (Innsbruck 1886). — — „Erzählungen aus dem Burggrafenamt" (ebd. 1884). — „Die Zictelose" (ebd. 1882). — „Liederspende für die Nothleidenden im Eisackthale" (ebd. 1888).

Quellen. Kehrein (Joseph). Biographisch-literarisches Lexikon der katholischen deutschen Dichter, Volks- und Jugendschriftsteller im 19. Jahrhundert (Zürich, Stuttgart und Würzburg 1871, Woerl, gr. 8°.) Bd. II, S. 283. — Brümmer (Franz). Deutsches Dichter-Lexikon. Biographische und bibliographische Mittheilungen über Dichter aller Zeiten. Mit besonderer Berücksichtigung der Gegenwart (Eichstätt und Stuttgart 1877, Krüll'sche Buchhandlung, schm. 4°.) Bd. II, S. 527. — Leyde (Fr. S). Photographien der deutschen Gelehrten der Jetztzeit, S. 24 — Kurz (Heinr.). Geschichte der neuesten deutschen Literatur von 1830 bis auf die Gegenwart (auch als 4. Bd. der Geschichte der deutschen Literatur des Verfassers) (Leipzig 1872, B. G. Teubner, schm. 4°.) Theil IV, S. 35. — Kürschner (Joseph). Deutscher Literatur-Kalender auf das Jahr 1889 (Berlin und Stuttgart, Spemann, 32°.) XI. Jahrgang, S. 338.

Zingerle, Joseph Thomas (Tiroler Landesvertheidiger, geb. zu Waidbruck am 14. October 1758, gest. zu Meran am 27. Jänner 1836). Sein Vater Thomas, der eine Gastwirthschaft in Waidbruck betrieb, bestimmte ihn zum Handelsstande und schickte ihn als Lehrling zum Kaufmann Verdroß in Meran. Daselbst bildete sich Joseph Thomas zum Kaufmann aus, eröffnete selbst ein Geschäft, verheiratete sich am 12. Mai 1789 mit der Kaufmannstochter Maria Neunheußer und erreichte das Alter von 78 Jahren. Er stand bei seinen Mitbürgern in hohem Ansehen und war lange Zeit als Magistratsrath thätig. Im denkwürdigen Jahre 1809 stand auch er zum Kaiser und als die Erhebung geplant wurde, war er ein Vertrauter des Sandwirths und dessen Genossen. In seinem Hause (Laubengasse, Bergseite Nr. 47) kamen die „Vertrauten" zusammen. Sie konnten dies, ohne Verdacht zu erregen, da die meisten Bauern bei ihm ihre Einkäufe machten und rückwärts ein ganz abgelegenes, aber sehr geräumiges Zimmer zur Verfügung stand. In demselben fand sich Andreas Hofer mit seinen Eingeweihten, Passeirer Männern aus Algund, Mais und Untervintsgau ein; Eisenstecken aus Gries fehlte nicht, und Hormayr tagte dort öfters. Der Bote des Comités war der Kammmacher Joggele. Im November 1809 hatte sich eine Commandschaft von Meran unter Führung Zingerle's gebildet, und als die Bayern wieder Herren im Lande waren, wurde auf den Kopf Zingerle's ein Preis gesetzt. Er floh dann in das Waldthal Langvall, wo er sich längere Zeit verborgen hielt. Durch Vermittlung seines Bruders Jacob, der versöhnend wirkte, ward er vom General Baraguay d'Hilliers begnadigt und seiner zahlreichen Familie zu In den Ordonnanzen, dere im Summersberger Archiv werden, zeichnete er sich: Jos mas Zingerle Unter-Abj hatte sechs Söhne, von dene dem geistlichen Stande wid zwei Kaufleute wurden. Ersteren ward Jacob (geb. 1801) Benedictiner, nahm d namen Pius an und erwa Priester, Gelehrter und Me rühmlichen Namen. [Vergl. b phie S. 151 u. f.]

Egger. Geschichte Tirols, Bd. I — Cassians-Kalender (Bri II. Jahrg. 1886.

Zingerle, Oswald (Ge geb. zu Innsbruck am 1855). Sohn des Ignaz Zingerle, besuchte er Schule nasium in Innsbruck und b Beendung des letzteren 1874 Universität, an welcher er w ersten Semesters vorwiegend gen über classische Philolo Dann aber verlegte er sich au dium der deutschen Philologie, schon früh bei ihm eine aus Neigung, hervorgerufen und durch die von seinem Vater an Anregungen, eingestellt hatte in dieser Richtung weiter a übersiedelte er im Sommer Erlangen, wohin damals ebe Steinmeyer berufen worden verblieb dort drei Semester, welcher Zeit er das Doctorat Darauf begab er sich auf ei nach Berlin zu Müllenh Scherer, verlebte dann, se dien obliegend, zwei Jahre

ten Hause und habilitirte sich endlich
1 December 1881 an der Universität
raz, an welcher er noch als Privat-
cent wirkt. In seinem Fache schrift-
llerisch thätig, hat er bisher veröffent-
tt: „Friedrich von Sonnenburg“ (Inns-
uck 1878); — „Ueber eine Handschrift des
ssionals und Buches der Märtyrer“ in den
Sitzungsberichten der Wiener Aka-
mie“ Bd. 105, S. 3 u. f.); — „Die
ellen zum Alexander des Rudolf von Ems.
1 Anhange die Historia de preliis“
reslau 1885); — „Sterzinger Spiele nach
ichnungen des Vigil Raber“ (Wien
85); — „Der Paradiesgarten der alt-
tschen Genesis“ in den „Sitzungs-
richten der Wiener Akad.“ Bd. 112,
785 u. f.); — „Meinhards II. Urbare der
afschaft Tirol“, I. Theil in den „Fontes
rum Austriac. Diplom. et A.“
). 45, I. Hälfte. Außerdem erschienen
n ihm Aufsätze, Mittheilungen und
censionen in der „Zeitschrift für deut-
es Alterthum“, für deutsche Philo-
gie, in den „Mittheilungen des In-
uts für österr. Geschichtsforschung“,
„Anzeiger für Kunde der deutschen
rzeit“, im „Anzeiger für deutsches
terthum“ und in der „Deutschen Lite-
ur-Zeitung“.

Zingerle, Pius (gelehrter Theolog
d Orientalist, geb. zu Meran in
idtirol am 17. März 1801, gest. zu
arienberg bei Meran am 10. Jän-
1881). Sein Taufname ist Jacob,
1 er beim Eintritt ins Kloster mit dem
men Pius vertauschte. Der Sohn
: Kaufmanns und Rathsherrn zu
eran Joseph Thomas [siehe diesen
150], machte er seine ersten Studien
elbst und zu Innsbruck, worauf er
18, 17 Jahre alt, in das in der Nähe
n Meran gelegene Benedictinerstift Marienberg eintrat. In demselben beendete er die theologischen Studien und
erlangte 1834 die Priesterweihe. Zunächst wirkte er in der Seelsorge als
Cooperator zu Platt im Passeyerthal.
Aber schon damals versenkte er sich neben
dem Studium der classischen Sprachen
auch in jenes der orientalischen, und
zwar des Syrischen, Persischen und Arabischen. Aus der Seelsorge wurde er an
das von Benedictinern besetzte Meraner
Gymnasium berufen, an welchem er bis
1837 thätig war, worauf er wieder in
die Seelsorge als Vicar nach St. Martin
im Passeyerthale abging. Von dort nach
zwei Jahren als Humanitätsprofessor
nach Meran berufen, befreundete er sich
daselbst mit Beda Weber und Adalbert
Jäger. In dieser Stellung hatte er
ein Vierteljahrhundert gewirkt, als er
1862 einem Rufe des Papstes Pius IX.
als Professor der orientalischen Sprachen
an der Sapienza in Rom folgte. Später
wurde er daselbst Consultor für orientalische Angelegenheiten und Scriptor der
vaticanischen Bibliothek. In derselben
entdeckte er viele wichtige syrische Handschriften und Codices, welche in der gelehrten Welt längst für verloren galten,
und über welche er 1863 im XVII. und
XVIII. Bande der von der deutsch-
morgenländischen Gesellschaft herausgegebenen Zeitschrift berichtete, später
folgte seine Ausgabe der „Monumenta
Syriaca“ und einer größtentheils bisherige Inedita aus römischen Handschriften enthaltenden „Chrestomathia
Syriaca“. [Eine Uebersicht seiner sämmtlichen gedruckten Werke und Abhandlungen folgt S. 152 u. f.] Das römische
Klima aber sagte unserem Gelehrten
ganz und gar nicht zu, das Fieber wollte
nicht weichen, kaum schien er davon
genesen, als es ihn wieder befiel; so

mußte denn der Papst ihm die Rückkehr in die Heimat 1865 gestatten. Einen ihm zunächst gewährten Urlaub benützte er zur Verwerthung seiner in Rom gemachten wissenschaftlichen Ausbeute, dann wurde er wieder in seinen alten Wirkungskreis, zuletzt als Prior seines Stiftes, berufen. Man denke aber nicht, daß die pecuniäre Entlohnung eine dem Schaffen und Wirken des gelehrten Mannes einigermaßen entsprechende gewesen wäre. Von dem Gehalt, das ihm zugewiesen wurde, war er nicht im Stande, die 180 Francs zu erübrigen, welche ihn zur Anschaffung des syrischen Lexikons, das so viel kostete, nöthig waren, so legte er denn, um sich zu helfen, so gut er konnte, den freilich viel Zeit raubenden handschriftlichen Sprachschatz an, der ihm dann den Vorzug gab, die Sprache so meisterlich durchgearbeitet zu haben, daß er für einen der ersten, wenn nicht gar für den ersten Syriologen seiner Zeit galt. So war er denn nach verschiedener Richtung vor Allem als Sprachforscher, dann aber auch als Geschichtsforscher, Biograph und Poet thätig. Vor Antritt der ihm von Papst Pius verliehenen Stelle hatte er nur selten seine Heimat verlassen; erst 1856 gelang es ihm, Köln zu besuchen, um sich am Anblick des herrlichen Domes zu begeistern, und dann auf dem Rückweg in Bonn und München einige Tage zu verweilen, an ersterem Orte Karl Simrock begrüßend, an letzterem sich mit dem berühmten Münchener Prälaten Hanneberg befreundend, der Zingerle neidlos für den größten Kenner der syrischen Literatur erklärte. Der Werth des selbstlosen Priesters und bedeutenden Philologen wurde in Fachkreisen vollends erkannt. Schon 1846, als sich in Leipzig die deutsch-orientalische

Gesellschaft constituirte, ward
gleichzeitig mit Friedrich Ri
Ehrenmitgliede erwählt. Sei
der Kaiser schickte dem Gel
Rom das Ritterkreuz des Fr
Ordens. Die Universität F
nannte ihn zum Ehrendoc
seinen 70. Geburtstag erle
ihm von Zeitgenossen und Fr
Fülle von Ehrungen, ebenso
des fünfzigjährigen Jubilä
Ordensprofessur und als er s
Secundiz beging. Sein To
von 80 Jahren war ein stil
loses Hinüberschlafen. Zing
in der Gruft seines Kloster
und als die Kunde von
scheiden sich verbreitete, lautet
das Urtheil: mit ihm ist eine
dida im strengsten Sinne
ein wahrer Priester und
Herrn, ein ausgezeichneter G
lieblicher Poet und ein Man
künstelter Bescheidenheit von
gangen. Die Welt kannte e
er auch wenig von sogena
läufigkeit an sich hatte. Bald
Tode hieß es: ein Mitbrud
storbenen, P. Cölestin St
werde dessen Biographie sch
ein Neffe werde die Zeit
und Jugend, das Leben im
bis zum Abschied aus dem
stellen und Mittheilungen
gerle's Briefwechsel seit 1
herausgeben.

Verzeichniß der Schriften des Dr.
1827: in den „Alpenblumen a
„Die Nacht" 33. — „Hymne
Schöpfer. Aus dem Arabisch
„Die Bürgschaft. Aus dem Ar
— „Das Wiedersehen" 181. —
trine aus dem Salzbergwerke
1828: „Zwei Briefe des Clem
die Jungfrauen. Aus dem S

ßzi" (Wien, Schmid; Leipzig Kummer). — „Der Name" in den „Alpenblumen aus Tirol" II, 268. 1829: „Das Sterbeglöcklein" n den „Alpenblumen aus Tirol" III, 132. 830: „Bekenntnisse und Reden des h. Kirchenvaters Ephräm über die vier letzten Dinge" Innsbruck, Wagner). 1831: „Ephräm, sechsundsiebenzig Ermahnungen zur Buße" (Innsbruck, Wagner). — „Die Tugendschule, eine Sammlung ascet. Schriften des h. Kirchenvaters Ephräm" (Innsbruck, Wagner). 1833: „Die heilige Muse der Syrer. Gesänge des Kirchenvaters Ephräm" (Innsbruck, Wagner). 1834: „Gesänge gegen die Grübler über die Geheimnisse Gottes. Aus den Schriften des h. Ephräm gewählt und metrisch aus dem Syrischen übersetzt" (Innsbruck, Wagner). 1836: „Echte Acten h. Märtyrer des Morgenlandes, aus dem Syrischen übersetzt" Innsbruck, Wagner). 1837: „Reden über die Buße und Zerknirschung sammt mehreren anderen verschiedenen Inhaltes vom h. Kirchenvater Ephräm, aus dem Syrischen übersetzt" Innsbruck, Wagner). — „Lansperg. Zusprüche an jede gläubige Seele. Aus dem Lateinischen" (Innsbruck, Fel. Rauch). 1838: „Mazzinelli Alex. Heilige Charwoche, wie sie in der katholischen Kirche gefeiert wird, sammt der Erklärung der von ihr angeordneten Ceremonien und verschiedenen Andachtsübungen" (3. Aufl. 1843; 4. Aufl. 1852). 1840: „Harfenklänge vom Libanon. Aus dem Syrischen" (Innsbruck, Fel. Rauch). — „Lansperg. Handbüchlein zu einem frommen Leben und seligen Tode" (Innsbruck, Fel. Rauch). 1841: „Ueber die Ablässe der Manichäer und ihre Vergleichung mit jenen der katholischen Kirche" in der „Tübinger Quartalschrift" 374—600. 1843: „Gedichte" (Innsbruck, Fel. Rauch). — „Aus den Schriften des h. Jacob von Nisibis aus dem Armenischen" in den „Kath. Blättern" I, 223, 393; II, 130, 540, 1109; III, 289; IV, 39, 130, 297, 780. 1844: „Ein Büchlein von der Sorge für das Seelenheil. Aus dem Französischen" (Innsbruck, Fel. Rauch). — „Ueber einige syrische Gedichte des Gregorius Barhebräus" in der „Zeitschrift für Kunde des Morgenlandes" V, 49—56. 1845: „Kurze Darstellung" der segensreichen Wirksamkeit des h. Simeon Stylites" in den „Katholischen Blättern" III, 985. 1846: „Festkränze aus Libanons Gärten" (Villingen, F. Förderer). — „Kurze Betrachtungen über einzelne Bibeltexte" in den „Katholischen Blättern" V, 88. 181, 431, 532, 940, 993; VI, 83, 732; VII, 174, 296, 398, 593, 783, 1037, 1057, 1196, 1399, 1760; VIII, 174, 582, 701, 822, 1042, 1254, 2080; IX, 168; X, 320, 394, 1036; XI, 131, 277, 407, 632, 924, 1097; XII, 177, 484, 509, 823, 867, 1123; XIII, 8, 310, 538, 1016, 1081, 1226. — „Passionsblumen aus dem Werke ‚Vita dell'anima' von Bartolomeo Saluzzo" in den „Katholischen Blättern" V, 1033; VI, 809. — „Ueber sechssilbige Verse bei Ephräm dem Syrer" in der „Zeitschrift der deutsch-morgenländischen Gesellschaft" II, 66—73. 1849: „Erinnerung an P. Basilius Raas, Benedictiner von Marienberg" in den „Kathol. Blättern" VII, 901. 1850: „Ueber das gemischte Metrum in syrischen Gedichten" in der „Zeitschrift für die Kunde des Morgenlandes" VII, 1—24. 186—196. 1851: „Die Reden des h. Ephräm gegen die Ketzer. Aus dem Syrischen" (Kempten). — „Ueber die syrische Poesie" im Innsbrucker „Phönix" II. Jahrg. — 1852: „Jusuf und Suleika. Aus dem Persischen". — „An den Kaffee. Aus dem Arabischen". — „Lieder von der Rose" im Innsbrucker „Phönix" III. Jahrg. — „Ueber die Zulässigkeit und Behandlung der Geschichte der deutschen Nationalliteratur an den Gymnasien" im „Programm des k. k. Gymnasiums in Meran". 1853: „Marienrosen aus Damascus, Gesänge zur Ehre der seligsten Jungfrau. Aus dem Syrischen" (Innsbruck, Wagner; 2. vermehrte Auflage 1855). — „Kleine Beiträge zur Mythologie aus dem Syrischen" in der „Zeitschrift für deutsche Mythologie" I, 319. — „Ueber einige Stellen in den syrischen Acten Simeons des Styliten" in der „Zeitschrift der deutsch-morgenländischen Gesellschaft" VII, 233 u. f. 1854: „Ueber eine syrische Uebersetzung des Pseudo-Kallisthenes" in der „Zeitschrift der deutsch-morgenländischen Gesellschaft" VIII, 835 u. f.; IX, 780 u. f. 1855: „Leben und Wirken des h. Simeon Stylites" (Innsbruck, Rauch). — „Apologie der syrischen Poesie" in der „Tübinger Quartalschrift" 422—465. 1856: „Ueber den Reim in syrischen Gedichten" in der „Zeitschrift der deutsch-morgenländischen Gesellschaft" X, 110—116. 1857: „Ueber das gemischte Metrum in syrischen Gedichten" in der „Zeitschrift für die Kunde des Morgenlandes" X, 116 u. f. — „Aus dem Leben eines heiligmäßigen französischen Benedictiners der neuesten Zeit" in den

„Kathol. Blättern“ XV, 965, 1031, 1083, 1110, 1133, 1197, 1219; XVI, 49, 176, 199, 222. 1858: „Proben syrischer Poesie aus Jacob von Sarug“ in der Zeitschrift der deutsch-morgenländischen Gesellschaft“ XII, 115–131; XIII, 44–58; XIV, 679–691; XV, 629–647. — „Die französische Benedictinercongregation der Sacres coeurs de Jésus et de Marie“ in der „Tübinger Quartalschrift“ 640–660. — „Proben aus der syrischen Chronik des Gregorius Barhebräus oder Abulpharag“ im „Programm des k. k. Gymnasiums in Meran“. 1859: „Zur Geschichte der christlichen Kirche. Aus einem arabischen Chronisten“ im „Programm des k. k. Gymnasiums in Meran“. — „Ein Kleeblatt von Tiroler Benedictinern“ in den „Kathol. Blättern“ XVII, 439. — „Johannes von Avila“ in den „Katholischen Blättern“ XVII, 937, 961, 983. 1860: „Gedichte“ Trösteinsamkeit, Bd. XV (Mainz, Kirchheim). — „Communionbuch“ (Freiburg, Herder). — „Ueber die Lectüre der deutschen Classiker für die kath. studirende Jugend“ in den „Kathol. Blättern“ XVIII, 697. 1863: „Beiträge zur syrischen Literatur aus Rom“ in der „Zeitschrift der deutsch-morgenländischen Gesellschaft“ XVII, 687–690, 730 bis 735; XVIII, 751–760. 1866: „Nachträgliches zu den Proben syr. Poesie aus Jacob von Sarug“ in der „Zeitschrift der deutsch-morgenländischen Gesellschaft“ XX, 511–520. 1867: „Sechs Homilien des h. Jacob von Sarug“ (Bonn, A. Henry). — „Aus dem handschriftlichen syrischen Werke des Johannes von Dora über das Priesterthum“ in der „Tübinger Quartalschrift“ 183–205 und 1868, 267–283. 1868: „S. Patris Ephraemi Syri sermones duo ex codicibus syriacis romanis editi“ (Brixen, Weger). 1869: „Monumenta syriaca“ Tom. I (Innsbruck, Wagner). 1870: „Aus Reden syrischer Väter über das Leiden Jesu“ in der „Tübinger Quartalschrift“ 92–114. 1871: „Reden des h. Ephräm des Syrers über Selbstverläugnung und einfache Lebensweise. Mit einem Briefe desselben an Einsiedler“ (Innsbruck, Wagner). — „Chrestomathia syriaca“, größtentheils Inedita aus römischen Handschriften enthaltend.

Quellen. Kehrein (Joseph). Biographisch-literarisches Lexikon der katholischen deutschen Dichter, Volks- und Jugendschriftsteller im 19. Jahrhundert (Zürich, Stuttgart und Würzburg 1871, Woerl, gr. 8°.) Bd.
— Augsburger Postzeitun
ner 1881, Beilage 5: „Nekrolog“
1881, Nr. 17 im Feuilleton in d
— Staffler (Johann Jacob).
Tirol und Vorarlberg topog
geschichtlichen Bemerkungen in
(Innsbruck 1847, Fel. Rauch,
S. 175; Bd. II, S. 640. —
neue Welt (Einsiedeln) 1871
Deutscher Hausschatz
Pustet, 4°.) VII. Jahrg., S
„P. Pius Zingerle“. Von Brud
— Katholische Blätter aus
Beilage, Nr. 4, S. 89. — (
Alpenfreund, Bd. III, S. 108.
Stimmen, 1872, Nr. 246. —
Tirol und Vorarlberg, 1881, N
— Scriptores ordinis S. B
qui 1750–1880 fuerunt in Im
Hungarico (Vindobonae 18
Ord. Leo Woerl).

Porträts. 1) In Oel um
von dem Tiroler Künstler A. F
dem Curvorsteher in Meran
Pircher dem Innsbrucker F
zum Geschenk gemacht. — 2)
von Jos. Mühlmann in Inns
— 3) Eine andere der Fratelli
in Rom (1863). — 4) Ein
L. Bresslmeier in Meran
5) Holzschnitt in der Zeitschrif
Neue Welt“ 1871, S. 213 (sel

Dieser Familie gehören noch an
Zingerle (geb. zu Waidbruck a
1767, gest. im Dorfe Tirol 27.
Er war zuletzt durch volle 18
verwalter (Vicar) im Dorfe T
auch, 32 Jahre alt, starb. Im
stand er auf Seite des Bischo
und wurde deshalb im Mai
Capucinerkloster zu Bozen depo
III, S. 477). 1809 hielt er
Männern, die sich für Kaiser Fr
nach verlorener Sache wirkte e
und konnte dies bei den Fra
mehr, als er ein ruhiger, gebi
und des Französischen mächti
2. **Joseph Zingerle** (geb. 1
Kuens bei Meran am 27. Jänn
trat auch in den geistlichen St
zuletzt Cooperator zu Kuens bei
er nach mehrjähriger segensreich

...m besten Mannesalter starb. Beda ...er in dem unten angegebenen Werke ...t: „Besonderer Eifer lebt im Volke ...uens und Riffian für einen reinen und ...hen Gottesdienst. Zur Orgel werden ...äre Lieder gesungen, die der ehemalige ...erator von Kuens, Joseph Zingerle, ...tet und der Pfarrer daselbst, Thomas ...ler in höchst einfache und liebliche ...en gesetzt." [Weber (Beda). Tirol ...sbruck, 8°.) Bd. II, S. 336.] — 3. Jo- **Thomas** Zingerle (geb. zu Meran ...änner 1831). Bruder des Anton und ...az Vincenz (S. 144 und 146). Seine Ausbildung erhielt er bis 1847 am Gym-...n seines Geburtsortes und wendete sich noch in Innsbruck 1847—1852 been-...n philosophischen Curse dem Gymnasial-...ache zu; in dem Augenblicke aber, als eine solche Lehrerstelle angeboten wurde, ...los er sich, Theologie zu studiren und ...e diesen Entschluß auch aus. Die Stu-... in dieser Wissenschaft machte er nun ...s an der berühmten theologischen Fa-...t zu Tübingen, theils an den Diöcesan-anstalten zu Brixen und Trient 1854 ... 1858, und zwar mit solchem Erfolge ... er für geeignet befunden wurde, in die ...ere geistliche Bildungsanstalt zu Wien ...genommen zu werden. 1858 erlangte er ... Priesterweihe und verrichtete am 11. Juli ...elben Jahres in der Meraner Pfarrkirche ... erstes Meßopfer. 1858 und 1859 setzte ...seine theologischen Studien im Frintaneum ... Wien fort. Schon 1859 wurde er Pro-...r des Bibelstudiums des alten Testaments ... der Diöcesan-Lehranstalt in Trient, 1863 ... 1864 brachte er zu Rom im Collegium ...nima zu, um orientalische Sprache und ...ratur zu studiren, dann kehrte er wieder ...sein Vaterland zurück, wo er seit 1876 Domherr in Trient lebt. Auch er beschäf-...te sich mit der Ethnographie und Cultur-...chichte seines engeren Vaterlandes Tirol, ...d sind uns von seinen Arbeiten bekannt: ...e Stadt Meran und ihre Umgebungen, ...n Wegweiser für Fremde" (Bozen 1850); mit seinem Bruder Ignaz Vincenz ...beiligte er sich an der Herausgabe der ...inder- und Hausmärchen aus Tirol" (1852) ...d der „Kinder- und Hausmärchen aus ...ddeutschland" (1854); mit seinem Vetter ...us Zingerle arbeitete er zugleich an den ...Monumenta Sirlaca ex romanis codicibus ...lecta" (Innsbruck 1869 und 1878); gab selbständig heraus: „Jacobi Sarugensis sermo de Thoman. Ex codice Vaticano 117 editus" (Innsbruck 1871) und wirkte als Sammler an seines Bruders Ignaz Vincenz Werke: „Sagen, Märchen und Gebräuche aus Tirol" (1859) mit. Kleinere Aufsätze exegetischen Inhalts u. a. befanden sich in der „Innsbrucker Zeitschrift für katholische Theologie" und in Lang's „Hausbuch". [Volks- und Schützen-Zeitung (ebd. 4°.) XIII. Jahrg., 16. Juli 1858, Nr. 85: „Correspondenz aus Meran, 13. Juli". — Kehrein (Jos.), Biographisch-literarisches Lexikon der katholischen deutschen Dichter, Volks- und Jugendschriftsteller im 19. Jahrhundert (Zürich, Stuttgart und Würzburg 1871, Leo Woerl, gr. 8°.) Bd. II, S. 286. — 4. **Wolfram** von Zingerle (geb. zu Innsbruck am 19. Februar 1854). Ein Sohn des Ignaz Vincenz und Bruder Oswalds, widmete er sich nach beendetem Gymnasium an der Innsbrucker Universität der Philologie und verlegte sich von 1878 bis 1881 an den Universitäten Erlangen, Wien, Paris speciell auf die romanische Philologie, für welche er sich 1884 als Privatdocent an der Universität Wien habilitirte; aus Gesundheitsrücksichten ließ er später die venia legendi an die Universität seiner Vaterstadt übertragen, wo er seit 1886 als Docent wirkt. Er veröffentlichte folgende Werke: „Untersuchungen zur Echtheitsfrage der Heroiden Ovid's" (Innsbruck 1878); — „Ueber Raoul de Houdenc und seine Werke, eine sprachliche Untersuchung" (Erlangen 1880); — „Floris et Liriope, altfranzösischer Roman des Robert de Blois" (Leipzig 1890). Außerdem erschienen von ihm verschiedene Aufsätze in gelehrten Zeitschriften, wie „Romanische Forschungen", „Literaturblatt für germanische und romanische Philologie", „Zeitschrift für französische Sprache und Literatur", „Revue critique".

Zink, Gregor (gelehrter Mönch, geb. zu Littau am 20. September 1708, gest. zu Prag am 28. März 1770). Er trat nach beendeten Vorbereitungsstudien zu Jarmeritz in Mähren in den Servitenorden, in welchem er zuletzt die Würde des Rectors der Ordensprovinz erlangte und im Alter von

62 Jahren starb. In der Cerronischen Sammlung fanden sich von ihm folgende Schriften: „Der h. Constantin" [Translationsfest in Littau] (Prag 1752, Fol.); — „Wahre Glückseligkeit im geistlichen Ordensstande" (ebd. 1753); — „Leben der Gräfin Anna Katharina Swerts-Spork" (ebd. 1754); — „Leben des Grafen Franz Karl Rudolf Swerts-Spork" (ebd. 1757); — „Leben der Gräfin Anna Katharina Swerts" (ebd. 1755, 1756 und 1757); — und „Leben des Grafen Franz Karl Rudolf Swerts" (ebd. 1758).

Notizenblatt der historisch-statistischen Section der k. k. mährisch-schlesischen Gesellschaft zur Beförderung des Ackerbaues, der Natur- und Landeskunde. Redigirt von Christian Ritter d'Elvert (Brünn, 4°.) Jahrg. 1874, Nr. 3 und wiederholt Nr. 7.

Noch sind erwähnenswerth: 1. **Jenny** Zink (geb. zu Dresden, Geburtsjahr unbekannt). Zu Ende der Sechziger- und Anfang der Siebziger-Jahre war sie Schauspielerin am Carl-Theater in Wien. In Jos. Kürschner's „Deutschem Literatur-Kalender" XI. Jahrg. (1889) erscheint sie als Gutsbesitzerin und im „Geistigen Wien" von Eisenberg-Groner als Schriftstellerin. Sie wirkt thatsächlich als Schriftstellerin und Uebersetzerin aus dem Französischen. Das „Fremden-Blatt" brachte schon 1869 von dieser Dame eine Novelle, und im nämlichen Jahre erhielt sie von Alexander Dumas Sohn die Erlaubniß, sein Werk „Les Madeleines repenties" (büßende Magdalenen) zu übersetzen, welche Uebersetzung auch bei Klemm in Wien erschien. Auch sonst veröffentlichte sie in verschiedenen schöngeistigen Blättern Oesterreichs und Deutschlands Skizzen und Novellen, und ihre Künstlernovelle „Erweckt" wurde bei der von der „Allgemeinen Kunstchronik" im Jahre 1888 ausgeschriebenen Preisconcurrenz ehrenvoll erwähnt. — 2. **Lorenz** Zink widmete sich der geistlichen Laufbahn, trat in den Orden der frommen Schulen (Piaristen) in Wien, beendete die theologischen Studien und wurde in der k. k. theresianischen Ritterakademie als Präfect und Professor der Geschichte verwendet. Andreas Graf Thürheim, der begeisterte Historiograph der kaiserlichen Armee, I selbst seine Jugendjahre in diesem berühmt Institute zugebracht, nennt ihn als Histriker einen „ausgezeichneten Fachman dem er vornehmlich seine Liebe zum Studi der Geschichte verdanke. Am 13. April 18 fiel die Wahl zum Provinzial des Piaristi ordens der böhmisch-mährischen Provinz e stimmig auf den durch seinen biederen Ch rakter, durch Energie wie durch Gelehrsa keit und Verdienste im Schulfache au gezeichneten Lorenz Zink. Derselbe Doctor der Philosophie, Consistorialrath u Ehrenbürger mehrerer Städte. [Klein biographisches Lexikon, enthalte Lebensskizzen hervorragender um die Kirc verdienter Männer (Znaim 1862. M. Lenck, kl. 8°.) S. 162. — Thürheim (A dreas Graf). Licht- und Schattenbilder a dem Soldatenleben und der Gesellscha Tagebuch-Fragmente und Rückblicke ein ehemaligen Militärs (Prag und Teplitz 187 H. Dominicus, 8°.) S. 23.] — 3. **Wolfgang** Zinck (geb. in Wien, Geburtsja unbekannt, gest. in Breslau 7. Octob 1551). Er mußte wohl seines evangelische Glaubens wegen seine Heimat Niederöster reich verlassen und in der Fremde Zuflucht suchen. Zunächst wurde er Pastor zu Sanc Peter und Paul in Liegnitz. So lange e ein eifriger Homilet, den gemeinen Man in seinen Predigten abkanzelte und ihm d Hölle heiß machte, hatte man nichts geg ihn einzuwenden, als er aber in Gegenwa des Herzogs das damals sündhafte Hofleb angegriffen, mußte er seine Kirche verlass und in der Kirche U. L. F. seine Kanzelrede halten. Man erzählt: als ihn der Herzo nach einer Predigt zur Tafel geladen un ihm nach dem Essen angekündet hatte: „He Zinck, Ihr habt heut Euren Zincken ziemlic scharf geblasen, Ihr werdet hiefür nicht meh Pfarrer bei St. Peter, sondern in der Niede kirchen sein müssen", entgegnete Zinck schla fertig und herzhaft: „Ich danke Eurer fürstl Durchlaucht, dann also hab' ich desto näher zum Thore", und in der That verließ er al bald Liegnitz und folgte einem Rufe nac Breslau, wo ihn auch der Tod ereilte. Sein Andenken wurde aber auch nach seinem Ab gange von Liegnitz daselbst in Ehren ge halten, wie es sein in der Sacristei der Peter- und Paulkirche zu Liegnitz befindliches Bildniß im rothen Chorrock und sein Epitaph in der genannten Kirche bezeugen. [Wahren

-orff. Liegnitzische Merkwürdigkeiten. I. Th., S. 278 u. f. — Thebesius' Liegnitzische Jahrbücher, III. Theil, S. 66. — Gelehrte Neuigkeiten Schlesiens 1741. S. 531.]

Zinka, Panna (Zigeunerin und Violinspielerin, geb. zu Gömör in Ungarn, wo sie im vorigen (18.) Jahrhunderte lebte, gest. ebenda 1772). Ein Zigeunerkind, lernte sie noch sehr jung die Violine spielen, auf der sie es zu großer Virtuosität brachte. Ihr Gutsherr, Namens Langi, erkannte bald ihr ungewöhnliches Talent und ließ ihr zur rechten Zeit guten Unterricht ertheilen. Ihre Fortschritte entsprachen ihrem Talente. Im Alter von 14 Jahren heiratete sie einen Zigeuner, der, wie auch seine beiden Brüder, Musiker war. Mit diesen im Vereine bildete sie ein kleines Familienorchester, das sich bald eines vorzüglichen Rufes erfreute. Ihr Gutsherr baute ihr am Ufer des Sahajó ein wohl eingerichtetes Wohnhaus, das sie stets in bester Ordnung erhielt, aber nur in den Wintermonaten benützte, während sie in Sommerszeit zu den Ihrigen ins freie Feld zog, welche in der Nähe des Hauses in Zelten, die am Flusse aufgeschlagen waren, wohnten. Welche Berühmtheit Zinka Panna im Lande besaß, zeigte sich, als sie 1772 starb; ihr Tod war ein Ereigniß, welches allgemeine Trauer verursachte. In ungarischen und lateinischen Versen rühmte man ihre Vorzüge als Künstlerin und ihre Tugenden als Frau. Eine gute Anzahl dieser Gedichte, welche das Land bei der ersten Trauerkunde ihres Todes überflutheten, wurden für künftige Zeiten aufbewahrt. Von ihren — improvisirten — Compositionen ist nichts erhalten; erstens verstand sie selbst nicht Noten zu schreiben, und zweitens pflegen die Zigeuner ihre oft merkwürdigen und herrlichen Improvisationen wohl zu spielen, aber nie zu Papier zu bringen. Was überhaupt von Zigeunermusik in Noten gebracht ist, wurde von Anderen nachgeschrieben. Zinka Panna wird als von Gestalt häßlich — sie soll höckerig gewesen sein — als von dunkler Gesichtsfarbe, dazu von Blattern und einem mächtigen Kropfe entstellt, geschildert. Das ursprüngliche Orchester aus ihr, ihrem Manne, der ein geschickter Baßgeiger, und dessen beiden Brüdern, von denen der eine Contraviolinist, der andere Cymbelschläger war, vermehrte sich nach ihrer Heirat um vier Söhne und eine Tochter, welche alle musicalisch waren. Von ihren Vorträgen wurden nicht nur das Volk, sondern wirkliche Kenner befriedigt, und ihr Orchester holte man zu Hochzeiten und sonstigen Festen oft sechzehn bis zwanzig Meilen weit. Saphir verwerthete die berühmte Zigeunergeigerin, deren Andenken noch heute in Ungarn fortlebt, zu einem seiner wirksameren Declamationsgedichte.

Liszt (Franz). Des Bohémiens et de leur musique en Hongrie (Paris 1859, 8°.) p. 292: CXXIII. — Auch in deutscher Uebersetzung von L. Ramann (Leipzig 1883, Breitkopf und Härtel, Lex. 8°.) S. 323. — (Hormayr's) Archiv für Geschichte, Statistik, Literatur und Kunst (Wien, 4°.) 19. Jahrg. 1828, S. 623 im Artikel: „Ungarische Miscellen aus Korabinsky's ‚Wanderbuch' gezogen". Von J. K. Böcös.

Zinke, J. W. (Zeichner und Kupferstecher, Ort und Jahr seiner Geburt unbekannt), Zeitgenoß. Er lebte und arbeitete in Wien in den Fünfziger Jahren, und seine Blätter mit Ansichten der Stadt Wien besitzen wegen ihrer großen Treue historischen Werth. Vor allem nennen wir sein Klein-Quer-Folio-Blatt: „Wien und seine Umgebung", auf welchem um die Hauptansicht der Stadt Wien, welche den Mittelpunkt einnimmt, 99 Miniaturansichten der Hauptplätze und interessanten einzelnen Gebäude und der beliebtesten Umgebungen Wiens trotz ihrer Kleinheit doch mit großer Deutlichkeit und Schärfe von dem Künstler gestochen sind und durch die Lupe besehen, ein ganz klares Bild gewähren; ferner „Die Gegend vom Stubenthor mit der alten Dominicanerkirche", nach einem Original von J. Houfnagel um das Jahr 1600, von Zinke gezeichnet und gestochen und bei J. Bauer in Wien 1854 gedr. (Klein-Quer-Fol.); — „Die Freiung oder der Schottenplatz", nach dem Originale von J. A. Delsenbach vom Jahre 1719; auch bei J. Bauer in Wien 1854 gedruckt; beide in Klein-Quer-Folio. In den Vierziger-Jahren arbeitete J. W. Zinke Einiges für die Bäuerle'sche „Theater-Zeitung". Verfasser dieses Lexikons kennt ein von ihm gestochenes satyrisches Bild von Z.(ampis) mit der Unterschrift: „Frau Mutter, Sie dürfen heut schon reden mit mir, der Herr versteht nichts deutsch, rechnen Sie ihm ein Beigerl um drei Zwanziger an", und ein Blatt mit zwei Rebus: „Warnung und Sentenz„, nach einer Zeichnung von Cajetan.

Zinn von Zinnenburg, Ferdinand Freiherr (Maler, Ort und Jahr seiner Geburt unbekannt), Zeitgenoß. Der Sproß einer alten mährischen, ursprünglich sich Czymburg schreibenden Familie, über welche die Quellen Näheres berichten. Officierssohn, widmete er sich der Kunst, für welche er in der k. k. Akademie der bildenden Künste in Wien ausgebildet wurde. 1859 waren in der akademischen Jahresausstellung bei Sanct Anna von ihm zu sehen zwei Oelgemälde: „Ein Studienkopf" (80 fl.) und „Italienische Fischer" (250 fl.). Er befand sich damals in der Vorbereitungsschule der k. k. Akademie. Ueber den ferneren Bildungs- und Lebensgang des Künstlers, über dessen anderweilige Arbeiten, sowie über die Familie selbst, fehlen zuverlässige Nachrichten. Der Künstler lebte seinerzeit (1859) in Wien und hatte sein Atelier in der Rossau Nr. 95, meine Nachforschungen über seinen jetzigen Aufenthalt blieben erfolglos. Das „Gothaische genealogische Taschenbuch der freiherrlichen Häuser vom Jahre 1866" bringt die letzten unzulänglichen Notizen mit dem Vermerk: Weitere Nachrichten bleiben vorbehalten.

Zur Genealogie der Freiherren Zinn von Zinnenburg. Nach den vorhandenen genealogischen Nachrichten schrieb sich die Familie Czymburg; sie besaß im 12. Jahrhundert in Mähren großen Grundbesitz; nahm 1158 unter König Wladislaw von Böhmen an dem Römerzuge theil, den Kaiser Friedrich Barbarossa unternommen hatte, um die aufständischen Städte Oberitaliens, Mailand an der Spitze, zu züchtigen. — Im Jahre 125. war ein **Pedrzich** von Czimburg Großprior der Tempelritter in Mähren und Böhmen. — Ein Sproß dieses Geschlechtes führte unter eigenem Banner mehrere Ritter gegen den Ungarn Stephan Konthy, als dieser mit seinen Kriegern das mährische Land bei Hradisch und Ungarisch-Brod überfiel. — 1415 bis 1430 wirkt der Landeshauptmann **Johann** Czymburg bei den damaligen Wirren unter Kaiser Friedrich III. in vermittelnder Weise; später, 1454, begab er sich zu den in Prag versammelten Ständen, um die Vorkehrungen zu berathen, welche gegen den Ungarn hart bedrängenden Sultan Mahomed II. zu treffen seien, und zwei Sprossen dieses Geschlechtes führten unter eigenem Banner ihre Häuflein dem Feinde entgegen. — Die berühmte Philippine Welser, Gemalin des Erzherzogs Ferdinand von Tirol, war eine Tochter des Augsburger Patriziers Franz Anton Welser aus dessen Ehe mit einer geborenen von Zinnenburg. Diese genealogischen Ansprüche und Folge rungen sind alle ausführlicher in den benannten Quellen nachzulesen. — Die weiteren Spuren führen uns nach Tirol, wo die Brüder **Anton, Johann** und **Niclas** de Zinis von dem Cardinal und Fürstbischof Bernhard zu Trient mit Diplom ddo. 10. October 1337 die Adelswürde und die schräglinken Balken mit dem Windbund als Wappen erhielten. — Andere vier Brüder: **Johann, Anton, Peter** und **Jacob** de Zinnis erlangten von den Kaisern Ferdinand I. und Rudolf II. mit Diplomen ddo. Wien 30. September 1560 und Prag 31. December 1584 Bestätigungen des alten Adels und mit Erhebung in den Ritterstand das Prädicat von Zinnenburg und die Wappenvermehrung: das Roß im Schilde und auf dem zweiten Helm. Von den letztgenannten vier Brüdern erwarb Jacob Zinn von Zinnenburg 1631 das Incolat in Böhmen. — Sein Sohn **Johann Simon** kam zuerst von der Familie nach Schlesien, wo er die Güter Granowitz, Schorkau und Deutsch-Lippe erwarb. Er war mit Barbara Elisabeth geborenen Freiin von Hohenhaus vermält, welche ihm den Sohn **Franz** von Zinnenburg gebar. Dieser hatte aus seiner Ehe mit Barbara geborenen von Wipplar und Ulschiz die Söhne **Ferdinand** und **Karl**. Ferdinand Zinn von Zinnenburg, k. k. Oberstlieutenant und Platzmajor zu Ungarisch-Hradisch, und Karl, k. k. Rittmeister bei Erzherzog Maximilian-Kürassieren, der sich im Felde ausgezeichnet und mit seiner Schwadron den Preußen eine Kanone weggenommen, erhielten von der Kaiserin Maria Theresia mit Diplom ddo. Wien 10. December 1777 den erbländischen österreichischen Freiherrenstand. Ferdinand war mit Maria Theresia Berzeviczy de eadem und Karl mit Therese geborenen Gräfin von Waffenberg vermält, und Beide hatten Descendenz. Ueber den heutigen Stand der Familie, welche in zwei Linien blüht, der ersten älteren, deren Chef 1864 ein Freiherr **Ferdinand**, k. k. Rittmeister, eingetheilt in das Invalidenhaus zu Tyrnau, und der zweiten jüngeren, deren Chef Freiherr **Franz**, Ingenieur und Taxator bei der k. k. Forstdirection zu Wien war, und welche Beide Nachkommenschaft besitzen, fehlen zuverlässige Nachrichten. [Gothaisches genealogisches Taschenbuch der freiherrlichen Häuser (Gotha, Justus Perthes, 32°.) I. Jahrgang 1848, S. 460; XIII. Jahrgang 1863, S. 1033; XIV. Jahrg. 1864, S. 996 bis 999; XVI. Jahrg. 1866, S. 1071. — Hellbach (Joh. Christ.). Adels-Lexikon oder Handbuch über die historischen..... Nachrichten vom hohen und niederen Adel, besonders in den deutschen Bundesstaaten u. s. w. (Ilmenau 1826, B. Fr. Voigt, 8°.) S. 826 [bestreitet die Verwandtschaft der böhmisch-mährisch-schlesischen Zinnenburg mit der tirolischen Familie gleichen Namens.]

Zinnögger, Leopold (Maler, geb. in Linz 26. Juli 1811, gest. daselbst 22. Juli 1872). Der Sohn eines Gärtners in Linz, fand er, da er künstlerische Begabung zeigte, im Jahre 1830 Aufnahme in der k. k. Akademie der bildenden Künste. Daselbst wendete er sich der Blumenmalerei zu und erhielt darin einen akademischen Preis. 1837 erscheint er zum ersten Male in der Jahresausstellung der Akademie zu St. Anna mit einem in Gouachemanier ausgeführten Blumenstücke. Nach fünfzehnjähriger Pause finden wir ihn wieder in der Juli-Ausstellung 1852 des österreichischen Kunstvereins mit einem „Fruchtstück" (450 fl.). Zinnögger kehrte nach vollendeter Ausbildung in seine Vaterstadt Linz zurück, wo er durch 13 Jahre (1849—1862) als akademischer Zeichenlehrer am k. k. Staatsobergymnasium und im Privatunterricht eine verdienstliche Wirksamkeit entfaltete. Im eigenen Hause in Linz, mit dem eine bedeutende Gärtnerei verbunden war, errichtete er eine photographische Anstalt, ab und zu malte er aber in seinem Fache größere und kleinere Staffeleibilder, welche sich durch Wahrheit und Farbenwirkung auszeichnen, in der Composition jedoch öfter zu wünschen übrig lassen. Vorzüglich waren seine Blumen- und Fruchtskizzen in Aquarell. Bei seinem Tode fand sich die erhebliche Zahl von 324 Gemälden seiner Hand vor. Er hinterließ einen Sohn und eine Tochter; Ersterer, Leopold, ist als Controlor am k. k. Postamte in Salzburg angestellt; Letztere, wie ich erfahren, an einen Optiker in Triest verheiratet.

Kataloge der Jahresausstellungen bei Sanct Anna 1837, S. 12 und der Monatsausstellung des österreichischen Kunstvereins Juli 1832. — Deutsche Zeitung (Wien 1872) Nr. 201 in den „Tagesneuigkeiten". — Handschriftliche Notizen meines werthen Freundes und Malers J. M. Kaiser in Linz, dem ich für seine Bemühungen besten Dank sage.

Zinsler, Karl (Bildhauer, geb. in Wien 22. October 1867). Er bildete sich an der k. k. Akademie der bildenden Künste und setzte dann seine Studien durch weitere fünf Jahre unter Meister Johannes Benk fort. Er arbeitet vornehmlich im Porträtfache und führte bereits mehrere Büsten höherer Persönlichkeiten und einige Grabdenkmäler, unter letzteren jenes des verstorbenen Arztes und Hofrathes Breisky aus, welches mit dessen Bildniß in Marmor geschmückt ist. Zur Zeit arbeitet er in Gemeinschaft mit dem Bildhauer Haberl an einer in großem Styl gehaltenen Porträtbüste des verewigten Cardinals und Fürsterzbischofs von Wien Cölestin Ganglbauer nach der am 14. December 1889 abgenommenen Todtenmaske und ist mit der Ausführung des Grabdenkmals für den Schriftsteller Ed. Mautner beschäftigt.

Zinzendorf, Karl Graf (Staatsmann, geb. zu Dresden 5. Jänner 1739, gest. zu Wien 5. Jänner 1813). Der Sproß eines alten österreichischen Adelsgeschlechtes, über welches die Quellen nähere Kunde geben. Er war ein Sohn des Grafen Friedrich Christian aus dessen zweiter Ehe mit Sophie geborenen Gräfin Gallenberg und ein Neffe des berühmten Bischofs der mährischen Brüder, Grafen Nicolaus Ludwig. Frühzeitig entwickelten sich bei ihm seltene Geistesgaben, und in seinen Knabenjahren waren Geographie, Geschichte und Sternkunde seine Lieblingsbeschäftigungen. Auch Botanik trieb er mit Eifer und sammelte auf seinen Spaziergängen Pflanzen, die er zu Hause symmetrisch und systematisch ordnete. Nachdem er sorgfältig erzogen worden, bezog er 1757 die Hochschule in Jena und widmete sich mit rastloser Thätigkeit den Wissenschaften, bis er 1761 seine literarische Bildungsbahn auf der Universität vollendet hatte. Einen Antrag, in kursächsische Dienste zu treten, lehnte er ab und ging nach Wien, wo ihm 1762 die Stelle eines k. k. Kammerrathes verliehen wurde. In dieser Eigenschaft hatte er mehrere Commercialreisen auszuführen. Die erste brachte ihn nach Danzig, spätere nach Tirol und der Schweiz. In letzterem Lande wurde er mit Rousseau, Voltaire und Haller bekannt und die ökonomische Gesellschaft in Bern nahm ihn als ihr Ehrenmitglied auf. Dann reiste er über Montpellier, Toulouse, Avignon, Marseille, Toulon nach Antibes und zur See nach Italien, wo er Genua, Turin, Mailand, Neapel und Rom besuchte. Auf der Insel Malta machte er die zur Aufnahme in den deutschen Orden erforderliche Karavane auf den Schiffen des Johanniterordens mit. Nach dieser längeren Reise kehrte er über Triest und Fiume nach Wien zurück. Nach kurzer Rast trat er wieder eine große Reise an, welche ihn nach den Niederlanden und über Frankreich nach Spanien und Portugal führte. In letzterem Lande leitete er zu Lissabon einige Zeit die Geschäftsangelegenheiten des kaiserlich österreichischen Hofes. Nun schiffte er sich wieder ein, segelte nach England, besuchte Schottland und lernte auf dieser Fahrt Hume und Robertson kennen, dann ging er über Frankreich, nachdem er noch die Normandie und Bretagne bereist hatte, nach den Niederlanden und Holland. Im Jahre 1770 begab er sich über Göttingen, Hannover und Hamburg nach Berlin, wo er in Sanssouci dem Könige vorgestellt wurde, ging dann nach Mergentheim, wo er den Ritterschlag des deutschen Ordens empfing, und kehrte nun nach Wien zurück. Im letztgenannten Jahre zum Hofrath befördert, bereiste er in dieser Eigenschaft 1771 und 1772 die deutschen und ungarischen Erblande, worauf er nach seiner Rückkunft die Würde eines k. k. geheimen Rathes erhielt. Im Jahre 1774 ward ihm der Auftrag, Galizien und die Bukowina zu bereisen, und von da aus setzte er seine Commercialreisen nach Warschau, Moskau, Petersburg, Stockholm, Kopenhagen und Hamburg fort. Von Stockholm aus besuchte er die Kupfer- und Eisenwerke zu Dannemora und Fahlun, die Seehäfen Gefle und Karlskrona und mehrere in naturgeschichtlicher und wissenschaftlicher Hinsicht merkwürdige Gegenden. In Upsala suchte er auch den großen Naturforscher Linné auf. 1776 wurde er zum Gouverneur, Civilhauptmann und Militärcommandanten der Stadt und des Seehafens Triest ernannt. 1782 berief ihn Kaiser Joseph II. nach Wien und verlieh ihm am 8. April dieses Jahres die Stelle eines Präsidenten der Rechnungs-Hofkammer und der Steuerregulirungs-Hofcommission. In dieser Eigenschaft war der Graf in verdienstvollster Weise ein Jahrzehent thätig, bis ihn 1792 Kaiser Franz zum Staatsminister des inneren Staatsrathes und am 30. Jänner 1800 zum niederösterreichischen Landmarschall ernannte. Am 12. April 1801 erhielt er bei dem Hoch- und Deutschmeister-Orden die Stelle eines wirklichen Landcomthurs der Ballei Oesterreich. Am 7. Juni 1808 vom Kaiser zum dirigirenden Staats- und Conferenzminister erhoben, blieb er in dieser Stellung bis zum Jahre 1809, in welchem eine Veränderung des geheimen Staatsrathes vorgenommen wurde. Obwohl von zartem Körperbau und schwacher Gesundheit, welche bei seinen angestrengten Geschäften und früheren vielen Reisen nicht gerade Förderung fand, erreichte er doch das Alter von 74 Jahren. Zinzendorf zählt zu den Staatsmännern der theresianisch-josephinischen Periode, welche sich durch großes Pflichtgefühl und volles Bewußtsein des Staatszweckes kennzeichnen. Seine Kenntnisse hatte er auf den vielen Reisen — denn außer der Türkei hatte er ganz Europa besucht und mit offenem Blick alle bürgerlichen, städtlichen und commerciellen Verhältnisse sorgfältig studirt — ungemein und nach den verschiedenartigsten Richtungen bereichert und sich einen klaren unbefangenen Blick in den verschiedensten Lebenslagen bewahrt. Er schätzte Wissen und Wissenschaft hoch und stand mit ausgezeichneten Gelehrten in beständigem Briefwechsel. Durch und durch Aristokrat, war er auch darauf bedacht, unter den Edeln wirklich der edelste zu sein. Von frühester Jugend an ein thatenreiches Leben gewöhnt, führte er nicht nur ein ausführliches Tagebuch über seine ganze Thätigkeit, sondern machte auch Aufzeichnungen über die großen Ereignisse der Zeit, in der er lebte, und schrieb, unterstützt durch die reichen und gediegenen Kenntnisse, welche er besaß, viele wissenschaftliche Aufsätze, die in verschiedenen Journalen abgedruckt wurden. Selbst einer alten und bedeutenden Familie angehörend, sammelte er mit großem Eifer alle dieselbe betreffenden Urkunden, welche er in drei Foliobänden seinem Großneffen, dem Grafen von Baudissin, hinterließ. Wie oben erwähnt, ein Freund der Wissenschaften, besaß er selbst eine reiche alle Gebiete des menschlichen Wissens und alle Länder umfassende Bücher- und Landkartensammlung, welche er dem Hoch- und Deutschmeister-Orden der Ballei Oesterreich vermachte. Die Hofbibliothek aber gelangte infolge seiner Verfügung in den Besitz aller seiner Ausarbeitungen in den verschiedenen Fächern der öffentlichen Staatsverwaltung, die während eines fünfzigjährigen Dienstlebens aus seiner Feder geflossen und die stattliche Zahl von 116 Foliobänden umfassen. Das Leben dieses kenntnißreichen und vorurtheilsfreien Staatsmannes verdiente wohl eine nähere Darstellung, man gewänne daraus nicht nur das Bild einer ereignißreichen wechselvollen Zeit, wie sie sich in seinen Augen darstellte — hatte der Graf doch unter vier Monarchen, Maria Theresia, Joseph II., Leopold II. und Franz I. gedient — sondern auch einen Einblick in die Seele eines Mannes, der Gewissenhaftigkeit, reiche Menschen- und Länderkenntniß und ein vom bureaukratischen Zunftgeist freies Urtheil mit Gerechtigkeit, Billigkeit und Pflichtgefühl, worin er selbst ein glänzendes Muster war, vereinte. Als Nationalökonom entschiedener Freihändler, vertrat er bei allen Gelegenheiten unentwegt seinen freihändlerischen Standpunkt. In letzterer Hinsicht entwirft Professor Adolf Beer über ihn eine höchst interessante in den Quellen angeführte Studie. Die Grabschrift, die der Graf selbst verfaßt hat, gibt einigermaßen eine Silhouette dieses Kraftmenschen, und daher theilen wir auch dieselbe unten mit. Der Graf, der unvermält geblieben, war der letzte seines Stammes, der über ein halbes Jahrtausend geblüht.

Grabdenkmal des Grafen Karl von Zinzendorf. Des Grafen Leiche wurde auf der Familienherrschaft Karlstetten im V. O. W. W. mit den gewöhnlichen Feierlichkeiten beigesetzt und über seinem Grabhügel eine schwarze Marmortafel mit folgender von ihm selbst verfaßten Grabschrift angebracht. Lucas 19 v. 10. | In der heiligen Stille des Grabes | ruhet hierneben die sterbliche Hülle | Johann Karl Christian Heinrichs | des heil. R. R. Reichsgrafen und Herrn von Zinzendorf und Pottendorf, Oberst-Erbland-Jägermeisters in Oesterreich unter der Enns, Herrn der Herrschaften Karl- | stetten, Toppl und Wasserburg, Lehenträgers des gräflich | Zinzendorfischen Lehenhofs in N. Oesterreich, des letzten aus einem uralten | Niederösterreich. Herrn-Standes Geschlechte, | welches in dem Viertel O. W. Wald | seit dem zwölften Jahrhunderte geblüht. | Er war ein Sohn zweiter Ehe | Friedr. Christians, Gr. u. H. v. Zinzendorf und Potten- | dorf von Christianen, Sophien, geb. Gräfin von Gal- | lenberg geboren zu Dresden den 5. Jänner 1739 | starb zu Wien den 5. Jänner 1813, | trat in den hohen teutschen Ritterorden 1765, | ward zu Mergentheim eingekleidet 1770, | Landcomthur der Ballei Oesterreich 1801. | Seine Wallfahrt war thätig und arbeitsam. | Ganz Europa, Constantinopel ausgenommen, durchreiste er zu Land und zur See, diente vier aufeinander ge- | folgten Beherrschern der Oesterreichischen Monarchie | Marien Theresien Joseph dem II., Leopold | dem II. Franz dem Ersten | als k. k. Kämmerer Hofrath und wirkl. geh. Rath | als Gouverneur zu Triest, | als Hof-Rechen-Kammer-Präsident, | als Staats- und Conferenz-Minister in inländ. Geschäften, | durch eine Zeit als dirigirender St. u. K. Minister, auch als niederösterreich. Land-Marschall und als Präsident des Josephin. Steuer-

Peräquat-Versuchs. | Sein stetes Bestreben war, Liebe und Achtung zu verdienen. | Die sechzehn Ahnen sind folgende: väterliche: Zinzendorf, Zelking, Dietrichstein, Kheven (Hüller), Teufel, Concin, Volkra, Zinzendorf; mütterliche: Gallenberg, Bodenhausen, Donna, Friesen, Einsiedel, Lützelburg, Streif von Lauenstein.

Quellen. Vaterländische Blätter für den österreichischen Kaiserstaat (Wien, 4°.) 1813, S. 44: „Nekrolog". — Oesterreichische National-Encyklopädie von Gräffer und Czikann (Wien, 8°.) Bd. VI, S. 231. — Oesterreichische Biedermanns-chronik. Mit einem Anhange versehen (Freiheitsburg [Linz] 1784, Gebr. von Redlich, 8°.) S. 210, 231. — Der österreichische Staatsrath (1760—1848). Eine geschichtliche Studie... Von Dr. Karl Freiherrn von Hock aus dessen literarischem Nachlaß fortgesetzt und vollendet von Dr. Herm. Ign. Biedermann (Wien 1879, gr. 8°.) S. 145 u. f. [das Register gibt alle Seitenzahlen, wo seiner Thätigkeit Erwähnung geschieht] — Neue Freie Presse (Wiener polit. Blatt) 20. Juli 1888, Nr. 8586: „Ein österreichischer Freihändler — im achtzehnten Jahrhundert". Von Prof. Dr. Adolf Beer. — Pettenegg (Ed. Gaston Graf), Ludwig und Karl Grafen und Herren von Zinzendorf, Minister unter Maria Theresia, Joseph II., Leopold II. und Franz I. Ihre Selbstbiographien nebst einer kurzen Geschichte des Hauses Zinzendorf. Mit zwei phototyp. Porträts und 12 Stammtafeln (Wien 1879, 293 S., gr. 8°.).

Zur Genealogie der Grafen Zinzendorf. Die Zinzendorf, nicht zu verwechseln mit dem im Namen anlautenden Geschlechte Sinzendorf und öfter unrichtig Zinsendorf geschrieben, sind ein altes österreichisches Geschlecht, das selbst seinen Ursprung in die Schweiz versetzt, während gründliche Genealogen, wie Spener und Wurmbrand, es für ein altes eingeborenes österreichisches Geschlecht erklären. Schloß Zinzendorf in Unterösterreich, im Viertel ober dem Wiener Wald gelegen, ist das Stammhaus der Familie seit den Tagen Kaiser Rudolfs I. Ob ihm die Familie diesen Namen gegeben oder diese von dem bereits bestandenen Schlosse denselben angenommen, muß dahingestellt bleiben. Urkundlich reicht das Geschlecht bis ins 11. Jahrhundert zurück, in welchem ein **Ehrnhold** von Zinzendorf 1044 eine diplomatische Sendung an Kaiser Heinrich III. vollzog. Nun folgten in diesem und bis zum 14. Jahrhundert eine Reihe der edelsten und tapfersten Kämpen, die im Dienste ihrer Fürsten namentlich gegen die Böhmen und Ungarn zu Felde zogen und öfter Leib und Leben ließen. In der ersten Hälfte des 16. Jahrhunderts erscheint **Christoph** Herr von Zinzendorf (gest. 1535), der das Oberst-Erblandjägermeister-Amt von Niederösterreich an sein Haus brachte und mit Sophie, der Erbtochter des letzten Herrn von Pottendorf, mehrere Kinder zeugte, von denen zwei, **Stephan III.** und **Johann II.**, den Stamm fortsetzten. Die Nachkommen des Ersteren erloschen schon zu Beginn des 17. Jahrhunderts, während die Nachkommen Johanns das Geschlecht fortpflanzten. Johann II. war zweimal vermält: *a)* seit 1535 mit Anna Gräfin von Hohenems (gest. 1544) und *b)* seit 1544 mit Barbara Beck von Leopoldsdorf (gest. 1578). Aus beiden Ehen stammen mehrere Söhne, welche das Geschlecht in drei Linien spalten. **Alexander** (geb. 1541, gest. 1626), ein Sohn erster Ehe, ist mit Susanna von Volkra der Ahnherr der ältesten Linie; **Johann Friedrich**, der Sohn zweiter Ehe mit Regine Freifrau von Polheim zu Parz, Ahnherr der mittleren und **Otto**, der jüngere Sohn zweiter Ehe, mit seiner ersten Gemalin Eleonore von Königsberg, verwitweten von Liechtenstein, der Ahnherr der jüngsten Linie. Die Nachkommen der mittleren und der jüngsten Linie erlöschen schon nach wenigen Generationen. Die älteste hingegen, von Alexander gestiftete Linie spaltete sich in zwei Zweige, und zwar den römisch-katholischen, der von **Georg Hartmann** Freiherr von Zinzendorf ausgeht und im 18. Jahrhundert mit Grafen **Wolfgang Wilhelm** erlischt, und den evangelisch-lutherischen in Meißen, der mit dem Freiherrn **Otto Heinrich** anhebt und mit dem Grafen **Karl**, dessen Lebensgeschichte oben ausführlich mitgetheilt ist, 1813 ausstirbt. Graf Karl, da er unvermält geblieben, setzte seinen Großneffen **Heinrich August** Grafen Baudissin zum Erben der in Niederösterreich gelegenen Güter Karlstetten, Toppel und Wasserburg ein, und dieser nahm mit k. dänischer Bewilligung ddo. 13. Jänner 1816 Zinzendorf's

Namen und Wappen an und wurde auch mit dem Oberst-Erblandjägermeister-Amte in Oesterreich unter der Enns belehnt. Der Grafenstand gelangte mit **Albrecht** Freiherrn von Zinzendorf ins Geschlecht. Derselbe wurde ihm nebst seinen Vettern von Kaiser Leopold I. im Jahre 1662 verliehen. Die Ehen des Hauses weisen auf die ältesten und angesehensten Familien Oesterreichs und Deutschlands hin, wir nennen nur die Namen Auersperg, Bráida, Castell, Dietrichstein, Gallenberg, Herberstein, Jörger, Liechtenstein, Marlrain, Polheim, Pottendorf, Puchheim, Reuß-Ebersdorf, Solms, Teuffenbach, Traun, Zelking. Ueber die reichen Quellen dieses Hauses bezüglich seiner Genealogie siehe: Hellbach und Zedler und die 1879 von Grafen Pettenegg herausgegebene Monographie über die Grafen Karl und Ludwig Zinzendorf, welche 12 Stammtafeln enthält.

II. **Einige besonders denkwürdige Sprossen der Familie Zinzendorf.** 1. **Albrecht,** ein Sohn Heinrichs I. von Zinzendorf, zog mit dem Markgrafen Leopold IV. von Oesterreich wider Wladislaus, König von Böhmen, ins Feld und büßte 1083 das Leben ein. — 2. **Albrecht** erster Graf Zinzendorf (geb. 1618, gest. 6. October 1683), ein Sohn des Freiherrn Johann Joachim und Judiths geborenen Prinzessin von Liechtenstein, stand in hohen Hofdiensten, er war des Kaisers Ferdinand III. Oberst-Landjägermeister, der Kaiserin Witwe Eleonore Oberst-Hofmeister und Kaiser Leopolds I. Oberst-Hofmarschall und Premierminister. Vom Kaiser wurde er mit dem goldenen Vließe ausgezeichnet und 1662 zugleich mit seinen Vettern in den Reichsgrafenstand erhoben. Im Jahre 1641 verheiratete er sich mit Maria Barbara geborenen Gräfin Khevenhüller, die ihm mehrere Kinder gebar, von denen nur zwei Töchter: Maria Susanna vermälte Ludwig Graf Colloredo und Maria Josepha vermälte Franz Anton Fürst Portia den Vater überlebten, indem Erstere 1707, Letztere 1698 das Zeitliche segnete. Der Sohn Franz Karl aber (geb. 1647) starb, erst 21 Jahre alt, zu Paris am 6. October 1668. — 3. **Alexander** Freiherr von Zinzendorf (geb. 1341, Todesjahr unbekannt), ein Sohn Johanns, Marschalls von Niederösterreich, aus dessen Ehe mit Anna geborenen Gräfin von Hohenems. Er diente unter Kaiser Rudolf II. als Oberst im Felde gegen die Türken in Ungarn und ist mit seiner Gemalin Susanna, einer geborenen von Polkra in Dornach, der Stifter der meißnischen (ältesten) Linie der Freiherren, nachmaligen Grafen von Zinzendorf. — 4. **Christoph** von Zinzendorf (gest. 1535), ein Sohn Georgs aus dessen Ehe mit Hedwig geborenen von Toppel. Schon sein Vater stand bei dem Kaiser Friedrich III. in hoher Gunst und war 1496 für diesen als Hauptmann wider den Ungarkönig Matthias Corvinus ins Feld gezogen. Christoph brachte das Oberst-Erblandjägermeister-Amt an sein Haus. Er war mit Sophie, der Erbtochter Friedrichs, letzten Herrn von Pottendorf, vermält, die ihm mehrere Kinder gebar, von denen Stephan und Johann das Geschlecht fortpflanzten. — 5. **Erdmuthe Dorothea** Gräfin Zinzendorf (vgl. unter Nicolaus Ludwig Graf Zinzendorf S. 166, Nr. 15. — 6. **Ferdinand** (gest. zu Großwardein 1726), ein Sohn des Grafen und Landmarschalls Ferdinand aus dessen dritter Ehe mit Rebecca Regina geborenen Freiin Gienger und Bruder Franz Ludwigs. Er diente in der kaiserlichen Armee und focht in mehreren Feldzügen, vornehmlich in Ungarn zur Zeit der Unruhen, wo er auch in Gefangenschaft gerieth, aber wieder in Freiheit gesetzt wurde. Später ward er Oberst und Commandant von Erlau in Ungarn, 1717 General-Feldwachtmeister und zuletzt Commandant von Großwardein, in welcher Eigenschaft er starb. Er war mit einer Gräfin Althan vermält. — 7. **Franz Ludwig** (geb. 25. März 1661, gest. zu Karlstetten bei St. Pölten am 17. Juli 1742), ein Sohn des Grafen Ferdinand aus dessen dritter Ehe mit Rebecca Regina Freiin von Gienger, trat in die kaiserliche Armee, kämpfte in mehreren Feldzügen gegen die Türken und Franzosen im Regimente des Grafen Siegbert von Heister. Er wurde 1696 Hofkriegsrath, 1703 Oberst, 1706 General-Feldwachtmeister und wirklicher Hofkriegsrath. 1706 ging er als Gesandter zum König von Schweden in Sachsen, um die mit demselben geschlossene Altranstädtische Convention wegen der Religionsübung der Evangelischen in Schlesien in Richtigkeit zu bringen. Bei seinem Regierungsantritt bestätigte Kaiser **Karl VI.** ihn in der wirklichen Hofkriegsrathswürde und ernannte ihn dann auch 1711 zum geheimen Rathe. 1712 wurde **Franz Ludwig** Hartschier- und Trabantenhauptmann der verwitweten Kaiserin **Amalie**, 1713 Obersthofmeister der Erzherzogin **Maria Josepha**, nachmaligen Königin von Polen, am 28. April 1717 commandirender General in Mähren und Commandant der Veste Spielberg, in welcher zu jener Zeit General **Bonneval** als Staatsgefangener saß. 1724 rückte er zum Feldmarschall-Lieutenant auf. Vierundzwanzig Jahre versah er das Commando der Veste Spielberg, im October 1741 legte er es nieder und zog sich auf seine Besitzung Karlstetten zurück, wo er im folgenden Jahre im hohen Alter starb. Aus drei Ehen hatte er keine Kinder. — 8. **Georg Ludwig** (geb. 9. October 1662, gest. zu Dresden 9. Juli 1700), ein Sohn des Grafen **Maximilian Erasmus** (geb. 1633, gest. 1672) aus dessen Ehe mit **Anna Amalie** geborenen Gräfin **Dietrichstein-Hollenburg** (gest. zu Nürnberg 1696), war im diplomatischen Dienste thätig, und zwar als bevollmächtigter Principalgesandter am kaiserlichen Hofe sowohl bei den Kur-Reichsregalien als beim Empfange der böhmischen Hauptlehen, und **Zedler** bezeichnet ihn als einen „Mann von grosen Verdiensten“. Aus zwei Ehen *a)* mit **Maria Elisabeth Teufel** Freiin von Gundersdorf und *b)* **Charlotte Justine Freiin von Gersdorf**, einer ob ihrer Gelehrsamkeit berühmten Dame, hatte **Georg Ludwig** mehrere Kinder, von denen der Sohn aus zweiter Ehe **Nicolaus Ludwig** (geb. zu Dresden 26. Mai 1700, gest. 9. Mai 1760) der berühmte Bischof der mährischen Brüder war, dem in **Zedler's** Lexikon mitsammt seiner nach ihm **Zinzendorfianer** benannten Secte ein ebenso ausführlicher als höchst interessanter Artikel [Bd. LXII, Sp. 1141—1190] gewidmet ist. — 9. **Heinrich** von **Zinzendorf**, ein Sohn **Marquards I.**, stand bei **Leopold II.** Markgrafen von Oesterreich in solchem Ansehen, daß ihm dieser 1090 während seines Zuges in das gelobte Land die Regierung seines Markgrafenthums anvertraute. — 10. **Karl** Graf **Zinzendorf** [siehe die besondere Biographie S. 160]. — 11. **Ludwig** Graf **Zinzendorf** lebte im 18. Jahrhundert und bekleidete 1739 die Stelle eines Assessors beim Commercium. Als solcher trat er während des Krieges nicht ohne Glück mit Finanzvorschlägen hervor; er brachte 1762 zur Bestreitung der Kriegskosten die Ausgabe eines Staatspapiergeldes in Vorschlag; auch trat er 1767 — nachdem die seit 1760 bestandene Börse sich als ungenügend erwiesen — mit dem Plan einer neuen auf, wollte eine Bank gegründet wissen, und ihnen sollte sich eine Handelsgesellschaft anschliessen. In der Sitzung des Staatsrathes vom 7. August 1797, welche unter dem Vorsitz der Kaiserin **Maria Theresia** stattfand, sprach sich dieselbe für **Zinzendorf's** Börse und Bank aus. Dieser sollte Präsident des Institutes werden, wurde angewiesen, ein Amtslocale zu suchen — es war das **Starbemberg'sche** Majoratshaus auf dem Minoritenplatz in Aussicht genommen — die Beamten vorzuschlagen, kurz Alles zum Beginn der Wirksamkeit der Bank vorzubereiten. Als dann **Zinzendorf** am 20. August seine Vorschläge vorlegte und um Anberaumung des Tages bat, an dem die Bankstatuten feierlich vom Throne verkündet würden, hatte sich die Stimmung bereits geändert, und die Kaiserin befahl, die Sache einstweilen auf sich beruhen zu lassen. Vornehmlich trug an diesem Aufschub allem Anscheine nach der zwischen **Zinzendorf** und **Hatzfeld** bestehende Antagonismus Schuld. Wie **Hock** berichtet, war die Feindschaft, welche zwischen Beiden bestand, eine alte durch Charakter und Stellung gegebene. Endlich wurde der Kampf zwischen **Hatzfeld** und **Zinzendorf** so persönlich, daß man verzichten mußte, den Letzteren zu den Sitzungen beizuziehen. Graf **Ludwig** bekleidete wie Graf **Karl** die Stelle des Hofrechnungskammer-Präsidenten. [**Pettenegg** (Ed. Gaston Graf). Ludwig und Karl Grafen und Herren von Zinzendorf.... Ihre Selbstbiographie u. s. w. (Wien 1879, gr. 8°.) [leider konnte ich dieses Werk, das in der Münchener Staatsbibliothek nicht vorhanden, nicht benützen. — **Der österreichische Staatsrath** (1760—1848). Eine geschichtliche Studie begonnen von Dr. Karl Freiherr von **Hock**, beendet von Dr. H. J. **Biedermann** (Wien 1879, Braumüller, gr. 8°.) S. 82, 86, 87, 88, 91.] — 12. **Marquard I.**, ein Sohn **Ehrnholds**, wurde von **Albrecht** Markgrafen von Oesterreich als Gesandter an Kaiser **Heinrich III.** nach Regensburg geschickt, wo es seinen geschickten Verhandlungen gelang, dem Ungarkönige Peter 1044 die Wiederbesteigung des Thrones zu erwirken. Er zog mit dem Markgrafen Ernst von Oesterreich in den Krieg gegen die Sachsen, wo er mit ihm zugleich 1075 im Felde blieb. — 13. **Marquard II.**, ein Sohn Heinrichs I., bekleidete 1119 bei Leopold dem Heiligen, Markgrafen von Oesterreich, die Stelle eines Hofrathes und bei dessen Gemalin Agnes die des Oberhofmeisters. — 14. **Marquard III.**, ein Sohn Friedrichs, der bei Herzog Leopold von Oesterreich, dem Stifter des Klosters zu Lilienfeld, in besonderer Gunst gestanden, folgte seinem Vater nach dessen Tode 1194 im Besitze und fiel in einem mit dem Ungarkönig Béla IV. 1246 stattgehabten Treffen. Seine Gemalin Luitgarde geborene von Pfannenberg liegt mit ihm im Kloster Lilienfeld begraben. — 15. **Nicolaus Ludwig** (geb zu Dresden 26. Mai 1700, gest. 9. Mai 1760), ein Sohn des Grafen Georg Ludwig aus dessen zweiter Ehe mit Charlotte Justine Freifrau von Gersdorf, die sich nach ihres Gatten Tode zum zweiten Mal, und zwar mit dem preußischen Feldmarschall Dubislaw Genomar von Natzmer vermälte, ist als erster Bischof der von ihm gestifteten mährischen Brüder — auch nach ihm Zinzendorfianer genannt — so berühmt geworden, daß wir von aller Biographie, da er ja zu Oesterreich nur zunächst durch seine Abstammung in Beziehung steht, völlig absehen und dem Forscher bloß eine Uebersicht der reichen über ihn erschienenen Literatur bieten. In kürzester und bündiger Weise findet man Leben, Werke und Literatur über Zinzendorf, diese natürlich nur bis 1816 reichend, in Joh. Georg Meusel's „Lexikon der vom Jahre 1750—1800 verstorbenen teutschen Schriftsteller" (Leipzig, Gerhard Fleischer d. Jüng., 8°.) Bd. XV (1816), S. 426—439. Ueber seine Gemalin, welche auch geistliche Liederdichterin war, gab Karl Friedrich Ledderhose das Büchlein: „Leben und Lieder der Gräfin Erdmuth Dorothea von Zinzendorf geborenen Gräfin von Reuß" (Gütersloh 1887, Bertelsmann, VII und 132 S., mit Holzschnittbild und Facsimile der Gräfin, 8°.) heraus. [Becker (Bernhard). Zinzendorf im Verhältniß zu Philosophie und Kirchenthum seiner Zeit (Leipzig 1886, J. C. Hinrichs, 8°.). — *Bovet (F.).* Le Comte de Zinzendorf (Paris 1865, 12°., 3. Aufl.). — Brauns (Joh. Friedr.). Leben des Grafen von Zinzendorf (Bielefeld 1850, 8°.). — Duvernoy (Jac. Chr.). Kurzgefaßte Lebensbeschreibung N. L. Grafen und Herrn von Zinzendorf und Pottendorf (Barby und Leipzig 1793, 8°). — Froereisen (Johann Leonh.). Vergleichung des Grafen Zinzendorf mit Mahomet (Jena 1748, 8°.). — Glaubrecht (Otto). Zinzendorf in der Wetterau. Ein Bild aus der Geschichte der Brüdergemeinde, dem Volke vorgestellt (Frankfurt a. M. 1853, 8°.). — *Jacob (Emile Ed.).* Essai sur Zinzendorf et sur l'église de Herrnhut (Straßburg 1832, 8°.). — Jung (Wilb. Friedr.). Der in dem Grafen von Zinzendorf noch lebende und lehrende, wie auch leidende und siegende Doctor Luther (Görlitz 1752, 8°.). — Kölbing (Friedrich Wilhelm). Der Graf von Zinzendorf, dargestellt aus seinen Gedichten (Gnadau [Leipzig] 1850, 8°.). — Körner (Ferd.). Die kursächsische Staatsregierung dem Grafen Zinzendorf und Herrnhut bis 1760 gegenüber (Leipzig 1878, 8°.), nach den Acten des Hauptstaatsarchivs zu Dresden dargestellt. — Lepel (Wilhelm Heinr. Ferd. von). Verzeichniß sämmtlicher Schriften des Grafen N. L. v. Zinzendorf (Herrnhut 1824, 8°.). — „Leven van den Graaf van Zinzendorf (Dortr. 1796, 8°.) [Uebersetzung aus dem Deutschen]. — Müller (Joh. G.). Ueber Zinzendorf's Leben und Charakter (Winterthur 1795; ebenda 1823, 8°.). — Pilgram (Friedrich). Leben und Wirken des Grafen Nicolaus Ludwig von Zinzendorf (Leipzig 1857, Reclam sen., gr. 8°.). — Reichel (Gottl. Benj.). Leben des Grafen N. v. Zinzendorf, Stifters der Brüdergemeinde (Leipzig 1790, 8°., mit Bildniß). — Rock (J.). Des Grafen Zinzendorf und der Herrnhuter Brüder-Verbindung (Frankf. 1740, 4°.). — Schrautenbach (L. F. v.). Der Graf von Zinzendorf und die Brüdergemeinde seiner Zeit. Herausgegeben von Fr. Wil. Kölbing (Gnadau 1851, 8°.). — Derselbe. Erinnerungen an den Grafen von Zinzendorf (Berlin 1828, 8°.). — Schröder (Johann Friedrich). Der Graf Zinzendorf und Herrnhut oder die Geschichte der Brüderunität bis auf die neueste Zeit und Schilderung ihrer Institute und Gebräuche (Leipzig 1857 [Titelauflage 1863] Wilfferodt, gr. 8°., mit Bildniß Zinzendorfs). — Spangenberg (Aug. Gottl.). Leben des Herrn N. L. Grafen von Zinzendorf und Bottendorf, 8 Bände (Barby 1772 bis 1775, 8°.; ins Englische übersetzt von Samuel Jackson, London 1838, 8°.). — Varnhagen von Ense (Karl Aug.). Leben des Grafen von Zinzendorf (Berlin 1830, 8°.), bildet den fünften Band seines Werkes „Biographische Denkmale". — Verbeck (Jac. Wilh.). Des Grafen N. L. von Zinzendorf Leben und Charakter (Gnadau und Leipzig 1845, 8°.) [Auszug aus obigem Werke Spangenberg's]. — Walbershausen (Otto Andr.). Leben des Grafen N. L. v. Zinzendorf (Wittenberg und Zerbst 1749, 4°.). — Zwick (W.). Der Graf von Zinzendorf (Heidelberg 1882, C. Winter, 8°.), in der Sammlung von Vorträgen für das deutsche Volk, Bd. 8, Nr. 4. — Vergleiche auch Horicelt's „Geschichte von Herrnhut"; auch soll es noch Werke von Burckhart und Plitt über Zinzendorf geben, deren Titel ich aber nicht auffinden konnte. — 16. **Otto Christian** (geb. 29. August 1661, gest. 18. Juli 1718), ein Sohn des Grafen Maximilian Erasmus aus dessen Ehe mit Anna Amalia geborenen Gräfin Dietrichstein-Hollenburg, verließ wegen der zu seiner Zeit stattgefundenen Verfolgung der Protestanten in Niederösterreich seine Besitzungen daselbst, wanderte nach Sachsen aus und kaufte unweit Dresden die Güter Gavernitz, Constapel, Wildberg und Scherau. Er behielt aber, obgleich er in kursächsische Dienste trat, das Oberst-Erblandjägermeister-Amt in Oesterreich unter der Enns bei. Er wurde Oberst der sächsischen Cadetencompagnie und der gesammten kursächsischen von der Ritterschaft und den Städten beigestellten Landesdefension, kön. poln. und kurf. Geheimrath, General-Feldzeugmeister der kursächsischen Miliz, Gouverneur und Obercommandant beider Residenz- und Hauptfestungsstädte Neu- und Alt-Dresden, und ingleichen der Haupt-Bergfestungen Königs- und Sonnenstein. Seine Ehe mit Johanna Magdalena, einer Tochter des kursächsischen Kanzlers von Miltitz blieb kinderlos. — 17. **Wolf** Baudissin-Zinzendorf diente in der kaiserlich königl. Cavallerie und zwar 1848 und 1849 als Oberlieutenant bei Savoyen-Dragonern Nr. 5. Dieses Regiment stand seit dem Teschener Frieden 1779 beständig in Siebenbürgen und nahm an den Kämpfen der vorgenannten Bewegungsjahre hervorragenden Antheil. Auch Oberlieutenant Graf Wolf zeichnete sich bei dem Ueberfalle auf Beiersdorf am 18. Februar 1849 besonders aus: durch seine und seines Kameraden, des Lieutenants Beukner Bravour wurden drei am Eingange des Dorfes postirte Geschütze dem Feinde abgenommen und weggeführt. Aber Graf Wolf erhielt in diesem Gefechte 19 Wunden und blieb, von den rohen Szeklern beinahe zerfleischt, todt auf dem Felde der Ehre. Graf Thürheim, der begeisterte Historiograph unserer ruhmvollen Armee, dem wir dieses Factum verdanken, bemerkt dabei: „er war der zweite seines Namens, der in diesem Regimente den Tod des Helden starb". — 18. Ein Baron Zinzendorf endlich, dessen Taufnamen wir nicht kennen, diente 1788 als Lieutenant bei dem 1809 reducirten Erzherzog Ferdinand von Toscana-Infanterie-Regimente Nr. 23. Er stand 1788 im Felde gegen die Türken und zeichnete sich am 16. October dieses Jahres durch die Abweisung einer großen feindlichen Tschaike bei der Zigeunerinsel nächst Belgrad aus. [Thürheim (Andreas Graf). Licht- und Schattenbilder aus dem Soldatenleben und der Gesellschaft (Prag 1876, Dominicus, gr. 8°.) Seite 128. — Derselbe. Gedenkblätter aus der Kriegsgeschichte der k. k. österreichisch-ungarischen Armee (Wien und Teschen 1882, Prochaska Lex. 8°.) Bd. II, S. 119, Jahr 1849; S. 529, Jahr 1788.]

Zipfinger, Matthias (Tonkünstler, geb. zu Klosterneuburg in Niederösterreich 1778, Todesjahr unbekannt). Sein Vater, Bürger und Hauer (Weinbauer) in Klosterneuburg, leistete bei dem an der unteren Stadtpfarre daselbst angestellten Thurnermeister als Freiwilliger bei Musikaufführungen Dienste und wurde gleichfalls ein tüchtiger Musiker, spielte nicht nur gut Violine, sondern erwarb auch große Fertigkeit im Blasen der Trompete, des Hornes, Fagotes und der Clarinette und erhielt infolge dessen in späteren Jahren die Stelle des unbesoldeten Thurnermeisters. Das Talent des Vaters vererbte sich auf den Sohn Matthias, der mit acht Jahren sang und mit neun Jahren als Sängerknabe im Stifte zu Klosterneuburg Aufnahme fand. Als er zwölf Jahre alt war, beschäftigte ihn sein Vater bereits bei seiner aus sieben Köpfen bestehenden Musikbande. Während nun Matthias die verschiedensten Streich- und Blasinstrumente handhaben lernte, begann er auch heimlich zu componiren und schrieb mehrere Menuets, Ländler, kleinere Stücke für die sogenannte „türkische Musik", wie man gewöhnlich Musikbanden zu nennen pflegte, und ging allmälig — immer als Autodidakt, ohne einen Begriff von Partitur zu haben — zur Composition von Duetten, Terzetten, Quartetten, drei- und vierstimmigen Liedern über. Alles das aber geschah, ohne daß Jemand den Compositeur ahnte. Unter diesen Compositionen fand besonders eine Folge von zwölf Menuets mit sechs Trios großen Beifall. Nachdem er noch das Cembalo auch ohne Anleitung spielen gelernt, ging er, 16 Jahre alt, nach Wien, wo ihm beim Besuch der Oper und besonders nachdem er Mozart's „Zauberflöte" gehört, im Reich der Töne eine neue Welt aufging. Zunächst kaufte er die Ouverture im Clavierauszuge und setzte dieselbe für zwei Oboen, zwei Clarinetten, zwei Corni und zwei Fagotti. Das gut ausgeführte Tonstück erwarb ihm die Gunst des Prälaten von Klosterneuburg, der ihm 1798 die Stelle des Schulgehilfen im Orte verschaffte. Als solcher diente er sieben Jahre, während welcher Zeit er unter Beihilfe des dortigen Regenschori Prosper v. Mosel, Bruders des berühmten Musikgelehrten Hofrathes v. Mosel, im Violinspiele sich vervollkommnete und durch den Organisten Leopold Schmid Begriffe vom Spiele eines bezifferten Basses und Einsicht im Choralgesang erlangte. 1808 wurde er Schullehrer in Nußdorf und wirkte als solcher noch 1841, damals bereits 63 Jahre alt, scheint aber sein Amt noch mehrere Jahre bis zu seinem Tode, dessen Zeitpunkt uns unbekannt ist, versehen zu haben. Wie bereits bemerkt, war Zipfinger auch Componist, und von seinen Compositionen nennen wir noch zwei treffliche Fagotconcerte, ein Pange lingua, mehrere Antiphonen, für den Frohnleichnamstag, mehrere Todtenlieder, ein Tantum ergo, drei Gradualien, eine Litanei und noch verschiedene Kirchenstücke, welche wohl auf dem Kirchenchor in Nußdorf sich befinden dürften. Der eigentliche Schwerpunkt seiner Thätigkeit fällt aber in seine Tüchtigkeit als Gesanglehrer und als Chorregens. Als ersterer bildete er zahlreiche Gesangskräfte aus, welche später zu Bedeutung gelangten; vor allem seine eigenen drei Töchter, die sämmtlich gesuchte Solosängerinen waren. Als Chorregens brachte er auf seinem Kirchenchor die schönsten und schwersten Kirchenmusikstücke von Joseph und Michael Haydn, Mozart, Beethoven, Cherubini und Anderen in tadelloser Ausführung zu Gehör. Die ersten Künstler und Künstlerinen der nahen Residenz, wir nennen Namen wie Campi, Unghert, Wranitzky, Wild, Forti, Siebert, Wurda, wirkten dabei mit. Dann aber versammelten sich an den Sonntagen auch Freunde der Kammermusik in seiner Wohnung, wo abwechselnd mit dieser auch Gesangsproductionen zur Ausführung gelangten. An diesen freiwilligen, aber mit echter Künstlerweihe und hohem Ernst stattfindenden Uebungen nahmen damals Theil der junge Componist Franz S. Hölzl, späterer Domcapellmeister in Fünfkirchen (gest. 3. December,

1883), die Sänger und Maler Johann Kejebse und Stadler, der Sänger und Schauspieler Karl Stein, der Sänger und Poet Karl Rick, der noch im frischesten Greisenalter lebende Gründer des Wiener Männergesangvereines Dr. August Schmidt und mehrere von den Vorgenannten, die bei den Kirchenaufführungen mitwirkten. So bildet denn der nun auch vergessene Nußdorfer Chorregens Matthias Zipfinger ein nicht unbedeutendes Moment in dem einst so berühmten Musikleben Wiens. Wegen seiner Vorliebe für Michael Haydn's Kirchenmusik, in welcher er das Vorbild echten Kirchenmusikstyles erkannte, hatten ihn seine Freunde und Anhänger den „Michael Haydn-Derwisch" genannt, gleichsam als Nachbildung der „Beethoven-Derwische", einer Gesellschaft, welche C. Holz, dem Freunde Beethoven's, gelegentlich der Aufführung des „Derwischchores" in Wien ihr Entstehen verdankte.

Allgemeine Wiener Musik-Zeitung. Redigirt und herausgegeben von August Schmidt (4.) 1844, Nr. 94: „Galerie jetzt lebender um die Tonkunst verdienter Schulmänner und Chorregenten. VIII. Matthias Zipfinger".

Zippe, Franz Xaver Maximilian (Mineralog, geb. zu Falkenau in Böhmen am 15. Februar 1791, gest. in Wien am 22. Februar 1863). Sohn eines kleinen Grundbesitzers, schlug er sich mit einigen Mühseligkeiten und Entbehrungen durch die Studien. Das Gymnasium und die philosophischen Wissenschaften beendete er in Prag, dann aber wendete er sich den technischen Disciplinen zu und studirte am technischen Institute daselbst 1814 und 1815 Chemie, zugleich unter Professor Karl August Neumann in der Mineralogie sich ausbildend. Im Jahre 1819 fand er als provisorischer und 1820 als zeitweiliger Adjunct der Chemie am genannten Institute zunächst für zwei Jahre Anstellung, welche nach abgelaufener Frist auf weitere zwei Jahre verlängert wurde. Ueberdies erhielt er von den böhmischen Ständen die Bewilligung zu außerordentlichen Vorlesungen über Mineralogie und Geognosie an derselben Lehranstalt. Als dann 1823 das vaterländische Museum ins Leben trat, wurde er Custos der Mineralien- und Petrefactensammlung an demselben, in welcher Eigenschaft er die mineralogischen und geognostischen Vorlesungen am technischen Institute fortsetzte, bis ihn 1835 Seine Majestät zum ordentlichen Professor der Naturgeschichte und Waarenkunde daselbst ernannte. Nach vierzehnjähriger Wirksamkeit als solcher ward er am 31. August 1849 zum Director der neu ins Leben gerufenen Lehranstalt zu Przibram befördert. Doch schon am 22. November desselben Jahres erfolgte seine Ernennung zum o. ö. Professor der Mineralogie an der Universität in Wien, jedoch mit der Verpflichtung, die Errichtung der Przibramer Montanlehranstalt und ihre Leitung im ersten Jahre ihres Bestandes zu übernehmen. 1850 trat er dann sein Lehramt in Wien an, das er bis an seinen Tod versah. Während dieser verschiedenen Anstellungen bekleidete er, als er noch Professor am ständischen Institute war, die Custosstelle am vaterländischen Museum mit Verzichtleistung auf das bezogene Gehalt, von 1842 bis zu seinem Abgange von Prag 1849 die Stelle des beständigen Secretärs der k. k. patriotischen ökonomischen Gesellschaft, und von 1854 leitete er als Director der Prüfungscommission die Lehramtsprüfungen der Candidaten für Realschulen. Mit dieser lehramtlichen Berufsthätigkeit fällt aber eine nicht minder umfassende schriftstellerische in seinen Fachwissenschaften zusammen, von welcher weiter unten eine Uebersicht folgt. Auch wußte Zippe seine Kenntnisse ganz direct praktischen Zwecken nutzbar zu machen; die böhmische Industrie verdankt seinen geognostischen Erfahrungen höchst werthvolle Aufschlüsse über die reichen Steinkohlenlager Böhmens. Bekannt ist in den industriellen Kreisen dieses Kronlandes die Thatsache, daß einer der reichsten Industriellen desselben sich mit ihm über die Möglichkeit der Auffindung von Kohlenlagern in der Nähe seiner Fabriken besprach. Dies geschah in Wien in Zippe's Wohnung auf der Landstraße. Da entfaltete der Gelehrte eine Karte Böhmens auf seinem Arbeitstische und bezeichnete auf derselben einen Punkt, wo mit Zuverlässigkeit auf Kohlen zu schürfen sei. Der Industrielle bot in seiner freudigen Ueberraschung tausend Ducaten an, wenn sich diese Angabe bestätigen würde. Die Kohlen wurden richtig gefunden, die Fabrik ward überreich damit versorgt, aber die Auszahlung der versprochenen tausend Ducaten hatte der Industrielle — wohl im Drange der Geschäfte — gänzlich vergessen. Zippe aber war nicht der Mann, den Vergeßlichen an dessen Zusage zu erinnern. Und namentlich seine große Kenntniß des Steinkohlengebirges führte wesentlich zum Aufschwunge dieses Zweiges volkswirthschaftlicher Arbeiten, nutzbar gemacht mehr für Andere als für sich selbst. Mit einer Uneigennützigkeit ohne Gleichen förderte er die Arbeiten Anderer, so z. B. die von J. G. Sommer herausgegebenen 16 Bände der Topographie des Königreichs Böhmen. Mit einer ganz geringen Subvention bereiste er nacheinander die 16 Kreise, und dies war es, was ihm Veranlassung gab, die bekannten Kreybich'schen Kreiskarten nach seinen Untersuchungen und Erfahrungen geologisch zu coloriren, welche, wie Haidinger ausdrücklich bemerkt, den Forschungen der geologischen Reichsanstalt sehr zugute kamen. Für das Werk selbst lieferte er in jedem der 16 Bände zu dem darin beschriebenen Kreise die allgemeine Uebersicht der physicalischen und statistischen Verhältnisse desselben, ferner die in der Topographie der einzelnen Dominien angegebenen orographischen und geognostischen Verhältnisse und endlich die vollständige größtentheils auf eigene Anschauung gegründete Topographie von 135 größeren und kleineren Dominien. Daß dem so verdienstvollen Manne von Seite der Wissenschaft reichliche Ehren zutheil wurden, versteht sich von selbst, naturwissenschaftliche Vereine Böhmens und anderer Kronländer Oesterreichs, sowie Deutschlands schickten ihm ihre Diplome, er war Ehrendoctor der Philosophie und Medicin der Universität Prag und bei Gründung der kaiserlichen Akademie der Wissenschaften fand sich sein Name unter der ersten Ernennung der Mitglieder, welche am 14. Mai 1847 erfolgte. Außerdem zeichnete ihn der Monarch durch Verleihung des Regierungsrathstitels und das Ritterkreuz des Franz Joseph-Ordens aus.

Uebersicht der selbständig erschienenen und in Fachzeitschriften gedruckten Werke und Abhandlungen des Franz Zippe. I. Selbständige Werke. „Physiographie des Mineralreiches (Wien 1839), bildet den zweiten Theil der „Leichtfaßlichen Anfangsgründe der Naturgeschichte des Mineralreichs" von Friedrich Mohs. — „Lehrbuch der Naturgeschichte und Geognosie für

Realschulen in den k. k. österr. Provinzen" (ebd. 1841, 8°.). — „Anleitung zur Gestein- und Bodenkunde für Landwirthe, Forstmänner und Bautechniker" (Prag 1846, 8°.). — „Lehrbuch der Naturgeschichte für Unterrealschulen" (Wien 1853, 8°.). — „Geschichte der Metalle" (Wien 1853). — „Charakteristik des naturhistorischen Mineralsystems" (ebd. 1858). — „Lehrbuch der Mineralogie" (ebenda 1859). **II. In periodischen Fachschriften und gelehrten Zeitschriften:** 1) in den von der Gesellschaft des vaterländischen Museums in Böhmen herausgegebenen Verhandlungen und Zeitschriften: „Beiträge zur Kenntniß des böhmischen Mineralreichs" 1824. — „Charakteristik und Analyse des bei Žebrák im Berauner Kreise gefallenen Meteorsteines" 1825. — „Ueber den Einfluß der mineralogischen Wissenschaften auf Künste und Gewerbe und ihren früheren und gegenwärtigen Zustand in Böhmen" 1828. — „Chemische Untersuchung des Sternbergites" 1828. — „Nachträge zu den Beiträgen zur Kenntniß des böhmischen Mineralreiches" 1829. — „Beschreibung der Bohumilitzer Meteormasse" 1830. — „Ueber das Vorhandensein der salzführenden Gebirgsformation in Böhmen" 1830. — „Ueber einige in Böhmen vorkommende Pseudomorphosen" 1832. — „Ueber den Steinmannit, eine neue Mineralspecies" 1833 — „Ueber einige Krystallformen des Skapolites und des Gelbbleierzes" 1834. — „Beiträge zur Geognosie einiger mittleren, östlichen und nordöstlichen Gegenden Böhmens" 1835. — „Chemische Untersuchung des Comptonites vom Seeberge bei Kaaden" 1836. — „Ueber den Hercinit, eine bisher unbekannt gebliebene Species des Mineralreiches" 1839. — „Die Mineralien Böhmens nach ihren gemeinschaftlichen geognostischen Verhältnissen geordnet und beschrieben", in sechs Abtheilungen in den Verhandlungen von den Jahren 1837—1842. — 2) in den Abhandlungen der kön. böhmischen Gesellschaft der Wissenschaften: „Die Krystallgestalten der Kupferlasur" 1830. — „Uebersicht der Gebirgsformationen in Böhmen" 1831. — „Böhmens Edelsteine" 1836. — „Ueber einige geognostische Verhältnisse in den Gebirgszügen der Mitte Böhmens" 1845. — „Ueber den Cornwallit, eine neue Species des Mineralreiches". — 3) in dem von J. V. v. Krombholz herausgegebenen Topographischen Taschenbuch von Prag: „Uebersicht der geognostischen Verhältnisse der Gegend von Prag" 1837. — 4) in den Amtlichen Berichten über die Versammlung der deutschen Naturforscher und Aerzte in Prag 1838. „Ueber den verschlackten Wall bei Bukowetz". — 5) in der encyklopädischen Zeitschrift des Vereins zur Ermunterung des Gewerbsfleißes in Böhmen: „Die Steinkohlen, ihr Werth und ihre Verbreitung in Böhmen" 1842. — „Die allgemeine deutsche Industrieausstellung in Mainz im Jahre 1842." — 6) in den von der k. k. patriotisch-ökonomischen Gesellschaft im Königreiche Böhmen herausgegebenen Schriften und Wirthschaftskalendern: „Die Flötzgebirge Böhmens mit besonderer Hinsicht auf ihre Kohlenführung" 1835. — „Ueber die artesischen Brunnen und die Möglichkeit ihrer Einführung in Böhmen" 1834. — „Etwas über Fischerei und über künstliche Vermehrung der Forellen und Lachse" 1844 — „Ueber den Mergel, dessen Vorkommen in Böhmen und seine Anwendung in der Landwirthschaft" 1847. — „Ueber die Anwendung der Schwefelsäure in der Landwirthschaft" 1847; — in den Wirthschaftskalendern, welche Zippe als Secretär der Gesellschaft von 1844—1850, und in den belehrenden Zeitschriften, welche er 1846—1848 redigirte, stammt der größte Theil der meteorologischen, naturwissenschaftlichen, technologischen und landwirthschaftlichen Aufsätze aus Zippe's Feder. — 7) in den Schriften der kaiserlichen Akademie der Wissenschaften: „Uebersicht der Krystallgestalten des rhomboedrischen Kalkhaloides", [Denkschriften der math.-naturw. Classe" Bd. III. — „Ueber den Rittingerit eine neue Species des Mineralreichs" [Sitzungsberichte math.-naturw. Classe] Juliheft 1852. — „Gold, Kupfer, Eisen" Almanach 1851. — „Die Kupfererzliegerstätten im Rothliegenden Böhmens" S. B. XXVIII, 1858.

Zur Erinnerung an Franz Zippe. Von W. Haidinger (Staatsdruckerei in Wien, schm. 4°.) [Separatabdruck aus dem Jahrbuch der k. k. geologischen Reichsanstalt, XIII. Bd., Jahrgang 1863, 1. Heft]. — Feierliche Sitzung der kaiserl. Akademie der Wissenschaften (Wien, 8°.) 1864, S. 88 — Jelinek (Karl Dr.). Das ständisch-

einer lithogr. Ansicht" (Neusohl und Schemnitz 1827, 8⁰.); — „Ueber die Situation in Ungarn" (Kaschau 1834, 8⁰.); aus Anlaß der Verleihung der Kohary'schen Güter an den Herzog Ferdinand von Sachsen-Coburg-Gotha; — „Franz I. Kaiser von Oesterreich, geehrt im Tode wie im Leben. Eine Zusammenstellung von Nachrichten und Empfindungen über die Todesfeyer dieses Monarchen in den sämmtlichen k. k. österreichischen und übrigen europäischen Staaten" (Stuttgart 1836); — „Die Versammlungen ungarischer Aerzte und Naturforscher mit besonderer Beziehung auf die am 3. August 1831 zu Neusohl abgehaltene dritte Versammlung" (Neusohl 1846); — „Oedenburg und die achte Versammlung ungarischer Aerzte und Naturforscher im August des Jahres 1863" (Pesth 1863). Ungleich größer aber ist, wie schon erwähnt, die Zahl seiner in Fachblättern und periodischen Werken erschienenen Arbeiten, und zwar in Leonhardt's Taschenbuch für Mineralogie: „Ammoniten aus dem Árvaer Comitate" [Band X, S. 286]; — „Geognostische Beobachtungen auf einer Reise von Neusohl nach Wien" [Bd. XI, S. 113]; — „Bemerkungen bei einer Fußreise über die Karpathen nach Polen" [Bd. XIII, S. 283]; — „Beschreibung meiner Mineraliensammlung" [Bd. XV, S. 713]; — „Die Basaltkuppe Diotunata Goata in Siebenbürgen" [Bd. XIV, S. 186]; — „Ueber die Mineralien aus dem Sohler Comitat" [ebd., Jahrg. 1813]; — „Ueber verschiedene ungarische Fossilien" [ebd.]; — „Ueber die geognostische Umgebung von Neusohl" [1815]; — „Mineralogische Bemerkungen" [Jahrg. 1815, 1816, 1817, 1819, 1820]; — „Ueber das phosphorsaure Kupfer von Libethen" [1816]; — „Die Wieliczkaer Salzniederlage" [1819]; — in Leonhardt's und Braun's Jahrbuch: „Ueber den Lievrit aus Ungarn" [1834]; — „Ueber das Erdbeben in Ungarn im October 1834" [1835]; — „Die Knochenhöhle bei Neusohl" [1839]; — „Das Phänomen von Nagy-Oloszi in Ungarn, kein Schlammvulcan" [1846]; — in den Mittheilungen des Osterlandes: „Reisenotizen, ungarischen und siebenbürgischen Bergbau betreffend" [1846, VIII, 2, S. 216, 283]; — im Correspondenzblatt des zoolog. mineralog. Vereines in Regensburg: „Ueber die Entdeckung fossiler Pflanzen zu Erdö-Bénye und Tokaj durch die Herren von Kubinyi und Kováts" [1851, V, 127]; — in Andrée's Hesperus: „Ein Spaziergang nach Polen im Sommer 1815" [1818]; — im Magazin der Gesellschaft naturforschender Freunde in Berlin: „Laumonit zu Schemnitz" [VII, 1815]. Viele kleinere Aufsätze und Mittheilungen finden sich im „Jahrbuch der k. k. geolog. Reichsanstalt", im „Magazin der Pharmazie", in der „Iris" und anderen Blättern, und dann erwies er sich als ein fleißiger Mitarbeiter der Ersch- und Gruber'schen „Encyklopädie". Zipser war, als er starb, der Nestor der ungarischen Naturforscher, in welcher Eigenschaft er sich um sein engeres Vaterland sehr verdient gemacht hat. Seine freie Zeit zu mineralogischen und geognostischen Forschungen benutzend, bereiste er alle Gegenden Ungarns. Mit scharfem Blicke beobachtend, sammelte er fleißig und verstand es, seine Sammlungen möglichst gemeinnützig zu machen. Anfänglich beschäftigte er sich auch viel mit Numismatik und legte eine Münzsammlung an; dann aber concentrirte er sich auf das naturgeschichtliche Studium, unternahm Reisen durch Polen und Preußen, und nachdem er sich immer mehr von der Nothwendigkeit eines wechselseitigen Austausches überzeugt hatte, sowohl in Beziehung auf Ansichten als Gesammeltes, leitete er allmälig einen Verkehr ein, der sich bald nicht nur auf die meisten europäischen Länder, sondern auch auf Nord- und Südamerika erstreckte. Seine mannigfachen Verdienste um Hebung der Naturwissenschaften in Ungarn und um die Erziehung fanden mehrfache Anerkennung, so verlieh ihm der Kaiser 1862 das goldene Verdienstkreuz mit der Krone und eine Pension jährlicher 300 fl.; von mehr als einem Dutzend Souverainen wurde er mit Orden und anderen Ehrengaben ausgezeichnet; der Herzog von Sachsen-Altenburg ernannte ihn zum Ehrenrath der Universität Jena, verlieh ihm das Doctordiplom der Philosophie, und mehr als achtzig gelehrte Gesellschaften und Vereine schickten ihm ihre Diplome. Er war bis in sein hohes Alter von 81 Jahren mit vielen Gelehrten des In- und Auslandes in brieflichem Verkehr gestanden, und in seinem Nachlasse befand sich außer seiner reichen mehrere tausend Stücke zählenden Mineraliensammlung eine ungemein werthvolle Correspondenz. Aus seiner Ehe mit einer geborenen Kolbányi hinterließ er mehrere Kinder.

Rubinyi (Franz). Dr. Christian Zipser. Ein Lebensbild (Pesth 1866, 8°.). — Conversations-Lexikon der neuesten Zeit und Literatur in vier Bänden, Bd. IV, S. 1049. — Oesterreichische National-Encyklopädie von Gräffer und Czikann (Wien 1835, 8°.) Bd. VI, S. 232 — Poggendorff (J. C.). Biographisch-literarisches Handwörterbuch zur Geschichte der exacten Wissenschaften u. s. w. (Leipzig 1862 und 1863, Joh. Ambr. Barth, schm. 4°.) Bd. II, Sp. 1417. — Ungarische Nachrichten (Budapesther polit. Blatt) 1864, Nr. 47. — Pesther Lloyd (polit. Blatt, gr. Fol.) 1864, Nr. 46. — Volks- und Wirthschafts-Kalender (Wien, gr. 8°.) Jahrg. 1846, S. 38 [in J. Ritter v. Hofinger's Nekrologen]. — Magyar orvosok és természetvizsgálok munkálatai (Pesth) Bd. XI, 1866. Biographie von Dr. Wilhelm Knöpfler. — Természettudomány közlöny (Pesth) III, 1871, S. 498. — Ujabbkori ismeretek tára, d. i. Ungarische National-Encyklopädie (1855) Bd. VI, S. 608. — Ziva (belletristicky tydennik), d. i. Ziva, belletristisches Wochenblatt 1851, S. 743.

Porträt Sein Bildniß befindet sich als Titelblatt in Rubinyi's Biographie Zipser's.

Zipser, Maier (israelitischer Gelehrter und Rabbiner, geb. zu Balassa-Gyarmat in der Neograder Gespanschaft Ungarns 14. August 1815, gest. zu Rechnitz am 10. December 1869). Sein Vater Jacob, ein ehedem angesehener und wohlhabender Israelit, war durch widrige Schicksalsschläge ganz verarmt und ließ, als er 1821 starb, eine Witwe mit fünf unversorgten Kindern zurück, die in kümmerlichster Weise sich und ihre Kinder ernährte. Zipser lernte also von früher Jugend an den Kampf ums Dasein in dessen bitterster Form kennen, aber sein eigener Lebensmuth und die unerschütterliche Thatkraft seiner Mutter, die alle Mühseligkeit des „Hausirens“ auf sich nahm, um ihren Kindern das Brod zu schaffen, hielten ihn aufrecht und ermöglichten es ihm, an der gelehrten Laufbahn, die er erwählt, festzuhalten. Während er aber unter Wolf Boskowitz sich selbst bildete, unterrichtete er einen älteren Zögling, bis er, 15 Jahre alt, den Wanderstab ergriff, um andere Quellen der Weisheit aufzusuchen, die ihm sein Geburtsort versagte. So begab er sich im August 1830 zunächst nach Proßnitz in Mähren, wo er unter dem in großem Rufe der Gelehrsamkeit stehenden Rabbiner Maier Eisenstadt weiter zu studiren beabsichtigte, und wo Verwandte seiner Mutter lebten. Als Eisenstadt jedoch wenige Wochen nach Zipser's Ankunft einem Rufe als Landrabbiner nach Nikolsburg folgte, zog ihm Letzterer dahin nach und betrieb daselbst unter Nachim Trebitsch in ziemlich kümmerlichen Verhältnissen seine Studien, die sich aber, nachdem er einen deutschen „Robinson" gelesen, nicht mehr allein auf talmudische Commentare beschränkten, sondern bald auf die Lecture von Schiller, Shakespeare und allmälig auf die von „Zeitungen" ausdehnten, welche bis dahin dem Judenjüngling ein Unbekanntes waren. Dabei aber trieb er mit gleich großem Eifer das Studium des Talmud und dessen spitzfindiger Commentare und das der modernen Sprachen. Wir übergehen die in unten angeführter Quelle mit fast unverständlichem Schwulst erzählten widrigen Geschicke Zipser's, der bis 1837 in Nikolsburg blieb, dann aber mit einem Empfehlungsschreiben aus Wien an das Goldberger'sche Haus in Altofen dahin ging und als Erzieher in die Familie Bobély daselbst eintrat. Bei letzterer fand er eine sehr reiche Büchersammlung und setzte nicht nur seine Talmudstudien fort, sondern eignete sich auch durch Selbststudium die griechische und lateinische Sprache an. Als dann der Rabbiner L. Schwab, den er schon in Proßnitz kennen gelernt hatte, nach Pesth kam, erneuerte er mit demselben die Bekanntschaft, was bei dem Rufe Schwab's für ihn immerhin förderlich war. Sieben Jahre hatte er schon in Budapesth verweilt und während dieser Zeit in Proßnitz, Nikolsburg und Pesth Gelegenheit gefunden, Proben seiner gründlichen Kenntnisse zu geben und sich in fernen Judengemeinden bekannt zu machen, als im März 1844 ein Ruf auf das Stuhlweißenburger Rabbinat an ihn erging, dem er folgte. Stuhlweißenburg besaß schon 1541 bis 1686 unter der Türkenzeit eine Judengemeinde, von 1686—1840 aber blieben die Juden aus dieser Stadt ausgeschlossen, und erst 1840 fand wieder die Neugründung einer Judengemeinde daselbst statt, indem aus der Umgebung einige meist junge Familien dahin übersiedelten. In diese junge Gemeinde kam Zipser als Rabbiner mit dem idealen Vorsatze, daselbst eine Mustergemeinde zu bilden. So entwarf er denn Statuten für die Gemeindeleitung, Verwaltung u. s. w., Statuten für die religiösen Bedürfnisse und die Obliegenheiten der jüdischen Seelsorge, den Plan einer vierclassigen Lehranstalt mit ungarischer Vortragssprache, die er sich selbst bis zu großer Vollkommenheit zu eigen gemacht; dabei faßte er die Errichtung einer israelitischen Töchterschule und den Religionsunterricht der israelitischen Handwerkslehrlinge ins Auge; dann ging er an die Regelung des Gottesdienstes, und zuletzt rief er einen israelitischen Leseverein ins Leben, in welchem er selbst jeden Sabbath aus den daselbst aufliegenden jüdischen Zeitschriften, Brochuren u. d. m. die wichtigsten und schönsten Stellen den Mitgliedern vorlas. Das alles führte er in kürzester Zeit — innerhalb eines Jahres — durch. Als dann 1845 zu Pápa ein heftiger Streit bezüglich der Synagogenreformen ausbrach, veröffentlichte Zipser über Aufforderung zuerst in ungarischer Sprache, dann in deutscher Uebersetzung sein Gutachten in dieser Streitfrage, wodurch er mit dem Literaturblatte des Orients in

Verbindung trat und dann dessen eifriger Mitarbeiter wurde. Im Jahre 1847 vermälte er sich mit seiner ehemaligen Schülerin, einer Tochter des oben erwähnten Bobély, und schon schickte er sich an, seine 80jährige Mutter heimzuholen und in sein Haus einzuführen, als ihn (Februar 1848) die Nachricht von ihrem Hinscheiden traf; dann brach im April dieses Jahres der Judenkrawall in Stuhlweißenburg aus, welchem der Croateneinzug unter Jelačić folgte. In den nächstfolgenden Jahren der Aufregung spielten auch die Juden Ungarns, die längst in der nationalen Frage Stellung genommen, und Zipser mit ihnen, eine Rolle, freilich mit jener Vorsicht, in welcher dieses Volk, in allen Verhältnissen das Für und Wider abwägend, mustergiltig ist und bleibt. Dadurch gewann Zipser das Vertrauen des Stuhlweißenburger Platzcommandanten, des Generals Fürsten Lobkowitz, infolge dessen für die Juden manches Drückende des Belagerungszustandes gemildert wurde, und als auch bei der kaiserlichen Regierung die Judenfrage auf die Tagesordnung gestellt wurde, berief der damalige Chef der königlich ungarischen Statthalterei Baron Geringer am 12. September 1851 unseren Zipser in das Comité, das zur Regelung des Cultus- und Unterrichtswesens der Israeliten in Ungarn zu Ofen gebildet worden. In dieser Zeit erlangte er auch an der Universität in Budapesth die philosophische Doctorwürde. Indessen fühlte er sich in den damals herrschenden politischen Zuständen Ungarns nichts weniger als befriedigt, so daß er ernstlich daran dachte auszuwandern und theils England, theils Amerika als freiwilliges Exil in Aussicht nahm. Aber die in dieser Richtung angeknüpften Verbindungen führten doch nicht zum erwünschten Ziele, und eine um diese Zeit eingetretene Gemüthskrankheit seiner Gattin vereitelte vollends sein Vorhaben. Inzwischen waren auch Zerwürfnisse in seiner Gemeinde eingetreten, und auch auswärtige Rabbiner stellten sich seinen Reformversuchen feindlich und mit einem bei den Juden gewöhnlichen Fanatismus entgegen. Dazu gesellte sich politische Denuntiation. Alles dies verleidete ihm seine Wirksamkeit in seiner Gemeinde, und gern folgte er dem Rufe der altbewährten Gemeinde in Rechnitz, den er 1858 annahm, nachdem er 14 Jahre unter drückenden, verwirrenden und das Wohl seiner Gemeinde nichts weniger denn fördernden Verhältnissen in derselben gewirkt hatte. Etwas über ein Jahrzehnt war es ihm gegönnt, in Rechnitz seines Amtes zu walten, dann raffte ihn im Alter von erst 54 Jahren der Tod hin. Richten wir noch einen übersichtlichen Blick auf Zipser's schriftstellernde Thätigkeit. Er war nicht Schriftsteller von Beruf, nichtsdesto weniger aber häuften sich im Laufe der Jahre seine Arbeiten, und besitzen dieselben nach Stoff und Ausführung einen Charakter, der ihm in wissenschaftlichen Kreisen Ansehen und Geltung verschaffte. Das Meiste — einige homiletische Vorträge ausgenommen — ist in Fachblättern zerstreut. Wir führen davon an im Literaturblatt des Orients: „Die jüdischen Zustände unter der 150jährigen Türkenherrschaft“ [1846 und 1847]; — „Zur Biographie des Rabbi Maier Eisenstadt“ [1847]; — „Raphael Meldola. Ein Bild der jüdischen Zustände in Italien zu dessen Zeit“ [ebd.]; — „Kritische Untersuchung über die Originalität der im Talmud und Midraschim vorkommenden Parabeln und Sentenzen", in einer Reihenfolge von zehn Nummern [ebd.]; — „Die magyarische Sprache und die Juden" [ebd.]; — „Ueber die talmudischen fremdsprachlichen Wörtererklärungen" [ebd.]; — „Zur Charakteristik der Hillel'schen Schule und deren Lehren" [ebd.]; — „Ueber das Erbrecht des weiblichen Geschlechtes nach dem Evangelium" [ebd.]; — „Ueber das jüdische Kalenderwesen" [ebd.], eine Kritik des Luzzato'schen Werkes „Calendario ebraico per venti secoli"; — in der in London herausgegebenen englischen Zeitschrift The Jewish Chronicle: „Eine Scene aus dem ungarischen Kriege", wo er auf den heimlichen Urheber des Weißenburger Judenkrawalls hinweist; — „The Talmud and the Gospels" [1851, eine 13 Nummern umfassende Abhandlung], worin er die Frage der Judenemancipation behandelt; der israelitische Cultusvorstand in London fand diese Abhandlung so inhaltreich und wichtig, daß er dieselbe unter dem Titel: „The sermon of the mount. Reprinted from the London", Jewish Chronicle (1852) besonders drucken und unter die englischen Parlamentsmitglieder vertheilen ließ; — in der Allgemeinen Zeitung des Judenthums: „Gegenprotest in Angelegenheit der Philippson'schen Bibelausgabe" [1860]; — in Ben Chananjah: „Zur Zoologie des Talmud" 1858); — „Zur Geschichte der israelitischen Gemeinde in Belgrad" (1859); — „Zur Geschichte der Sabbatfeier (1859); — „Ueber die Ostrichtung unserer Tempel" (1860). Andere speciell für Israeliten belangreiche Aufsätze und einige Fest- und Trauerreden führt sein in Abgeschmacktheit der Darstellung sich überbietender Biograph an. Einige Jahre nach Zipser's Tode gab Ad. Jellinek heraus des Flavius Josephus Werk: „Ueber das hohe Alter des jüdischen Volkes.... Nach hebräischen Originalquellen erläutert und nach M. Zipser's Tode herausgegeben und bevorwortet" (Wien 1870, Beck's U. B., 8°.).

Reich (Ignaz). Beth-El. Ehrentempel verdienter ungarischer Israeliten (Pesth 1862, Al. Bucsanszky, 4°.) Heft 3, S. 1—31. [Ein durch die abgeschmackteste verschwenderische Einmengung israelitischer jedem Nichtisraeliten geradezu unverständlicher Ausdrücke ungenießbarer Aufsatz, in dem wir nur mit Mühe das für unseren Zweck Verwendbare herausfanden. Ekeliger Schwulst schadet der besten Sache!] — Literaturblatt des Orients, 1847, S. 380, 440, 459. — *Fürst (Jul. Dr.).* Bibliotheca judaica. Biographisches Handbuch, umfassend die Druckwerke der jüdischen Literatur u. s. w. (Leipzig 1863, Engelmann, gr. 8°.) Bd. III, S. 332—334.

Porträt. Unterschrift: Facsimile des Namenszuges: „Dr. Zipser M. Főrabbi." Lithographie ohne Angabe des Zeichners und Lithographen [im 4. Hefte des von Ign. Reich herausgegebenen „Beth-El".].

Noch ist zu erwähnen: 1. **Anna** Zipser, im Jahre 1871 als Ersatz für Fräulein Kronau nachmalige Gattin des Generals Edelsheim Gyulay, im Wiener Carl-Theater engagirt. Der „Floh" vom 18. Juni 1871, Nr. 25 brachte ihre von Klič ausgeführte Charge. — 2. **Joseph** Zipser (geb. in Kolomea am 3. September 1837). Ueber seinen Bildungs- und Lebensgang wissen wir nichts Näheres. Er ist seit 1881 journalistisch thätig, seit 1882 ständiger Mitarbeiter polnischer Zeitungen, insbesondere (seit 1883) Correspondent des demokratischen Organs „Kurier Lwowski", d. i. Lemberger Courier; er war auch Mitarbeiter des in Tarnów erscheinenden Volksblattes „Unia", Redactionsmitglied des von Gregor Smolski in Wien in deutscher Sprache herausgegebenen Blattes „Reform", ist Mitbegründer des Lemberger Blattes „Przyjaciel ludu", d. i. Der Freund des Volkes, und veröffentlichte bisher in vielen Wiener Tagesblättern Aufsätze über das Slaventhum, besonders aber über die politischen und wirthschaftlichen Zustände in Polen. [Das geistige Wien. Mittheilungen über die in Wien lebenden Architecten, Bildhauer und Schriftsteller. Herausgegeben von Ludwig Eisenberg und Richard Groner (Wien 1890, Brockhausen, br. 12°.) S. 248.]

Zirksena-Rietberg, Maria Prinzessin (Mutter des Fürsten Staatskanzlers Wenzel Kaunitz, geb. 1683, gest. in Wien 1738). Die Mutter eines der größten Staatsmänner, nicht bloß Oesterreichs, sondern des 18. Jahrhunderts, mit der großen Maria Theresia zugleich Mitgründers des Großstaates Oesterreich, war eine der merkwürdigsten Frauen, und sollen ihre außerordentlichen Eigenschaften sich auf ihren großen Sohn vererbt haben. Marie oder wie sie nach ihrem ganzen Namen heißt: Maria Ernestina Francisca, entstammte dem ostfriesischen Geschlechte der Zirksena-Rietberg. Früh wurde sie mutterlos und kam somit zur Erziehung in das Clarissinenkloster bei Meppen, in welchem ihre Muhme Aebtissin war. Im Alter von 13 Jahren maß sie fünf rheinische Fuß, das goldblonde leicht gelockte Haar trug sie mähnenartig herabwallend, ihr Teint war blendend weiß, ihre Wangen sanft geröthet. Sie besaß eine außergewöhnliche Körperkraft, von der sie bei verschiedenen Gelegenheiten ausgiebigen Gebrauch machte. Sie war im Fechten, Schwimmen, Reiten, Schlittschuhlaufen, Rudern, Segeln und Steuern ausgezeichnet erfahren, dabei wissenschaftlich gut unterrichtet und doch echt weiblichen Gemüthes. Im Kloster erhielt sie eine treffliche Ausbildung und da sie schnell heranwuchs, wurde sie schon 1697, kaum 14jährig, mit dem um drei Jahre älteren Max Ulrich Grafen Kaunitz verlobt. 1696 brachte sie ihr Vater Ferdinand Maximilian Fürst von Ostfriesland in ein Prager Kloster, wo es aber der „jungen friesischen Katze", wie man sie dort nannte, ganz und gar nicht gefiel, was zu manchen unliebsamen Scenen Anlaß gab. Die Nonnen besaßen weder eine dem begabten Kinde imponirende wissenschaftliche Bildung, noch die zur Leitung des eigenartigen Mädchens nothwendigen pädagogischen Fähigkeiten. Mit der Oberin und mit dem Beichtvater gerieth sie infolge dessen bald in Streit, und als sie eines Tages geradezu erklärte: die Ovidischen Metamorphosen erschienen ihr denn doch besser, wenn auch nicht glaubwürdiger als gewisse Legenden, so erschien dies ihren Vorgesetzten doch zu arg, man belegte sie mit im Kloster üblichen Strafen und einmal mußte sie vierzehn Tage hintereinander, jedesmal eine halbe Stunde Nachts zwischen zwölf und ein Uhr allein im Klostergewölbe beten!! Sie nahm dabei ein handfestes dolchartiges Messer und eine kurze Lederpeitsche mit sich zum Schutze gegen die Ratten und befand sich übrigens ganz wohl, so daß alle derartigen Versuche, das beherzte Friesenmädchen „gruseln" zu machen, mißlangen. Da führte im Frühjahr 1697 „die friesische Katze" ein Stückchen aus, womit sie großes Entsetzen unter den Nonnen hervorrief. Sie knüpfte nämlich mit einem Faden hinten die Röcke der eifrig auf der Straße schwatzenden Klosterfrauen zusammen und hatte an der Scene, welche zum Labsal der Passanten, als die Klosterfrauen auseinander gehen wollten, sich abspielte, eine herzliche Freude. „Dir wird ein kräftiger Birkenthee gut thun, Du sollst die Englein im Himmel singen hören und selbst köstlich mitsingen", sagte in ihrer Entrüstung die Oberin zu Maria. Also Ruthenstreiche! An diese schimpfliche Strafe denken, vor Scham die Wangen erröthen, das Blut durch die Adern heiß jagen fühlen, das Kloster verlassen und hinaus vor die Stadt rennen, das alles folgte rasch aufeinander. Als man die Entflohene vermißte, ließ die Oberin sofort einen Wagen anspannen und nach dem Flüchtling suchen, der auch alsbald eingeholt, in den Wagen gehoben und ins Kloster zurückgebracht wurde, wo sie — in höchst unwürdiger Weise von einer Nonne — mit Schimpfworten empfangen ward. „Schimpfen"! rief die Prinzessin, sprang als „friesische Katze" auf die Nonne, jagte der Fliehenden nach, welche sie bald einholte, worauf man dann Ohrfeigen auf das Gesicht der Erschreckten klatschen und ein Geschrei durch die Klostergänge hallen hörte, daß die Nonnen entsetzt von allen Seiten herbeieilten und alsbald die Ursache dieses Zusammenlaufes inne wurden. Das war unerhörter Frevel. Zunächst wurde Maria in die Strafzelle gebracht und bei Wasser und Brod in Haft gehalten. Derselben folgten am nächsten Morgen Urtheil und Strafe. Beides wurde von der Oberin der Schuldigen im Beisein der versammelten Nonnen verkündigt: „Tüchtige Birkenruthen und heilendes Salzwasser werden Dir brennende Schmerzen bereiten und Deinen ungemessenen Stolz beugen, mein Kind. Die Strafe muß Dir einmal recht zu Herzen gehen, Maria. Sie ist hart, aber wohl verdient, liebes Kind. Möge sie Dir zur Besserung, Deinen Gefährtinen zur Warnung dienen!" — Was nun folgte, war empörend. Das vierzehnjährige Mädchen wurde entblößt, mit Gurten auf eine Bank gebunden, zehn Nonnen gingen im Rundgang herum und hieben sie mit zwei Fuß langen geflochtenen Birkenruthen, während eine mit chirurgischen Kenntnissen ausgerüstete Klosterfrau das empörende Strafgericht überwachte. Aber nicht gutwillig hatte sich das beherzte Mädchen zu dieser Mißhandlung herbeigelassen. Auf ihr adeliges Blut pochend, rief sie: „Ich bin eine Zirksena von Greetsiel" und wies in nicht gerade anständiger Weise der Oberin den Rücken. Als man sie dann fassen wollte, verbarricadirte sie sich hinter Stühlen und Bänken und drohte, Jeden, der ihr nahe, zu schlagen. Endlich mußten zwei derbe Klostermägde den Angriff wagen; aber die „friesische Katze" schlug, kratzte, biß und konnte erst nach hartem Kampfe gefaßt, entkleidet und auf die Bank geschnallt werden. Ohne Klage, ohne Bitte, ohne Schmerzenslaut überstand die Prinzessin die grausame Strafe, sie ertrug auch ruhig die furchtbar schmerzhafte Waschung mit Salzwasser, dann aber fiel sie in Ohnmacht. Als sie aus dieser erwachte, erfolgte die überraschende Umkehr: freiwillig bat sie dann die Oberin um Vergebung für ihre Unarten, erklärte aber, daß sie gezwungen dies nie gethan haben würde. Es war ein reiner Zufall, daß bald nach diesem Vorfall ihr Vater Fürst Ferdinand Maximilian sie in Prag besuchte. Als er da sein zerfetztes Kind sah, die Wunden, Schwielen, Krusten erblickte, da rief er tief ergrimmt aus: „Das ist zu arg!" und erhob die Reitgerte zum Schlage gegen die Oberin. Aber er schlug nicht. Die Prinzessin war von ihrem Schmerzenslager aufgesprungen, hatte dem Vater in die erhobene Hand gegriffen und die Oberin vor dem Streiche gerettet. Nun war es an der Letzteren, dem hochsinnigen Friesenmädchen zu danken. So endigte diese Klosterscene. Maria verließ mit dem Vater das Kloster und Prag. Bald danach wurde sie in Ryswick dem Fürsten Kaunitz verlobt. Dort blieb sie — es war zur Zeit des berühmten Friedensschlusses — und verübte in ihrem lustigen unbändigen Sinne noch manche Eulenspiegelei. So z. B. vertauschte sie einmal die Kleider einer jubelnden Kinderschaar, der sie ein Fest bereitet hatte. Darüber Entsetzen der verschiedenen Mütter, und eine aufgebrachte Bäckersfrau wünschte ihr „achtzehn Bälge“ nacheinander, wie sie ihr zutheil geworden. Maria antwortete scherzend: „Ich danke schön, bitte aber um sechs Knaben und zwölf Mädchen wie ich bin“. Etwa achtundzwanzig Jahre später wurde diese inzwischen siebzig Jahre alt gewordene Bäckersfrau in Ryswick seltsam freudig überrascht. Sie erhielt nämlich aus Wien durch die kaiserliche Gesandtschaft im Haag ein freundliches Schreiben und ein schönes Geschenk namens des achtzehnten Kindes der Frau Reichsgräfin Maria zu Kaunitz und Rietberg. Fünfundsiebenzig Jahre alt ist diese urkräftige Friesin, eine der letzten aus dem uralten Stamme der Zirksena, geworden. Neunzehn Kindern hat sie das Dasein gegeben, und alle hat sie, das nachahmenswerthe Muster einer deutschen Frau, die nie ihre frohe Laune verlor, vortrefflich erzogen. Die tüchtigen Eigenschaften und Grundsätze, die ihrem Sohne, dem berühmten Minister Kaunitz innewohnten, waren das Erbtheil mütterlicher Seite.

Schulz (K. A.). Maria Kaunitz-(Zirksena) Rietberg Lebens- und Charakterbild (1881).

Žirovnicky, Wenzel (Journalist, geb. zu Königgrätz 19. Juli [červenca] 1818). Nachdem er die technischen Studien beendet hatte, wendete er sich dem Lehramte zu und wurde Professor an der k. k. Oberrealschule zu Olmütz. Zu gleicher Zeit war er auch auf journalistischem Gebiete thätig und redigirte 1858—1860 die schöngeistige Zeitschrift „Hvězda Olomuoka“, d. i. Der Olmützer Stern, gab den Almanach „Zora“ 1860, die Schrift „Věnec k oslavě J. Sarkandra“ (1860), d. i. Kranz zu Ehren des Johann Sarkander, und 1862 die Zeitung „Moravan“, d. i. Der Mährer, heraus. Seine Haltung als Redacteur verwickelte ihn in Preßprocesse und hatte schließlich seine Suspension vom Lehramte zur Folge. Nun verließ er 1862 Olmütz, übersiedelte nach Brünn, wo er die Redaction des Blattes „Moravské noviny“ und 1872 nach dem Austritte des Dr. Fr. Mathon jene des Wochenblattes „Rolnik“, d. i. Der Landmann, übernahm, welches von der mährisch-schlesischen Landwirthschaftsgesellschaft herausgegeben wurde. Ueber seine weiteren Geschicke schweigen die Quellen.

Šembera (Alois Vojtěch). Dějiny řeči a literatury česko-slovanské. Věk novější, d. i. Geschichte der čechoslavischen Sprache und Literatur. Neuere Zeit (Wien 1868, gr. 8°.) S. 311.

Zishman, siehe: **Zhisman** [Bd. LIX. S. 359 u. f.].

Ziska, siehe **Žižka** von **Trocznow** [S. 193].

Zistler, Franz (Schriftsteller, geb. zu Gratz in Steiermark am 25. März 1839). Sohn eines kaiserlichen Baubeamten, beendete er 1858 das Gymnasium in Marburg, wo sein Vater als Kreisingenieur angestellt war. Dann hörte er an den Universitäten in Gratz und Wien die Rechte und erlangte an ersterer die philosophische Doctorwürde. Auf Anregung des damaligen Bürgermeisters von Marburg übernahm er 1863 die Redaction des Tagblattes „Der Correspondent für Untersteier“, der heutigen „Marburger Zeitung“, und blieb von da ab in den verschiedensten Stellungen Journalist von Beruf. 1864 wurde er Redacteur der „Klagenfurter Zeitung“, 1865 Mitredacteur der „Wiener Zeitung“, schrieb 1868—1869 die Leitartikel der Wiener „Vorstadt-Zeitung“, war 1870—1872 Chefredacteur der Wiener „Tagespresse“, 1872—1874 des „Extrablattes“ in Wien und übernahm am 1. Jänner 1874 die Redaction der „Gratzer Zeitung“, an welcher er noch zur Stunde als Chefredacteur thätig ist. Neben seinem redactionellen Berufe wirkt er auch auf schöngeistigem Gebiete als Schriftsteller und hat bisher herausgegeben: „Das verhängnissvolle Kreuz. Socialer Roman“ (Gratz 1878); — „Unter den Wachsen. Zeitgeschichtlicher Roman“ (ebd. 1878, 8⁰.); — „Harte Kämpfe. Roman“, in drei Büchern mit einer Vorrede von Leopold Ritter von Sacher-Masoch (Leipzig 1880); — „Gräfin Emma. Roman“ (ebd. 1880). Als Redacteur kam er am 1. März 1873 wegen seines im „Illustrirten Wiener Extrablatt“ vom 30. November 1872 veröffentlichten Artikels „Faule Zustände“ vor das Schwurgericht, indem der Staatsanwalt darin eine Schmähung des niederösterreichischen Landtages zu finden glaubte. Dr. Zistler vertheidigte sich selbst und wurde überdies von Dr. Neuda vertheidigt. Er ward von den Geschwornen einstimmig freigesprochen und die confiscirte Nummer freigegeben.

Wiener Extrablatt, 1. Beilage zur Nummer vom 2. März 1873: „Unser Preßproceß“. — Deutscher Literatur-Kalender für das Jahr 1889. Herausgegeben von Jos. Kürschner (Berlin und Stuttgart, W. Spemann, 32⁰) XI. Jahrg., S. 330.

Žitek (lies Schitek), Anton Wenzel (Schriftsteller, geb. zu Štahlau in Böhmen 3. September 1795, gest. zu Smolnic ebenda am 8. April 1878). Nachdem er 1817 die philosophischen Studien zu Pilsen beendet hatte, trat er, dem geistlichen Berufe sich zuwendend, in das Prager Seminar, wo er 1821 die Priesterweihe erlangte. Nun wirkte er in der Seelsorge, zunächst als Caplan in Mseno, dann als Localist zu Šebec, zuletzt als Pfarrer zu Smolnic, wo er hochbetagt starb. Noch während seiner Studienzeit beschäftigte er sich mit literarischen Arbeiten, und schon damals brachten verschiedene čechische Unterhaltungs- und Fachblätter, so „Časopis pro katol. duchovenstva“, d. i. Zeitschrift für die katholische Geistlichkeit, die „Včela“, d. i. Die Biene, „Kozmanitosty“, d. i. Miscellen (1817) und „Dobroslav“ (1820—1822) Gedichte und kleinere Artikel aus seiner Feder. Selbständig gab er dann mehrere Jugend- und Gelegenheitsschriften in čechischer Sprache heraus. Einige seiner Gedichte, so „Desatero písní při kytaře“, d. i. Zehn Lieder für die Guitarre (1821) sind auch von Jos. Lemoch, Preißler und von ihm selbst in Musik gesetzt worden.

Jungmann (Jos.). Historie literatury české, d. i. Geschichte der čechischen Literatur (Prag 1849, F. Řiwnáč, schm. 4⁰.). Zweite von W. W. Tomek besorgte Auflage, S. 659. — Průvodce v oboru českých tištěných písní pro jeden neb více hlasů. Sestavili Em. Melis a Jos. Bergmann, d. i. Führer auf dem Gebiete čechischer im Druck erschienener Gesänge für eine und mehrere Stimmen (Prag 1863, 12⁰.) S. 184, Nr. 735, 736, 737; S. 187, Nr. 749; S. 191 Nr. 764, 765, 766.

Zitek, Johann (Kupferstecher, geb. zu Prag 1826). Obwohl sein

Vater ein unbemittelter Handwerker war, verwendete derselbe nichtsdestoweniger alle seine Sorgfalt auf eine gute Erziehung seiner Kinder, worin ihm die Gattin, als er frühzeitig, 1832, starb, trotzdem ihre Verhältnisse sich nicht gebessert hatten, nachstrebte. Unter solchen Umständen beendete Johann im Alter von 15 Jahren die Elementarschulen und trat dann in die ständische Kupferstecherschule, an welcher damals Georg Döbler [Bd. XIV, S. 424] als Lehrer wirkte. Als er sich drei Jahre unter diesem Meister in seiner Kunst geübt hatte, verlor er denselben durch den Tod. Im October 1845 schickten nun die böhmischen Stände Zitek nach Wien zur weiteren Ausbildung an der Akademie der bildenden Künste, wo er für drei Jahre ein kleines Stipendium genoß. Daselbst machte er unter Fr. Stöber so tüchtige Fortschritte, daß er schon 1847 auf der akademischen Ausstellung mit zwei Akademiepreisen ausgezeichnet wurde und bald darauf auch noch die Füger'sche goldene Medaille erhielt. Auf diese Weise gewann er die Theilnahme der Professoren der Akademie, die den jungen Künstler zu fördern suchten und ihm bald Aufträge zu größeren Arbeiten verschafften. (Eine Uebersicht seiner Arbeiten folgt unten.) Während er nun einige Zeit mit Ausführung verschiedener Aufträge beschäftigt war, fand er, daß der Erwerb ausschließlich nach dieser Richtung in keinem Verhältnisse mit der daran gewandten Mühe und Zeit stand, und sah sich nach einem Lehramt auf dem Gebiete der Kunst um. So erlangte er 1860 die Stelle eines Supplenten im freien Handzeichnen an der deutschen Realschule zu Prag, an welcher er im Unterricht nach eigener verbesserter Methode vorging. Aber nach einem halben Jahre schon ging er wieder nach Wien, um dort eine größere Arbeit, die ihm übertragen worden, auszuführen. 1864 wurde er dann zum Lehrer des freien Handzeichnens in Görz ernannt, wo er mit seiner Lehrmethode gute Fortschritte erzielte. Nach einiger Zeit, in seiner Sehnsucht nach der Heimat, erbat er sich die Versetzung an die čechische Staats-Oberrealschule in Prag, an welcher er das Lehramt des freien Handzeichnens übernahm. Eine aus Anlaß des Besuches der Stadt Prag von Seite des kaiserlichen Kronprinzen Rudolf veranstaltete Ausstellung der Zeichenschule gab sichtliche und erfreuliche Belege der Trefflichkeit seiner Methode. Wir schließen diese Skizze mit Angabe der uns bekannten Arbeiten des Künstlers. Die ersten Blätter, welche Zitek gestochen, waren eine „Madonna" und ein „Bildniss des evangelischen Predigers in Prag Benjamin Kossuth"; — dann nach einer Zeichnung von Steinle: „*Fontana delle tartarughe*", in Rom 1851 sehr fein und nett ausgeführtes Blatt in Quer-Folio; — ferner „Die erste Firmung in Samaria durch die Apostel Petrus und Johannes", nach Führich und beide in den Monatsausstellungen des österreichischen Kunstvereins März 1852 und August 1854; — „Das Denkmal des Feldmarschalls Radetzky in Prag", von den Gebrüdern Max ausgeführt nach einer Zeichnung des Akademiedirectors Ruben; — „Der h. Georg, der Drachentödter", Marmorgruppe, aufgestellt im Montenuovo-Palais auf der Freiung in Wien, Stich nach eigener Zeichnung für das Familienbuch des österreichischen Lloyd in Triest; — „*Lumir*", Stich nach eigener Zeichnung der Statue von V. Levy; — „Die vier Gründer des St. Stephansdomes in Wien", nach eigener Zeichnung nach dem Freskogemälde des Professors Kuppelwieser, ein schöner Kupferstich (10 fl.), dessen Widmung Kaiser Franz Joseph anzunehmen geruhte. Außerdem noch mehrere kleinere Arbeiten. Sein Lehrberuf und der alte Satz: die Kunst geht nach Brod, gestatten Zitek nicht, seine Kunstfertigkeit in großen Stichen zu entfalten, wie er dieselbe in der ersten Firmung in Samaria und den vier Stiftern der St. Stephanskirche bethätigt hat.

Monatsverzeichnisse des österreichischen Kunstvereins in Wien (8°.) 1852 März bis 1854 August IV, October 37; 1863 Mai 77. — Katalog der historischen Kunstausstellung 1877 (Wien 1877. Verlag der k. k. Akademie der bildenden Künste, 8°.) S. 162, Nr. 1796 und 1797. — Illustrirter Katalog der ersten internationalen Specialausstellung der graphischen Künste in Wien (Wien 1883, 4°.) S. 7, Nr. 103; S. 13, Nr. 218.

Zitek, Joseph (Architect, geb. zu Prag 4. April 1832). Ein Bruder des Kupferstechers Johann Zitek [siehe den Vorigen], studirte er 1848 bis 1851 an der technischen Schule zu Prag. Mit dem Geyling'schen Stipendium ging er 1851 nach Wien, um sich daselbst an der k. k. Akademie der bildenden Künste im Architecturfache weiter zu bilden. Er machte dort unter Van der Nüll, Siccardsburg und Roesner seine Studien. In seinen Mußestunden erlernte er praktisch das Maurerhandwerk. Nachdem er seine Studien beendet hatte, arbeitete er ein halbes Jahr unter dem Architecten Kranner und wendete sich damals mit Vorliebe dem Kirchenbau und der Eisenconstruction zu. Nun machte er eine Studienreise zuerst nach Triest, dann nach Venedig und vollendete nach seiner Rückkehr nach Wien den Entwurf einer großen Pfarrkirche, der auf der Ausstellung in der k. k. Akademie der bildenden Künste 1856 mit dem ersten Preise gekrönt wurde. Auch arbeitete er in dieser und der folgenden Zeit an den Entwürfen der griechisch-katholischen Kirche zu Czanolos, und an einem zweiten der Pfarrkirche zu Rakowa. Dann beriefen ihn seine einstigen Lehrer Siccardsburg und Van der Nüll, für welche er neben mehreren kleineren Arbeiten die Pläne der Sparcasse zu Prag und der neuen Universität in Wien zeichnete. Nach Abschluß dieser Arbeiten erlangte er ein Staatsstipendium von 1200 fl. zu einer Reise nach Italien, um daselbst seine Architecturstudien zu vollenden. Er besuchte Venedig, Padua, Ferrara, Bologna, Florenz und Rom und hielt sich behufs seiner Studien in jeder dieser Städte längere Zeit auf; von Rom aus begab er sich nach Neapel und Pompeji und lernte daselbst den Maler und Weimarer Professor Preller kennen, der gerade an seinen Odysseelandschaften arbeitete, für welche in Weimar ein besonderer Bau ausgeführt werden sollte. Als Zitek dies von Preller erfuhr, sprach er gegen denselben seine Gedanken über einen Entwurf dazu aus, der solchen Beifall bei Preller fand, daß auf dessen Empfehlung Zitek mit der Ausführung der Pläne betraut wurde. Als diese fertig waren, reiste Zitek, nachdem er noch Oberitalien besucht hatte, 1862 nach Wien. Dort supplirte er für einige Zeit seinen Lehrer Van der Nüll an der Architecturschule in der k. k. Akademie der bildenden Künste und wirkte auch bei den Arbeiten des Baues des neuen Opernhauses mit. Ende genannten Jahres erhielt er von Seite des Ministeriums des Unterrichts ein neues Stipendium zu einer Reise nach Deutschland, Belgien und Frankreich. Auf derselben besuchte er auch

Weimar, wo ihm der Großherzog die Ausführung der Pläne für das zu erbauende neue Museum übertrug. Von Weimar setzte er seine Reise über Frankfurt, Mainz, Cöln und Aachen nach Brüssel fort, von dort ging er nach Paris und den bedeutenderen Städten Frankreichs. Nach Wien zurückgekehrt, arbeitete er daselbst die Pläne des Weimarer Museums aus, mit deren Ausführung er dann betraut wurde. Zu diesem Behufe reiste er nach Weimar, wo er für mehrere Monate Aufenthalt nahm. Ende 1863 ging er nach Wien zurück und arbeitete daselbst in Gemeinschaft mit dem Architecten Gnauth, den er auf seiner italienischen Reise kennen gelernt hatte, die Pläne des Schlosses Petschau in Böhmen, welches der Besitzer der Herrschaft Fürst Beaufort-Spontin zu bauen beabsichtigte. 1864 erlangte er von Seite des Magistrates der Stadt Wien die Concession als Stadtbaumeister, von welcher er aber keinen Gebrauch machte, da er einem Rufe des böhmischen Ständeausschusses als Professor der Architectur am Prager polytechnischen Institut folgte. In Prag übertrug ihm darauf das zum Bau eines Nationaltheaters gewählte Comité die Anfertigung der Pläne und nach Genehmigung derselben die Ausführung des Baues selbst. Dann ging er nach Weimar, vollendete dort den Bau der neuen katholischen Kirche und wurde bei Gelegenheit der Eröffnungsfeier des von ihm erbauten Museums mit dem Ritterkreuze des großherzoglichen Ordens ausgezeichnet. Von seinen übrigen uns bekannten architectonischen Arbeiten nennen wir noch die Denkmäler von Havliček und Dr. Pinkas auf dem Karlstein und mehrere Altäre. In der 1877 anläßlich der Eröffnung der neuerbauten Akademie der bildenden Künste in Wien stattgehabten historischen Kunstausstellung waren von seinen Plänen jene der Brunnencolonade in Karlsbad, des Nationaltheaters in Prag und des Museums in Weimar ausgestellt; ferner das mit Joseph Schulz gemeinschaftlich gearbeitete Concurrenzproject für das Rudolfinum in Prag, sämmtliche Blätter theils Aquarelle, theils getuschte Federzeichnungen; dann das Prager Künstlerhaus, für welches die böhmische Sparcasse durch die Spende von einer Million Gulden den Anstoß gab. Neben seinem Berufe war Zitek auch mehrere Jahre als Vertreter in der Prager Stadtgemeinde thätig. Viele heimische und fremde Vereine und Gesellschaften erwählten ihn zum Mitgliede und Ehrenmitgliede.

Neue Freie Presse (Wiener polit. Blatt) 1863, Nr. 307 im Feuilleton: „Aus Weimar". — Süddeutsche Zeitung, 1862, Nr. 171 im Feuilleton: „Wiener Kunst". — Dioskuren, 1864, S. 123. — Wiener Zeitung, 1863, Nr. 73, S. 986.

Ziterer, Johann (Bildnißmaler, lebte im 18. Jahrhunderte). Alles, was wir von ihm wissen, beschränkt sich darauf, was Nagler über ihn berichtet, da andere Werke über Kunst und Künstler in Oesterreich ihn gar nicht erwähnen. Nagler nennt ihn einen Maler aus Wien, der sich durch Bildnisse bekannt gemacht habe. Ziterer muß einen nicht gewöhnlichen Ruf als Bildnißmaler genossen haben, nach den Personen zu urtheilen, die er abkonterfeite, und nach den Künstlern, die seine Bildnisse stachen. So stach F. Wrenk nach ihm das Bildniß des Kaisers Joseph II. in halber Figur und in Folio; — dasselbe und jenes der Kaiserin Maria Theresia stach auch F. B. Durmer in

Punctirmanier in 4°. Ferner ist ein Bildniß des Kaisers Franz II., großes Kniestück, vorhanden, an welchemZiterer und Schindelmayer, über welchen gleichfalls alle Künstlerlexika schweigen, gemeinschaftlich gearbeitet. Schließlich stach noch J. Neidl nach Ziterer das Bildniß des Sängers Simoni.

Nagler (G. K. Dr.). Neues allgemeines Künstler-Lexikon (München 1839, E. A. Fleischmann) Band XXII, Seite 303.

Ein **Matthias** Zitterer diente in der k. k. Armee und war 1866 Oberlieutenant im ungarischen Infanterie-Regiment Nr. 66, welches im genannten Jahre im IX. Armeecorps der Südarmee in Italien stand und an der Schlacht bei Custozza 24. Juni Theil nahm. Oberlieutenant Zitterer erkämpfte sich durch sein ausgezeichnetes Verhalten in dieser Schlacht den Orden der eisernen Krone dritter Classe. [Thürheim (Andreas Graf). Gedenkblätter aus der Kriegsgeschichte der k. k. österreichischen Armee (Wien und Teschen 1880, K. Prochaska, gr. 8°.) Band I, S. 441, Jahr 1866.]

Zitte, Augustin (Weltpriester und Schriftsteller, geb. in Böhmisch-Leipa um 1750, gest. 2. Mai 1785). Nachdem er in seinem Geburtsorte das Gymnasium beendet hatte, hörte er in Prag Philosophie und Theologie und trat nach erlangter Priesterweihe als Caplan in Prag in die Seelsorge. Ein aufgeklärter Priester der josephinischen Periode, ausgerüstet mit der Kenntniß mehrerer, vornehmlich der classischen Sprachen und mit seltener Rednergabe ausgestattet, wirkte er vorzüglich als Prediger und bekämpfte zu nicht besonderer Freude seiner Amtscollegen und geistlichen Oberen Aberglauben und Vorurtheile, unbekümmert darum, daß er sich dadurch selbst schadete, indem ihn seine kirchlichen Vorgesetzten, ohne ihn zu befördern, in einem einfachen Weltpriesterstande beließen, den er aber auch, da ihm Muße genug blieb, zu schriftstellerischen Arbeiten benützte. Sein Roman „Peregrin Stillwasser", den er anonym veröffentlichte, sowie seine im Jahre 1781 herausgegebenen „Neuen Exhorten" waren sozusagen Zeichen der Zeit und wurden damals stark gelesen. Als mit dem Regierungsantritte Kaiser Josephs II. in den religiösen Anschauungen eine freiere Richtung sich Bahn brach, glaubte auch Zitte in der Kirchengeschichte Böhmens reichen Stoff zur Begründung seiner freieren religiösen Auffassung zu finden und bearbeitete die Biographien einiger Vorläufer des Johannes Huß, und während er mit diesen Schriften viele Anhänger gewann, machte er sich aber auch mit ihnen große Feinde, und es geschah, daß kirchlicherseits dieselben als ketzerisch erklärt, die Ausgabe derselben untersagt und ihre Benützung in den öffentlichen Bibliotheken strenge verboten wurde. Erst das Jahr 1848 brach den über sie verhängten Bann, erst seit diesem Jahre wurde ihrer Verabfolgung nichts in den Weg gelegt. Außer obgenanntem Roman „Peregrin Stillwasser" gab Zitte heraus: „Neun neue Exhorten, bei Gelegenheit einer alten Novena gehalten bei St. Salvator am erzb. Priesterhause in der Altstadt Prag vom 23. bis 31. Juli 1781" (Prag 1783, 8°.); — „Lebensbeschreibungen der drei ausgezeichnetsten Vorläufer des berühmten M. Johannes Huss von Hussinecz, benanntlich des Konrad Stiknas, Johannes Milicz und Matthias von Janow, nebst einer kurzen Uebersicht der böhmischen Religionsgeschichte bis auf seine Zeit" (Prag 1786, 8°.); — „Geschichte des englischen Reformators Johann Wiklif als Einleitung zur Lebensbeschreibung des M. J. Huss von Hussinecz" (ebd. 1786, 8°.); — Lebensbeschreibung des Mag. Johannes Huss von Hussinecz".

1. und 2. Hälfte (Prag 1789 und 1790, 8°.). Während diese Werke vom dogmatischen Standpunkt als Befreiung von der starren Orthodoxie erscheinen, dürfen sie doch nicht mit dem Maßstabe streng historischer Kritik gemessen werden.

Meusel (Joh. Georg). Lexikon der vom Jahre 1750 bis 1800 verstorbenen teutschen Schriftsteller (Leipzig 1816, Fleischer der Jüngere, 8°.) Bd. XV, S. 440.

Zitterer, Matthias, siehe: **Ziterer,** Johann [S. 186. in den Quellen].

Zitterbarth, Bartholom. (Theaterunternehmer, geb. in Wien 1757, gest. daselbst am 18. November 1806). Er dürfte dem Handelsstande angehört haben und der Gründer eines Pelzwaarengeschäftes gewesen sein, das in einem Wiener Handelsschema vom Jahre 1804 erwähnt ist, damals im Besitze eines Johann Zitterbarth, „Bund- und Palatinhändlers“ am Graben im Trattnerhof, sich befand und von diesem zu Ehren seines Verwandten das Schild „zum Theater an der Wien“ führte. Bartholomäus Zitterbarth, der unstreitig mit ansehnlichem Reichthum gesegnet war, betheiligte sich bei verschiedenen Theaterunternehmungen seiner Vaterstadt. So finden wir ihn schon im Jahre 1800 als Compagnon Emanuel Schikaneder's bei dessen Theater auf der Wieden im Freihaus. Durch die glänzenden Geschäfte, die Schikaneder in diesem kleinen, aber außerordentlich beliebten Theater gemacht hatte, war derselbe zu Vermögen und bei seinem regen Unternehmungsgeiste zu dem Entschlusse gelangt, das große prachtvolle Theater an der Wien zu erbauen, wobei sich Zitterbarth in hervorragender Weise pecuniär betheiligte. Das neue Schauspielhaus wurde am 13. Juni 1801 mit der Oper „Alexander“ von Franz Tayber eröffnet. Mittels Hofbescheides vom 30. Juni 1802 ward das Theaterbefugniß des Schauspielhauses an der Wien „in der nämlichen Art, wie es Schikaneder besessen“, an Bartholomäus Zitterbarth übertragen. Dieser hatte den Antheil Schikaneder's mit 100.000 fl. abgelöst. Am 15. Februar 1804 verkaufte Zitterbarth, der in einem diesbezüglichen Artikel der „Wiener Zeitung“ vom 18. Februar desselben Jahres der „Stifter des neugebauten schönen Schauspielhauses an der Wien“ genannt wird, dasselbe sammt allem Zugehör und Fundus um die runde Summe von einer Million Gulden (damaliger Währung) an den Freiherrn von Braun. Aus diesem Anlasse widmete er das volle Erträgniß der beiden, an den letzten zwei Faschingstagen gegebenen Vorstellungen, 2604 fl. 42½ kr., den neuen Wiener Wohlthätigkeitsanstalten. Zitterbarth wohnte zuletzt in dem Hause „zur goldenen Weintraube“ in der Wollzeil, das im Jahre 1848 nebst zwei anderen zu dem großen Eckhause Nr. 1 der Wollzeil zusammengebaut wurde, und starb daselbst, erst 49 Jahre alt, an Brustwassersucht.

Schlögl (Friedrich). Vom Wiener Volkstheater (Teschen, kl. 8°) S. 51. — Wimmer (J.). Handschriftliche Notizen. [Diesem trefflichen Culturhistoriker Alt-Wiens statte ich hier für seine Mittheilungen meinen Dank ab.]

Zittmann, Johann Friedrich (Arzt, geb. wahrscheinlich in Sachsen 1671, gest. zu Teplitz in Böhmen am 15. Mai 1757). Nach beendeten Vorbereitungsstudien wendete er sich der Arzeneiwissenschaft zu, erlangte daraus die Doctorwürde und wurde, nachdem er durch glückliche Curen Ruf erlangt hatte, königlich polnischer und kursächsischer Hofrath und Leibarzt. Seit 1696 bis an seinen im Alter von 86 Jahren erfolgten Tod, also durch 61 Jahre, wirkte er als Brunnenarzt in dem berühmten böhmischen Bade Teplitz. Im Druck erschien von ihm: „*Medicina forensis, hoc est Responsa facultatis medicae Lipsiensis ad quaestiones et casus medicinales ab anno MDCL usque MDCC in usum communem evulgata*" (Lipsiae 1706, 4°.), eine Sammlung, welche aus dem Nachlasse des Leipziger Professors Chr. Joh. Länge herrührte; — „Praktische Anmerkungen von dem Teplitzer Bade, dem böhmischen Bitter- und Biliner Wasser u. s. w." (Dresden 1743, n. A. 1752); neue Auflage nebst dem Berichte einer merkwürdigen Begebenheit dieser Bäder den 1. November 1755 (Dresden 1756, 8°.). In Fachkreisen hat sich sein Andenken durch das nach ihm benannte, aber bereits lange vor ihm angewendete Decoctum Zittmanni, welches in einer stärkeren und schwächeren Dosis verabreicht und meist noch von Aerzten der Prager Schule verordnet wird, erhalten. Die Hauptbestandtheile dieses Decocts bilden radix sassaparilla und calomel.

Meusel (J. G.). Lexikon der vom Jahre 1750 bis 1800 verstorbenen teutschen Schriftsteller (Leipzig 1815, Fleischmann jun., 8°.) Bd. XV, S. 440.

Živanović, Jacob (serbischer Schriftsteller, geb. zu Obrez in Syrmien am 18. Februar 1808, gest. 9. August 1861). Nachdem er in Karlowitz Theologie studirt hatte, begab er sich nach Pesth, wo er 1830 das Doctorat der Philosophie erlangte. Bis Ende 1834 wirkte er als Gymnasialprofessor zu Karlowitz, dann aber folgte er dem Rufe des Fürsten Miloš nach Serbien und trat als Kanzleidirector in dessen Dienste. 1839 kehrte er nach Oesterreich zurück, blieb daselbst und erwarb sich im Kampfe seines Volkes im denkwürdigen Jahre 1848 große Verdienste. 1850 ging er wieder nach Serbien zurück und trat in Belgrad in den Staatsdienst, in welchem er als Kreisgerichtspräsident, erst 53 Jahre alt, starb. Kleinere Arbeiten veröffentlichte Živanović in der serbischen Zeitschrift „Ljetopis". Ferner gab er serbische Uebersetzungen des „Telemach" von Fénélon (2. Aufl. 1864) und der „Tusculanischen Gespräche" Cicero's (1842) heraus.

Živković, Panteleimon (griechisch-unirter Bischof zu Temesvár, geb. zu Karlowitz 12. October 1795, gest. 1851). Der Sohn eines Kaufmannes, ging er, nachdem er in seinem Geburtsorte das Gymnasium beendet hatte, nach Preßburg, wo er den philosophischen Curs durchmachte. Dann kehrte er nach Karlowitz zurück und begann an der Akademie daselbst das Studium der Theologie, gab es aber auf, als ihm das Lehramt der lateinischen, später auch noch das der griechischen Sprache an dem dortigen Gymnasium verliehen wurde. Indem er auch noch drei Jahre als Erzieher thätig war, betrieb er auf Zureden des damaligen serbischen Metropoliten Stratimirovicz, welcher die geistigen Gaben des jungen Gelehrten kennen gelernt und in ihm den Mann erkannt hatte, der für die Förderung seiner Kirche besonders geeignet erschien, aufs neue das Studium der Theologie, vollendete es und erlangte die Priesterweihe. Schon 1835 wurde er Bischof von Dalmatien in welcher Stellung er sich große Verdienste um die rechtgläubige Kirche erwarb, als man mit allen erlaubten und unerlaubten Mitteln an ihrer Rückkehr zur römisch-katholischen Kirche arbeitete. Aber nicht lange war es ihm vergönnt, auf diesem Posten in der angedeuteten Weise zu wirken, denn schon 1836 wurde er auf das Ofener Bisthum und 1841 auf jenes von Temesvár berufen. In den Stürmen des Jahres 1848 hielt er treu zu Thron und Volk und wurde für sein correctes Verhalten — von welchem damals mehrere Kirchenfürsten abwichen — vom Kaiser mit dem St. Stephans-Orden ausgezeichnet. Als dann 1851 die österreichischen Kirchenfürsten sich in Wien versammelten, um in Fragen der durch die vorangegangenen Sturmjahre erschütterten Kirche zu berathen, fand sich auch Živković daselbst ein, aber noch im nämlichen Jahre ereilte ihn der Tod. Živković war ein gelehrter Priester von gründlichen und reichen Kenntnissen, doch die umfassenden Pflichten seines oberhirtlichen Berufes ließen ihm nicht Muße, die serbische Literatur auch als Schriftsteller zu bereichern.

Noch sind erwähnenswerth: 1. **Johann** Živković (geb. zu Dalja am 18. October 1767 a. St., Todesjahr unbekannt). Er wendete sich nach beendeten Studien dem Lehrfache zu und wurde Professor am Gymnasium zu Karlowitz, wirkte dann als Lehrer der slavischen und deutschen Sprache und des Styles an der kön. griechisch-orientalischen Präparandenschule zu Sombor, wo er noch zu Anfang der Dreißiger-Jahre des laufenden Jahrhunderts thätig war. Von ihm sind eine systematische Anleitung zur Erlernung der serbischen Sprache und eine serbische Uebersetzung des deutschen Werkes: „Palmblätter. Erlesene morgenländische Erzählungen für die Jugend“ (von A. Jac. Liebeskind), mit einer Vorrede von J. Gf. Herder (1808) vorhanden. — 2. **Kyrill** Živković (gest. 1808). Šafařík weiß von ihm nur zu berichten, daß er im Jahre 1786 zum Bischof von Pokroc erwählt worden und eine kirchengeschichtliche Abhandlung, sowie ein ascetisches Werk, beide in serbischer Sprache, ersteres 1794, letzteres 1803, durch den Druck veröffentlicht habe. [Šafařík (Paul Joseph). Geschichte der südslavischen Literatur. Aus dessen handschriftlichem Nachlasse herausgegeben von Joseph Jireček (Prag 1865, Tempský, gr. 8°). III. Das serbische Schriftthum, S. 328, Nr. 121; S. 426, Nr. 696; S. 474, Nr. 1006.] — 3. **Stephan** Živković, aus Serbien gebürtig, lebte in der zweiten Hälfte des 18. und in der ersten des laufenden Jahrhunderts. Šafařík in der unten bezeichneten Quelle berichtet über ihn, daß er k. k. Officier — nach Anderen wäre er Beamter — gewesen, der später in russische Dienste getreten und an einer Lehranstalt in Odessa gewirkt habe. Wieder anderen Nachrichten zufolge hätte er um 1830 in Bukarest gelebt. Von ihm erschien 1814 eine serbische Uebersetzung des „Telemach“ von Fénélon und in diesem und dem folgenden Jahre noch ein paar andere Schriften schöngeistigen und moralisirenden Inhalts. Ob nicht bezüglich der Uebersetzung des „Telemach“ eine Verwechslung mit Jacob Živanović [siehe diesen S. 188] stattfindet? [Šafařík (Paul Joseph). Geschichte der südslavischen Sprache und Literatur nach allen Mundarten. Aus dessen handschriftlichem Nachlasse herausgegeben von Jos. Jireček (Prag 1865, Tempský, gr. 8°.). III. Das serbische Schriftthum, S. 341, Nr. 192; S. 407, Nr. 373; S. 413, Nr. 619 und 436, Nr. 736.] — 4. **Theophan** Živković, Zeitgenoß. Griechisch-orientalischer Bischof von Karlstadt in Croatien, der größten serbischen Diöcese in Oesterreich, welche den Kern des serbischen Volkes im Kaiserstaate bildet. Der Name des Kirchenfürsten trat in den Vordergrund, als die Unterdrückung der serbischen Kirche in Ungarn durch Tisza sich durch mehrfache Willkürlichkeiten sehr fühlbar machte, und zwar zunächst in der 1879 erfolgten Veränderung im serbischen Patriarchat mit der gesetzwidrigen Pensionirung des Patriarchen Ivačković und der willkürlichen Ernennung des Bácser Bischofs Andjelić zum Administrator des serbischen Patriarchates. Alle Proteste der serbischen Kirchengemeinden, der serbischen Abgeordneten im croatischen Landtag und ungarischen Reichstag waren erfolglos; Andjelić blieb auf seinem Posten. Die Aufregung in den serbischen Kreisen wuchs umsomehr, als die Eparchialversammlungen in Temesvár,

Werschetz, in der Bácser Diöcese und zu Pakratz entweder aufgelöst wurden, oder gar nicht abgehalten werden konnten. Nur die Diöcesane von Ofen und Karlstadt hielten die Eparchialversammlungen ohne Störung ab. In beiden Diöcesen wurde die baldige Einberufung des serbischen Kirchencongresses verlangt und gegen die ungesetzliche Veränderung im serbischen Patriarchat Verwahrung eingelegt. Am schärfsten lautete die Resolution der Karlstädter Diöcese, an deren Spitze eben Bischof Živković steht. Nun ist derselbe ein Bruder des Barons Živković in Agram (Nr. 6), des Stellvertreters des Bans, und man wollte daraus den Schluß ziehen, daß Bischof Živković die Aspiration habe, serbischer Patriarch zu werden. [Allgemeine Zeitung (München, Cotta, 4°.) 21 October 1880, Nr. 293: „Aus Südungarn 17. October".] — 5. **Wasiley Živković** (geb. zu Pancsova 31. Jänner 1819). Er besuchte das Gymnasium und die philosophischen Schulen, in welchen er sich vornehmlich dem Studium der Naturwissenschaften zuwendete, in Karlowitz, Szegedin, Pesth und Preßburg, und nachdem er sich für den geistlichen Beruf entschieden hatte, studirte er Theologie zu Werschetz, wurde 1843 zum Priester geweiht und 1846 zum Pfarrer in seinem Geburtsorte Pancsova ernannt. Živković ist auch schriftstellerisch, und zwar als lyrischer Poet und Uebersetzer, thätig. Seine Gedichte sind in serbischen schöngeistigen Blättern zerstreut gedruckt. Auch hat er Mehreres von Kleist, Goethe und Schiller übersetzt. [Ilirsku čitanka za gornje gimnazije. Knjiga druga, d. i. Illyrisches Lesebuch für Obergymnasien, 2. Bd., S. 336.] — 6. **Baron Živković** stand im österreichischen Staatsdienste, bekleidete viele Jahre lang das Amt eines Sectionschefs des Innern, des Stellvertreters des Banus von Croatien Grafen Pejacsevich und war zwölf Jahre hindurch die Seele der croatischen Landesregierung. Als die Frage des ungarisch-croatischen Ausgleichs 1883 wieder an die Tagesordnung kam, überreichte er der croatischen Regnicolardeputation ein Promemoria, in welchem die Punkte bezeichnet sind, auf welche es bei Aufstellung des neuen Ausgleichs mit Ungarn den Croaten ankommen soll. Indem der Baron — nebenbei gesagt, ein leiblicher Bruder des Karlstädter griechisch-orientalischen Bischofs Theophan Živković [Nr. 4] — in seiner Denkschrift die staatsrechtliche Einheit der Länder der Stephanskrone leugnet, erkennt er keine Einheit, sondern nur eine Gemeinsamkeit zwischen Ungarn Croatien und Slavonien; — er bestreitet, daß Croatien und Slavonien nur mit autonomen Rechten ausgestattete Königreiche seien, und betrachtet das Verhältniß beider Staaten zu einander wie ein durch einen Vertrag zu Stande gekommenes; — er reclamirt infolge dessen ein separates croatisches Staatsbürgerrecht; er verlangt selbständige croatische Honvéds und die Reform des Ludoviceums mit Berücksichtigung des croatischen Staatsgedankens; — Bezeichnung des obersten Rechnungshofes und des Verwaltungsgerichts als eine beiden Ländern Ungarn und Croatien gemeinsame Einrichtung und die Umwandlung des ungarischen Reichstages in einen gemeinsamen; — er fordert die Trennung des croatischen vom ungarischen Staatsbudget; der Charakter des croatisch-slavonischen Bundesstaates verlange auch, daß bei den zukünftigen internationalen Verträgen nicht nur der Titel „König von Dalmatien, Croatien und Slavonien" angeführt, sondern daß auch Verträge, sofern deren Wirkung in den Bereich der croatischen Landesautonomie fällt, nicht ohne Mitwissen und Genehmigung der Agramer Landesregierung abgeschlossen werden sollen, und daß dieses Verhältniß der Gleichberechtigung durch die Bezeichnung Croatiens und Slavoniens als Bundesländer Ungarns (regna socia) äußerlich zur Geltung und Anerkennung gelange. Welchen Hexensabbath von Spott und Hohn die Tisza'sche Presse über diese croatischen Aussprüche aufführte, braucht nicht erst ausdrücklich bemerkt zu werden. [Allgemeine Zeitung (München, Cotta) 17. September 1883, Nr. 238: „Die ungarisch-croatische Frage". Von A. v. R.]

Zivny, Karl (Publicist, geb. zu Loschitz in Mähren am 14. November 1858). Slave von Geburt, wie es schon sein Name andeutet, kam er um die Mitte der Siebziger-Jahre nach Wien, wo er an der Hochschule die juridischen Studien beendete. Nachdem er an der Universität in Krakau den juridischen Doctorgrad erlangt hatte, trat er zu

Beginn der Achtziger-Jahre in die Redaction der später eingegangenen Zeitschrift „Tribüne“ als Mitarbeiter ein und heiratete dann die älteste Tochter des Eigenthümers dieser Zeitung, des Publicisten Skrejšowsky [Bd. XXXV, S. 85]. Gleichsam als Mitgift erhielt er von seinem Schwiegervater die diesem gehörige Wochenschrift „Der Parlamentär“, welche er im panslavischen Geiste redigirte. Sein Hauptaugenmerk richtete er auf die orthodoxe Kirche der Slaven, in deren Sinn er jederzeit wirkte. Er selbst legte mit seiner Frau seinen Glauben ab und trat zur orthodoxen Religion über. Die Redaction des „Parlamentär“ und die Privatwohnung Zivny's ward fortwährend von den in Wien weilenden südslavischen Studenten und vornehmlich von den dem Panslavismus huldigenden besucht. Zivny selbst wollte nur Russe werden, und in seiner Wohnung mußte alles russisch sprechen. Die von ihm redigirte Wochenschrift behandelte fast ausschließlich südslavische Tagesfragen, dabei war sein ganzes Sinnen darauf gerichtet, daß sich alle Slaven einigen und den orthodoxen Glauben annehmen mögen. Diesen Gedanken behandelte er in allen nur denkbaren Variationen in seinen Vorträgen, welche er in verschiedenen slavischen Vereinen und im Nationalitätenclub hielt. Zivny konnte als der Typus eines slavischen Fanatikers gelten; sein Denken und Fühlen, sein Sinnen und Trachten war ausschließlich der panslavischen Idee zugewendet. In der „Slavisirung Europas“ (!) erblickte er das einzige Heil für den Welttheil; Michael Katkoff war sein Gott, Moskau das Mekka, nach dem er seine Blicke richtete. Lange Zeit wirkte er in dieser Richtung, und war man auch über dieses Treiben bedenklich geworden, so ließ man es als ungefährlich einerseits nachsichtig hingehen, während Zivny selbst andererseits mit ungemeiner Vorsicht immer die Grenze, die er nicht überschreiten durfte, zu wahren wußte. Dadurch immer kühner und unvorsichtiger geworden, erweckte er mit den Aufsätzen: „Die Čecho-Slaven“ — „Die Russen Oesterreichs“ — „Die geschichtliche Lösung und die Slovenen“ doch endlich die Aufmerksamkeit des Staatsanwaltes, dem diese Aufsätze genügten, um gegen Zivny die Anklage auf Verbrechen des Hochverrathes zu erheben und zu begründen. Es ist nicht die Aufgabe dieses Werkes, den Gang des Processes zu verfolgen. Am 24. December 1887 wurde Zivny wegen Verdachts des Verbrechens des Hochverrathes in Haft genommen, und am 22. Februar 1888 begann die Gerichtsverhandlung, welche Ende genannten Monats mit der Freisprechung des Angeklagten schloß. Wie fadenscheinig der sogenannte russische Patriotismus Zivny's sich aus der Verhandlung herausstellte, wie derselbe mit russischen Rubeln von den verschiedensten Seiten erkauft und genährt worden, brachte in fast schreckenerregender Weise die Verhandlung zu Tage. Der Vertheidiger Dr. Markbreiter verstand es aber dadurch, daß er diese Russophilie ins Lächerliche zog, die Sympathien der Geschworenen für den Angeklagten zu gewinnen, da diese wohl erwogen, daß es nicht gut sei, aus nationalen Fanatikern politische Märtyrer zu machen. Die Stelle in Dr. Markbreiter's Vertheidigungsrede, in welcher ein Hinweis auf des Fürsten Bismarck Februar-Rede 1888 — also gerade die Zeit, in welcher auch Zivny's Gerichtsverhandlung stattfand — vorkommt, indem er mit leiser Ironie meint: „Der Herr Staatsanwalt wird daher nicht böse sein, wenn ich (der Vertheidiger nämlich) bezüglich der Beurtheilung der politischen Verhältnisse nur noch einen Mann über ihn stelle — den Kanzler des deutschen Reiches. Gerade diesem Mann von übermenschlicher Fernsicht sollte die Gefahr entgangen sein, welche dem Frieden durch den „Parlamentär" droht? Fürst Bismark ist es nicht gewöhnt, nur für den nächsten Tag zu sorgen, er sieht sogar so weit in die Zukunft, wie der Hochverraths-Paragraph des österreichischen Gesetzes. Er ist um unsere Integrität beruhigt, die hohe Staatsbehörde aber meint, Dr. Zivny muß verurtheilt werden, sonst muß für die Erhaltung des Friedens gefürchtet werden. Der Eine fürchtet aber nur Gott, der Andere schon den „Parlamentär" u. s. w." — diese feine Ironie wirkte mehr als alle Beweisgründe, welche die wirkliche Schuld Zivny's darlegten, und stimmte die Gemüther der Geschworenen auf die richtigen Töne, welche auf Freisprechung lauteten. Zivny lebt als Redacteur des „Parlamentär" und Schriftsteller in Wien.

Augsburger Abend-Zeitung (kl. Fol.) 23. und 29. December 1887; 1888, Nr. 54, 56, 60 und 62. — Und die Wiener politischen Journale der zwei letzten Februarwochen 1888.

Zizius, Johann Nepomuk (Rechtsgelehrter und Professor der Statistik, geb. zu Heřmanměstec in Böhmen 7. Jänner 1772, gest. zu Wien 5. April 1824). Er kam in früher Jugend nach Chrudim, wo er den ersten Elementarunterricht erhielt, dann machte er seine Studien zu Brünn und Olmütz und beendete die juridischen an der Hochschule zu Wien. 1793 wurde er Watteroth's Assistent im Lehrfache der Politik, 1795 Praktikant bei der Registratur der niederösterreichischen Regierung und noch im nämlichen Jahre, nachdem er den juridischen Doctorgrad erlangt hatte, Professor der politischen Wissenschaften und der Gesetzkunde bei der k. k. Arcieren-Leibgarde galiz. Abtheilung in Wien, auch versah er die Correpetitorstelle der politischen Wissenschaften an der k. k. theresianischen Ritterakademie. Im Jahre 1800 trat er vom Lehramte zur Advocatur über, kehrte aber schon 1804 wieder zu ersterem zurück, indem er die Lehrkanzel der Statistik an der Wiener Hochschule supplirte. 1810 zum ordentlichen Professor seines Faches ernannt, wurde er in der Eigenschaft eines referirenden Redacteurs zugleich Mitarbeiter bei der k. k. Hofcommission in politischen Gesetzsachen. Die Muße seines Berufes verwendete er zu umfassenden und eindringlichen Studien in den Gebieten der Geschichte, Statistik und der Verwaltungsgesetzgebung, machte auch zu verschiedenen statistischen Erhebungen mehrere Reisen theils durch die Provinzen der österreichischen Monarchie, theils durch die benachbarten deutschen Staaten Bayern, Württemberg, Sachsen und Preußen und dehnte diese Reisen bis in die Schweiz aus. Er schrieb viel für die damaligen Zeitschriften, vornehmlich für das „Literaturblatt", ohne sich jedoch zu nennen, und da keine der in denselben vorkommenden Chiffren auf ihn paßt, ist eine Angabe der von ihm zerstreut gedruckten Artikel nicht durchzuführen. In der „Wiener Literatur-Zeitung", deren Mitbegründer er war, versah er die Redaction des politischen und statistischen Theiles. Selbständig sind von ihm erschienen: „Juristisch-politische Bemerkungen über den Begriff einer Republik" (Wien 1804); — „Theoretische Vorbereitung und Einleitung zur Statistik" (Wien 1811, 8°.

seinem Tode neu herausgegeben
Franz Kerschbaumer (Wien
); — „Oekonomisch-politische Betrach-
iber die Handelsbilanz“ (Wien 1812);
Bemerkungen über das neue Grundsteuer-
„“ (Wien 1823). Ein Freund und
:rer der Musik, wirkte er auch eifrig
:rrichtung des Wiener Musikvereins
Ein Nachruf widmet ihm die schönen
e: „Auch als Mensch durch unge-
: Wohlthaten und viele Aufopferun-
für das allgemeine Beste lebt
us im Andenken Aller, die seiner
igkeitssphäre nahe gestanden.“

rsberg's) Oesterreichischer Zuschauer
en, gr. 8°.) 1838, Bd. I, S. 36 im
ickblick in die Vergangenheit“. — Ficker
Dr.). Der Unterricht in der Statistik an
österr. Universitäten und Lyceen (Wien,
., gr. 8°.) S. 3, 4, 11, 12, 18, 19.

Žižka von Trocznow, die Letzten
Geschlechtes. Indem sie von dem
htigten Hussitenführer Žižka ab-
mmen vorgaben, ist diese Behaup-
doch einer näheren Untersuchung
h. Seit etwa dreißig Jahren
jen verschiedene Nachrichten mit der
rschrift: „Der letzte Sprosse des
imten Hussitenführers Žižka von
cznow“ in die Oeffentlichkeit, so
es sich der Mühe verlohnte, die Rich-
it dieser Angaben zu prüfen, weil
doch der Ahnherr dieses Geschlechtes
geschichtlich zu bedeutende Persön-
:it ist, um über seine Nachkommen so
nichts, dir nichts zur Tagesordnung
zugehen. Zuerst berichtete man 1865
einer Gräfin Szluha, welche als
:t Sproß des berühmten Hussiten-
ers seit 1847 auf dem St. Peters-
dhofe in Salzburg (?) begraben liegt.
je Notiz ging im genannten Jahre
h viele österreichische und deutsche
ungen. Dann brachte das „Neue Wiener Tagblatt“ zu Anfang 1871 die sensationelle Notiz: „Der letzte Žižka — ein Sicherheitswachmann. Vor einigen Wochen wurde fälschlich das Ableben des letzten Sprossen aus dem Geschlechte Žižka's von Trocznow berichtet. Ein Žižka Ritter von Trocznow lebt noch, und zwar als Sicherheitswachmann in Wien.“ Dann meldete das Wiener „Fremden-Blatt“ 1865, Nr. 103, „daß der letzte Sprosse Žižka noch, und zwar in Wien lebe, es ist eine an Jahren bereits vorgerückte Dame, welche sich Marianne von Trocznow schreibt und unter diesem Namen auch ihre Rente bezieht“. Diese sich widersprechenden Nachrichten waren nicht in Einklang zu bringen. Ich kam dann bei meinen Nachforschungen zu folgendem Ergebniß. Am 16. März 1847 starb in Gratz eine Gräfin Clementine Szluha von Iklad geborene Žižka von Trocznow. Diese hinterließ eine Tochter, die an den Grafen Braida verheiratet war. Dieselbe stellte mit ihren zwei Kindern Eugen Grafen Braida und Stephanie Gräfin Braida der obigen Gräfin Clementine auf dem Friedhofe zu Gratz (und nicht in Salzburg) ein Grabdenkmal mit folgender Inschrift: „Selig sind, die im Herrn sterben, denn sie ruhen von ihrer Arbeit aus, und ihre Werke folgen ihnen nach. — Hier ruhet im Gottesfrieden Clementine Gräfin Szluha von Iklad geborene Freyfrau Žižka von Trotzenau, geb. zu Prag 16. Februar 1762, gest. hier 16. März 1847. — Mit ihr endete im katholischen Glauben, in weiblicher Milde und Demuth der Stamm des titanischen Hussiten-Feldherrn Johann Žižka von Trocznow. Liebend ehren ihr Andenken die Tochter Clementine Gräfin Braida

und ihre Enkel Eugen und Stephanie Gräfin Braida." Die Grafenfamilie Braida ist im Besitze der Originalurkunden, welche auf die vermeintliche Abkunft der adeligen Familie Žižka von Trotzenau von dem Hussitenführer Bezug haben und auch interessante Aufschlüsse über die letzten Mitglieder der genannten Familie geben. Ein Adelsdiplom der Žižka von Trocznow gibt es in den Archiven nicht, wohl aber findet sich vor, daß ein Johann Maximilian Zischka, fürstlich Liechtenstein'scher Wirthschaftsrath, 1733 in den Reichsadelstand mit dem Prädicate von Troznau erhoben wurde. Ueber ihn und seine Nachkommen vergleiche die unten folgenden Nachrichten.

Zur Genealogie der Familie Žižka von Trotzenau. Kaiser Karl VI. ertheilte am 17. Februar 1733 dem fürstl. Liechtenstein'schen Wirthschaftsrath Johann Maximilian Žižka von Trotzenau ein Diplom, mit welchem demselben der ritterliche Adelstand und das bisherige Wappen (drei Lilien im blauen und ein nach vorwärts schreitender Löwe im goldenen Felde) bestätigt wurden, und zwar aus dem Grunde: „Wasmaßen seine Voreltern in Unserem Erbkönigreich Böhmen bereits vor vielen hundert Jahren des Adelstandes sich zu erfreuen gehabt und alle demselben anklebende Vortheile ruhig genossen, gestalten die böhmische Chronika solches überflüssig bewähret; wie nun gedachte seine Voreltern nicht allein Unsern und Unserer Vorfahren landesfürstlichen Diensten ihr Gut und Blut in allen Begebenheiten angesetzt und sein Großvater Matthias sammt dessen Bruder in kaiserlichen Diensten das Leben eingebüßt, sondern auch Er unter Unserem kaiserl. Pfalz-Neuburgischen Kürassier-Regimente durch 17 Jahre Dienste geleistet". 1. Derselbe **Johann Maximilian** Žižka von Trotzenau starb am 6. Jänner 1754 im 73. Jahre seines Alters auf seinem Gute Weißohlhütten in Mähren und hinterließ einen Sohn: 2. **Joseph**, der zu jener Zeit im Regimente des Grafen Hadik als Rittmeister diente. Es ist derselbe, von dem Andreas Graf Thürheim in seinen „Gedenkblättern zur Kriegsgeschichte der k. k. österreichischen Armee" berichtet, daß er sich schon als Rittmeister im Feldzuge 1757 mehrmals ausgezeichnet und später, 1760, als Major in der Schlacht bei Torgau zugleich mit dem Obersten Sprung durch Tapferkeit besonders hervorgethan habe. In der Folge zum Oberstlieutenant vorgerückt, that er sich neuerdings bei der Belagerung von Glatz hervor und führte als Oberst 1762 das Regiment bei dem Ueberfalle auf den feindlichen Cordon bei Meißen mit Ruhm an. Joseph starb im Schlosse Eisenstadt in Ungarn, das dem Fürsten Nicolaus Esterházy gehörte, dem er einmal das Leben gerettet, und bei dem er seit jener Zeit leben mußte. Sein Leichnam wurde in Süttör bei Eisenstadt am 11. Juli 1778 zur Erde bestattet. Joseph Žižka hinterließ einen Sohn Franz, der 1828 als Schiffscapitän in Agram starb, und: 3. eine Tochter, die oben erwähnte **Clementine** Žižka von Trotzenau, welche am 16. Februar 1762 zu Prag geboren, am 26. Februar dieses Jahres daselbst in der Neustädter St. Stephanskirche getauft wurde und als verwitwete Gräfin Szluha von Iklad am 16. März 1817 zu Gratz starb, wo ihr kindliche Pietät im St. Peter-Friedhofe das erwähnte Grabmal mit der Inschrift setzte, welche in der Stelle, worin ihre Abkunft von dem berühmten Hussitenführer betont wird, der Berechtigung entbehrt. Daß die Gräfin Clementine wirklich die letzte der adeligen von Kaiser Karl VI. mit einem neuen Adelsdiplome betheilten Familie der Žižka von Trotzenau war, darüber waltet kein Zweifel ob. Nur die Ableitung der Žižka von Trotzenau von den Žižka von Trocznow ist zu erweisen. Ueberdies besaß diese Familie noch ein anderes Diplom über ihren Adel, das von Maria Theresia am 23. November 1747 ausgestellt war und später auch in die mährische Landtafel eingetragen wurde. Dagegen ist, wie gesagt, nicht sichergestellt, daß die Žižka von Trotzenau wirklich von Žižka von Trocznow abstammen, der überdies ein ganz verschiedenes Wappen führte, und obwohl verheiratet, doch keine nachweisbare Nachkommenschaft hinterließ. Immerhin aber ist es möglich, daß in späteren Jahrhunderten der Familienname des hussitischen Feldherrn auf eine andere Familie übertragen wurde, wie dies bei verschiedenen Familien des österreichischen Adels vorkommt. Wenn Ra (Rybička) im 10. Bande des Rieger-Malý'schen „Slovník naučný" S. 320 von einem Kreiscommissär Johann Žižka im Banat, späterem Kreishauptmann zu Ungarisch-Hradisch in Mähren berichtet, daß dieser einen Sohn Franz und eine Tochter Sibylle gehabt, welch Letztere als verwitwete Gräfin Szluha 1847 zu Gratz gestorben sei, so stimmt dies mit unseren Nachforschungen, mit dem Namen Clementine und mit der Inschrift auf dem Gratzer Friedhofe nicht ganz überein. — 4. Nun Einiges über den berüchtigten Hussitenführer **Johann** Žižka von Trocznow und de Calice. Trocznow ist der Name der Geburtsstätte, eines heute Fürst Schwarzenberg'schen Dorfes; das Prädicat de Calice, d. i. vom Kelche, rührt von dem Sinnbilde her, das auf den Fahnen der Hussiten, auch Taboriten genannt, angebracht war. Johann Žižka ist um 1360 geboren und im Lager zu Przibislaw am 12., nach Anderen schon am 4. October 1424 an der Pest gestorben. Seine Eltern waren schlichte Landleute. Er half ihnen in der Landwirthschaft. Als Knabe verlor er das rechte Auge. Kaum Jüngling, vermälte er sich. Von seiner Jugend ist wenig bekannt, und von seiner Frau weiß man nur, daß sie Katharina hieß, wie er selbst sie in einer 1384 eigenhändig gefertigten im Schweidnitzer Stadtarchive aufbewahrten Urkunde nennt. Žižka zog zuerst — bereits vierzigjährig — ins Feld gegen die den deutschen Orden hartbedrängenden Polen und Lithauer, denn die Könige Böhmens und Ungarns, Wenzel und Siegmund, hielten zum deutschen Orden. Aber die Schlacht bei Tannenberg am 15. Juli 1410 fiel für letzteren unglücklich aus. Später focht Žižka in Ungarn wider die Türken und mit den Engländern gegen die Franzosen in der Schlacht bei Azincourt. Man sieht, er machte eine gute Kriegsschule durch, und zum Jammer seiner Heimat sollte er sich als furchtbarer und glücklicher Feldherr bewähren. An Johannes Huß verübte man durch dessen Verbrennung zu Constanz geradezu eine ebenso unpolitische als höchst unsinnige Unthat. Die Böhmen waren darüber von Haß und Rache gegen Kaiser Siegmund, der sie hatte geschehen lassen, erfüllt, und sofort trat Žižka, von König Wenzel VI. nicht nur ungehindert, sondern vielmehr begünstigt, an die Spitze eines Heeres, welches, von Fanatismus und Grausamkeit entflammt, alle Greuel eines verderblichen Bürgerkrieges über Böhmen brachte. Die Entehrung seiner leiblichen Schwester, die Nonne war, von einem Mönche geschändet und darob verbrannt worden, hatte seinen Ingrimm aufs höchste gesteigert. Als dann nach König Wenzels Tode dessen Bruder Kaiser Siegmund den böhmischen Königsthron bestieg, glaubte dieser durch Hinrichtungen mehrerer Anhänger der Huß'schen Lehre das Uebel zu beseitigen. Das aber steigerte nur den Grimm des Hussitenführers, der auf dem Berge Tábor eine Stadt erbaute, von welcher seine Anhänger den Namen Táboriten erhielten. Žižka befestigte sie und erhob sie zum starken Waffenplatze, von wo alle kriegerischen Angriffe nach allen Seiten ausgingen. Am 14. Februar 1420 zog er vor Pilsen, das er aber nicht einnahm. Prag fiel in seine Gewalt, und er vertheidigte es auf das mannhafteste gegen Kaiser Siegmund. Nach dem Tode des Niclas Hussinecz 1421 trugen ihm die Böhmen die böhmische Krone an, die er jedoch ausschlug und dem Prinzen Siegmund Korybut von Polen antragen ließ. Bei der Belagerung des Schlosses Raby verlor er durch einen Pfeilschuß auch sein zweites Auge, und nun ließ er sich auf einem Karren führen und bei den Gefechten die Stellung der Feinde beschreiben. Nachdem er bei Deutschbrod am 18. Jänner 1422 den Kaiser abermals geschlagen, drang er in Mähren und Oesterreich ein, wurde aber bei Kremsier zum Rückzuge gedrängt. Als sich dann die Prager gegen seinen Willen auflehnten, demüthigte er sie, starb aber an der Pest bei Belagerung der Stadt Przibislaw. Es gibt keine Greuel des Krieges, welche Žižka nicht bei seinen Feldzügen angewendet hätte. Nach Eroberung der Städte ließ er alles über die Klinge springen und ganze Städte zerstören, Priester verbrennen, Frauen schänden, Bürger ertränken oder langsam aufs grausamste zu Tode martern. Er war in elf großen Schlachten und mehr als hundert Gefechten Sieger. Wenn er gleich für Huß' Lehre zum Schwerte gegriffen, so hat er sie eben durch die Art seiner Kriegführung geschändet. Als er starb, hatten die Raubzüge der Táboriten noch kein Ende, seine Feldherren und Vertrauten Prokop und Jacobellus setzten die

Kämpfe fort. Ueber seine Art Krieg zu führen haben sich Bruchstücke eines von ihm für seine Leute entworfenen Werkes: „De castrometatione“, dann eine für seine Partei entworfene Kriegsordonnanz, ein Brief an die Bürger von Taus und vier Artikel einer allgemeinen Kriegsordnung erhalten [Vergleiche S. 199 XV. **Žižka's Schriften.**] I. **Žižka's Geburt — Žižka-Eiche — Žižka-Aeste.** Žižka's Mutter gebar ihren Sohn, während sie den Arbeitern im Felde nachsah, wie die Einen erzählen, nach Anderen während sie Schwämme suchte, unter einer Eiche, unter welche sie sich, als sie plötzlich von Geburtswehen befallen wurde, flüchtete. Der nächstgelegene Ort hieß Troczнow (deutsch Trotzenau), und da er nur aus zwei Gehöften bestand, war er zum Dorfe Driesendorf eingepfarrt. Diese merkwürdige Eiche überlebte lange den grauenhaften Mann, vor dem im 15. Jahrhunderte Tausende und aber Tausende gezittert hatten. — Viele Jahre nach Žižka's Tode kam ein Schmied, hieb etwas vom Baum ab und band seinen Hammer an das abgehauene Stück, im Wahne, die Kraft des Helden ströme dadurch in seinen arbeitsamen Arm. Nun ging die Eiche ein, und auf der Stelle des eingegangenen Baumes errichtete ein Priester eine Capelle dem h. Johannes zu Ehren mit folgender lateinischer Inschrift: „Hic locus olim exosus Joannis nativitate Žižcae, nunc ex asse nativitati Joannis Baptistae consecratus.“ Nach einer anderen Version wurden aus der eingegangenen Eiche Axtstiele gemacht, und der Glaube ging, wer mit einer solchen Axt arbeite, erlange besondere Kraft und Ausdauer. Solche Žižka-Aexte sollen noch hie und da in Böhmen auf dem Lande vorkommen. Die obenwähnte Capelle soll sich auch schon im Zustande völligen Verfalls befinden. — II. **Žižka's Grab und Grabstein.** Žižka wurde in Königgrätz begraben, seine Leiche aber später nach Čáslau überführt. Sein Grabstein, 5'' hoch, 8'' lang und 5½'' breit, befand sich daselbst in der Kirche St. Peter und Paul bei einer Säule. Obenauf war sein Bild ausgehauen in ganzer Rüstung, auf dem Haupt einen offenen Helm, in der Rechten eine Keule, welche er gewöhnlich bei seinen Angriffen führte, in der Linken Schwert und Schild mit dem eingehauenen Kelche haltend. Zur anderen Seite bei dem rechten Fuße befand sich ein zweiter Kelch, um denselben herum mit deutlichen großen Buchstaben die Worte: „Anno 1424 die Jovis ante festum Galli vita functus Johannes Žižka a Kalice. Rector Rerum Publ. laborantium in nomine et pro nomine Dei hoc templo conditus est“. Im Jahre 1623 wurden Grab- und Grabdenkmal sammt den vielen von Žižka-Fanatikern angebrachten Wandinschriften beseitigt. — III. **Žižka's gänzliche Erblindung.** Žižka verlor das zweite Auge bei einem Sturm auf die zwischen Schüttenhofen und Horaždiowitz gelegene Veste Raby durch einen vom Ritter Koczowsky auf ihn abgeschossenen Pfeil. Alle Versuche, die Wunde zu heilen, blieben erfolglos. Dieser Vorfall war auf dem Schlosse Raby über dem Burgthore in Farben abgebildet, und Balbin hat diese Malerei noch gesehen. [Morgen-Blatt (Stuttgart, Cotta, 4°) 1819, Nr. 119 S. 475: „Wo Žižka sein zweites Auge verlor.] — IV. **Der Pfeil, durch welchen Žižka das zweite Auge verlor.** Derselbe befindet sich in der Sammlung des Henneberg'schen alterthumsforschenden Vereins zu Meiningen. Der Vorfall der Verwundung Žižka's mit diesem Pfeile, eine Zeichnung desselben und die Geschichte, wie solcher in den Besitz vorgenannten Vereines gelangte, wird in der von A. Auer herausgegebenen Zeitschrift „Faust“ (Wien, gr. 4°.) 1855, Nr. 6, S. 42 erzählt. — V. **Žižka's Keule und Teller.** Es ist bekannt, daß sich Žižka in seinen Schlachten vorzugsweise einer Keule bediente. Dieselbe lag lange in seinem Grabe neben seiner Leiche. Als 1523, nach Zerstörung der Stadt Čáslau das Grab erbrochen wurde, hing man die darin gefundene Keule über dem Grabe in der Kirche St. Peter und Paul in Čáslau an einer Kette auf. Die Keule mißt zwei Schuh. Dem Grabe gegenüber befand oder befindet sich noch an einer Säule ein steinerner Teller, 1 Schuh 4 Zoll lang, 4 Schuh 1 Zoll breit und 1 Zoll dick der gleichfalls an einem Kettengliede hängt Von diesem Teller soll Žižka, wie einige berichten, gegessen haben; nach Anderen pflegte sein Seelsorger auf ihm das Altarsacrament unter beiden Gestalten zu wahren — VI. **Žižka's Schwert.** Es ist eine schwarze Waffe, mit gerader 2½ Schuh langer, 3 Finger breiter zweischneidiger Klinge; nahe ihrer Einfügung sieht man die Buchstaben K. M., deren Bedeutung nicht enträthselt ist, eingehauen, nebst dem Umrisse eines Kelches dazwischen. Die Klinge steckt in einem nach oben etwas ausgehöhlten Stichblatte. Aus des Griffes Metallplattirung tritt ein geharnischter, mit der rechten Hand auf sein Schwert sich stützender Krieger von vortrefflicher in Eisen getriebener Arbeit hervor. Die Klinge hat Oberst Wrangel aus dem dreißigjährigen Kriege nach Schweden gebracht, wo sie sich in dem von ihm nahe bei Stockholm erbauten Skog-Kloster in einem noch andere Curiositäten enthaltenden Waffensaale aufbewahrt befindet. — VII. **Die Trommel der Hussiten.** Als Žižka dem Tode nahe war, bestimmte er, wie die Sage meldet, man solle nach seinem Hingange die Haut von seinem Leibe ablösen und aus dem zubereiteten Fell eine Trommel machen, solche dem Hussitenheere vortragen und jedesmal bei Beginn einer Schlacht zu rühren anfangen. Diese Trommel soll später im Schlosse zu Altbunzlau aufbewahrt worden sein. Um diese immerhin mögliche Thatsache schlingt nun die Sage ihre Ranken, denn man erzählt ferner: wenn Krieg, Pest, Hungersnoth, ein hoher Todesfall oder ein anderes Unglück über Böhmen verhängt gewesen sei, habe die Trommel von selbst zu wirbeln angefangen. So oft sich dann dies zutrug, mußte der Schloßhauptmann solches alsogleich dem Burggrafen zu Prag anzeigen, damit man gegen alle widrigen Zufälle die nöthigen Vorkehrungen treffen konnte. (Ist beim Scheitern des Ausgleichs keine Kunde dem Prager Burggrafen zugekommen, daß die Trommel sich wieder selbst gerührt habe?) — VIII. **Žižka-Feld.** Die Stelle, wo Žižka in der Nähe von Přibislaw starb, ist durch einen Hollunderstrauch bezeichnet. Dr. Julius Gregr hat das Stück Feld, worauf der Hollunderbusch steht, gekauft und dem Prager Sokol-Vereine zum Geschenk gemacht. Das dieses Geschenk begleitende Schreiben nennt Žižka „einen Feldherrn, der in seiner Genialität, Tapferkeit und Uneigennützigkeit kaum in irgend einer Nation seines Gleichen hat, einen Feldherrn, der, weder persönlichen Ehrgeiz besitzend, noch selbst durch den Glanz der Königskrone geblendet, treu und wacker nur für die Wahrheit und das Recht seines Volkes kämpfte". Aber wie er kämpfte! Daß er maßlose durch nichts gerechtfertigte Grausamkeit übte, von den Martern, die Žižka schonungslos an Alt und Jung ausführen ließ, von den haarsträubenden gegen alles Kriegsrecht geübten Greueln seiner Kriegsführung, die ihn als Dritten im Bunde dem Hunnen Attila und dem Mongolen Dschingischan zugesellt, von dem allen berichtet Herr Dr. Gregr nichts. — IX. **Žižka-Denkmal.** Dasselbe wurde zu Přibislaw am 20. September 1874 unter großer Betheiligung der Jungčechen festlich enthüllt. Wenn man bedenkt, daß Žižka's Grabmal auf kaiserlichen Befehl 1623 abgebrochen und seine Gebeine fortgeschafft wurden, und man dem Unhold in unseren Tagen ein Denkmal errichtet, ist dies letztere immerhin ein Zeichen der Zeit. — X. **Bildnisse.** In Čáslau, wo Žižka begraben liegt, befand oder befindet sich noch unweit von seinem Grabe, neben Huß' Bildniß auch das seinige mit der Ueberschrift: „Jam venit a superis Huss: quodsi forte redibit Žižka, suus vindex, impia Roma cave." Als Kaiser Ferdinand eines Tages, da er in der Kirche seine Andacht verrichtete, diese Worte las, soll er voll Unmuth ausgerufen haben: Bvy! Bestia mortua, quae etiam post centum annos terret vivos. Nachmals wurde unter Žižka's Bildniß noch folgender Vers gesetzt: Terret post annos centum quoque mortua vivos bestia: Žižkae fugiens sit ille sepulchro. — Ein echtes Bildniß des Hussitenführers Žižka von Trocznow will Professor Šembera, der bekannte čechische Literarhistoriker aufgefunden haben. Der Custos Wussin, seinerzeit an der Universitätsbibliothek in Wien angestellt, machte Šembera aufmerksam: daß in einem zu Ende des 16. Jahrhunderts in Köln herausgegebenen Werke sich unter anderen eine Abbildung der Stadt Čáslau und nebenan ein Bildniß befinde mit der Unterschrift: Vera effigies Joannis Žižka. Nach Allem lasse sich vermuthen, daß die Abbildungen der Städte von Reisenden mitgenommen wurden, welche man zu diesem Zwecke aussandte. Ein solcher abgesandter Zeichner kam allem Anscheine nach auch nach Čáslau, wo er das Bildniß Žižka's sah und dann abzeichnete. Das Bildniß stimmt mit den alten Beschreibungen der Person Žižka's auffallend überein. Der Hussitenführer ist als kleiner Mann von untersetzter Gestalt dargestellt, ohne Bart, in polnischer Tracht, auf dem Kopfe eine polnische Mütze. — Von Bildnissen Žižka's sind mir bekannt: 1) Unterschrift: „Žyžka". J. Blaschke sc. (8°.), auch in Hormayr's „Oesterreich Plutarch". — 2) Unterschrift: „Jan Žižka z Trocnova. Vysel r. 1861 u F. Šíra“, d. i. erschienen 1861 bei F. Šír. Lithographie. Žižka in einer Felsennische mit aufsteigendem linken Fuße in Rüstung, auf eine Keule gestützt, zu seinen Füßen brennende Scheiter, ober seinem Haupte auf dem Felsen der Kelch. — 3) im „Posel z Praha. Kalendař na 1863“, d. i. Bote aus Prag. Kalender auf das Jahr 1863 (Prag, Kober, 4°.) S. 87: „Altes Bildniß Žižka's“. — 4) Žižka in Halbfigur in Rüstung. Kupferstich, 4°., in A. Einsle's „Bildniß-Auctionskatalog“ 23. Februar u. f. 1891. — XI. **Quellen zur Geschichte Žižka's.** Der durch die bei Čáslau und Chotusirz vorgefallne blutige Schlacht vernnruhigte und aufgeweckte Žižka, ehemaliger erster Anführer derer Hussiten (Frankfurt und Leipzig 1742, 4°.). — Eckardt (Friedrich v.). Leben und Thaten J. v. Trocznow's, genannt Zižka (Prag 1784, 8°.) unter den Initialen des Autors F....E. veröffentlicht. — Millauer (Maximilian). Diplomatisch-historische Aufsätze über J. Žižka von Trocznow (Prag 1824, 8°). — Tomek (Wladiwoj). Versuch einer Biographie des J. Žižka. Uebersetzt von Dr. V. Prochaska (Prag 1882, 8°.) [wohl das beste über Žižka vorhandene Werk]. — Volksbücher aus alter und neuer Zeit. Leben und Tod des Joh. Žižka von Troczuow, Führer der böhmischen Hussiten von 1419—1424. Von Wenzel Jeřabek. Mit mehreren Illustrationen (Wien 1853, Wenedikt, 12°.) — *Haeberlin (Franz Dominik).* Elogium J. de Troczowa cognomento Žižka archistrategi Taboritarum formidabilis (Gottingae 1742, 4°.). — Histoire de la guerre des Hussites et du concile de Bâle (Amsterdam 1772, 4°.). — *Rocoles (Jean Bapt. de).* Žižka, le redoutable aveugle capitaine général des Bohémiens évangéliques, avec l'histoire des guerres et troubles par la réligion, dans le royaume de Bohême, ensuite du supplice de Jean Huss (Leyden 1685, 12°.). — *Sand (George).* J. Žižka. Episode de la guerre des Hussites (Paris 1843; Bruxelles 1843, 18°.) [ins Deutsche übersetzt von Ludwig Meyer (Leipzig 1844, 12°)]. — *Arnold Emanuel).* Deje Husitů ze zvlastnim vzhledem na J. Žižka (Praze 1848, 8°.). — *Kuthen (Martin).* Kronika velmi pekna o wrozenom a statecnom rytíři J. Žižkovi pravdi boži horliv. milovniku (Praze 1864, 8°., mit Bildniß).

— (Hormayr's) Plutarch (Wien, 8°.) Bd. VII, S. 109—138: „Biographie“. — Derselbe. Archiv für Geschichte u. s. w. (Wien, 4°.) 1824, S. 739: „Eine Literatur der Biographie Žižka's“. — Palacky. Geschichte Böhmens (Prag, 8°.) Bd. IV. — Pappe (J. J. C. Dr.). Lesefrüchte vom Felde der neuesten Literatur (Hamburg, 8°.) 1846, IV. Bd, 23. Stück: „Böhmen und die Hussiten bis zum Tode Žižka's“ aus Emil de Bonnechose's Werk: „Les Réformateurs avant la réforme“ (Paris 1846). — Rosen und Vergißmeinnicht Taschenbuch für 1847, S. V bis XIV: „Schlacht bei Deutschbrod“. — Sartori. Lebensbeschreibungen berühmter Helden u. s. w. (Wien 1844, 8°.) S. 279—330: „Žižka und Prokop“. — (Sartori's) Pantheon (Wien, 8°.) Bd. I, S. 279—323: „Biographie“. — Čas, d. i. Die Zeit (čechisches polit. Blatt) 1861, Nr. 306 im Feuilleton: „Žižkova smrt a hrob jeho“, d. i. Žižka's Tod und Grab. — Slovník naučny. Redaktoři Dr. Frant. Lad. Rieger a J. Malý, d. i. Conversations-Lexikon. Redigirt von Dr. Franz Lad. Rieger und J. Malý (Prag 1872, J. L. Kober, schm. 4°.) Bd. X, S. 312—320. — XII. **Žižka in der Dichtung.** Meißner (Alfred). Žižka. Episches Gedicht (7. Aufl. Wien 1867 und noch öfter, 12°.). [Da Hedrich seinen hervorragenden Antheil an Meißner's Romanen beansprucht, beschränkt sich Meißner's literarischer Ruhm auf sein episches Gedicht Žižka, dessen ästhetischer Werth kaum anzuzweifeln ist.] — Der čechische Komödiendichter Kliepera hat den Hussitenführer oder doch dessen Namen zu einem Paar kleiner Lustspiele verwendet: „Žižkůw meč, fraška wo 3 jedn.“, d. i. Žižka's Schwert. Posse in 3 Acten (1821), und „Žižkůw dub, romant. zpěwák w 2 jedn.“, d. i. Žižka's Eiche, romant. Oper in 2 Acten (1826). — Wohl leben noch verschiedene mitunter anziehende Sagen über den Hussitenführer im Munde des Volkes, doch können wir hierauf nicht näher eingehen und verweisen nur auf die Quellen: (Hormayr's) Taschenbuch für vaterländische Geschichte (12°) 1. Jahrgang, S. 27: „Die Glasscheibe zu Sedletz“. — (Frankl's) Sonntagsblätter (8°.) 1842, S. 381: „Ein Ritterschlag von Žižka“. — XIII. **Žižka-Medaillen.** 1) Brustbild. Umschrift: „Joannes Žižka“. Einseitige Bronzemedaille. — 2) Avers: Brustbild, daver eine Lanzenspitze. Umschrift: „Jan Žižka". Revers: Der böhmische ungekrönte Löwe, in der rechten Pranke ein Kelch, oben Hus. Gegossene Silbermedaille 4³/₈ Loth. Beide Medaillen sind ohne Zweifel in einer viel späteren Zeit erschienen. Abbildungen derselben enthält die „Beschreibung der bisher bekannten böhmischen Privat-Münzen und Medaillen. Herausgegeben von dem Verein für Numismatik zu Prag. Redigirt anfänglich von Miltner, später von Leopold Ritter v. Sacher-Masoch" (Prag 1852, 4°.), auf der Tafel LXXVIII, Nr. 661 und 662. Auf dieser Tafel ist noch eine Medaille, Avers und Revers, irrig mit Nr. 662 bezeichnet. — XIV. **Žižka's Siegel.** Dasselbe zeigt sein Familienwappen, und zwar in einem dreieckigen schief gestellten Schilde einen Krebs, über dem Schilde einen Ritterhelm, worauf wieder ein Krebs. Dieses Siegel befindet sich auf einer Schuldurkunde des Jaroslaus von Kropno aus dem Jahre 1378, auf welcher sich Johann von Myšletin und Johann, genannt Žižka von Trocznow für die Zahlung einer Schuld des Vorgenannten verbürgen. Um den Schild befinden sich die Worte S.(igillum) Johannis de Trocnow. Der vorgenannten Urkunde ist Žižka's Siegel angehängt. [(Miltner's Beschreibung der bisher bekannten Privat-Münzen u. s. w., S. 713.] — Im Hussitenkriege nahm Žižka statt des Krebses einen Kelch in sein Siegel auf und auf seinen schwarzen Kriegsfahnen führte er einen rothen Kelch. — XV. **Žižka's Schriften.** „Zřízení wojenské", d. i. Militärische Organisation, von ihm selbst entworfen, in Handschrift in der Prager Museumsbibliothek; — dann wieder in Bienenberg's „Geschichte der Stadt Königgrätz" S. 280, in den „Neueren Abhandlungen der böhmischen Gesellschaft" Bd. I (Prag 1791) S. 371, und nach Balbin's Abschrift in dritter Ausgabe (Prag 1817, J. Fetterle, gr. 8°.). — Ueber drei Briefe Žižka's gibt Jungmann's „Historie literatury české, druhé Vydaní" (Prag 1849, Řiwnáč, schm. 4°.) S. 90, Nr. 478 a, b, c, näheren Bescheid.

Zlamal von Morva, Wilhelm (Arzt, geb. zu Morsitz in Mähren 21. Juli 1803, gest. zu Budapesth 11. November 1886). Nachdem er seine Studien zu Wien im Josephinum beendet hatte, ging er als Oberarzt nach Złoczów in Galizien und wurde 1833 vom Hofkriegsrathe an die Wiener Thierarzeneischule und nach Vollendung des zweijährigen Veterinärcurses nach Temesvár geschickt, wo er das Garnisonsspital und die Veterinärpolizei der Militärgrenze leitete, zugleich aber auch die magyarische Sprache erlernte. 1838 erhielt er die neugeschaffene Stelle eines ungarischen Landesthierarztes und begann noch in demselben Jahre zu Ivánda die Versuche mit Impfung der Rinderpest, beobachtete zu Jánoshida die exanthematische Form dieser Krankheit, machte auf die in Ungarn bisher unbekannten Modificationen des Krankheitsbildes aufmerksam, welche das ungarische Rind, als zur orientalischen Race gehörig, gegenüber dem deutschen Hornvieh, bei der Rinderpest zeigt, wies in einer Rinderpestverbreitungskarte nach, daß die Seuche nach Ungarn immer nur aus der Walachei eingeschleppt worden sei, und arbeitete, woran es in Ungarn bisher gebrach, veterinärpolizeiliche Instructionen und Verordnungen aus, die dann behördlich geprüft und in Wirksamkeit gesetzt wurden. 1843 ward er o. ö. Professor der Viehseuchenlehre an der Universität in Pesth und Director der dortigen Thierarzeneischule, die anfänglich sehr dürftig besetzt und deren zeitgemäße Reorganisation er erst nach vieljährigen Bemühungen durchzuführen im Stande war. 1867 zum Sectionsrath in die von ihm organisirte Abtheilung für Veterinärsanitätswesen berufen, erhielt er, als er altershalber um Versetzung in den Ruhestand bat, den ungarischen Adelstand mit dem Prädicate von Morva. Bis in seine letzten Tage geistig frisch und bis wenige Monate vor seinem Tode körperlich rüstig, erreichte er das Alter von 83 Jahren. Er war zuletzt Landessanitätsrath und seit 1864 correspondirendes Mitglied der ungarischen Akademie. Die Zahl seiner schriftstellerischen Arbeiten übersteigt das Hundert. Er schrieb in ungarischer und deutscher Sprache. In letzterer sind uns nur die in der „Zeitschrift für Natur- und Heilkunde Ungarns“ 1850 und 1852 erschienenen Aufsätze: „Entwurf zur Reorganisirung des k. Universitäts-Thierarzenei-Institutes“ und „Condylome bei einem Hunde durch Tinct. Thujae occid. geheilt“ bekannt; im 24. Bande der „Medicinischen Jahrbücher des österreichischen Kaiserstaates“ seine Abhandlung: „Versuch einer Impfung der Rinderpest“ und in derselben Zeitschrift vom Jahre 1844 seine „Abhandlung über die Lungenseuche des Rindviehs“, worin er deren Contagiosität leugnet und ihre Entstehung aus örtlichen und Witterungsverhältnissen ableitet. Seine zahlreichen selbständigen in ungarischer Sprache meist bei Pesther Verlegern: Gustav Emich, Heckenast, Robert Lampel, aber auch in Großwardein bei Tichy und Wigand in Preßburg erschienenen Werke zählt die unten angeführte „Bibliotheca hungarica historiae naturalis et matheseos“ auf.

Biographisch-literarisches Lexikon der Thierärzte aller Zeiten und Länder u. s. w. Gesammelt von G. W. Schrader, vervollständigt und herausgegeben von Ed. Hering Med. Dr. (Stuttgart 1863, Ebner und Seubert, gr. 8°.) S. 483. — Szinnyei J. (Vater und Sohn). Bibliotheca hungarica historiae naturalis et matheseos (Budapesth 1878, schm. 4°.) Sp. 863, 864. —

Zlatarich, Marino (serbisch-croatischer Schriftsteller, geb. in Dalmatien 1753, gest. daselbst 1826). Er gehört derselben Dichterfamilie an, aus welcher Dominik und Simon stammen, deren in den Quellen Erwähnung geschie und zählt zu jenen Männern Dalmatiens, welche im 18. Jahrhundert sich die Pflege und Förderung des geistigen Lebens in ihrem Ländchen angelegen sein ließen. Er war mit Anderen Mitglied eines Vereins, der sich „Oživci“, d. i. Die Beleber, nannte und eben in der genannten Richtung thätig war. Von ihm ist eine serbisch-croatische Uebersetzung der Geßner'schen Idyllen vorhanden. Unser Marino Zlatarich dürfte identisch mit Marino Domenico Conte di Zlatarich sein, an welchen mit einem Schreiben ddo. Verona 3. Februar 1793 der Veroneser Canonicus Andrea Willi seine „Raccolta di alcuni interessanti opuscoli“ (Ragusa 1794, Andr. Trevisan, 4°.) richtet, worin literarisch-biographische Notizen über Dr. Giangiuseppe Conte Pavlovich-Lucich, Domherrn und Generalprovicar von Macarsca, dann über dessen Denkschrift über den Landbau in Dalmatien, und dessen lateinische Briefe an Papst Pius VI., Gedeon Freiherrn von Loudon und einige dalmatinische Berühmtheiten enthalten sind. Doch ist er nicht mit Peter Marinus Zlatarich, auch Slatarich, der vielleicht sein Vater war, zu verwechseln, von dem die „Epistola psalterio illirico praemissa“ (Venetiis 1729, 4°., 22 nicht pagin. Bl.) im Druck erschien, worin nach Urkunden, welche im Jahre 1729 dem Archiv der Paduaner Universität entnommen sind Nachrichten über jene gelehrten Ragusaner mitgetheilt werden, die von 1550 in verschiedenen wissenschaftlichen Gebieten thätig gewesen.

Die Zlatarich gehören einer alten Ragusaner Patrizierfamilie an — sie erscheinen auch als Conti Slatarich — in welcher einzelne Sprossen sich auf schriftstellerischem Gebiete und als Gelehrte besonders hervorgethan. Erwähnenswerth sind: 1. **Dominik** Zlatarich (geb. um 1556, gest. 1607). Er machte seine Studien an der damals hochberühmten Universität Padua und leistete so Ausgezeichnetes, daß er, erst 23 Jahre alt, zum Gymnasiarchen — so viel wie etwa unser Rector magnificus — erwählt wurde. In dieser Würde, welche er sieben Jahre bekleidete, ward er zum Ritter der goldenen Stola erhoben, schlichtete glücklich einmal einen gefährlichen Streit, der zwischen den deutschen und französischen Studenten der Hochschule ausgebrochen, und sah seine Thätigkeit durch eine an den Innenmauern der Universität angebrachte Denktafel geehrt. Als seine Amtszeit vorüber war, verließ er Italien und hielt sich zunächst in Agram und einigen anderen Ortschaften Croatiens auf, dann aber kehrte er in seine Heimat Dalmatien zurück und ließ sich bleibend in Ragusa nieder. Zlatarich huldigte auch der als Dichterin, mehr noch aber ob ihrer Schönheit gepriesenen Flora Zuzzeri, nachmaligen Gattin des Florentiners Bartolomeo Pescioni, dessen Haus der Sammelplatz der feinsten Geister jener Zeit war. Er widmete dieser Dame sein Werk „Gjlubimir“. Von ihm ist auch eine Sammlung slavischer Lieder vorhanden. Ferner übersetzte er „Pyramus und Thisbe“ von Ovid, die „Elektra“ des Sophokles und die „Aminta“ des Tasso. Ivan Kukuljevic-Sakcinski gab Zlatarich's „Djela“, d. i. Werke, in 3 Bänden (Agram 1852 u. 1853, Zupan, 8°.) heraus und schickte dieser Ausgabe die Biographie des Dichters voran. [Ilirska Čitanka za gornje Gymnasye, d. i. Illyrisches Lesebuch für Obergymnasien (Wien 1856, gr. 8°.) S. 113.] — 2. **Simon** Zlatarich, ein Sohn des Vorigen, war gleichfalls schriftstellerisch thätig, von seinen Schriften aber hat sich nur eine croatische Idylle „Vila u Stareua“, dann die Uebersetzung des 50. Psalms und des ersten Buches der Ovid'schen Metamorphosen erhalten.

Zlatarovich, Joseph von (Arzt, Ort und Jahr seiner Geburt unbekannt), Zeitgenoß. Er widmete sich nach beendeten Vorbereitungsstudien der medicinischen Laufbahn und erlangte an der Wiener Hochschule daraus die Doctorwürde. Gleich seinem Schwager Dr. Franz Wurmb fand er sich von Methode und Heilwirkung der Allopathie nicht befriedigt und wendete sich wie dieser dem neuen durch Dr. Hahnemann inaugurirten Heilverfahren der Homöopathie zu. Während er bereits k. k. Professor der Arzeneimittellehre am Josephinum in Wien war, beschäftigte er sich emsig mit dem Studium der neuen Heilmethode, und Dr. Ant. F. Watzke, Wurmb's Biograph, bezeichnete ihn in mehr als einer Hinsicht als eine für die Homöopathie bedeutende Eroberung. Zlatarovich stellte eine Reihe von Versuchen theils an sich selbst, theils an Thieren an und überredete auch viele seiner Schüler dazu. Mit jeder Prüfung, die ihm über die positiven Wirkungen des einen oder des anderen Arzeneimittels Licht und Gewißheit brachte, wuchs sein Enthusiasmus und seine Ausdauer. Nachdem er sich von der Wichtigkeit und Heilkraft der neuen Methode durch vielfältige Versuche überzeugt hatte, bekannte er sich frei und ungescheut zu seiner Ueberzeugung — selbst auf dem Katheder. Dies führte bald zu collegialen Zerwürfnissen und Anklagen. Es fehlte nicht viel, berichtet Dr. Watzke, und man hätte ihm zugemuthet, vor einem professorlichen Inquisitionstribunale seine Irrthümer abzuschwören und Abbitte zu leisten. Man begnügte sich jedoch damit, ihn zum Märtyrer der neuen Lehre zu machen: er verlor seine Professur! Ja das vormärzliche Professorenpaschathum auf den österreichischen Universitäten, namentlich auf jener Wiens, trieb ganz absonderliche Blüten. Von Zlatarovich's im Druck erschienenen Arbeiten sind uns nur die Inauguraldissertation „*De genio morborum stationario*“ (Viennae 1830, A. Strauß, 59 S.,

8⁰.) und die Denkschrift: „Der Feldarzt und die Homöopathie" (Gratz 1870, 8⁰.) bekannt.

Watzke (Ant. J. Dr.). Dr. Franz Wurmb. Biographische Skizze. Ein Stück Geschichte der Homöopathie in Wien (Wien 1863, 8⁰.) Seite 9.

Zlatohorský, Dominik, Pseudonym für Dominik Špachta, siehe: **Špachta**, Dominik [Bd. XXXVI, S. 47].

Zlinszky, Georg (Mitglied des ungarischen 1861er Reichstages, geb. in Ungarn, Ort und Jahr seiner Geburt unbekannt), Zeitgenoß. Seinem Namen nach slavischer Abstammung, vielleicht einer Slovakenfamilie angehörig, ist er der Sproß eines ungarischen Geschlechtes, das im 17. Jahrhundert geadelt wurde. Ivan Nágy in seinem großen Adelswerke Ungarns: „Magyarország családai czimerekkel és nemzékrendi táblákkal" (Pesth, gr. 8⁰.) gibt im XII. Bande, S. 400 und 401 wohl Nachrichten über diese Familie, erwähnt aber auch nicht mit einer Sylbe des in Rede stehenden Parlamentariers. Für unser Werk gewinnt er in letzterer Eigenschaft Bedeutung, da er als Mitglied des denkwürdigen ungarischen 1861er Reichstages [vgl. zum Verständniß der Sachlage Jámbor Bd. X, S. 60] für den Beschluß stimmte und in einer der heftigsten Reden, welche von rohen Ausfällen gegen Deutschösterreich, speciell Wien, den Minister Bach und alle von der kaiserlichen Regierung nach Niederwerfung der magyarischen Rebellion getroffenen Maßregeln und insbesondere gegen die Februar-Verfassung wimmelt, die Institutionen des ungarischen Staates pries und verherrlichte. Es widerstrebt dem Autor dieses Werkes, auch nur eine Blütenlese dieses parlamentarischen Excurses mitzutheilen; wer danach Verlangen trägt, kann sich aus den in den Quellen angeführten Schriften genau unterrichten. Uebrigens ist diese interessante Rede auch im Sonderdrucke erschienen. Wir bemerken nur, wie wenig solche Tiraden à la Zlinszky über Verfassungs- und Völkerrechtsverletzung mit dem Gebaren der ungarischen Nation gegenüber den verbrieften Rechten der Siebenbürger Deutschen und der Croaten stimmen. Sehen doch diese Herren nicht den Balken im eigenen Auge!

Pesther Lloyd (deutsches politisches Blatt, gr. Fol.) 1861, Nr. 130. — Der ungarische Reichstag, 1861 (Pesth 1861, Osterlamm, 8⁰.) Bd. II, S. 199 bis 202.

Zur Genealogie der Zlinszky. Diese Familie ist im Pesther Comitate ansässig, wo sie die Ortschaft Gyón besitzt. Sie erscheint zuerst um die Mitte des 17. Jahrhunderts, und zwar war 1646 ein **Peter** Zlinszky Obernotar des Neutraer Comitates. Ein Adelsdiplom erhielt **Johann** Zlinszky 1718 von Kaiser Karl VI. Wir finden Personen dieses Geschlechtes in verschiedenen amtlichen Stellungen, und zwar als Vicegespäne Oberstuhlrichter, Ober- und Unternotare, königl. Räthe in vielen Comitaten, vornehmlich aber im Pesther und Weißenburger. Ein **Joseph** Zlinszky diente bei Esterházy-Huszaren, kam aber 1760 bei Errichtung der ungarischen adeligen Leibgarde in dieselbe. Zwei Zlinszky, ein **Ignaz** und ein **Emmerich**, erscheinen 1790 als Mitglieder des zur Behütung der wieder nach Ofen zurückgebrachten ungarischen Krone berufenen Weißenburger Comitats-Banderiums. Dem Wappen nach gibt es zwei verschiedene Familien dieses Namens. Das Wappen des Diploms vom Jahre 1718 zeigt im blauen Felde auf grünem Rasen einen aufrechtstehenden Ungar im rothen Gewande mit blauem Gürtel, der in seiner Rechten ein gezücktes Schwert hält. Aus der Krone des Helmes, der über dem Wappen ruht, wächst der in diesem befindliche Ungar. Ein von Kaiser Franz I. ertheiltes Adelsdiplom auf dem Jahre 1797 zeigt im blauen Felde zwei aufrecht sich gegenüberstehende goldene Löwen, von denen der rechts befindliche in der erhobenen linken Pranke einen silbernen Mond, der andere in derselben einen goldenen Stern emporhält. Auf dem Schilde ruht ein Turnierhelm, und aus seiner Krone wächst ein blaugekleideter Ungar, mit einer Pelzmütze auf dem Haupte, in der Rechten ein gezücktes Schwert, in der Linken einen abgeschnittenen Türkenkopf haltend. Die Helmdecken sind auf beiden Seiten blau mit Gold unterlegt.

Zlobicky, Joseph Valentin (Schriftsteller, geb. zu Welehrad in Mähren am 14. Februar 1743, gest. in Wien 24. März 1810). Er besuchte in seinem Vaterlande Mähren die Schulen in Ungarisch-Hradisch, Brünn und Nikolsburg, wendete sich 1761 aus dem philosophischen Curs der Landwirthschaft zu, widmete sich aber 1763 in Wien neuerdings den Studien und hörte die Rechte mit den dazu gehörigen Disciplinen, Naturwissenschaften und Mechanik. Dann trat er in den Staatsdienst, in welchem er in verschiedenen untergeordneten Stellungen thätig war, bis er 1773 das Lehramt der čechischen Sprache an der k. k. theresianischen Militärakademie in Wiener-Neustadt erhielt. 1775 wurde er zum wirklichen Lehrer der čechischen Sprache und Literatur an der Wiener Hochschule und 1776 zugleich zum Translator und Registraturs-adjuncten bei der obersten Justizstelle ernannt. Seine Doppelstellung als Lehrer und Beamter ließ ihm keine Zeit zu schriftstellerischen Arbeiten, aber er stand in regem Verkehr mit den damaligen böhmischen Schriftstellern und Forschern, wie: Alter, De Luca, Dobner, Durich, Pelzel, Schimek, Ungar, Voigt und Anderen, denen er sich auch durch seine an Grammatiken und Wörterbüchern aller slavischen Dialekte besonders reiche Bibliothek nützlich machte. Zlobicky war der Erste, der die čechische Sprache und Literatur an der Wiener Universität zu lehren angestellt wurde, nach ihm erst folgten 1776 der italienische, französische und spanische Lehrer. Der gelehrte Kollar ließ durch ihn seine Schulbücher für die Humanitätsclassen zum Gebrauche in Böhmen übersetzen und anpassen. Auch übertrug Zlobicky das Kranz'sche „Hebammenbuch" (1772 bei Schulz gedruckt) auf ah. Befehl ins Čechische. Schließlich besorgte er noch die čechische Uebersetzung des allgemeinen Gesetzbuches über Verbrechen und deren Bestrafung (Wien 1787) und des allgemeinen bürgerlichen Gesetzbuches 1. Theil (ebd. 1787). In seinem Nachlasse fanden sich Bei- und Nachträge zu Rosa's čechischem Lexikon, das Ergebniß einer nahezu fünfzigjährigen Lecture, dann eine vollständig ausgearbeitete čechische Sprachlehre, Collectaneen zu einer Einleitung der böhmischen Literatur, zu einem Verzeichniß böhmischer Schriftsteller mit biographischen Daten und eine Topographie der Markgrafschaft Mähren. Was mit seiner oberwähnten Bibliothek, für welche der Ankauf durch den Staat befürwortet wurde, geschehen ist, wissen wir nicht. Nach der „Oesterreichischen Biedermannschronik" war es Zlobicky, der dem Kaiser Joseph gleich nach erweiterter Preßfreiheit einen Vorschlag wegen der Censur der böhmischen Bücher einreichte und bei dieser Gelegenheit den Index der verbotenen Bücher des Bischofs von Prag widerlegte. Seine Dienstwilligkeit in allen seine Landsleute betreffenden Angelegenheiten erwarb ihm von Seite dieser den Ehrennamen eines böhmischen Patriarchen.

Annalen der Literatur und Kunst des In- und Auslandes (Wien 1810, Anz. Doll. 8°)

Jahrg. 1810, Bd. IV, S. 343. — d'Elvert (Christian). Historische Literaturgeschichte von Mähren und Oesterreichisch-Schlesien (Brünn 1850, Rohrer, 8°) S. 268. — Bartholomäus Kopitar's kleinere Schriften, herausgegeben von Fr. Miklosich (Wien, gr. 8°) Bd. I, S. 59. — (De Luca). Das gelehrte Oesterreich. Ein Versuch (Wien 1778, Trattnern, gr. 8°.) I. Bandes 2. Stück, S. 284. — Vaterländische Blätter für den österreichischen Kaiserstaat (Wien, 4°.) 1810, S. 42: „Nekrolog". — *Jungmann (Jos.)*. Historie literatury české d. i. Geschichte der čechischen Literatur (Prag 1849, Řiwnáč, 4°.). Zweite, von W. W. Tomek besorgte Ausgabe, S. 638 [zählt sämmtliche von Zlobicky ausgeführte čechische Uebersetzungen der österreichischen Gesetzbücher und andere Schriften auf].

Noch ist eines **Franz Zlobicky** zu gedenken, der in der ersten Hälfte des laufenden Jahrhunderts als rechtswissenschaftlicher Schriftsteller in Wien thätig war, das Werk „Ueber Provisorien im streitigen Besitze nach den Vorschriften und nach dem Geiste der österreichischen Gesetzgebung" (Wien 1826, Mösle, 8°.) herausgegeben hat und überdies ein fleißiger Mitarbeiter der Wagner'schen „Zeitschrift für österreichische Rechtsgelehrsamkeit" war, worin er in den Jahrgängen 1838—1843 mehrere Abhandlungen veröffentlichte, welche streitige Fragen über die väterliche Gewalt, Verjährung, das Ersatzrecht, das Intestat-Erbrecht, Vermögensschenkungen u. a. behandeln, und von denen die meisten in dem von Dr. L. Fortis herausgegebenen „Giornale di giurisprudenza austriaca" in italienischer Uebersetzung erschienen sind. Franz Zlobicky dürfte wohl ein Sohn des obigen Joseph Valentin Zlobicky sein. [*Stubenrauch (Moriz Dr. v.)*. Bibliotheca juridica austriaca... Ein Versuch (Wien 1847, Fr. Beck, 8°) S. 369, Nr. 4832—4869.]

Zmajevich, Vincenz (Erzbischof von Zara und Primas von Serbien, geb. zu Perasto in Dalmatien am 25. December 1670, gest. in Zara 11. September 1745). Einer alten dalmatinischen Familie angehörend, wurde er von seinem Onkel Andreas, Metropoliten von Antivari, nach Rom geschickt, wo er im Collegium der Propaganda den philosophischen und theologischen Studien oblag. Schon damals huldigte er den Musen, wie es sein in Rom 1694 gedrucktes und dem edlen Anton Zeno gewidmetes Werk „Corona poetica" bezeugt. Allmälig wuchs der Ruf seiner Gelehrsamkeit, und so wurde er bald Abt zu San Giorgio und Pfarrer zu San Nicolo in seiner Heimat, und schon 1701 ernannte Papst Clemens XI. den erst 31jährigen Priester zum Erzbischof von Antivari und Administrator der Kirche zu Budua, zum Primas von Serbien und apostolischen Administrator sämmtlicher Kirchen in Serbien Albanien, Macedonien und Bulgarien. Nun war es seine erste Aufgabe, eine Visitation in den genannten Ländern vorzunehmen, welche er mit so viel Umsicht und Geschick ausführte, daß die türkischen Behörden, die ihm mit aller Ehrfurcht entgegenkamen, ihm den Schutz des katholischen Glaubens in diesen Ländern zusicherten. Drei Monate hatte diese Visitationsreise gedauert, dann berief er 1703 nach Marchigne ein Nationalconcil, auf welchem eine entsprechendere kirchliche Disciplin, die Mittel zu deren Durchführung und die erforderlichen Kirchengesetze berathen wurden. Das Elaborat über alles dies übersetzte er ins Lateinische und Albanesische und sandte es dann an die Propaganda in Rom, welche später den Druck desselben veranlaßte. Nachdem diese Angelegenheit geordnet war, bestellte er für Antivari einen Generalvicar, er selbst aber kehrte in sein Vaterland Dalmatien zurück, wo er, der Schutzgeist seines Landes, nach allen Richtungen eine segensvolle Thätigkeit entfaltete. Alle seine edlen Thaten und heilsamen Anordnungen anzuführen, würde uns zu weit führen, doch sei der vornehmsten gedacht. Zunächst gewährte er den albanesischen Familien, welche vor den Verfolgungen des Mahmud Begovich, Paschas von Antivari, in Dalmatien Zuflucht suchten, Schutz und Hilfe aus seinen eigenen Mitteln. Als ihm dann im Alter von erst 33 Jahren auf Vorschlag des Dogen von Venedig 1713 von Papst Clemens XI. das Erzbisthum in Zara verliehen wurde, leitete er dasselbe durch einen Zeitraum von 32 Jahren mit aller Umsicht und mit glänzenden Erfolgen für seine Kirche. Die Nachkommen der von den Türken verfolgten flüchtigen albanesischen Familien bilden noch heute die Bewohner der Zaratiner Vorstadt Erizzo. Außer der schon oben erwähnten Arbeit über das albanesische Concil schrieb er noch: *„Il dialogo tra un servian ed un cattolico“*; — *„Specchio di verità“*, ein Werk mit Vorwort und zwölf Capiteln; — *„Voto spedito al Concilio Provinciale di Francia sulla Bolla „Unigenitus““*; — *„Lodi di Antonio Zeno“* und noch viele andere theologische Werke über polemisch-dogmatische Fragen, Pastoralbriefe, welche schätzbare Aufschlüsse enthalten zur Kenntniß des Landes, in dem er lebte, und das von Bekennern dreier Religionen, der katholischen, griechischen und türkischen, bewohnt ist. Er war ein Mäcen und eifriger Protector der slavischen und insbesondere der glagolitischen Literatur. Sowohl für die gemeine Redesprache der Illyrier als für die Kirchensprache der Glagoliten mit gleichem Eifer beseelt, schätzte er jede nach ihrem Werthe. Er empfahl öfters die neueren ragusanisch-illyrischen Schriftsteller, verglich, wie Šafařík berichtet, den Gundulić an Majestät des Gesanges mit Virgil, den Gjona Palmotic an Leichtigkeit mit Ovid, den Abbate von Meleda Ignazio Giorgi an Höhe der Gedanken mit Horaz. Auch die gleichzeitigen Gelehrten und Dichter erwiesen ihm in ihrer Art Ehren, so widmete ihm Giorgi seine „Mandaljena pokornica“, Della Bella legte ihm vor dem Drucke zur Begutachtung sein Lexikon vor, auch Tomo Babic dedicirte ihm mit in den Widmungszeilen ausgesprochenem Enthusiasmus seine „Cvit razlika mirisa duhovnoga“. Aber nicht geringer war auch Zmajevic's Eifer für die Litteralsprachen. Der Erzbischof sorgte für die Dotirung des von ihm gegründeten slavischen Seminars durch Verleihung von zwei Klöstern von Benedict XIII. und durch die Dimunitione der Quindeni von Benedict XIV. Er drang bei einer neuen Ausgabe des Missals auf eine Verbesserung des Textes und ersah hierzu den Mate Karaman als einen Spalatiner Geistlichen aus, welcher 1732 als Missionär nach Moskau gegangen war. Dieser wurde auch später sein Nachfolger im Erzbisthum und setzte die Lieblingsideen seines Vorgängers fort. Zmajevich erfreute sich des Vertrauens der zeitgenössischen Päpste, besonders Papst Benedict XIV. wendete ihm das seine zu und besetzte die Bischöfe Dalmatiens nur mit Personen, die ihm Zmajevic in Vorschlag brachte. Zmajevic war — Alles in Allem — ein einflußreicher Politiker, ein gelehrter Kirchenfürst, ein Wohlthäter der Menschheit und seines Landes.

Appendini (Franc. Xav.). Memorie spettanti ad alcuni illustri di Cattaro (Ragusa 1811, 8°.) p. 53. — *Bassich (Anton).* Notizie della vita e degli scritti di tre illustri Perastini (Ragusa 1833, Ant. Martecchini, 8°.) [enthält die Biographien des Andreas und Vincenz Zmajevich und des Giuseppe Marinovich]. — Dalmatia (Damatinisches Journal) 1845, Nr. 16: „Zmajevich Vincenzo e suoi scritti". — *Fabianich Donato Padre).* Patriotti illustri (Zaratini) (Venezia 1846, Naratovich, 8°.). — *Farlatti (Dan.).* Illyrici sacri (Venetiis 1751 u. f., Coleti, Fol.) Tomo V, p. 108. — Narodne noviny (Agram, Ljudevit Gaj, Fol.) 1863, Nr. 171 im Feuilleton: „Zmajevich". — Zora Dalmatinska, d. i. Dalmatische Morgenröthe, 1844, S. 116.

Dieser Familie gehören noch an: 1. **Andreas** Zmajevich, der, zu Perasto geboren, in der zweiten Hälfte des 17. Jahrhunderts lebte. Ein Oheim des Vincenz, dessen Biographie oben mitgetheilt ist, hörte er die philosophischen und theologischen Studien zu Rom im Collegium Albano, und nachdem er aus beiden die Doctorwürde erlangt hatte, kehrte er in sein Vaterland Dalmatien zurück. Nun ernannte ihn 1656 der Senat von Venedig zum Abt von San Giorgio zu Perasto, dann Papst Alexander VII. zum apostolischen Vicar in Budua und zum Commissär des päpstlichen Stuhles, in welcher Stellung er sich so hervorthat, daß ihn Papst Clemens X. 1671 zum Metropoliten von Antivari erhob. Als solcher nahm Zmajevich seine bleibende Residenz zu Pastrovichio, von wo aus er seine Diöcese leitete. Gleich nach der ersten Visitation derselben berief er 1674 ein Concil nach Spizza, und die infolge der Beschlüsse desselben von ihm verfaßten Ausführungen finden sich in Farlatti's „Illyrici sacri" Band VII dargestellt. Außerdem schrieb er noch die kirchlichen Annalen Illyriens in illyrischer Sprache mit beigefügter lateinischer Uebersetzung vom Beginn der christlichen Zeitrechnung bis zum Jahre 1644. Dies Werk umfaßt zwei Bände, von denen der eine sich in der Congregazione de propaganda fide in Rom, der andere in Perasto befindet. Der slavische Titel lautet Lietopis Zarkovni. Auch auf poetischem Gebiete begegnen wir dem Kirchenfürsten mit einem Gedichte in illyrischer Sprache, das den am 15. Mai 1654 zwischen den Perastinern und den Türken der Herzegowina stattgehabten Kampf, der mit der gänzlichen Vernichtung der Letzteren endigte, schildert. — 2. **Matthias** Zmajevich, ein Bruder des Erzbischofs von Antivari Vincenz Zmajevich, auch aus Perasto in Dalmatien gebürtig, widmete sich dem Seedienste und kam nach Rußland, wo er die Würde eines Admirals und Commandanten der russischen Flotte im baltischen Meere erlangte. Er starb 1740 zu St. Petersburg. Die näheren Schicksale dieses Marineofficiers sind uns unbekannt, wir wissen nur noch von einem von seinem Bruder, dem Erzbischof, an ihn gerichteten Briefe, der im Druck erschienen ist. [Die Wiener Zeitschrift, herausgegeben von Schickh, 1835, S. 969.]

Zmeskal, Joseph (Rechtsgelehrter, gest. zu Raab am 1. Februar 1863), von der jüngeren Gabriel'schen Linie. Ein Sohn des Huszarenofficiers Joseph aus dessen Ehe mit einer Base Josepha Zmeskal, studirte er die Rechte, schloß sich, als 1848 die ungarische Rebellion ausbrach, derselben an, trat in ein Honvéd-Bataillon, rückte zum Hauptmann in einem solchen vor, stand mit seiner Abtheilung bei der Besatzung in Komorn und wurde 1849 nach Uebergabe der Festung in die Capitulation eingeschlossen. Dann kehrte er wieder zu seiner friedlichen Beschäftigung als Advocat zurück, ward Fiscal des Grafen Heder Viczay und starb in dieser Eigenschaft. Er hatte ein mündliches Testament gemacht, welches von seinen Geschwistern Stephan, Alexander und Anna gewissenhaft ausgeführt wurde und neben anderen Verfügungen folgende Legate auswies: für die ungarische Akademie der Wissenschaften 3000 fl., für den Pensionsfond des Nationaltheaters 1000 fl., für das ungarische Nationalmuseum 1000 fl., für die evangelischen Schulen in Raab 1000 fl., für die dortigen evangelischen Hausarmen 1000 fl. und für das Raaber Conservatorium eine Stiftung von 100 fl. Joseph Zmeskal war unvermält geblieben.

Pesther Lloyd (politisches Blatt) 1863, Nr. 43.

zur **Genealogie der Familie Zmeskal.** Die Zmeskal, welche sich eigentlich Zmeskal von Domanovecz und Lestnnie nennen, scheinen slavischen Ursprungs zu sein, denn der Name Zmeskal mahnt an jede, nur nicht an magyarische Abstammung, worauf auch die Beinamen Domanovecz und Lestnnie deuten. Schon der Taufname **Wenzel,** den der erste urkundlich vorkommende Zmeskal führt, bestärkt nur unsere Annahme. Dieser Wenzel Zmeskal und seine Gattin Barbara Marothy sind um 1548 bekannt und aus ihrer zahlreichen Familie, drei Töchter und sieben Söhne, bilden sich die noch heute blühenden Zweige dieses Geschlechtes. Die Töchter heirateten, und zwar: **Margarethe** Johann Viszománÿi, **Anna** Johann Kalanorzy und **Helene** in erster Ehe Ladislaus Turcsányi, in zweiter Caspar Egressy. Von den Söhnen starben **Tobias** und **Raphael** jung und unvermält; **Daniel, Job, Gabriel** und **Jaroslaus** pflanzten das Geschlecht fort, aber nur Job und Gabriel dauernd, die Nachkommen Daniels und Jaroslaus' erloschen bereits mit deren Kindern. Job (gest. 1632) ist mit seinen beiden Gattinen Petronella Ocsetffy und Anna Szent-Iványi der Stifter der älteren Linie des Hauses Zmeskal; sein Bruder Gabriel (gest. 1622) mit seinen Ehefrauen Sophie Rakovszky und Sophie Marczel der Stifter der jüngeren Linie. Die ältere von Job gebildete Linie spaltete sich mit dessen Enkeln **Caspar** und **Job** in zwei Zweige und mit des Letzteren Sohne **Emmerich** in einen dritten, welche alle drei noch zur Stunde blühen. Die jüngere von Gabriel ausgehende Linie theilte sich mit seinen Söhnen **Karl** und **Emmerich** in zwei Zweige, welche beide noch bestehen. Die Zmeskal spielen in den bewegten Tagen ihres Vaterlandes ihre Rolle, wie so viele kleine Edelleute desselben, welche sich gern auf die Seite der Rebellen gegen den rechtmäßigen König schlugen, weil für sie der momentane Vortheil auf jener Seite lag. Doch finden sich auch unter ihnen pflichtbewußte Anhänger des rechtmäßigen Königs, welche ihm gegen seine Widersacher ihre Treue bewahrten. Im Árvaer Comitate, in welchem die Familie seßhaft war, bekleideten die Sprossen derselben der alten auf der Verfassung Ungarns beruhenden Comitatswirthschaft gemäß seit jeher die oberen und einflußreichsten Aemter, so die Gespanschafts-, Vicegespanschafts-, Stuhlrichter-, Administrator-, Notar- und andere Stellen, wodurch sie natürlich alle Macht in Händen behielten und bei den beständigen Unruhen, in welchen sie nur zu oft auf Seite der Gegner des rechtmäßigen Königs standen, nicht selten den Ausschlag gaben. Ihre Ehen schlossen die Zmeskal fast ausschließlich mit Töchtern des begüterten Landadels; Namen des hohen Feudaladels finden sich fast gar nicht darunter. Ob sie mit der freiherrlichen, später gräflichen Familie der Zmeskal in Schlesien verwandtschaftlich zusammenhängen, muß dahingestellt bleiben, der einzige Anhaltspunkt für einen Zusammenhang ist im Wappen zu suchen, denn im silbernen Felde der rothe Ochs mit blauem Gürtel auf grünem Rasen ist beiden Familien, der ungarischen und der schlesischen, gemeinschaftlich. Nur der Ochs der ungarischen Zmeskal erscheint von einer nach links gekehrten brennenden Fackel mitten durch den Leib gebohrt. Der Helmschmuck der ungarischen Familie sind drei wallende Straußfedern. Die schlesische führt im senkrecht getheilten Schilde im rechten Felde den oben beschriebenen rothen Ochsen ohne Fackel; das linke blaue Feld ist von drei silbernen Querstreifen durchzogen. Auf der Krone des rechten Turnierhelms wallen die Straußfedern, aus der des linken wächst der oben beschriebene rothe Ochs hervor. Die Helmdecken beider Wappen sind gleich, rechts roth, links blau, beiderseits mit Silber unterlegt.

Noch sind erwähnenswerth: 1. **Gabriel** (geb. in der zweiten Hälfte des 18. Jahrhunderts), von der jüngeren Gabriel'schen Linie. Ein Sohn Gabriels aus dessen Ehe mit Katharina Meerwaldt, studirte er die Rechte, wurde Advocat in Neusohl, später Stadtrichter von Schemnitz, welches ihn 1825 in das ungarische Abgeordnetenhaus sandte, das ihn in den Ausschuß für Bergbauangelegenheiten wählte. Sein Andenken hat sich durch eine letztwillige Verfügung für künftige Zeiten erhalten. Er machte in derselben für gesittete Mädchen der Städte Neusohl und Schemnitz, ohne Unterschied der Confession, eine Ausstattungsstiftung, zufolge deren jährlich eine katholische und eine protestantische Braut mit je 300 fl. ohne Rücksicht auf ihren bürgerlichen Stand zu betheilen sei. Ueberdies hatten an dieser Stiftung beide Städte abwechselnd, nämlich in einem Jahre Neusohl im folgenden Schemnitz theilzunehmen. Gabriel war unvermält geblieben. — 2. **Jaroslaus** (gest. 1. December 1621), ein Sohn Wenzels, der als Stammvater dieses Geschlechtes angesehen wird, und der Barbara Marothy, spielte im ersten Viertel des 17. Jahrhunderts als Parteigänger Bocskai's eine einflußreiche Rolle. 1604—1606 war er Reichstagsabgeordneter des Barser Comitates und brachte vor den Palatin-Stellvertreter Nicolaus Istvánfy seinen Protest gegen Artikel 22, welcher als eine gegen die Protestanten gerichtete Beleidigung erschien, vor, wodurch er nicht nur vor den Wählern seines Comitates, sondern auch vor den Protestanten Ungarns und Böhmens an Volksthümlichkeit wuchs, so daß er später durch Vermittelung Tieffenbach's zur Aufrechthaltung des Wiener Friedens an Bethlen als Abgesandter geschickt wurde. Dann aber trat er zu Gabriel Bethlen über und spielte als dessen Rathgeber eine einflußreiche Rolle. Er war zuletzt Kammergraf der sieben Bergstädte; obwohl er diese Stellung zu seinem Vortheile stark ausbeutete, hinterließ er doch infolge seiner kostspieligen Unternehmungen nur ein geringes Vermögen. Aus seiner Ehe mit Maria Nyáry hatte er nur eine Tochter Barbara, die 1596 vor dem Vater starb. Das Geschlecht pflanzten seine beiden älteren Brüder Job und Gabriel fort. — 3. **Job** (geb. 1634, gest. 1723), von der älteren Linie, ein Sohn des Árvaer Vicegespans Georg, war er 1683 gleichfalls Vicegespan desselben Comitates. Er verhielt sich gegenüber dem rechtmäßigen König so zweideutig, daß ihm General Caraffa in einem Schreiben vom 3. Mai 1681 andeutete, er stehe im Verdachte, mit Tököly zu conspiriren, und daß er ihn deshalb warne, weil er sonst dieses Treiben mit dem Kopfe bezahlen könnte. Die Warnung war auch keineswegs grundlos, denn noch im nämlichen Jahre gab Kaiser Leopold I. dem Palatin Paul Eszterházy Befehl, Job Imeskal vor Gericht zu stellen, theils wegen gesetzwidrigen Verhaltens im Amte, theils wegen seiner Versuche, in Schlesien einen Aufstand zu erregen. Von seiner Gattin Eva Stansith-Horváth hatte Job zwei Söhne, Georg und Emmerich, die Stifter zweier heute noch blühenden Zweige. Dem von Emmerich ausgehenden entstammt der S. 206 angeführte Fiscal Joseph Imeskal, der mehrere Besitzer wissenschaftliche Institute mit Legaten bedacht. — 4. Ein anderer Job Imeskal (geb. zu Lestyine 21. August 1778, gest. zu Losoncz 30. April 1835) stammt von der von seinem Ahnherrn gleichen Vornamens gestifteten älteren Linie und war ein Sohn Matthias Imeskal's aus dessen Ehe mit Johanna (Janka) Gombos. Von seinen sechs Kindern war der Sohn Job im ersten Viertel dieses Jahrhunderts Oberstuhlrichter des Árvaer Comitates, 1825 Landtagsabgeordneter. Derselbe wurde beerdigt zu Mucsiny auf dem Friedhofe der aus Szántó stammenden Familie Szabó. Jobs Bildniß hat Baron Ferdinand Lütgendorf 1827 in ungarischer Tracht, den Kopf im Profil (Brustbild, 8°), sehr sauber in Kupfer gestochen. — 5. **Johann**, vom älteren Zweige der älteren (Job'schen) Linie, der einzige Sohn Caspars aus dessen Ehe mit Anna Maria Pongrácz, lebte Ende des 17. und Anfang des 18. Jahrhunderts. Schon sein Vater (gest. 1683) hatte als Parteigänger Rákóczy's gegen seinen rechtmäßigen König gekämpft und war infolge dessen seiner Güter verlustig geworden. Seinem Sohne Johann gelang es, dieselben wieder zurückzuerhalten. Indeß auch dieser schloß sich der Erhebung Franz Rákóczy's an und verlor dadurch seine Güter, erlangte aber dieselben infolge der Amnestie vom 6. December 1709 durch General Heister wieder zurück und zählte fortan zu den Anhängern des Königs Joseph I. Johann Imeskal war zweimal vermält; aus seiner ersten Ehe mit Katharina Rheberich hatte er drei Söhne, von denen jedoch nur der älteste Christoph, diesen Zweig fortpflanzte. Christophs Urenkel Marcus (geb. 17. Mai 1792, gest. 8. November 1856) hat als energischer Oberstuhlrichter Berühmtheit erlangt. Aus seiner Ehe mit Elisabeth Freiin Luzenszky stammen eine Tochter Judith vermälte Coloman Reviczky und ein Sohn Stephan, aus dessen Ehe mit Luise Nady die heutigen Sprossen dieses Zweiges: Joseph (geb. 1831), Apollo (geb. 1833), Stephan Michael (geb. 1838) und Georg Raphael (geb. 1861) stammen. — 6. **Joseph** (geb. 1. März 1763, gest. zu Eperies 18. Juni 1833) von der Gabriel'schen Linie. Der älteste Sohn Ladislaus Imeskal's aus dessen Ehe mit Susanna geborenen Meliorisz ...

er nach einer sorgfältigen Erziehung in den Comitatsdienst, wurde aber seiner besonderen Befähigung wegen in kurzer Zeit als Assessor nach Eperies berufen, wo er in dem ersten Viertel des laufenden Jahrhunderts die eigentliche Seele der Gerichtsbarkeit in dem ihm zugewiesenen Bezirke bildete. Man nannte ihn seiner Gesetzeskenntniß wegen nur das lebendige Corpus juris. Er sprach und schrieb ein gediegenes Latein, wie es die von ihm verfaßten amtlichen noch vorhandenen Arbeiten beweisen. Für seinen Sohn Moriz aber verfaßte er 1826 das Buch: „Plutarchus in compendium redactus opera et labore Josephi Zmeskal", wir können jedoch nicht sagen, ob dasselbe im Druck erschienen oder Handschrift geblieben ist. Auch war er ein gewandter Gelegenheitsdichter, wie dies seine lateinischen Verse bezeugen, welche anläßlich der Promotion des Obergespans Fidel Grafen Pálffy am 18 Juli 1823 erschienen sind. Von seinen aus der Ehe mit Therese Pfannschmidt erzeugten Kindern überlebte ihn nur Moriz [siehe unten]. — 7. **Joseph** [siehe die besondere Lebensskizze S. 206]. — 8. **Moriz** [siehe den Folgenden].

Zmeskal, Moriz (ungar. Landtagsabgeordneter, geb. 24. December 1801, Todesjahr unbekannt), von der Gabriel'schen Linie. Der einzige überlebende Sohn Josephs und der Therese Pfannschmidt, erhielt er eine sorgfältige Erziehung, übersetzte doch sein Vater eigens für ihn Plutarch's Biographien im Auszuge ins Lateinische. Im Alter von 21 Jahren beendigte Moriz zu Patak unter Anleitung Alexander Kövy's das Studium der Rechte, trat sofort in die Rechtspraxis, wurde noch im nämlichen Jahre Advocat und schon im October desselben Honorarunternotar des Árvaer Comitates. Schon damals machte er sich in dem ihm anvertrauten Referat der Religionssachen durch seine freien Anschauungen so bemerkbar, daß ihn die „Neuen Croquis aus Ungarn" einen religiösen Fanatiker und Martainville sans tête nannten, der erst in den späteren Reichstagen zu einem stillen und ruhigen Zuschauer wurde. 1825 Unter-, 1828 Oberstuhlrichter und als letzterer 1830 bestätigt, gelangte er 1832 in den ungarischen Reichstag und erhielt nach dem Schlusse desselben die zweite und im Juni 1837 die erste Vicegespanstelle. Auch in den Reichstag 1839/40 ward er wiedergewählt. Als 1842 anläßlich der Comitatsrestauration die neuen Wahlen stattfanden, vereinten sich seine beiden Hauptgegner Aristides Abaffy und Johann Szmerecsányi, um ihm die Wahl ebenso für das Amt des Vicegespans, wie für den Abgeordnetensitz streitig zu machen, aber ungeachtet der mächtigsten Wahlumtriebe der beiden Genannten erfolgte seine Wiederwahl für beide Stellen. Bald darauf wurde er k. k. Kämmerer und Administrator des Árvaer Comitats, in welch letzterer Eigenschaft er bis April des Revolutionsjahres 1848 verblieb, worauf er sich auf sein Besitzthum Lestynie zurückzog. Da er nicht zur Revolutionspartei gehörte, hatte er viele Verfolgungen von den zerstreuten Honvédbanden zu erdulden, so daß er zuletzt Ungarn verließ und sich nach Galizien flüchtete. Erst nach Niederwerfung der Rebellion kehrte er in sein Vaterland zurück und wurde am 4. September 1849 zum Civilgerichtspräsidenten des Árvaer Comitates ernannt, welches Amt er bis 1860 führte, worauf er, als Aristides Abaffy die Obergespanswürde ablehnte, dieselbe erhielt. Als aber 1861 sämmtliche Würdenträger ihren Aemtern entsagten, legte er das seinige gleichfalls nieder und zog sich gänzlich ins Privatleben zurück. Moriz Zmeskal hielt, entgegen den Traditionen seiner Familie, die, so oft sich ihr

Gelegenheit bot, mit den sich gegen ihre rechtmäßigen Könige auflehnenden Rebellen Bocskai, Rakóczy, Tököly offen und heimlich gemeine Sache machte, treu zu seinem Könige. Aus seiner Ehe mit Johanna geborenen Hámos hatte er eine Tochter Bertha vermälte Dionys Meliorisz und zwei Söhne: Joseph Béla, welcher jung (16. Mai 1858) starb, und Zoltan (geb. 8. Februar 1841), der seine Erziehung an der Wiener theresianischen Ritterakademie erhielt und seine wissenschaftliche Ausbildung an der Hochschule in Jena vollendete.

Neue Croquis aus Ungarn (Leipzig 1844, Hirschfeld, kl. 8°.) Bd. II, S. 113.

Zmurko, Lorenz (Mathematiker, geb. zu Jaworów in Galizien 1824). Seine Eltern, mittellose Bügersleute, schickten ihn auf das Gymnasium in Przemyśl, wo er auch die philosophischen Studien hörte und den ersten gründlichen Unterricht in der Mathematik von dem damaligen Professor Chlebeczek erhielt. Auf dessen Rath begab er sich zur höheren Ausbildung in dieser Wissenschaft nach Wien und setzte seine Studien daselbst am Polytechnicum fort. Der dortige Professor Schulz von Straznicki wendete ihm seine besondere Theilnahme zu. Auch besuchte Zmurko die Vorträge des Professors Petzval an der Universität und machte unter diesen tüchtigen Lehrern solche Fortschritte in seiner Wissenschaft, daß er bald nach 1848 zum Assistenten der Mathematik bei Schulz von Straznicki ernannt wurde. Als dann die neue Organisation der Studien in Oesterreich ins Leben trat, erhielt er die Docentur der Mathematik am Wiener polytechnischen Institute. Aber schon 1851 erfolgte seine Ernennung zum supplirenden und nach einem Jahre zum wirklichen Professor an der technischen Akademie in Lemberg. Nach Einführung der polnischen Unterrichtssprache in Galizien erlangte er 1871 die Lehrkanzel der Mathematik an der Lemberger Universität als ordentlicher Professor. Seine wissenschaftlichen Arbeiten sind: „*Wykład matematyki na podstawie ilości o dowolnych kierunkach w przestrzeni*“, d. i. Lehrbuch der Mathematik auf Grundlage beliebiger Größenrichtungen im Raum, 2 Bände (Lemberg 1861—1864, 8°.); — „Drei Aufsätze aus dem Gebiete der höheren Mathematik“ (Lemberg 1858); — „Beitrag zur Erweiterung der Operationslehre der constructiven Geometrie“ (Lemberg 1873, 8°.); in dieser Abhandlung ist die Theorie und Beschreibung der Instrumente Cycloidograph, Ellipsograph und Parabelograph durchgeführt, welche, nach Zmurko's Angabe ausgeführt, auf der Wiener allgemeinen Ausstellung 1873 den Preis der Verdienstmedaille erwarben; — „*O styczności stożków obrotowych*“, d. i. Von der Berührung der Umdrehungskegel (Krakau 1874); in gelehrten Fachschriften sind erschienen, und zwar in den Denkschriften der kaiserlichen Akademie der Wissenschaften mathematisch-naturwissenschaftlicher Classe in Wien: „Ueber Flächen zweiter Ordnung mit Zugrundelegung eines mit beliebigen Axenwinkeln versehenen Coordinationssystems“ (26. Bd., 1866); — „Studium im Gebiete numerischer Gleichungen mit Zugrundelegung der analytisch-geometrischen Anschauung im Raume, nebst einem Anhange über erweiterte Fundamentalconstructionsmittel der Geometrie“ (1870); — „Beitrag zur Theorie des Größten und Kleinsten der Functionen mehrerer Variablen. Nebst einigen

Erörterungen über die combinator. Determinante" (27. Band, 1869); — „Theorie der relativen Maxima und Minima bestimmter Integrale" (1876); — „Beitrag zur Theorie der Auflösung von Gleichungen mit Bezugnahme auf die Hilfsmittel der algebraischen und geometrischen Operationslehre", mit 6 (eingedr.) Holzschnitten (1881); — „Ueber Kriterien höherer Ordnung zur Unterscheidung der relativen Maxima und Minima bestimmter Integrale bei vorhandenem Systeme zweifelhafter Nachbarwerthe" (1876); in den Abhandlungen der Gesellschaft exacter Wissenschaften in Paris: „Teorija największności i najmniejszności funkcyi wielomoznych", d. i. Theorie des Maximums und Minimums der Functionen mehrerer Variablen (30. Bd., 1871); in den Abhandlungen der Krakauer Akademie der Wissenschaften: „Przyczynek do rachunku przemienności", d. i. Beitrag zum Variationscalcul (1875). Zmurko's Methoden, als systematische Fortführungen von Scheffler's und Matzka's Studien nach Gauß'schen Vorarbeiten, haben in der mathematischen Literatur der Polen noch nicht die verdiente Würdigung gefunden. Zang's „Presse" berichtete seinerzeit (1862, Nr. 206), daß Professor Zmurko das bisher so vielumstrittene Problem der Quadratur des Zirkels gelöst habe. Neben seiner Professur an der Universität lehrt er auch höhere Mathematik an der Lemberger technischen Hochschule, ist Mitglied der Gymnasial-Prüfungscommission für Lehramtscandidaten und Mitglied der galizischen Landwirthschaftsgesellschaft in Lemberg. Lorenz Zmurko's Schwiegersohn ist der auf mathematischem Gebiete schriftstellerisch thätige Dr. Fabian.

Encyklopedyja powszechna, d. i. Polnische Real-Encyklopädie (Warschau, Orgelbrand, gr. 8°.) Bd. XII, S. 421.

Zobel und Zobl. Da in der Aussprache des Wortes Zobel der Selbstlaut der Endsilbe stumm bleibt, so folgen nach der Freiherrenfamilie Zobel von Giebelstadt und Darstadt die Träger der gleichlautenden Namen Zobel und Zobl nach der alphabetischen Ordnung der Taufnamen.

Zobel von Giebelstadt und Darstadt, Thomas Friedrich Freiherr (k. k. Feldmarschall-Lieutenant und Ritter des Maria Theresien-Ordens, geb. in Bremen 17. März 1799, gest. im Bade zu Villach in Kärnthen am 12. Juli 1869). Der Sproß eines alten fränkischen mit seltener Treue Oesterreich anhänglichen Geschlechtes, über welches die Stammtafeln und die Quellen [S. 213] Näheres berichten. Sein Vater Johann Philipp war der in Bayerns Kriegsgeschichte ruhmvoll genannte General (gest. 1830), seine Mutter Anna eine Tochter des königlich großbritannischen Obersten Sir Thomas Evans d'Urell [siehe S. 215, Nr. 1]. Vierzehn Jahre alt, trat er Ende November 1813 als Cadet in das k. k. 18. Infanterie-Regiment, damals Heinrich XIII. Fürst Greiz, ein und kam in kurzer Zeit als Oberlieutenant zu Graf Colloredo-Infanterie Nr. 33. In dieser Charge diente er 14 Jahre, dann wurde er Hauptmann bei Baumgarten-Infanterie Nr. 21 und im März 1836 Major im Kaiser Jäger-Regiment, in welchem er bis 1846 zum Obersten vorrückte. 1849 zum Generalmajor, 1853 zum Feldmarschall-Lieutenant befördert, erhielt er beim Ausbruche des Krieges 1859, nachdem er schon durch einige Jahre einem Corpscommando bei der Armee in Italien vorgestanden, die Führung des 7. Corps. Nach 46jähriger Dienstleistung wurde er 1859, nach dem Friedensschlusse von Zürich, da er, dem activen Dienste nicht mehr gewachsen, um einen Friedensposten angesucht, Festungscommandant von Olmütz und blieb es bis zum Ausbruche des Krieges 1866, worauf er um gänzliche Versetzung in den Ruhestand bat und nach Gewährung seiner Bitte sich nach Görz zurückzog und 70 Jahre alt, nachdem er im Warmbade zu Villach vergeblich Linderung seiner Leiden gehofft, daselbst starb. In den Rahmen seiner dreiundfünfzigjährigen Dienstzeit fällt eine nach verschiedenen Richtungen bemerkenswerthe und ruhmvolle Thätigkeit. Er machte die Feldzüge der Jahre 1813 und 1814 im Hauptquartier des Fürsten Heinrich XIII. Reuß-Greiz, dann des Jahres 1815 in jenem des Erzherzogs Ferdinand Este mit, in welchem er am 1. Juli in dem Gefechte und bei der Cernirung von Schlettstadt im Elsaß kämpfte. Der Invasion von Neapel 1821 wohnte er in der Division des Feldmarschall-Lieutenants Grafen Wallmoden bei und war bei der Beschießung der Bergveste Pescara in den Abruzzen thätig; 1831 nahm er an beiden Zügen in die Romagna theil und stritt im März dieses Jahres in einem Vorpostengefechte bei San Ambrogio am Penaro gegen die Insurgenten, wofür ihn der Papst mit dem St. Gregorsorden auszeichnete. Die ruhmreichsten Tage seines Waffendienstes fallen aber in das Jahr 1848 als Oberst und Commandant des berühmten Kaiser Jäger-Regiments. Beim Rückzuge aus Mailand nahm er die Barricade der Kaserne Incoronate, am 23. März erstürmte er Melegnano, dann wirkte er zum Entsatze Mantuas mit. von Feldmarschall Radetzky nach tirol beordert, wo die Insurgenten sich festzusetzen und die Verbindung unserer Truppen mit Oberitalien zu stören und völlig zu vereiteln suchten, unterstützte er durch Muth, Tapferkeit und Umsicht alle unsere Bewegungen in Oberitalien, stellte im insurgirten Trient Ordnung und Ruhe her, kämpfte mit seinem Regimente am 30. April und den folgenden Tagen mit großem Erfolge bei Pastrengo, Sega, erstürmte am 28. Mai Bardolino, vertrieb die Insurgenten aus Calmasino, Cavajon und Cisano und hielt am 10. mit seinem Regimente durch fünf Stunden das Plateau von Rivoli gegen eine Uebermacht von mindestens 20.000 Piemontesen, und seinen Rückzug bei Spiazzi und Groara unter beständigen Gefechten führte er mit solcher Bravour aus, daß der Gegner die Verfolgungen einzustellen genöthigt war. Ebensolche Tapferkeit entwickelte er in den folgenden Kämpfen im Juni und Juli. Für seine Waffenthaten zeichnete ihn Seine Majestät der Kaiser mit dem Ritterkreuze des Leopoldordens aus, das Capitel des Maria Theresien-Ordens vom 27. November 1848 erkannte ihm aber auch das Ritterkreuz dieses Ordens zu, welchem König Ludwig I. von Bayern noch den in der österreichischen Armee nicht häufigen Militär-Max Joseph-Orden beifügte; besaßen doch denselben bei Zobel's Tode nur noch Erzherzog Albrecht und Feldmarschall-Lieutenant Fürst Thurn und Taxis. Noch verzeichnet die österreichische Kriegsgeschichte Zobel's Namen in ruhmvoller Weise im Feldzuge 1849 bei der Erstürmung der Brücke über die Sessia bei Vercelli und zehn Jahre später im italienischen Feldzuge 1859, in welchem er als Commandant des 7. Armee orps in dem Treffen bei Palestro und :r den Schlachten von Magenta und Solferino focht, wofür ihm die ah. Anerennung zutheil wurde. Im schleswig-olsteinischen Kriege 1863 und 1864 ommandirte Generalmajor Zobel eine Brigade und wurde bei dieser Gelegenheit mit diplomatischen Sendungen nach Kopenhagen und Berlin betraut, wobei hm beide Könige Orden verliehen. Freiherr von Zobel war geheimer Rath, Kämmerer und seit 1859 zweiter Inhaber des 61. Infanterie-Regiments Großfürst Alexander Cesarewitsch. Er hatte sich am 8. Juli 1843 mit Emily Karoline (geb. 26. Juli 1816), Tochter des großbritannischen Obersten Tobias Kirkwood of Castletown vermält, aus welcher Ehe die zwei Töchter stammen: Aimée (geb. am 2. März 1844) und Henriette (geb. am 12. April 1846).

Didaskalia. Blätter für Geist u. [illegible] (Frankfurter Unterhaltungsblatt, 4°) 1839, Nr. 173. — Hirtenfeld (J.). Der Militär-Maria Theresien-Orden und seine Mitglieder (Wien 1857, Staatsdruckerei, kl. 4°.) Bd. II, S. 1300 u. f. — Illustrirte Zeitung (Leipzig, J. J. Weber, kl. Fol.) Nr. 831, 4. Juni 1859, S. 367. — Oesterreichisch-ungarische Wehr-Zeitung (Wien, kl. Fol.) 1869, Nr. 159: „Nekrolog“. — Strack (Joseph). Die Generale der österreichischen Armee. Nach k. k. Feldacten und anderen gedruckten Quellen (Wien 1850, Jos. Keck, 12°.) S. 621—633.

Porträts. 1) Holzschnitt von A. N.(eumann) nach einer Photographie in der oben genannten „Illustrirten Zeitung“. — 2) Unterschrift: „Thomas Freiherr Zobel von Giebelstadt, k. k. Oberst von Kaiser-Jäger“, gleich darunter das Facsimile des Namenszuges: Zobel, Oberst. Gemalt von Richter, lithogr. von Strixner 1839, gedruckt bei Rauh (Wien, L. T. Neumann, Fol.), selten. — 3) Unterschrift: „Barono de Zobel“ (8°.), schlechter, nicht ganz unähnlicher italienischer Holzschnitt.

1. **Zur Genealogie der Freiherren Zobel von Giebelstadt und Darstadt.** Die Zobel sind eine alte fränkische Familie, deren ältere 1238 mit dem Würzburger Canonicus **Adalbert** von Zobelstein erloschene Linie das Unterschenkenamt des Herzogthums Franken besaß. Die jüngere Linie, die Zobel von Giebelstadt, blüht noch heute in drei Zweigen. I: von Giebelstadt, II: Darstadt und III: Friesenhausen. Die Zobel sind ein bei allen Hochstiftern des weiland römisch-deutschen Reiches, sowie bei allen Ritterorden häufig aufgeschworner und zu den reichsritterschaftlichen Cantonen in Franken gehöriger Adel. Die Sprossen desselben zählen Kirchenfürsten, Würdenträger des Staates und der Armee in ihren Reihen. Ein **Melchior** Zobel von Guttenberg war Bischof von Würzburg und fand in den Grumbach'schen Händeln 1558 einen gräßlichen Tod durch Mörderhand, ein **Hans Georg** starb 1518 als Bischof von Bamberg; Andere dieses Geschlechtes bekleideten die Würden von geheimen Räthen, Kämmerern und Amtsmännern an verschiedenen Aemtern des Herzogthums Franken; zu Anfang dieses Jahrhunderts bis auf die Gegenwart erscheinen zahlreiche Sprossen dieses Hauses in den Reihen der kaiserlichen Armee, unter denen der General und Maria Theresien-Ordensritter **Thomas Friedrich** Freiherr von Zobel seinen Namen in die Gedenkblätter der österreichischen Kriegsgeschichte in ruhmvollster Weise einzeichnete. Bei Entstehung des Landes-Unterkämmereramtes des ehemaligen Herzogthums Franken wurde die Familie für immerwährende Zeiten damit belehnt, und ist dasselbe Seniorat. Die Familie wurde s. d. 1. October 1818 bei der Freiherrenclasse der königlich bayrischen Adelsmatrikel eingetragen. Durch Heirathen ebensowohl der männlichen wie der weiblichen Sprossen des Hauses ist dasselbe mit den besten und ältesten Familien des deutschen und seit Beginn des laufenden Jahrhunderts auch des österreichischen Adels versippt, und wir finden u. a. die Namen der Echter von Mespelbrunn, Gemingen, Neipperg, Greiffenclau von Vollraths, Berlichingen, Schertel von Burtenbach, Speth von Zwyfalten, Stetten, Schenk von Stauffenberg, Stadion, Reischach, Spannochi, Feretti di Rocco, Traun, Redwitz, Thüngen, Zamoyski, Bothmer in

Stammtafel der Freiherren Zobel zu Giebelstadt und Friesenhausen.

Johann Gottlob zu Friesenhausen.
M. Sophie von Berlichingen zu Rossach.

I. Zweig zu Giebelstadt.

Johann Friedrich
Friederike Freiin von Zyllnhardt, †.

- **Karl Freiherr** geb. 5. August 1775, † 13. August 1856. Francisca Schertel von Burtenbach † 4. Jänner 1828.
  - **Franz Friedrich Karl** geb. 15. Mai 1798, † 20. September 1872. Luise Karoline von Stetten geb. 27. August 1814.
    - **Karl Heinrich** geb. 16. September 1839. Wilma Freiin von Habermann geb. 23. October 1845.
    - *Julius Wilhelm Siegfried [4] geb. 24. Juni 1843, † 25. Juni 1871.
    - **Hugo Ludwig** geb. 6. October 1845. Marie Gräfin Bothmer geb. 23. Mai 1853.
      - **Adele** geb. 26. Juli 1873.
      - **Herbert** geb. 4. November 1877.
    - **Mathilde Karoline,** Stiftsdame geb. 4. Februar 1849.
    - **Anna Josephine** geb. 20. August 1854, †.
  - **Heinrich Karl** geb. 8. October 1806, † 21. December 1851. Barbara Fuchs.
    - **Babette** geb. 10 Mai 1842.
    - **Pauline** geb. 12. April 1844.
    - **Ludwig** geb. 8. August 1845.
- *Benedict geb. 12. Jänner 1787.

III. Zweig zu Friesenhausen.

Johann Christoph.
Francisca Freiin von Guttenberg.

- *Franz geb. 6. April 1762, † 11. März 1826. Karoline Gräfin Spannochi geb. 6. April 1788, † 19. Juli 1869.
  - *Franz geb. 3. März 1805, † 29. December 1837.
  - *Stephan geb. 11. October 1806. Mathilde Gräfin Craun geb. 24. September 1812, † 9. Mai 1839.
  - **Aloisia,** k. k. Hofdame geb. 14. Juli 1810, † 20 März 1878.
  - **Ludmilla** geb. 13. November 1811, † 18. September 1883, vm. Attila Graf Feretti di Rocco.
  - *Dagobert geb. 19. Jänner 1813, † 9. October 1837.
  - **Ferdinandine** geb. 7. Mai 1815, vm. Karl Freiherr von Hacke † 26. Juli 1849.
  - **Rosa** geb. 29 Jänner 1819, † 3. October 1847, vm. Franz von Czerny.
  - **Marie** geb. 21. August 1821, vm. Franz von Czerny (Gemal ihrer Schwester).
- *Ferdinand † 28. December 1828.

Friedrich Karl
geb. 3. October 1732, †.
1) Theresia Freiin von Redwitz-Küps
† 23. Juni 1772.
2) Maria Anna Freiin von Erthal.

Julie M. Ernestine
geb. 28. October 1745
† 28. December 1766.
m. Franz Karl Graf Ingelheim
† 1803

M. Theresia Ludovica
geb. 24. August 1735, †.

Marie Anna Sophie
geb. 9. December 1737, †.

Friedrich Karl,
Capitular von Würzburg
geb. 17. October 1766, † 4. Februar 184

***Edwin Friedrich** [2]
geb. 18. März 1796, † 9. Juli 1864.
Josephine Freiin Speth-Zwyfalten
geb. 26. August 1808.

***Alfred Edwin**
geb. 21. Jänner 1807, † 12. Juni 1873.
Marie Freiin Speth von Zwyfalten
geb. 26. Februar 1814

Anna M. Henriette
geb. 1. November 1808.

Wilhelm Ferdinand
geb. 7. Juli 1830.
Sophie Freiin Redwitz-Wildenroth
geb. 3. Mai 1838

Marie Josephine
geb. 28. September 1863.

Edwin F
geb. 18. M

*) Die in den Klammern [ ] b uf die Seite, auf welcher die ausführlichere Lebensbeschreibung des Betreffenden steht. — Die Sternlein (*)

den Stammtafeln vertreten. [Hellbach (Joh. Chr. v). Adelslexikon oder Handbuch über die historischen genealogischen Nachrichten vom hohen und niederen Adel besonders in den deutschen Bundesstaaten u. s. w. (Ilmenau 1826, B. F. Voigt, 8°.) S. 829, mit Angaben zahlreicher Quellen.

II. **Einige denkwürdige Sprossen der Freiherrenfamilie Zobel.** 1. **Anna** Freifrau von Zobel (geb. 1770, gest. in Würzburg am 13. Jänner 1863). Eine Tochter des großbritannischen Obersten Sir Thomas Evans of Urell, wurde sie schon am 5. Juni 1793 mit dem Freiherrn Johann Philipp von Zobel vermält. Sie verlebte ihre jugendlichen Jahre am Hofe der unglücklichen Königin Maria Antoinette, da ihr Vater damals der großbritannischen Gesandtschaft am Hofe Ludwigs XVI. beigegeben war. Nach ihrer Verheiratung zog sie nach Weimar zu der Zeit, als die größten Koryphäen unserer classischen Literatur daselbst die Welt mit Bewunderung erfüllten. Später theilte sie ihren Aufenthalt zwischen Würzburg und ihren Familiengütern Darstadt und Mespelbausen, wo sie ihre Tage im glücklichsten Familienkreise zubrachte. Sie war 53 Jahre verheiratet, und zwölf Jahre lebte sie im Witwenstande. Ihrem Gatten, der großherzoglich toscanischer Kammerherr und königlich bayrischer Generalmajor war, gebar sie acht Kinder, und zwar drei Töchter und fünf Söhne. Diese Letzteren dienten in Majors- oder Generalscharge in der k. k. Armee, der zweitälteste war der berühmte Kaiser-Jäger-Oberst und nachmalige Feldmarschall-Lieutenant und Maria Theresien-Ritter Thomas Friedrich. Die Freifrau erreichte das selten hohe Alter von dreiundneunzig Jahren und wurde nach ihrem Tode in der Familiengruft zu Darstadt beigesetzt. Sie war in der Gegend, in der sie lebte, wegen ihrer Mildthätigkeit als Wohlthäterin der Armen allgemein geliebt und verehrt. Die Gemeindeverwaltung des Ortes Darstadt erbat sich, daß ihre Mitglieder die Leiche zu Grabe tragen durften, und zwei protestantische und zwei katholische Geistliche begleiteten dieselbe zu ihrer letzten Ruhestätte, in welche sie nach protestantischem Ritus gebettet wurde. In einem ihr gewidmeten Nachrufe heißt es, „die im Nestorsalter verstorbene Freifrau war nach Solon's Spruch glücklich zu nennen“. — 2. **Edwin Friedrich** Freiherr von Zobel (geb. 18. März 1796, gest. im Schlosse zu Mespelhausen in Unterfranken am 9. Juli 1861). Ein Sohn des Freiherrn Johann Philipp aus dessen Ehe mit Miß Anna Evans d'Urell und Bruder des k. k. Feldmarschall-Lieutenants und Maria Theresien-Ritters Thomas Friedrich. Damals, als ganz Europa, vornehmlich aber Deutschland unter dem Joche Napoleons seufzte, gelang es dem Vater, den Sohn, der entschlossen war, seine Jugendkraft der Befreiung des Vaterlandes vom französischen Joche zu widmen, mit Hilfe einiger gleichgesinnten Freunde der Wachsamkeit französischer Gendarmen zu entziehen und nach Prag zu bringen, wo derselbe als Cadet in die sich zum Kriege sammelnde k. k. Armee trat. Nach der Schlacht von Dresden (26. und 27. August 1813) wurde Edwin zum Fähnrich, nach jener bei Kulm (29. und 30. August d. J.) zum Lieutenant und nach der Völkerschlacht bei Leipzig (16., 18., 19. October d. J.) zum Oberlieutenant befördert. Er kämpfte auch noch die Schlachten im weiteren Verlaufe der Befreiungskriege in den Reihen seines Regimentes mit und kehrte nach Abschluß des Friedens als Hauptmann in seine Heimat zurück. Daselbst vermälte er sich am 22. September 1829 mit Josephine geborenen Freiin von Speth-Zwyfalten, welche ihm drei Söhne und drei Töchter gebar. Von den Söhnen ist Freiherr Wilhelm Besitzer des Majorats und Chef der II. Linie Giebelstadt auf Darstadt und Mespelhausen; Freiherr Ludwig k. k. Kämmerer und Lieutenant in der Reserve bei König Franz II. von Sicilien-Uhlanen Nr. 12 und Freiherr Heinrich Lieutenant in der Reserve des k. k. 27. Jäger Bataillons. Alle drei Brüder sind vermält, aber nur Wilhelm und Heinrich haben Nachkommenschaft, die aus der II. Stammtafel ersichtlich ist. — 3. **Hans Wilhelm** von Zobel war in der zweiten Hälfte des 17. Jahrhunderts kaiserlicher Oberstlieutenant im Spork'schen Regiment und Commandant zu Militsch in Schlesien. — 4. **Julius** (geb. 24. Juni 1843, gest. 23. Juni 1871), der jüngere Sohn des Freiherrn und Erbunterkämmerers des Herzogthums Franken Franz aus dessen Ehe mit Luise geborenen Freiin von Stetten, war ein Vetter des Maria Theresien-Ritters und Feldmarschall-Lieutenants Thomas Friedrich. Er trat in jungen Jahren in die kaiserliche Armee wurde Oberlieutenant bei Hessen-Infanterie Nr. 14, war ein tüchtiger Officier, mehrfach mit Orden ausgezeichnet, im Regiment bei seinen Kameraden sehr beliebt. In einem Anfall von Schwermuth machte er in dem unweit Linz gelegenen Stahlbade Darberg durch einen Schuß aus seinem mit Wasser geladenen Jagdgewehre seinem Leben ein plötzliches Ende. [Neue Freie Presse, 28. Juli 1871, Nr. 2486 in der „Kleinen Chronik".] — 5. **Melchior** Zobel von Guttenberg (geb. 1505, gest. in Würzburg 15. April 1558), gehört derselben Familie wie die Zobel von Giebelstadt, nur einer anderen Linie an. Am 19. August 1544 wurde er vom Würzburger Domcapitel zum Bischof von Würzburg gewählt, welche Kirchenwürde er durch 14 Jahre bekleidete, bis er, ohne selbst einen eigentlichen Anlaß gegeben zu haben, während der Grumbach'schen Händel, welche damals Franken in schwere Wirren verwickelten, inmitten eines Haufens Raubritter, an deren Spitze ein Zedtwitz stand, von diesem in grausamster Weise ermordet wurde. Den Mörder und seine Spießgesellen ereilte später die rächende Nemesis. Der Herzog Johann Friedrich von Sachsen-Gotha, weil er den Mörder in Schutz genommen, ward in die Reichsacht gethan, seines Herzogthums verlustig erklärt und auf einem offenen Wagen, mit einem Strohhut auf dem Kopfe, gefangen nach Wien geführt und von da nach Wiener-Neustadt, endlich nach Speyer in ewige Gefangenschaft gebracht. Er starb erst 1595. Seine Gemalin begab sich aus freien Stücken zu ihm ins Gefängniß und theilte die Haft mit ihm. Unser Würzburger Bischof Melchior Zobel ist nicht mit dem gleichzeitigen Würzburger Rechtsgelehrten Melchior Zobel (geb. 1499, gest. 1560) zu verwechseln, der vornehmlich dadurch bekannt geworden, daß er das sächsische Land-, Lehen- und Weichbildrecht aus dem altsächsischen in den hochdeutschen Dialekt übersetzte und sie so den Rechtsgelehrten zugänglich machte. [*Dinner (Conr.).* Elegia de caede principis M. Zobelii Herbipolensis episcopi et occidentalis Franciae ducis (Basil. 1561, 4°.). — *Lotich (Pet.).* De caede Zobelii (1571). — Zedler's Universal-Lexikon gibt im 63. Bande, Sp. 31—33 eine reiche Literatur über Bischof Zobel. — (Stramberg). Rheinischer Antiquarius, I. Abth., Bd. IV, S. 216. — 6. **Sophie** Freifrau v. Zobel (geb. 1. September 1807, gest. 4. Juni 1863). Eine geborene von Mara de Felsö-Szálláspatak, vermälte sie sich am 17. Februar 1846 mit dem k. k. Kämmerer und Major in der k. k. Armee Heinrich Georg von Zobel, der seine Gattin, die ihm eine Tochter Anna Eleonore (geb. 13. Mai 1848) gebar, über ein Jahrzehent überlebte, da er am 31. October 1875 starb. Ihre Tochter Anna Eleonore verehelichte sich am 5. October 1867 mit Joseph Grafen Zamoyski, über den dieses Lexikon im 59. Bande, S. 140 Näheres berichtet. Freifrau Sophie war eine Enkelin des weiland Freiherrn von Kalisch (Calisius), welcher sich durch die Gründung der evangelischen Kirche und Schule zu Drahomischel in Schlesien und durch Stiftung von Stipendien für arme Studirende des evangelischen Gymnasiums in Teschen in den Herzen der schlesischen Protestanten ein bleibendes Denkmal gesetzt hat. Die Freifrau Sophie war fast die einzige überlebende Repräsentantin des einst so zahlreichen und mächtigen schlesischen protestantischen Adels, und als solcher wurde ihr von Seite ihrer Glaubensgenossen in Oesterreich bei Gelegenheit ihrer Beisetzung durch zahlreiche Betheiligung an derselben verdiente Theilnahme bewiesen. Ueberdies galt die Verblichene durch Bildung, Wohlthätigkeitssinn und seltene Charakterstärke als eine Zierde ihres Geschlechtes. — 7. **Thomas Friedrich** Freiherr von (siehe die besondere Biographie S. 211). — 8. Ein Baron Zobel, dessen Taufnamen unsere Quelle leider nicht angibt, stand 1849 als Major bei Wallmoden-Dragonern Nr. 6 gegen die Ungarn im Felde. Im Treffen bei Kács am 7. Juni 1849 machte er mit seiner Division eine glänzende Attaque auf das 8. Honvéd-Bataillon, das etwa 130 bis 200 Todte auf dem Platze ließ. [Thürheim (Andreas Graf). Gedenkblätter aus der Kriegsgeschichte der k. k. österreichischen Armee (Wien und Teschen 1882, Prochaska, gr. 8°.) Bd. II, S. 31, Jahr 1849.]

III. **Wappen.** In Silber der rechtsgewendete Hals und Kopf eines rothen schwarz gezäumten Rosses. Auf dem Schilde ruht ein offener Turnierhelm, auf dessen Krone der vorbeschriebene Pferdekopf sich erhebt. Die Helmdecken sind roth mit Silber unterlegt.

Zobel, Eberhard (Benedictiner, geb. zu Schwaz in Tirol am 14. April

1757, gest. daselbst im Kloster Fiecht am 27. April 1837). Er stammt aus einer alten Tiroler Familie, über welche die Quellen S. 218 Näheres berichten. Sein Vater Eustach Dionys war ein geschätzter Arzt zu Schwaz, seine Mutter eine geborene Leiß von Leimbruch. Von fünf Kindern, welche mit Ausnahme des Erstgeborenen, der in der Kindheit starb, sämmtlich dem geistlichen Stande sich widmeten, war Eberhard das jüngste und wurde auf die Namen Johann Nepomuk Tiburtius getauft. Gleich seinen Brüdern im Elternhause sorgfältig und streng erzogen, kam er 1773, 16 Jahre alt, in das Benedictinerstift Fiecht, in welchem er den Klosternamen Eberhard erhielt. Am 19. Februar 1780 zum Priester geweiht, legte er am 19. April desselben Jahres die Ordensgelübde ab und trat sofort in die Seelsorge, welcher er auf Stiftspfarren oblag; auch wirkte er einige Zeit als Professor am Gymnasium zu Meran. Als unter der königlich bayrischen Regierung nebst anderen Klöstern auch Fiecht aufgehoben wurde, begab er sich in seinen Geburtsort Schwaz und lebte daselbst, bis nach dem Rückfall Tirols an Oesterreich das Kloster Fiecht wieder hergestellt wurde. Nun versah er bis 1820 neuerdings die Seelsorge an verschiedenen Stiftspfarren, bis die Beschwerden des zunehmenden Alters seine Zurückberufung ins Stift nöthig machten, in welchem er dann als Senior desselben im Alter von 80 Jahren starb. Zobel, eine künstlerisch reich veranlagte Natur, verwendete von früher Jugend alle freie Zeit zum Zeichnen und Malen, worin er es zu großer Vollkommenheit brachte, und war auch, so weit es seine bescheidenen Mittel zuließen, ein fleißiger Sammler von Kupferstichen, Handzeichnungen und Gemälden. Dadurch steigerten sich seine Kenntnisse und schärfte sich sein Urtheil in Kunstsachen. Als er nach der bayrischen Besitzergreifung Tirols nach Schwaz sich begab, nahm er den größten Theil seiner Kunstsammlungen mit, die dann bei dem großen Brande des Ortes 1809 ein Raub der Flammen wurden. So tief ihn dieser Verlust auch schmerzte, er entmuthigte ihn nicht, und er begann von Neuem zu sammeln. Ein anderes Ergebniß seiner Kunstliebe war die Anleitung und der Unterricht in der Kunst, die er talentvollen Jünglingen unentgeltlich ertheilte. So zog er eine Reihe von Künstlern heran, die sich in der Folge rühmlichst bekannt machten. Wir nennen den Bildschnitzer Joseph Hell, den Historienmaler Joseph Arnold, von dessen Bildern sich mehrere im Nachlasse Zobel's befinden, und seinen Bruder Johann, den Maler Johann Entfelder zu Schwaz, den Landschafter Joseph Lentner, den Maler Joseph Hoheneck, den zu München jung verstorbenen Johann Pirkl und den Bildhauer Huber zu Kufstein. Auch unterrichtete er seine Schüler in der Kunst, alte und beschädigte Gemälde vollkommen herzustellen, worin er selbst sehr geschickt und für sich und andere öfter thätig war. Sein Nachlaß, bestehend theils aus eigenen Arbeiten, theils aus einigen Gemälden der altdeutschen und altitalienischen Schule, dann aus einer Sammlung von Kupferstichen und alten Holzschnitten, von letzteren besonders Albrecht Dürer's, aus Handzeichnungen und mehreren Gypsabgüssen, wird im Kloster Fiecht aufbewahrt.

Der Bote für Tirol und Vorarlberg (Innsbruck, kl. Fol.) 20. November 1837, Nr. 93, S. 372 im Anhang: „Nekrolog".

Zobel, Elias [siehe S. 221, in den Quellen Nr. 1].

Zobel, Franz Xaver [siehe S. 221 in den Quellen Nr. 2].

Ueber die Tiroler Familie Zobel. Das Geschlecht der Zobel war durch mehrere Jahrhunderte zu Pfunds im Oberinnthal ansässig. Bereits 1306 erscheint eine **Maria dicta Zobella** mit ihrem Sohne **Albert** in einer zu Tisens ausgestellten Urkunde; **Matthäus** Zobel (geb. 1493, gest. 1564) erhielt den Wappenbrief. Von Pfunds zog sich ein Zweig der Familie nach Botzen, wo **Johann Bernhard** von Zobel (geb. 1660, gest. 1742) durch dreißig Jahre das Amt eines Bürgermeisters bekleidete. Er wurde in den Adelstand erhoben. **Eustach Dionys** von Zobel, wohl des Vorgenannten Sohn, war Doctor der Medicin und Kreisphysicus, seine Gattin eine geborene Leiß von Leimbruch, welche ihm fünf Söhne gebar. Der Erstgeborene starb im ersten Jahre seines Lebens. Die Uebrigen waren **Joseph Vincenz Ferrerius**, Weltgeistlicher, **Maximilian Leopold**, Piarist mit dem Klosternamen **Raimund**, **Eugen Kasimir Anton**, zuletzt Abt des Benedictinerstiftes Marienberg, und **Johann Nepomuk Tiburtius** mit dem Klosternamen **Eberhard**. Ueber die ersteren zwei und den letzten siehe die besonderen Lebensskizzen.

Zobel, Johann Baptist (Arzt und Naturforscher, geb. in Prag am 8. August 1812, gest. zu Bubenč am 14. August 1865). Der Sohn eines k. k. Hofbaumeisters, wendete er sich nach beendeten Vorbereitungsstudien dem medicinischen Fache zu und pflegte mit besonderer Vorliebe nebenbei das Studium der Botanik. Nachdem er 1843 an der Prager Hochschule die medicinische Doctorwürde erlangt hatte, wurde er zunächst Assistent der botanischen Lehrkanzel, dann wirkte er an der medicinischen Facultät der Prager Hochschule als Docent der pharmaceutischen Waarenkunde, betrieb fortwährend sein Lieblingsstudium, die Botanik, und verkehrte viel mit den in Prag lebenden Pflegern dieser Wissenschaft, vornehmlich mit Corda, mit dem er sich bei gemeinschaftlich betriebenen botanischen Forschungen innig befreundete. Als dann Corda auf seiner Heimreise aus Texas ertrank und das von ihm im großen Maßstabe angelegte Pflanzenwerk „Icones fungorum", welches bereits bis zum fünften Bande gediehen, ins Stocken zu gerathen drohte, übernahm Zobel die Bearbeitung des vorhandenen Materials und brachte das Werk 1854 mit dem sechsten (und letzten) Bande zum Abschluß. Einen Antrag, als Naturforscher an der Expedition der „Novara" theilzunehmen, lehnte er ab. Zwei ihm befreundete Forscher, der genannte Corda und Helfer hatten ihren Tod in den Wellen gefunden; vielleicht daß ihn das Schicksal Beider zur Ablehnung des ehrenvollen Antrages bestimmte. Indessen wirkte er als praktischer Arzt in Prag und als solcher auch an der geistlichen Correctionsanstalt bei St. Georg und an dem Waisenmädchen-Institute des adeligen Damenvereins. Als bei der Reorganisation der Forstschule in Weißwasser der Ruf als Professor der Naturwissenschaft an ihn erging, folgte er demselben und wirkte dort, bis ihn ein anfänglich unscheinbares Augenleiden, das später mit Erblindung endigte, zur Niederlegung seiner Stelle nöthigte. Eine stetig zunehmende Schwäche bestimmte ihn, in dem nahe gelegenen Bubenč Kräftigung zu suchen, dort aber entwickelte sich sein Augenleiden zu einer Hirnhautentzündung, die seinem Leben im besten Mannesalter von 53 Jahren ein Ende machte. Mit ihm verlor die Wissenschaft, die er pflegte, einen ebenso gründlichen als geistvollen Vertreter. Wohl hat er

... obigem Schlußbande des Corda'- ... Werkes nichts Selbständiges heraus- ...geben, doch war er ein eifriger Mit- ...beiter an Fach- und anderen Blättern, ...legte aber seine Beiträge anonym oder ...eudonym zu veröffentlichen. So z. B. ...rieb er für das Prager politische und ...nterhaltungsblatt „Bohemia" 1850 ...s 1860 zahlreiche naturwissenschaftliche ...ufsätze, u. a. „Die Gartenkunst in und ...m Prag" (1857), welche ebenso durch ...eistvolle Behandlung als den großen ...ond von Wissen Aufmerksamkeit erreg- ...en. Auch an gelehrten Fachblättern ...irkte er fleißig mit. Die k. k. patriotische ...konomische Gesellschaft und die Ober- ...ausitzer Gesellschaft zählten ihn zu ihren ...irklichen Mitgliedern. **Zobel** wurde ...uf dem Kleinseitener Friedhofe Prags ...egraben.

Bohemia (Prager polit. und Unterhaltungsblatt, 4°.) 1865, Beilage zu Nr. 194 in der „Local- und Provincialchronik". — **Fremden-Blatt.** Von Gustav Heine (Wien, 4°.) 1865, Nr. 228. — **Wiener Zeitung,** 1865, Nr. 188.

Porträt. Dasselbe in Lithographie ließen seine Schüler an der Forstschule in Weißwasser als Zeichen der Liebe und Verehrung, welche sie ihrem Lehrer zollten, anfertigen.

Zobel, Johann Bapt. [siehe S. 221, in den Quellen, Nr. 3].

Zobel, Joseph [siehe S. 222, in den Quellen, Nr. 4].

Zobel, Michael [siehe S. 222, in den Quellen, Nr. 5].

Zobel, Joseph Vincenz Ferrerius (Schulmann, geb. zu Schwaz in Tirol am 8. August 1748, gest. zu Linz 14. Februar 1824). Bruder des **Eberhard** und **Raimund** [S. 216 und S. 220], genoß er wie diese die Erziehung im Elternhause und trat 1764, 16 Jahre alt, in den Orden der Jesuiten in welchem er, theils seine Studien fortsetzend, theils im Lehramte verwendet, bis zur Aufhebung der Gesellschaft Jesu (1772) verblieb. Er war in derselben zu Ingolstadt und zu Eichstädt thätig. Nach Pfingsten 1774 wurde er Priester und ging nun zunächst nach Innsbruck, wo er bei dem Exjesuiten P. **Kröll** durch drei Jahre privat die theologischen Studien fortsetzte. Am 16. December 1777 legte er zu Brixen die Prüfung für die Seelsorge ab und erlangte so die Zulassung in dieselbe. Am 14. März 1778 erhielt er das damalige Beneficium ad S. Barbaram zu Brixen, womit zugleich das Amt des Dompredigers verbunden war. Am 1. October 1785 wurde er Pfarrer von Imst und als diese Pfarre zur bischöflichen Dechantei erhoben worden, am 13. Februar 1794 Dechant daselbst und fürstbischöflich brixenscher geistlicher Rath. Seine erfolgreiche Thätigkeit, wie sein Verhalten gegen seine Pfarrgemeinde und Geistlichkeit richteten die Aufmerksamkeit der Regierung auf ihn, und am 16. März 1805 erfolgte seine Berufung zum Gubernialrathe und Referenten in geistlichen Sachen im Gubernium zu Innsbruck. Als dann 1806 sein Vaterland unter die Regierung Bayerns kam, suchte er als echter Tiroler und Altösterreicher bei derselben um seine Entlassung nach, die ihm auch mit der Bewilligung, in österreichische Dienste überzutreten, gegeben wurde. Am 3. Juli 1807 kam er als Regierungsrath und geistlicher Referent nach Salzburg, als dann auch dieses von Oesterreich abgetrennt wurde, ging er nach Wien, wo er die Pfarre Laa im V. u. M. B. erhielt, nachdem seine Entlassung bei dem Vicariate Brixen erfolgt war. Am 31. December 1812 zum Domherrn in Linz und zugleich zum geistlichen Referenten mit dem Range eines Gubernialrathes in Oesterreich ob der Enns ernannt, trat er 1820 altershalber in den Ruhestand, den er noch vier Jahre genoß. Zobel war ein ausgezeichneter Kanzelredner, wie es seine im Nachlaß befindlichen Gedächtnißreden auf die beiden Fürstbischöfe Leopold und Ignaz Grafen v. Spaur beweisen. Er wirkte auch als Schriftsteller, und erschien von ihm außer einem „Gesang für die deutschen Schulen" das Buch „Die Psalmen, metrisch übersetzt mit den nothwendigen Anmerkungen" (Augsburg 1790, Wolf, 8°.). Er legte seiner Uebertragung die Vulgata zu Grunde. In seinem Nachlaß befand sich eine zweite sorgfältig gefeilte, mit völlig neuer Uebersetzung mehrerer Psalmen ausgeführte Umarbeitung. Zobel's Uebertragung der Psalmen soll unter Nummer V und VI in die Sammlung von Gedichten aufgenommen worden sein, deren Herausgabe Michael Denis begonnen. Ob diese Uebersetzung die ursprüngliche oder die später umgearbeitete sei, können wir nicht sagen. Sein ganzes nicht unbeträchtliches Vermögen widmete er letztwillig zu wohlthätigen und frommen Zwecken. Er bedachte die Kirche zu Imst, das Stift Marienberg und bestimmte mit geringen Ausnahmen sein ganzes in Tirol anliegendes Vermögen zu einem Stipendienfonde u. d. m.

Bote für Tirol und Vorarlberg (Innsbruck, Fol.) 1828, Nr. 24, 25 und 43 [eine ganz unwesentliche Berichtigung]. — Waizenegger-Felder. Lexikon, Bd. III, S. 440.

Zobel, Raimund (Priester der frommen Schulen, Schulmann und Homilet, geb. zu Schwaz in Tirol 1754, gest. in Wien 13. Mai 1808). Bruder des Eberhard und Joseph Vincenz Ferrerius, erhielt er in der Taufe die Namen Maximilian Leopold. Sechzehn Jahre alt, trat er in den Orden der frommen Schulen d. Pr., in welchem er den Klosternamen Raimund annahm, die philosophischen und theologischen Studien beendigte und in der Zwischenzeit im Lehramte verwendet wurde, und zwar zu Horn in der Normalschule, zu Wien am akademischen Gymnasium. Dabei lag er auch dem Predigtamte ob, versah dasselbe anfänglich in Wien, später in Görz und erregte durch seine Kanzelreden, die sich ebenso durch Inhalt, wie Vortrag auszeichneten, bald großes Aufsehen. Von Görz nach Wien zurückberufen, übernahm er daselbst die Lehrkanzel der Rhetorik und bewährte sich als tüchtiger Lehrer und gediegener Pädagog. Da für sein Fach zu jener Zeit die erforderlichen Hilfsbücher fehlten, entwarf er selbst die Vorträge für seine Zuhörer und wirkte durch die von ihm angewendete Methode im hohen Grade ersprießlich, welche zunächst darauf berechnet war, die geistigen Gaben seiner Zöglinge zu wecken, diese zum Selbstdenken anzuregen und dadurch die Denkkraft des Einzelnen in der dem Individuum sich anpassenden Weise zu steigern. Dabei behielt er den oratorischen Vortrag stets im Auge, wodurch er seine Hörer zum Wetteifer anspornte. Diese Methode fand bald solchen Anklang, daß man sie auch an anderen Lehranstalten Wiens, ja der Provinz anwandte. Als dann die Berathungen zur Einführung eines neuen Lehrplanes für die Gymnasialstudien begannen, wurde er von dem Grafen Rotenhahn mit noch anderen erprobten Schulmännern dazu berufen und ihm das historische und geographische Fach zugewiesen. Im Jahre 1795 kam die Stelle eines Sonntagspredigers an der Hofburgpfarre in Erledigung. Unter vierzehn Bewerbern, deren jeder gleich ihm die Probepredigt zu halten hatte, fiel auf ihn einmüthig als den besten Prediger die Wahl, und am 27. Juni 1795 wurde er zum Hofprediger ernannt. Nach Ablauf der systemmäßigen drei Jahre ward er 1798 in seinem Predigtamte bestätigt und ihm 1801 die Versicherung seines Gehalts auf lebenslang auch für den Fall gegeben, als er selbst nicht mehr im Stande sein sollte, seinen Obliegenheiten nachzukommen. Dabei muß erwähnt werden, daß die sonst ihm zugewiesenen Arbeiten — er war auch Schulpräfect und Vicedirector am k. k. Convicte in Wien — ihm nicht gestatteten, seine homiletischen Vorträge niederzuschreiben, sondern daß er dieselben — besonders wichtige Anlässe abgerechnet — extemporirte. Ein zunehmendes Leberleiden mit einem durch sein Predigtamt veranlaßten schweren Halsübel rafften den würdigen Priester und berühmten Kanzelredner im Alter von erst 54 Jahren dahin. Wenn von Zobel auch keine schriftstellerischen Arbeiten bekannt sind, so war er als Pädagog doch auch nach dieser Richtung thätig, indem er nicht nur zu Ende des vorigen und Anfang des laufenden Jahrhunderts zur Verbesserung des Schulwesens im Kaiserstaate im Allgemeinen mitwirkte, sondern auch für Einführung besserer Lehrbücher an den Gymnasien sorgte und solche zum Theile selbst, theils in Verbindung mit anderen Pädagogen ausarbeitete.

Baur (Samuel). Allgemeines historisch-biographisch-literarisches Handwörterbuch aller merkwürdigen Personen, die in dem ersten Jahrzehnt des neunzehnten Jahrhunderts gestorben sind (Ulm 1816, Stettini, gr. 8°.) Bd. II, S. 763. — Der Biograph, Bd. VIII, S. 241. — Bote für Tirol und Vorarlberg (Innsbruck, Fol.) 1828, Nr. 26 und 27. — Neue Annalen der Literatur des österreichischen Kaiserthums (Wien, Doll, 8°.) II. Jahrgang 1808. Intelligenzblatt November, S. 209. — Oesterreichs Pantheon (Wien, Adolph, 8°.) Bd. II, S. 83 u. f. — Vaterländische Blätter (Wien, 4°.) 1808, Bd. I, S. 107.

Noch sind zu erwähnen: 1. **Elias** Zobel. Derselbe lebte im 18 Jahrhunderte und war um 1718 als Bildnißmaler in Prag thätig. Der aus Nürnberg gebürtige Johann Christoph Sartorius, welcher 1690—1739 als Kupferstecher in Prag lebte, hat nach ihm die Bildnisse der Freiherren Johann, Adam und Johann Karl Moraczicky von Pabienicz in Kupfer gestochen. [Dlabacz (Gottfried Johann). Allgemeines historisches Künstler-Lexikon für Böhmen und zum Theile auch für Mähren und Schlesien (Prag 1815, Gottlieb Haase, 4°.) Bd. III, Sp. 442.] — 2. **Franz Xaver** Zobel, ein Bildnißmaler des vorigen Jahrhunderts, der als solcher 1780 in Prag wirkte. Der Prager Tonkünstler Friedrich Schimmel (geb. 1752) besaß noch 1815 von Zobel's Pinsel eine Bildnißgruppe, welche eine Dame mit ihren Kindern darstellt, und welche Nagler [Bd. XXII, S. 304] als ein „schönes Bild" bezeichnet. [Dlabacz (Gottfried Joh.). Allgemeines historisches Künstler-Lexikon für Böhmen und zum Theile auch für Mähren und Schlesien (Prag 1815, Gottl. Haase, 4°.) Bd. III, Sp. 442.] — 3. **Johann Nep.** Zobl (geb. zu Schattwald am 23. Jänner 1822). Derselbe widmete sich dem geistlichen Berufe, erhielt am 27. Juli 1845 die Priesterweihe und erlangte dann das Doctorat der Theologie. Zunächst als Professor am fürstbischöflichen Seminar zu Brixen thätig, wurde er daselbst zum Canonicus des fürstbischöflichen Domcapitels gewählt, am 27. März 1880 als Bischof von Evaria präconisirt, consecrirt zu Brixen und am 26. April 1883 zum Generalvicar für Vorarlberg ernannt. Wegen der beträchtlichen Entfernung vom bischöflichen Sitze zu Brixen beantragte der heilige Stuhl die Errichtung eines eigenen Bisthums in Vorarlberg mit dem Sitze in Feldkirch. Derselbe erließ auch deshalb bereits am 2. Mai 1818 die Circumscriptionsbulle; ein selbständiges Bisthum kam aber bis jetzt nicht zu Stande. Die einstweilige Verwaltung ist dem Fürstbischof von Brixen übertragen, und zu diesem Zwecke wird von dort ein Generalvicar mit bischöflichem Charakter nach Feldkirch entsendet. Bischof Zobl ist überdies Weihbischof von

Brixen, fürstbischöflicher Schulenoberaufseher für Vorarlberg und Mitglied des Vorarlberger Landtags. Er hat das biographische Werk: „Vincenz Gasser, Fürstbischof von Brixen in seinem Leben und Wirken dargestellt. Mit Porträt“ (Brixen 1883, A. Weger's Buchhandlung, 611 Seiten) verfaßt. — 4. **Joseph** Zobel, ein Kupferstecher in Prag, der um die Mitte des vorigen Jahrhunderts arbeitete, und von dem Dlabacz einen Kupferstich, „Das Herz Jesu“ vorstellend, gesehen, welcher „Jos. Zobel sculp. Pragae 1744“ bezeichnet war. Wie Dlabacz meldet, soll Zobel meist Heiligenbilder gestochen haben. — 5. **Michael** Zobel, auch ein Maler, der in den Vierziger-Jahren des laufenden Jahrhunderts in Wien arbeitete. Wie Nagler berichtet, malte derselbe Bildnisse und historische Darstellungen. In den Jahresausstellungen der k. k. Akademie der bildenden Künste bei St. Anna in Wien erschien er zuerst 1841 und dann wieder 1844, jedesmal mit einem in Oel gemalten Studienkopf. Ueber seine späteren Arbeiten und Schicksale ist nichts bekannt. Er hatte in beiden genannten Jahren sein Atelier in Wien, Kohlmessergasse, Nr. 477. [Frankl (Ludw. Aug.). Sonntagsblätter (Wien, gr. 8°.) II. Jahrg. 1843. S. 841: „Atelier-Schau“.]

Zocchi, Johann Ritter von (k. k. Major und Ritter des Maria Theresien-Ordens, geb. zu Livorno 25. October **1763**, gest. zu Prag 16. April **1819**). Sohn eines Artillerieofficiers, trat er im Februar 1771 zur militärischen Ausbildung in die Wiener-Neustädter Akademie, aus welcher er am 3. Jänner 1781 als Kaisercadet zum 2. Artillerie-Regiment ausgemustert wurde. Daselbst ward er am 1. Juni 1787 Lieutenant, am 16. Februar 1792 Oberlieutenant und am 1. August 1797 Capitänlieutenant. Er hatte schon am Türkenkriege und später an den französischen Kriegen theilgenommen und rückte am 18. Februar **1803** zum wirklichen Hauptmann im 1. Artillerie-Regimente vor. In demselben commandirte er in der Schlacht bei Austerlitz (2. December 1805)
in das kaiserlich russische Gardecorp
getheilte Batterien, jede aus vier z
pfündigen Kanonen und zwei sieb
pfündigen Haubitzen zusammengestell
Am Tage der Schlacht rückte er gege
sieben Uhr Morgens aus dem Lager von Austerlitz ab, ohne daß die geringste Aussicht vorhanden war, daß es zum Schlagen kommen würde, als er gegen acht Uhr, da ferner Kanonendonner sich hören ließ, Befehl erhielt, mit möglichster Eile vorzurücken. Seine Batterien waren die ersten, welche die vortheilhaftest gelegenen Höhen besetzten und den in gleicher Absicht schnell vorrückenden Feind durch ein wohlangebrachtes Feuer zum Rückzuge zwangen. Der Kampf dauerte schon mehrere Stunden fort, und das Geschütz unterstützte denselben auf das wirksamste, aber die russische Garde vermochte zuletzt nicht länger der feindlichen Uebermacht Stand zu halten, und bald wurde der rechte Flügel der Unseren geworfen. Als nun der Feind gegen uns in Flanke und Rücken vordrang, ward auch unser Centrum gefährdet und endlich nach hartnäckigem Widerstand zum Weichen gebracht. Diesen Moment und dessen Gefahr erkannte Zocchi und gab seinen beiden Officieren Oberlieutenant Lagonda und Lieutenant Maschner Befehl vorzurücken, und ein verheerendes Feuer der beiden Batterien Zocchi's hemmte das Vordringen der Franzosen, die wohl noch auf unsere Batterien schossen, ohne jedoch eine verderbliche Wirkung hervorzubringen, da sie in kleinen Colonnen vor unserem Geschützfeuer ihren Rückzug antraten. Dieses Manoeuvre Zocchi's verschaffte aber den Russen, die auf ihrem Rückzuge bei der von allen Seiten eingetretenen feindlichen Bedrohung in Unordnung gerathen

waren, Zeit und Gelegenheit sich zu sammeln, zu formiren und eine neue entsprechende Stellung einzunehmen. Trotzdem die Lage der Unseren eine verzweifelte war, konnten dieselben doch den durch die feindliche Uebermacht unaufhaltbaren Rückzug unter der Wirkung der Zochi'schen Batterie in Ordnung und mit nur geringem Verluste ausführen. Von Zochi's Batterie mußten nur zwei Haubitzen, deren Pferde während des Kampfes getödtet wurden, geopfert werden. Alles andere Geschütz ging gesichert aus demselben hervor. Zochi wurde am 3. September 1811 zum Major im Regimente befördert und machte als solcher 1813 den Feldzug mit, in welchem er sich wieder bei Leipzig am 18. und 19. October und bei Hochheim am 9. November ebenso durch Tapferkeit wie zweckmäßige Verwendung seiner Waffe auszeichnete. Nach dem Friedensschlusse kam er mit seinem Regimente nach Prag, wo er als Major im Alter von 57 Jahren starb. Für sein ausgezeichnetes Verhalten bei Austerlitz wurde ihm in der 71. Promotion (April 1806) das Ritterkreuz des Maria Theresien-Ordens zuerkannt.

Thürheim (Andreas Graf). Gedenkblätter aus der Kriegsgeschichte der k. k. österreichisch-ungarischen Armee (Wien und Teschen 1882, Prochaska, Lex. 8°.) Band II, Seite 371, Jahr 1805.

Noch ist eines **Joseph** Zochi de Morecci, der aber auch Zochy geschrieben erscheint, zu gedenken; dieser diente als Hauptmann im Sappeurcorps und wurde 1814 für Auszeichnung vor dem Feinde mit dem Ritterkreuze des Leopoldordens geschmückt.

Zoch, Ctiboh (evangelischer Geistlicher, geb. zu Großdorf (Velko věs) in der Árvaer Gespanschaft Ungarns 15. März 1815, gest. 15. December 1865). Sohn eines Schullehrers, erhielt er seine erste Erziehung im Vaterhause, dann besuchte er die Schulen zu Käsmark, Gömör und Preßburg, in welch letzterer Stadt er die theologischen Studien beendete. Im Jahre 1836 übernahm er eine Erzieherstelle im Hause des Edelmanns Palugyay in Liptau, von wo er aber bald als Pfarrer nach Josenov in der Árvaer Gespanschaft berufen wurde. Am 19. Mai 1849 gerieth er als vermeintlicher Panslavist und Landesverräther in die Gewalt der magyarischen Rebellen, welche ihn bis zum 25. August in Haft behielten. Nach seiner Freilassung wurde er zum Mitglied und k. Actuar des Verwaltungsausschusses des Árvaer Comitates ernannt. 1854 erfolgte seine Berufung als Senior des Senioratconventes der Árvaer Bruderschaft, in welcher Stellung ihn im Alter von 50 Jahren der Tod ereilte. Auf schriftstellerischem Gebiete war Zoch weniger durch selbständige Werke — mit Ausnahme einiger Schulschriften und Kanzelreden — doch umso fleißiger als Journalist thätig. Schon als er noch Studiosus der Theologie in Preßburg war, gab er gemeinschaftlich mit Ljudevit Stur: *„Plody učenců řeči českoslovenců“*, d. i. Früchte der Schüler der čechoslavischen Sprache heraus, dann aber war er ein fleißiger Mitarbeiter der in Ungarn und Böhmen erscheinenden slovakischen und čechischen Zeitschriften, so des „Tatran“ und der „Hronka“ (1837), des „Světozor“ (1858), des von Lichard herausgegebenen Kalenders „Pokladnico“ und des Rieger-Malý'schen „Slovník naučný“, in welchen er Artikel schöngeistigen und anderen Inhalts veröffentlichte. Das Gesangbuch der slovakischen Kirchengemeinde evangelischer Confession (1841) enthält auch geistliche Lieder seiner Feder. Slave mit Leib und Seele, war er Ausschußmann der slovakischen Matice und auf Errichtung von Mäßigkeitsvereinen, Sonntagsschulen und Pfarrbibliotheken eifrigst bedacht.

Praha (Prager čechisches Blatt, 4°.). Redigirt von Julius Graf, 1868, Nr. 4, S. 63. — *Šembera (Alois Vojtech).* Dějiny řeči a literatury česko-slovenské. Věk novější, d. i. Geschichte der čechoslavischen Sprache und Literatur. Neuere Zeit (Wien 1868, gr. 8°.) S. 310.

Porträt. Holzschnitt. Ohne Angabe des Zeichners und Xylographen in oben angeführter „Praha“ S. 49.

Joebl, Anton (Professor der Landwirthschaftslehre und Fachschriftsteller, geb. zu Brünn 6. Jänner 1852). Nach beendetem Gymnasium bezog er 1872 die im nämlichen Jahre eröffnete k. k. Hochschule für Bodencultur in Wien, besuchte außerdem naturwissenschaftliche Vorträge an der Universität und technischen Hochschule, erlangte 1876 die Approbation zum Lehramte an landwirthschaftlichen Mittelschulen, im selben Jahre noch den philosophischen Doctorgrad und dann vom k. k. Ackerbauministerium ein Reisestipendium, welches ihm das Studium der Landwirthschaftslehre an deutschen Universitäten und der landwirthschaftlichen Verhältnisse in Sachsen aus eigener Anschauung ermöglichte. Noch im Herbst genannten Jahres wurde er vom mährischen Landesausschusse an die 1873 neu errichtete landwirthschaftliche Landesmittelschule in Neutitschein als wirklicher Lehrer berufen und 1877 zum Professor ernannt. Nach zehnjähriger verdienstvoller Thätigkeit an genannter Schule folgte er einem Rufe als Professor seines Faches an der k. k. technischen Hochschule in Brünn. In seinem Fache ist Joebl nicht bloß theoretisch als Lehrer, [illegible] auch praktisch als Secretär und [illegible] führer landwirthschaftlicher Verein[illegible] Genossenschaften erfolgreich thätig[illegible] wirkte er mehrere Jahre im Kuhlä[illegible] landwirthschaftlichen Vereine, bei der [illegible] ihm angeregten Wassergenossenschaft [illegible] Schönau nächst Neutitschein, bei Erri[illegible] tung der Meierei- und Haushaltung[illegible] schule in Söhle, bei Bildung mehrer[illegible] landwirthschaftlichen Vereine, bei Einrichtung von Spar- und Vorschußcassen (nach dem System Raiffeisen), ist Mitglied des Centralausschusses der Ackerbaugesellschaft und erster Vicepräsident des Landesfischereivereins. Was seine schriftstellerische Wirksamkeit in seinem Fache betrifft, so nennen wir vor allem seine „Darstellung der landwirthschaftlichen statistischen Verhältnisse Mährens“, mit 32 Tafeln und Karten, welche anläßlich der Kaiser-Jubiläumsausstellung in Brünn erschien und mit der Anerkennungsmedaille ausgezeichnet wurde. Seine zahlreichen Fachabhandlungen in verschiedenen landwirthschaftlichen Blättern, so in Haberlandt's „Wissenschaftlichen praktischen Untersuchungen“, in den „Verhandlungen des naturforschenden Vereins in Brünn“ und in anderen Fachzeitschriften zählt die unten angegebene Quelle auf. Daß es ihm bei einer so erfolgreichen Thätigkeit nicht an öfterer behördlicher Anerkennung, an Ehrenbürger- und Vereinsdiplomen u. d. m. fehlte, fügen wir zur Vervollständigung unsere Skizze bei.

Heller (Hermann). Mährens Männer der Gegenwart. Biogr. Lexikon. Dritter Theil: Männer der Wissenschaft (Brünn 1889, 8°.) S. 229.

Zöhrer, Eduard Hermann (Chorherr des regulirten Chorherrenstiftes Reichenberg in Oberösterreich, Dialekt-

r und Componist, geb. zu Sar-
bach in Oberösterreich am 7. April
gest. zu St. Lambrechten
am 15. Mai 1885). In Rede
ider, der in der Taufe den Namen
ann erhielt, den er später mit
losternamen Eduard vertauschte
her sein Pseudonym als Compo-
hermann von Sarleinsbach" — ist
ohn eines Schullehrers in Sar-
ich. Der Vater war ein tüchtiger
r, der seine vier Söhne Her-
(Eduard), Franz, Fritz und
ig, über welche noch Mehreres
heilt wird, selbst in der Musik
ichtete; die Mutter, eine vortreff-
ängerin, hatte gleichfalls nicht un-
enden Einfluß auf die musicalische
cklung ihrer Knaben. Nachdem
ann die Studien in Linz beendet,
te er sich dem geistlichen Berufe
rat, 20 Jahre alt, 1830 in das
errenstift Reichenberg am Inn, wo
15. Juli 1834 die Priesterweihe
g. Nach derselben wirkte er meh-
ahre als Cooperator und Regens-
m Stifte selbst, 1841—1856 als
rger in den Klosterpfarreien Edlitz
hernberg in Niederösterreich, 1857
farrer zu St. Lambrecht in Ober-
ich, wo er nach 20jähriger Thätig-
s geistlicher Rath und Jubelpriester
lter von 75 Jahren starb. Was
aber webt sich in diese anspruchs-
riesterliche Thätigkeit hinein, was
diesen seltenen Mann denkwürdig
nen läßt! Schon 1834 — er
damals erst 24 Jahre — wurde er
ranz von Piesenham (Stelz-
ner) bekannt und blieb mit ihm
41 innigst verbunden. Aus dieser
tammen von Zöhrer, der unge-
musicalisch ausgebildet war, eine
weltlicher Compositionen, nament-
lich einiger Lieder von Stelzhammer, die zu dem Schönsten gehören, was im Gebiete des Volksliedes vorhanden. Eine Sammlung dieser Lieder ist 1835 bei Rohrmann in Wien erschienen. Seine übrigen weltlichen Compositionen soll Zöhrer später selbst den Flammen überliefert haben. Mit diesen Arbeiten verband er aber das sorgfältigste Studium des Generalbasses, der Harmonie- und Compositionslehre. Er schrieb damals auch Mehreres für den katholischen Gottesdienst im strengen Style, dann einige Werke über Generalbaß und Orgelspiel, für sich zu eigenem Gebrauche eine Original-Generalbaßlehre in Stenographie. In die Zeit seines St. Lambrechter Pfarramtes fallen seine christlichen Dichtungen für Jünglings- und Jungfrauenbündnisse sowohl in Mundart als in Schriftsprache, aus dieser Zeit stammen ferner auch die zahlreichen „Krippen- und andere Lieder und Gspiel", von denen noch weiter unten die Rede ist. Die Muße seines seelsorgerlichen Berufes war ganz seiner Lieblingskunst, der Dichtung vereint mit Musik, gewidmet; da er selbst mit einer schönen Baritonstimme begnadet war, gab er Unterricht im Gesange, aber auch im Clavier- und Orgelspiele und nach höchst praktischer und leichtfaßlicher Methode im Generalbaß und in der Harmonielehre. Noch heute sind in Oberösterreich mehrere seiner Schüler, die als tüchtige Organisten hervorragen, angestellt. Als Dichter der Krippenlieder pflegte man ihn im Volke den „Sternsinga Veitl" zu nennen, eine Bezeichnung, die er nicht ungern hörte. Diese seine Thätigkeit als Volkspoet kam aber lange nicht über die Kreise seiner kirchlichen Gemeinde hinaus, erst ein Freund Zöhrer's, der Capitular des Benedictinerstiftes P. Siegmund Fel-

löcker, brachte sie in Gemeinschaft mit Pfarrer Norbert Hanrieder aus den sorgfältigen eigenhändigen Abschriften des Autors in die Oeffentlichkeit. Sie sind unter den Titeln: „Krippla'sangl und Krippla'spiel“, 9 Bändchen und „Allalei christlige G'sängern und G'spiela“, 3 Bändchen im Druck erschienen. Als dann Zöhrer gestorben, gab P. Fellöcker Nachricht über dessen Nachlaß, der noch Manuscript für etwa zwei Bändchen „Krippl-g'sangln“ und für etwa drei bis vier Bände „Allalai christlige G'sängern und G'spiele“ enthielt. Die Vollendung dieser Ausgaben, wie sie Fellöcker plante, wurde durch den Tod des Letzteren vereitelt. Vielen dieser Gedichte sind sehr ansprechende Melodien, theils ältere (volksthümliche), theils von Zöhrer selbst componirte, beigegeben. Auch hat Fellöcker im „Linzer Volksblatt“ (1845, Nr. 126) berichtet, daß sich in seinem Besitze mehrere Abhandlungen Zöhrer's über Dialekt, mundartliche Orthographie, Sprachlehre, Versbau, Assonanzen und Reime und schließlich eine Unzahl Ergänzungen zu Matthias Hofer's „Etymologischem Wörterbuche der in Oberdeutschland, vorzüglich aber in Oberösterreich üblichen Mundart“, 3 Bände (Linz 1815) befinden. Da sich im Stifte Kremsmünster auf meine Nachfrage von Zöhrer's Nachlaß nichts vorfand, dürfte derselbe, und zwar sowohl Dichtungen, sprachliche Abhandlungen als Compositionen, darunter einige Kirchenstücke, entweder im Besitz des Pfarrers Oberneder in Thalkirchen sein oder aber im Archiv des Chorherrenstiftes Reichenberg hinterliegen. Was Zöhrer's äußere Erscheinung und Persönlichkeit betrifft, so wird er allgemein als ein höchst liebenswürdiger Priester geschildert, den ob seiner Gemüthlichkeit Jedermann schon bei der ersten Begegnung liebgewann. In seinem bescheidenen noch ganz aus Holz gebauten Pfarrhofe in St. Lambrecht, in welchem er zugleich seine Gesangschule hatte, führte er durch nahezu drei Jahrzehnte bis zu seinem Tode ein nur der Seelsorge und der heiligen Kunst gewidmetes Leben.

Linzer Volksblatt für Stadt und Land (Fol.) XVII. Jahrg., Nr. 113, 116, 126 im Feuilleton: „Der ‚alte Veit‘ ist gestorben“; „Ed. Zöhrer's Nachlaß in der Volksmundart“ von Siegmund Fellöcker“; „E. Zöhrer's Leitstern für die Dialektdichtung“. – Oesterreichischer Reichsbote (Wien, Fol.) V. Jahrg. 1887, Nr. 210 im Feuilleton: „Ueber den Stand der oberösterreichischen Dialektdichtung mit Ende 1886“. Von Norbert Hanrieder. — Handschriftliche Notizen des hochw. Herrn Pfarrers Norbert Hanrieder und des Herrn Buchhändlers Ferd. Zöhrer, denen ich an dieser Stelle meinen Dank ausdrücke. – Schmidt (August). Wiener allgemeine Musik-Zeitung (4°.) Jahrg. 1841, Nr. 45 und Jahrg. 1842, S. 261.

Porträt. Unterschrift: „Eduard Zöhrer“. In Heliographie. Druck von Dorn und Merfeld in Leipzig.

Ueber die Zöhrer'sche Familie. Wie schon in der Biographie des Chorherrn Eduard Zöhrer bemerkt wurde, war seine Familie eine wirkliche Künstlerfamilie. 1. Sein ältester Bruder **Friedrich** (geb. 1807, gest. 1883) besuchte das Gymnasium in Linz, widmete sich dann dem Lehrfache, in welchem er mehrere Jahre thätig blieb. Darauf begab er sich nach Wien zu seinem Oheim Joseph, seines Vaters Bruder, der daselbst als Advocat lebte und seinen Neffen als Schreiber in seiner Kanzlei anstellte. Nachdem er sich in diesem Dienste ausgebildet hatte, legte er die Prüfung als Grundbuchführer ab und erhielt als solcher ein Amt, welches er durch mehrere Jahre versah. Auch er hatte von seinem Vater eine tüchtige musicalische Ausbildung erhalten und war in vielen Gegenden Oberösterreichs als geschickter Orgelspieler und Componist bekannt. Seine Compositionen bestanden meist aus Kirchenstücken

e sich wohl noch zur Stunde in manchen
rchen Oberösterreichs aufbewahrt finden
d von dortigen Dorforganisten gespielt
rden mögen. In seinen späteren Jahren
irde er irrsinnig und starb auch in geistiger
nnachtung. — Ein zweiter jüngerer Bruder
ranz (geb. zu Sarleinsbach 1818, gest. zu
iz 1868) besuchte das Gymnasium in Linz
d Salzburg und wendete sich, da er eine
öne Tenorstimme besaß, dem Theater zu.
ichdem er bei Hauser in Wien Gesang-
d anderen für sein Auftreten auf der Bühne
thigen Unterricht genommen, sang er auf
rschiedenen Bühnen, so in Jassy, Königs-
rg, Hannover, zuletzt in Berlin, wo er
s Hofopernsänger angestellt wurde. Eines
rzfehlers wegen mußte er aber seine Stel-
ng als Sänger aufgeben und mit der eines
Gesanglehrers vertauschen. Aber auch dieser
ißte er seines Leidens wegen entsagen. So
rte er denn in seine Heimat zurück, wo
in Linz als Beamter bei der oberösterreichischen Landeshauptcasse Anstellung fand.
ach längerem schweren Leiden starb er im
ter von fünfzig Jahren. Gleich seinen Brü-
rn musicalisch ausgebildet, versuchte er sich
s Compositeur, dichtete viele Lieder, die
dann, wie auch Lieder anderer Poeten,
Musik setzte und selbst vorzutragen pflegte.
eine einzige Tochter, die Gattin des Be-
ebsdirectors Adalbert Kurzwernhart
Teplitz, dürfte sich im Besitz der Aufzeich-
ungen des wechselvollen Lebens ihres Vaters
ie auch seiner Dichtungen und Composi-
onen befinden. — 3. Der dritte und jüngste
ruder **Ludwig** (geb. zu Sarleinsbach am
i. April 1821) besuchte 1832 bis 1835 das
ymnasium in Linz und widmete sich, nach-
m er zu Hause bei seinem Vater Unterricht
n Generalbasse und Orgelspiel erhalten und
h selbst auf den Saiten- und Blasinstru-
enten geübt hatte, dem Lehramte, war
835 bis 1843 als Unterlehrer in Mondsee
nd Sarleinsbach, in ersterem Orte auch als
rganist und von 1843 bis 1886 als Ober-
hrer und Organist in Sarleinsbach ange-
ellt; 1874 bis 1879 versah er das Amt
nes k. k. Bezirksschuleninspectors für die
olksschulen im Bezirke Rohrbach und trat
886 in den Ruhestand, bei welcher Gelegen-
eit er mit dem goldenen Verdienstkreuz aus-
zeichnet wurde. Er lebt seitdem zu Urfahr
ächst Linz. Während seiner Lehrthätigkeit
erfaßte er viele Verslein für die Schul-
ugend, setzte auch mehrere davon in Musik,
schrieb verschiedene Gelegenheitsgedichte in hochdeutscher Sprache, componirte viele Schul-, Kirchen- und andere Lieder, von denen einige in Proschko's „Liederquelle" und in der „Hoamat" abgedruckt sind. Ferner war er als Kirchencomponist thätig und schrieb u. A. eine große und eine kleine Messe, ein großes und ein kleines Requiem, viele Offertorien, Gradualien, Tantum ergo, Schul- und Kirchenlieder, mehrere Chöre und Männerquartette.

Jöhrer, Ferdinand (Schriftsteller und Topograph, geb. in Linz am 17. Mai 1844). Er entstammt einer mit Kindern reich gesegneten Bürgerfamilie. Der Vater, der 84jährig starb, hatte noch die denkwürdigen Franzosenzeiten erlebt — auch das berühmte Treffen von Ebelsberg als von den Blättern eines Baumes verborgener Zuschauer mitgemacht und theilte gern den reichen Schatz seiner Erlebnisse an den Abenden, wenn die Kinder traulich um ihn versammelt waren, mit. Die Mutter war eine schlichte fromme Bürgersfrau alten Schlages, die sich die Widerwärtigkeiten des Lebens in Liedern wegsang oder mit treffenden Sprichwörtern würzte, wodurch sie ihr nicht geringer, aber doch erträglicher zu werden schienen. Unter solchen glücklichen Verhältnissen wuchs Ferdinand auf und heimste frühzeitig sozusagen spielend einen Schatz köstlicher Erinnerungen ein, den er später verwerthen sollte. Indessen blieb auch die Schulbildung nicht zurück; 1850–1856 besuchte er in seiner Vaterstadt die damalige k. k. Normalhauptschule, zu deren besten Schülern er gehörte, und in welcher er das Glück genoß, in Würdigung seines Fleißes und Wohlverhaltens aus den Händen des Dichters und damaligen k. k. Schulrathes Adalbert Stifter alljährlich Preisbücher und aus jenen des kaiserlichen Statthalters Eduard Freiherrn

Bach die silberne Medaille, eine Stiftung des Diöcesan-Katholikenvereins, und ein Sparcassebuch, eine Kaiserin Elisabeth-Stiftung, zu erhalten. 1856 bezog er in Linz das Untergymnasium, welches er 1861 beendete, dann aber widmete er sich, einer Lieblingsneigung folgend, dem Geschäfte des Buchhandels, dem er auch bis zur Stunde angehört. Da er keine Gast- und Kaffeehäuser besuchte, überhaupt sich von allem lärmenden Vergnügen fernhielt und für die Natur, deren Genuß keine Bitterkeit zurückläßt, schwärmte, so benützte er alle freie Zeit zu Ausflügen in der Umgegend, die er in den Ferien und später während der Wanderjahre als Buchhändler immer weiter und nach den verschiedensten Richtungen ausdehnte. Zunächst aber lernte er so sein engeres an den herrlichsten Naturschönheiten überreiches Vaterland Oberösterreich, und zwar, da er die nicht zu häufige Gabe zu schauen besaß, in einer Weise kennen, daß er das Geschaute zu Nutz und Frommen Anderer zu verwerthen und diese zum Besuche des Landes anzuregen verstand. Zöhrer hat so einen Theil der Schweiz und auch von Deutschland kennen gelernt. Gegen den Schreiber dieser Zeilen sprach er offen aus: „Ich brüste mich nicht, daß ich weit herumgekommen, aber dort, wo ich gewesen, habe ich die Augen aufgemacht, die einschlägige geographische Literatur stand mir aber als Buchhändler zur Verfügung." Nachdem er mehrere Jahre in Wien im Buchhandel thätig gewesen, ging er in die Schweiz und wirkte viele Jahre zuletzt als Abtheilungsleiter der weltbekannten Firma Benzinger und Comp. in Einsiedeln. Daselbst bot sich ihm trefflich Gelegenheit, die großartig entwickelte Fremdenindustrie am Vierwaldstättersee kennen lernen, welche diesem Lande riesige Summen einbringt; er machte aber auch die Wahrnehmung, daß es die Literatur in erster Linie gewesen, welcher die Schweiz sozusagen ihren Weltruf und mit diesem den Goldstrom verdankt. Das aber weckte sein Nationalgefühl als Oberösterreicher, denn da er die Schweiz kannte ward es ihm auch bewußt, daß Oesterreich an den anmuthigsten und großartigsten Naturwundern nicht minder reich sei, ja die Schweiz weit übertreffe, und so entstand, um einige Adern des Fremdenstromes, der die Schweiz überflutet, Oesterreich zuzuwenden, zuerst sein Buch „Tourist auf der Donau", dann sein „Ob der Enns", und nun folgten die vielen Artikel im „Tourist", die er nach angestrengter Geschäftsarbeit in stiller Nachtstunde aus seinen Aufzeichnungen — gratis schreibt. Denn Zöhrer schreibt nur aus Autopsie und läßt Gebiete, die ihm fremd sind, unberührt. Ein analoger Grund, Liebe zum Vaterlande, führte ihn auf das Gebiet der Jugendschriften. Als Buchhändler hatte er genügend Gelegenheit, den ganzen Wust von Jugendschriften, womit Oesterreich vom Auslande aus überschwemmt wird, kennen zu lernen. Nicht etwa, daß es nicht auch treffliche darunter gäbe, aber ein großer Theil davon ist parteiisch, gehässig und Oesterreich feindlich gesinnt, wird aber nichtsdestoweniger von Leuten, die sich auf ihren österreichischen Patriotismus etwas zugute thun, nicht nur anempfohlen, sondern auch in Familien und Schulen oft mit Bedacht, oft auch aus Unkenntnis eingeschmuggelt. Dies veranlaßte ihn, das bisher in Oesterreich wenig gepflegte Gebiet der Jugendschriften in seinen Bereich zu ziehen, und thatsächlich zählen seine Arbeiten in dieser Richtung zu jenen, d[illegible] von großem Erfolge begleitet sind, wie es sein „Das Seebuch“, „Oesterreichs Robinson“, „Donauhort“, „Das Kaiserbuch“, „Der letzte Ritter“ u. a. beweisen. 1887 eröffnete er in seiner Vaterstadt Linz als Buch- und Kunsthändler sein eigenes Geschäft. Wir schließen diese Darstellung mit einer Uebersicht der selbständig erschienenen Bücher und in Zeitschriften zerstreuten Artikel, mit denen Zöhrer in den drei Richtungen als Schriftsteller, Topograph und Jugendschriftsteller in so ersprießlicher Weise thätig ist.

Zöhrer's schriftstellerische Thätigkeit. I. **Vollständige Werke:** a) Jugendschriften: „Das Kaiserbuch. Erzählungen aus dem Leben des Kaisers Franz Joseph I.“ (Wien 1889). — „Oesterreichische Alpengeschichten. Fünf Erzählungen“ (Wien und Teschen 1888). — „Kreuz und Schwert. Historische Erzählung aus den Zeiten der Kreuzzüge“ (ebd. 1888). — „Der letzte Ritter. Historische Erzählung aus den Zeiten Maximilians I.“ (ebd. 1887). — „Unter dem Kaiseradler. Kriegsgeschichten aus Oesterreichs Ruhmestagen“ (ebd. 1886). — „Oesterreichisches Seebuch. Seekriegsgeschichten, Reise- und Lebensbilder österreichischer Seehelden“ (ebd. 1886). — „Der österreichische Robinson. Erzählung aus dem Leben Johann Georg Beyer's aus Urfahr-Linz“ (ebd. 1885). — „Oesterreichisches Sagen- und Märchenbuch“ (1884). — „Donauhort. Vom Occident zum Orient. Geschichten &c. von Oesterreichs Donaustrom“ (ebd. 1884). — Außer obigen für eine reifere Jugend berechneten Prachtausgaben sind vom: „Kaiseradler“, „Seebuch“, „Robinson“, „Sagenbuch“, „Donauhort“ auch gekürzte, textlich der Volksschuljugend angepaßte billige Volksausgaben vorhanden. — b) Geo- und topographische Werke: „Tourist auf der Donau von Passau bis Budapesth“, 2. Aufl. Linz 1876, 1881). — „Ob der Enns. Natur-, Reise- und Lebensbilder aus Oberösterreich“ (Gera 1881). — „Allgemeine Erdkunde. III. Aufl. (vollständige Neubearbeitung der Locher'schen I. Auflage) Regensburg 1886). — „Donauperle. Die Landeshauptstadt Linz und ihre Umgebung“ (Linz 1889). — „Linz a. d. Donau. Städtebild“ (Zürich 1891). — „Gerold's Rundreiseführer auf den österreichischen süddeutschen Bahnen“, 20 Bände (Wien 1886, 1887). — **II. Artikel in Journalen:** a) Geographische: „Streifzüge im Böhmerwalde“ („Fels zum Meer“ Stuttgart 1883). — „Aus dem Volksleben in Oesterreichs Alpen“ („Aus allen Welttheilen“ Leipzig 1884). — „Salzland in Oberösterreich“ („Alte und neue Welt“ 1878). — „Traunkirchen und sein Frohnleichnamsfest“ („Deutscher Hausschatz“ Regensburg 1876). — „Linz, eine Donauperle“ [nicht gleich mit obigem Buche] („Ueber Land und Meer“ 1891 und „Presse“). — b) Historische und biographische: „Palm's letzter Tröster“ („Heimgarten“ Graz 1877). — „Frankenburger Würfelspiel“ („Neues Blatt“ Leipzig 1883). — „Zwei Dichter des Böhmerwaldes“ [Stifter und Proschko] („Jugendblätter“ München 1882). — „Bischof Ernst Maria von Linz. Lebensbild“ („Alte und neue Welt“ 1889). — c) In Amthor's „Alpenfreund“ (Gera): „Donauperlen: Grein, Kreuzen, Schaumburg, Linz“ (Bd. IV, 1876). — „Bilder aus Oberösterreich: Traunfall, Bad Hall, Burg Altpernstein, Stodertháler, Ischl, Gmundnersee, Attersee, Mondsee, Wolfgangsee“, Hallstättersee, kleine Seen“ (Bd. IV, 1876). — „Invasionen der Türken im Alpengebiete Nieder- und Oberösterreichs“ (Bd. X, 1877). — „Reichenau und Gutenstein. Zwei Fürstenasyle“ (Bd. X, 1877). — „Der Oetscher und die Lunzerseen“ (Bd. XI, 1878). — „Römerspuren in Oberösterreich“ (Bd. XI, 1878). — d) Im „Tourist“ (Organ für Touristik und Alpenkunde) Wien: „Ein alpiner Vagabund der Wissenschaft. (Theophr. Paracelsus“ (1878). — „Mayrhoferberg und Jauerling“ (1878). — „Ein Stück Altösterreich unter dem Hammer“ (1879, 1880). — „Aus der Urschweiz“ (1879, 1880). — „Von der Amthorspitze“ (1879). — „Epheuranken“ (1881, 1882). — „Maria-Zell als Wallfahrtsort für Touristen“ (1882). — „Donaufahrt anno KYSELAK“ (1882). — „Offener Brief an das Comité zur Hebung des Fremdenverkehrs in Wien“ (1882). — „Constanz, eine Perle am Bodensee“ (1880). — „Sang und Tanz in Oesterreichs Alpen“ (1883). — „Ein Volksschauspiel in Schwyz“ (1883). — „Offener Brief an die Tiroler“ (1883). — „Der Alpenmensch in seinem

Wahn" (1883). — „Vom oberen Donauwinkel" (1883). — „Stunden der Andacht auf der Alm" (1884). — „Epheu von Regensburg" (1883). — „Vom Böhmerwalde" (1883, 1886). — „Ins Landl" (1887). — „Grein an der Donau" (1887). — „Wanderndes Volk in Oesterreichs Alpen" (1887). — „Todtencultus in Oesterreichs Alpen" (1887). — „Ostern im Gebirge" (1888). — „Ein Bergfest in Oesterreichs Alpen" (1889). — „Am Plattensee in Ungarn" (1889). — „Oesterreichs Alpen als Heimstätte der schönen Künste" (1890). — „Oesterreichs Alpen als Schatzkammer der Natur" (1891). — e) Jugendschriften: „Die feindlichen Brüder. Erzählung". — „Vergessenes Königsgrab in der Theiß" („Jugendheimat" Graz, Bd. III). — „Hans Dollinger. Donausage" (Bd. IV). — „Drei Capitel aus dem Lebensbuche Rudolfs von Habsburg" (ebd., Bd. V). — „Peter Anich oder aus eigener Kraft. Erzählung" (ebd., Bd VI). — „Wolferl und Annerl. Aus Mozart's Leben" („Gute Kamerad" Stuttgart, I. Jahrgang). — „János, der Roßhirt. Ungarische Pusztengeschichte" („Deutsche Jugend" Leipzig, 1881). — „Türken vor Gutenstein. Historische Erzählung" (ebd. 1881). — „Alpensagen aus Oesterreich (1884). — „Schuld und Sühne. Erzählung aus den Schweizer Alpen" („Neues Buch der Welt" Stuttgart 1880). — „Künstlerlist. Lustspiel" (Braun, „Jugendblätter" 1883). — „Geheimnißvolle Beute. Lustspiel" (ebd., 1883). — „Kaisers Schwur. Historische Erzählung" (Wildermuth, „Jugendgarten" Jahrgang (?) in einem von 1880—1890). — f) Verschiedenes: „Zigeuner-Dori. Geschichte aus den österreichischen Bergen" („Biene", Wien 1879). — „Drei Capitel einer uralten Geschichte aus Oesterreichs Vorzeit" (ebd., Wien 1879). — „Seine erste und letzte Liebe. Humoreske" (Neues Blatt, Leipzig 1880). — „Weihnachten auf St. Jodok" („Oesterr. ungar. Familienkalender" 1888). — „Seemannsherz. Elephantenjagd auf Ceylon. Todesritt" (ebd. 1888). — „Ein ungarischer Münchhausen" (ebd. 1889). — „Sebastian von Losenstein. Historische Erzählung" („Oberösterreichischer Preßvereinskalender" 1889, 1890). — „Unterm rothen Kreuz. Erzählung aus oberösterr. Bergen" (ebd. 1890).

Zöller, Philipp (Agriculturchemiker, geb. zu Winnweiler in der bayrischen Pfalz 1833, gest. in Wi[en] 31. Juli 1885). Er widmete sich de[m] Studium der Naturwissenschaften an d[er] Universität in München und habilitir[te] sich 1856 an deren staatswirthschaftlich[en] Facultät. 1857 zum Chemiker der lan[d]wirthschaftlichen Versuchsstation daselb[st] ernannt, trat er als solcher in besonde[rs] nahe Beziehungen zu Liebig. 186[.] wurde er Adjunct am pflanzenphysiolo[gi]schen Institute, 1863 Honorarprofesso[r] an der Universität München, 1864 Pro[]fessor der angewandten Chemie an jene[r] in Erlangen, 1872 in Göttingen un[d] 1873 außerordentlicher Professor der all[]gemeinen und Agriculturchemie an de[r] neu gegründeten Hochschule für Boden[]cultur in Wien. Außer zahlreichen Ab[]handlungen in Zeitschriften hat Zölle[r] veröffentlicht: „Die Nährstoffe der Cerealien" (München 1856, 8⁰.), gekrönte Preis[]schrift; — „Ergebnisse agriculturchemischer Versuche" (Erlangen und München 1859 bis 1861, 8⁰.); — „Oekonomische Fortschritte", 6 Bände (Erlangen 1867 bis 1872, 8⁰.), und insbesondere auf des Verfassers ausdrückliche Bestimmung hin die neunte Auflage von Liebig's: „Die Chemie in ihrer Anwendung auf Agricultur und Physiologie" (Braunschweig 1876). Zöller ist der entschiedenste Vertreter der wissenschaftlichen Begründung der Bodencultur im Sinne Liebig's. Insbesondere hat seine Entdeckung, daß Schwefelkohlenstoff eines der wirksamsten Desinfections- und Conservirungsmittel ist, seinerzeit viel von sich reden gemacht, vornehmlich da durch seine Verdampfung und die dadurch leicht ermöglichte Verbreitung überall hin im Luftraum die praktische Anwendung desselben ungemein erleichtert wird und das bis dahin so sehr als Conservirungsmittel gerühmte Salicyl durch an ih[]

entdeckte gesundheitsschädliche Eigenschaften einigermaßen in Mißcredit gekommen.

Zöllner, Philipp (Schauspieler, geb. zu Pesth in Ungarn 7. September 1783, gest. hochbetagt in Wien, wo er noch 1852 thätig war). Er gehört einer Schauspielerfamilie an und ist selbst Vater einer solchen, welche in der Geschichte der Schauspielkunst viel genannt wird, worüber die Quellen unten Näheres berichten. Sein Vater Friedrich war gleichfalls Schauspieler, dann — wahrscheinlich zu Beginn des laufenden Jahrhunderts — Director des Theaters in Preßburg und zuletzt Mitglied des deutschen Theaters in Pesth, wo er nach 45jähriger Bühnenthätigkeit auch starb. Philipp folgte seines Vaters Berufe, für den er besonderes Talent zeigte, und spielte schon 1801, erst 16 Jahre alt, im Theater zu Neusatz erste Rollen mit solchem Erfolge, daß ihn die Directionen der kleinen ungarischen Bühnen für sich zu gewinnen suchten. So wurden die Theater zu Esseg, Fünfkirchen, Szegedin, Großwardein und Eperies die Schauplätze seiner ersten künstlerischen Triumphe. Bald drang sein Ruf als hochbegabter Komiker und Schauspieler bis nach Wien, und Freiherr von Braun, damals Director des k. k. privilegirten Theaters an der Wien, lud ihn ein, auf seiner Bühne zu gastiren. In der Rolle des Fritz Schmuckrose im Lustspiel „Zwanzigtausend Thaler" gefiel Zöllner so, daß er darin viermal hintereinander auftreten mußte, das ihm angetragene vortheilhafte Engagement konnte er aber Familienverhältnisse wegen, die ihn an Ungarn fesselten, nicht annehmen. Nachdem er noch einige Zeit in Pesth gespielt hatte, ging er nach Maria Theresiopel, wo ihn sein Schwiegervater und seine Frau erwarteten, um eine Theaterdirection zu übernehmen. Nachdem er eine tüchtige Truppe zusammengestellt, bereiste er mit derselben ganz Nieder- und Oberungarn mit günstigem Erfolge, trat dann die Direction des Theaters in Kaschau an und erwarb sich durch musterhafte Leitung dieser Bühne die Achtung der Bevölkerung in solchem Grade, daß ihm die Stadtgemeinde die Ehrenbürgerschaft verlieh. 1810 folgte er dem Rufe des Pesther Universitätsprofessors der Aesthetik Dr. Schedius, der ihn im Namen des Grafen Raday, damaligen Directors des Pesther Theaters, zu einem Gastspiel auf Engagement einlud. Der Erfolg war über alle Maßen glänzend, und Zöllner wurde mit dem damals überraschend hohen Jahresgehalt von nahezu 4000 fl. und einer ganzen Einnahme engagirt. Zugleich versah er die Regie der Oper und Posse, später die Oberregie und blieb in seiner Anstellung auch, als Graf Brunswig die Leitung der Pesther Bühne übernahm. Als dann 1824 die Leitung derselben an eine Actiengesellschaft überging, führte er die Direction des Ofener Theaters, die er jedoch bald nach großen Verlusten niederzulegen gezwungen war, worauf er wieder in ein Engagement am Pesther Theater trat. 1832 folgte er einem Rufe des Directors Mach an der Preßburger Bühne und wirkte auch, später unter Director Franz Pokorny, als Komiker, Opernmitglied und Regisseur, in welcher Eigenschaft er verblieb, als Pokorny die Direction des Theaters in der Josephstadt in Wien übernahm. Er blieb dann unter Herrn von Megerle's Leitung noch als Regisseur und Komiker, bis er nach 1852, alt geworden, vom Schauplatze verschwindet. Komische Rollen waren das Gebiet, in welchem Zöllner mit besonderem Erfolg auftrat, aber auch chargirte und Charakterrollen spielte er mit großem Beifall. Da er zugleich ein guter Sänger war, wurde er auch in Gesangpartien öfter verwendet. Die Zahl seiner Rollen ist eine sehr große. Wir führen von denselben an: Fritz Hurlebusch in Kotzebue's „Pagenstreiche", den Grafen von Burgund im gleichnamigen Stücke desselben, den Papageno in Mozart's „Zauberflöte", Sebastian in der Oper „Die Weibercur", den Rappelkopf in Raimund's „Der Bauer als Millionär", den Montefiascone in „Cenerentola", den Kunkerl im „Fiaker als Marquis", den Zwirn in Nestroy's „Lumpacivagabundus", den Valentin im „Verschwender", den Fortunatus Wurzel u. a. Zöllner war Vater einer zahlreichen Familie.

Theater-Zeitung. Herausgegeben von Adolf Bäuerle (Wien, gr. 4°.) 1840, S. 1368. — Fremden-Blatt. Von Gust. Heine (Wien, 4°.) 22. März 1876 unter den Theaternachrichten. — Kaiser (Friedrich). Unter fünfzehn Theater-Directoren. Bunte Bilder aus der Wiener Bühnenwelt (Wien 1870, Waldheim, 12°.) S. 138. — (Czartoryski Fürst). Recensionen und Mittheilungen über Theater, Musik und bildende Kunst (Wien, Wallishausser [Klemm] 4°.) 1838, S. 213, 634. — Mittheilungen des Herrn J. Wimmer, dem ich hier meinen Dank ausspreche.

Die Schauspielerfamilie Zöllner. Des obigen Philipp Vater, Friedrich, hatte noch einen Sohn Anton, welcher gleichfalls in komischen Rollen auftrat, und zwar als Mitglied der Theater in Brünn, Ofen und Gratz. Antons Bruder Philipp war verheiratet und Vater von neun Kindern, welche sich mit Ausnahme eines einzigen, der Doctor der Medicin wurde, sämmtlich der Bühne widmeten. Philipps Kinder sind: **Katharine**, tragische Schauspielerin, verheiratet an den Schauspieler Melchior, in Preßburg, Ofen und Wien engagirt. — **Elise** verehelichte Szathmáry, Localsängerin spielte nach Abgang der Krones deren Rollen im Leopoldstädter Theater in Wien, später unter Director Carl neben Scholz und Nestroy im Theater an der Wien, dann viele Jahre im Skarbek-Theater in Lemberg, wo sie in komischen Rollen sehr beliebt war; sie starb auch daselbst. — **Marie**, durch sieben Jahre Localsängerin in Prag, wo sie den Balletmeister Raab heiratete. Als Frau Raab spielte sie komische Alte im Josephstädter Theater in Wien unter Director Hoffmann. — **Christine**, gleichfalls Localsängerin, wurde die Gattin des Capellmeisters Ebell in Ulm und war mehrfach auf österreichischen und deutschen Bühnen engagirt. — **Josephine** war die Gattin des Komikers Haller und wirkte als Schauspielerin auf den verschiedenen Provinzbühnen. — **Emma**, Localsängerin, anfänglich auf Provinzbühnen, wie Linz, Lemberg, später durch viele Jahre sehr beliebte Soubrette des Carl- und Treumann-Theaters, heiratete dann den Privatier Alexander Biedermann, zog sich von der Bühne zurück, trat aber 1875 noch einmal, doch nur vorübergehend in der Komischen Oper (am Ring in Wien) auf. 1876 übernahm sie, wie Wiener Blätter meldeten, die dramatische Ausbildung angehender oder schon engagirter Schauspielerinen. 1877 starb ihr Gatte, und sie lebt seither als Witwe in Wien. Ihre Blütezeit als Localsängerin fällt in das Jahr 1862 u. f., und eine ihrer schönsten Leistungen war die Zilli in Friedrich Kaiser's „Frau Wirthin". — Philipps zwei Söhne **Ferdinand** und **Friedrich** wirkten auch als Schauspieler auf Provinzbühnen.

Zötl, Gottlieb Ritter von (Forstmann, geb. zu Kitzbichl in Tirol am 1. September 1800, gest. in Hall ebenda 6. Jänner 1852). Die Real- und Gymnasialstudien beendete er in Innsbruck, und dann dem Forstfache sich zuwendend, trat er 1817 als unentgeltlicher Forstzögling in den Staatsdienst. 1819 wurde er zum Waldaufseher im Oberinnthale ernannt, 1821 als Forstwart mit der Revierverwaltung betraut, hierauf dem Forstamte Imst zur Aushilfe zugetheilt. 1823—1825 bildete er sich an der k. k. Forstlehranstalt in Maria Brunn. Nach einer Bereisung des österreichischen Salzkammergutes und Tirols ward er Förster im Stanzerthal, 1827 Assistent in Maria-Brunn, 1831 Forstmeister zu Brixlegg in Tirol, 1837 Forstmeister zu Hall und 1841 k. k. Bergrath ebenda, in welcher Eigenschaft er bis zu seinem bereits im Alter von 52 Jahren erfolgten Tode verblieb. Als Bergrath betheiligte er sich 1848 an der Landesvertheidigung. Was seine dienstliche Thätigkeit betrifft, so war er bei der Servitutenablösung in Tirol thätig, wurde bei den wichtigsten Organisations- und Administrationsfragen zu Rathe gezogen und hat zu Brixlegg unter den schwierigsten Verhältnissen die 42.000 Kubikklafter fassende, nach dem Erzherzog Johann genannte Schwemmklause gebaut. In seinem Fache auch schriftstellerisch thätig, gab er ein „Handbuch der Forstwirthschaft im Hochgebirge“ (1831) heraus, welches in Fachkreisen die günstigste Aufnahme fand; die von ihm im 6. Bande der Jahrbücher von Wedekind erschienene „Anleitung zur Behandlung und Erhaltung der Bannwälder“ wurde vom schweizerischen Forstverein in mehreren tausend Exemplaren abgedruckt und vertheilt. In Würdigung seiner Verdienste erhielt er vom Kaiser den Orden der eisernen Krone dritter Classe und den Statuten desselben gemäß den Ritterstand.

Schwarzer (Guido von). Biographien zur Galerie berühmter und verdienter Forstmänner (Brünn 1870, Selbstverlag, 8°.) Seite 28.

Porträt. Unterschrift: Facsimile des Namenszuges: „Zötl, k. k. Bergrath“. Nach dem Leben gez. von Speyger. Gedruckt von Th. Kammerer in München (Lithographie, Fol.).

Allem Anscheine nach gehört derselben Familie an Therese Zötl, welche bei dem im Jahre 1883 zu Innsbruck stattgehabten Schützenfeste im Festzuge der Kufsteiner Schützen einherschritt. Ihre liebliche Erscheinung zog die allgemeine Aufmerksamkeit auf sich, und wurde sie ob derselben auf Befehl Seiner Majestät des Kaisers Franz Joseph photographirt. Das Bildniß des wirklich reizenden Mädchens, in dem Momente, wie es ein Hoch auf den Monarchen ausbringt, befindet sich im Schorer'schen „Familienblatt“ (Leipzig, 4°.) 1883, Beilage zu Nr. 39 in einem trefflichen Holzschnitt.

Zötl, Hans (Culturhistoriker und Dialektdichter, geb. zu Schärding in Oberösterreich 4. September 1846). Er besuchte die ersten sechs Grammaticalclassen am Gymnasium zu Linz. Dort brachte er sich durch Aufsuchen, Sammeln und Verkauf von Käfern und Schmetterlingen, später durch Unterrichtgeben fort, ohne seine gute Laune und den frischen Muth über den Mühseligkeiten seines Fortkommens zu verlieren. Gesellige Zusammenkünfte mit gleichgesinnten Kameraden und Ausflüge in Gottes herrliche Natur, wobei sie auf dem Lande die Gesänge, Lieder, Sitten und Bräuche des Volkes kennen lernten, brachte ihn über manchen Mangel und manche Entbehrungen hinweg. Bei diesem lustigen Leben als Gymnasialschüler gerieth er aber mit einem strengen Lehrer beinahe in Conflict, dem er mit noch etlichen Kameraden durch die Uebersiedlung nach Krems entging, wo die Patres Piaristen gegen Uebermuth mildere Praxis übten. In Krems fand sich Zötl mit noch einigen Kameraden zu einem bezeichnend „Weltschmerz“ getauften Bunde zusammen, und das lustige, aber doch immer ideale Ziele im Auge behaltende Studentenleben setzte sich daselbst fort. Als es dann dazu kam, einen Beruf zu wählen, war er nahe daran, in den Orden der frommen Schulen einzutreten, aber ein feinfühliger Pater erkannte in dem lebensfrohen Jünglinge, daß derselbe nicht das Zeug fürs Klosterleben besitze, und rieth ihm ab. So ging denn **Zötl** nach Wien und begann auf den Rath seines älteren dort als Erzieher lebenden Bruders das Studium der Rechte; auch da machte er ob Mangel an Subsistenzmitteln den Kampf ums Dasein mit und blieb Sieger. In diese Zeit seines Wiener Aufenthaltes fällt seine erste und nachhaltige Anregung in heimatlichen Dingen, und zwar von dem oberösterreichischen akademischen Verein Germania, der in einer etwas älteren Studentenverbindung am Linzer Gymnasium wurzelte. Nachdem er die juridischen Studien beendet hatte, trat er im August 1870 bei dem Wiener Landesgerichte in Strafsachen in die Praxis; anderthalb Jahre arbeitete er daselbst, verdingte sich Nachmittags bei einem Notar und studirte Nachts für die Rigorosen, die er dann auch mit Unterstützung eines Vetters in Gmunden in rascher Folge ablegte. Aber mit dem Doctordiplom in der Hand, war er durch Anstrengung körperlich ganz herabgekommen; durch seinen menschlich gesinnten Vorsteher beim Landesgerichte wurde ihm nun seine Versetzung als Auscultant nach Gmunden erwirkt, wo er sich das Jahr über, welches er dort blieb, vollends erholte. Auf sein Ansuchen in den oberösterreichischen Status versetzt, kam er von Gmunden nach Urfahr-Linz, im Sommer 1874 als Adjunct nach St. Johann im Pongau, welches er nach zehn Monaten verließ, um die Amtsleitung des Bezirksgerichtes Saalfelden im Pinzgau zu übernehmen, wo er die Aufgabe, die in ziemlicher Unordnung befindlichen amtlichen Zustände zu ordnen, nach

Jahresfrist glück
nahm er eine Er
er ganz Italien
besuchte. Anfa
nach Urfahr-Lin
blieb und in di
und andere gen
dete. Im Febr
seine jetzige St
Leonfelden. Wi
in Wien, als e
war, erwachte i
das Eigenthüml
Sitte u. s. w.
reichischen Heim
Jahre 1882 mit
hammer's näl
nützte er die nä
Heimat des F
wie Stelzham
besuchen, und n
ihm auf, das
Volksdichters in
erhalten; so
hammer-Bun
es sein soll und
tungen zu samm
zu stellen und
billige Ausgaben
dichter im Volk
mit gleichgesin
Dr. A. Mato
Dr. Hans Schn
ter und Ph. N
sammen, und
erste Sammlung
reichischer Dialek
die zukünftigen
wählten Gesamm
worauf außer ei
schienenen Anth
reichischen Dialek
graphischen Dat
von Volksweisen

tionen die Bilder aus dem oberösterreichischen Dorfleben von Norb. Purschka, erster Band — der zweite kommt demnächst heraus — dann die Bilder aus dem Natur- und Volksleben der oberösterreichischen Alpen von Anton Schosser und Joseph Moser folgten. Von diesem Sammelwerk „Aus da Hoamat“, dessen Orthographie der bewährte Dialektkenner und Mitherausgeber der Ed. Zöhrer'schen „Krippelg'sangl“, Norb. Hanrieder besorgt, sind im Ganzen bisher fünf Bände in äußerst wohlfeiler, aber doch ungemein schmucker Ausgabe mit Bildnissen und Ansichten erschienen. Besitzt Zötl schon nach dieser Richtung ein unauslöschliches Verdienst, so bietet ihm seine Stellung auch sonst noch Gelegenheit, dem Landvolke sich nützlich zu machen. So rief er, um dem Greuel der baumlosen Wege und Stege, dem der Bauer doch aus Eigenem nicht abhilft, zu steuern, einen Verschönerungsverein ins Leben, der es verstand, dem Landvolke Lust und Liebe zur Obstbaumzucht einzuimpfen, und in kurzer Zeit waren im Bezirke Leonfelden allein über 40.000 Obstbäume gepflanzt worden; dann ließ er eine Baumschule für die Schulkinder anlegen und half, um andererseits der wirthschaftlichen Noth zu Hilfe zu kommen und den Gemeinsinn zu kräftigen, Raiffeisen- und Vorschußcassen-Vereine im ganzen Bezirke gründen, die sich alsbald sehr bewährten. So sehen wir denn in Zötl einen der thätigsten Förderer volksthümlichen Lebens und Denkens, der im Verein mit einigen wenigen wackeren Gesinnungsgenossen der Verflachung des einem jeden Volksstamme eigenthümlichen Lebens und Gebarens in praktischer Weise entgegenarbeitet, indem er dessen Lieder in ihrer Echtheit sammelt, verbreitet und über die Erhaltung der damit verbundenen Bräuche und Sitten sorgfältig wacht, wobei er es glücklich versteht, die mit seinem eigentlichen Berufe verbundenen Pflichten in politischer und humanitärer Richtung mit seinen culturellen Bestrebungen zu vereinen.

Aus da Hoamat. Volksausgabe ausgewählter oberösterreichischer Dialektdichtungen. Herausgegeben von Dr. H. Zötl, Dr. A. Matausch und H. Commenda. Zweite verm. Auflage (Wien 1888, Karl Graeser, 8°.) Seite 341.

Zoff, Alfred (Landschafter, geb. in Gratz 11. December 1852). Er widmete sich an der k. k. Akademie der bildenden Künste in Wien unter Professor Lichtenfels dem Landschaftsfache und setzte später darin seine Studien an der großherzoglichen Kunstschule in Karlsruhe unter Professor Gustav Schönleber fort. Schon als Zögling der Wiener Akademie erhielt er daselbst 1883 den Studienpreis, dann auf der internationalen Jubiläums-Kunstausstellung 1888 die silberne Staatsmedaille und auf der internationalen Kunstausstellung in Melbourne 1888/89 die kleine goldene Medaille. Von seinen Arbeiten sind uns bekannt aus der Wiener Jubiläums-Ausstellung 1888 das Oelbild „Riviera“, das in einer schlechten Chemitypie im illustrirten Katalog derselben Ausstellung dargestellt ist, und im Kronprinzenwerk: „Die österreichisch-ungarische Monarchie in Wort und Bild“ in der Abtheilung „Kärnthen und Krain“ die nach seinen Zeichnungen im trefflichen Holzschnitt ausgeführten Ansichten „Heiligenberg“ (S. 277); — „Große Naturbrücke im Karst“ (S. 285); — „Ursprung der Laibach“ (S. 289); — „Kleinhäuslergrotte“ (S. 291); — „Pivka Jama“ (S. 293); — „Kalvarienberg in der Adelsberger Grotte“

(S. 295) und die Schlußvignette (ein Karstmotiv S. 304).

Oesterreichische (später österreichisch-ungarische) Kunst-Chronik. Herausgegeben und redigirt von Dr. Heinrich Kábdebo (Wien, Reisser und Werthein, 4°.) Bd. III, S. 150; Bd. IV, S. 43.

Jogelmann, Karl (Bildhauer, geb. 1826, gest. in Wien 16. Jänner 1869). Der Kunst sich zuwendend, bildete er sich an der k. k. Akademie in Wien zum Bildhauer aus, machte sich dann selbständig und arbeitete meist für Privatbestellung. Im Sommer 1868 heiratete er ein 22jähriges Mädchen. Ein älteres Rückenmarkleiden, für welches er Heilung durch die Kaltwassercur suchte, die ihn aber sichtlich angriff, scheint in ihm den Gedanken an Selbstmord zur Reife gebracht zu haben, denn man fand ihn am 16. Jänner Nachmittag zwei Uhr in seinem Zimmer todt im Bette, auf dem Nachtkästchen ein halb geleertes Fläschchen, das die Flüssigkeit barg, mit welcher er sich getödtet, und auf dem Schreibtisch ein offenes Gebetbuch, dessen aufgeschlagene Seite das „Gebet um einen glücklichen und ruhigen Tod" enthielt, welche Umstände den Selbstmord bestätigten. Ueber die Ursache lag nichts Bestimmtes vor. Man sprach von zerrütteten Vermögensverhältnissen, dann von durch sein Leiden hervorgerufenem Trübsinn, zuletzt auch von verletzter Eitelkeit, da eine Dame aus höheren Ständen, die ihn seit Jahren beschäftigte, von seinen Arbeiten nicht mehr so zufriedengestellt war und ihm vorwarf, daß dieselben immer mehr an ihrem künstlerischen Werthe verlören.

Neues Wiener Tagblatt (kl. Fol.) 1869, Nr. 18: „Selbstmord eines Künstlers".

Johner, siehe: **Jonner**, Andreas [S. 258].

Jois von Edelstein, Anton Freiherr (Humanist, geb. in Laibach 22. Juli 1808, gest. daselbst 9. Mai 1873). Er entstammt einer edlen im Lande Krain hochangesehenen Familie, über welche die Quellen S. 238 nähere Nachricht geben. Ein Sohn des Freiherrn Karl aus dessen Ehe mit Seraphine geborenen Gräfin Aichelburg, erhielt er im Elternhause eine sorgfältige Erziehung. Nach des Vaters 1836 erfolgtem Tode übernahm er als der älteste Sohn den Fideicommißbesitz der Herrschaft Egg. Das Wirken des Freiherrn entzog sich wohl der Oeffentlichkeit, war aber darum ein nicht minder verdienstliches. Sein eigener Ausspruch lautete: „Wer in der That einer Hilfe bedürftig ist, hat auch das Recht, die Hilfe von solchen zu verlangen, welche im Stande sind, ihm solche zu leisten, sei es auf politischem Felde für die heimischen Rechte, sei es, wenn Jemand in bedrängter Lage materieller Hilfe bedarf. Da es mir nicht gegeben, mit donnernden Worten auf ersterem zu wirken, so halte ich mich verpflichtet, nach meinen Kräften auf dem zweiten thätig zu sein." In diesen seinen Worten liegt der Schlüssel seiner ganzen geräuschlosen, aber doch hilfreichen Lebensthätigkeit. Indessen hat sich der Freiherr nicht ganz dem öffentlichen Wirken entzogen. Als 1851 die neue Gemeindeordnung ins Leben trat, übernahm er auf inständiges Bitten der Gemeinde Predoslje die Vorstandschaft in derselben und besorgte ihre Geschäfte durch ein Decennium bis 1862. Im Kriegsjahre 1866 errichtete er in seinem Schlosse Egg ein Spital für zehn verwundete Soldaten, deren Pflege mit Aerzten und Arzeneien er aus Eigenem besorgte. Während seiner Gemeindevorstandschaft wurde das neue große Schulhaus gebaut und der Schulbaumgarten angelegt; dabei betheilte er die bravsten Schüler und Schülerinen mit den Prämienbüchern, wobei die Festlichkeit immer im Schlosse Egg stattfand, und als er später die Vertheilung der Gaben nicht persönlich vornahm, überschickte er dem Pfarrer von Predoslje Geld und Bücher zur Vertheilung der Prämien und Geld zur Winterbekleidung für die ärmeren Schüler und Schülerinen. Der Baron beschränkte sich aber nicht bloß auf den Ankauf der Bücher, sondern traf, indem er sich mit dem Inhalt derselben vertraut machte, selbst die Auswahl, was, wenn man die Jugendschriften auf ihre Zweckmäßigkeit prüft, von nicht geringer Wichtigkeit ist. Um aber auch für die in Jahren vorgerückteren Leute seiner Gemeinde in humanistischer Richtung thätig zu sein, förderte er die Bestrebungen des Hermagoras-Vereins, welcher sich die Vertheilung nützlicher Schriften unter der Landbevölkerung zur Aufgabe macht. Um die Leute zum Eintritt aufzumuntern, zahlte er für viele im ersten Jahre den Beitrag selbst, wodurch sie, wenn sie den Nutzen des Vereins aus eigener Erfahrung kennen gelernt, in demselben gern verblieben; für ärmere Leute bestritt er aber den Jahresbeitrag überhaupt aus Eigenem. Diese humanistischen Bestrebungen des Freiherrn blieben aber auch auf die Gesittung der Insassen und ihre Lebensführung nicht ohne Erfolg. Auch in landwirthschaftlicher Hinsicht war der Freiherr seiner Gemeinde ein Vorbild. Die klimatischen Verhältnisse jener Gegend sind dem Getreidebau nichts weniger als günstig, der Reif vernichtet leicht die edleren Getreidegattungen. So suchte er die Leute für den minder heiklichen, aber nicht weniger ergiebigen und nahrhaften Kukuruz zu gewinnen. Indem er selbst mit dem Beispiel voranging, schenkte er überdies den Aermeren den Samen oder lieh ihnen denselben zum Anbau. Ueberhaupt seit 1837 ein entschiedenes Mitglied der krainischen Landwirthschaftsgesellschaft, ging er thätig als praktischer Fachmann mit dem guten Beispiel, wo es noth that, der Bevölkerung voran. Dadurch gewann aber der Baron in der Landbevölkerung einen solchen Anhang, ein so unbedingtes Vertrauen, daß es bei Leuten, die von einem Unglück betroffen wurden, zur stehenden Redensart wurde: „Ich gehe zu unserem Herrn Baron, er wird mir gewiß helfen." Wenn die Zeit des Winters herankam, so schickte er jedesmal dem Pfarrer Geld, damit es derselbe nach seiner Einsicht unter die Dürftigen vertheile, und für Kranke, welche in das Laibacher Spital gebracht werden mußten, zahlte er die betreffenden Kosten bis zu ihrer Genesung. Wenn Brände in seinem Grundbesitz oder sonst in der Umgebung stattfanden, schickte er sofort Hilfe in entsprechenden Geldsendungen von 100, 200 und mehr Gulden, gab Holz unentgeltlich zum Bau und Futter für das Vieh. So spendete er in der Stille ungezählte Summen, und man hörte unter den Leuten nicht selten die Worte: „Der Herr Baron gibt den Abbrandlern immer so viel, daß er mit ihnen gemeinschaftlich abbrennt." Auch arme Studirende fanden in dem Baron ihren Wohlthäter. Als dann 1861 in Oesterreich das Verfassungsleben begann, wurde Freiherr Zois zunächst vom Großgrundbesitze in den Landtag gewählt. Aber schon bei der zweiten Wahl fand es sich, daß er bei der Bevölkerung solches Vertrauen besaß, daß er im Wahlbezirke Krainburg-Lack in den Landtag gewählt wurde, was sich bei jeder neuen Wahl bis 1869 wieder holte, in welchem Jahre er seiner geschwächten Gesundheit wegen sich ganz vom öffentlichen Leben zurückzog und jede Wiederwahl ablehnte. Als Mitglied des Landtages zeigte er sich als Edelmann in der vollen Bedeutung des Wortes. Wenn es auch als zweifellos anzusehen ist, daß Anton Freiherr Zois den berechtigten nationalen Bestrebungen seine volle Sympathie entgegenbrachte, so ist es aber auch andererseits ebenso als zweifellos anzusehen, daß ihm jeder Gedanke ferne stand, den nationalen Bestrebungen auf Kosten des Einheitsstaates des gewaltigen Oesterreich Rechnung zu tragen. Ein treuer Sohn seines weiteren und engeren Vaterlandes, war er von der Ueberzeugung durchdrungen, daß in dem letzteren beide Nationalitäten wie seit Jahrhunderten auch fernerhin friedlich nebeneinander wohnen können, ohne sich gegenseitig zu befehden, und durch gemeinsames Wirken, durch gegenseitige Unterstützung mit vereinten Kräften das Wohl des Landes, in demselben das Wohl des Staates fördern und so die Interessen der Monarchie in jeder Richtung, somit auch zum Besten der Bevölkerung vertreten werden. Er selbst gleich seinem Vater, Großvater und Urgroßvater Repräsentant und Träger einer höheren Cultur, wie sie sich aus allen Handlungen der Zois ausspricht, war ihr getreuer Sohn, Enkel und Urenkel. Der Narodna citalnica in Laibach vermachte er testamentarisch 5000 fl. und den Armen der St. Jacobspfarre in Laibach, aus welcher seine Gattin stammte, 3000 fl. und eine gleiche Summe den Armen der Pfarre Predoslje, damit die Zinsen dieses Capitals alljährlich am St. Katharinentage — seine Gattin hieß Katharina — unter dieselben vertheilt werden. Freiherr Zois war seit 12. Juni 1832 in glücklichster Ehe mit Katharina gebornen Schwarzenberg vermält, welche ihm eine Tochter Seraphine, später vermälte De Traux, gebar. Die humanitären Verdienste des Freiherrn würdigte Kaiser Franz Joseph durch Verleihung des Ordens der eisernen Krone.

Letopis matice slovenske ze 1872 a 1873. Herausgegeben von E. H. Costa (Laibach 8°.) S. 131, slovenischer Nekrolog.

Porträt. Unterschrift: Baron Anton Zois u. s. w. Rojen v Ljubljani 22. julija 1808. umerl v Ljubljani 9. maja 1873. Lithogr. Druck bei Köck in Wien (8°.).

Zur Genealogie der Freiherrenfamilie Zois von Edelstein. Die Familie Zois stammt aus der Schweiz. Später erschienen vier Brüder Zois — eigentlich italienisch Zoja — im Bergamaskischen, wo sie sich zu Berbeno eine kleine Besitzung kauften. Zwei von ihnen trennten sich in der Folge; der eine, **Francesco**, ging nach Venedig, wo er eine Handlung errichtet zu haben scheint; der zweite, **Michael Angelo**, der Stammvater aller noch heute blühenden Zois, kam nach Triest und von dort nach Laibach, wo er in der ersten Hälfte des 18. Jahrhunderts in dem Handlungshause des reichen Augustin Codelli Freiherrn von Fahnenfeld in Dienste trat; in diesem Hause brachte er es durch rastlosen Eifer, seltene Treue und große Geschicklichkeit so weit, daß man ihm vorerst die ganze Geschäftsleitung anvertraute, und daß er dann von Codelli zum Genossen und Theilhaber der Handlung aufgenommen wurde. Im Jahre 1735 endlich übernahm Michael Angelo Zois die ganze Codelli'sche Handlung auf eigene Rechnung mit Beibehaltung der alten Firma. Später errichtete er zu Triest eine besondere Eisenhandlung. Der dritte Band der von einem Ungenannten herausgegebenen „Reisen durch das südliche Deutschland" (Ulm 1793, Stettini) berichtet über das große Vertrauen, dessen sich Michael Angelo und sein ganzes Haus im Lande erfreute. Namentlich fand sein Verhalten bei einem großen Verluste, den er erlitten, nicht genug des Lobes und gewann ihm die Sympathien der Be-

Stammtafel der Freiherren Zois von Edelstein.

Michael Angelo Zois (Zoja, Gioja) [S. 238 in der Genealogie]
geb. (?) gest. (?)
1) .... **Bonazza.**
2) **Johanna Kappus von Pichlstein.**

Siegmund [S. 243] geb. 23 November 1767 † 10. November 1819. — **Augustin** u. Gräfin **Paradeiser** — **Franz,** †. — **Joseph** geb. 22 November 1777, †. 1) Baronin **Werneck** 2) Baronin von **Auenbruck** — **Johanna** vm. Ritter von **Bonazzo.** — **Karl** [S. 241] geb 18 November 1756 † 1800

Kinder des Augustin: **Antonie,** † — **Franz.** U. U. — **Johanna,** vm von **Lehmann.**

Kinder des Franz: **Eduard** Freiin **Fluck.** — **Hans,** †. — **Siegmund.** U. U.

Kinder des Eduard: **Hans** [S. 241] geb. 14. November 1862 — **Isabella,** vm .....

Kinder des Hans: **Gustav.** U. U. von **Gott** — **Olaf.** — **Olga,** vm Baron **Fluck.** — **Afra.** — **Hilda**

Kinder des Joseph: 1 **Karl,** † 1836 **Seraphine** Gräfin **Aichelburg** † 15. August 1849. — 1 **Anna,** vm von **Gold** — 2 **Joseph,** †. — 3 **Luise,** vm Edle v **Lehmann**

Kinder des Karl: **Anton** [S. 236] geb 22 Juli 1808 † 9 Mai 1873 **Katharina Schwarzenberg** † 6. Jänner 1883 — **Michael Angelo** † 7 Juni 1882 **Maria Engerth** † 9. März 1887 — **Alphons** † 8. April 1889 **Bertha von Mora** † 7. Februar 1884. — **Siegmund** gefallen 25 Juli 1877. — **Beatrix,** †. vm **Heinrich** Freiherr von **Lebzeltern** — **Seraphine,** vm **Gottfried** Graf **Weltersheimb** — **Gabriele** geb 1818. vm **Rudolf** Graf **Jenison** † 8 April 1865. — **Mathilde** geb 14 März 1830 vm. **Gustav** Graf **Auersperg** † 23 Jänner 1890

Kinder des Anton: **Seraphine,** vm Baronin **De Traux**

Kinder des Michael Angelo: **Eugenie,** vm Graf **Aichelburg** — **Hermine** Freiin **Baillou.**

Kinder des Alphons: **Cölestine,** vm Graf **Welsersheimb.** — **Egon.** **Eugenie** Baronin **Simbschen** geb 31 Juli 1850. — **Bertha,** vm. **Armstrong**

Kinder des Egon: **Michael Angelo** — **Yella** — **Egon.**

hörden und der Bevölkerung. Unter solchen Umständen gedieh das Haus Zois immer mehr, und obwohl Michael Angelo immer ein glänzendes Haus geführt, seine Leute freigebig beschenkt und in seinem Testament aus dem Jahre 1768 alle seine Söhne (jeder erhielt 75.000 fl.) und seine Gattin reichlich dotirt hatte, wurde noch ein Ueberschuß von einer und einer halben Million vorgefunden. Michael Angelo opferte, als die Kaiserin Maria Theresia bei Ausbruch des siebenjährigen Krieges in nicht geringe finanzielle Bedrängniß gerieth, den ansehnlichen Betrag von 40.000 fl. aus freien Stücken auf den Altar des Vaterlandes. In Würdigung dieser Verdienste wurde er schon 1739 mit dem Prädicate von Edelstein — Zoja, im Toskanischen gioja, bedeutet Edelstein — geadelt; später erhielt Michael Angelo, der mittlerweile Commerzien-Consessualrath in Krain geworden, wegen Aufschwungs der innerösterreichischen Bergwerke und des Commerzes mit Diplom ddo. 1760 die Freiherrnwürde. Seine Ehe mit seiner ersten Frau, einer geborenen Bonazza, blieb kinderlos, aus seiner zweiten mit Johanna Kappus von Pichelstein besaß er die Söhne **Siegmund, Augustin, Franz, Joseph, Karl**; während der älteste, Siegmund, und der jüngste, Karl, als Gelehrte den Namen des Hauses zu hohen Ehren gebracht, aber unvermält geblieben, Franz jung gestorben, pflanzten Augustin und Joseph den Stamm in zwei noch blühenden Linien fort. Aus der Ehe des Freiherrn Augustin mit einer Gräfin Paradeiser stammt **Franz**, von dessen drei Söhnen **Eduard, Hans** und **Siegmund** nur der älteste und der jüngste Nachkommenschaft haben, und des Letzteren Sohn ist der als Componist bekannte Freiherr **Hans** Zois von Edelstein. Augustins jüngerer Bruder **Joseph** hatte aus zwei Ehen a) mit einer Baronin von Werneck und b) mit einer von Juenbruck je einen Sohn und eine Tochter. Aber nur der Sohn der ersten Ehe, **Karl** Freiherr von Zois, pflanzte mit seiner Gemalin Seraphine geborenen Gräfin Aichelburg das Geschlecht fort. Er hatte vier Söhne: **Anton, Michael Angelo, Alphons** und **Siegmund**, und vier Töchter: **Beatrix**, vermälte Heinrich Freiherr von Lebzeltern, **Seraphine** vermälte Gottfried Graf Welsersheimb, **Gabriele** vermälte Rudolf Graf Jenison und **Mathilde** vermälte Gustav Graf Auersperg. Von den Söhnen starb Siegmund der jüngste im Jahre 1879 unvermält; der älteste, Anton, hinterließ nur eine Tochter **Seraphine** vermälte Freiin De Traux, und das Fideicommiß ging nun auf seinen nächstältesten Bruder Michael Angelo über, der aus seiner Ehe mit Marie Engerth nur zwei Töchter besaß. Der dritte Bruder Alphons pflanzte mit Bertha von Moro die Familie fort, denn außer zwei Töchtern **Cölestine** und **Bertha** entsproß seiner Ehe ein Sohn **Egon**, der mit Eugenie Freiin von Simbschen vermält ist und nebst zwei Söhnen **Michael Angelo** und **Egon** auch eine Tochter **Hella (Gabriele)** hat. — Die Freiherrenfamilie Zois ist seit ihrem Bestande eine unabhängige geblieben, nach Würden und Aemtern im üblichen Sinne hat sie nie getrachtet, umsomehr Geltung strebte sie im Gebiete der Wissenschaft und Humanität an, wie uns die Freiherren **Michael Angelo** und seine Söhne und Enkel **Siegmund, Karl** und **Anton** leuchtende Beispiele sind, daß man, ohne hohe Aemter in Staat, Kirche und Armee zu bekleiden, doch im Lande in hohem Ansehen stehen und eine beneidenswerthe Popularität besitzen kann. Politisch thätig eigentlich war nur der Freiherr **Anton**, der in bewegter Zeit als Landtagsdeputirter, da die nationalen Gegensätze aufeinanderplatzten, immer vermittelnd und versöhnend wirkte. — Auf dem Gebiete der Wissenschaften und Künste begegnen wir aber dem Namen Zois zu öfteren Malen, wir nennen den Zeitgenossen **Hans** als Tonkünstler und Componist, den Botaniker **Karl**, vor allen aber den Humanisten und Naturforscher **Siegmund**, der keine gelehrten Abhandlungen geschrieben, nicht den politischen Schauplatz betreten, aber für das Land Krain unendlich viel geleistet hat, mit seinem Beispiele allen edlen Compatrioten vorangegangen, und zwar zu einer Zeit, in welcher ganz Europa in Waffen stand, auch das Land Krain darunter zu leiden hatte und hart — der Freiherr aber am härtesten — mitgenommen wurde. — Was nun die Frauen des Hauses betrifft, so finden wir, daß sowohl die Söhne als die Töchter sich ihre ehelichen Genossen theils in den hohen Adelsfamilien des Landes, theils des Reiches holten, und wir begegnen den Namen Aichelburg, Auersperg, Lebzeltern, Werneck, Welsersheimb, Paradeiser, De Traux, Baillou und andere.

Wappen der Freiherren Zois von Edelstein. Gevierter Schild mit Herzschild. Dieser zeigt in Roth einen rechtsgekehrten aufrecht stehenden silbernen Löwen mit aufgerissenem Rachen, ausgeschlagener rother Zunge und über sich geschwungenem Schweife, mit seinen vorgeworfenen Branken ein schiffförmiges goldenes mit Edelsteinen gefülltes Körbchen haltend. Das vierfeldrige Wappenschild zeigt in 1 und 4 in Gold einen auswärts schauenden schwarzen Adler mit offenem Schnabel, roth ausgeschlagener Zunge, ausgespannten Flügeln und vorgestreckten Krallen; in 2 und 3 in Schwarz einen rund rothgefütterten Schild mit einem ins Kreuz gestellten Degen und Partisane belegt. Auf dem Schilde ruhen drei offene Turnierhelme. Aus der Krone des mittleren wächst der silberne Löwe des Herzschildes mit dem Körbchen voll Edelsteinen hervor. Die Krone des rechten trägt den oben beschriebenen rothgefütterten Schild mit ins Kreuz gestelltem Degen und Partisane; auf der Krone des linken Helmes erhebt sich der schwarze Adler von 1 und 4. Die Helmdecken sind sämmtlich zur Rechten schwarz mit Gold, links roth mit Silber unterlegt. Devise. Auf einem unter dem Wappen sich hinschlängelnden Bande in römischer Schrift das Wort: *LABORE*.

Zois von Edelstein, Hans Freiherr (Tonkünstler, geb. zu Graz 14. November 1862). Ein Sohn des Freiherrn Siegmund, eines Großneffen des gleichnamigen Freiherrn, dessen Andenken im Lande Krain noch heute hoch in Ehren gehalten wird, erhielt er, da er große Begabung für Musik zeigte, durch den Musikdirector Thierior und zuletzt durch das Conservatorium in Wien die künstlerische Ausbildung in derselben. Er trat dann in mehreren Städten Oesterreichs als Concertist und Componist auf und entwickelte als letzterer eine ungemein große Fruchtbarkeit, da er bisher — er zählt 29 Jahre — außer der Operette „Colombine", Text von Bernhard Buchbinder, und der Spieloper „Der Venetianer", dann mehreren Romanzen, Ouverturen, Chören und Sonaten mehr als 100 Lieder componirt hat. Die dreiactige Operette „Colombine" wurde zum ersten Mal am 15. März 1889 in Wien im Carl-Theater mit Beifall gegeben. Sein Liedertalent wird als ein ganz ungewöhnliches und glückliches bezeichnet. Für die Oper bedarf er jedoch nach Ausspruch der Fachkritik noch ernster Studien, sowohl was die Behandlung des Orchesters betrifft, als auch um seinen Werken dramatischen Ausdruck zu geben.

Das geistige Wien. Künstler- und Schriftsteller-Lexikon. Herausgegeben von Ludwig Eisenberg und Richard Groner (Wien, Brockhausen, br. 8°.) Jahrg. 1890, S. 249. — Allgemeine Zeitung (München Cotta, 4°.) 19. März 1889, Nr. 78: „Colombine".

Zois von Edelstein, Karl Freiherr (Botaniker, geb. zu Laibach 18. November 1756, gest. 1800). Ein Sohn des Michael Angelo Freiherrn Zois aus dessen zweiter Ehe mit Johanna Kappus von Pichlstein und Bruder des berühmten Humanisten und Naturforschers Siegmund Freiherrn Zois. Ueber sein Leben wissen wir nur wenig, der erste und einzige Biograph, dem wir kurze Notizen verdanken, und der auch ein Klagelied singt über die Theilnamslosigkeit des Adels an dessen eigener Familiengeschichte, berichtet, daß Karls ältester Bruder, eben der obengenannte Siegmund, der denselben um 19 Jahre überlebte, schon bei Lebzeiten das Meiste vernichtet haben soll, was Aufschluß hätte geben können. Wahrscheinlich, wie er weiter meldet, gingen auf diese Weise auch zu Grunde die auf Karl Zois bezüglichen Schriften, namentlich sein Briefwechsel mit Wulfen, der wohl die besten Belege gegeben hätte für die trefflichen Beobachtungen, die Karl in den oberkrainischen Alpen gemacht hatte. Der Freiherr lebte unvermält meist auf der Fideicommißherrschaft Egg bei Krainburg, und die dort befindlichen schönen alten in- und ausländischen Bäume, welche er direct aus Amerika bezogen haben soll, bekunden noch sein Wirken. Aus noch erhaltenen Aufzeichnungen erhellt, daß er die im Schloßgarten noch heute blühenden Alpenpflanzen cultivirt habe. Die Anlage dieses Gartens erfolgte **1785—1790**. Von Egg aus oder von Jauerburg, wo er auch öfter zu verweilen pflegte, machte er im botanischen Interesse seine Ausflüge auf die Alpen Krains. Um sich im Sommer oft mehrere Tage in den Alpen aufhalten und Pflanzen absuchen zu können, erbaute er zwei Alpenhütten: eine im wildromantischen Thale der Terglau-Seen, eine zweite bei Bel polje. Die erstere war aus Lärchenholz errichtet, wozu jedes Brett, jedes Stück Holz zwei bis drei Stunden weit herbeigetragen werden mußte. Die ziemlich ansehnliche Hütte enthielt eine Küche, die zugleich Schlafstätte für die Aelpler war, ein Speisezimmer, in welchem die Nahrungsvorräthe und die gesammelten Alpenschätze aufbewahrt wurden, ein Wohnzimmer für den Baron und Schlafstellen für seine Gäste und Begleiter. An der Stelle, wo diese Alpenhütte stand, befindet sich heute das Erzherzog Ferdinand-Schutzhaus des Touristenclubs. Franz Graf Hohenwarth, der mit ihm befreundet war und ihn im Juni **1794** in dieser Alpenhütte besuchte, beschreibt dieselbe und berichtet ferner, daß Zois innerhalb acht Tage, die er sich darin aufhielt, bereits über eintausend Pflanzen gesammelt und für seine correspondirenden Freunde eingelegt hatte. Der Freiherr bestellte in der Wochein und in Jauerburg eigene Pflanzensammler, und die durch sie aufgefundenen Seltenheiten überlieferte er seinem Freunde Wulfen, der sie dann im Jacquin'schen Sammelwerke beschrieb. Zwei Pflänzchen nannte Wulfen dem Entdecker zu Ehren Campanila *Zoisii* und Viola *Zoisii*. Zois unterschied zuerst Silene glutinosa von Silene quadrifida L. und legte die Merkmale derselben in einer sehr gründlichen lateinischen Diagnose in seinem Herbar nieder; er war der erste, der die Moehringia villosa *Fenzl* entdeckte und als neue Art erkannte. Auch mit N. Th. Host stand er in regem Verkehr und lieferte diesem Alpenpflanzen, und in Host's „Synopsis plantarum" wird er bei mehreren Alpenpflanzen ausdrücklich als Auffinder bezeichnet. Der Botaniker Hladnik gelangte in den Besitz des Zois'schen Herbariums, eines Heftes mit handschriftlichen Notizen über die Flora Krains und die Egger Gartenanlagen. Diese Notizen stammen aus den Jahren **1785—1791**. Außer Nachrichten über die Provenienz der im Egger Schloßgarten befindlichen Pflanzen enthält dieses Heft auch Mittheilungen über die botanischen Ausflüge des Freiherrn, deren Ausgangspunkte Rudna und Bel polje in der Wochein waren, von welch letzterem Orte die Flora genau geschildert ist; auch sind den dort gefundenen Pflanzen zahlreiche lateinische Bemerkungen beigefügt, die von der scharfen Beobachtungsgabe unseres Botanikers Zeugniß geben. Karl Freiherr von Zois starb unvermält, erst **43** Jahre alt, wann und wo ist unbekannt.

Oesterreichische botanische Zeitschrift. Herausgegeben von Dr. Skofitz (Wien, 8°.) 1884, Nr. 3: „Karl Zois Freiherr von Edelstein. Ein Beitrag zur Geschichte der

Botanik". Von Professor Wilhelm Voß [auch im Separatabdruck]

Zois von Edelstein, Siegmund Freiherr (Humanist und Naturforscher, geb. zu Triest am 22., nach Anderen 23. November 1747, gest. in Laibach 10. November 1819). Ein Sohn des Michael Angelo Freiherrn Zois aus dessen zweiter Ehe mit Johanna Kappus von Pichlstein und ein Bruder des Freiherrn Karl [siehe S. 241]. Seine erste Erziehung erhielt er im Elternhause zu Laibach; dann ward er von seinem Vater nach Reggio im Modenesischen geschickt, wo er die humanistischen Studien beendete. Damals schon regte sich seine poetische Ader, und es entstanden Sonette, Madrigale und andere Poesien voll italienischer Originalität. Aber nur kurze Zeit konnte er dort verweilen. Sein 80jähriger Vater rief ihn nach Laibach zurück, damit er das ausgedehnte Geschäft des Großhandlungshauses übernehme. Nun trat an die Stelle der schönen Wissenschaften das Studium ernster Disciplinen, wie Philosophie, Mathematik, Naturkunde, besonders Mineralogie, Chemie, Berg- und Hüttenwesen, deren Kenntniß er zum Wohl seiner eigenen Heimat verwerthen sollte. Seine Lehrer waren zwei Jesuiten: Gabriel Gruber, Professor der Mechanik, und Joseph Maffei. Indessen betrieb er mit einer allgemeines Staunen erregenden Umsicht das ererbte Geschäft, und sein Ansehen wuchs bald so, daß er in allen wichtigen das Land betreffenden Fragen, in Handels- und Schifffahrtssachen, in Fragen der Laibacher Morastaustrocknung, des Gruber'schen Canalbaues um sein Gutachten angegangen wurde, das er dann gegenüber den Ersten des Landes, den Gouverneuren Krains und des Küstenlandes und anderen zu Rathe gezogenen Autoritäten mit Freimuth und ohne Rücksicht auf sein eigenes Privatinteresse abgab. Als in den Jahren 1775 und 1777 russische und schwedische Schiffe die Häfen des mittelländischen und adriatischen Meeres mit ihren Eisenwaaren überschwemmten, erlitt der bisher schwunghaft betriebene Eisenhandel des Hauses Zois den ersten Stoß. Aber der Freiherr ließ sich dadurch nicht entmuthigen, er verlegte sich umso eifriger auf montanistische Studien, bereiste die Schweiz, Deutschland, Holland und Frankreich und ging über Italien heim. Auf diesen Reisen machte er sich mit der verschiedenartigen Behandlung des Roheisens bekannt, trat mit Gelehrten und Naturforschern in Verkehr, knüpfte aber auch viele neue Handelsverbindungen an, welche ebenso seinem Hause wie dem Lande Krain zu Statten kamen. Neben seinem Berufe als Chef eines Großhandlungshauses betrieb er fortwährend das Studium der Naturkunde, vornehmlich der Mineralogie, stand im steten Verkehr mit Koryphäen dieser Wissenschaft und konnte, wie sein Biograph treffend bemerkt, in Sachen der krainischen Naturkunde als Referent für die literarische Welt gelten. Dabei war er stets auf Hebung des Berg- und Hüttenwesens in der Wochein, wo seine Eisenwerke lagen, bedacht, auf ihnen entwickelte sich ein immer regeres Leben und mit dem Aufblühen des Betriebes wuchs die Bevölkerung in solchem Grade, daß neue Localien und Exposituren in früher menschenleeren Gegenden errichtet werden mußten, der Bergbau kam immer mehr in Aufnahme. Ungeachtet eines während seines Aufenthaltes in Rom 1779 durch falsche Behandlung überkommenen unheilbaren Leidens, das ihn sehr quälte, führte er doch selbst jahrelang die Oberaufsicht über den ausgedehnten Betrieb. Außerdem widmete er den öffentlichen Angelegenheiten volle Aufmerksamkeit, machte der Laibacher Lycealbibliothek ansehnliche Büchergeschenke und kaufte unter Anderem für dieselbe Japel's slavische Bibliothek. Um der Stadt Laibach ein freundlicheres Ansehen zu verschaffen, rieth er den Abbruch der Stadtmauer und die Ausfüllung der Stadtgräben an, ging selbst mit dem besten Beispiel voran, indem er den unteren Theil der Stadtmauer sammt Gräben käuflich an sich brachte, diese verschütten, jene niederreißen ließ und auf dem Grunde einen botanischen Garten anlegte, der nach ihm die Zois'sche Allee hieß. So entstand der erste Belustigungsort Laibachs, der auf Kosten des Barons, die sich auf mindestens 30.000 fl. beliefen, hergestellt wurde. Ein anderer Vortheil, welcher für die Bewohner Laibachs aus dieser Anlage hervorging, war die unmittelbare Verbindung der Vorstädte Krakau und Tyrnau, da ihnen nun ein gerader und bequemer Zugang zur Stadt durch den Freiherrn Zois eröffnet wurde. Die Erbauung eines Theaters — nunmehr niedergebrannt — verdankte die Stadt zumeist dem Baron, denn nicht nur nahm er die meisten Actien, sondern lieferte auch unentgeltlich den nöthigen Eisenbedarf aus seinen Magazinen. Was er zur Förderung der Wissenschaft, namentlich der Mineralogie, durch seinen in wirklich freigebigster Weise vermittelten Mineralienaustausch nach Italien und Deutschland zu einer Zeit gethan, als die noch sehr primitiven Verkehrsmittel alle Sendungen sehr erschwerten und vertheuerten, läßt sich nur im Allgemeinen andeuten. So vermittelte er hauptsächlich den Mineralienaustausch mit Italien, worin ihn vornehmlich der Gelehrte Deodat de Dolomieu und der Cavaliere J. Morosini in Venedig unterstützten. Eisenerze und Pechsteinarten von der Insel Elba verschickte er in großer Zahl und schloß allen seinen Sendungen heimische Krainer Mineralien bei, so insbesondere Quecksilbererze von Idria und Neumarktl in Oberkrain; durch ihn machten die Billichgrazer Bergkrystalle in der Welt die Runde, die sich durch ihre schöne rosa und grüne Farbe auszeichnen, öfter aber auch Flüssigkeitseinschlüsse enthalten. Die Museen des Auslandes, welche dergleichen besitzen, verdanken diese sämmtlich dem Freiherrn von Zois. Auch die den Marmaroser Diamanten ähnlichen Bergkrystalle mit der Flächenentwickelung nach allen Seiten vom Berge Slivnica bei Zirknitz brachte er in Verkehr, ihm verdanken die Museen einen weißen Erbsenstein vom Berge Blegos bei Bischoflack, nach welchem Mineral seither vergebens gesucht worden. Auch den Versteinerungen schenkte er seine Aufmerksamkeit und suchte alle ergiebigeren Fundstellen mit großer Mühe auf, und sind dieselben erst seit den neueren geologischen Aufnahmen einer eingehenderen Untersuchung unterzogen worden. Von einem ganz besonderen Vortheile für das Land Krain war sein Eifer bei Auffindung von Marmor-, Hornstein- und Jaspisarten; er sorgte für den Verkauf des Rohmaterials, der dem Lande ansehnliche Summen abwarf, denn namentlich Jaspis und Hornstein, die damals zur Anfertigung von kostbaren Geräthen und Geschirren verarbeitet wurden, waren sehr gesucht. Um einen Begriff davon zu geben, wie schwungvoll er den Mineralienaustausch betrieb, sei nur bemerkt, daß im Zeitraum von fünfzehn Jahren durch ihn nicht weniger denn 5707 Handstücke von Mineralien und Petrefacten versendet wurden. Ein großer Theil davon nahm seinen Weg nach Wien an das k. k. Hofnaturaliencabinet, dem damals Hofrath von Born vorstand. Für die wissenschaftlichen Kreise Laibachs und des Landes überhaupt bildete er eine Art von Mittelpunkt. Es war ihm Bedürfniß, Männer, welche sich wenig dankbaren geistigen Forschungen widmeten, zu fördern und ihnen mit Rath und That und seinem ganzen Einfluß beizustehen. Mehrere Jahre stand er als Director an der Spitze der krainischen Ackerbaugesellschaft. Die Bildung des Volkes, die Reinigung der ganz im Argen liegenden Landessprache, die Sammlung alles dessen, was die Geschichte der krainischen Literatur und Typographie betrifft, der Alterthümer, der heimischen Poesie, überhaupt was das Land Krain anging, lag ihm am Herzen; besonders fanden seine Lieblingsfächer, krainische Naturkunde, Mineralogie, Technologie, in deren Pflege er die Wurzeln des volkswirthschaftlichen Gedeihens erblickte, an ihm einen unermüdlichen Forscher, Sammler und Vertreter. Noch in den letzten Monaten seines Lebens beschäftigte er sich mit der Durchsicht der Gedichte Vodnik's, sowie er bei dessen Lebzeiten mit an dem krainischen Lexikon und an einer krainischen Geschichte gearbeitet hatte und überhaupt nicht nur Vodnik's Mäcen, sondern auch dessen Mentor gewesen. Wir müssen über die zahlreichen Acte der Humanität in den bedrängnißvollen Kriegsjahren seiner Zeit nur mit einer Erwähnung hinweggehen, der Monarch ehrte den Freiherrn 1809 durch Verleihung des Commandeurkreuzes des Leopoldordens. Leider blieb Baron Zois nicht von den Schlägen des Schicksals verschont. Sein Leiden hatte so überhand genommen, daß er schon seit 1783 nicht mehr die persönliche Aufsicht über seine Eisenwerke führen konnte. Im Herbst 1793 war er das letzte Mal in Oberkrain, seit 1797 kam er nicht mehr aus seinem Hause, 22 Jahre lang brachte er theils im Bette, theils in einem von ihm selbst ausgedachten Fahrstuhle zu, denn seine Füße waren unbrauchbar geworden. Noch nicht genug, wurde durch die jahrelangen Kriege und wiederholte Invasionen und zuletzt durch eine unbesiegbare Concurrenz der Wohlstand seines Hauses mächtig erschüttert. Er ertrug alles mit dem Gleichmuth eines Weisen. Als dann das Sinken der Staatspapiere den allgemeinen Credit erschütterte, ertrug er auch diesen Schlag, der ihn am mächtigsten traf. Auf die Ruinen seines Wohlstandes blickte er, der Duldsame unter den zahllosen Unduldsamen, mit ruhigem Lächeln und heiterem Gleichmuth. Er besaß noch eine an selten schönen Exemplaren reiche systematisch geordnete Mineraliensammlung und eine gewählte Bibliothek, diese wurden von der Regierung, erstere um 6000 fl. für das krainische Landesmuseum, letztere um 7000 fl. für die Laibacher Lycealbibliothek käuflich erworben. Ihm, der an beiden durch fünfthalb Jahrzehnte mit dem größten Eifer und vieler Mühe und Kosten gesammelt, that es selbst am meisten leid, bei den vorgeschilderten Verhältnissen diese Schätze seiner Heimat nicht unentgeltlich spenden zu können. Sein Andenken hat sich bis zur Stunde in der Wissenschaft erhalten, denn der berühmte Naturforscher Professor Klaproth taufte im Verein mit zwei anderen Gelehrten, mit Karsten und Werner ein neues säulenförmig krystallisirtes Fossil, das auf der Saualpe in Kärnthen bricht, nach ihm Zoisit. Auch ehrten ihn seinerzeit berühmte Akademien der Wissenschaft, so die Imperialis Leopoldino-Carolina Academia Naturae Curiosorum, die Académie Celtique zu Paris (1806), die Jenaer herzogliche mineralogische Societät (1807), die Landwirthschaftsgesellschaft in Wien, deren Förderer und Beschützer Erzherzog Johann in der schönen Wochein am Ursprunge der Savica der Freiherr selbst ein Denkmal gesetzt (1808), und die Wetterau'sche Gesellschaft für gesammte Naturkunde zu Hanau (1808) durch Verleihung ihrer Diplome. Der Freiherr wurde auf dem Laibacher Friedhofe zur Erde bestattet. Die großartige Leichenfeier — der berühmte Laibacher Bischof Augustin Gruber persönlich leitete dieselbe — gab ein lebendiges Zeugniß, was er war. Wenn je Einer im Lande Krain, so würde es Siegmund Freiherr Zois verdienen, daß sein Andenken bleibend durch Errichtung eines Denkmals erhalten werde. Wo steht es?

Quellen. Richter, Professor. Siegmund Zois Freiherr von Edelstein (Laibach 1820, Sassenberg, 8°., 22 S.) [die Schrift führt als Motto Juvenal's: Nemo dolorem fingit in hoc casu]. — Erneuerte vaterländische Blätter für den österreichischen Kaiserstaat (Wien, Strauß, 4°.) 1820, Nr. 46 und 48: „Lebensskizze". — Barthol. Kopitar's kleinere Schriften. Herausgegeben von Miklosich (Wien 1857, Beck, 8°.) Bd. II, S. 4 und 5 in Kopitar's Selbstbiographie. — Oesterreichische National-Encyklopädie von Gräffer und Czikann (Wien, 8°.) Bd. VI, S. 239 [nach dieser geboren am 22 November 1747]. — Meyer (J.). Das große Conversations-Lexikon für die gebildeten Stände (Hildburghausen, Amsterdam, Paris, Philadelphia (Bibliographisches Institut, gr 8°.). Zweite Abtheilung O bis Z. Bd. XV (1852) S. 923. — Paul Joseph Šafařík's Geschichte der südslavischen Literatur. Aus dessen handschriftlichem Nachlasse herausgegeben von Joseph Jireček (Prag 1865, Tempský, gr. 8°). I. Slovenisch und glagolitisches Schriftthum, S. 32. — *Bleiweis (J. Dr.).* Koledarček slovenski za navadno leto 1833, d. i. Slovenischer Kalender auf das Jahr 1833 (Laibach, 12°.) S. 17—26

Porträts. 1) Unterschrift: „Sigmund Zois | Freyherr von Edlstein, | gest. den 10. Nov. 1819, alt 72 Jahre". Lanzedelly del. Gedruckt im lithogr. Institut in Wien (8°.) [der Freiherr sitzt im Rollstuhl neben seinem Bücherkasten mit Lecture beschäftigt] selten. — 2) Unterschrift: Facsimile des Namenszuges: „Siegmund Zois", Zinkographie. Im oberwähnten „Koledarček slovenski" (12°). — Es ist auch eine kleine Selbstbiographie, 188 vollbeschriebene Grosoctavseiten enthaltend; ferner sein wissenschaftlicher Briefwechsel aus den Jahren 1787—1793 in guter Abschrift vorhanden. Man meldete seinerzeit, daß eine Herausgabe dieses Briefwechsels bevorstehe.

Zolędziowski, Anton (gelehrter Theolog, geb. in Großpolen 1711, gest. zu Krakau 21. August 1783). Nachdem er seine Studien an der Hochschule in Krakau vollendet hatte, erlangte er an derselben die Doctorwürden der Theologie und Rechtswissenschaft. Zum Priester geweiht, wendete er sich dem Lehramte zu, in welchem er an verschiedenen Schulen in Posen und dann am dortigen Diöcesanseminar mit so viel Eifer und Erfolg thätig war, daß man ihn an die Jagiellonische Universität in Krakau berief, an welcher er bis 1777 wirkte. Das Amt des Rectors bekleidete er durch drei und nach der Universitätsreform durch weitere vier Jahre in ehrenvoller Weise. Seit 1767 war er auch Scholasticus von Wislice und Domherr der Krakauer Kathedrale. Fünfzehn Jahre hindurch beschäftigte er sich mit den Vorarbeiten zur Heiligsprechung des Johann Kantius, worauf er von der Universität nach Rom entsendet wurde, um sie zu erwirken, und mit der dieselbe

…ltenden päpstlichen Bulle kehrte er … Zuletzt zur Würde des Vice…nzlers der Universität erhoben, machte …ich besonders um die Durchführung von der Erziehungscommission beantragten Reformen sehr verdient. Seine …iftstellerische Wirksamkeit ist keine …öße, sie umfaßt nur folgende Schriften: *„Apologia Thomae Aquinatis“* (Posen …38, Fol.); — *„Academiae et eccle…ae dolores in obitu F. Kalewski“* (Krakau 1747); — *„Laudatio funebris And. Zaluski Episcopi Cracoviensis“* (Rom 1769, 4⁰); — *„Dissertatio theologica de Praeadamitis“* (Krakau, 4⁰.). Umso verdienstlicher … seine letztwillige Verfügung, in welcher … dem Erziehungsfond ein Capital von …0.000 polnischen Gulden legirte und …er Universitätsbibliothek seine ansehnliche Bücher- und Medaillensammlung …ermachte, worüber im Domcapitel große Aufregung entstand, bis der Rector Sołtyk derselben durch seine Bestätigung ein Ende machte. Von Zołędziowski rühren auch die schönen Fenster im kleinen Chor der Krakauer Kathedrale her. Er wurde in der Sanct Annakirche beigesetzt.

…rnowski (Stanisław). Kronika Uniwersitetu Jagiellońskiego od r. 1864 do r. 1887 i obraz jego stanu dzisiejszego, d. i. Chronik der Jagiellonischen Universität vom Jahre 1864 bis zum Jahre 1887 und Bild ihres gegenwärtigen Zustandes (Krakau 1887, 4⁰) p. X, LVI, LVII. — *Łętowski (L.).* Katalog biskupów, prałatów i kanoników krakowskich, d. i. Verzeichniß der Bischöfe, Prälaten und Domherren von Krakau (Krakau 1853, Universitätsdruckerei, 8⁰.) Bd. IV, S. 317.

Zoll, Friedrich (Rechtsgelehrter, geb. zu Dolnawieś nächst Myślenice in Galizien am 2. December 1834). Er besuchte das Gymnasium zu Bochnia und in Krakau und bezog in letzterer Stadt die Hochschule, um sich den Rechtsstudien zu widmen, aus welchen er 1858 die Doctorwürde erlangte. Nun trat er sofort bei der damaligen Kammerprocuratur zu Krakau in den Staatsdienst und habilitirte sich 1862 an der dortigen Universität als Privatdocent für das römische Recht. Schon im folgenden Jahre wurde er zum außerordentlichen und 1865 zum ordentlichen öffentlichen Professor seines Faches ernannt. 1868/69 versah er die Würde des Decanstellvertreters, 1871/72, 1878/79 und 1886/87 des Decans und 1875/76 und 1876/77 des Rektors der Jagiellonischen Universität. 1863 erfolgte seine Ernennung zum Mitgliede, 1879 zum Vicepräses der Prüfungscommission der historisch-rechtswissenschaftlichen Abtheilung, 1880 zum Präses derselben für politische Wissenschaften und 1871 zum Mitglied der Prüfungscommission für das Richteramt. 1878 wurde er zum Gemeinderath der Stadt Krakau gewählt, 1883 in den galizischen Landtag aus der Curie der kleineren Grundbesitzer des Wadowiczer Kreises entsendet und im Februar 1891 ins Herrenhaus berufen. Die Städte Podgórze, Zator und Myślenice schickten ihm ihre Ehrenbürgerdiplome, und Seine Majestät verliehen ihm den Titel eines k. k. Regierungsrathes. Zoll war in seinem Fache theils als wissenschaftlicher Bearbeiter verschiedener Gebiete desselben, theils als kritischer Beurtheiler fremder Fachschriften und auch als popularisirender Schriftsteller thätig. Selbstständig erschien von ihm in polnischer Sprache: *„O skardze przeczącej w prawie rzymskie“* (Krakau 1862); — *„Pandekta czyli nauka rzymskiego prawa prywatnego“* (ebd. 1888); — *„Maksymilian Zatorski, Wspomnienie pośmiertne“* (ebd. 1886) und in deutscher Sprache: „Römisches und heutiges Interstaterbrecht" (Wien 1890, 8°.). Ungleich größer ist seine schriftstellerische Thätigkeit in Fachzeitschriften, und finden sich seine wissenschaftlichen und kritischen Artikel sowohl in deutschen als in polnischen Zeitschriften zerstreut, und zwar in Jhering's „Jahrbüchern", in Grünhut's „Zeitschrift für Privat- und öffentliches Recht", in der „Kritischen Vierteljahresschrift für Gesetzgebung und Rechtswissenschaft", im Krakauer „Czasopismo prawniczne", im „Przegląd krityczni", im „Przegląd polski" u. a. Die unten bezeichneten Quellen bringen nicht nur ausführliche Verzeichnisse seiner schriftstellerischen Arbeiten, sondern auch eingehende Darstellungen seiner umfassenden und verdienstlichen Thätigkeit als Mitglied des Landtages, des Gemeinderathes und seines sonstigen humanistischen Wirkens.

Klosy, Czasopismo illustrowane tygodniowe, d. i. Aehren, illustrirtes Wochenblatt (Warschau, Fol.) 45. Bd., 1887, Nr. 1139: „Dr. Prof. Frederyk Zoll." — *Tarnowski (Stanislaw)*. Kronika Uniwersitetu Jagiellońskiego od r. 1864 po r. 1887 i obraz jego stanu dzisiejszego, d. i. Chronik der Jagiellonischen Universität vom Jahre 1864 bis zum Jahre 1887 und Bild ihres gegenwärtigen Zustandes (Krakau 1887, 4°.) S. 51, 54, 113, 227, 247; LXII.

Porträts. 1) Trefflicher Holzschnitt von Edward Nicz nach einer Zeichnung von S. Witkiewicz in der oben angeführten Nummer der „Klosy". — 2) Chemotypie im Krakauer Spottblatt „Harap" II Jahrg. 1877, Nr. 9 und 10 [mit einer kurzen Charakteristik Zoll's].

Zoller, Anton (Historienmaler, geb. zu Telfs im Oberinnthal 1695, gest. zu Hall 1768). Den ersten Unterricht in seiner Kunst erhielt er bei Michael Hueber in Innsbruck, und er malte schon in seiner Lehrzeit so gut, daß er seinem Meister bei Ausmalung des Saales im Kloster Stams helfen konnte und ihn dieser einige Stücke allein vollenden ließ. Alsdann begab er sich nach Wien, von dort aber nach Klagenfurt, wo er für längere Zeit seinen Aufenthalt nahm. Doch ist über seine Arbeiten im Kärnthnerlande leider nichts bekannt. 1753 kehrte er in sein Vaterland Tirol zurück, machte sich daselbst in Hall seßhaft und erwarb das Bürgerrecht. Er malte viel, ebenso Altarblätter wie al fresco. Von ersteren sind bekannt jene in den Kirchen zu Telfes im Stubenthale und zu Telfs im Unterinnthal, ferner zu Anras im Pusterthale, dann das Hochaltarblatt in der Pfarrkirche zu Lienz. Ferner malte er die Fresken in den obengenannten Kirchen zu Telfes und Telfs, in den Kirchen zu Tilliach auf dem Wege nach Luggau, dann in Gschnitz, zu Mutters, zu Schmirn bei Steinach und zu Patsch, letztere in Gemeinschaft mit dem Maler Kremer, und war dies seine letzte Arbeit. Von seinen übrigen Werken sind noch bekannt: in Innsbruck auf dem städtischen Gottesacker unter dem neuen Bogengange der h. Cassian; zu Hall auf dem Friedhofe die Stationen; im Innsbrucker Museum Ferdinandeum das Marterthum des h. Pantaleon, ein Nachtstück, der h. Sebastian, auch Nachtstück, beide auf Leinwand, zwei Höhlenlandschaften, eine mit einem Hirsch, die andere mit einem Panther, beide auf Holz, dann eine Landschaft mit Gebäuden an einem Flusse, Carton. Anton Zoller war ein ebenso geschickter als vielseitiger Künstler; er verstand sich trefflich auf Architectur und Perspective und malte mit großem Geschick Landschaften, deren sich mehrere im Privatbesitz befinden mögen. Von seinen drei Söhnen wurden Franz Karl und Joseph Anton auch Maler, und folgen ihre Lebensskizzen weiter unten.

Bote für Tirol und Vorarlberg (Innsbruck kl. Fol.) 1827, Nr. 10—12, 49. — Tirolisches Künstler-Lexikon oder kurze Lebensbeschreibung jener Künstler, welche geborene Tiroler waren oder eine längere Zeit in Tirol sich aufgehalten haben. Von einem Verehrer der Künste [geistlicher Rath Leman] (Innsbruck 1830, Fel. Rauch, 8°.) S. 285. — Oesterreichische National-Encyklopädie von Gräffer und Czikann (Wien 1832, 8°.) Bd. VI, S. 260. — Tschischka (Franz). Kunst und Alterthum im österreichischen Kaiserstaate (Wien 1836, Beck, gr. 8°.) S. 146, 149, 151, 153, 154, 409. — Staffler (Joh. Jac.). Das deutsche Tirol und Vorarlberg u. s. w. (Innsbruck 1847, Rauch, 8°.) Bd. I, S. 377.

Zoller, Franz Karl (Landschaftsmaler und Kupferstecher, geb. zu Klagenfurt 1748, gest. am 18. November 1829). Sohn des Historienmalers Anton und jüngerer Bruder Joseph Antons, besuchte er, nachdem seine Eltern von Klagenfurt nach Hall übersiedelt waren, die lateinischen Schulen daselbst, beschäftigte sich aber zu gleicher Zeit in seinen freien Stunden mit Landschaftzeichnen, indeß ihn sein Vater in der Perspective unterrichtete. Als dann dieser 1768 starb, sollte der zwanzigjährige Franz Karl Geistlicher werden, aber dieser Absicht seines älteren Bruders Joseph Anton entsprach er nicht und begab sich 1773 nach Wien. Dort nahm sich Hofrath Baron Sperges, nachdem er eine Zeichnung der Stadt Innsbruck von dem Künstler gesehen, desselben an. Nun verlegte sich Zoller mit allem Eifer auf Landschaftzeichnen und übte sich zuletzt im Kupferstechen. Eine von ihm gestochene Ansicht Wiens vom Belvedere aus belohnte die Kaiserin Maria Theresia mit 25 Ducaten. Dann stach er auch an den vier Blättern des Gartens des Generals Lascy mit, und rührt aus dieser Zeit sein Prospect der k. k. theresianischen Ritterakademie, den er nach eigener Zeichnung gestochen. Nun kehrte er in sein Vaterland zurück, wurde 1785 zum Wegeinspector im Unterinnthal ernannt, dann aber bei der k. k. Baudirection in Innsbruck angestellt. Als 1809 Tirol unter Bayern kam, erhob ihn die bayrische Regierung zum Oberbauinspector in Brixen, worauf er in dieser Eigenschaft 1810 nach München übersetzt wurde. Nach der Rückkehr Tirols unter die österreichische Regierung ward er erster Adjunct bei der k. k. Provincialdirection. In dieser Stellung gab er das „Alphabetisch-topographische Verzeichniss sämmtlicher Orte Tirols“ (Innsbruck 1827) und die „Geschichte und Denkwürdigkeiten der Stadt Innsbruck und der umliegenden Gegend“, 2 Bände (ebd. 1816 und 1825) mit einer Landkarte heraus. Von seinen Stichen kenne ich folgende: „Kirche zu Maria-Zell in Steiermark“ (Quer-Folio) Originalradirung; — „Die Gletscher von Lisens und Schmirn“, von ihm aufgenommen, 2 Blätter in Kupfer gestochen und illuminirt; — und eine „Aussicht gegen Weikersdorf nächst Baden“, nach einer Zeichnung von J. Schmutzer, von F. C. Zoller gestochen, letzteres mit hübscher Perspective. Zoller war besonders in der Architectur sehr geschickt. Er erreichte das hohe Alter von 82 Jahren. Seine Erinnerungen über den eigenen Lebenslauf und Briefe von ihm und an ihn werden im Innsbrucker Museum aufbewahrt.

Bote für Tirol und Vorarlberg, 1821, Nr. 46; 1831, Nr. 3—7. — Tirolisches Künstler-Lexikon oder kurze Lebensbeschreibung jener Künstler, welche geborene Tiroler waren oder eine längere Zeit in Tirol sich aufgehalten haben. Von einem Verehrer der Künste [geistlicher Rath Leman] (Innsbruck 1830, Fel

Rauch, 8°.) S. 283. — Oesterreichische National-Encyklopädie von Gräffer und Czikann (Wien, 8°.) Bd. VI, S. 261. — Nagler (G. K. Dr.). Neues allgemeines Künstler-Lexikon (München 1833 u. f., E. A. Fleischmann, gr. 8°) Band XXII, S. 313. — Tschischka (Franz). Kunst und Alterthum im österreichischen Kaiserstaate geographisch dargestellt (Wien 1836, Fr. Beck, gr. 8°.) S. 409.

Zoller, Franz (Maler, gebürtig aus Gufidaun bei Brixen in Tirol, gest. 1778). Dieser Künstler scheint in keiner verwandtschaftlichen Beziehung zu stehen mit der tirolischen Malerfamilie Zoller. Er kam nach Wien, wo er bei Paul Troger lernte, und als dieser später die Domkirche in Brixen al fresco malte, half er ihm mit. Dann malte er mit Jos. Hautzinger zusammen die Pfarrkirche zu Brixen. Nach dem „Tirolischen Künstler-Lexikon" hätte er in der Folge zu Wien in der Roßau auf dem Liechtenstein'schen Grund die große Pfarrkirche ausgemalt; nach Tschischka's „Kunst und Alterthum" wäre nur das Gemälde des „h. Johannes von Nepomuk" sein Werk. Im Jahre 1760 wurde Zoller von der Akademie der bildenden Künste als Mitglied aufgenommen.

Tirolisches Künstler-Lexikon oder kurze Lebensbeschreibung jener Künstler, welche geborene Tiroler waren oder eine längere Zeit in Tirol sich aufgehalten haben. Von einem Verehrer der Künste [geistlicher Rath Leman] (Innsbruck 1830, Fel. Rauch, 8°.) S. 283. — Tschischka (Franz). Kunst und Alterthum im österreichischen Kaiserstaate u. s. w. (Wien 1836, Beck, gr. 8°.) S. 22 und 409.

Zoller, Joseph Anton (Maler, geb. zu Klagenfurt 1731, gest. zu Hall 1791). Der älteste Sohn des Historienmalers Anton und Bruder Franz Karls. Mit seinem Vater, der ihn ganz ausbildete, kam er aus Kärnthen nach Tirol zurück, wo er ihm bei den Arbeiten half, nach dessen Tode aber allein mehrere Kirchen malte: so zu Tschötsch bei Brixen, in Untervintl, zu Stöckl bei St. Sigmund im Pusterthale, auf dem Ronggen bei Innsbruck, zu Absam, dann zu Neustift im Stubeyerthale, wo der Plafond, der die Sendung des heiligen Geistes darstellt, von ihm ist; die Salvatorkirche zu Hall, wo er im Jahre 1780 den Plafond und drei Altarbilder gemalt, und das Kirchlein in der oberen Pettnau, wo er einige Altargemälde ausgeführt. Doch werden seine Arbeiten nicht gleichwerthig mit denen seines Vaters geschätzt. Es haftet ihnen immer etwas Steifes an, er liebte daran stets zu bessern und verdarb dadurch Manches, was früher gut gemacht war. Man schrieb diese Mängel vornehmlich dem Umstande zu, daß er keine akademische Ausbildung in der Kunst, sondern nur den Unterricht des Vaters genossen habe. Dagegen war er im Landschaftsfache sehr geschätzt, und seine Arbeiten in dieser Richtung in Gouache werden noch heute gesucht. Das Innsbrucker Museum besitzt von ihm nur ein Historienbild „Rebecca am Brunnen", auf Leinwand gemalt. Zoller starb ledig im Alter von 60 Jahren.

Oesterreichische National-Encyklopädie. Von Gräffer und Czikann (Wien, 8°.) Bd. VI, S. 261. — Tirolisches Künstler-Lexikon oder kurze Lebensbeschreibung jener Künstler, welche geborene Tiroler waren oder eine längere Zeit in Tirol sich aufgehalten haben. Von einem Verehrer der Künste [geistlicher Rath Leman] (Innsbruck 1830, Fel. Rauch, 8°.) S. 283. — Tschischka (Franz). Kunst und Alterthum in dem österreichischen Kaiserstaate geographisch dargestellt (Wien 1836, Fr. Beck'sche Buchhandlung, gr. 8°.) S. 149, 155, 409. — Tinkhauser (G.). Topographisch-historisch-statistische Beschreibung der Diöcese Brixen (Brixen 1838) S. 397.

Zoller, Michael von (Humanist, geb. zu Bozen 1665, gest. in Wien am 3. Mai 1758). In seinem Knabenalter folgte er dem Rufe seines Bruders Franz, welcher Tuchhändler in Wien war, sich für dessen Geschäft heranzubilden. Er entsprach den Absichten und Erwartungen seines Bruders vollkommen, leistete ihm die treuesten Dienste und wurde deswegen von ihm 1714 zum Erben der hinterlassenen Tuchhandlung, eines ansehnlichen Hauses in der Stadt unter den sogenannten Tuchlauben und eines reichen Vermögens eingesetzt. Seine hervorragende Handlungswissenschaft, noch mehr aber sein offener, gerader Charakter hatten ihn der Gnade Ihrer Majestät der Kaiserin Maria Theresia so nachdrücklich anempfohlen, daß er von ihr zur Würde eines Commerzialrathes — zu jener Zeit nicht eine bloße Titulatur — erhoben wurde. Noch bei Lebzeiten seiner ihm und so vielen Armen zu früh entrissenen Gattin Theresia geborenen Dangl aus Wiener-Neustadt kaufte er 1744 das gegenwärtige Schulhaus am Neubau, welches er mit großen Kosten für seine Schulzwecke herstellen ließ. Zugleich legte er ein für die damalige Zeit entsprechend großes Capital auf Zinsen an, um von denselben vier im Hause untergebrachte Lehrer nebst einem Zeichenmeister und einem Geistlichen besolden zu können. In seiner Anstalt sollte vorzüglich darauf Bedacht genommen werden, daß neben dem Wissenswerthen auch praktische Fertigkeiten angeeignet werden konnten. Neben dieser Gründung ist auch zu erwähnen, daß Zoller ein Stipendium stiftete, das alljährlich zwölf studirenden Jünglingen in dem ehemaligen Seminar zu Wien zugute kommen sollte. Nach Aufhebung des Seminars unter Kaiser Joseph II. wurde der Fond in die Staatsverwaltung übernommen, und werden seither zwölf Studirende mit je 150 fl. betheilt. Nach einem Ausweise des Jahres 1805 bestanden die Zoller'schen Stiftungen a) aus der deutschen Schule am Neubau, 1743 errichtet für arme Kinder beiderlei Geschlechtes vom genannten Grunde mit einem Katecheten, drei Lehrern, zwei Lehrerinen und einem Zeichenmeister, b) aus der großen und c) aus der kleinen Studentenstiftung, jene für zwölf Stiftlinge im Seminarium, diese für sechs in dem Schulhause auf dem Neubau, die erstere wurde schon früher, die letztere 1785 in Handstipendien verwandelt. Die Stiftlinge bekommen jährlich zusammen 2520 fl., die ein Capital von 63.000 fl. voraussetzen. Michael Zoller ward in Würdigung seiner Verdienste 1721 in den österreichischen Adelstand erhoben und der Adel auch auf seinen Vetter, den Lieutenant Jacob Zoller, ausgedehnt.

Manuscript des Herrn Dipauli im Innsbrucker Ferdinandeum 1326, I, 40, dessen Abschrift ich der Güte des Herrn Custos Fischnaler verdanke, dem ich hier meinen Dank ausspreche. — Bote für Tirol und Vorarlberg, 1828, Extrabeilage zu Nr. 36. — Gräffer (Franz), Neue Wiener Tageblätter und heitere Novellchen (Wien 1848, 8°.) S. 339. — Geusau (Anton v.), Geschichte der Stiftungen, Erziehungs- und Unterrichtsanstalten in Wien (Wien 1803, 8°.) S. 317.

Zollikofer, Theobald von (Geolog und Fachschriftsteller, geb. zu St. Gallen in der Schweiz 1828, gest. 19. October 1862). Der Sproß eines alten Schweizer Geschlechtes, von dem nach Deutschland, Schlesien und Oesterreich Zweige gelangten, über welche die Quellen Näheres berichten. Theobald war ein Junker Zollikofer v. Altenflingen und Pfauenmoos im Canton St. Gallen zunächst St. Gallen zum Unterschied von jenen von Sonnenburg. Nachdem er das Gymnasium in seiner Heimat beendet hatte, bezog er, von einem Familienstipendium unterstützt, 1849 die Universität München, um sich zum Ingenieur heranzubilden, zu welchem Zwecke er vornehmlich mathematische Studien betrieb. 1851 verließ er München, um an der Akademie zu Lausanne in der französischen Schweiz seine Ausbildung fortzusetzen. Hier wurde er mit A. von Morlot, welcher 1846—1850 der erste Begehungscommissär des geognostisch-montanistischen Vereines für Steiermark war, bekannt und durch dessen geistvolle Vorträge ganz für die Geologie gewonnen. Durch zwei Jahre konnte er, im freundschaftlichsten Verhältnisse zu seinem Lehrer stehend, nicht nur die Lehren seiner Wissenschaft vollkommen aufnehmen, sondern hatte auch hinreichende Gelegenheit, im Herzen der Alpen, wie im französisch-schweizerischen Jura die nöthige praktische Ausbildung zu erlangen. Durch Annahme eines Erzieherpostens in einem in der Lombardie und in Venedig sehr begüterten Hause ward er in den Stand gesetzt, von Sesto Calende am Lago maggiore aus die lombardischen Alpen in ihrer ganzen Länge, sowie alle geologischen Erscheinungen der Po-Ebene mit Eifer und Erfolg zu studiren und diese Studien in Fachschriften zu veröffentlichen. Aus der Lombardie kehrte er 1857 nach Lausanne zurück, wo er, da sein Name in der wissenschaftlichen Welt bereits mit Ehren genannt wurde, sowohl in der Hauptstadt als von kleineren Orten zahlreiche Aufforderungen erhielt, Vorträge über Geologie zu halten. Auf die warme Empfehlung mehrerer Gelehrten wurde er in dieser Zeit zum Begehungscommissär des geognostisch-montanistischen Vereins für Steiermark gewählt und begann seine Thätigkeit, die bis auf eine geringe Unterbrechung dem Lande bis zu seinem Tode erhalten blieb. Ende März 1861 folgte er einem ehrenvollen Rufe zur Supplirung C. Vogt's an die Akademie in Genf, von wo er jedoch im Spätherbste über Oberitalien nach Steiermark zurückkehrte. Bald nach seiner Rückkehr erkrankte er. Er schien sich von seinen Leiden zu erholen und übersiedelte nach Leoben, von dort ging er, um es mit der Traubencur zu versuchen, zu einer befreundeten Familie nach Cilli, wo sich aber sein Zustand so sehr verschlimmerte, daß er nach Gratz gebracht werden mußte, wo er schon kurze Zeit danach einer unheilbaren Entartung der Unterleibsorgane im Alter von 34 Jahren erlag. Seine Arbeiten sind in gelehrten periodischen Fachschriften niedergelegt, und zwar im Bulletin de la société vaudoise des sciences naturelles (Lausanne): „Sur l'ancien glacier et le terrain errétique de l'Adda" [1853, tome 3]; — „Géologie des environs de Sesto-Calende" [1854, tome 4]; — „Bassin hydrographique du Po" [1857, tome 5]; — „Notes sur le glacier de Macugnaga" [1857, tome 5]; in den Jahresberichten des geognostisch-montanistischen Vereines für Steiermark: „Vorläufiger Bericht über die Ergebnisse der im Sommer 1858 in Untersteier ausgeführten geognostischen Begehungen" [8. Jhrsb.]; — „Vorläufiger Bericht über die geognostischen Untersuchungen des südöstlichen Theiles von Untersteyer im Sommer 1859" [9. Jhrsb.]; — „Vorläufiger Bericht über die im Sommer 1860 gemachten geologischen Aufnahmen" [10. Jhrsb.]; im Jahrbuch der geologischen Reichsanstalt: „Die geologischen Verhältnisse von Untersteiermark, Gegend südlich der Sau und Wolska" [1859, Bd. X, S. 157—200]; — „Die geologischen Verhältnisse des Drauthales in Untersteiermark" [1859, Bd. X, S. 200 bis 219]; — „Die geologischen Verhältnisse des südöstlichen Theiles von Untersteiermark" [1861/62, Bd. XII, S. 311—366]; in den Atti della Società italiana di scienze naturali: „Esposizione dei differenti sistemi geologici. Memoria postuma" [Vol. VI]; im Werke: Ein treues Bild des Herzogthums Steiermark (Gratz 1859, Kienreich): „Geognostische Skizze des Herzogthums Steiermark" (28 S.) — und gemeinschaftlich mit Prof. Dr. Jos. Gobanz bearbeitet: „Die hypsometrische Karte der Steiermark", 4 Bl. und „Höhenbestimmungen in Steiermark" VIII und 70 S. (Gratz 1864, Kienreich), welche von der Direction des geognostisch-montanistischen Vereins für Steiermark herausgegeben wurde. Steiermark erlitt durch den Hingang Zollikofer's den Verlust eines um die Erforschung der geographisch-montanistischen Verhältnisse des Landes vielverdienten Mannes, der bei der Jugend, in der er hingerafft wurde, zu den schönsten Erwartungen berechtigte. Aber Zollikofer war nicht nur in seinem Fache eine Autorität, sondern auch sonst in den verschiedenen Wissenschaftsfächern sehr unterrichtet. Im November 1867 wurde ihm auf dem Friedhofe der Gratzer evangelischen Gemeinde ein Grabdenkmal errichtet.

Zwölfter Bericht des geognostisch-montanistischen Vereines für Steiermark (Gratz 1863; Tanzer, 8°.) Seite VI—VIII. — Ebenda, S. XIV u. f.: „Nekrolog nach Theobald von Zollikofer". Von Dr. Joseph Gobanz. — Gratzer Zeitung (politisches Blatt) 1862, Nr. 263 und 264: „Immortellen".

Ueber die Familie Zollikofer. Sie stammt aus der Schweiz, in welcher drei Zweige dieser Familie blühten, welche ihre Angehörigen in alle Welt ausgesandt haben. Sie sind Patrizier der Stadt St. Gallen, in welcher sie die Säckelmeister- und Rathsherrenwürde bekleideten. Sprossen derselben waren Mitgenossen der adeligen Gesellschaft „zur Katzen" in Constanz, der Adelsinnung „zum Rothveststein" in St. Gallen; der durch seine humanistischen Studien, seine Liederbücher und Predigten berühmte evangelische Prediger **Johann** von Zollikofer, den C. Garve gefeiert hat, gehört dieser Familie an. Ein **Christoph** von Zollikofer war k. k. Kammerdirector der Fürstenthümer Brieg, Liegnitz und Wohlau in Schlesien; ein **Christian Friedrich** von Zollikofer fiel als polnischer und kursächsischer Hauptmann der Garde zu Fuß in der Schlacht bei Striegau 4. Juni 1745; ein Zollikofer war königlich preußischer Generalmajor, und **Wilhelm Ludwig** Zollikofer starb zu Potsdam als königlich preußischer General der Cavallerie am 31. Jänner 1868. Die Zollikofer besitzen einen Wappenbrief aus dem Jahre 1472 von Kaiser Friedrich III. und den Adelstand mit Diplom Kaiser Rudolfs II. vom 19. October 1578 und seit diesem Jahre auch das Senioratsschloß Altenklingen im schweizerischen Canton Thurgau. [Zedler, Universal-Lexikon, 63. Bd., Sp. 282 bis 294. — Genealogisches Taschenbuch der Ritter- und Adelsgeschlechter (Brünn 1879, Buschak und Irrgang, 32°.) IV. Jahrg., S. 714—717.

Wappen. Gevierter Schild. 1 und 4: in Schwarz ein silberner Löwe; 2 und 3: in Gold ein blaues linkes Obereck. Auf dem Schilde ruhen zwei Helme. Die Krone des einen trägt den Rumpf eines goldgekleideten Mannes mit Turban und langem Schnurrbart, auf der Brust zwei blaue viereckige Flecken; der zweite Helm trägt auf einer schwarz-silbernen Wulst den Rumpf eines silbernen Löwen mit Halskrone, den Rücken mit Pfauenfedern besteckt. Die Decken des rechten Helmes sind blau, die des linken schwarz, beide mit Silber unterlegt.

Zollinger, Johann (Geschichts- und Bildnißmaler, geb. in der ersten Hälfte des 18. Jahrhunderts, gest. in Preßburg um 1780). Er bildete sich als Schüler des Malers Maulpertsch an der kaiserlichen Akademie der Künste in Wien, an welcher er dann Mitglied wurde. Er malte Bildnisse und Geschichtsbilder. In der Folge ließ er sich zu Preßburg in Ungarn nieder, wo er mehrere öffentliche Gebäude mit schönen Fresken schmückte. Er blühte um das Jahr 1765 und besaß als Bildnißmaler einen Ruf, da er den Kaiser Joseph II. und die Kaiserin Maria Theresia malte, welche Bildnisse der berühmte Kupferstecher G. Haid in Schwarzkunst (4°.) gestochen hat.

Hormayr's Archiv für Geschichte u. s. w. (Wien, 4°.) 1817, S. 371. — Nagler (G. K. Dr.). Neues allgemeines Künstler-Lexikon (München, Fleischmann, gr. 8°.) Bd. XXII, S. 316. — Tschischka (Franz). Kunst und Alterthum im österreichischen Kaiserstaate (Wien 1836, Beck, gr. 8°.) S. 409. — Ballus (Paul von). Preßburg und seine Umgebungen, S. 188.

Zombory, Gustav (Zeichner und Stecher, geb. in Ungarn, Ort und Jahr seiner Geburt unbekannt), Zeitgenoß. Er lebte und arbeitete in den Fünfziger-Jahren in Pesth, und sind mir von ihm ein Stich und eine Chromolithographie in Quer-Folio bekannt, die er nach eigener Zeichnung ausgeführt hat. Das eine Blatt stellt Balaton-Füred und dessen Umgebungen dar; während die mittleren zehn Zeichnungen Füred und neun Ansichten zeigen, erblickt man an beiden Seiten je vier Darstellungen aus der Umgebung, und zwar rechts: Tihany, Boglári Allomás, Szigliget, Badacsony; links: Átmenet, Badacsony-Öböl-Tájéka, Csobancz, Keszthely. Die im farbigen Kupferstich ausgeführten von Blätterranken malerisch eingeschlossenen Darstellungen sind ungemein schön gezeichnet und scharf und sauber gestochen. Das zweite Blatt „Andenken an Fóth" (Fóthi Emlék) zeigt in neun ornamentalen Einrahmungen: in den mittleren drei die Fóther Kirche, das Fóther Schloß, den Fóther Park und in den sechs Seitenansichten Darstellungen einzelner Punkte und Baulichkeiten, die zum Schloß Fóth gehören. Auch dieses Blatt ist im Farbendruck ungemein sorgfältig ausgeführt. Uebrigens ist Gustav Zombory schriftstellerisch thätig, und erschien von ihm in Gustav Emich's „Großem Bilder-Kalender" (Nagy képes naptár) I. Jahrgang 1860, S. 144, eine Beschreibung von „Szent-Kereszt" mit Abbildung und im Werke „Ungarn in Bildern" (Magyarország képekben) 1868, S. 328 eine Beschreibung nebst Abbildung der katholischen Kirche zu Beregszász.

Zon, Angelo Francesco (venetianischer Geschichtsforscher, geb. am 3. März 1800, gest. 23. September 1848). Ein venetianischer Edelmann, dessen humanistische und literarische Thätigkeit ganz in die Zeit der österreichischen Regierung Lombardo-Venetiens fällt. Er entstammt einer alten venetianischen Adelsfamilie, deren Stammregister bis in das 12. Jahrhundert zurückreichen, und deren Sprossen die höchsten Würden in der ehemaligen Republik bekleideten. Angelo Francesco, ein Sohn des Giovanni Zon und der Andriana geborenen Andrighetti und ein Enkel des Senatssecretärs Angelo und der Elisabeth Campelli, erhielt eine sorgfältige Erziehung, und zurückgezogen von dem öffentlichen Leben widmete er sich ausschließlich der Pflege der Wissen-

: n Er schrieb viel, aber nur sehr ; erschien im Drucke; seine in diesem - zu große Bescheidenheit ließ es : zu, seine für die Geschichte und turgeschichte Venedigs so wichtigen eiten durch den Druck zu veröffent-en. Einiges aber ist doch auf Zureden er Freunde gedruckt worden, und ar: *„Memorie intorno alla venuta Papa Alessandro in Venezia"*; — *sservazioni sulla Cronaca di Maestro artino da Canale"* und *„Trattato orno alla Zecca e Monete Venete"*. nderes, insbesondere genealogische Stuen, darunter über seine eigene berühmte amilie, ist Manuscript geblieben. Zon ar Mitglied des Ateneo Veneto, as ihm auch ein biographisches Denkmal esetzt hat.

Cicogna (Emmanuele A.). Tributo di amicizia ad Angelo Zon, nobile Veneto (Venezia 1848, 8°). — Esercitazioni scientifiche e letterarie dell'Ateneo Veneto (Venezia, 8°., Volume VI, pag. 303 s. e.); Memoria sul Angelo Zon dal Dr. Vincenzo Lazari.

Ueber Angelo Zon's Familie veröffentlichte per nozze Marcello-Zon der Gelehrte Emmanuele Cicogna die Festschrift: „Genealogia della nobile famiglia Veneziana Zon" (Veneziana 1838. Andreola, gr. 4°.) Wappentafel, ein Blatt biogr. Notizen und 4 Stammtafeln.

Zona, Anton (Geschichtsmaler, geb. in Venedig 1810, wo er noch 1882 lebte). Er bildete sich in der Periode der österreichischen Regierung an der k. k. Akademie der schönen Künste in Venedig und wendete sich der Geschichts- und Bildnißmalerei zu, in welchen beiden er bald so zu Ruf und Ansehen gelangte, daß sein in der Ausstellung zu Venedig 1838 befindliches Bild „Lambertazzi und Geremei" vom Kaiser angekauft und er in den folgenden Jahren mit Aufträgen des Erzherzogs Friedrich, des Gouverneurs von Triest Grafen Stadion, ja selbst von Wien aus bedacht wurde. Als dann Kaiser Franz Joseph nach Niederwerfung der lombardisch-venetianischen Rebellen 1857 zum ersten Male Venedig besuchte, wendete er gleichfalls dem Künstler seine Aufmerksamkeit zu, und erhielt Zona einen Staatsauftrag für ein historisches Gemälde: „Tizian's Begegnung mit Paolo Veronese", wofür ihm das in Italien bisher nicht gebräuchliche hohe Honorar von 15.000 Lire angewiesen wurde. Hier aber fällt ein schwerer Makel auf die Ehre des Künstlers, der einen Vorschuß von 8000 Lire auf das noch gar nicht angefangene Bild nahm und mit diesem Gelde nach Piemont flüchtig wurde. Erst als die lombardischen Blätter Lärm schlugen, der dann auch in die deutschen Blätter überging, kehrte nach mehreren Jahren Zona nach Venedig zurück und lieferte das bestellte Bild ab, das aber von der Kunstkritik als des bedungenen Preises nicht nur unwürdig, sondern als die Traditionen der altberühmten venetianischen Malerkunst förmlich entwürdigend bezeichnet wurde. Ich gebe im Folgenden eine Uebersicht seiner Bilder, soweit dieselben mir bekannt geworden: „Eine Mutter Gottes und vor ihr ein betendes Mädchen", 1844; — „Die Verkündigung des Herrn", für einen Wiener Hausaltar; — *„Nicolo di Capi"*, erhielt von Seiten eines in Triest ausgeschriebenen Privatconcurses den Preis, beide im nämlichen Jahre; — „Abfahrt des grossen Dampfbootes *'L'imperatrice'* vom Molo S. Carlo in Triest", im Auftrage des Grafen Stadion, für denselben 1845; — „Der h. Johannes", Altarblatt für Triest; — „Der h. Gotthard", Altarblatt für Castel franco, — „Leergang

Tizian's mit Paolo Veronese auf dem Ponte della Paglia", Eigenthum der k. k. Akademie der schönen Künste in Venedig; die wenig rühmliche Vorgeschichte dieses Gemäldes wurde oben erzählt; — „Raphael wird von seinem Vater zu Perugino gebracht, um in der Kunst unterrichtet zu werden", Eigenthum des Herrn Hirschel in Triest; — „Doge Andrea Contarini stellt den aus dem Kerker entlassenen Vittor Pisani dem Volke vor", im Stich von Gandini in den „Gemme d'arti italiane" 1859 enthalten; — „*Filippo Lippi e Lucrezia Buti*", im Stich von Clerici, in den „Gemme d'arti italiane" 1857 enthalten; — „Abschied des Tobias", 1844, mit der goldenen Medaille betheilt; — „Raphael's Unterricht bei seinem Vater"; — „Gondelfahrt in den Lagunen Venedigs", 1850 (600 fl.); — „Rückkehr aus der Kirche", 1850 (150 fl.); — „Eine Verirrte"; — „Das Blumenmädchen Glycera". Jona zählt zu den besseren Malern der neueren italienischen Schule, die nicht mehr nach Städten sich untertheilt, sondern einen gemeinschaftlichen, doch nicht hohen künstlerischen Charakter besitzt. In seinen Altarblättern und Geschichtsbildern verleugnet er nicht ganz den Geist der alten Venetianer Maler, der sich namentlich in der strengen Zeichnung und im energischen Colorit kundgibt. Weit glücklicher aber als in seinen Historienbildern erscheint er uns in seinen Porträten, deren er in den Fünfziger-Jahren in Mailand mehrere ausstellte, welche durch prächtiges Colorit, glückliche Auffassung, große Aehnlichkeit und schöne Technik blenden. Er hat das Bildniß der ersten Königin Italiens, Margharita, gemalt; und es zählt zu seinen gelungensten Werken.

Presse (Wiener polit. Blatt) 1861, Nr. 209: „Venedig 30. Juli". — Fremden-Blatt. Von Gustav Heine (Wien, 4°) 1861, Nr. 316: „Theater und Kunst". — Di[...] kalia (Frankfurter Blatt) 1861, Nr. 2[...] Wiener Zeitschrift für Kunst, L[...] ratur u. s. w. (4°.) XXXI. Jahrgang S. 106: „Jona". — Müller (Hermann Alex. Dr.). Biographisches Künstler-Lexikon der Gegenwart. Die bekanntesten Zeitgenossen auf dem Gesammtgebiete der bildenden Künste aller Länder mit Angabe ihrer Werke (Leipzig 1882, Bibliogr. Institut, br. 12°) S. 373. — Seubert (A.). Allgemeines Künstler-Lexikon (Stuttgart 1879, Ebner und Seubert, Lex. 8°) Bd. III, S. 637.

Joncada, Antonio (lombardischer Schriftsteller, geb. zu Codogno in der Lombardie am 4. Februar 1813, im Jahre 1879 noch am Leben). Sein Vater Luigi war k. k. österreichischer Staatsbeamter zur Zeit als die Lombardie noch zu Oesterreich gehörte, die Mutter, Therese, eine geborene Bignamini. Als der Vater infolge amtlicher Versetzungen nach Lodi kam, gaben die Eltern den damals fünfjährigen Sohn nach Casal Pasterlengo zu Abbate Annelli, der sich wie ein leiblicher Verwandter, obwohl er es nicht war, des Knaben annahm. Bis zum Alter von acht Jahren blieb Antonio bei Zio Annelli, wie der Abbate in der Familie hieß, und hatte in den classischen Sprachen und im italienischen Idiom einige Fortschritte gemacht, war aber in der übrigen Erziehung ziemlich zurückgeblieben. Dann kam er an verschiedene Seminarien der Diöcese Mailand, denn nach dem Wunsche der Mutter sollte er Priester werden, und erreichte so das Alter von 21 Jahren, worauf er das geistliche Gewand ablegte und auf eigene Faust den Kampf um Dasein begann. So schlug er sich recht und schlecht durch, übernahm Lehrer- und Präfectenstellen in verschiedenen geistlichen und weltlichen Instituten, beschäftigte sich mit Poesie und Literatur, schrieb im jugendlichen Feuereifer ein romantisches Gedicht in 36 Gesängen, das er aber nie veröffentlichte. Um diese Zeit begann er für die Journale zu schreiben und fristete in solcher Weise sein und seiner mittellosen Mutter Leben aufs dürftigste. Als er dann 1838 dieselbe durch den Tod verlor und ihm Freundeshilfe unter die Arme griff, die es ihm ermöglichte, seinen eigenen häuslichen Herd zu gründen, heiratete er, kaum 26 Jahre alt. Nach achtjähriger Ehe verlor er seine Gattin durch den Tod und blieb als Witwer mit drei Kindern zurück. Eine Reise, die er durch ganz Italien machte, brachte ihn über den ersten Schmerz seines Verlustes hinweg. Mittlerweile kam das Jahr 1848 heran, an dessen Bewegung er sich mit dem Vollblut eines jungen Italieners, der eine bisher fragliche Existenz geführt, betheiligte. Als die Rebellion ausbrach, war er Lehrer am Collegio Calchi Taeggi. Er nahm Theil an der Errichtung der Barricaden, welche den ersten Rückzug der Oesterreicher aus Mailand zur Folge hatten. Als dann die siegreichen Oesterreicher unter Radetzky zurückkehrten, blieb er die erste Zeit ohne Beschäftigung, dann wirkte er als Privatlehrer, bis ihn das Collegio Calchi Taeggi zurückberief. Dort wirkte er wieder bis 1853. Im Jahre 1849 hatte er zum zweiten Male geheiratet. Nun erhielt er 1853 ganz unerwartet den Antrag, die Supplirung der Lehrkanzel der Aesthetik und lateinischen Philologie an der Universität Pavia zu übernehmen, der um so ehrenvoller war, da sein Vorgänger der berühmte Franz Ambrosoli [Bd. I, S. 27] gewesen. Dort wirkte er, bis ihn 1863 der Minister des geeinigten Italien zum öffentlichen ordentlichen Professor an der genannten Universität ernannte, an welcher Joncada noch 1879 thätig war. Obgleich unser Gelehrter vornehmlich durch sein Wirken in der Schule in Italien populär geworden und insbesondere sein gediegenes Werk „I Fasti delle lettere in Italia nel corrente secolo“ denselben bei der Jugend heimisch gemacht, so hat er doch eine bedeutende literarische Vergangenheit aufzuweisen, und ist seine Thätigkeit als Poet, Literarhistoriker, Philolog und Uebersetzer eine sehr große. Wir lassen nun hier eine Uebersicht seiner selbständigen Werke, Reden, Abhandlungen, sowie der in Sammelwerken und in Zeitschriften zerstreuten Artikel folgen.

Uebersicht von Joncada's selbständig gedruckten Arbeiten. „Saggio di Poesie“ (Milano 1837). — „Tre fantasie“ (ib. 1837). — „Il castello di Monza“ (ib. 1840). — „Poesie“ (ib. 1843). — „Sul fine degli studii. Discorso“ (ib. 1844). — „Sul primato morale e civile di Vincenzo Gioberti“ (ib. 1848). — „Sulla educazione della Donna“ (ib. 1852). — „Concordanza delle lettere colle scienze“ (ib. 1853). — „I Fasti delle lettere in Italia nel corrente secolo“, 2 Vol. (ib. 1853). — „Vita di Ludovico Muratori“ (Lodi 1854). — „Cenni storici sulle Colonie dell'America spagnuola“ (ib. 1855). — „Corso di letteratura greca“, 4 vol. (ib. 1858). — „Dell'uffizio delle belle arti nella civile educazione dei popoli (Pavia 1861). — „Elogio di Pasquale Massacra“ (ib. 1862). — „Arte e mestiere“ (ib. 1863). — „Dante e l'arte in Italia“ (ib. 1864). — „Nella solenne inaugurazione dei monumenti posti ai Professori Belli, Bordoni, Romagnosi, Foscolo e Monti“ (ib. 1864). — „Nella solenne dedicazione del monumento all'Italia in Pavia“ (ib. 1866). — „L'eco della Patria, canti nazionali“ (ib. 1866). — „Carlo Goldoni“ (ib. 1866). — „La Siciliana, racconto contemporaneo“ (Codogno 1868). — „La storia, la lingua e i dialetti, tre questioni in una“ (1869). — „Elogio di Raffaello Sanzio“ (Urbino 1871). — „Per l'inaugurazione del monumento a Pasquale Massacra“ (Pavia 1872).

— „Parole lette dinanzi al feretro del nobile professore Giuseppe de' Marchesi Balsamo-Crivelli (ib. 1874). — Scanderbeg. Storia albanese del secolo XV." (Milano 1874). — „I dialetti in Italia" (Pavia 1875). — „Discorso letto a Ferrara ricorrendo il centenario dell'Ariosto" (Ferrara 1875). — „Marzo 1878. Alla memoria del primo Rè d'Italia l'Università di Pavia" (Pavia 1878). — „La sfinge svelata, ossia regole ed esempi dell'arte d'indovinare; libro proposto in premio... a benefizio del Fondo Vedove ed Orfani del Pio istituto tipografico" (Milano 1877). — Außer diesen selbständig erschienenen größeren Werken, Abhandlungen und Vorträgen veröffentlichte er Vieles in periodischen Sammelwerken und Zeitschriften, so z. B. in der Galleria degli uomini illustri contemporanei (Milano 1844): „Vita di Leopoldo II", „Vita di Ferdinando VII. di Spagna", „Vita di Mirabeau"; — in der Rivista Europea (Milano 1846): „Vita di Giuseppe Parini"; — in der Rivista ginnasiale 1857: „Intorno alla vita ed agli scritti di Francesco Cherubini"; — in der Gazzetta di Milano 1857: „La nuova letteratura in Francia", „Le prigioni in Francia nei tempi del Terrore", „La società civile", — in der Minerva 1863: „Sulle vicende del teatro italiano"; — in der Rivista italica (Firenze 1863): „Le lettere, le arti e le scienze nell'ultimo quinquennio in Italia"; — im Journal Il Centenario di Dante (Firenze 1864): „Studii su Dante"; — in dem Mailänder Künstler-Album Gemme d'arti italiane Jahrg. 1852—1861: „Dell'arte in Italia", „Della filosofia dell'arte", „Le dottrine pittoriche di Lionardo da Vinci", „Del bello ideale", „Del Sublime", „Della Grazia", „Del ridicolo nell'arte", „Del Ideale storico nel l'arte e delle forme corrispondenti"; diese „Discorsi" sind vielleicht das Beste, was Zoncada geschrieben, weil sie frei von aller Politik nur die Kunst im Auge behalten; — in der im Jahre 1878 von Professor Alfonso Corradi veröffentlichten Storia del l'Università di Pavia: die bio- und bibliographischen Artikel über Angelo Teodoro Villa, Vincenzo Monti, Mattia Butturini, Luigi Cerretti, Ugo Foscolo, Eustachio Fiocchi, Giovanni Antonio Scala, Giov. Mar. Bussedi, Ambrogio Levati, Francesco Ambrosoli, Girolamo Vicchioni. Vieles andere, kleinere Erzählungen, Novellen, Abhandlungen über Kunst und Literatur, erschien in verschiedenen politischen und Unterhaltungsblättern Oberitaliens. Außerdem gab er folgende Uebersetzungen heraus: „Giovanna Gray, tragedia tradotta in versi dal francese" (Milano 1845); — „Storia della civiltà in Europa di F. A. Guizot", welche Uebersetzung er mit Erläuterungen, Anmerkungen und einem Epilog begleitete, und die in zwei Auflagen erschien, und „Storia generale della chiesa del barone Henrion, riveduta ed annotata dal sacerdote Luigi Biraghi", 13 volum. (Milano). Antonio Zoncada war oder ist noch Mitglied des Istituto lombardo.

De Gubernatis (Angelo). Dizionario biografico degli scrittori contemporanei ornato di oltre 300 ritratti (Firenze 1879, successori di Le Monnier, schm. 4°.) p. 1087. — Il fuggilogio (Mailänder Blatt, schm. 4°.) 1856, Anno II, p. 634. 667, 686: „Antonio Zoncada". — L'Italia musicale (Milano, schm. Fol.) Anno V, 24. August 1853, Nr. 68 u. f.

Porträte. 1) Roher Holzschnitt im oben genannten „Fuggilogio" 1856, S. 636. — 2) Holzschnitt in dem so theueren und mit einer bedauerlichen Lückenhaftigkeit behandelten Werke von de Gubernatis. (Erste Aufl.)

Zonner (auch **Zohner** geschrieben). Andreas (Bildhauer, geb. in Mähren, Geburtsjahr unbekannt, gest. in Olmütz 1753). Nachdem er sich an der Wiener Akademie der bildenden Künste in seinem Fache ausgebildet hatte, setzte er seine Studien unter Schauberger fort. Von ihm ging er in kurzer Zeit nach Olmütz, wo er sich seßhaft machte, vermälte und viele Arbeiten, welche unsere unten angegebene Quelle als „schöne" bezeichnet, lieferte. Die meisten Statuen Zonner's befinden sich in Olmütz. Viele sind von ihm selbst gemeißelt, viele aber auch nur nach seinem Modell von Anderen. Als seine eigenen

Arbeiten sind bekannt in Olmütz die künstlerisch gestellten Statuen des Heilands und der h. Maria an der äußeren Hauptthür der Pfarrkirche zu St. Michael; — in der Kirche zu U. L. Fr. war er an der Ausführung der zwölf Heiligenstatuen aus Stein, welche auf der Kirchhofmauer stehen, zugleich mit Winterhalter betheiligt; diese wurden später beseitigt und an andere Stellen vertheilt; auf dem oberen Ring der Stadtpfarre St. Mauriz hatte Steinmetz Ränder auf eigene Kosten eine Dreifaltigkeitssäule aufgestellt, welche nach seinem Tode von Zonner und Scherhauf auf Kosten des Magistrats, die sich über 100.000 fl. beliefen, zu Ende geführt wurde. In Brünn sind die am Hauptthor der Dompfarrkirche in den Nischen aufgestellten in Stein gemeißelten Statuen der HH. Peter, Paul, Cyrill und Method von Zonner und in der Erzengel Michael- (vormals Dominicaner-) Kirche auf der Galerie über dem Hauptthor die Statuen des Johannes Baptist, des h. Ivo und des h. Florian; in Iglau in der Maria Himmelfahrtskirche der Hochaltar mit mehreren Figuren und zu Groß-Seelowitz in der Schloßcapelle über dem Tabernakel: Christus im Grab, nach einem aus Rom gebrachten Modell in Stucco. Zonner war ein geschickter Bildhauer, und von seinen Schülern sind vor Allen Paul Troger [Bd. XLVII, S. 262] und Scherhauf zu nennen.

Annalen der Literatur und Kunst des In- und Auslandes (Wien, Doll, 8°.) Jahrgang 1810, Bd. III, S. 136: „Ueber bildende Künstler in Mähren". Von Ernst Hawlik. — Wolny (Gregor), Kirchliche Topographie von Mähren, meist nach Urkunden und Handschriften (Brünn 1835, gr. 8°) I. Abtheilung: Olmützer Diöcese, S. 223, 272; II. Abtheilung: Brünner Diöcese, I. Bd., S. 15, 48, III. Bd., S. 7.

Zop, Matthias, siehe **Zschop**, Matthias.

Zopf, siehe: **Zoph**, Johann Freiherr [in den Quellen].

Zoph, Johann Freiherr von (k. k. Feldmarschall-Lieutenant und Ritter des Maria Theresien-Ordens, geb. zu Teussing in Böhmen 1740, gest. zu Kaaden in Böhmen 26. Mai 1812). 18 Jahre alt, trat er 1758 als Cadet bei Königsegg-Infanterie ein. Als Freiwilliger wohnte er der Schlacht bei Kunersdorf 12. August 1759 und der Erstürmung der Schanzen bei Landshut 23. Juni 1760 bei und wurde dann Fähnrich bei Bethlen-Infanterie. Als solcher kämpfte er in der Schlacht bei Torgau 3. November 1760 und im Treffen bei Adelsbach. Stufenweise in den darauffolgenden Friedensjahren vorrückend, stieg er durch seine geschickte Verwendbarkeit 1777 vom jüngsten Hauptmann zum Major bei Fabris-Infanterie auf, in welchem Regimente er, alle Stabsofficierschargen durchmachend, in 16 Jahren Oberst und Regimentscommandant wurde. Gleich bei Ausbruch des französischen Krieges marschirte er mit dem Regimente auf den Kriegsschauplatz in den Niederlanden, wo er bei Arlon am 9. Juni 1793 sich besonders auszeichnete. Im Jahre 1794 gelang es ihm, nach wiederholten Angriffen am 16. und 30. April, sich der Stadt zu bemächtigen, und da er bei den nun folgenden Kämpfen sich durch Eifer, Entschlossenheit und Umsicht zu öfteren Malen hervorthat, rückte er im December 1794 zum Generalmajor vor. 1795 befehligte er die ungarischen Grenadiere bei der Belagerung von Mannheim, 1796 eine detachirte Brigade am Rohrbach über den Rhein. Dort von dem französischen General Desaix mit zwei Divisionen angegriffen, wurde er genöthigt, in das Retranchement von Mundenheim sich zurückzuziehen, leistete aber dann den weiteren versuchten Angriffen entschiedensten Widerstand. Nachdem er noch bei Schliengen gefochten, erhielt er Befehl zur Berennung des Forts Kehl. Er eröffnete nun an beiden Ufern der Kinzing die Tranchéen und schlug mehrere feindliche Angriffe ab; dann unternahm er mit fünf Bataillons die Erstürmung der wichtigen Schwabenschanze, dabei eroberte er nicht nur diese, sondern auch die Courtine und drei Fleschen des verschanzten feindlichen Lagers, worauf die Uebergabe des Forts erfolgte. Für diese Waffenthaten wurde er in der 48. Promotion (vom 20. Jänner 1797) außer Capitel mit dem Ritterkreuze des Maria Theresien-Ordens ausgezeichnet. Neue Waffenthaten im Feldzuge 1799 mehrten seinen Ruhm. Zoph commandirte damals eine Division bei der Armee in Italien und in der Schlacht bei Magnano am 5. April genannten Jahres den rechten Flügel der Armee, welcher eben durch seinen ausdauernden Widerstand wesentlich zum Siege beitrug. Der Fall der Stadt und des Forts Brescia waren eine Folge des Sieges, und Zoph erhielt Befehl zur Uebernahme derselben. In der bald darauf folgenden Schlacht bei Cassano, am 26. April, entschied er mit seiner Division beinahe allein den Sieg, und am nächsten Tage besetzte er Mailand. Hierauf wurde er zur Berennung und Bloquade von Tortona, dann zur Belagerung der Festung Mantua beordert, nach deren Einnahme er das Commando derselben erhielt. Später wurde er zum Divisionär in Prag ernannt, mit einem Commando der Donauarmee betraut, zum Generalinspector der Infanterie befördert und nach dem Frieden von Luneville (9. Februar 1801) in den Ruhestand versetzt, in welchem er im Alter von 72 Jahren starb. Im August 1800 war Zoph den Statuten des Maria Theresien-Ordens gemäß in den Freiherrenstand erhoben worden.

Hirtenfeld (J.). Der Militär-Maria-Theresien-Orden und seine Mitglieder (Wien 1857, Staatsdruckerei, schm. 4°.) Band I, S. 310; Bd. II, S. 1740. — Thürheim (Andreas Graf). Gedenkblätter aus der Kriegsgeschichte der k. k. österreichischen Armee (Wien und Teschen 1880, K. Prochaska, Lex. 8°.) Bd. I, S. 89, Jahr 1792; Bd. II, S. 456, Jahr 1797. — Dictionnaire biographique et historique des hommes marquans de la fin du dix-huitième siècle etc. (Londres 1800, gr. 8°.) Tome III°, p. 522. [Die bisher genannten Quellen nennen den General Zoph.] — Hellbach (Joh. Chr. v.). Adels-Lexikon (Ilmenau 1826, Voigt, 8°.) Bd. II, S. 833 [Hellbach nennt ihn Zopf].

Zoppellari, Carlo (Kupferstecher, geb. zu Brugine im Paduanischen um 1833). Ein Künstler, der sich unter der österreichischen Regierung herangebildet hat. Er besuchte die k. k. Akademie der bildenden Künste in Venedig und erhielt 1856 für einen Kupferstich eine Prämie. Später machte er sich selbständig und wurde von den Verlegern Venedigs bei Herausgabe verschiedener Kunstwerke zum Stiche einzelner Platten verwendet. So sind in Francesco Zanotto's „Pinacoteca Veneta" von Zoppellari gestochen: „Der h. Sebastian", von Marco Basaiti in der Kirche Santa Maria di salute; — „Die schmerzreiche Mutter Gottes", von Carlo Dolce, in der Oratoriumskirche di San Giuliano; — „Der h. Sebastian, wie ihn römische Frauen von den Pfeilen befreien und losbinden", von Bernardo Strozzi, genannt il prete Genovese, in der Aushilfskirche San Benedetto. Auf Ausstellungen der Akademie der bildenden Künste in Venedig waren von seiner Hand 1856 ein Stich „Der Erlöser der Welt“ und 1838 ein gleicher, „Amor und Psyche“ zu sehen.

Pietrucci (Napoleone). Biografia degli Artisti Padovani (Padova 1858, typ. Bianchi, gr. 8°.) S. 293. — Kataloge der Venetianer Ausstellungen der Jahre 1836 und 1838.

Zórer, Janko, (ungarischer Nationalsänger, geb. in Ungarn im ersten Viertel des laufenden Jahrhunderts). Um die Mitte der Vierziger-Jahre machte ein ungarisches Nationalsänger-Quartett unter der Leitung des obengenannten Zórer in Oesterreich, Bayern, dann in Frankfurt a. M. und in den Taunusbädern mit seinen Leistungen nicht nur bei dem großen meist kritiklosen Publicum, sondern auch bei Musikverständigen ungewöhnliches Aufsehen. Die Sänger trugen ungarische, slovakische, kroatische u. s. w. Nationalweisen derart vor, daß zwei Künstler die Tenore, Violine, Hoboe, Horn und Trompete à piston obligat spielten, die übrigen beiden als sogenannte Brummstimmen die Begleitung, die Instrumentstimmen hebend und colorirend, sangen. Es handelte sich hiebei nicht um eine bloße Künstelei, etwa um eine mehr oder weniger gelungene Nachahmung von Instrumenten, im Gegentheile verdiente dieses originelle, vielleicht originellste Quartett, das bis dahin gehört worden, in musicalischer Hinsicht von Seite ausübender Künstler, besonders indessen der Theoretiker im hohen Grade Beachtung. Weit entfernt, bloße Naturalisten zu sein, waren es vielmehr trefflich gebildete klang- und umfangreiche hohe Tenore und tiefe Baßstimmen, welche die slavischen, ungarischen und Zigeunerweisen in der durchsichtigen Manier der edelsten Kammermusik vorführten. Es war eine nicht bloß für den Musiker, auch für den Physiologen interessante Behandlung der menschlichen Stimme, welcher sie gleichsam ganz neue Register eröffneten, wobei sie eine bei Männerstimmen vorher nie geahnte Technik anwandten. Ein Uebriges, um diesen durch und durch ganz fremdartigen Eindruck zu verstärken, that das ganz nationale äußere Gepräge dieses verkörperten Instrumentalquartetts. Zórer, der die Oberleitung führte und die meiste musicalische Durchbildung besaß, arrangirte alle musicalischen Vorträge für sein Quartett.

Illustrirte Zeitung (Leipzig, J. J. Weber, Fol.) VII. Band, 10. October 1846, Nr. 171, S. 239: „Die ungarischen Instrumentalsänger“.

Zoretic, siehe: Soretić Franz de Paula Ritter von [Bd. XXXVI, S. 19].

Zorić, Georgij (Pädagog, geb. zu Arad in Ungarn 1790, Todesjahr unbekannt). Von serbischer Abkunft, besuchte er die Schulen in Temesvár, später in Wien, ging dann nach Leipzig, wo er Philosophie hörte, und setzte seine Studien in St. Petersburg fort. Er widmete sich ausschließlich dem pädagogischen Berufe und begab sich, um seine Studien nach dieser Richtung zu vollenden, nach Paris. Dann kehrte er nach St. Petersburg zurück, wurde dort zumeist als Lehrer der deutschen Sprache am Katharinischen Fräuleinstift und später an der Demidoff-Schule angestellt. Im Sommer 1832 übersiedelte er mit seiner Familie nach Serbien, um die Erziehung der Söhne des Fürsten Milosch Obrenowitsch zu übernehmen und deren Unterricht zu leiten. Während seines Aufenthaltes in Rußland gab er mehrere kleinere Schriften in russischer Sprache heraus, deren Titel dem Herausgeber dieses Lexikons unbekannt sind. In serbischer Sprache veröffentlichte er ein geschichtliches Handbuch.

Paul Joseph Šafařík's Geschichte der südslavischen Literatur. Aus dessen handschriftlichem Nachlasse herausgegeben von Joseph Jireček (Prag 1865, Friedrich Tempský, 8°.) Serbisches Schriftthum, S. 334, 417.

Ein **Johann** Edler von Zorics trat in die k. k. Armee, wurde 1839 Oberlieutenant bei Mecklenburg-Strelitz-Infanterie Nr. 31 und ist zur Zeit Oberst und Commandant des Otočaner Linien-Infanterie-Regiments Graf Jellačić Nr. 79. In der Schlacht bei Magenta 4. Juni 1859 erkämpfte er sich das Militär-Verdienstkreuz mit Kriegsdecoration.

Zoričich, Matteo (Schriftsteller, geb. zu Pancov in Dalmatien im 18. Jahrhundert, gest. in seinem Kloster San Lorenzo zu Sebenico am 20. Juli 1773). Er trat in jungen Jahren in das Minoritenkloster San Lorenzo zu Sebenico, zu dessen Berühmtheiten er sowohl seines gottesfürchtigen Wandels als seiner Gelehrsamkeit wegen zählt. Von ihm sind im Druck erschienen: „*Osmina dillovagna duhovnoga*", d. i. Octave geistlicher Uebungen (1765); — „*Branjnica u slavni jezik ilirski*", d. i. Vertheidigung der berühmten illyrischen Sprache (1766); — „*Zarcalo razlicnih dogadzajah, obiti prilikah zaduše pravovirnih*", d. i. Spiegel für besondere Vorkommenheiten zum Gebrauche rechtgläubiger Seelen, 2 Bände; — „*Uprava mnogo koristna ispoviduika*", d. i. Besonders nützliche Anleitung für den Beichtvater (1781); — „*Aritmetika u slavni jezik illiricki*", d. i. Arithmetik in der berühmten illyrischen Sprache. — Unserer Zeit gehört **Anton** Zoričich, den wir aber auch Zorčich geschrieben finden, an. Derselbe stammt auch aus Sebenico und that sich als Dichter hervor durch Herausgabe des Werkes: „*Vila dalmatinska*", einer Sammlung südslavischer Gedichte, welche bei Gebrüder Battara 1852 in Zara gedruckt erschienen ist. Betreffs des Matteo Zoričich machen wir auf die Sonderbarkeit aufmerksam, daß derselbe die illyrische Sprache immer mit dem Beiwort slavni, berühmt oder glorios, ausstattet, eine Eigenthümlichkeit, der wir bei den europäischen Culturspachen — welche doch die eigentlich berühmten sind — nie begegnen.

Gliubich di Città vecchia (Simeone Abb.). Dizionario biografico degli uomini illustri della Dalmazia (Vienna e Zara 1856, 8°.) S. 322. — *Fabianich (Donato P.)*. Storia dei frati Minori dai primordi della loro istituzione in Dalmazia e Bosnia fino ai giorni nostri (Zara 1864, Battara, 8°.) tom. II, p. 306.

Zorn von Plobsheim, Maximilian August (k. k. Feldmarschall-Lieutenant und Ritter des Maria Theresien-Ordens, geb. in Straßburg 1715, gest. zu Przemyśl in Galizien am 3. Juli 1774). Er entstammt einer elsässischen Familie, die auch Zorn von Plobsheim geschrieben erscheint, und deren Sprossen zu öfteren Malen Stättemeister zu Straßburg gewesen. Zorn trat 1735 als Volontär zu Leopold Daun-Infanterie Nr. 59, schwang sich während der Zeit des Erbfolgekrieges zum Major und nach 20 Dienstjahren 1755 zum Oberstlieutenant empor. In dieser Eigenschaft zog er in den siebenjährigen Krieg und erkämpfte sich im Feldzuge 1757 am 11. September bei dem Hauptsturme auf das belagerte Schweidnitz das höchste Ehrenzeichen, dessen der österreichische Officier für bewiesene Tapferkeit theilhaftig werden kann. Ohne Aufenthalt drang er an der Spitze seines Bataillons im schnellen Laufe nicht nur in den gedeckten Weg, sondern auch durch ein offenes Ausfallsthor bis an die Bögendorfer Redoute. Nun feuerte er seine Leute an, diese Schanze zu ersteigen. Dieselben aber hatten während des Anlaufes die mitgeführten Leitern weggeworfen und mußten nun mittelst der in die Mauer gestoßenen Bajonnete die Schanze ersteigen, was ebenso beschwerlich als zeitraubend war, und wodurch der Feind Zeit gewann, sich zu erholen und Verstärkungen an sich zu ziehen. Zorn, besorgend, daß er allen durch seinen raschen Sturm gewonnenen Vortheil einbüße, nimmt sofort einige Freiwillige und läuft unter dem heftigsten Kugelregen etwa ein paar hundert Schritt im Graben zurück und bringt seinen Leuten die Leitern, mit denen sie dann in kurzer Zeit das Fort ersteigen und in den Besitz desselben sich setzen. Für diese Waffenthat wurde er in der dritten im Hauptquartier zu Prag am 4. December 1758 abgehaltenen Promotion mit dem Ritterkreuze des Maria Theresien-Ordens ausgezeichnet. Im Jahre 1758 kam er als Oberst in das Artillerie-Fuß-Regiment und wurde als solcher im Gefechte bei Freiberg besonders belobt. Nach dem Hubertusburger Frieden (18. Februar 1763) wieder zur Infanterie als Oberst ins 14. Regiment Rheingraf, später Fürst Salm, übersetzt, rückte er 1771 zum Generalmajor, 1774 zum Feldmarschall-Lieutenant vor, als welchen ihn schon im folgenden Jahre im vollen Mannesalter der Tod ereilte.

Hirtenfeld (J.). Der Militär-Maria Theresien-Orden und seine Mitglieder (Wien 1857, Staatsdruckerei, kl. 4°.) Bd. I, S. 72 und 1728. — Thürheim (Andreas Graf). Gedenkblätter aus der Kriegsgeschichte der k. k. österreichisch-ungarischen Armee (Wien und Teschen, Prochaska, gr. 8°.) Bd. I, S. 83, Jahr 1762; S. 413, Jahr 1757; S. 419, Jahr 1757.

Noch ist zu erwähnen: **Alois Matthias Zorn** (geb. zu Pervacina im Görzischen 13. Jänner 1834), der sich dem geistlichen Berufe widmete, die Priesterweihe empfing und den theologischen Doctorgrad erlangte. Dem Lehramte sich zuwendend, erhielt er die Professur der Fundamentaltheologie und Dogmatik am Central-Seminar in Görz, in welcher Stellung er zugleich als geistlicher Ehegerichtsrath längere Zeit thätig war. Später wurde er Director des genannten Seminars und Ehrendomherr in Görz, am 20. Juni 1880 Domherr des Görzer Metropolitancapitels, 1882 Bischof von Parenzo-Pola, 1883 Fürsterzbischof von Görz. Seine Majestät der Kaiser, welcher ihm früher bereits den Titel eines k. k. Hofcaplans verliehen hatte, ernannte ihn am 21. Februar 1887 auch zum geheimen Rathe.

Zorn von Wildenheim, s.: **Weittenhiller**, Joseph Caspar Edler von [im LIV. Bande, S. 206 im Text].

Zortea, Peter (tirolischer Landtagsabgeordneter, geb. zu Prado in Südtirol 1835, gest. in der Villa Lagarina daselbst am 12. Mai 1886). Er widmete sich dem geistlichen Stande, trat nach in der Diöcese Brixen beendeten theologischen Studien in die Seelsorge und wurde zuletzt Decan in Villa und Bezirksprimär in Südtirol. Die Bevölkerung wendete dem Priester solches Vertrauen zu, daß sie ihn in den tirolischen Landtag wählte. Als ihn im Alter von erst 51 Jahren der Tod ereilte, nannte ihn ein ihm gewidmeter Nachruf einen „Priester im edelsten Sinne, einen Freund der Armen, einen Tröster und besten Rathgeber der Verlassenen, der deshalb von der ganzen Bevölkerung hoch geachtet, geliebt und dessen Hingang tief betrauert wurde". Kurz vor seinem Tode schenkte der Decan der Dechanteikirche Villa eine steinerne Maria Himmelfahrtstatue im Werthe von über tausend Gulden, welche außerhalb der Kirche ober dem Haupteingange in einer Nische aufgestellt wurde.

Oesterreichischer Reichsbote (Wien, 4°) IV. Jahrg. 22. Mai 1886, Nr. 21.

Zorzi, Peter Anton der Aeltere (Cardinal und Erzbischof von Udine, geb. in Venedig 1745, gest. nach Oettinger's „Moniteur des Dates" zu Wien 19. December 1803). Seine Erziehung erhielt er im Adeligen-Convict der Giudecca in Venedig. 18 Jahre alt, trat er in den Orden der Somascher und verbrachte sein Noviciat bei S. Maria della Salute. Nach vollendeten Studien wurde er Lector der Philosophie zuerst im Collegium S. Zeno di Monte in Verona, dann im herzoglichen Seminar di Castello in Venedig, wo er bis 1773 wirkte, worauf er als Rector seines Ordens an das Collegium S. Bartolomeo in Brescia kam. 1783 berief ihn der Senat von Venedig zur Leitung des Adeligen-Convictes alla Giudecca, aber nur ein halbes Jahr waltete Zorzi dort seines Amtes, dessen er auf sein eigenes Ansuchen enthoben wurde. Nun ward er von seinem Orden folgeweise erwählt zum Definitor, Provincial und Propst seines Collegiums in S. Maria della Salute, wo er verblieb, bis ihn Papst Pius VI., nachdem im Jahre 1785 Monsignore Zaguri [Bd. LIX, S. 86] auf den bischöflichen Stuhl von Vincenza berufen worden, zum Bischof von Ceneda erhob. Als dann Nicolo Sagredo, Erzbischof von Udine, sein oberhirtliches Amt niederlegte, ernannte der Senat von Venedig, dem dies zustand, unseren Zorzi z[um] Nachfolger auf dem erzbischöflichen St[uhle] von Udine. Kaiser Franz, als er [die] Regierung des lombardisch-venetianis[chen] Königreichs antrat, verlieh ihm d[en] Titel eines geheimen Rathes und Pa[pst] Pius VII. am 17. Jänner 1803 d[ie] Cardinalswürde. Doch war es de[m] Kirchenfürsten nicht lange gegönnt, si[ch] dieser Auszeichnungen zu erfreuen, d[a] ihn noch gegen das Ende des Jahres i[m] vollsten Mannesalter der Tod ereilte. Woher Oettinger die Angabe, daß der Cardinal in Wien gestorben, entlehnte, ist uns nicht bekannt. Cardinal Zorzi war ein wissenschaftlich gebildeter Theolog, ein großer Kirchenredner. Einzelne seiner Homilien: aus Anlaß der Eröffnung des neuen Hospitals in Feltre, seine Lobrede auf den h. Bernhard, seine Rede bei der Errichtung des Klosters der Nonnen in Conegliano u. a. sind 1773, 1784, 1790 gedruckt worden. Um die tiefgesunkene Kanzelberedtsamkeit in Italien zu heben, beabsichtigte der Kirchenfürst die Herausgabe einer Auswahl der besten Werke des h. Johann Chrysostomus, und bereits 1797 erschien der „Discorso preliminare". Aber sein früher Tod vereitelte die Ausführung dieses Planes. Dann ließ er eine italienische Uebersetzung des lateinischen Gedichtes des P. Ceva „Gesù bambino" 1796 in Venedig erscheinen. Auch sonst bewährte sich der Cardinal als gewandter geistlicher Poet, wie es seine Dichtungen: „*Atti della B. Angela Merici*"; — „*S. Margherita di Cortona*" und „*B. Benvenuta da Cividale*" bezeugen, welche sich durch Harmonie des Verses und Reinheit der Sprache auszeichnen. In seinem Nachlaß fand sich eine Sammlung: „*Sonetti tratti dalle Confessioni di S. Agostino*". Der Hinung Zorzi's, welcher als Mensch und Kirchenfürst eine Zierde der Gesellschaft war, ebenso durch seine Milde und Bescheidenheit wie durch seine Wissenschaftlichkeit sich auszeichnete und bezüglich der letzteren zu den Koryphäen des Ordens der Somascher, dem er angehörte, zählte, wurde, wie es die ihm gewidmeten Nachrufe bezeugen, nicht nur von seiner Diöcese, sondern auch von den Diöcesen Italiens tief betrauert.

Belgrado (Jacopo). Elogio funebre di P. A. Zorzi Cardinale arcivescovo di Udine (Udine 1804, 4°.). — *Braida (Pietro).* Oratio in funere P. A. Georgii (Zorzi) cardinalis archiepiscopi Utinensis (Utini 1804, 4°.). — *Dalmistro (Angelo).* Ritratto del vero vescovo (Venezia 1793, 8°.), davon erschienen zwei Auflagen. — *Perussi (Pietro).* In funere P. A. Georgii Cardinalis, oratio (Utini 1804, 4°.). — *Pinzani (Francesco).* Laudatio in funere P. A. Georgii cardinalis archiepiscopi Utinensis (Utini 1803). — *Oettinger (E. M.).* Moniteur des Dates. 31. livraison Juillet 1868 (gr. 4°.) pag. 36.

Zorzi, Peter Anton der Jüngere (österr. k. k. Staatsbeamter und Schriftsteller, geb. in Venedig 1766, gest. daselbst im August 1849). Ein Neffe des Cardinals und Erzbischofs von Udine Peter Anton [siehe den Vorigen]. Von seinem Oheim, als derselbe Rector des Collegiums der Somascher in Brescia geworden, in dieses Institut aufgenommen, erhielt er daselbst seine wissenschaftliche Ausbildung. Sich der Marine zuwendend, wurde er 1784 Schiffslieutenant und machte unter Befehl Angelo Emo's die Expeditionen nach Susa, Tunis, Biserta und Sfax mit, wo er mehrfach Proben seines Muthes und seiner Tapferkeit gab. Darauf ward er zum Fregattencapitän befördert. Zur Zeit des Falles der Republik war er einer der drei Provveditori über die Aemter, eine Stelle, die ihm den Zutritt in den Senat gewährte, aber nur mit dem Rechte eines berathenden Votums. Nebenbei betrieb er mit Eifer seine gelehrten Studien und landwirthschaftliche Beschäftigung. 1810 übernahm er die Oberaufsicht über die öffentlichen Gärten, die er in kurzer Zeit zu solcher Bedeutung brachte, daß sie einen Schmuck der Stadt Venedig bildeten. Als dann 1814 Venedig wieder unter die österreichische Regierung zurückkehrte, wurde auch Zorzi in das österreichische Beamtenpersonal übernommen und erhielt zunächst die Stelle eines Supplenten dann des ersten Adjuncten bei der venetianischen Sanitäts-Seebehörde. An derselben diente er viele Jahre, bis ihn das zunehmende Alter nöthigte, in den Ruhestand überzutreten, der ihm auch unter gleichzeitiger Verleihung des Titels eines k. k. Rathes gewährt wurde. Zorzi ist aber nicht bloß in seiner Eigenschaft als Seemann und k. k. Staatsbeamter denkwürdig. Bei seiner Beschäftigung als Landwirth lenkte er die Aufmerksamkeit auf den Anbau der vor ihm in Italien bisher gar nicht gewürdigten Erdäpfel und veröffentlichte aus diesem Anlaß 1814 eine Schrift, die diesen Gegenstand ausführlich behandelte. Als 1816 Kaiser Franz und Kaiserin Ludovica Maria Venedig besuchten, gab Zorzi eine Beschreibung der aus diesem Anlaß stattgehabten Feste heraus. Bei seinen literarischen Studien interessirte er sich sehr für die fremden Literaturen, veröffentlichte 1835 in dem zu Mailand erscheinenden „Indicatore" seine „Osservazioni sul ‚Bravo' Romanzo storico del Signore James Fenimore Cooper", gab 1849 per le nozze Morosini-Michiel eine Auswahl von Uebersetzungen deutscher Fabeln von Hagedorn, Gellert, Lichtwer,

Lessing und Gleim heraus, denen er mehrere Originalsonette beifügte. Größeres Aufsehen erregte er mit seinem Roman: „*Cecilia di Baone ossia la Marca Trevigiana al finire del medio evo. Narrazione storica*“, Vol. 4 (Venezia 1820, Andreola), der angeregt worden durch Alessandro Manzoni's „Promessi sposi“, im 61. Bande der „Biblioteca italiana“, im Jänner-Heft 1831, S. 4—26, eine ausführliche Würdigung fand und mehrere Auflagen erlebte. Ferner dichtete er je eine Cantate auf Kaiser Napoleon und Kaiser Franz, welche beide im Teatro grande in Venedig zur Aufführung gelangten, dann eine Epistel in versi sciolti, betitelt „Tempesta“, und begann ein größeres episches Gedicht, dessen Gegenstand der Befreier Amerikas, der große Washington war, wovon aber nur einige Gesänge in Ottave rime erschienen sind. Vieles, darunter einige dramatische Arbeiten, ist ungedruckt geblieben. In seinen letzten Jahren befiel ihn Blindheit, welche ihn auch vorzugsweise nöthigte, seine amtliche Stelle aufzugeben. Er starb hochbetagt, im Alter von 83 Jahren. Durch seine seltene Vielseitigkeit als Seemann, Staatsbeamter der Republik und des nachmaligen kaiserlichen Venedig, als Hortolog und Landwirth, als Roman-, lyrischer und epischer Dichter hat er sich ein Andenken in der italienischen Cultur- und Literaturgeschichte gesichert.

Dandolo (Girolamo). La caduta della repubblica di Venezia ed i suoi ultimi cinquant'anni. Studii storici (Venezia 1855, Naratovich, 8°.) Appendice, pag. 205.

Noch sind zu erwähnen: 1. **Antonio** Zorzi, in der zweiten Hälfte des vorigen Jahrhunderts Bürgermeister der Stadt Cividale in Friaul. Er führte mit solcher Umsicht das Regiment dieser Stadt, daß, als er es 1792 niederlegte, ihm die Bürger derselben eine poetische Festschrift darbrachten unter dem Titel: „Applausi poetici a. s. ecc. Antonio Zorzi nel terminare ch'egli fa il suo glorioso reggimento della città di Cividale del Friuli“ (Venezia, 1792, Antonio Zatta, XLIII. Fol.). — 2. **Domenico** Zorzi, ein italienischer Maler aus der zweiten Hälfte des 18. und dem Anfange des laufenden Jahrhunderts, aus Padua gebürtig und ein Schüler des Veroneser Malers Joh. Bapt. Cignaroli. Er malte auch zu Verona und in seiner Vaterstadt Padua, wo in der Kirche des h. Hieronymus sich Werke seines Pinsels befinden. Moschini in seinem Werke „Della origine e delle vicende della pittura in Padova“ gedenkt einiger von Zorzi im Jahre 1806 ausgeführten Gemälde. [*Pietrucci (Napoleone).* Biografia degli artisti Padovani (Padova 1858, gr. 8°.) p. 293] — 3. **Franz** Zorzi von Adlerthal (geb. 1762 zu Stenico in Südtirol, Todesjahr unbekannt). Der Sproß einer südtirolischen Familie, in welcher Anton Zorzi, Doctor der Rechte in Trient, im Jahre 1766 in den Reichsadelstand mit dem Prädicate von Adlerthal erhoben wurde, war er ein verdienstvoller Landesvertheidiger Südtirols, als noch die italienischen Bewohner mit Begeisterung zu den Waffen eilten, um den Feind von Oesterreichs Grenzen abzuwehren. Als General Laudon im November 1796 in das Haus des Michael Corzadi zu Stenico kam und dort den Vorschlag zu einer allgemeinen Volksbewaffnung machte, trat Franzens Bruder, Marco [siehe diesen Nr. 4] der erste vor, der diesem Vorschlag zustimmte, worauf mehrere folgten und sich daselbst die erste Schützencompagnie bildete. Beide Brüder waren Stockitaliener, die nur italienisch sprachen. Franz ward 1802 vom Capitel Trient als Hauptmann vorgeschlagen. — 4. **Marco** Zorzi v. Adlerthal (geb. zu Stenico in Südtirol in der zweiten Hälfte des 18. Jahrhunderts, Todesjahr unbekannt). 1796 errichtete er die erste Tiroler Schützencompagnie von Judicarien und stand vom 1. November genannten Jahres unter dem Obercommando des Grafen von Arz. In den Berichten über ihn heißt es, daß er mit seiner Schützencompagnie in der ganzen Zeit während deren Major F. Zervinka 1796 unter dem Befehl des Generals Baron Laudon das Vorpostencommando von Viere ti

... hatte den Vorpostendienst mit ebenso ... Eifer als Umsicht versah. [Tirolische Schützen-Zeitung (Innsbruck, 4°) VI. Jahrg., 4 April 1851, Nr. 27: „Galerie denkwürdiger Landesvertheidiger von Wälschtirol“]. — 5. **Marsilio** Zorzi, ein berühmter Dalmatiner des 13. Jahrhunderts. Die Bewohner der Insel Curzola, welche sich die ältesten Dalmatiens zu sein rühmen, behaupteten immer mit großer Energie ihre Freiheit, regierten sich nach eigenen bereits 1214 gesammelten Statuten und ernannten auch selbst ihre Behörden. Im Jahre 1254 erwählten sie Marsilio Zorzi zu ihrem Conte. Als dieser nun gegen ihren Willen seine Würde noch ferner zu behaupten trachtete, versagten sie ihn. Zwei Jahre später sahen sie sich aber genöthigt, ihn als ihren Herrn anzuerkennen, da er, vom Landvolk unterstützt, mit den von ihm geworbenen Truppen die Stadt mit Gewalt eroberte und die Republik Venedig ihm und seinen Nachkommen die Insel als Lehn anerkannte. — 6. **Octavian Maria** von Zorzi (geb. in Venedig 1737, gest. nach 1824). Ein Sproß derselben venetianischen Patrizierfamilie, welcher der Cardinal und dessen gleichnamiger Neffe Peter Anton, deren Lebensskizzen oben mitgetheilt wurden, angehören. Schon unter der Republik diente er als Justizbeamter in Venedig und bekleidete zur Zeit des Falles derselben das Amt eines Richters. Nach ihrem Falle trat er als Justizrath bei der ersten Civilinstanz in Venedig in österreichische Dienste, wurde am 23. Juni 1804 Hofrath bei der obersten Justizstelle, trat aber 1806, als Oesterreich die italienischen Provinzen verlor, aus dem österreichischen Staatsdienste mit einer Abfertigung von 3000 fl., kehrte nach Italien zurück und wurde von der damaligen französischen Regierung zum ersten Präsidenten bei der corte di giustizia in Venedig ernannt. Nach Ablauf eines Jahres erfolgte auf Befehl des Vicekönigs Eugen Beauharnais, ohne vorangegangene Untersuchung, wegen angeblicher Unthätigkeit Zorzi's Suspension vom Amte. Seine infolge dessen an den Vicekönig gerichtete Vertheidigungsschrift erwies sich jedoch als so vollkommen begründet, daß er bald darauf als Richter zum Appellhofe in Venedig kam, wo er bei Beendigung der noch nach österreichischen Gesetzen eingeleiteten Rechtsangelegenheiten mitwirkte, bis er nach Durchführung dieser Geschäfte in gleicher Eigenschaft nach Ancona übersetzt wurde. Bei Eintritt der politischen Ereignisse des Jahres 1814 gab er sofort seine Stelle in Ancona auf, erschien in Venedig, bat bei der österreichischen Regierung um Wiederanstellung und wurde auch über Antrag der Justizeinrichtungscommission zum Präsidenten des venetianischen Mercantil- und Seetribunals ernannt und als solcher 1824 in den Ruhestand versetzt. [Maasburg (M. Friedrich von). Geschichte der obersten Justizstelle in Wien (1749 bis 1848) Größtentheils nach amtlichen Quellen (Prag 1879, Reinitzer, gr. 8°.) S. 36 und 133.] — 7. **Peter** Zorzi, welcher im 18. Jahrhunderte lebte und 1790 starb. Er war aus Ziano im Fleimserthale gebürtig, übte die Bildhauerkunst aus und lieferte in derselben gute Arbeiten, wie dies die im Lande Tirol noch vorhandenen Werke seines Meißels bezeugen. Solche befinden sich in mehreren Dörfern von Fleims und in der Pfarrkirche zu Cavalese, wo die zwei Statuen Peter und Paul auf dem Hochaltar Proben seiner Geschicklichkeit geben. [Tirolisches Künstler-Lexikon oder kurze Lebensbeschreibung jener Künstler, welche geborene Tiroler waren, oder eine längere Zeit in Tirol sich aufgehalten haben. Von einem Verehrer der Künste [geistlicher Rath Lemann] (Innsbruck 1830, Fel. Rauch, 8°.) S. 285. — Nagler (G. K. Dr.). Neues allgemeines Künstler-Lexikon (München 1835 u. f., E. A. Fleischmann, gr. 8°.) Bd. XXII, S. 320.]

Zotta, Johann Ritter von (Mitglied des Abgeordnetenhauses des österreichischen Reichsrathes, geb. zu Boroutz in der Bukowina am 10. October 1840). Sohn eines Gutsbesitzers, beendete er das Gymnasium in Czernowitz, studirte dann die Rechte an der Universität in Wien, wo er auch daraus die Doctorwürde erlangte. Im Jahre 1866 trat er in den politischen Dienst bei der k. k. Landesregierung in Czernowitz ein, in welchem er bis 1871 als k. k. Regierungsconcipist verblieb. Dann schied er aus demselben und widmete sich der Landwirthschaft auf seinen Gütern. 1877 wurde er aus der Curie der Großgrundbesitzer und 1878 aus der Curie der Landgemeinden des Bezirkes Zastawna in den Landtag gewählt. Im Juni 1879 fand seine Wahl in den Reichsrath aus der Curie der Landgemeinden der Bezirke Zastawna, Kotzman, Stanestie, Wiżnicz und Putilla statt.

Zoubek, Franz (Schulmann, geb. zu Kostelec an der Adler in Böhmen am 6. December 1832). Die unteren Schulen besuchte er in seinem Geburtsorte, das Gymnasium in Königgrätz, die Universität in Prag. An der philosophischen Facultät derselben betrieb er vornehmlich Philosophie, Philologie, čechische Geschichte und verfolgte in letzterer mit besonderem Eifer die Spuren des Hussitismus. Dem Lehramte sich zuwendend, erhielt er eine Stelle zunächst in Böhmisch-Leipa, wo er die Schüler des Gymnasiums zur Erlernung der čechischen Sprache aneiferte. Von Böhmisch-Leipa erging an ihn der Ruf an die čechische Mädchenschule in Prag, und daselbst gab er nun seine Geschichte für Mädchen heraus. Neben seinem Berufe als Lehrer beschäftigte er sich viel mit schriftstellerischen Arbeiten, namentlich für čechische Zeitungen, und die Prager Blätter „Lumir", „Prazsky noviny", „Zlaté klasy", „Sbornik", „Hlas", „Rodinna kronika", „Krok" zählten ihn zu ihren fleißigsten Mitarbeitern, vornehmlich aber die „Pamatky archeologické", welche Karl Ladislaus Zap begründete, und bei welchen er im 12. Jahrgange (1865) als Mitredacteur eintrat, später aber die Redaction ganz allein übernahm. Herausgeber hat schon in der Biographie von Zap [Band LIX, S. 175] die wissenschaftliche Bedeutung dieses trefflichen mit Sorgfalt geleiteten Organs betont, welches so viel zur Aufhellung der Alterthümer im Königreiche Böhmen beigetragen und unter Zoubek's Redaction nichts eingebüßt hat, daß er dieserhalb auf die Biographie Zap verweist. In der Folge wurde Zoubek Director der Smichower Hauptschule in Prag, in welcher Stellung er wohl noch thätig ist. Von seinen selbstständig herausgegebenen Schriften sind zu nennen: *„Kostelec nad Orlici"*, d. i. Monographie der Stadt Kostelec an der Adler (Böhmisch-Leipa 1860, 8°.); — *„Vypsání hradu Potensteina v Hradecku dle původnych pramenů"*, d. i. Beschreibung der Burg Potenstein im Königgrätzer Kreise. Nach Originalquellen. Mit 2 Beilagen (Prag 1870, gr. 8°.); — *„Život Jana Amosa Komenského"*, d. i. Leben des Johann Amos Comenius (1871). Zoubek zählt zu den verdienstvollsten čechischen Schulmännern der Gegenwart.

Šembera (Alois Vojtěch). Dějiny řečí a literatury československé. Vek novější. d. i. Geschichte der čechoslavischen Sprache und Literatur. Neuere Zeit (Wien 1868, gr. 8°.) S. 310. — Květy, d. i. Blüten (Prager illustr. Zeitschrift) 1872, Nr. 23.

Porträt. Im guten Holzschnitt in den oberwähnten „Kvety" nach einer Zeichnung von Krošpin.

Zsarnay, Ludwig (evangelischer Theolog, geb. zu Zsarnó im Tornaer Comitate 1. Jänner 1802, gest. zu Pesth 13. Juni 1866). Nachdem er den ersten Unterricht in seinem Geburtsorte beendet hatte, bezog er 1811 das Gymnasium in Sárospatak, setzte daselbst an der Akademie die Studien fort und bildete sich dann 1824—1826 zu Leutschau in der deutschen Sprache aus. Zugleich betrieb er fleißig das Französische, Zeichnen und Musik. 1827 kehrte er nach Sárospatak zurück, um die ihm verliehene

Professur der Rhetorik anzutreten. Als dann der Professor und Prediger Jos. Laczai-Szabó am 21. September 1828 starb, übernahm Isarnay provisorisch das Lehramt der Moral und praktischen Theologie, und nach Alexander Kövy's am 23. Juli 1829 erfolgtem Tode provisorisch das der Rechtswissenschaften, wozu er durch die damals ziemlich regen politischen Verhältnisse bewogen wurde. Bald aber ließ er das Interesse für die letzteren fallen und wendete sich ausschließlich seinem theologischen Lehramte zu, nachdem ihm die Professur daraus definitiv, aber unter der Bedingung verliehen worden, daß er noch zwei Jahre an einer ausländischen Universität seine Studien fortsetze. Infolge dessen begab er sich vorerst nach Göttingen, wo er unter Ewald orientalische Sprachen, unter Trefurt Katechetik, unter Lücke christliche Moral hörte. Von Göttingen aus besuchte er noch die Hochschulen in der Schweiz, und dann kehrte er heim, um im November 1831 sein Lehramt zu übernehmen. Dasselbe versah er bis 1848. Im Jahre 1850 wurde er Notar seines Kirchenbezirkes. Zuletzt war er Prediger in Miskolcz. Als Theolog stand er in solchem Ansehen, daß ihn die ungarische Akademie unter ihre Mitglieder aufnahm. Er hat folgende Werke herausgegeben: *„Keresztyén erkölcstudomány“*, d. i. Christliche Moral (1836, 2. Aufl. 1854, 8⁰.); — *„Paptan vezérfonalul tanitásaihoz“*, d. i. Das Pfarramt, Anleitung zu seiner Ausübung (Sárospatak 1847, 8⁰.); — *„Ker. egyház történet rövid summája“*, d. i. Kurzer Inbegriff der christlichen Kirchengeschichte (1852); — *„Görög-Magyar szótár“*, d. i. Griechisch-ungarisches Wörterbuch; — *„Bibliai bevezetés a biblia ismeretének és értelmének előmozditása végett“*, d. i. Anleitung zur Kenntniß der Bibel (Pesth 1862, 8⁰.); — *„Emlék beszédek“*, d. i. Gedächtnißreden (Sárospatak 1863) auf das Ableben des Kaisers Franz I., des Erzherzogs Palatin Joseph, auf Grafen Teleki-Szék, Moses Kézi, Ladislaus Miklós u. a. Als Theolog bekannte sich Isarnay zur Schleiermacher'schen Schule.

Magyar irók. Életrajz-gyüjtemény. Gyüjték Ferenczy Jakab és Danielik József, d. i. Ungarische Schriftsteller. Sammlung von Lebensbeschreibungen. Von Jacob Ferenczy und Joseph Danielik (Pesth 1858, Gustav Emich, 8⁰.), zweiter den ersten ergänzender Theil, S. 379.

Noch ist des Abgeordneten des ungarischen Reichstages 1861, **Emmerich** Isarnay, welcher die Tornaer Gespanschaft vertrat, zu gedenken. In seiner Rede über die Adresse an den König führt er die Bestrebungen gegen die Unabhängigkeit der ungarischen Krone auf weibliche Kabalen in der Familie des h. Stephan, und zwar auf die bayrische Prinzessin Gisela zurück. Das Höchste leistete er aber, als es sich um die Aufschrift der Adresse — vergl. die Biographie Jámbor [Bd. X, S. 69] — handelte und die Versammlung sich zur Annahme des Titels: „Felsége úr“ hinneigte — was, nebenbei bemerkt, so genau dem Ausdruck Euere Majestät entspricht, daß die ungarische Sprache bei der größten Loyalität keine andere Uebersetzung zu bieten vermöchte — da fand der Abgeordnete Isarnay, daß das úr (Herr) zu viel sei, da dem Herrn eben nur die Diener und Sclaven gegenüberstehen, die Ungarn aber weder die Diener noch die Sclaven Seiner Majestät des Kaisers von Oesterreich seien!! Diesmal war es dem berühmten Deák bestimmt, den geistreichen Abgeordneten ad absurdum zu führen. An dem Abend desselben Tages, an welchem dieser das Wort úr (Herr) in der Titulatur des Kaisers verweigert hatte, begegnete ihm Deák und sprach ihn mit den Worten an: Hogy van kend? (wie geht es Ihm?). Isarnay stellt sich verwundert, denn er ist es eben nicht gewohnt, daß man ihn mit „Er“ anspreche. Deák aber, der die Verstimmung Zsarnay's bemerkte, fuhr fort: „Ich hoffe, Sie nicht gekränkt zu haben, ich kann Ihnen doch nicht sagen: *Hogy van az úr?* (wie geht es dem Herrn?), denn sonst wäre ich ja Ihr Sclave, Ihr Diener, und das bin ich wahrhaftig nicht.“ Zsarnay mußte diese Zurechtweisung als treffendes argumentum ad hominem unter dem Gelächter der Umstehenden sich gefallen lassen und schlich schweigend davon. Die Rede Zsarnay's, welche er am 27. November 1861 gehalten, und in welcher er für den Beschluß stimmte, ist zum Frommen aller Parlamentarier unter dem Titel: „*Országgyülési beszéd. Tartotta 1861 máj 27*“ (Pesth bei Emich) im Druck erschienen.

Zsasskowsky, Andreas (Compositeur, geb. zu Alsó-Kubin in Ungarn 21. Jänner 1824). Bruder des Franz [siehe den Folgenden]. Anfänglich für die wissenschaftliche Laufbahn bestimmt, gab er doch dieselbe auf und folgte 1848 seiner Neigung zur Musik, welche er gleich seinem älteren Bruder zum Lebensberuf erwählte. Schon 1850 erhielt er die Stelle des Domorganisten in Erlau. 1851 begab er sich zur vollkommeneren Ausbildung im Orgelspiel nach Prag, wo er die Organistenschule besuchte, und kehrte dann in sein früheres Verhältniß am Dom zu Erlau zurück, zugleich die Stelle eines Lehrers des Orgelspiels am dortigen Schullehrer-Seminar übernehmend. Ueber seine mit seinem Bruder Franz gemeinschaftlich herausgegebenen didaktisch-theoretischen Musikwerke vergleiche den Folgenden. Auch er hat gleich seinem Bruder Kirchensachen, Lieder, Gesänge, Ouverturen und a. m. geschrieben. Von den im Druck erschienenen sind uns bekannt: „*Offertorium*“ (in *D*) *Misit Dominus misericordiam suam*, Op. 7, für 4 Männerst. mit 2 Viol., Viola, Vello. und Contrab. (o. Orgel) (Prag 1860, Veit); — „*Tantum ergo*“ (in *C*) Op. 8, für 4 Singstimmen, 2 Violinen, Viola, 2 Clarinetten, 2 Trompeten, Pauken, Velle., Contrabaß und Orgel (Steyr 1862); — „**Messe**“ (in *A*) Op. 10, für 4 Singstimmen, 2 Violinen, Viola, Velle., Violon, 2 Clar., 2 Hörner, 2 Tromp., Pauken und Orgel (ebd. 1862, in Gratz 1868); — „*Offertorium*“ (in *B*) (*Ascendit Deus in jubilatione*) Op. 11, Solo für Baß oder Alt und Horn (Tromp. oder Clar.) mit Begleitung von 2 Violinen, Viola, Velle. und Contrab. (ebd. 1862); — „*Ave Maria*“ Op. 17, Solo für Sopran oder Tenor mit 2 Violinen, Viola, Velle. und Contrabaß (Wien 1862); — „*Graduale*“ (*Tota pulchra*) *et Offertorium*, (*Ave Maria*) de **B. Maria virgine**, Op. 18, für 4 Männerstimmen (Wien 1860, Glöggl). Mit seinem Bruder Franz theilt er sich in das Verdienst um Hebung der Musik, namentlich der kirchlichen in Ungarn.

Zsasskowsky, Franz (Compositeur, geb. zu Álso-Kubin in Ungarn am 3. April 1819). Bruder des Andreas [siehe den Vorigen]. Nachdem er das Schullehrer-Seminar in Kaschau besucht hatte, ging er 1841 nach Prag, wo er Aufnahme in der Organistenschule fand und vorzüglich von K. F. Pitsch [Bd. XXII, S. 370] im Orgelspiel und Contrapunkt Unterricht erhielt. In seine Vaterstadt zurückgekehrt, nahm er zunächst den Organistenposten in derselben an, kam dann von dort im Jahre 1846 als Capellmeister an die Metropolitankirche in Erlau und als Musiklehrer an das Seminar daselbst. In diesen Stellungen ist er wohl noch zur Zeit thätig. Mit seinem Bruder Andreas erwarb er sich um die Hebung des Kirchengesanges und Orgelspiels in

Ungarn besondere Verdienste und gab zugleich mit ihm mehrere musicalisch-liturgische Lehrbücher, Liedersammlungen, Bearbeitungen von Chorälen und anderen geistlichen Gesängen u. dgl. heraus. Auch schrieb er viele Kirchensachen, Orgelstücke und Lieder. Von den oberwähnten mit seinem Bruder zugleich herausgegebenen didaktischen Musiksachen sind mir bekannt: „*Cantica sacra concentus et preces liturgiae pro praecipuis anni festivitatibus nec non funeribus ac exequiis a 4 vocibus et cantu chorali romano red. et edid.*“ (Erlau 1860, Rath. 8°.); — „*Énekkönyv a kath. tanuló ifjuság használatára*“, d. i. Gesangbuch zum Gebrauch für die katholische Jugend (Erlau 1860; 2. Aufl. 1865; 3. Aufl. 1869); — „*Orgona-iskola. Elméleti s gyakorlati vezérletül katholikus kántorok etc.*“, d. i. Orgelschule. Theoretische und praktische Anleitung zum Gebrauche für Schullehrer u. s. w. (Erlau 1865, 4°.); — „*Egri dalnok. Válogatott komoly és víg dalok gyüjteménye*“, d. i. Der Erlauer Sänger. Sammlung ernster und heiterer Lieder, 3 Hefte (Erlau 1869, gr. 8°.); — „*Egri énekkáté vagyis az ének elemei kérdések- s feleletekben*“, d. i. Erlauer Gesangskatechismus oder die Elemente des Gesanges in Fragen und Antworten 4. verm. Aufl. (Erlau 1869, 16°). Die Tüchtigkeit der didaktischen Arbeiten über Gesang und Musik der beiden Brüder erhellt schon aus den häufigen Auflagen derselben.

Zschock, Anton (Bürger und Humanist, geb. zu Hartberg in Steiermark 16. März 1775, gest. daselbst 24. October 1856). Ein schlichter Bürger der Stadt Hartberg, der das Gewerbe eines Wachsziehers und Wirthes betrieb, sich aber das Vertrauen seiner Gemeinde in solcher Weise zu gewinnen wußte, daß er in schwerer Zeit als der würdigste befunden wurde, die Stelle des Stadtrichters zu bekleiden. Fünfzehn Jahre versah er dieses Amt in musterhafter Weise und überließ es wohlgeordnet im December 1826 seinem Nachfolger. In seine Amtsperiode fällt Mehreres, was bleibender Erinnerung werth. So wurde unter seiner Leitung in Hartberg das Krankenhaus gegründet, verdankt diese Stadt ihm die Pflanzung und Erhaltung der noch bestehenden Kastanienalleen vom Capucinerkloster nach Maria Lebing und hinter dem Schloßgebäude; als Stadtrichter wirkte er ungemein fördernd auf den Feldbau seiner Gemeinde, sorgte für Veredlung des Weinstocks und des Obstes, so daß Hartberg bekannt war wegen Erzeugung des edelsten Obstes und vorzüglicher Traubensorten und Zschock's am Stadtberge gelegene Wirthschaft in dieser Hinsicht als Musterwirthschaft galt. Als 1819 Erzherzog Johann die steiermärkische Landwirthschaftsgesellschaft ins Leben rief, befand sich Zschock unter den ersten, welche die Stützen derselben bildeten, und als 1841 zu Hartberg die Sparcasse gegründet wurde, gehörte er zu den eifrigsten Förderern dieser Anstalt. Auch sonst für alles Gute und Schöne in einer bei den unteren Ständen nicht gerade gewöhnlichen Weise empfänglich, war er seit 1849 Mitglied des Vereines für Beförderung der bildenden Künste, besaß selbst eine ansehnliche Bibliothek und darin viele kostspielige Werke, wirkte als erster Kirchenpropst und Armenvater der großen Haupt und Stadtpfarre, ferner als Schulortsaufseher und war ein stiller, aber großer Wohlthäter der Armen. Dieses humani täre und ersprießliche Wirken gewann ihm die Achtung seiner Gemeinde in seltenem Grade, und seine Bestrebungen im Weinbau und in der Obstzucht trugen ihm wiederholt Preis- und Gesellschaftsmedaillen, und von der Pariser Ausstellung 1855 für trefflichen Wein von Hartberg, dem nördlichsten Punkte des steirischen Weinbaues, die Preismedaille ein.

Der Aufmerksame (Gratzer Blatt, 4°.) 1856, S. 1031: „Anton Zschock".

Zschock Ludwig Freiherr (Mitglied des Abgeordnetenhauses des österreichischen Reichsrathes, geb. in Graz 21. April 1839, gest. um 1889). Er entstammt einer Soldatenfamilie, in welcher schon der Urgroßvater Christian Zschock als Oberstlieutenant 1738 in den Reichsritterstand mit „Edler von" erhoben wurde. Dieser rückte dann 1742 zum Obersten und Commandanten im Infanterie-Regimente Sachsen-Hildburghausen, 1745 zum Generalmajor vor, als welcher er 1767 starb. Ein Otto von Zschock zeichnete sich 1793 als Grenadierbataillons-Commandant des Infanterie-Regiments Nr. 27, damals Graf Strassoldo, bei der Eroberung von Wanzenau aus. Des obigen Freiherrn und Reichstagsabgeordneten Ludwig Vater, gleichen Vornamens, war im Jahre 1843 Oberstlieutenant bei Piret-Infanterie Nr. 27, wurde bald darauf Oberst bei Nugent-Infanterie Nr. 50, trat als Generalmajor in den Ruhestand und starb, 74 Jahre alt, zu Graz am 30. November 1866. — Der Sohn Ludwig, welcher sich der wissenschaftlichen Laufbahn widmete, besuchte zu Bochnia und Graz die Normalschule, in Wien und Graz das Gymnasium und hörte zu Graz und Prag die juridischen Studien, nach deren Beendung er im März 1862 in den Staatsdienst trat. Nachdem er zuerst Conceptspraktikant bei der Statthalterei in Graz geworden, diente er als solcher 1867 und 1868 bei dem Bezirksamte Bruck an der Mur, im letzteren Jahre als Bezirkscommissär bei der Bezirkshauptmannschaft Liezen, 1869 bis 1872 in Leoben, worauf er 1872 und 1873 als Statthaltereiconcipist bei der steirischen Statthalterei zu Graz in Verwendung stand. Schon 1870 wurde er vom Wahlbezirke der Landgemeinden des Bezirkes Leoben als Abgeordneter in den steirischen Landtag gewählt und 1871 im nämlichen Wahlbezirke neuerdings. 1873 legte er, um sich ganz dem parlamentarischen Berufe zu widmen, seine Stelle im Staatsdienste nieder und ward im October desselben Jahres von der Handelskammer in das Abgeordnetenhaus des österreichischen Reichsrathes entsendet, in welchem er dem Fortschrittsclub beitrat und bei verschiedenen Gelegenheiten im Sinne desselben wirkte.

Thürheim (Andreas Graf). Feldmarschall Otto Ferdinand Graf von Abensperg und Traun. 1677—1748 (Wien 1877, gr. 8°.) Seite 368. — Hellbach (Joh. Chr. v.). Adels-Lexikon (Ilmenau 1826, Voigt, 8°.) Seite 834.

Porträt. Holzschnitt im Gruppenbild im VIII. Jahrgang 1880, Nr. 22 der „Neuen Illustrirten Zeitung" (Wien, Zamarski, Fol.).

Zschokke, Hermann (gelehrter Theolog, geb. zu Böhmisch-Leipa am 16. Juni 1838). Nachdem in Rede Stehender, dessen Großvater aus Sachsen stammte und wahrscheinlich mit dem berühmten Dichter Heinrich Zschokke verwandt war, das Obergymnasium seiner Vaterstadt 1857 mit ausgezeichnetem Erfolge beendet hatte, trat er in das fürsterzbischöfliche Clerical Seminar in Wien ein, um an der Wiener k. k. Universität den theologischen Studien obliegen zu können. Er legte auch diese mit Auszeichnung zurück, und 1861 zum Priester geweiht, kam er als Cooperator an die Propstpfarre zu Staatz in Niederösterreich. Daselbst wirkte er 1¼ Jahre, dann wurde er 1862 an die Pfarre am Hof in Wien als Cooperator befördert. Dabei setzte er neben seiner seelsorgerlichen Thätigkeit die theologischen Studien unaufhörlich fort, bestand daraus die Rigorosen rasch hintereinander, so daß er am 31. December 1863 die Doctorwürde erlangte. Bald darauf erhielt er vom Cardinal Fürsterzbischof Rauscher den Ruf, die Leitung des neuerrichteten österreichischen Pilgerhauses in Jerusalem zu übernehmen. Anfangs Jänner 1864 reiste er dahin ab und organisirte und leitete dieses Institut durch 2¼ Jahre. Diesen Aufenthalt im heiligen Lande benützte er, um Palästina, Aegypten und Syrien gründlich kennen zu lernen, und in diese Zeit fällt auch der Anfang seiner literarischen Thätigkeit. Nach Wien zurückgekehrt, wirkte er einstweilen einige Monate als Cooperator an der Vorstadtpfarre Lichtenthal in Wien, bis Seine Majestät ihn am 1. März 1867 zum wirklichen Hofcaplan ernannte. Schon im folgenden Jahre übertrug das Professorencollegium der theologischen Facultät an der Wiener Universität ihm die Supplirung der a. o. Lehrkanzel der semitischen Sprache und der höheren Exegese des A. T., welchem Amte er mit solchem Erfolge oblag, daß er Anfangs 1869 zum a. o. Professor dieser Lehrkanzel ernannt wurde. Im folgenden Jahre ward er zum ordentlichen Professor des alttestamentarischen Bibelstudiums befördert, so daß er aus dem activen Dienste der Hofcapelle ausschied, aus welchem Anlaß der Kaiser ihm als Auszeichnung gestattete, den Titel eines k. k. Hofcaplans beizubehalten. Seit jener Zeit wirkte er ununterbrochen in dieser Stellung und hat zur Förderung des Bibelstudiums viele schätzbare Werke veröffentlicht, deren Werth in der literarischen Welt auch rühmlichst anerkannt wurde. Die Ferialzeit benützte er meistens zu großen Reisen, um Land und Leute kennen zu lernen. Er durchzog in den letzten 20 Jahren ganz Europa; England und Irland, Norwegen, Lappland und Rußland sind ihm ebenso bekannt, wie Italien, die Donaufürstenthümer, die Schweiz und Spanien. 1880 bereiste er Canada und die Vereinigten Staaten von Nordamerika. Während seiner lehramtlichen Thätigkeit bekleidete er viermal das Amt eines Dekans der theologischen Facultät. Die Universität wählte ihn für das Studienjahr 1884/85 zum Rector, als welcher er das neue Universitätsgebäude zu inauguriren hatte. Am 16. April 1888 berief ihn Seine Majestät als geistlichen Beirath zur außerordentlichen Dienstleistung ins k. k. Ministerium für Cultus und Unterricht. Zschokke's Verdienste um Kirche, Staat und Literatur wurden auch durch mehrfache Auszeichnungen gewürdigt. 1881 ward er zum fürsterzbischöflichen geistlichen Rath und 1884 zum fürsterzbischöflichen Consistorialrathe in Wien, 1882 zum bischöflichen Consistorialrathe in Leitmeritz, 1884 zum päpstlichen Hausprälaten, 1883 zum k. k. Regierungsrathe, 1885 zum k. k. Hofrath mit Titel und Charakter ernannt. Für seine Verdienste um das heilige Land erhielt er 1884 das Comthurkreuz des Ordens vom h. Grabe und 1889 das Ritterkreuz des kaiserlichen Leopoldordens. Die Titel der von ihm veröffentlichten theils selbständigen Werke, theils in gelehrten Fachzeitschriften enthaltenen wichtigeren Abhandlungen sind: I. Selbständig erschienene Werke: „Das neutestamentliche Emaus“ (1865); — „Beiträge zur Topographie des westlichen Jordans und Jerusalems“ (1866); — „Führer durch das heilige Land“ (1868); — „*Institutiones fundamentales linguae arabicae*“ (1869); — „*Institutiones fundamentales linguae aramaeicae*“ (1870); — „*Historia antiqui Testamenti*“ (1872, 2. Aufl. 1884; 3. Aufl. 1888); — „Das Buch Job übersetzt und erläutert“ (1875); — „Religiöse, sociale und häusliche Verhältnisse des Orients unter dem Einfluss des Islam“ (1876); — „Theologie der Propheten A. T.“ (1877); — „Reisebilder aus dem skandinavischen Norden“ (1877); — „Reisebilder aus Finnland und Russland“ (1878); — „Cohelet und Hoheslied nach Weith's Manuscripten herausgegeben“ (1877); — „Reiseerinnerungen aus Süd-Frankreich“ (1879); — „Reiseerinnerungen aus Spanien“, 2 Bände (1879); — „Wien und seine Umgebung“ (1880), erschien anonym; — „Nach Amerika und Canada“ (1881); — „Biographie des Dr. Georg Schmid“ (1882); — „Biblische Frauen des alten Testaments“ (1882); — „Das Weib im alten Testamente“ (1883); — „Ueber die Wichtigkeit der assyriologischen Forschungen, insbesondere für das alttestamentarische Bibelstudium“ (Rectoratsrede) (1884); — „Constantinopel“ (1884), nicht mehr im Buchhandel; — „Bericht über das Studienjahr 1883/85 der Wiener Universität“ (1885); — „Der erste österreichische Pilgerzug nach Lourds und Parag le Monial“; — „Der dogmatisch-ethische Lehrgehalt der alttestamentarischen Weisheitsbücher“. II. In Zeitschriften und periodischen wissenschaftlichen Fachwerken: „Stand der katholischen Kirche und der übrigen christlichen Confessionen im heiligen Lande“, in den Missionsnotizen des heiligen Landes (Wien 1866); — „Das österreichische Pilgerhaus in Jerusalem“, in der Oesterreichischen Revue 1867; — „Das Jordanthal in Palästina“, im Jahrbuch der k. k. geographischen Gesellschaft (Wien 1867); — „Die versiegelte Quelle Salomons“, in der Tübinger Quartalschrift 1867; — „Der Heerdenthurm (bei Betlehem)“ in der Oesterreichischen Vierteljahrsschrift 1867; — „Das hebräische Felsengrab und seine Beziehung zur christlichen Kirche“, in der Wiener Abendpost 1877, Nr. 253 bis 256; — „Die Bibliothek im Escorial“ ebd. 1879, Nr. 42 und 43. — „Die Moschee in Cordova“, ebd., Nr. 85, 86; — „Der Dom von Sevilla“, ebd., Nr. 105 und 106; — „Das Königsschloß in Madrid“, ebd., Nr. 121, 122; — „Salamanca“, ebd., Nr. 128, 129; — „Granada“, ebd., Nr. 189—190; — „Die Maroniten am Libanon“, ebd. 1880, Nr. 67—71; — „Die Ruinenstätte von Balbek“, ebd., Nr. 185, 186; — „Besuch bei den Chippewasindianern“ und „Die Indianer der Reservation White Earth“, im Berichte des Leopoldiner Vereins in Wien, 1881, 1882 und 1883; — „Die Mozarabische Liturgie in Spanien“, in der Linzer theologischen Quartalschrift 1879. Außerdem schrieb er zahlreiche Recensionen in der „Allgemeinen Literaturzeitung in Wien“, in der „Literarischen Rundschau“, der „Linzer theologischen Quartalschrift“, dem „Oesterr. literar. Centralblatt“. Zur Zeit beschäftigt sich der Gelehrte mit einem großen Werke: „Theologische Studien und Anstalten in Oesterreich, welches auch eine Geschichte sämmtlicher Clericalseminare, theologischen Diöcesan- und Klosterlehranstalten halten wird, auf Grundlage der im ...iv des Cultusministeriums befindlichen ...tenstücke. Nach dem im Winter 1890 ...olgten Tode des Wiener Erzbischofs ...d Cardinals Cölestin Ganglbauer ...rde auch Zschokke als Candidat für ...n erledigten erzbischöflichen Stuhl be...chnet.

...ürschner (Joseph). Deutscher Literatur-Kalender auf das Jahr 1889 (Berlin und Stuttgart, Spemann, 32°.) XI. Jahrgang, Seite 561.

Zschop, Matthias (Sprachforscher, ...b. zu Żeronic bei Veldes in Ober...ain am 26. Jänner 1797, gest. in ...aibach 6. Juli 1835). Unter der fran...sischen Regierung, welche damals Illy...n besetzt hielt, besuchte Zschop — der ...ch Čop und Zhop geschrieben er...eint — das Gymnasium in Laibach, ...o er sein seltenes Sprachtalent in voll...mmener Erlernung der französischen ...prache erprobte. Noch hörte er die ...sten zwei Jahrgänge der Philosophie ...815 und 1816 in Laibach, Aesthetik ...817 in Wien. Anfangs wendete er sich ...m theologischen Studium zu, gab es ...er bald auf und entschied sich für das ...hramt, auf welches er sich in Laibach ...rbereitete. 1821 wurde er Humani...tsprofessor in Fiume und kam im fol...nden Jahre in gleicher Eigenschaft nach ...emberg, wo ihm, da er der Mutter...rache des Slovenischen mächtig war, ...ie Erlernung des Polnischen gleichsam ...ls Schlüssel für die anderen slavischen ...prachen diente. Durch seine 1827 er...olgte Versetzung als Humanitätsprofessor ...n das Lyceum in Laibach ging sein ...Wunsch, in seiner Heimat zu wirken, in ...rfüllung. Doch sollte er in einem ande...en, als dem Berufe des Lehramtes, er...olgreich thätig sein, denn schon am ...15. November 1828 wurde er zum Substituten des Bibliothekars in Laibach ernannt, und am 18. Juni 1830 erhielt er bleibend die Stelle. Nun aber hatte er vollauf zu thun, denn die unter seinen Vorgängern völlig vernachlässigte Bibliothek befand sich in arger Unordnung, und er organisirte sie nach einem selbstgeschaffenen System. Ich entsinne mich noch der Thätigkeit dieses Reformators, welcher Tag und Nacht arbeitete, um das ganz verwahrloste Institut zu einer dem Zwecke einer Staatsanstalt und den Bedürfnissen des Lyceums entsprechenden Bedeutung zu bringen. Leider war es ihm nicht vergönnt, lange an der Bibliothek zu wirken, denn schon im Alter von 38 Jahren raffte ihn der Tod dahin. Allem Anscheine nach ist er bei seiner rastlosen Thätigkeit, die sich keine Ruhe und Erholung gönnte, ein Opfer seiner Anstrengungen geworden. Der Schwerpunkt Zschop's liegt in dessen umfassender Sprachenkenntniß, denn er verstand 18 Idiome, bediente sich aber am liebsten seiner Muttersprache, des Slovenischen, und galt unter den Linguisten als Autorität. Er besaß selbst eine sehr ansehnliche in allen Sprachen reich bestellte Bibliothek, die er mit seinen kargen Mitteln, sich fast die nöthigsten Bedürfnisse entziehend, gesammelt, und die dann leider ins Ausland verkauft wurde. Bei seinem anstrengenden lehramtlichen Berufe — denn in Lemberg supplirte er neben seinen Gegenständen die classische Philologie, die österreichische Staatengeschichte und die historischen Hilfswissenschaften — später bei seinem aufreibenden organisatorischen Bibliotheksdienste blieb ihm zu schriftstellerischer Thätigkeit keine Zeit. Nur einmal, in dem denkwürdigen krainischen ABC-Kriege, als die Köpfe der slavischen Sprachgelehrten sozusagen aufeinanderplatzten, griff er zur Feder und gab einen größeren polemischen Aufsatz: „*Nuovo discacciamento di lettere inutili*", d. i. Slovenischer ABC-Krieg (Laibach 1833) heraus. Auch eine „Literaturgeschichte der Slovenen" hat er in Handschrift hinterlassen. Ueberdies fanden sich in seinem Nachlasse reiche Materialien zu einer Geschichte Polens, welche er während seines mehrjährigen Aufenthaltes in Lemberg gesammelt. Als Bibliothekar aber ist er der erste Restaurator und Reformator der Laibacher Bibliothek, die vor ihm nur ein wüster Haufen Bücher war, durch ihn aber eine Bibliothek, d. i. eine wohlgeordnete leicht benutzbare Büchersammlung wurde, die er selbst mit Umsicht und Auswahl bereicherte.

Oesterreichische Wochenschrift für Wissenschaft, Kunst und öffentliches Leben. Beilage der Wiener Zeitung (Wien, gr. 8°.) Jahrg. 1864, Bd. III, S. 746 u. f.

Zsechowini, siehe: **Czechovini**, Andreas Freiherr [Bd. III, S. 96].

Zsedényi, Eduard (ungarischer Staatsmann, geb. zu Leutschau in der Zips in Ungarn 18. März 1803, gest. in Pesth 20. Februar 1879). Er ist deutscher Abstammung; seine Vorfahren hießen Pfannschmidt — wie denn dieser Name noch öfter vorkommt — und bekannten sich, soweit die Nachrichten über dieselben zurückreichen, zur evangelischen Kirche. Zsedényi begann seine Studien am evangelischen Gymnasium in Debreczin, legte die philosophischen Curse am evangelischen Lyceum zu Preßburg, die Rechtsstudien an der katholischen Rechtsakademie daselbst zurück. Dann betrat er die öffentliche Laufbahn, wurde Fiscal des Zipser Comitates und als solcher 1831 entsendet, um die durch Cholerafurcht bis zum Aufruhr aufgeregte Bevölkerung der Grenzdistricte zu beruhigen. Schon hatte er sich in solchem Grade das Vertrauen der Bevölkerung erworben, daß er 1833 zum Abgeordneten des Zipser Comitates gewählt wurde. Sein Auftreten fällt fast gleichzeitig mit jenem Franz Deák's zusammen, mit dem ihn auch bis zu dessen Tode freundschaftliche Bande verknüpften. Er nahm seinen Platz in den Reihen der conservativen Partei und wußte durch seine treffende, scharfe, aber stets vornehme Art der Polemik die Zuhörer ebenso zu fesseln, wie die Redner der Opposition, für welche die leicht begeisterte Landtagsjugend stets Beifallssalven in Vorrath hatte. Mit dem Schluß des Landtags wurde er zum Secretär der ungarischen Hofkanzlei ernannt. 1845 zum Hofrath und Referenten bei der Hofkanzlei befördert, wirkte er als solcher auf dem Landtage 1847/48. Im Jahre 1848 befand er sich als Hofrath an der Seite des Ministers Paul Fürsten Eszterházy im Ministerium am allerhöchsten Hoflager. Als dann Kaiser Ferdinand mit dem gesammten Hoflager nach Innsbruck ging, folgte er dem Hofe als Mitglied des genannten Ministeriums. In stetem ungezwungenen Verkehre mit Batthyányi und Kossuth blieb er doch der zum Aufruhr ausgearteten Bewegung seines Vaterlandes ferne. In den darauf folgenden Jahren lebte er vom öffentlichen Leben zurückgezogen in seiner Vaterstadt Leutschau, während der Sommermonate aber regelmäßig in Tátra-Füred. Erst 1858 trat er wieder in den Vordergrund, als der Cultusminister Leo Graf Thun das Protestantenpatent erließ und die damit vorgenommene Aenderung der protestantischen Kirchenverfassung von den Ungarn ls ein Eingriff in die durch das Gesetz ewährleistete Autonomie der evangeli- chen Kirche angesehen, dadurch aber ine mächtige Bewegung hervorgerufen wurde, welche dann den Ausgangspunkt er späteren Demonstration für die Ver- assung bildete. Nun trat er an die Spitze der Bewegung und erklärte un- erhohlen, für seine Kirche selbst mit den Waffen in der Hand einzutreten. Dafür ward ihm auch der Proceß ge- macht und er zu achtmonatlichem Ge- fängniß und Verlust seiner Hofraths- pension verurtheilt. Nach Erlaß des Octoberdiploms finden wir auch Zse- dényi unter den Begnadigten, und mit einem Gesinnungsgenossen Nicolaus Baron Vay wurde er an die Spitze der ungarischen Hofkanzlei berufen, aus welcher Stellung er nach Auflösung des 1861er Landtages schied. 1865 trat er wieder ins öffentliche Leben und nahm das Mandat des Georgenberger Wahlbezirkes im Zipser Comitat in den ungarischen Reichstag an, das ihm von nun an kein Gegner streitig machte. Er gehörte zu den maßgebenden Mitgliedern der Deák- Partei, sowie zu den Mitgliedern der Finanzcommission des ungarischen Ab- geordnetenhauses. 1875 wurde er als der consequente Vertreter des Sparsam- keitsprincips zum Präsidenten dieser Commission erwählt, und daß diese Wahl gerade auf ihn fiel, war damals nicht ohne politische Bedeutung. Wenige Wo- chen vor seinem im Alter von 76 Jahren erfolgten Tode, am 22. Jänner 1879, präsidirte er noch in jener Commission. Er war, als er aus dem Leben schied, der Nestor des ungarischen Parlaments. Ein halbes Jahrhundert stand er in bewegten Tagen immer im Vordergrund. Die Meinungen über ihn sind, je nach dem Standpunkt der Parteien, getheilt. Aber glänzende Begabung, umfassendes Wis- sen, seltene Energie des Willens und Handelns, verbunden mit wirklichem Patriotismus, sind ihm nicht abzustreiten. Eine seiner hervorragendsten Eigenschaf ten war die Sparsamkeit, nur für wohl- thätige, besonders kirchliche Zwecke opferte er jährlich Tausende. Er soll ein Ver- mögen von drei Millionen hinterlassen haben. Zsedényi war nicht von hoher Geburt, besaß nicht mächtige Familien- verbindungen, er war aber selbst eine Macht, die er durch eigene Kraft und durch rastlose eiserne Arbeit erworben hatte und geltend machte. Bis zu seinem Tode bekleidete er das Amt eines Ge- neralinspectors der evangelischen Kirche augsburgischer Confession in Ungarn. Die freilich aus seiner ersten Zeit von Albert Hugo in dessen „Neuem Cro- quis“ entworfene Charakteristik des Par- lamentariers Zsedényi, welche aber auch für seine spätere Zeit, nur mit noch intensiveren Farben, Geltung behielt, wird durch die in der Schrift „Ungarns politische Charaktere. Gezeichnet von F. R.“ stark abgeschwächt, und letztere dürfte bei einem Gesammtbild unseres Staatsmannes doch auch in Betracht zu ziehen sein.

Quellen. Allgemeine Zeitung, 23. Fe- bruar 1879, Nr. 53: „Oesterreichisch-unga- rische Monarchie“. — Dieselbe (Augs- burg, Cotta, 4°.) 1. November 1879, Nr. 305: „Pesth 29. October“. — Borbis (Johannes). Die evangelisch-lutherische Kirche Ungarns in ihrer geschichtlichen Entwickelung u. s. w. Mit einer Vorrede von Dr. Theol. Chr. Ernst Luthardt (Nördlingen 1861, H. C. Beck, gr. 8°.) S. 313, 314, 358, 383 387, 401, 425, 483. — Helfert (Jos. Alex. Freih. v.). Die Thronbesteigung des Kaisers Franz Joseph I. (Prag 1872, Tempsky, gr 8°.) S. 73, Anhang S. 72, Anmerkung 43. — Hugo (Albert). Neuer Croquis aus Ungarn (Leipzig 1844, Hirschfeld, kl. 8°.) Bd. II, S. 98, 230—233. — Illustrirte Zeitung (Leipzig. J. J. Weber) Band II, 25. Mai 1844, Nr. 48, S. 343. — Janotyckh von Adlerstein (Johann). Die letzten zwei Jahre Ungarns. Chronologisches Tagebuch der magyarischen Revolution, in 3 Bänden (Wien 1851, Sollinger, 8°) Bd. II, S. 60. — Kákay (Aranyos). Licht- und Schattenbilder zur Charakteristik des ungarischen Landtages. Aus dem Ungarischen (Pesth 1867, Wilh. Lauffer, gr. 8°.) S. 68. — Neue Freie Presse, 1865, Nr. 392: Wien 29. und 30. September: „Zeichen der Stimmung Ungarns". — Pesther Lloyd, 1860, Nr. 106. — Die Presse, 28. September 1865, Nr. 268: „Zsedényi's Programm". — Springer (Anton Heinrich). Geschichte Oesterreichs seit dem Wiener Frieden 1809 (Leipzig 1865, Hirzel, gr. 8°.) Bd. I, S. 67. — Ungarns politische Charaktere. Gezeichnet von F. R. (Mainz 1851, Wirth, 8°.) S. 6. — Wirkner (L. v.). Meine Erlebnisse. Blätter aus dem Tagebuche meines öffentlichen Wirkens vom Jahre 1825—1852 (Preßburg 1870, gr. 8°.) S. 63, 116, 214, 237, 236.

Porträt. Holzschnitt ohne Angabe des Zeichners und Xylographen in der „Neuen illustr. Zeitung" (Wien, Zamarski, kl. Fol., 1879, Nr. 23, S. 365.

Zsemberg, Joseph (Abgeordneter des ungarischen Landtages im Jahre 1848). Der Sproß einer adeligen Familie des Honther Comitates, wurde er 1848 in den ungarischen Landtag gewählt und zählte zu den eifrigsten Mitgliedern der Bewegungspartei und zu den treuesten Paladinen Kossuth's. Schon in der Unterhaussitzung vom 12. Juli 1848 verlangte er Landesvertheidigung und daß man, weil der Augenblick günstig, zur Offensive schreite, auch erklärte er bei dieser schicklichen Gelegenheit die Gegner für Räuber und Empörer, die man sofort angreifen und vernichten müsse! In der Sitzung vom 7. August, als Kriegsminister Mészáros ankündigte, daß er sich nach dem südlichen Kriegsschauplatze begebe, um sich persönlich von der militärischen Situation zu überzeugen, bemerkt Zsemberg mit großer Zuversicht, daß der Kriegsminister auf den Kriegsschauplatz sich begebe, nicht bloß um sich auf demselben umzusehen, sondern um die Truppen wie Cavaignac mit brennender Cigarre zum Siege zu führen; — in der Sitzung vom 10. August erklärte der Honther Abgeordnete die pragmatische Sanction für eine nunmehr vermoderte Schrift, jetzt sei die Liebe der Völker die pragmatische Sanction; — in der Sitzung vom 28. August verlangt er Reduction der Beamten, deren Zahl unermeßlich u. s. w. Levitschnigg leitet seine Charakteristik Zsemberg's mit der Bemerkung ein: daß derselbe Mitglied der Honther Gespanschaft sei, wo im Vormärz einmal unter einigen Adeligen der Brauch herrschte, Ehrensachen auf ganz einfache Weise auszugleichen: „man ohrfeigte sich!!"

Levitschnigg (Heinrich Ritter von). Kossuth und seine Bannerschaft. Silhouetten aus dem Nachmärz in Ungarn (Pesth 1850, Heckenast, 8°.) Bd. II, S. 242. — Janotyckh von Adlerstein (Joh.). Die letzten zwei Jahre Ungarns. Chronologisches Tagebuch der magyarischen Revolution [1848 und 1849] (Wien 1851, J. P. Sollinger's Witwe 8°.) Bd. III, S. 34, 36, 91, 109, 154.

Zsigmondy, Adolf (Arzt und Fachschriftsteller, geb. zu Preßburg 24. April 1816, gest. in Wien 23. Juni 1880). Mit 18 Jahren begann er auf der Universität in Pesth die medicinischen Studien und begab sich 1836 zur Fortsetzung derselben nach Wien, wo er 1840 zum Doctor der Medicin und Magister der Geburtshilfe, 1843 zum Doctor der Chirurgie und 1853 zum Zahnarzt promovirte. 1843 zum Secundararzt erster Classe auf der chirurgischen Abtheilung des

h) in Wien ernannt, blieb er vier dieser Stellung, wurde 1848 t des Strafhauses und war ährend und nach der Belage- Wien als Chefarzt des Ver- Nothspitals „Augarten“ thä- der 1856 erfolgten Auflösung hauses kam er in das allge- nkenhaus, in welchem er die gische Abtheilung als Primar- u seinem Tode leitete. Mit ıfangreichen und vielseitigen ıgestattet, widmete er die Muße lichen Berufes mit großer Vor- Studium der in ungeahnter ltigkeit und Fülle sich ent- Naturwissenschaften. Er hat die Verbreitung der galvano- Operationsmethode, nament- eren Einführung in Wien ver- acht. Seine eigenen Erfah- dieser Methode veröffentlichte ícksicht auf Middeldorpf's ustik in einer eigenen Schrift: anokaustische Operationsmethode“ 60, 8⁰.). Infolge einer 1853 schweren Fußverletzung, die ihn ate aus Bett fesselte und ihm ere Jahre hindurch nur einen n Gebrauch seiner Füße ge- ar er genöthigt, seiner Privat- e andere Richtung zu geben, ieß, daß er mehr im Zimmer nnte. Er wählte die Zahnheil- bilitirte sich 1868 als Privat- derselben und galt bald als ahnarzt Wiens. Eine von ihm Methode des Gypsverbandes, als „Gypsack“ bezeichnet, r in mehreren Aufsätzen der nen Wiener medicinischen Zei- 876), und überhaupt erschien in der Vierteljahrsschrift für nde und in den „Mittheilungen des Wiener medicinischen Collegiums“ in den Siebziger-Jahren eine Reihe instructiver zahnärztlicher Abhandlungen. Sonst gab er außer seiner Inauguraldissertation: *„Synopsis fontium medicatorum Hungariae praecipue respectu physico-chemico“* (Wien 1840, 8⁰.) nachfolgende Schriften heraus: „Die Schweissbarkeit des kalten Goldes und das Plombiren mit Krystallgold“ (Wien 1860, 8⁰.) und „Ueber eine neue galvanische Batterie für Zahnärzte“ (Wien 1860, 8⁰.).

Noch sind anzuführen: 1. **Emil** Zsigmondy (geb. 1861, verunglückt bei einer Bergbesteigung 6. August 1885), welcher bereits Doctor war und in den österreichischen Touristenkreisen als einer der eifrigsten und gewandtesten Bergsteiger galt. Er wurde ein Opfer seiner Leidenschaft, deren Gefährlichkeit Niemand so gut kannte als eben er, der das Werk „Die Gefahren der Alpen, praktische Winke für Bergsteiger“ (Leipzig 1885) wenige Tage vor seinem letzten Aufstieg herausgegeben. Er hatte denselben mit seinem Bruder Otto unternommen, und zwar an den Südwänden des Pic de la Meije in der Dauphiné. Der Absturz erfolgte in einer 2600 Fuß tiefen Schlucht, aus welcher die Leiche drei Tage später nach St. Christofle le Oisans gebracht wurde, wo am 11. August die Begräbnißfeier stattfand. Im folgenden Jahre beschloß der österreichische Alpenclub den in den Zillerthaler Alpen gelegenen bisher als „Feldkopf“ (3081 Meter) bezeichneten Gipfel, welcher von den Brüdern Emil und Otto Zsigmondy 1879 zum ersten Male erstiegen wurde, Zsigmondy-Spitze zu nennen, zu welcher Namensänderung die Direction des militär-geographischen Instituts, sowie die Präsidien des österreichischen und deutschen Alpenvereins und des österreichischen Alpenclubs ihre Zustimmung gaben. [Allgemeine Zeitung (München, Cotta) 12 August 1885, Nr. 222, S. 3262: „Verunglückter Tourist“. — Dieselbe, 20. August 1885, Nr. 230, S. 3383: „Wien, 17. August“. — Ueber Land und Meer, 55. Bd. 1885/86, Nr 1, S. 19. — Neueste Nachrichten (München) 10. Juni 1886, Nr. 161.] — 2. **Wilhelm** Zsigmondy, der als Geolog bekannt ist, gab das Werk „Bányatan, kiváló tekintettel a kőszénbányá-szatra", d. i. Bergbaukunde mit besonderer Rücksicht auf den Steinkoblenbergbau (Pesth 1863 mit 197 Abbildungen) und „Meine Erfahrungen über das Bohren artesischer Brunnen" (1870) heraus. Früher Leiter von Koblenwerken, ist er zur Zeit Montaningenieur in Pesth. Er führte artesische Brunnen aus, die interessanteste seiner Arbeiten aber war die Tiefbohrung im Stadtwäldchen von Budapesth, wo er 940 Meter Tiefe erreichte, eine Tiefe, welche mit Ausnahme der Bohrung von Sperenberg in Berlin noch nicht erreicht worden sein soll. Nach Aeußerungen von Fachmännern unternimmt Zsigmondy die Tiefbohrungen stets als Geolog, und darum sind seine Resultate für die Pflege der Geologie im Allgemeinen und für die Geologie von Ungarn insbesondere von großer Bedeutung. Auch bat er die Thermen von Schönau-Teplitz in Böhmen, welche bekanntlich infolge einer Koblengrubenkatastrophe im Februar 1879 versiegten, aber nach Vertiefung des Quellenschachtes wieder zum Vorschein kamen, am Quellenorte selbst untersucht und die Verhältnisse studirt. Ueber den artesischen Brunnen im Budapesther Stadtwäldchen gab er eine Monographie: „A városligeti artézi kút Budapesten", mit einer geologischen Karte und drei lithographirten Tafeln und fünf Tabellen (Pesth, Legrady, 1879) heraus. Zsigmondy erscheint bald als Siegmund, bald als Wilhelm Zsigmondy. [Litterarische Berichte aus Ungarn. Ueber die Thätigkeit der ungarischen Akademie der Wissenschaften und ihrer Commissionen u. s. w. Herausgegeben von Paul Hunfalvy (Budapesth 1877, Franklin-Verein, gr. 8°.) Bd. I, S. 311, 312, 319 im Aufsatze „Die Geologie in Ungarn". Von Dr. Jos. Szabó; Bd. III, S. 637, 631 636.] — 3. Schließlich schrieb ein **Béla** Zsigmondy: „Ueber die Springthermen von Ránk-Harlany bei Kaschau" (1875).

Zsihovics, Franz (theologischer Schriftsteller, geb. in Ungarn 19. März 1814). Er widmete sich dem theologischen Studium und erlangte am 26. October 1837 die Priesterweihe. In die Seelsorge tretend, wurde er folgeweise Caplan in Ofen, Pfarrer zu Békásmegyer, Professor der Theologie zu Nagy-Szombath, Vicedirector des Pesther Priesterseminars und zuletzt Ehrendomherr. Er war ein eifrig wirkendes Mitglied des um Verbreitung der ungarischen Sprache durch die Kirche ungemein thätigen St. Stephanvereines und ein fleißiger theologischer Schriftsteller. Von seinen veröffentlichten Schriften nennen wir: „*Memoria consecrationis Basilicae Strigoniensis*"; — „Vörösmarty Ungarns Dichterkönig" (Nagy-Szombath 1850); — „*Tessera sacerdotis Christi*" (Pesth 1859); „*Szentek élete*", d. i. Leben der Heiligen, 3 Theile (Gran 1863, St. Stephanverein); — „Anbetung Gottes" (Ofen 1863); — „Festandachten" (Pesth 1854); — „*Officium divinum. Kalauz a Keresztyén katholikus magán és nyilvános isteni szolgálatra*", d. i. Anleitung zum katholischen Privat- und öffentlichen Gottesdienst. Auch gab er während seines Lehramtes einige Elementarbücher und als **Programma bonarum artium in Archiepiscopali Seminario Tirnaviae 1851 traditarum** die Abhandlung „**Momentum literaturae classicae gentilium et sacrae Christianorum**" heraus. Zsihovics wurde auch als ausgezeichneter Kanzelredner gerühmt.

Majer (István). **Bibliographia Cleri Archidioeceseos Strigoniensis in Hungaria. Az esztergomi érseki-főmegye Papságának közművelségre ható irodalmi működése a legujabb korban. (Esztergomban 1873. Horák, gr. 8°.) p. 43.**

Zsilinszky, Michael (ungarischer Geschichtsschreiber, geb. zu Békés Csaba in Ungarn am 1. Mai 1838). Nach beendeten Studien widmete er sich dem Lehrfache und erhielt später eine Professur am reformirten theologischen Lyceum in Budapesth. Am politischen

Leben seines Vaterlandes nahm er von allem Anbeginn regen Antheil und gelangte in den ungarischen Reichstag, in welchem er bis 1887 als Mitglied thätig war. 1888 wurde er zum Obergespan des Csongráder Comitates ernannt. Er betheiligte sich in allen einen Stellungen auf das lebhafteste an humanitären, pädagogischen und allgemeinen culturellen Bestrebungen, Gesellschaften und Vereinen, desgleichen an er Leitung der evangelischen Kirche A. C. in Ungarn, ist seit 1878 Mitglied er ungarischen Akademie der Wissenschaften der philosophisch-socialwissenschaftlich-historischen Classe. Er ist ungemein schriftstellerisch thätig, und von einen bisher erschienenen Werken nennen wir: „*Az egyetemes történelem föbb eseményei*", d. i. Hauptereignisse der allgemeinen Geschichte, 3 Theile (1867 bis 1868); — „*A magyar költészet és szónoklat kézikönyve*", d. i. Handbuch der ungarischen Poesie und Rhetorik (Pesth 1868); — „*Kossuth a magyar nép szivében és költészetében*", d. i. Kossuth im Herzen und in der Dichtung des ungarischen Volkes (Pesth 1870); — „*Magyar hölgyek*", d. i. Ungarische Frauen. Historische Lebens- und Charakterbilder (Pesth 1871); — „*A széptan előcsarnoka*", d. i. Vorhalle der Aesthetik (ebd. 1872); — „*Szarvas város történelme és jelen viszonyainak leirása*", d. i. Geschichte und Beschreibung der gegenwärtigen Verhältnisse der Stadt Szarvas (Pesth 1872); — „*Keresztyén hit- és erkölcstan*", d. i. Christliche Glaubens- und Sittenlehre (Pesth 1872); — „*Széptani levelek*", d. i. Aesthetische Briefe (Pesth 1873); — „*Az 1708-iki pozsonyi országgyülés történetéhez*", d. i. Zur Geschichte des Preßburger Landtages vom Jahre 1708 (ebd. 1887); — „*Az 1681-diki soproni országgyülés története*", d. i. Geschichte des Oedenburger Reichstages vom Jahre 1681 (ebd. 1883); — „*Horvát István*", d. i. Stephan Horváth, der Historiker, sein Leben und seine Werke (Budapesth 1884); — „*A linczi békekötés*", d. i. Geschichte des Linzer Friedens und der kirchenpolitischen Gesetzgebung vom Jahre 1647 (ebd. 1890). Dann bearbeitete er auch die Geschichte der französischen Revolution vom Jahre 1848 nach Lamartine und schrieb zahlreiche Aufsätze und Abhandlungen für Fachzeitschriften, so für „Századok" (Die Jahrhunderte): „Der Geschichtsschreiber Bonfinius" (1877, 6. Heft); — „Die Anfänge der ungarischen nationalen Geschichtsschreibung, die Chronik des Georg Székeli" (1878, 10. Heft), für „Sárospataki füzetek", „Magyar protestáns egyházi és iskolai figyelmező", „Hazánk és külföld", und gab das Jahrbuch der archäologischen und culturhistorischen Gesellschaft des Békéser Comitates heraus. In jüngster Zeit nahmen die socialistischen Arbeitertumulte in seinem Comitate seine ganze Thatkraft in Anspruch.

Literarische Berichte aus Ungarn. Ueber die Thätigkeit der ungarischen Akademie der Wissenschaften und ihrer Commissionen u. s. w. Herausgegeben von Paul Hunfalvi (Budapesth 1877, Franklin-Verein, gr. 8°.) Bd. I, S. 392; Bd. II, S. 330, 336; Bd. III, S. 191, 636.

Zsivics, Matthias (gelehrter Theolog, geb. zu Tavornok in Syrmien 1751, gest. in Fünfkirchen, wo er am 8. December 1814 in seinem Bette ermordet gefunden ward). Er trat in das bischöfliche Seminar zu Fünfkirchen, in welchem er die theologischen Studien vollendete. Durch seinen Bischof Georg

Klimo für das theologische Lehramt ausgewählt, erlangte er zunächst die philosophische, dann die theologische Doctorwürde, kehrte 1774 in seine Diöcese zurück, wurde 1778 Professor der Dogmatik am Lyceum zu Fünfkirchen und wirkte 1785—1790 in gleicher Eigenschaft an den General-Seminarien zu Agram und Pesth. Nach Aufhebung dieser beiden Anstalten kam er wieder an das Lyceum in Fünfkirchen, wo er bis 1806 in seinem Lehramte thätig blieb und auch seine Ernennung zum Canonicus des Domcapitels erfolgte. Außer seiner theologischen Inauguraldissertation „*De existentia revelationis divinae*“ (1775) gab er durch den Druck heraus: „*Libri decem de Dogmatis orthodoxae religionis*“ (1789 — 1794, 2. Aufl. 1803); — ferner von Carlo Lesley's Werk die lateinische Uebersetzung „Methodus brevis et facilis contra Deistas“ (Pesth 1777) und mehrere zuerst in illyrischer Sprache von ihm gehaltene Predigten auf die Sonn- und Feiertage gleichfalls in lateinischer Uebertragung (1774). Ueber die Ursache des gewaltsamen Todes, dem er im Alter von 63 Jahren zum Opfer fiel — wahrscheinlich ein Raubmord — sind wir nicht unterrichtet.

Fejér (Georgius). Historia Academiae scientiarum Pazmanianae Archiepiscopalis ac M. Theresianae regiae literaria (Budae 1835, 4°.) S. 129, 173.

Zsivkovics, siehe: **Živković** [diesen Band S. 188 u. f.].

Als Nachtrag zu den Quellen über Johann **Živković**, S. 189, Nr. 1:

Allgemeine Zeitung, 1873, Nr. 246: „Oesterreichische Monarchie, Agram 30. Aug.“ — Dieselbe, 1886, 6. und 7. Mai, Nr. 125 und 126 erster Leitartikel: „Ungarn und Croatien I und II“.

Ueber Theophan **Živković**, S. 189, Nr. 4:

Neue Freie Presse (Wien) 30. April 1875, Nr. 3835: „Agram 28. April“. — Dieselbe, 29. April 1875: „Wien 28. April. Ein weißer Rabe“ [der merkwürdige Hirtenbrief, der, sich aller Einmischung in weltliche Dinge enthaltend, ein strenges Urtheil über den Clerus seiner Diöcese fällt].

Zsoldos, Ignaz von (magyarischer Rechtsgelehrter, Fachschriftsteller und Landtagsdeputirter, geb. zu Pápa im Veszprémer Comitate am 24. Juli 1803, war 1885 noch am Leben). Der Vater ist der Veszprémer Arzt Johann Zsoldos (geb. 1767, gest. 1832), der durch die Preisschrift: „**Historia corticis Rhus Cotini cum observationibus clinicis praemio coronatis** (Jaurini 1815) in medicinischen Kreisen bekannt geworden und auch sonst noch mehrere ungarische Fachschriften, unter anderen „Der Frauenarzt“ (1806), — eine „**Diatetica**“, welche mehrere Auflagen erlebte, — eine „**Constitutio rei sanitatis in Hungaria partibusque adnexis**“, Tom. I ab a. 1656—1818 (Pápa 1819) und eine Abhandlung über die Cholera (1831) geschrieben und sich als Arzt eines ausgezeichneten Rufes im Kreise seiner Wirksamkeit erfreut hat. Die Mutter Therese ist eine geborene Töry. Der Sohn Ignaz machte seine Studien in Pápa, Preßburg, jenes der Rechte in Preßburg und Wien und trat als Rechtspraktikant zu Veszprém an der Seite des berühmten Protonotars Szent-Királyi ins öffentliche Leben. Nachdem er 1826 die Advocatenprüfung abgelegt hatte, wurde er Vicenotar des Veszprémer, 1827 Unterstuhlrichter und 1832 Oberstuhlrichter des Pápaer, 1834 Obernotar des Veszprémer Comitates, welches ihn 1843 als A dneten in den Landtag zu Preßburg endete, wo er zuletzt als Actuar derer Comitate thätig war. 1846 Richter an das Pesther Wechselgericht rufen, wurde er 1848 vom Palatin n Vicepräsidenten desselben Gerichtes nannt, von der Revolutionspartei aber, em revolutionärem Gebaren er Widernd entgegensetzte, bald von seinem Amte spendirt. Ende September desselben hres ging er als Vertrauensmann ch Wien, wo er das österreichische vilgesetzbuch ins Magyarische übertrug d mit der Correctur und Prüfung der bersetzungen für das Regierungsblatt traut wurde. 1850 erfolgte seine Ernnung zum Hofrathe beim Appellaonsgerichte ungarischer Section. Zugt ward er zum Senatspräsidenten r oberstgerichtlichen Abtheilung der niglich ungarischen Curie befördert id als solcher für seine Verdienste 1874 it dem Ritterkreuze des königlich ungaschen St. Stephans-Ordens ausgezeicht. Zsoldos war auch in seinem Fache hriftstellerisch thätig und wurde für ine Schrift über Volkserziehung zum orrespondirenden, für eine zweite über llgemeine Sicherheit zum wirklichen Mitliede der ungarischen Akademie der Wissenschaften der philosophisch - socialvissenschaftl.-histor. Classe ernannt. Die itel seiner übrigen Schriften sind: „*Életpályá*", d. i. Der Lebensberuf (Pápa 1838); — „*Népszerü erkölcstudomány*", d. i. Populäre Moralwissenschaft (Ofen 1840); — „*A szolgabirói hivatal*", d. i. Das Stuhlrichteramt (Pápa 1848; 4. Aufl. 1866); — „*A magyar váltó-törvény*", d. i. Das ungarische Wechselgesetz (Pesth 1847); — „*Örökváltság*", d. i. Das Erblösegeld (ebd.); — „*A magyar mezei rendőrségi törvény*", d. i. Ungarisches Feldpolizeigesetz (ebd. 1834); — „*L. Annaeus Seneca könyve Serenushoz a kedély nyugalomról*", d. i. Das Buch Seneca's über die Gemüthsverfassung (ebd. 1862, 8°.). Kleinere Abhandlungen, z. B. von den Richtern und Gerichtsbarkeiten — über die Todesstrafe — über den Ehescheidungsproceß, Recensionen und Anzeigen rechtswissenschaftlicher Werke sind von ihm im „Athenaeum", „Tarsalkodó" und anderen Fachzeitschriften erschienen. Ignaz Zsoldos war mit Elisabeth Soós vermält, welche ihm nur zwei Töchter, Ida vermälte Titus Sárközy und Emilie (geb. 1833, gest. 7. Mai 1866) vermälte Johann Gencsy gebar.

Quellen über den Vater Johann Zsoldos: Orvosi Tár, 1832, S. 199, 281. — *Szinnyei (József)* (Vater und Sohn). Bibliotheka Hungarica historiae naturalis et matheseos (Budapesth 1878, 4°) Sp. 866 und 867.

Quellen über den Sohn Ignaz Zsoldos: Magyar irók. Életrajz-gyüjtemény. Gyüjték Ferenczy Jakab és Danielik József, d. i. Ungarische Schriftsteller. Sammlung von Lebensbeschreibungen. Von Jacob Ferenczy und Joseph Danielik (Pesth 1856, Gustav Emich, 8°.) Bd. I, S. 630. — Croquis aus Ungarn (Leipzig 1843, O. Wigand, kl. 8°.) Bd. I, S. 161; Bd. II, S. 192. — Figyelő, d. i. Der Beobachter (Budapesth) Bd. III (1877) 3. Heft. — *Nagy (Iván)*. Magyarország családai czimerekkel és nemzékrendi táblákkal, d. i. Die Familien Ungarns mit Wappen und Stammtafeln (Pesth 1865, M. Ráth, gr. 8°.) Bd. XII, S. 455.

Die Adelsfamilie Zsoldos. Die Zsoldos, welche man auch Soldos geschrieben findet, sind eine königstreue jüngere magyarische Adelsfamilie, deren Stammregister bis in die erste Hälfte des 17. Jahrhunderts zurückreicht, in welchem **Martin** Zsoldos vom Kaiser Ferdinand III. am

1. März 1638 das Adelsdiplom erhielt. Von diesem Martin geht die ununterbrochene Stammesfolge bis auf den heutigen Tag, und ist der berühmte Veszprémer Arzt **Johann** ein Urenkel Martins. In den Vordergrund trat die Familie mit dem Arzte Johann und mit dessen Sohne, dem Rechtsgelehrten **Ignaz**. Des Letzteren Bruder **Anton** (geb. 1804) erwählte die militärische Laufbahn und wurde 1849 vom Hauptmann im 9. Jäger-Bataillon zum Major und Commandanten des 20 Jäger-Bataillons befördert. Später trat er als Oberst in den Ruhestand. Als Hauptmann des 9. Jäger-Bataillons zeichnete er sich im Feldzuge 1848 im Gefechte bei Sorio, 8. April, besonders aus; er erstürmte mit seiner Compagnie die Kirche und beschoß von dort die auf der Höhe angebrachte die Straße sperrende Batterie auf das wirksamste. [Thürheim (Andreas Graf). Gedenkblätter aus der Kriegsgeschichte der k. k. österreichisch-ungarischen Armee (Wien und Teschen 1880, Prochaska, gr. 8°.) Bd. I, S. 520, Jahr 1848.]

Wappen. In blauem Felde auf grünem Rasen ein Ungar, der mit der Rechten den Säbel schwingt, während die Linke die Scheide erfaßt. Auf dem Schilde ruht der Turnierhelm, auf dessen Krone ein bekleideter Arm ruht, der einen Säbel hält, an den ein Türkenkopf gespießt ist. Die Helmdecken sind schwarz und golden.

Zsolnay, Julie (Zeichnerin, geb. in Ungarn), Zeitgenossin. Wir kennen von dieser Dame nur ein geschmackvoll zusammengestelltes Blatt, mit Schmuck- und Ziergefäßen aus Majolika, welche in der Fabrik ihrer Angehörigen zu Fünfkirchen in Ungarn erzeugt werden. Die Aufmerksamkeit auf diese bedeutende kunstgewerbliche Anstalt wurde zuerst durch die in der „Allgemeinen Zeitung" erschienenen „Wiener Briefe von V." gerichtet, welcher aus Anlaß der im Jahre 1880 in Wien bewerkstelligten Gewerbe-Ausstellung über die Künstlerin und über die Majolikafabrik Zsolnay's Näheres mittheilt. Dort heißt es: „daß Zsolnay

als der bedeutendste Fa
Oesterreichs betrachtet wer
terial und Farbengebung
Elfenbeingrund), stylistisc
und Anmuth der Form
Stücken dieser Fabrik ein
currenzfähigkeit mit den
der englischen Kunsttöpfer
tiven Motive sind oft ori
sprungs und mit feinster
Fräulein Zsolnay's Zei
geführt. Man darf diese
Künstlerin alles Lob na
Gesagte wird durch das i
werk enthaltene Blatt: „
Zsolnay'schen Majolika
net von Julie Zsoln
von Morelli, bestätigt.

Die österreichisch-ungari
in Wort und Bild. Auf An
Mitwirkung Seiner k. un
durchlaucht. Kronprinzen (
(Wien, Staatsdruckerei, 4°.
(1888) S. 503. — Allge
(Augsburg, Cotta, 4°.) Be
28. September 1880: „Wien
von V.(incenti).

Zsombori, Joseph
Theolog, geb. zu Zete
27. September 1783, ges
bürgen 19. April 1822).
einer alten ungarisch-s
Székler Familie, deren
bis in 14. Jahrhundert
Seine Eltern verwendete
falt auf seine Erziehung u
auf die Székely-Udvarhel
welcher er bald zu den b
gehörte. 1807 bezog er,
phischen Studien zu begin
lische Hochschule in Klaus
er sich für den priesterlic
schied. Nachdem seine
nahme ins siebenbürgisch
Bischof Mártonfi wege

— er zählte 18 Jahre — abschlägig beschieden worden, wandte er sich 1802 nach Großwardein. Der Fleiß und Eifer, mit denen er dort den theologischen Studien oblag, bewirkte 1805 seine Aufnahme in das Karlsburger Seminar, und von dort schickte ihn dann Bischof Mártonfi in das bischöfliche Seminar zu Tyrnau. Auf der Reise dahin bei stürmischem und nassem Wetter zog sich Zsombori das Leiden zu, welches seinen frühen Tod zur Folge hatte. Nachdem er in Tyrnau im August 1806 seine Studien beendet, reiste er nach Siebenbürgen, empfing am 28. September desselben Jahres zu Karlsburg die Priesterweihe und trat sofort als Caplan zu Neumarkt in die Seelsorge. Indessen setzte er seine Studien vornehmlich in der deutschen und französischen Sprache mit Eifer fort und bildete sich bald im Predigtamte so aus, daß sich von Nah und Fern Personen aller Stände zu seinen Kanzelvorträgen einfanden. Nach fünfjährigem Wirken in der Seelsorge ging er September 1811 nach Karlsburg, um dort zunächst das Lehramt der Kirchengeschichte und des Kirchenrechtes, dann aber auch das Vicedirectorat über die Seminaristen des siebenbürgisch katholischen Sprengels zu übernehmen. Auch gewährte er dem schon sehr bejahrten Pfarrer von Székely-Udvarhely die Bitte, ihn in dem Pfarramte, dessen Pflichten dieser seines schon vorgerückten Alters wegen nicht ganz erfüllen konnte, zu unterstützen. Als dann um diese Zeit die Pfarre zu Neumarkt erledigt wurde, bewarb er sich um dieselbe und erhielt sie auch. Nach dem bald darauf erfolgten Tode des Pfarrers von Székely-Udvarhely wurde er an dessen Stelle unter gleichzeitiger Verleihung des Dechantranges berufen. Auch ernannte ihn der Siebenbürger Bischof Alexander Rudnay zum Domherrn des Karlsburger Capitels. In seiner Stellung als Pfarrer ließ sich Zsombori insbesondere die Regelung und Hebung des Schulwesens seiner Gemeinde angelegen sein. Auch das seit 1703 bestehende von dem Jesuiten Gabriel Bajnoczy zu Schutz und Unterkunft hilfloser Frauen und Kinder gegründete Elisabeth-Kinderspital reformirte und vergrößerte er durch Beiträge der katholischen Geistlichkeit Siebenbürgens, indem er dieselbe durch einen begeisterten Aufruf zur Unterstützung und Förderung der bereits bestehenden Stiftung aufforderte. Als ihn dann 1821 Bischof Ignaz Szepessy zum wirklichen Domherrn des Karlsburger Domcapitels und zum Director des dortigen Seminars ernannte, raffte ihn noch vor Uebernahme dieser Stellen im Alter von erst 38 Jahren der Tod dahin. Sein anstrengender priesterlicher Beruf gestattete ihm wenig Muße, schriftstellerisch thätig zu sein. Doch sind einzelne Abhandlungen von ihm im „Tudományos gyüjtemény" und im „Erdélyi Museum" enthalten, und zwar im ersteren: „Értekezés a hajdani nemes székely nemzet áldozó poharáról", d. i. Ueber den Opferbecher des alten Székler Adels [1833] und in letzterem eine ausführlichere Biographie des berühmten Siebenbürger Bischofs Ignaz Grafen Batthyányi. Mehrere philosophische Abhandlungen und seine zahlreichen Kirchenreden sind ungedruckt geblieben.

Magyar Irók. Életrajz-gyüjtemény. Gyüjték Feronczy Jakab és Danielik József, d. i. Ungarische Schriftsteller. Sammlung von Lebensbeschreibungen. Von Jacob Ferenczy und Joseph Danielik (Pesth 1858, Gustav Emich, 8°.). Zweiter (den ersten ergänzender) Theil, Bd. 1, S. 631. — *Kővári (László)*. Erdély nevezetesebb családai, d. i. Siebenbürgens adelige Familien (Klausenburg 1854, 8°.) S. 249.

Zuber, Athanasius (Bischof von Augustopolis und Missionär, geb. in Wien am 2. Jänner 1824, gest. in Gmunden am 14. Mai 1872). Der Sohn eines Kaufmannes in Wien, besuchte er das Schottengymnasium daselbst, bezog die Wiener Hochschule und trat im Jahre 1843 in den Orden der Capuciner. In demselben vollendete er die theologischen Studien und wurde am 1. Juli 1848 zu Neutra in Ungarn zum Priester geweiht. Lange schon trug er das Verlangen, das Christenthum unter den heidnischen Völkern, namentlich unter denen Nordamerikas zu verkünden. Als dann 1850 ein Ordensbruder, der seit 1844 in New-York dem Missionsberufe obgelegen, nach Europa kam, um neue Arbeiter für den Weinberg des Herrn zu sammeln, war Zuber einer der Ersten, die sich meldeten. Die ihm von seinen Provinzoberen versagte Erlaubniß nöthigte ihn, solche bei seinem Ordensgeneral anzusuchen. Inzwischen war Zuber von Preßburg in die Seelsorge nach Linz versetzt worden, und dort traf ihn aus Rom die Nachricht von seiner Aufnahme in das Collegium der Propaganda zugleich mit der Verständigung, daß er nicht nach Nordamerika, sondern nach Ostindien gesendet werde. Obwohl in seiner Erwartung getäuscht, ging er, gehorsam seinen Oberen, statt nach Nordamerika nach Asien. Im November 1850 begab er sich nach Rom, wo er am 30. December sein letztes Rigorosum im Collegium der Propaganda ablegte. Im Jänner 1851 trat er seine Reise an. Nach mancherlei unvermutheten Zwischenfällen kam er über Aegypten in Aden und endlich in Bombay an. Von da ging er nach einiger Rast nach Patna, dem Schauplatz seiner künftigen segensreichen Thätigkeit. Dort entwickelte er bald einen solchen Eifer in seinem Berufe, daß er schon am 9. Juli 1854 zum Bischof von Augustopolis in partibus infidelium consecrirt wurde. Er zählte erst 30 Jahre. In der 400.000 Bewohner fassenden Stadt Patna waren seine nächsten Werke ein Waisen- und Erziehungshaus für arme Kinder, für welche er Münchener Klosterfrauen berief, dann ein Seminar zur Heranbildung von Jünglingen für den Priesterstand. Um die dazu erforderlichen Geldmittel zu erlangen, reiste er selbst 1856 nach Europa, von wo er, nachdem er in Italien, Deutschland und Frankreich reiche Gaben für seine Zwecke gesammelt hatte, in seine Diöcese zurückkehrte. 1857 brach im Westen Indiens die bekannte Militärrevolution aus und verbreitete ihre Greuel über das ganze englische Indien. Es ist nicht Aufgabe unseres Werkes, den Gang dieser entsetzlichen Ereignisse, das mitleidlose Gebaren der Engländer, die Erbitterung der Eingeborenen und die Grausamkeit zu schildern, welche diese Rebellion von allen Seiten im Gefolge hatte, und durch welche auch Zuber wiederholt in große Gefahren für seine Mission und sein Leben verwickelt wurde; die unten angedeuteten Quellen geben einigermaßen einen Einblick in diese entsetzlichen durch Fanatismus und Racenhaß heraufbeschworenen Zustände. Zuber wendete mit größer Umsicht die Gefahren von den seiner Obhut anvertrauten Anstalten ab und that Alles, um dieselben vor den Greueln der Soldatesca zu sichern. Aber die furchtbaren Ereignisse, welche alle seine Kräfte in Anspruch nahmen, brachen auch dieselben. Schon 1858 riethen ihm die Aerzte, Indien zu verlassen und im heimischen Klima Stärkung für seine erschöpften Kräfte zu suchen. Aber da er seine Gegenwart noch für nöthig erachtete, blieb er. Als dann 1859 sein Leiden stärker wurde, gab er nach, reichte im August desselben Jahres seine Resignation auf das Amt eines apostolischen Vicars in Rom ein, welche 1860 auch angenommen wurde. Am 15. März 1860 verließ er Patna, am 16. Mai betrat er wieder europäischen Boden. Er nahm nun seinen Wohnsitz im Capucinerkloster in Linz, wo er treu seinem Berufe sich wieder der Seelsorge widmete und ganz besonders im Beichtstuhle thätig war. Auch leistete er benachbarten Bischöfen in ihren Verrichtungen, wenn sie verhindert waren, Aushilfe. So begab er sich Mai 1871 auf Einladung des neunzigjährigen Bischofs von Königgrätz in Böhmen dahin, um die kanonische Visitation vorzunehmen und die heilige Firmung zu ertheilen. Dort zog er sich eine starke Verkühlung zu, deren Folgen nicht mehr ganz behoben werden konnten. Im October 1871 übersiedelte er leidend von Linz nach Gmunden, wo er am Ostersonntage 1872 zum letzten Male die heilige Messe las. Die körperliche Schwäche nahm immer mehr zu, und so hauchte der Kirchenfürst nach wenigen Wochen im Alter von erst 48 Jahren seine Seele aus. Er ward auf dem Kirchhofe zu Gmunden bestattet. Bischof Juber hat über seine Erlebnisse in Indien Aufzeichnungen hinterlassen, deren Veröffentlichung in Stamm's „Oesterreichischem Jahrbuch" in Aussicht gestellt wurde.

Stamm (Ferdinand). Oesterreichisches Jahrbuch. Im Verein mit mehreren vaterländischen Schriftstellern (Wien 1880, gr. 8°.) IV. Jahrg., S. 133—172: „Ein Wiener in Ostindien während der indo-britischen Revolution". Von Dr. Isidor Proschko. — Kleines biographisches Lexikon, enthaltend Lebensskizzen hervorragender um die Kirche verdienter Männer (Znaim 1862, M. F. Lenck, kl. 8°.) S. 162. — Katholische Blätter. Herausgegeben vom katholischen Centralverein in Linz (Linz, 4°.) 1853, Nr. 84, 85; 1856, Nr. 72, 73, 74: „Athanasius Juber". — Sonntagsblatt. Beilage zum „Oesterreichischen Volksfreund" 1856, Nr. 11: „P. Athanasius Juber". — Volks- und Schützen-Zeitung (Innsbruck, 4°.) 1. August 1856, Nr. 92.

Porträt. Unterschrift: Facsimile: „Athanasius Eduard Juber, | Bischof von Augustopl i. p., | frei resign. Vicar von Patna" (lith. Anstalt von A. Red. Linz, 8°.)

Juber Edler von Sommacampagna, Eduard (Rittmeister bei der k. k. Arcieren-Leibgarde, geb. zu Nimburg in Böhmen am 4. September 1828). Er trat, 17 Jahre alt, 1845 in die k. k. österreichische Armee, in welcher er 1848 in Italien stand und die Feldzüge dieses Jahres daselbst mitmachte. Er nahm in den Tagen vom 18. bis 22. März am Straßenkampfe in Mailand Theil und stürmte mit der 6. Division des 18. Infanterie-Regiments in der Schlacht bei Vicenza am 10. Juni die Kirche von Monte Berico, wo er durch sein ebenso muthvolles als entschlossenes Vorgehen den Commandanten des 2. Bataillons Major Ludwig Münzer von Marienborn vor sicherer Gefangenschaft rettete. Für diese Waffenthat erhielt er am 3. Juli die silberne Tapferkeitsmedaille erster Classe. Am 25. Juli commandirte er in der Schlacht bei Sommacampagna einen Unterstützungszug, mit dem es ihm gelang, während Plänkler ein Haus angriffen, durch eine rückwärts liegende enge Straße vorzubrechen und zwei hartnäckig vertheidigte Barricaden zu erobern. Die ganze Besatzung des erstürmten Hauses gerieth in Gefangenschaft, und die in den angrenzenden Häusern und Gärten aufgestellten Feinde zogen sich infolge dieser kühnen Flankenbewegung schleunigst zurück, wodurch der Vormarsch unserer Compagnie wesentlich erleichtert wurde. Und noch am nämlichen Tage bei der Erstürmung der Höhen von Custozza rettete er durch seine muthvolle Entschlossenheit, nachdem er nur mit zwei Infanteristen durch eine starke feindliche Abtheilung von der rückwärtigen Plänklerkette abgeschnitten worden, den Oberlieutenant von Dippolter aus offenbarer Gefahr. Für diese hervorragenden Waffenthaten wurde er nach der Schlacht mit der goldenen Tapferkeitsmedaille ausgezeichnet und am 18. August 1848 zum Unterlieutebefördert. Im Feldzug des Jahres 1849 machte er die Einschließung Bolognas und im Juli und August desselben Jahres die Belagerung von Venedig mit. In seinem Range vorrückend, wurde er 1863 Hauptmann zweiter Classe im 18. Infanterie-Regimente, kam aber später zur k. k. ersten Arcieren-Leibgarde, in welcher er sich noch zur Zeit als Rittmeister befindet. Kaiser Franz Joseph erhob Zuber in Ansehung der vorzüglichen militärischen Verdienste desselben mit Diplom ddo. Wien 5. März 1876 mit dem Prädicate Edler von Sommacampagna in den österreichischen Adelstand. Zuber ist seit 28. Juni 1862 mit Pauline geborenen Domaschlitzky (geb. zu Brandeis a. d. Elbe 4. April 1841) vermält, und stammen aus dieser Ehe Pauline (geb. 3. April 1863) und Eduard (geb. zu Wien 26. Mai 1866).

Wappen Gevierter Schild. 1 und 4 in von Schwarz und Gold getheiltem Felde ein Löwe mit verwechselten Farben, in der rechten Vorderpranke ein Schwert an goldenem Griffe über sich schwingend; 2: in Blau auf grünem Berge eine rothbedachte
Capelle mit drei Fenstern, de
der Thurm mit einem golde
stellt und mit Thor und F
ist. 4: in Blau auf grünen
silberner Stern. Auf dem S
gekrönte Helm, aus dessen
dener Löwe, in der rechten L
Schwert am goldenen Griffe
wächst. Helmdecken: rech
Gold, links blau mit Silber
vise: Semper paratus.

Noch sind bemerkenswerth: 1. S
(geb. zu Stanislau in Gali
widmete sich der Kunst und
der k. k. Akademie in Wien
schafts-, Thier- und Genremale
übersiedelte er nach München
Schwanthalerstraße 34, später
straße 3 sein Atelier hatte
beiten sind bekannt: „Da
„Verliebt“; — „Politischer
lauber an der österreichisch-ru
letzteres auch auf der III.
Kunstausstellung zu München
der Ausstellung 1889 waren
gemalte Bild: „Geschenke aus
und „Ein Huzule“, 1890 „
Liebespaar“ u. A. Die „Illustr
(1886) brachte S. 422 von u
„Aus dem Huzulenleben“ 6
und Trachtenbilder. In der
Fels zu Meer“ 1888/89 ersch
eine hübsche Landschaft „W
einem H. Zuber. Die Untersch
dern in illustrirten Blättern
sind nicht immer verläßlich.
der Maler und Bildhauer De
Oesterreich-Ungarns“ (Stuttg
ner, 12°.) weist S. 273 nur
Zuber aus. Vielleicht sind H
Zuber doch eine und dieselb
2. **Béla** Zuber (geb. zu
klös in Ungarn 1842). Bürg
er 1866 bei Prinz Wasa-Inf
und machte den Feldzug die
Böhmen gegen die Preußen
mit. Das Regiment Wasa
Avant-Brigade Hertweck .u
27. Juni seine Stellung auf
berge. Es erlitt durch da
Schnellfeuer des Gegners en
hielt aber fest Stand. Da sa
Zuber seinen Oberlieutenant
am Fuße schwer verwundet

vergeblichen Anstrengungen, sich aufzuraffen und trotz der erhaltenen Wunde nochmals verzudringen, plötzlich zusammensinken. Rasch springt er hinzu, verbindet im Hagel der um ihn fallenden Flintenkugeln den blutenden Fuß des Oberlieutenants mit seinem Taschentuche und geleitet den Verwundeten sorgsam auf den Verbandplatz bei Prawadow. Da sprengen zwei preußische Reiter heran, muthig stellt sich ihnen Zuber entgegen, sticht den Einen vom Pferde, verjagt den Anderen und kehrt nach gelungener Rettung seines Oberlieutenants zur Truppe in den Kampf zurück. [Hoffinger (Joh. Ritter von). Lorbern und Cypressen von 1866. Nordarmee (Wien 1868 Prandel, kl. 8°.) Seite 43.]

Zubovits, Feodor von (berühmter Reiter, geb. zu Mezötúr in Ungarn 1846). Der Sohn eines kaiserlichen Officiers, welcher 1849 vor dem Feinde in Ungarn geblieben, war er 1859 und 1860 Zögling der Maria Theresianischen Ritterakademie, aber nicht, wie es hie und da heißt, der Wiener-Neustädter Militärakademie, und trat dann frühzeitig in ein ungarisches Grenzregiment, machte in demselben einen Zug nach Montenegro und den Feldzug in Schleswig-Holstein mit. Manches, was über sein Leben vorliegt, beruht auf Gerüchten und klingt so abenteuerlich, daß es schwer ist, Wahrheit und Dichtung auszuscheiden. So soll er in Waffengenossenschaft mit Garibaldi gestanden und bei Marsala verwundet worden sein, nach Anderen hätte er den nordamerikanischen Secessionskrieg mitgemacht. Wir wollen nicht Alles, was von seinen Duellen, von Pferdestürzen, von zwei stählernen Rippen im Leibe und von dem ihn unterstützenden Mieder, das er seiner Haltung wegen tragen soll, wieder nacherzählen, gewiß ist es, daß er in Angelegenheit der Pferdezucht und des Sports maßgebend, ferner ein ausgezeichneter Reiter und Schwimmer ist. Zubovits trat erst in die Oeffentlichkeit, als er infolge einer Wette 1874 am 25. October um 10 Uhr Vormittags von Wien aus einen Dauerritt nach Paris unternahm, der in 14 Tagen beendet sein sollte und über Enns, Schärding, Ulm, Post Kniebis (im Schwarzwald), Kehl-Straßburg, Nancy, Vitry, Vincennes nach Paris ging, in welch letzterer Stadt er am 9. November präcise um 8 Uhr Morgens eintraf. Die Sache war damals ein Ereigniß, das alle Blätter in Anspruch nahm und Lieutenant Zubovits und die Halbblutstute Caradoc lebten Wochen lang in aller Welt Munde. Nun das Pferd war aber nicht sein Eigenthum, sondern Besitzer desselben Adolf von Bäuerle, des ehemaligen Redacteurs Bäuerle einziger Sohn, der, nachdem er mit seinen aristokratischen Passionen das von seiner Gattin, der Witwe des Schriftstellers Langer, erheiratete Vermögen von ein paar Millionen durchgebracht, nach übergroßem Genuß von Opium im Hotel „zum goldenen Lamm“ in der Leopoldstadt in Wien todt gefunden wurde. Später, im Jahre 1877, übersetzte Zubovits mit einem von ihm erfundenen Schwimmapparate zu Pferde die Donau. Dieser Apparat ward von einer vom französischen Kriegsminister ernannten Commission bei einem Versuche zwischen Combières und Asnières, wo er die Seine übersetzte, geprüft und als zum Vorpostendienst, wie zum Passiren tiefer Wasserläufe vollkommen geeignet befunden; auch machte Zubovits im August 1879 mit seinem Schwimmapparat einen Versuch auf der Themse, der ihm ebenfalls gelang. Unsere unten angegebenen Quellen berichten genau ebenso über den Dauerritt wie über die Schwimmexperimente. Nebenbei sei hier bemerkt, daß sich die pro und contra durch den Unionclub in Wien und den Londoner Jockeyclub eingegangenen Wetten bezüglich des Distanzrittes Wien-Paris auf die Summe von drei Millionen Francs bezifferten. Das rechtzeitige Eintreffen in Straßburg trug dem Reiter den Betrag von 15.000 fl. ö. W. ein. Noch einmal, aber nicht in einer Sportsangelegenheit, sondern in einer ernsten, da es sich um Rettung von Menschenleben handelte, war der Name **Zubovits** in Aller Munde. Als nämlich im März 1879 die Katastrophe der schrecklichen Theißüberschwemmung über die Stadt Szegedin in Ungarn hereinbrach, eilte **Zubovits** dahin. In Begleitung des amerikanischen Consuls Mr. **Ball** und mehrerer Berichterstatter langte er am 10. März Abends an und betheiligte sich mit großem Erfolg, mehr als einmal sein Leben aufs Spiel setzend, an den Rettungsversuchen. Zuletzt stand **Zubovits**, damals Honvédhauptmann, in Dienstleistung des ungarischen Honvédministeriums und wurde im Sommer 1887 mit der fachmännischen Untersuchung der Jászberényer Dynamitkatastrophe betraut, als deren Ursache er unvorsichtiges Vorgehen des Oberlieutenants **Szakács** bezeichnete.

Quellen. **Daheim** (illustrirte Zeitschrift, 4°.) 1875, S. 208: „Ein ungarisches Reiterstücklein". — **Ueber Land und Meer** (Stuttgart, Hallberger, kl. Fol.) 33. Bd. (1875), Nr. 12, S. 236: „Lieutenant Feodor Zubovits und der Distanzritt von Wien nach Paris". — **Wiener pikante Blätter**, 1878, S. 3: „Wiener Figuren. Der Distanz-Bácsi". — **Das Buch für Alle** (Leipzig, kl. Fol.) 1875, S. 182: „Der Distanzritt des Honvéd-Lieutenants Zubovits von Wien nach Paris". — **Illustrirte Welt** (Leipzig, Fol.) 1879 im Umschlag des Jännerheftes: „Ein Schwimmerexperiment". — **Allgemeine Zeitung** (Augsburg, Cotta, 4°.) 1874, Nr. 312 in der Rubrik „Verschiedenes" unter Straßburg [heißt daselbst irrig **Lubowits**]. — **Fremden-Blatt**. Von Gustav **Heine** (Wien, 4°.) 27. Februar 1877: „Ein Ritt durch die Donau". — **Neue Freie Presse** (Wien, Fol.) 1874, Nr. 3648, 3667, 3668, 3670, 3671, 3678 [in der Kleinen Chronik. Vom Beginn des Rittes bis zu dessen Schluß]. — **Dieselbe**, 1. December 1874: „Erklärung" [des Lieutenants **Zubovits** gegen eine Broschüre von R. **Löwy**, welche er entschieden zurückweist].

Porträts. **Ueber Land und Meer** (Stuttgart) 33. Band, 1875, Nummer 12, Seite 232: „Lieutenant von Zubovits, der Distanzreiter und sein Pferd Caradoc" Originalzeichnung von **Breidwieser** (mit Facsimile des Namenszuges) 38. Bd., 1877, Nr. 31, S. 613: „Zubovits' Ritt durch den Donaustrom in Wien". Originalzeichnung von V. **Katzler**. — **Die Bombe** (Wiener Spott- und Witzblatt) IV. Jahrg., 22. November 1874, Nr. 47: „Lieutenant Zubovits". Von Lary von F.(recsay). — **Neue Illustrirte Zeitung** (Wien, Zamarski, kl. Fol.) 1874, Nr. 49: „Lieutenant Zubovits und seine Caradoc". **Daudenarde** (del.). — **Dieselbe**, 1877, Nr. 14: „Zubovits' Ritt durch die Donau". Nach der Natur gezeichnet von V. **Katzler**. — **Buch für Alle**, 1877, S. 484: „Der Ritt des Oberlieutenants Zubovits durch die Donau" — **Humoristische Blätter von Klič** (Wien, Fol.) 5. Jahrg. 25. März 1877, Nr. 13: „Oberlieutenant Feodor von Zubovits". Von Klič (durch die Donau reitend) — **Illustrirte Welt** (Leipzig, Fol.) 1879, S. 464: „Die Ueberschwemmung in Szegedin. Rettungsbestrebungen des Oberlieutenants Zubovits". T. **Möller** (sc.). — **Das Buch für Alle** (Leipzig, Fol.) 1875 S. 176: „Ankunft des Honvéd-Lieutenants Zubovits an der Barrière zu Paris". **Smeeton-Tilly** (sc.). — **Daheim** (Berlin, Velhagen und Klasing, 4°.) 1875 S. 197: „Lieutenant F. v. Zubovits auf der Caradoc während seines Rittes in Frankreich". Originalzeichnung von J. **Schönberg**.

Charge. Eine solche brachte das Wiener Witzblatt „Wiener Luft" 1877, Nr. 13, ein Wiener Frauenmode verspottend.

Zubow, Alexander (**Uhlanencorporal**, geb. im **Krakauer Gebiet** im letzten Viertel des vorigen Jahrhunderts). Er diente bei Erzherzog Karl-Uhlanen Nr. 3 und war 1809 Corporal im Regimente, das im genannten Jahre in der Schlacht bei Ebelsberg am 3. Mai mitfocht. In derselben leistete er ein Meister- und Wagestück ohne Gleichen. Das Regiment hielt in der Schlacht die Auen an der Traun besetzt und warf sich theilweise in diesen Fluß, um schwimmend das andere Ufer zu erreichen, da nur ein sehr kleiner Theil den Uebergang über die Brücke bei dem dort entstandenen Gedränge bewerkstelligen konnte. Was nicht mehr das rechte Traunufer zu erreichen vermochte, mußte sich dem ungestüm nachdrängenden Feinde ergeben. Corporal Zubow bemerkte einen Trupp des Gradiskaner Regiments mit einer Fahne, welcher im Laufe die Traunbrücke zu erreichen strebte. Dies aber war nicht mehr möglich. Zubow, dem sich mehrere Uhlanen beigesellten, rettete sowohl die Fahne als 107 Mann der Gradiskaner, da dieselben sich an die Schweife der Uhlanenpferde hielten und durch wiederholtes Hin- und Herschwimmen über die Traun, ungeachtet der reißenden Strömung dieses Flusses und unter dem heftigsten feindlichen Gewehrfeuer glücklich an das jenseitige Ufer gelangten.

(Hormayr's) Archiv für Geschichte, Statistik, Literatur und Kunst (Wien, 4°.) 1811, S. 161, 198. — Thürheim (Andr. Graf). Die Reiter-Regimenter der k. k. österreichischen Armee (Wien, F. B. Geitler, gr. 8°.) Bd. III: „Die Uhlanen" S. 83. — Derselbe. Gedenkblätter aus der Kriegsgeschichte der k. k. österreichischen Armee (Wien und Teschen 1880, Prochaska, gr. 8°.) Bd. II, S. 288.

Zubowski, Caspar (Schriftsteller, geb. auf dem väterlichen bei Lublin gelegenen Gute 1797, Todesjahr unbekannt). Seine Jugend verlebte er am Hofe des Fürsten Adam Czartoryski und befreundete sich mit dem Dichter Vincenz Pol, der damals in Lublin lebte. Als er 22 Jahre alt war, verließ er wegen widriger Vorfälle im Elternhause dasselbe, kaufte sich ein Stück Land, warb Ansiedler, bebaute das unwirthbare Stück selbst und gründete so das Dorf Kozarzów, in welchem er seinen eigenen Hof mit den nöthigen Wirthschaftsgebäuden selbst herstellte. 1843 verkaufte er seine Besitzung, lebte einige Zeit in Posen bei seiner Schwester, bis er 1846 nach Krakau übersiedelte, als österreichischer Unterthan zwei Realitäten erwarb und daselbst bleibenden Wohnsitz nahm. Um diese Zeit begann er zu schreiben und veröffentlichte kleine polemisirende national-ökonomische und die städtischen Angelegenheiten betreffende Schriften, z. B.: *„Dwa a dwa su cztery"*, d. i. Zwei und zwei macht vier (Krakau 1849, 8°.); — *„Odpowiedz na odpowiedz"*, d. i. Antwort auf Antwort (ebd. 1849, 8°.), gegen die Zeitung „Czas" gerichtet; — *„Nasi mandaryni i ich cele"*, d. i. Unsere Mandarine und ihre Ziele (Breslau 1850, 8°.); — *„Kongregacyja kupiecka i cech czyli dalszy ciąg rzeczy preciw przywilejom"*, d. i. Die kaufmännische Congregation und die Zünfte oder weiterer Verlauf der Angelegenheit gegen die Privilegien (Krakau 1850, 8°.); — *„Nasze sprawy, przeszłośc, i teraźniejszośc wady, stronnictwa, zakonczenie"*, d. i. Unsere Angelegenheiten, ihre Vergangenheit, Gegenwart, Fehler, Parteilichkeit und Ende (Breslau 1852, 8°.). Alle diese mit satyrischer Laune geschriebenen Flugschriften, nur in Auflagen von 500 Exemplaren verlegt, wurden ihres zeitgemäßen polemisirenden Inhalts wegen rasch aufgekauft und gehören heutzutage zu den bibliographischen Seltenheiten. Aber auch auf dramatischem Gebiete versuchte er sich, und wir kennen von ihm: „*Ciocia swatka*“, d. i. Die Tante als Brautwerberin, Lustspiel in 1 Act (Krakau 1861); — „*Dwór pański*“, d. i. Der Herrenhof, Drama in 3 Acten (Posen 1859); — „*Pismaki*“, d. i. Die Scribenten, dramatisches Bild in 1 Act (1863); — „*Rzemieslnik*“, d. i. Der Gewerbsmann, Lustspiel in 4 Acten (Krakau 1861). Außerdem schrieb er eine Reihe humoristischer Gemälde, geschöpft aus der Physiognomie des gesellschaftlichen Lebens der Stadt Krakau, welche aber nicht gedruckt worden sind. Um die Mitte der Sechziger-Jahre, damals etwa 67 Jahre alt, war Zubowski noch am Leben.

Zubrzicki, Cornel Ritter von (k. k. Generalmajor, geb. zu Grodek in Galizien 15. September 1816). Er trat im October 1828 in die Wiener-Neustädter Akademie zur militärischen Ausbildung, ging aus dieser 1836 als Fähnrich zu Fürstenwärther-Infanterie Nr. 56 und rückte stufenweise bis 1851 zum Hauptmann erster Classe im Regimente vor. 1853 kam er als solcher zu Jelačić-Infanterie Nr. 46, 1859 als Major zu Liechtenstein-Infanterie Nr. 5, in gleicher Eigenschaft 1860 zu dem neu errichteten Infanterie-Regiment Erzherzog Ludwig Victor Nr. 65, in welchem er 1866 zum Oberstlieutenant befördert ward. Am 28. October 1868 wurde er Oberst und Regimentscommandant bei Gondrecourt-Infanterie Nr. 55, aus welcher er später als Generalmajor in den Ruhestand übertrat. In diese langjährige Dienstzeit fallen seine Verwendung 1845—1847 als Lehrer in der Cadetenschule und mehrere ausgezeichnete Waffenthaten in den italienischen Feldzügen 1848 und 1849 und 1866. Im Feldzuge 1848 befand er sich anfangs im Corps des Feldzeugmeisters Nugent und später in jenem des Feldmarschall-Lieutenants d'Aspre. Bei St. Giustina 23. Juli 1848 hatte er seinen ersten Ehrentag, indem er der erste in die feindlichen Verschanzungen eindrang. Im Feldzuge 1849 stürmte er bei Novara am 23. März das Plateau im Rücken des Feindes, vertheidigte sich standhaft gegen überlegene Angriffe desselben und machte dann den Sturm auf die Bicocca mit. Er nahm im Verlaufe des Feldzuges noch Theil am Zug nach Macerata, an der Einnahme von Urbino und an der Verfolgung der Garibaldi'schen Schaaren gegen San Marino. Im Feldzug 1866 zeichnete er sich wieder am 18. Juli in der Schlacht bei Custozza so aus, daß ihm dafür die ah. Anerkennung zutheil wurde. Für seine früheren Waffenthaten erhielt er das Militär-Verdienstkreuz und am 28. October 1866 den Orden der eisernen Krone dritter Classe, beide mit der Kriegsdecoration, außerdem Orden von Rußland, Persien und Italien.

Thürheim (Andreas Graf). Gedenkblätter aus der Kriegsgeschichte der k. k. österreichisch-ungarischen Armee (Wien und Teschen 1880. Prochaska, Lex. 8°.) Band I, Seite 390, Jahr 1848 und 1849; S. 440, Jahr 1866

Zubrzycki, Dionys (Geschichtsschreiber, geb. im Dorfe Batiatycze im Żółkiewer Kreise Galiziens 1777, gest. in Lemberg am 16. Jänner 1862). Nachdem er das Gymnasium in Lemberg 1795 beendet hatte, trat er in städtische Dienste, und zwar beim Magistrat von Brzozów im Sanoker Kreise. Dort wurde er zum Stadtsyndicus befördert und vom Magistrat zum Vormund der minderjährigen Kinder des Grafen Poniński bestellt. Da er die weitläufigen Güter der Erben mit Umsicht und nutzbringend verwaltete, erhielt er von ihnen als Entgelt ein Gut zur lebenslänglichen Nutznießung, auf welchem er sich niederließ und mit Erfolg Landwirthschaft betrieb. Als er aber der Kränklichkeit seiner Gattin halber sein Gut aufgeben mußte, übersiedelte er nach Lemberg, wo ihm der Magistrat das Vorwerk Sygniowka in Pacht gab, auf welchem er nun seine landwirthschaftlichen Erfahrungen verwerthete. Um diese Zeit begann er einzelne landwirthschaftliche Artikel für Fachblätter zu schreiben und ließ auch einige Schriften landwirthschaftlichen Inhals über Anbau des Klees, des Hanfes u. d. m., dann eine Uebersetzung des Handbuches über Landwirthschaft von Jos. Burger im Druck erscheinen. Als ihm aber Frau und Kinder wegstarben, gab er das Landleben und die landwirthschaftliche Beschäftigung ganz auf und wurde Geschichts- und Alterthumsforscher. Da ihm zur Geschichtsschreibung, weil er nur die Gymnasialclassen beendet hatte, die genügende wissenschaftliche Vorbildung fehlte, so trat er 1829 als Mitglied in das Stauropignianische Institut in Lemberg ein, in welchem er im folgenden Jahre die Oberaufsicht über die Institutsdruckerei erhielt. In derselben waltete er mit großer Umsicht, vermehrte und verbesserte sie, verschönte die Lettern und veredelte den Verlag durch den Druck guter Bücher. Nebenbei ordnete er das Archiv der Bruderschaft, wobei er sich mit allem Eifer auf das Studium der das sogenannte Roth-Rußland betreffenden Urkunden verlegte. Die erste Frucht dieser sorgfältigen Forschungen war eine größere Abhandlung: „Die griechisch-katholische Stauropigial-Kirche in Lemberg und das mit ihr vereinigte Institut", welche im Jahrgang 1830 des „Neuen Archivs für Geschichte und Staatenkunde" (Wien, 4⁰.) abgedruckt ist, und wovon eine polnische Uebersetzung in den „Rozmaitości lwowskie" (1831) und aus diesen im „Lwowianin" (1837) erschien. Es ist dies die erste ausführliche urkundlich belegte Nachricht über das hochwichtige bis dahin unbeachtet gebliebene Institut. In seinen Forschungen fortfahrend, stellte er sich die weitere Aufgabe, die Lücken der bibliographischen Werke von Bandtke, Lelewel, Sopikow und Strojew zu vervollständigen, und so gab er das Buch heraus: „*Historyczne badania o drukarniach rusko-sławiańskich w Galicyi*", d. i. Kritische Forschungen über die russo-slavischen Druckereien in Galizien (Lemberg 1836, 8⁰.), wovon eine russische Uebersetzung im Petersburger Tagblatt des Ministeriums für Volksaufklärung erschien; seine weiteren Arbeiten sind: „*Rys do historyi rodu ruskiego w Galicyi i Austryi*", d. i. Grundriß zur Geschichte des ruthenischen Volkes in Galizien und Oesterreich (Lemberg 1837, 8⁰.), wovon aber nur das erste Heft herauskam; das ganze Werk indessen gab später Prof. Bodiański in russischer Uebersetzung zu Moskau (1845) heraus, darin sind die politische und Kirchengeschichte Roth-Rußlands von der Einführung des christlichen Glaubens bis auf unsere Zeiten dargestellt; — „*Dyplomataryusz Galicyiski*", d. i. Galizisches Urkundenbuch; dasselbe, in zwei starken Bänden zusammengestellt, übergab Zubrzycki der k. k. Regierung mit der Bitte um einen Druckbeitrag; als er darauf einen ablehnenden Bescheid erhielt, trat er mit russischen Gelehrten in Verbindung, und von dieser Zeit an wurden seine geschichtlichen Arbeiten und Urkunden von der archäologischen Commission in Petersburg in den Acten des östlichen Rußlands und in den Denkschriften in Kiew abgedruckt und auch in das oberwähnte Tagblatt des Ministeriums für Volksaufklärung 1839 bis 1841 aufgenommen; — „*Kronika Stauropigii*", d. i. Die Chronik des Stauropigiums, aus dem Polnischen übersetzt in den Lesestücken der historischen und Alterthumsgesellschaft in Moskau in den Jahren 1847 und 1848 von Bodiański; — „*Wiadomość historyczno-krytyczna o dawnych dziejach Czerwonej Rusi do końca XV. wieku*", d. i. Historisch-kritische Nachricht von der alten Geschichte Roth-Rußlands bis zum Ende des 15. Jahrhunderts (ebd.); — „*Początek Unii*", d. i. Anbeginn der Union; im Jahre 1842 übertrug der Lemberger Magistrat Zubrzycki die Ordnung des alten Stadtarchivs, die daselbst 1843 und 1844 aufgefundenen Quellen gab er in polnischer Sprache heraus; — „*Kronika miasta Lwowa*", d. i. Chronik der Stadt Lemberg, eine wahre Fundgrube wichtiger Vorgänge zur Geschichte Galiziens; — „Von der jüdischen Bevölkerung in Polen", in Jordan's „Jahrbüchern für slavische Literatur" (1843); — „Von der Veränderung des Volksthums" (ebd. 1847), wurde ins Polnische und Russische übersetzt. An den Ereignissen in Lemberg im Jahre 1848 hatte Zubrzycki keinen unmittelbaren Antheil, er gehörte aber zu der damals errichteten główna rusinska rada (großer russischer Nationalrath) und gab in deutscher Sprache die politische Flugschrift: „Die ruthenische Frage in Galizien von einem Russinen" (Lemberg 1848, 8°.) heraus. Als dann das Project, Galizien nach den zwei Nationalitäten zu theilen, zur Sprache kam, beleuchtete er diese Frage in der Schrift: „*Granice między polskim i ruskim narodu w Galizii*", d. i. Grenzen zwischen dem polnischen und russinischen Volke in Galizien (Lemberg 1848), welche auch in deutscher Sprache erschien. Darauf übernahm er die Redaction der russinischen Zeitschrift „Zora Halicka", d. i. Galizische Morgenröthe, die aber in kurzer Zeit einging, worauf er seine politischen und historischen Artikel für die damals von Guszalewicz herausgegebene „Pczola ruska", d. i. Russinische Biene, schrieb. Sein Einfluß aber auf das russinische Schriftthum und die durch ihn aufgeworfene russinische Nationalitätenfrage war durchaus kein geringer, umsomehr als er 1849 russisch zu lernen begann, sich mit dem bekannten russischen Historiker Michael Pogodin befreundete und unter dessen Anleitung als der erste Galizianer russisch zu schreiben anfing. Als 75jähriger Greis machte er sich daran, die Geschichte der galizischen Russinen in dieser Sprache zu schreiben; das Stauropignianische Institut übernahm den Verlag dieses Werkes und gab es unter dem Titel: „*Storia drewniaho halicko-ruskaho kniazestwa*", 3 Theile (Lemberg 1852—1854) heraus; dasselbe führt die Geschichte der Russinen bis zum Jahre 1337 fort. Da aber diese Arbeit weder in Galizien noch in Rußland entsprechenden Absatz fand und das Institut dadurch große Einbuße erlitt, wurde das vierte Heft, welches die Zeit von 1337—1387 enthält, nur noch in 200 Exemplaren gedruckt und die Fortsetzung ganz eingestellt. Seine letzte Schrift führt den Titel: „*Anonim hneznenskij i Johan Dlugosz, latinskija opypiski i. t. d.*" (Lemberg 1855, 8°.).

aß die Polen in Galizien die Bestrebungen Zubrzycki's, seiner Nation die ihr gebührende Geltung zu verschaffen, nicht mit freundlichen Blicken betrachten, ist wohl begreiflich, umsomehr kam man ihm von russischer Seite entgegen, und die russischen wissenschaftlichen Vereine und gelehrten Gesellschaften schickten ihm ihre Diplome, und die kaiserliche Akademie der Wissenschaften in Sanct Petersburg ernannte ihn zu ihrem Mitgliede. Obgleich in den letzten Jahren sehr leidend und mit gebrochenen physischen Kräften, erreichte Zubrzycki doch das hohe Alter von 84 Jahren.

Bartoszewicz (L. F.). Literatura polska w historyczno-krytycznym zarysie, d. i. Die polnische Literatur im historisch-kritischen Umriß (Krakau 1868, gr. 8°.) Bd. II, S. 262. — In E. M. Oettinger's „Moniteur des Dates" 42me livraison Août 1868, S. 37, 1. Spalte erscheint er irrig als Zubożycki angeführt.

Zuccala, Giovanni (Schriftsteller, geb. in Bergamo 19. December 1788, gest. zu Pavia [nicht wie Oettinger meldet, zu Bergamo] am 8. März 1836). In Rede Stehender, dessen Vater Carlo Ambrogio als Privatier in sehr günstigen Verhältnissen in Bergamo lebte, wurde zu Hause durch einen französischen Emigranten, den Grafen de Lepine, erzogen. Als er 1801 seinen Vater durch den Tod verlor, kam er nach Padua, wo er im Collegio dei nobili de S. Croce die Grammaticalclassen und philosophischen Studien beendete. 18 Jahre alt, kehrte er nach Bergamo zurück und widmete sich im dortigen Seminar mit großem Eifer dem Studium der Theologie, Physik, Metaphysik und Mathematik. 1809 veröffentlichte er sein erstes Werk: „*Saggio sopra la vita e le opere dell'Abate Melchior Cesarotti*", welches in wissenschaftlichen Kreisen freundliche Aufnahme fand. Nun wurde er Professor der lateinischen und italienischen Literatur in Padua, 1814 Präfect und Professor der Rhetorik im Collegio di Merate daselbst. Um diese Zeit schrieb er die Abhandlung „*Sopra l'arte de comporre*", die in der gelehrten Welt mit großem Beifall aufgenommen wurde. 1818 kam er als Professor der Beredtsamkeit nach Mailand, wo er seine „*Vita di Tasso*", sein am meisten geschätztes Werk herausgab. Mit Decret Seiner Majestät des Kaisers Franz I. vom 16. Mai 1819 wurde er ordentlicher Professor der Aesthetik und italienischen Literatur an der Universität in Pavia. Außer seinen bisher genannten Schriften sind noch zu erwähnen: „*Sopra la solitudine*" und die „*Principii estetici*" (1833), sein letztes gedrucktes Werk. Nach 17jähriger Lehrthätigkeit an der Universität in Pavia raffte ihn im besten Mannesalter von 48 Jahren der Tod dahin. Zuccala zählte zu den Zierden der Pavianer Hochschule; seine Vaterstadt Bergamo ehrte aber das Andenken des Gelehrten, indem die dortige gelehrte Gesellschaft „Ateneum" seine von Marchesi's Meisterhand gemeißelte Marmorbüste aufstellen ließ.

Regli (Francesco). Elogio del professore G. Zuccala (Milano 1838, 8°.). — *Corradi (Alf.).* Storia dell' Università di Pavia: „Biografia di Zuccala scritta dal Prof. Zoncada". — Oesterreichischer Zuschauer von Ebersberg (Wien, 8°.) Jahrgang 1836, S. 390: „Aus unserer Zeit". Von Max Schmidt.

Porträt. Dasselbe befindet sich als Titelbild bei oberwähnter Schrift von F. Regli.

Zucchi, Karl Freiherr (italienischer und k. k. General, geb. in Reggio am 10. März 1777, gest. in Turin zu

Anfang des Jahres 1864). Er trat 1796 als Unterlieutenant in ein zu Reggio errichtetes Freiwilligen-Bataillon ein, in welchem er in der italienischen Armee unter Napoleons Fahnen diente und die Feldzüge in Oesterreich, Deutschland, Rußland mit Auszeichnung mitmachte, so daß er zum General befördert und 1809 nach der Schlacht bei Raab von Napoleon zum Reichsbaron ernannt wurde. Seine Siege und Waffenthaten unter Napoleon haben für unser österreichisches Lexikon kein weiteres Interesse, das für uns mit dem Augenblicke beginnt, als er 1814 in kaiserlich österreichische Dienste als General übertrat. Später nahm er zwar seine Entlassung, unterhielt aber seine Verbindung mit den Carbonari, einer Geheimgesellschaft, deren Ziele die Befreiung Italiens von den bestehenden Regierungen und die Einheit desselben waren. Da seine Bestrebungen verrathen wurden oder sonst zur Kenntniß der österreichischen Regierung gelangten, ward er 1823 verhaftet, ihm der Proceß gemacht und er zu vier Jahren Kerkerhaft verurtheilt. Als dann 1831 in Modena, Parma und in der Romagna der Aufstand wieder ausbrach, eilte er herbei, um sich an die Spitze der Aufständischen zu stellen. Bei Rimini wurden sie nach tapferster Gegenwehr von den österreichischen Truppen geschlagen, Zucchi gefangen genommen, vor ein Kriegsgericht gestellt und als Deserteur und Rebell zum Tode verurtheilt. Auf Frankreichs Verwendung zu lebenslänglicher Haft begnadigt, verlebte er dieselbe zehn Jahre in Munkács, dann in Josephstadt, und da das Klima auf ihn sehr nachtheilig wirkte, erfolgte seine Uebersetzung nach Palmanuova. Dort öffneten die Ereignisse des Jahres 1848 seinen Kerker. Als dann Manin sich Venedigs bemächtigte, berief ihn derselbe als Rathgeber an seine Seite, da aber Zucchi's Bleiben in Palmanuova wichtiger erschien, wurde der österreichische Staatsgefangene Festungscommandant dieser Stadt. Von dort berief ihn mit einem höchst ehrenvollen Decret die revolutionäre Regierung Mailands an ihre Seite, und er begab sich mitten durch die von den siegreich vorrückenden österreichischen Truppen überschwemmte Lombardie nach Mailand. Da indessen Radetzky wieder Herr der Lombardie geworden, folgte Zucchi einem Rufe des Ministers Pelegrino-Rossi zur Uebernahme des Kriegsministeriums in Rom. Auf seiner Reise dahin rettete er Bologna von den Greueln einer anarchischen Demagogie. Nach Rom gelangt, konnte er nur noch den Papst nach Gaeta geleiten und die Ordnung in der ewigen Stadt aufrecht erhalten helfen. Dann zog er sich aus dem öffentlichen Leben zurück nach Turin, wo er im Alter von 87 Jahren sein bewegtes Leben schloß.

L'Opinione (Turiner polit. Blatt, Fol.) 1864, Nr. 10 im Feuilleton: „Il Generale Carlo Zucchi".

Porträt. Unterschrift: „Zucchi, | Generale di divisione" in Cantu's „Storia d'Italia". Ohne Angabe des Zeichners und Stechers (8°.).

Zuccoli, Luigi (Maler, geb. im Mailändischen in der ersten Hälfte dieses Jahrhunderts). Er bildete sich in der Zeit der österreichischen Regierung im lombardisch-venetianischen Königreich an der Mailänder Kunstakademie und beschickte in den Fünfziger-Jahren die Ausstellungen der Brera sehr fleißig mit Historienstücken, Genrebildern und Bildnissen. So stellte er dort aus 1852: „Der Verwandte", im „Album Esposizione" (Canadelli 1852), nach einer

Zeichnung von Rizzo, von Gaudini gestochen; es ist wahrscheinlich dasselbe Bild, welches unter dem Titel: „Le conseguenze di un duello" in verschiedenen Katalogen erwähnt wird; — 1853: „Das Blumengeschenk", nach einer Zeichnung von Rizzo, gest. von Barni, im „Album Esposizione" 1853; — 1854: „Christen, die sich aufs Martyrium vorbereiten"; — 1855: „Die Verkündigung Mariae", in zwei Bildern; — 1856: „Letzte Bitte einer Sterbenden", nach einer Zeichnung von Rizzo, gest. von Gaudini, im „Album Esposizione" 1856; — „Desiderius, letzter König der Longobarden, als Gefangener Karls des Grossen"; — 1858: „Die Gefangene", nach Zeichnung von Rizzo, gest. von Clerici im „Album Esposizione" für 1858. Von anderen Bildern des Künstlers aus italienischen Ausstellungen sind mir noch bekannt: „Die letzte Oelung"; — „Die Abgnade"; — „Die Rose"; — „Eine Maske"; — „Der Brief"; — „Die Verrathene"; — „Ein süsser Vorwurf", und von seinen Bildnissen das im Jahr 1857 ausgestellte des italienischen Philosophen Rosmini-Serbati. Von seinen Bildern ist das Familienbild „Der Verwundete" eines seiner besten, übrigens wurde er als Genremaler in Oberitalien seinerzeit sehr geschätzt, dabei aber überschätzt. — Nagler gedenkt in seinem Künstler-Lexikon eines Luigi Zucoli, den er auch Zucolo nennt, welcher Zeichner und Maler in Mailand war und um 1809 an der Spitze der archäologischen Commission stand, welche die Ausgrabungen in Aquileja im Küstenlande leitete, deren Fundstücke er selbst zeichnete. Auch sind von ihm viele andere Zeichnungen bekannt, die er durch die Lithographie vervielfältigte, und die im Jahre 1823 zu den schönsten Erzeugnissen des damaligen Steindruckes gezählt wurden. Nagler vermuthet in ihm auch den Verfasser des Werkes: „*Enciclopedia artistica italiana ossia Repertorio degli oggetti d'arte più preziosi antichi o moderni essistenti nell'Italia da L. Zucoli illustr.*" (Milano 1841, G. Berta, Fol.). — Auch ist von einem L. Zuccoli das Werk: „*Nuovissima guida del Littorale illirico coll'aggiunta dei viaggi nella Dalmazia, nell'Istria e nella Grecia*" (Milano 1840, con carte geogr., 8°.) vorhanden. Ob ein Zusammenhang zwischen unserem Genremaler und dem Mailänder Kunstforscher (vielleicht Vater und Sohn) besteht, ist uns unbekannt.

Nagler (G. K. Dr.). Neues allgemeines Künstler-Lexikon (München, E. A. Fleischmann, gr. 8°.) Bd. XXII, S. 345. — Die Kataloge der Mailänder Kunstausstellungen in der Brera 1852 bis 1858.

Zucker, Alois (Rechtsgelehrter und Landtagsabgeordneter, geb. in Böhmen, Ort und Jahr seiner Geburt unbekannt), Zeitgenoß. Er beendete die rechtswissenschaftlichen Studien in Prag, erlangte daraus die Doctorwürde und wendete sich dem Lehramte zu. Er erhielt eine Professur an der Prager deutschen Hochschule, nahm aber zugleich am öffentlichen politischen Leben Theil und wurde in den Landtag gewählt, wo er sich der altčechischen Partei anschloß. Als Abgeordneter stand er mit Nachdruck für das deutsch-österreichische Bündniß ein, in welchem er so wie in dem daraus hervorgegangenen Dreibund (Italien) eine Garantie des europäischen Friedens erblickte. Diese Ansicht erregte den lebhaften Widerspruch der Jungčechen, welche immer das unveräußerliche und unverjährbare čechische Staatsrecht betonend, ausdrücklich bemerken, daß

Zucker's Ansichten nicht die Ueberzeugungen des čechischen Volkes ausdrücken. In seinem Fache als Rechtsgelehrter schriftstellerisch thätig, gab er unter Anderem heraus: „Skizze zu einer Monographie der Amtsverbrechen. I. Abtheilung. Ueber die Stellung der sogenannten Amtsverbrechen im Systeme des besonderen Theiles des Strafrechtes“ (Prag 1870, Dominicus, gr. 8°.).

Allgemeine Zeitung (München, Cotta, 4°.) 5. October 1889, Abendblatt, Nr. 276, S. 4147: „Aus Oesterreich 4. October“ [erörtert kurz und bündig die böhmische Krönungsfrage, welche seit 1861 die Gemüther der Čechen erregt].

Ein Dr. **Leo Ary** Zucker ist praktischer Arzt in Brody und beschäftigt sich nebenbei mit dramatischer Poesie. Er hat „Eine Thronbesteigung. Dramatisches Gedicht in 5 Aufzügen“ (Wien 1866 im Selbstverlage, 8°.) herausgegeben, welches den Conflict Peters des Großen mit seiner Schwester Sophie (1689) behandelt. Dr. Zucker hat seine Dichtung Seiner Majestät dem Kaiser Franz Joseph gewidmet.

Zuckermandl, Samuel Moses (Rabbiner, geb. zu Ungarisch-Brod am 25. April 1837). In Rede Stehender, dessen Vater und Großvater Rabbinatsassessoren in Ungarisch-Brod waren, erhielt den Unterricht im Talmud von seinem Vater, ging dann nach Leipnik, wo er die Hochschule des Rabbiners Salomon Quetsch besuchte, und setzte seine Studien am Gymnasium zu Nikolsburg fort, wo er, als Quetsch dahin berufen wurde, sich unter ihm hauptsächlich dem talmudischen Studium widmete. Nach dem Tode seines Lehrers trat er 1856 in das in Breslau von Dr. L. Frankel gegründete Seminar, 1860 bezog er die Breslauer Hochschule und hörte an der philosophischen Facultät derselben die Vorträge von Bernays, Branis, Elvenich, Eberty, Grube, Heidenheim, Haschke und Anderen. 1862 erlangte er die philosophische Doctorwürde und 1863 legte er die Prüfungen aus den theologischen und anderen wissenschaftlichen Fächern ab. Seit 1864 ist er als Rabbiner, Prediger und Religionslehrer folgeweise in Gnesen, Märkisch-Friedland, Pasewalk und Trier thätig. Von seinen meist talmudisch-wissenschaftlichen Werken kennen wir: „Die Erfurter Handschrift der Tosefta, beschrieben und geprüft“ (Berlin 1877—1880, Geschel); — „Tosefta nach Erfurter und Wiener Handschriften mit Parallelstellen und Varianten“. 6 Lieferungen (Pasewalk 1881, Selbstverlag; zwei Supplementhefte Trier). die Herausgabe dieses großen Werkes wurde dem Verfasser ermöglicht durch Subventionen der preußischen Minister Falk und Puttkammer, der Alliance israélite in Paris und der israelitischen Allianz in Wien; — „Der Wiener Tosefta-Codex“ (Pasewalk 1881); — „Spruchbuch, enthaltend biblische Sprüche aus dem Gebetbuche“. Außerdem wurden mehrere Gelegenheitsreden und wissenschaftliche Abhandlungen Zuckermandl's in verschiedenen Zeitschriften gedruckt. Auch hat er an den verschiedenen Orten seiner Berufsthätigkeit gemeinnützige Vereine gegründet und an der Förderung humanitärer Anstalten theilgenommen. Zuckermandl ist Ehren- und Vorstandsmitglied mehrerer Vereine und Gesellschaften.

Heller (Hermann). Männer der Gegenwart. Biographisches Lexikon (Brünn 1889, Selbstverlag, gr. 8°.) III. Theil: „Männer der Wissenschaft“ S. 230.

Zucoli, L., siehe: **Zuccoli**, Luigi [S. 297, im Texte].

Zudenigo, Nicolo (gelehrter Theolog, geb. in Cittavecchia auf der

... Lesina in Dalmatien 1763, gest. ...1). Er widmete sich dem geistlichen ...ande, trat nach beendeten theologischen ...dien in der Diöcese seiner Insel in ... Seelsorge, wo er zuletzt eine Vicar...e bekleidete. Franz Maria Appen...ini in seinem Werk: „Esame critico ...lla questione intorno alla patria di ... Girolamo" (Zara 1833, Battara) ...ennt ihn „einen Mann von antiker ...chlicher Tugend, gelehrt in den philo...ophischen und theologischen Wissens...weigen, wohl bewandert in der schönen ...iteratur". Zubenigo hinterließ in ...andschrift Reden und lateinische Ge...ichte, eine Folge von Predigten in illy...ischer Sprache und eine Abhandlung ...über sein Vaterland Dalmatien, wozu ...hn eben Appendini aufgefordert hatte. Seine wissenschaftlichen Arbeiten dürften im Diöcesanarchiv von Lesina aufbewahrt sein.

...andolo (Girolamo). La Caduta della Repubblica di Venezia ed i suoi ultimi cinquant' anni. Studj storici (Venezia 1857, Naratovich, 8°.) Appendice, p. 323.

Züllich von Zülborn, Rudolf (Bildhauer, geb. zu Karlsburg in Siebenbürgen 1813). Sohn des k. k. Hauptmannes Johann Züllich von Zülborn aus dessen Ehe mit Johanna geborenen Török de Kadicsfalva. Ueber die Familie berichten die Quellen S. 300 und die Stammtafel. Rudolf machte seine Studien an der k. k. Akademie der bildenden Künste in Wien, wo er sich der Bildhauerkunst zuwendete. 1843 begab er sich zur Vervollkommnung in seinem Fache nach Rom. 1848 sah man auf der Ausstellung in der Akademie der bildenden Künste in Wien von ihm eine Madonnabüste in Marmor. Von seinen Werken, obwohl der Künstler als geschickt bezeichnet wird, gelangte nur wenig in die Oeffentlichkeit. Bekannt sind die Broncebüsten (10 Zoll hoch) des Erzherzogs Palatin Joseph und dessen Gemalin Maria Dorothea, welche in der Ausstellung zu Budapesth 1856 zu sehen und von denen für Liebhaber auch Exemplare in gewöhnlichem und in Meerschaumgyps zu haben waren. Das unga-

Stammtafel der Familie Züllich von Zülborn.

Johann, k. k. Major,
geadelt 1786,
† 1792.
Theresia geborene von **Karató.**

- **Johann** geb. 1777, † 1843. — **Johanna Török de Kadicsfalva.**
  - **Emma,** vm. **Karl Specht,** †.
  - **Rudolf** [S. 299] geb. 1813.
  - **Stephan,** k. Obergeltan-Stellvertreter geb. 1820. — **Luise** geborene **Winkler.**
- **Emanuel** geb. 1782, † 1856. — **Amalie** geborene Gräfin **Wratislaw von Mittrowitz.**
  - **Bertha** geb. 29 November 1835.
  - **Franz.** — **Mathilde Holub** Edle von **Radicz** und **Benodicz.**
    - **Bertha** † 1865.
    - **Guido** geb. 15. October 1867.
  - **Amalie** geb. 1833, vm. **Franz** Freih. von **Rauch.**
- **Karl,** k. k. Oberst geb. 7 October 1789, † 10. Mai 1849.
- **Amalie** geb. 1790, † 1810, vm. von **Kovács.**

rische Nationalmuseum in Budapesth besitzt von ihm die Büste einer Madonna — vielleicht ist es die schon oben erwähnte Marmorbüste — und die Statuette der Göttin Juno, zwei Werke, welche nicht gewöhnliche Kunstfertigkeit verrathen. 1880 befand sich der Künstler in Paris. Nach einem Berichte von Franz Pulszky über das ungarische Nationalmuseum in P. Hunfalvy's „Literarischen Berichten aus Ungarn" 1878, S. 21 befaßte er sich seit längerer Zeit mit der Glyptik und verfertigte lobenswerthe Cameen. Uebrigens wenn der Künstler noch lebt, steht er bereits im Alter von 78 Jahren.

Pesth-Ofener Localblatt, 7. Jahrgang, 22. Juni 1856, Nr. 113 in den Tagesnotizen. — Dux (Adolf). Das ungarische Nationalmuseum. Eine Skizze (Pesth 1858, gr. 8°.) Seite 27.

Ueber die Familie Züllich von Zülborn. Der Adel gelangte in die Familie durch den 1792 als k. k. Major des ersten Székler Grenz-Infanterie-Regiments verstorbenen **Johann** Züllich, welcher denselben von Kaiser Joseph II. mit Diplom ddo. 1. August 1786 zugleich mit dem Prädicate von Zülborn erlangte. Die Sprossen der Familie leben in Ungarn, Siebenbürgen und Böhmen, und der Bildhauer, dessen Lebensskizze oben mitgetheilt, befindet sich seit Jahren in Paris. Die Mitglieder der Familie standen theils im k. k. Heere, theils im Civilstaatsdienst; so war **Stephan** Züllich Obergespan-Stellvertreter, Präses der Staatsprüfungscommission in Klausenburg und Ehrenbürger der k. freien Stadt Sächsisch-Regen (Szász-Régen); ein **Franz** von Züllich war Beamter beim Landesgericht in Laibach. Außer dem vorerwähnten Major Johann, dem Stammvater des Adelsgeschlechtes, war dessen Bruder **Emanuel** gleichfalls k. k. Major und ein dritter Bruder, **Karl**, k. k. Oberst. [Svoboda (Joh.). Die Zöglinge der Wiener-Neustädter Militär-Akademie von der Gründung des Institutes bis auf unsere Tage (Wien 1870, Geitler, schm. 4°.) Sp. 309.]

Wappen. Der Länge nach getheilter Schild. Im rechten blauen Felde ein links gewendeter geharnischter Krieger mit offenem Visir und rothem Helmbusch, in der von sich gestreckten Hand einen mit goldenen Fransen gezierten Speer haltend, die linke Hand in die Hüfte stemmend. Im linken blauen Felde ein rechts gekehrter goldener Löwe mit offenem Rachen, roth ausgeschlagener Zunge und mit doppeltem Knoten und Schweif. Auf dem Schilde ruht ein rechtsgekehrter goldgekrönter Turnierhelm, aus dessen Krone ein rechts gewendeter schwarzer Adler mit offenem Schnabel und rothausgeschlagener Zunge hervorwächst. Die Helmdecken sind rechts roth, links blau, beiderseits mit Gold unterlegt.

Zürchauer, Anton Edler von (k. k. Professor der Landwirthschaft in Prag, geb. zu Prag 25. Juni 1766, gest. daselbst 18. September 1817). In Rede Stehender, dessen Vater Johann Georg 1769 mit dem Ehrenworte „Edler von" geadelt worden, trat nach beendeten Universitätsstudien bei dem Rakonitzer k. k. Kreisamte als Praktikant in den Staatsdienst, und nachdem er ein Jahr bei dem k. k. Landesgubernium in Verwendung gestanden, ward er mit k. k. Hofdecret vom 21. Jänner 1790 als der erste Professor der Landwirthschaft mit dem Gehalte von 400 fl. an der Prager Universität angestellt. Nach manchen Wandlungen, indem das Gehalt von 400 auf 800, zuletzt auf 1200 fl. erhöht, dasselbe zuerst von der patriotisch-ökonomischen Gesellschaft, dann von den böhmischen Ständen bestritten wurde, ging die Professur von der Universität an das Prager polytechnische Institut über und blieb mit diesem seither vereinigt. Zürchauer war es, der, die Bedeutung der Landwirthschaft erkennend, diese Disciplin in Böhmen den Anforderungen der Zeit entsprechend gestaltete und erweiterte und der Erste einen mit

...bkenntniß gearbeiteten Lehrplan ...warf.

...linek (Karl Dr.). Das ständisch-polytechnische Institut in Prag (Prag 1856, Haase's Söhne, 8°.) S. 210.

Zuerkuenden, Peter (Maler, geb. 1762, gest. in Wien 8. August 1787). Er dürfte seinem Namen nach niederländischen Ursprungs und nachdem Belgien für Oesterreich verloren gegangen, nach dem Kaiserstaate gekommen sein. Wir wissen nichts Näheres über ihn, als was die unten angeführte sehr dürftige Quelle angibt: sein Geburts- und Todesjahr und daß er Miniaturmaler war.

Vatuzzi (Alexander). Geschichte Oesterreichs (Wien, Wenedikt, schm. 4°.) Bd. II, S. 345 in dem am Schlusse befindlichen Rückblick von Maria Theresia bis auf die Gegenwart.

Zürnich, Joseph (Maler, geb. in Wien 20. September 1824). Er widmete sich der Malerkunst und bildete sich an der k. k. Akademie der Künste in Wien zum Bildniß- und Thiermaler aus, als welcher er daselbst thätig ist. Ueber seine Arbeiten ist nichts Näheres bekannt.

Das geistige Wien. Künstler- und Schriftsteller-Lexikon. Von Ludw. Eisenberg und Richard Groner (Wien 1890, Brockhausen, br. 8°.) S. 322.

Zugschwerdt, Joh. Bapt. (Rechtsgelehrter, geb. zu Kaltes im Viertel ober dem Mannhartsberg 1810, gest. in Wien 3. September 1873). Sohn unbemittelter Eltern, machte er die Studien in Wien, wo er sich an der Universität der Rechtswissenschaft widmete und daraus am 6. Februar 1837 den Doctorgrad erlangte. Im October 1844 ward er Advocat in Wien, 1849 Hofkriegsrathsadvocat und nach Einführung des Notariats 1850 Notar mit dem Amtssitze in Wien, wonach er im Februar 1851 sein Advocatenbefugniß zurücklegte. Seine fachschriftstellerischen Arbeiten, namentlich über financielle und nationalökonomische Gegenstände lenkten die Aufmerksamkeit auf ihn, so daß er nach Gründung der Creditanstalt für Handel und Gewerbe 1855 zum Verwaltungsrathe derselben und im folgenden Jahre zum Verwaltungsrathe der Kaiserin Elisabeth-Bahn ernannt wurde, welche Ernennungen zur Folge hatten, daß er auf sein Notariatsbefugniß verzichtete. Er konnte dies um so leichter thun, als die Tantièmen an dem Gewinne und die Präsenzgelder für die Sitzungen bei beiden Geldinstituten etwa 14.000 fl. betrugen. Während seiner Wirksamkeit als Advocat und Notar und auch später schrieb er mehrere fachwissenschaftliche Werke, deren Titel sind: „Das Recht des Schadenersatzes und der Genugthuung, nach dem österreichischen Civilgesetze versuchsweise dargestellt“ (Wien 1837, 8°.), war als Inauguraldissertation erschienen; — „Grundzüge für eine Hypothekenbank in Oesterreich“ (ebd. 1844, 8°.); — „Das Bankwesen und die privilegirte österreichische Nationalbank“ (ebd. 1853); — „Die Wahl eines Hypotheken-Institutes für Oesterreich“ (ebd. 1855); — „Die Schürfungen der Freiheitsstrafe“ (ebd. 1865, 8°.); — „Die Verwendung religiöser Corporationen in den Strafanstalten“ (ebd. 1866, 8°.), in seiner Vorrede sagt Zugschwerdt: „nachdem ich leider in der traurigen Lage war, das Gefängnißleben und die Gebarung einer solchen religiösen Corporation in einer Strafanstalt durch unmittelbare Anschauung kennen zu lernen, so entsprach ich der Aufforderung, die von mehreren Seiten an mich gestellt wurde, und veröffentlichte meine Studien über diesen Gegenstand“; — „Der

Vollzug der Freiheitsstrafe" (Wien 1866, Waldheim, gr. 8⁰.); — „Praktisches Handbuch zur Concursordnung für die im österreichischen Reichsrathe vertretenen Königreiche und Länder" (ebd. 1869, gr. 8⁰.). Auch war er 1839—1843 ein fleißiger Mitarbeiter für die von Wildner von Maithstein herausgegebene rechtswissenschaftliche Zeitschrift „Der Jurist", in welcher seine Aufsätze über Winkelschreiberei, über die Erfordernisse zur Herstellung des Beweises, über die Echtheit einer Urkunde durch Vergleichung der Handschriften, über den Begriff des Ausdruckes Blutsverwandte und Blutsfreundschaft in den §§. 141 und 142 der allgemeinen Gerichtsordnung, über das Compensationsrecht im Concursprocesse u. m. a. enthalten waren. Trotz seiner reichlichen Einnahmen gerieth Dr. Zugschwerdt in pecuniäre Bedrängnisse verwickeltster Art, die, nachdem sie nicht mehr zu verheimlichen waren und nach einem aufgegebenen Vorsatze sich das Leben zu nehmen, ihn 1858 vor die Schranken des Gerichtes führten und seine Verurtheilung zu mehrjähriger Gefängnißstrafe zur Folge hatten. Nach überstandener Freiheitsstrafe beschäftigte er sich mit Fachschriftstellerei, bis er im Alter von erst 63 Jahren starb.

Stadt-Post (Wiener polit. Blatt) I. Jahrgang, 16. April 1858: „Proceß wider Dr. J. B. Zugschwerdt". — Schlesische Zeitung (Breslau, Fol.), 1858, Nr. 172 im Feuilleton: „Wien 15. April". — Ostdeutsche Post (Wiener polit. Blatt) 1858, Nr. 31, unter den Tagesneuigkeiten. — Presse (Wiener politisches Blatt) 1857, „Dr. Zugschwerdt". — *Stubenrauch* (*Moriz v.*), Bibliotheca juridica austriaca (Wien 1847, 8⁰) S. 372.

Jukowa, Johann (Bildnißmaler, Ort und Jahr seiner Geburt unbekannt), Zeitgenoß. Ueber diesen Künstler, welcher Ende der Dreißiger- und Anfang der Vierziger-Jahre in Wien lebte und Miniaturbildnisse malte, schweigen alle Werke über Kunst und Künstler in Oesterreich. Es fehlen uns alle Nachrichten über seinen Lebens- und Bildungsgang. 1839 und 1840 stellte er in der Akademie der bildenden Künste bei St. Anna in Wien mehrere Miniaturbildnisse aus, und zwar 1839 deren vier, 1840 deren drei. Er hatte in diesem Jahre sein Atelier in Wien am Hof, Nr. 329. Später finden sich keine Bildnisse von ihm in den Wiener Ausstellungen vor. Seinem Namen nach scheint er slavischer Abkunft zu sein.

Kataloge der Jahresausstellungen in der k. k. Akademie der bildenden Künste (Wien) 1839, S. 7 und 8, 1840, S. 8.

Jukriegl, Jakob (gelehrter Theolog, geb. zu Grossolkowitz in Mähren 26. Juli 1807, gest. in Tübingen 9. Juni 1876). Nach beendeten Gymnasial- und philosophischen Studien wendete er sich dem geistlichen Berufe zu, erhielt am 16. Juli 1831 die Priesterweihe und widmete sich der Seelsorge, zunächst als Caplan in Laa bei Hainburg, dann 1840 als solcher in Wien. Für das Lehramt sich entscheidend, wurde er 1847 supplirender Professor der christlichen Religionsphilosophie und Prediger an der Universität in Wien. Plötzlich legte er, der zu den schönsten Hoffnungen berechtigte, sein Lehramt nieder und nahm an Dr. Drey's Stelle die Professur der Apologetik, theologischen Encyklopädie und Philosophie an der Universität Tübingen an, an welcher er nahezu ein Vierteljahrhundert in ersprießlichster Weise bis 1874 wirkte und nachdem er schon mehrere Semester beurlaubt gewesen, im genannten Jahre in den Ruhestand trat. Dr. S. Brunner in den unten genannten „Denk-Pfennigen" klärt uns über Zukriegl's Verlassen der Wiener Universität auf. Es war im Jahre der Bewegung 1848, in welchem auch die niederösterreichische Geistlichkeit unter den allgemeinen bereits die Kirche bedrohenden Vorgängen Stellung zu nehmen suchte. Mehr als hundert Priester hatten sich zu einer Berathung zusammengefunden, die ganz ordnungsmäßig verlief, als mit einem Male der Dechant von Probstdorf warnend und den Wiener Clerus verdächtigend, seine Stimme erhob, was zur Folge hatte, daß der Erzbischof von Wien die ferneren Versammlungen des niederösterreichischen Clerus verbot. Da trat Dr. Sebastian Brunner in der von ihm redigirten „Kirchenzeitung" gegen den Probstdorfer Dechanten entschieden auf, wies die denunciatorischen Beschuldigungen desselben zurück und brach für den niederösterreichischen Clerus eine Lanze. In dieser Philippika und in dieser Replik Dr. Brunner's heißt es auch: „Wenn Sie aber (Herr Dechant) schon einer Veranlassung und eines Anstoßes von außen nothwendig haben und einer „hohen Aufforderung" bedürfen, um ihre „hohe Begeisterung" in vollen Schwung zu bringen und mit „wahrem Trost und schönen Hoffnungen" erfüllt zu werden*), so wäre bei Gott eine bessere Gelegenheit dazu gewesen, als einige Geistliche sich offen von ihren Eiden gegen die katholische Kirche lossagten, von denen einer (Füster) im vergangenen Jahre jene Lehrerstelle an der Universität bekam, welche der durch Wissenschaft und Wandel ausgezeichnete Dr. Zukriegl ein Jahr lang rühmlichst versehen hat. Zukriegl mußte auswandern und ist gegenwärtig auf den Lehrstühlen der Philosophie und Theologie zu Tübingen eine Zierde der dortigen Universität und steht würdig neben einem Kuhn, Hefele, Welte, Fichte u. s. w., was auch etwas gesagt haben will. Da wäre nun Gelegenheit gewesen, eine Ergebenheitsadresse bezüglich des abgefallenen Professors Füster und eine Bemitleidungsadresse betreffs des Dr. Zukriegl zu machen, indem man von Seite der kirchlichen Behörde damals aus Versehen kein Wort aussprach, um die Lehrkanzel dem verdienstvollen Zukriegl zuzuwenden und die Folgen dieses kleinen Mißgriffes eben für das Ordinariat keine geringen sind. Das wäre, wenn schon einmal eine Veranlassung sein muß, doch eine würdige und dringende gewesen. Da hätten auch die Worte vom „unkirchlichen Treiben" und von „Verworfenheit" mit Recht platzgreifen können." Nachdem wir nun die bisher wenig bekannte Ursache von Zukriegl's Ueberfiedlung aus Oesterreich ins Reich kennen gelernt, bleibt uns nur übrig, seiner Werke zu gedenken. Diese sind: „Wissenschaftliche Rechtfertigung der Trinitätslehre mit besonderer Rücksicht auf Strauss" (Wien 1846, 8°.); — „Ueber die Nothwendigkeit einer Offenbarungsmoral" (Tübingen 1849, 8°.); — „Nothwendigkeit der christlichen Offenbarungsmoral und ihr philosophischer Standpunkt" (ebd. 1850, 8°.); — „Kritische Untersuchung über das Wesen der vernünftigen Geistseele und der physischen Leiblichkeit des Menschen" (Regensburg 1854, 8°.); — „Zur Signatur der modernsten theologischen Unionsbestrebungen". In der Tübinger theologischen Quartalschrift

*) Die mit Gänsefüßchen bezeichneten Stellen sind wörtlich aus der Denunciation des Probstdorfer Dechanten.

veröffentlichte er aber außer einigen Recensionen die Abhandlungen: „Der Standpunkt der Idee und der christlichen Apologetik" (1849); — „Kritik der Dischinger'schen Principien der speculativen Trinitätslehre" (1852); — „Lösung der neuesten Bedenken gegen die Trinitätslehre"; — „Ueber Strauß' Einwürfe gegen die Nothwendigkeit der Offenbarung" (1856); — „Zur Lehre von der Unsterblichkeit des Geistes". Zukriegl war Mitherausgeber der „Tübinger theologischen Quartalschrift", eines Blattes, das sich stets auf der Höhe der katholischen Theologie gehalten hat. Ferner lieferte er Beiträge zum Bonner Literaturblatt und für das Welte'sche „Kirchenlexikon" den Artikel Locke. Zukriegl, der zu Tübingen, 71 Jahre alt, gestorben, ist auch daselbst begraben.

Brunner (Seb.). Denk-Pfennige zur Erinnerung an Personen, Zustände und Erlebnisse vor, in und nach dem Erlösungsjahre 1848 (Würzburg und Wien 1886, Leo Wörl, gr. 8°) S. 193 — Handschriftliche Mittheilungen der Herren Theob. Schanz in Tübingen und Schöpf in Guggenthal bei Salzburg, wofür ihnen hier mein Dank erstattet sei.

Żulawski, Karl (Arzt, geb. zu Limanów in Galizien 1843). Allem Anscheine nach ein Sohn des Arztes Leon Żulawski, der in Galizien seine Praxis ausübte und folgende Schriften heraus gab: „*Wody pod względem przyrodzonym, ekonomicznym, estetycznym politycznym i fizyjologiczno - lekarskim*", d. i. Die Heilquellen von ihrem natürlichen, ökonomischen, ästhetischen, politischen und physiologisch-medicinischen Gesichtspunkte aus betrachtet (Krakau 1850) und „*Wody kwasno-żelaziste w Krynice opisane*", d. i. Beschreibung der eisenhaltigen Mineralquelle Krynica im Sandecer Kreise (1857). — Karl besuchte das Gymnasium zu Sącz, Tarnów und Lemberg, dann, sich dem ärztlichen Berufe widmend, die medicinische Facultät an der Jagiellonischen Universität in Krakau, wo er 1870 die medicinische Doctorwürde erlangte. Indem er sich der ärztlichen Praxis zuwandte, machte er sich vorderhand in Limanów seßhaft, ging aber schon 1872 nach Wien, wo er an der Hochschule das Magisterium der Geburtshilfe erlangte. Von 1876 bis 1879 übte er die Obliegenheiten eines Secundararztes am Irrenspital zum h. Geist in Krakau aus, und 1880 erlangte er an der Jagiellonischen Universität das Doctorat der Chirurgie und legte noch im nämlichen Jahre die Physicatsprüfung ab. 1881 erhielt er die Primararzt-Stellvertreterstelle an der Irrenabtheilung des St. Lazarusspitals in Krakau, an welchem er nach anderthalb Jahren zum wirklichen Primarzte vorrückte. 1886 habilitirte er sich zum Docenten der Psychiatrik an der Jagiellonischen Universität. Außer zwei wissenschaftlichen Krankheitsberichten der Jahre 1883 und 1885 aus der Abtheilung der Irren in Krakau, von denen der erste vier Wuthanfälle, der zweite zehn Anfälle von zeitlichem Irrsinn erläutert, gab er heraus: „*Przypadek obłędu ostrego*", d. i. Ein besonders schwerer Irrsinnsfall (1884).

Tarnowski (Stanisław, Rektor). **Kronika Uniwersitetu Jagiellońskiego od roku 1864 do roku 1887**, d. i. Chronik der Jagiellonischen Universität vom Jahre 1864 — 1887 (Krakau 1887, 4°.) S. 137

Zulkiewski, Karl (Homilet und Missionär, geb. in Kleinpolen 1740, gest. in Starawies 1829). Dem Priesterstande sich zuwendend, vollendete er die theolgischen Studien in Krakau, t 1760 in den Orden der Gesellschaft Jesu, in welchem er fünf Jahre am Collegium der Gesellschaft im Lehramte wirkte. Nach Aufhebung des Ordens begab er sich nach Weiß-Rußland, wo er durch fünfzehn Jahre die Obliegenheiten eines Missionärs im russischen Reiche ausübte. Als dann aus demselben die Jesuiten vertrieben wurden, fand er 1820 mit Anderen seines Ordens in Galizien eine Zuflucht und lebte daselbst bis an seinen Tod. Im Druck erschienen von ihm: „*Kazania o męce pańskie*", d. i. Predigten über das Leiden des Herrn 2 Bände (Kalisz 1770, 8°.); — „*Kazania ku religii prawdziwej utwierdzenia i naprawie obyczajów*", d. i. Predigten über die Religion des wahren Bekenntnisses und richtige Moral, 2 Bd. (ebd. 1779) und „*Kazania przygodne*", d. i. Gelegenheitspredigten", 2 Bände (ebd. 1779, 8°.).

Bentkowski (Felix). Historya literatury polskiej. Wystawiona w spisie dzieł drukiem ogłoszonych, d. i. Geschichte der polnischen Literatur. Dargestellt in einer Aufzählung der durch den Druck veröffentlichten Schriften (Warschau und Wilna 1814, Zawadzki, 8°.) S. 575. 582.

Zulkowsky, Karl (Technolog und Chemiker, geb. zu Witkowitz in Mähren 1833). Seine Studien machte er am polytechnischen Institute in Wien. Darauf dem Lehramte sich zuwendend, war er durch fünf Jahre als Assistent bei der Lehrkanzel für chemische Technologie an der technischen Hochschule daselbst, dann aber durch längere Zeit in der Praxis als Hüttenverwalter und Director thätig. 1869 kam er als Professor an die Brünner technische Hochschule und wirkte daselbst durch 18 Jahre. Zuletzt folgte er 1887 einem Rufe der technischen Hochschule in Prag. Als Professor in Brünn war er Präses der II. Staatsprüfungscommission für das chemisch technische Fach, dreimal (1870, 1878, 1883) Dekan der chemischen Schule und zweimal (1873, 1884) Rector der chemischen Hochschule. Er zählt zu den ersten Capacitäten seines Faches, und ist ihm ein ganz besonderes Zeichentalent und mit diesem große Erfindungsgabe eigen. Er erwarb sich erhebliche Verdienste auf dem Gebiete der Portlandcement-Fabrication und legte seine Arbeiten darüber in einer umfangreichen Abhandlung in den Schriften des österreichischen Ingenieur- und Architektenvereins nieder. Seine Forschungen auf dem Gebiete der Farbenchemie sind seinerzeit von Hofrath Wagner in Würzburg in Dingler's „Polytechnischem Journal" nach ihrer ganzen Bedeutung hervorgehoben, und seine Arbeit über Stärke ist in der „Zeitschrift für chemische Industrie" als eine grundlegende bezeichnet worden. Man rühmt ihm ein ganz besonderes Geschick in der Construction von chemischen Apparaten nach, von denen sich einige in allen Laboratorien eingebürgert haben, so z. B. seine in Gemeinschaft mit Arzberger construirte Wasserstrahl-Luftpumpe, sein Azotometer, seine Filtrirapparate und die von ihm in jüngster Zeit construirte Mühle, durch welche die zur Analyse bestimmten Mineralien mit Zuhilfenahme eines Wassermotors zerkleinert werden. Wie schon bemerkt, ist Zulkowsky auch in seinem Fache schriftstellerisch thätig, und sind von ihm erschienen in den Sitzungsberichten der kaiserl. Akademie der Wissenschaften math.-naturw. Classe: „Ueber die chemische Zusammensetzung eines Glimmerschiefers von Monte Rosa und der Rapilli vom Köhlerberge bei Freudenthal in Schlesien" [Band

XXXIV, Seite 37]; — „Ueber die Molecularconstitution der Theerbasen $C_{18+n}H_{15+2n}N_3$", mit Holzschnitten [Bd. LIX, 2. Abth., S. 133]; — „Ueber die Einwirkung des Glycerins auf Stärke bei höheren Temperaturen" [ebd. 1873]; — „Ueber den Charakter einiger ungeformter Fermente", gemeinschaftlich mit König [ebd. 1875]; — in Liebig's „Annalen": „Ueber einen Apparat zur bequemen Bestimmung des Stickstoffes" [ebd. 1876]; — „Ueber die Bestandtheile des Corallins und ihre Beziehungen zu den Farbstoffen der Rosanilingruppe" [ebd. 1878]; — „Ueber die chemische Zusammensetzung der Diastase und der Rübengallerte" [ebd. 1878]; — „Ueber die krystallisirbaren Bestandtheile des Corallins" [ebd. 1880]; — in den Berichten der deutschen chemischen Gesellschaft: „Bestandtheile des Corallins" [1882]; — „Untersuchungen der Blutlaugensalzschmelze" [ebd. 1883]; — „Beitrag zur Prüfung der Fette" [ebd. 1883]; — „Die aromatischen Säuren als farbstoffbildende Substanzen" [ebd. 1884]; — „Ueber farbige Verbindungen des Phenols mit aromatischen Aldehyden" [ebd. 1884]; — Bestimmung der Halogene organischer Körper", in Gemeinschaft mit Lepéz [ebenda 1885]. In seiner Eigenschaft als Lehrer zeichnet er sich durch einen ungemein lebendigen und klaren Vortrag aus, wobei ihm sein oberwähntes Zeichentalent bei Darstellung von Werksanlagen, die er mit erstaunlicher Deutlichkeit auf der Tafel entwirft, sehr zu Statten kommt.

Heller (Hermann). Mährens Männer der Gegenwart. Biographisches Lexikon (Brünn 1889, Lex. 8°) III. Theil: „Männer der Wissenschaft" S. 231.

Jultner, Jacob (Festungsdirector zu Karlsburg in Siebenbürgen, geb. in Siebenbürgen gegen Ende des 17. Jahrhunderts, gest. zu Karlsburg am 14. Jänner 1755). Ein Sohn des Weidenbacher Pfarrers Jacob Jultner, der ein geborener Kronstädter war, that er sich frühzeitig in Mathematik und im Zeichnen hervor, trat in die kaiserliche Armee, arbeitete 1713—1726 unter der Direction des k. k. Ingenieurhauptmanns Friedrich Schwarz von Springfels in Wien und kam dann als k. k. Lieutenant nach Karlsburg. Sein Andenken hat sich durch mehrere Pläne und Aufnahmen von Karten Siebenbürgens erhalten. So rührt von ihm der Plan der Stadt Karlsburg und ihrer Vorstädte her, den er 1735 anfertigte, ferner die Abbildung des Kirchencastells von Helsdorf, das er in sauberer Weise in das dortige Kirchenbuch zeichnete. Lorenz Weidenfelder, Pfarrer zu Michaelsberg in Siebenbürgen (geb. 1693, gest. 1755), schreibt ihm auch den Hauptantheil an Plan und Ausführung der über den Rothenthurmpaß in die kleine (frühere österreichische) Walachei führende Karolinenstraße und an der Aufnahme beider Karten von Siebenbürgen und der kleinen Walachei zu, von denen die erstere 1735 und 1740 unter dem Namen des Oberstlieutenants Johann Conrad Weiß, jedoch nur in handschriftlicher Zeichnung, die zweite aber, von F. Asner in Kupfer gestochen, mit der zweiten Ausgabe der Kölescher'schen „Auraria Romano-Dacica" 1780 unter dem Titel: „Valachia Cis-Alutana in suos quinque districtus divisa" auch im Druck veröffentlicht worden ist. Ferner bestimmte Jultner 1741 als kaiserlicher Commissär die Grenze Siebenbürgens gegen die Walachei in Gemeinschaft mit türkischen Grenzcommissär Menusetdschi Mechmed Effendi. Nach dieser Grenzbestimmung zeichnete er 1743 im Einvernehmen mit der türkischen Commission eine neue Karte, nach welcher 1769 eine neue Grenzbestimmung und Berichtigung ausgeführt und die k. k. Grenzadler ohne allen Widerspruch aufgestellt wurden. — Jacobs älterer Bruder Georg starb als Pfarrer zu Helsdorf in Siebenbürgen am 22. Jänner 1765 und hinterließ ein noch für die Geschichte zu verwerthendes Tagebuch von 1689—1739. — Ein zweiter Bruder Jacobs, Johann Zultner, diente gleichfalls in der Armee, wurde 1744 von den Franzosen gefangen genommen und nach Straßburg geführt und starb nach seiner Befreiung als Rittmeister bei Graf Kalnoky-Huszaren zu Csik-Taplotza am 7. December 1750.

Trausch (Joseph). Schriftsteller-Lexikon oder biographisch-literarische Denkblätter der Siebenbürger Deutschen (Kronstadt 1871, Johann Gött und Sohn, gr. 8°.) Bd. III, Seite 543.

Zumbur, Pseudonym für **Knauz**, Nándor [Bd. XII, S. 140].

Zumbusch, Kaspar Ritter von (Bildhauer, geb. zu Herzebrook an der Ems in Westphalen am 23., nach der „Neuen Freien Presse“ am 28. November 1830). Sein Vater, Postverwalter und Rentmeister bei dem Herzoge von Croy, bebaute eigenen Grundbesitz. Die Mutter, eine große Bücherfreundin, vertiefte sich gern in Nachsinnen über die höchsten und letzten Dinge. Die Gegend, in welcher der Knabe mit seinen Eltern wohnte, war ganz danach angethan, seine Phantasie anzuregen und überhaupt ein Erdenwinkel, der schon manchen großen Mann, es seien nur Kaulbach, Rauch, Freiligrath, Bunsen genannt, der Welt geschenkt. Bei der großen Vorliebe des Vaters für alte Kupferstiche und sonstigen alten zierlichen Hausrath, der in allen Ecken und an allen Wänden der Wohnung vertheilt war, fand seine rege Phantasie genug Gelegenheit, sich in die Schöpfungen der Kunst zu vertiefen, und frühzeitig fing er an, Menschenköpfe und Thiergestalten zu schnitzeln. Diese Arbeiten weckten in der Mutter den Gedanken, ihn der Bildhauerkunst zu widmen, während der praktische Vater in der Kaufmannschaft einen festeren Boden sah als in der Bildhauerei. Wie bedeutend aber die Schnitzereien des Jünglings waren, beweist die Thatsache, daß, als ein höherer Beamter solche im Elternhause gesehen und nach Berlin genommen, um sie dem großen Rauch zu zeigen, dieser den bemerkenswerthen Ausspruch that: „Das wäre ein Bildhauer auch ohne Hände.“ Dieser Ausspruch Rauch's bewirkte, daß Zumbusch vorderhand die Gewerbeschule in München für zwei Jahre besuchte und dann ein Jahr auf der Provinzialzeichenschule daselbst sich heranbildete. Doch immer noch zweifelte er selbst, ob er die Künstlerlaufbahn einschlagen solle, und war zuletzt fest entschlossen, Kaufmann zu werden, Amerika und die große Welt zu durchreisen, womit der Vater ganz einverstanden war. Im Herbst 1848 traf aber auch schon der Brief seines Onkels aus Bremen ein, der ihm in dieser Stadt eine gute Stelle in einem Handlungshause ausgemacht hatte. Jetzt aber kam es über ihn wie eine Erleuchtung, im Augenblick der Abreise faßte er den Entschluß, Künstler zu werden, und anstatt nach Bremen fuhr er nach München, um bei Schwanthaler Aufnahme zu suchen. In Würzburg angekommen, griff er nach einer Zeitung, und wie ein Schlag traf es ihn, als er darin die Nachricht vom Tode Schwanthaler's las. Niedergedrückt traf er am 28. November in München ein. Die Anfänge daselbst ließen sich nichts weniger als verlockend an. Er meldete sich zur Aufnahme als Schüler bei der Akademie, machte eine Probearbeit und wurde — Cornelius und Schnorr waren schon lange nicht mehr an der Anstalt — „als unfähig zurückgewiesen"! Das aber entmuthigte ihn doch nicht, und statt in die Akademie einzutreten, trat er in die Modellirschule, welche unter Halbig's Leitung an der damaligen polytechnischen Schule Münchens blühte. Bei diesem Meister arbeitete er nun fünf Jahre. „Scharf sehen und sicher nachbilden", mit anderen Worten: Naturanschauung und Naturtreue, das lernte er bei Halbig, also nicht den akademischen Weg vom Studium der Alten zur Natur, sondern gerade den umgekehrten, von der Natur zu den Alten hatte er eingeschlagen. Nun aber traten schwere Ereignisse in sein Leben: der Zusammenbruch des Wohlstandes im Elternhause, der Tod des Vaters, und er war mit einem Male ganz auf sich selbst gestellt. Doch behielt er Fassung, und ein guter Auftrag ermuthigte ihn; die Baronin Zweybrücken geborene Gräfin Rechberg bestellte bei ihm eine Madonna für die Pfarrkirche in Domsdorf in der Nähe des hohen Rechberg. Nun miethete der 23jährige Jüngling ein kleines Atelier und vertiefte sich mit Eifer in das Studium der alten christlichen Kunst. Ein figurenreicher Bischofsstab in Elfenbein, den er für den Erzbischof Grafen Reisach machte, wurde allgemein bewundert. Freunde der christlichen Kunst, wie Lasaulx, Heinrich Heß, Windischmann, Guido Görres und andere Männer ähnlicher Richtung suchten den jungen Künstler auf. Aufträge kirchlicher Art kamen in Menge, er nahm mehrere Gehilfen auf, die dann in Holz, Stein, Terracotta ausführten, was er an Madonnen und Heiligen modellirte. Diese Bilderwerke gingen nach Bayern, Westphalen, ins Rheinland, nach Belgien, England, Amerika, größtentheils nicht einmal unter seinem Namen. Ein Altar mit mehreren Figuren in Marmor für die Grabcapelle der Frau von Waldenburg, eine Madonna in Bronze für die Façade der Herzogspitalkirche in München, eine andere fast lebensgroße Madonna für ein Grabdenkmal in Darmstadt, deren Wiederholungen im Pusterthal wie in Aschaffenburg aufgestellt wurden — eine ausführliche Uebersicht der Werke des Künstlers folgt S. 309 und 310 — das waren die ersten bedeutenderen Arbeiten aus jener Zeit. Schon im Sommer 1849 hatte Zumbusch in Begleitung Professor Halbig's eine Reise nach Mailand und Florenz gemacht; dieser folgte eine Reise nach Belgien. Doch sie waren von geringem Einfluß für den Künstler, von desto größerem Einfluß als diese war aber die Reise, welche er einige Jahre später im October 1857 mit Unterstützung des reichen Arbeiterfreundes Eggestorf in Hannover nach Italien unternahm, wo er Mailand, Verona, Padua, Venedig besuchte und vorderhand noch vorherrschend archäologische Studien machte, dann in Florenz die Meister Masaccio, Filippo Lippi, Thaddeo Gaddi, Lorenzo Credi, Botticelli und vornehmlich Ghirlandajo bewunderte und studirte, bis ihm in Rom, im Vatican und Capitol die volle und echte Schönheit, das Ideal, das ewig und allein giltige in den daselbst geschauten Werken zum vollen Bewußtsein kam. Im Mai

1858 kehrte der Künstler nach München zurück und blieb noch ein paar Jahre dem Zweige der Kunst getreu, der ihn bisher beschäftigt hatte. Es war nicht leicht zu einem großen Auftrage zu kommen, er hatte gegen die Phalanx der alten Meister anzukämpfen. Doch ließ er sich nicht entmuthigen, er studirte neben der Antike mit allem Eifer Geschichte, das frisch pulsirende Leben in Münchens wissenschaftlichen Kreisen, welches König Max geweckt, verfehlte auch auf ihn seinen Einfluß nicht, er kam mit den Dichtern und Geschichtsforschern dieses Kreises in nähere Berührung. Es folgten nun mehrere Werke, meistens Büsten, welche die allgemeine Aufmerksamkeit auf den Künstler lenkten. Nach einer abermaligen Reise im Jahre 1867 nach Rom und Neapel, wo er mehrere Werke ausführte, die großen Beifall fanden und einen größeren Auftrag, die Statue des Grafen Rumford, zur Folge hatten, nahm er nach seiner Rückkehr an dem Wettbewerb für das Denkmal des Königs Max II. in München Theil, und das Schiedsgericht erkannte ihm unter den übrigen Preisbewerbern Hähnel, Schilling, Kreling, Widmann und Brugger den ersten Preis zu und ertheilte ihm auch den Auftrag zur Ausführung. Am 12. October 1875 wurde das Monument enthüllt. Aber noch bevor er dieses monumentale Werk vollendet hatte, erging 1872 an ihn ein Ruf nach Wien. Man bedurfte bei der großartigen Bauthätigkeit Wiens zur Herstellung des Gleichgewichts eines ausgezeichneten Bildhauers, und es gelang, in Zumbusch einen Künstler ersten Ranges zu gewinnen, den München, wo er doch so Vieles und Schönes geschaffen, nicht festzuhalten verstand. Er trat im November 1873 seine neue Stellung als Professor der Plastik an der Wiener Akademie der bildenden Künste an, welche er noch zur Stunde einnimmt. Als in Wien auf Anordnung des Kaisers Franz Joseph dessen großer Vorfahrin Maria Theresia ein monumentales Standbild errichtet werden sollte, errang er unter den Preisbewerbern den Preis, ging 1876 an den Beginn des Werkes und vollendete es 1887. Er wurde nach Enthüllung seines Werkes in den Ritterstand erhoben. Noch sei erwähnt, daß er in der Zwischenzeit — Sommer 1882 — eine Reise über Athen und Smyrna nach Güllbagsche angetreten hat. Seit dem Jahre 1860 ist Zumbusch mit der Tochter des Majors Vogel vermält, und man will wissen, daß er ihre Züge in dem Antlitz der schönen Madonna, die in Paderborn auf dem Kettenplatze aufgestellt ist, verewigt habe. Aus dieser Ehe entstammen mehrere Kinder: Töchter und Söhne. In jüngster Zeit hieß es, daß Zumbusch zur Ausführung des Kaiser Friedrich-Denkmals ausersehen sei. Wir lassen nun eine Uebersicht der uns bekannt gewordenen Werke — mit Ausnahme der schon in der Lebensskizze genannten — folgen.

I. **Uebersicht der Büsten, Statuen und Monumentalwerke des Bildhauers Zumbusch: A. Monumentale Werke, Statuen und Reliefs.** Modell einer Reiterstatue Friedrich Wilhelms III. von Preußen, für das Standbild in Köln. Am Sockel zeigen sich in Reliefs die Erhebung des preußischen Volkes in den Freiheitskriegen und die Segnungen des dadurch gewonnenen Friedens für die Rheinlande, während an den Vorsprüngen die vier Hauptträger der Bewegung: Blücher, Scharnhorst, Stein und Gneisenau angebracht sind. Der Künstler betheiligte sich 1862 an der Concurrenz und erhielt dafür den fünften Preis mit 1000 Thalern. — Die Giebelgruppe Schwaben und Neuburg am Nationalmuseum in München. — Die Kolossalstatue des Generals Rumford in der Maximilianstraße Münchens. — Basrelief in Bronze, die Schlacht von Kulm vorstellend, an dem Denkmal des Prinzen Adalbert von Preußen, entworfen von seiner Tochter, der Gräfin Waldenburg, für den Berliner Friedhof. — Eine Copie der Flora Canova's im Auftrage Eggedorf's. — Der Freiherr und die Freifrau von Fraunhofen, zwei Erzbilder in alterthümlicher Tracht für die Grabcapelle auf Schloß Neufraunhofen bei Landshut. — Das kolossale Standbild des Anatomen Herz in Erlangen. — Das Sager'sche Grabmal, den Abschied der Mutter von ihren Kindern darstellend, in den prächtigsten Marmorarten mit Bronceverzierung auf dem Münchener Friedhof". — Das Nationaldenkmal in München: Maximilian II. von Bayern, im Rondell der Maximilianstraße. Die Stufen des Thrones umgeben die 10 Fuß hohen Kolossalgestalten der Gerechtigkeit, der Wehrkraft, des Friedens und der Aufklärung; an den Ecken dazwischen vier Knabengestalten, 7—8 Fuß hoch, jede mit einem Wappenschild, auf dem die Wappen der vier Hauptbestandtheile des Königreichs: Bayern, Schwaben, Franken und die Pfalz, dargestellt sind. Die ausführlichste Beschreibung brachte die „Augsburger Abendpost" vom 6. October 1875, Nr. 277. — Das Heldendenkmal in Freiburg, eine den Helden krönende allegorische Figur, wofür der Künstler den ersten Goldpreis gewann. — Das Sieges- und Friedensdenkmal in Augsburg: der Krieger aus dem Volke steckt das Schwert ein und kehrt nach dem Kampfe zu seiner ländlichen Arbeit zurück. — Das Denkmal des berühmten Geschichtsschreibers und Bischofs Otto von Freising auf dem Domplatze in Freising. — Das Beethoven-Monument in Wien: unter dem auf dem Postament sitzenden Meister auf der einen Seite Prometheus mit dem nach dessen Brust hackenden Adler, auf der anderen die Nike das siegende klingende Finale andeutend; beide Figuren sind in lieblichster Weise durch einen aus neun Genien (der geflügelte Amor, der Todesgenius, der Held, das Pastorale u. s. w.) bestehenden Kinderreigen verbunden. — Die Reiterfigur des Kaisers Franz Joseph. Reliefsculptur im Wiener Rathhausthurm. — Das Maria Theresia-Monument in Wien auf dem Platze zwischen den beiden kaiserlichen Museen, dem kunst- und dem naturhistorischen [siehe in den Quellen V: Urtheile über seine größeren Werke S. 313] — Die Kolossalstatue des Kaisers Franz Joseph. Acht Fuß hoch aus Carraramarmor im Treppenhause des Wiener Universitätsgebäudes. — Das Standbild des Ministers Dr. Glaser im Vestibule des Universitätsgebäudes. — Die Marmorstatue des Geognosten A. G. Werner im Stiegenhause des naturhistorischen Museums in Wien. Dann gewann der Künstler den zweiten Preis beim Concurrenzausschreiben für ein Werder-Denkmal in Baden (April 1872) mit 1500 fl. Auch vollendete er 1887 eine Modellskizze für das Wiener Radetzky-Denkmal. Noch hatte der Künstler im Auftrage des Kaisers Maximilian von Mexiko eine Statue Alexanders von Humboldt auszuführen übernommen und sie im Modell bereits fertig gemacht, als die Katastrophe in Queretaro die Ausführung des Werkes vereitelte. — **B. Grabmonumente, Altäre, Kirchenstatuen u. d. m.** Kolossale Madonna für den Kettenplatz in Paderborn, im Auftrage der Stadt. Man will wissen, daß das liebliche Antlitz der Gnadenmutter die Züge der Frau des Künstlers trage. — Der gothische Hochaltar für die Freisinger Georgskirche, in der Mitte Sanct Georg zu Roß, rückwärts St. Katharina und Barbara, zu Häupten Christus, Maria und Joseph, die schönen edelgehaltenen Figuren sind aus Holz geschnitzt. — Die Figuren zum St. Benno und Corbinian-Altar in der Liebfrauenkirche in München: St. Benno, Corbinian, Emmeran und Bonifacius, ferner St. Florian, Michael, Maximilian nebst noch einigen Figuren in kleineren Dimensionen. — Mehrere Arbeiten für die Redemptoristenkirche in Rom. — Die Kanzel für die katholische Kirche zu Amsterdam mit über 20 Figuren. — Die kolossalen Figuren für die Redemptoristenkirche zu Trier. — Die kolossalen Figuren St. Boromäus, Alphons und zwei Madonnen für eine katholische Kirche in England. — Der mit Hautreliefs geschmückte Kirchentisch für Fräulein Waldenburg in Berlin. — Das Grabdenkmal des Freiherrn und Generals von Zweybrücken. St. Hubert, St. Georg, in der Mitte Christus mit den Wundmalen. — Das Grabdenkmal der Familie von Langlois auf dem Friedhof in München: St. Ludwig und August, in der Mitte Maria mit dem Jesukinde. — Das Grabdenkmal der Familie Schindler (Julius von der Traun) in Aigen nächst Salzburg. Ueberdies befinden sich in Oldenburg mehrere treffliche und theilweise umfangreiche Holzschnitzereien, zu Steinfurt bei Münster und an anderen Orten verschiedene religiöse Gruppen aus Sandstein, am ganzen Niederrhein zwischen Cleve und Geldern zerstreut mehrere Werke des Künstlers. — **C. Kleinere Werke, Büsten, Statuetten.** Es ist nicht leicht, die chronologische Aufzählung dieser Werke beizubehalten, so geben wir die Folge, wie wir sie in unseren Aufzeichnungen fanden: die Marmorbüsten" des Cardinal-Erzbischofs Reisach — des sächsischen Malers Vogel von Vogelstein, jetzt in den Arkaden des südlichen Friedhofs in München — des Professors Martius — Professors Döderlein — Dr Nußbaum's — Büste und Medaillon des Pfarrers Rinecker in Reichenhall — des Dr. Merz für das katholische Gesellenhaus zu München — des Humanisten Eggestorf, nach Anderen Eggersdorf, und seiner Gattin in Hannover (eine der ersten Arbeiten des Künstlers; Beide waren große Förderer seines Talentes, in deren Auftrage er noch mehrere Arbeiten ausgeführt) — der Gattin des Professors Arndt — des Königs Ludwig II., obwohl nur nach einer Photographie, aber mit solcher Vollendung ausgeführt, daß sie allgemeine Bewunderung erregte; ferner die Büsten von Richard Wagner — Oskar von Redwitz — Propst Döllinger — Reichsrath von Pözl — Prinz und Prinzessin Ludwig von Bayern — Baurath Hügel — Dr. E. Lieber — Graf Reisach — Freifrau von Lerchenfeld — Fräulein Mallinger — Hofrath Orges — Dr. Schindler (Poet Julius von der Traun) — Sophie Schröder, im Auftrage der Mitglieder des Münchener Hoftheaters und auf dem Münchener Gottesacker im October 1869 enthüllt — Freiin von Cramer-Klett — Gräfin von Waldenburg — Kaiser Franz Joseph in mehreren Ausführungen — Ernst Förster — Dr. Schönlein — Moltke — Erzherzog Karl Stephan — Minister Stremayr — Franz Liszt — Geheimrath Löher — Herr von Schauß — Gattin und Tochter des Herrn von Hallberger — eine Kolossalbüste Schiller's für den Garten des Dichters Oskar von Redwitz in Meran — Bischofstab für den Erzbischof von München, Grafen Reisach — sechs Marmorstatuetten, die Heldengestalten aus Richard Wagner's Opern darstellend: Tanhäuser — Lohengrin — Fliegender Holländer — Walther von Stolzing — Siegfried — Tristan, im Auftrage des Königs Ludwig II. für sein Lustschloß Linderhof. Der Künstler soll dieselben öfter zu Geschenken des Königs wiederholt haben. (1876.) — **II. Biographien.** Allgemeine Zeitung (Augsburg, Cotta, 4°.) 1873, Beilage, Nr. 114, S. 1732: „Kaspar Zumbusch". Von F. Tr. — Dieselbe (Augsburg, Cotta, 4°.) 1874, Beilage, Nr. 41: „Wiener Briefe VII". Von V.(incenti) [über sein Atelier und seine Arbeiten]. — Dieselbe (Augsburg, Cotta, 4°.) 1875, Beil. Nr. 306: „Die Epigonen der romantischen Kunst". — Berggruen, die graphischen Künste (Wien) 1885, VII. Jahrg., S. 23. — Buch für Alle (illustr. Blatt, Fol.) 1878, S. 439. — Daheim (Velhagen und Klasing, 4°.) 1877, S. 768 u. f.: „Kaspar Zumbusch. Lebensbild eines Künstlers". — Die Heimat (Wien, 4.) 1883, S. 386: „Professor Kaspar Zumbusch". — Illustrirtes Wiener Extrablatt, 13. Mai 1888, Nr. 133: „Der Schöpfer des Maria Theresia-Monuments". Von Ludwig Basch. — Illustrirte Zeitung (Leipzig, J. J. Weber) 2. Juni 1888, Nr. 2344, S. 533. — Kunst für Alle, 15. April 1888, S. 232. Von v. Vincenti. — Lang (Ludwig). Münchener Sonntagsblatt, 1861, S. 363: „Zur christlichen Kunst". Von Franz Trautmann. — Mayer (A.). Münchener Frauenkirche (1863) Seite 26. — Müller (Herm. Alex. Dr.), Biographisches Künstler-Lexikon der Gegenwart. Die bekanntesten Zeitgenossen auf dem Gesammtgebiet der bildenden Künste aller Länder mit Angabe ihrer Werke (Leipzig 1882, Bibliographisches Institut, br. 12°.) S. 575. — Münchener Propyläen, I. Jahrgang, 1869, Nr. 25: „Kaspar Zumbusch". — Neue Freie Presse (Wiener polit. Blatt, Fol.) 1872, Nr. 2766 im Kunstblatt: „K. C. Zumbusch" [nach dieser geb. 28. November 1830]. — Neue Illustrirte Zeitung (Wien, Zamarski, Fol.) 1883, Nr. 10, S. 154: „Kaspar Zumbusch". — Pecht (Friedrich). Kunst für Alle, Mai 1886, S. 227. — Derselbe, VI. Jahrg., S. 76. — (Schorer's) Familienblatt 1888, 3. Beilage zu Nr. 6: „Autographenmappe: Kaspar R. v. Zumbusch". — Ueber Land und Meer (Stuttgart, Hallberger) 28. Bd., 1872, Nr. 37, S. 18: „Kaspar Zumbusch". Von Karl Albert Regnet; — 60. Bd. (1888), S. 639. — Dasselbe, Jahrg. 1887/88, Heft 12, S. 1331: „Unsere Künstler. Der Schöpfer des Maria Theresia-Denkmals in Wien" [in der Octavausgabe]. — III. **Porträts.** 1) Unterschrift: „Kaspar Zumbusch". Originalzeichnung von A. Frör in „Ueber Land und Meer" 28. Bd., 1872, Nr 37; ebenda 46. Bd., 1881, Nr. 43, S. 896. — 2) Unterschrift: „Professor Zumbusch bei der Arbeit des Maria Theresia-Denkmals". W. Gause nach der Natur, 14. April 1888. V. Angerer und Göschl chemit. in Schorer's „Familienblatt 1888, Beilage zu Nr. 20. — 3) Unterschrift: „Professor Kaspar Zumbusch". Nach einer Photograbie, gezeichnet von C. Kolb im „Buch für Alle" 1878, S. 433. — 4) Unterschrift: Facsimile des Namenszuges: „K. Zumbusch". Nach der Natur radirt von J. L. Raab in „Daheim" (Velhagen und Klasing, 4°.) 1877, S. 769. — 5) Unterschrift: Facsimile des Namenszuges: „K. Zumbusch". Th. Volz gez. Trefflicher Holzschnitt in Medaillon in Blumen- und Blatteinfassung und einem meißelnden Genius; in „Ueber Land und Meer", Jahrg. 1887/88, 12. Heft, S. 1331. — 6) Unterschrift: „Professor Kaspar Zumbusch". Paar xyl. Anst., Weiß gez. in der „Neuen illustr Zeitung" (Wien, Folio) XI. Jahrg., 3. December 1882, Nr. 10. — 7) Unterschrift: „Professor Kaspar Zumbusch". Schöner Holzschnitt ohne Angabe des Zeichners und Xylographen in der „Heimat" (Wien, 4°.) 1883, S. 585. — 8) „Wie Kaiser Franz Joseph dem Künstler die Hand drückt" in der „Illustrirten Zeitung" (J. J. Weber, Leipzig) 20. Juni 1888, Nr. 2348, S. 684. — 9) Holzschnitt ohne Angabe des Zeichners und Xylographen in Schorer's „Familienblatt" 1888, 3. Beilage zu Nr. 6 in der Rubrik: „Autographenmappe". — 10) Ueberschrift: „Kaspar Zumbusch". Kräftiger Holzschnitt ohne Angabe des Zeichners und Xylographen mit Facsimile der Handschrift im „Illustrirten Wiener Extrablatt" 13. Mai 1888, Nr. 133. — Des Künstlers Büste in der „Neuen Münchener Zeitung" 1857, Nr. 27. — IV. **Abbildungen seiner Hauptwerke.** Beethoven-Denkmal in Wien. Nach der Natur gezeichnet von W. Gause. Tegetmeier xyl. Anst., in Schorer's „Familienblatt" 1880, S. 393. — Das Beethoven-Monument. Nach dem Entwurfe von Prof. Zumbusch, gezeichnet von A. Reitte in der „Neuen illustr. Zeitung" 1874, Bd. I, Nr. 10, S. 3 (Matoloni, xyl. Anst., Wien, Fol.). — Beethoven-Denkmal in Lützow's „Zeitschrift für bildende Kunst" 1880, Bd. XV, S. 230. — Sockelfiguren des Beethoven-Denkmals zu Wien [Geniengruppe der Vorderseite, Prometheus mit dem Adler, die Siegesjungfrau, Geniengruppe der Rückseite], gute Holzschnitte in der „Neuen illustrirten Zeitung" (Wien, Zamarski) 9. Mai 1880, Nr. 33, S. 521. — Das Denkmal Maximilians II., Königs von Bayern, in München. Auf Holz gezeichnet von C. Kolb im „Buch für Alle" 1876, S. 196 [Text über das Denkmal S. 199]. — Kaiserstatue im Treppenhause der Universität in Wien, in Lützow's „Zeitschrift für bildende Kunst" 1886, Bd. XXI, S. 347. — Grabdenkmal der Familie Schindler zu Aigen nächst Salzburg [des Dichters Julius von der Traun] in der „Neuen Freien Presse" 12. September 1874. — Modellskizze zum Wiener Radetzky-Denkmal in Lützow's „Zeitschrift für bildende Kunst" 1887, Bd. XXII, S. 45. — Das Denkmal der Kaiserin Maria Theresia in Wien. Holzschnittzeichnung ohne Angabe des Xylographen in „Ueber Land und Meer" (Octavausgabe) 1887/88, Heft XII, S. 1332 und 1333. — Das Maria Theresia-Denkmal in Wien. Nach einer Photographie von Victor Angerer in Wien. Prächtiger Holzschnitt in Gros-Folio in den „Meisterwerken der Holzschneidekunst" (Leipzig, J. J. Weber) Blatt XXV. — Das Maria Theresien-Denkmal zu Wien. Holzschnitt von G. Heuer und Kirms xyl. Anst. in der „Illustr. Frauen-Zeitung" (Berlin und Wien, Fol.) XV. Jahrg. 17. Juni 1888, Nr. 12, drittes Blatt [Text S. 111]. — Einzelfiguren zum Denkmal der Maria Theresia im Atelier in der „Illustrirten Zeitung" (Leipzig, J. J. Weber) 3. Mai 1884, Nr. 2131. — Der Platz, wo das Maria Theresia-Denkmal steht, nebst den Abbildungen der vier Reiterfiguren: Loudon, Daun, Traun, Khevenhüller im „Illustrirten Wiener Extrablatt" 13. Mai 1888, Nr. 133. — V. **Urtheile über seine größeren Werke.** Ein neuer gothischer Hochaltar in der Pfarrkirche zu eißung in der Beil. zur „Augsburger" Post-Zeitung" 29. April 1857, Nr. 91. — Zumbusch's Friedens- und Siegesdenkmal in Augsburg in der „Allgem. Zeitung" 31. October 1876, Beil. Nr. 305; „Augsburger Post-Zeitung" 5. October 1876, Nr. 208; „Allgemeine Zeitung" 1876, Beilage Nr. 306. Von K. G. — Modell zu dem Denkmal Friedrich Wilhelms III. in Köln, in der „Kölnischen Zeitung" 1862, Nr. 79, zweites Blatt [zugleich mit dem Modell zum nämlichen Denkmal von Karl Cauer aus Kreuznach]. — Das National-Denkmal für München (König Maximilian II.) in von Lützow's „Zeitschrift für bildende Kunst" Bd. II, 3. Heft (1869) von W. Lübke. — „Illustrirte Welt" 24. Jahrg. (1876) S. 131 von Karl Albert Regnet. — „Allgemeine Zeitung" (Augsburg, Cotta) 23. October 1875, Beilage 298: „Münchener Kunst" von Fr. Pecht. Dieselbe, 15. October 1875. — Maria Theresia-Denkmal. Auf der Stirnseite trägt das Denkmal den Namen der großen Kaiserin, auf der Rückseite die Inschrift: „Errichtet von Kaiser Franz Joseph I.". Dasselbe ruht auf einem Plateau, dessen Durchmesser 29·7 Meter beträgt. Seine Gesammthöhe ist 19·36 Meter, die Höhe der sitzenden Hauptfigur mißt allein 6 Meter. Die allegorischen Figuren um den Thronsessel weisen eine Höhe von 5·4 Meter, die Standfiguren von 3·4 Meter, die Reliefs von 3·93 und die Reiterfiguren eine Höhe von 4·42 Meter auf. Die Säulen aus Tiroler Serpentin, welche den aus böhmischem Granit hergestellten Sockel schmücken, sind 4·38 Meter hoch. Das Material des unteren Plateaus ist Mauthausener Granit. An den Modellen zu dem Denkmal wurde von 1876—1887 gearbeitet. Die vier allegorischen Figuren sind die Kraft, Weisheit, Gerechtigkeit, Milde; die dargestellten Figuren: Daun, Loudon, Traun, Khevenhüller (die vier Reiter), ferner Fürst Kaunitz, Bartenstein, Starhemberg, Mercy, Fürst Wenzel Liechtenstein, Lacy, Hadik, Nádasdy, van Swieten, Eckhel, Pray, Gluck, Haydn, Mozart als Kind, Haugwitz, Grassalkowich, Bruckenthal, Riegger, Martini und Sonnenfels; in ihnen sind die Lenker der äußeren Angelegenheiten, die Feldherren, die Koryphäen in Kunst und Wissenschaft und die Justiz in der theresianischen Zeit dargestellt; Metastasio fehlt. [Neue Freie Presse, 11. und 13. Mai 1888 im Feuilleton von E. Ranzoni. Ueber die Entwürfe, die zugleich mit Zumbusch von den Bildhauern Costenoble, Silbernagl und von Wagner — von diesen dreien ein Entwurf collectiv — dann von Kundmann und Benk ausgestellt worden, s. die „Neue Freie Presse" 24. März 1873, Nr. 3799.] — VI. **Charakteristik seiner Handschrift.** „Wenn Täuschung nur die Kunst begehrt, | So hat sie wahrlich keinen Werth, | Denn die Natur ist uns gegeben, | Und nie erreicht sie unser Streben." K. Zumbusch. Diese facsimilirten Verse, die auch als des Künstlers Wahlspruch gelten können, bringt Schorer's „Familienblatt" 1888 in der 3. Beilage zu Nr. 6 und knüpft daran folgende Charakteristik der Handschrift: „In Zumbusch's Schrift sind die Willensfähigkeiten deutlich ausgedrückt. Beharrlichkeit und Energie, Ausdauer und Willensfestigkeit und auch ein wenig Kampfeslust finden darin ebenso ihren Ausdruck, wie vorwiegender Ernst — wiewohl der Sinn für Witz nicht fehlt. Der Sinn für das Monumentale ist noch in keine graphologische Regel gefaßt. Anspruchslose Einfachheit, Leidenschaftsfähigkeit und Originalität, sowie die Form des T, W und Z davon spricht, können wir jedoch hier behaupten. — VII. **Seine Schüler.** Anton Heß, Emil Hillebrand, des Meisters Bruder Julius Zumbusch, Alois Löher, Peter Rummel, Johann Kalmsteiner, die dem Meister aus München nach Wien folgten. In Wien gesellten sich zum Meister: Heinrich Bendl, Emmerich Swoboda, Edmund Hofmann, Anton Breuneck. Des Meisters Hilfsarbeiter sind: Peter Renner und Heinrich Pirtsch, die Beide schon viele Jahre bei ihm arbeiten. — VIII. **Das Zumbuschfest.** Ein solches fand dem Künstler zu Ehren statt im Hause des Geheimrathes v. Löher in München zur Vorfeier der Enthüllung des Denkmals Max' II. im October 1875. Dabei wurde von dem Gastgeber ein launiger Toast in Versen ausgebracht, der in der „Allgemeinen Zeitung" 1875, außerordentliche Beilage zu Nr. 289, S. 4523 mitgetheilt ist

Zum Sande Ritter von Sandberg, Karl (Naturforscher, geb. in Böhmen, Geburts- und Sterbejahr unbekannt). Er lebte im vorigen Jahrhunderte. Der Sproß einer alten böhmischen

Adelsfamilie, über welche die Quellen Nachricht geben, beschäftigte er sich mit naturwissenschaftlichen Studien, und in den Abhandlungen der böhmischen Gesellschaft der Wissenschaften sind von ihm zwei Abhandlungen gedruckt: „Naturgeschichte der Schildlaus des Rosenstrauches“ [1784, Bd. VI, S. 317] und „Versuch einer Beantwortung der von der königlich böhmischen Gesellschaft der Wissenschaften gegebenen, die Naturgeschichte Böhmens betreffenden Preisaufgabe“ [1785, I. Folge, Bd. I, S. 1]. — Von diesem Karl Zum Sande stammt — vielleicht ist es ein Enkel desselben — der Maler **Joseph** Zum Sande, der Ende der Dreißiger- und während der Vierziger-Jahre in Wien blühte und von 1839—1847 in den Kunstausstellungen bei St. Anna durch zahlreiche Aquarellbildnisse vertreten war. Später finden wir ihn nicht mehr in den Ausstellungen. In der ersten Zeit hatte er sein Atelier in der Kohlmessergasse Nr. 464, seit dem Jahre 1843 am Salzgries Nr. 202. Nagler schreibt: „daß derselbe schöne Bildnisse in Aquarell und andere Darstellungen“ malte.

Nagler (G. K. Dr.). Neues allgemeines Künstler-Lexikon (München, E. A. Fleischmann, gr. 8°.) Bd. XXI, S. 352. — Kataloge der Jahresausstellungen in der k. k. Akademie der bildenden Künste in Wien 1839—1847.

Zur Genealogie der Familie Zum Sande Ritter von Sandberg. Es ist eine böhmische Familie, deren Balbin in den „Gitschiner Annalen“ gedenkt. Sie besaß die Güter Gitschinowes und Zilietin und das Gut Wolanieg. Für die ersten beiden Güter, welche die Herrschaft Welisch, deren Besitzer Franz Ernst Graf Schlik war, von allen Seiten umgab, erwirkte derselbe die Versicherung, daß er, falls Karl Zum Sande oder dessen Angehörige das Gut Gitschinowes verkaufen sollten, den Vorkauf habe, und in der That erwarb des Grafen Franz Ernst Nachfolger Franz Joseph Graf Schlik infolge dieses Vorkaufsrechts am 14. Februar 1689 um 40.300 fl. dieses Gut, wodurch er das Schlik'sche Allodium Welisch und Wekschitz bedeutend vergrößerte. Im Besitze behielt aber die Familie Zum Sande das Gut Wolanieg, auf welchem sich noch 1745 ein **Johann Wernard** Zum Sande als Grundherr und noch im Jahre 1827 Nachkommen befanden. [Hormayr's Vaterländisches Archiv (Wien, 4°.) 1827, S. 463 und 464.]

Zungenberg, Franz Freiherr, siehe: **Czungenberg,** Franz Leopold Freiherr [Bd. III, S. 122].

Župan, Jacob; **Župan,** Jacob jun.; **Župan,** Joseph Robert; **Župan,** Alexander Georg, siehe: **Zupan** und **Suppan,** [Bd. XL, S. 327 und 328 in den Quellen 1—4].

Zupellari, Giulio Cesare (Architekt, geb. in Mantua 23. April 1777, gest. daselbst 18. Jänner 1862). Nachdem er in Mantua das Gymnasium und die philosophischen Studien beendet hatte, bildete er sich zunächst für das Baufach und den Ingenieurdienst aus, betrieb geodätische Studien 1796 und 1797 unter Carlo Castagna, dann Hydraulik unter Abate Giuseppe Mari, und als um diese Zeit in Modena die Militärakademie ins Leben trat, legte er die Prüfung zum Eintritt in dieselbe ab und wurde als Zögling 1798 aufgenommen. Die militärische Laufbahn erwählend, diente er in derselben bis 1815, in welcher Zeit er bis zum Bataillonschef im Geniewesen vorrückte und in der franco-italischen Armee bei mehreren Fortificationsarbeiten erfolgreich verwendet wurde. Nach Auflösung der italienischen Armee von der Delegation mit Decret vom 19. Februar 1816 zum Civil-Ingenieur-Architekten

— wie sie damals in Oberitalien hießen — ernannt, entfaltete er in dieser Stellung eine ungemein verdienstliche Wirksamkeit, ward zu mehreren Baucommissionen berufen, welche theils den Schutz der Baudenkmäler, der Kunstschätze Mantuas, theils die Ausführung verschiedener technischer Gutachten oder Bauarbeiten betrafen. Dann führte er mehrere höchst ersprießliche Canalisirungsarbeiten in der Provinz Reggio mit so gutem Erfolge durch, daß ihn der Herzog Franz IV. mit einem kostbaren Brillantringe auszeichnete. Auch sonst beschäftigte er sich mit manchen wissenschaftlichen Problemen, so schrieb er eine Abhandlung über die Lenkbarkeit des Luftballons, die er auf dem Gelehrten-Congreß, der 1847 in Venedig abgehalten wurde, vorlas; vollendete eine Abhandlung über die Mittel, die Luft Mantuas zu verbessern, die er dem berühmten Statistiker Adrian Balbi zur Begutachtung übermittelte; arbeitete einen Plan aus über die Verbindung der beiden Seen Mantuas durch einen Schiffahrtscanal, der die Verbindung des oberen Mincio mit dem Po ermöglichte; auch übersetzte er aus dem Spanischen eine Denkschrift zur Erforschung des Isthmus von Tetuantepec bei Panama in Amerika, um eine directe Verbindung zwischen dem atlantischen und stillen Ocean zu bewerkstelligen; bearbeitete aus dem Französischen des Theophil Lavallée die Geschichte Frankreichs von dessen Ursprunge bis 1789 und stellte in einer Uebersicht alle Veränderungen und Ereignisse Mantuas, welche während seiner Lebenszeit daselbst bis 1857 stattgefunden, zusammen. Seine im Jahre 1850 wiederholt vorgeschlagene Wahl zum Mitgliede der Provincialdelegation mußte er seines vorgerückten Alters wegen ablehnen.

Gazzetta di Mantova, 1862, Nr. 15 im Feuilleton: „Necrologia“. Von J. A. Arrivabene.

Jupitza, Julius (Sprachforscher, geb. zu Kerpen bei Oberglogau im Kreise Neustadt o. S. Jänner 1844). Sohn des Gutsbesitzers und Hauptmanns, später Majors a. D. Andreas Jupitza aus dessen Ehe mit Adelheid geborenen Albrecht, besuchte er mehrere Jahre die Schule seines Heimatsortes und kam zu Michaelis 1854 auf das königlich katholische Gymnasium in Oppeln. Von den Lehrern desselben hatte namentlich der Oberlehrer Johannes Ochmann einen großen Einfluß auf die Entwickelung der philosophischen Neigungen des Schülers. Im Herbst 1862 bezog Jupitza die Universität Breslau. Unter den Vorlesungen, die er im ersten Semester hörte, befanden sich die des Professors Stenzler über vergleichende Grammatik der indogermanischen Sprachen, die ihn besonders anregten, in den nächsten Semestern bei Dr. Friedrich Pfeiffer und Prof. Heinrich Rückert eifrigst altgermanische Studien zu treiben, ohne daß er darum die classische Philologie vernachlässigte, in der ihm namentlich Prof. Hertz ein anregender Führer war. Auf Rückert's Rath ging er dann Ostern 1864 nach Berlin. Zu Müllenhoff, an den er durch Dr. Hertz empfohlen wurde, trat er bald in ein näheres Verhältniß, dem er außerordentlich viel verdankt; neben Müllenhoff's Vorlesungen sind noch besonders Haupt's Erklärungen römischer und griechischer Schriftsteller als für ihn fruchtbringend hervorzuheben. Nachdem er am 17. November 1865 vor der philosophischen Facultät zu Berlin das Doctorexamen bestanden (es prüften ihn Müllenhoff in den germanischen Sprachen, Haupt im Lateinischen [Properz], Böckh im Griechischen [Thucydides], Trendelenburg in der Philosophie [Plato]), wurde er am 8. December desselben Jahres zum Doctor der Philosophie promovirt auf Grund einer Dissertation „Prolegomena ad Alberti de Kemenaten Eckium". Am Anfange des nächsten Jahres bestand er vor der königlich wissenschaftlichen Prüfungscommission zu Berlin die Lehramtsprüfung und erhielt dabei die Berechtigung, Deutsch, Lateinisch und Griechisch in allen Classen zu lehren. Von Ostern 1866 bis Ostern 1867 legte er dann sein Probejahr ab am Gymnasium in Oppeln und war darauf bis Ende October 1868 wissenschaftlicher Hilfslehrer am königlich katholischen Matthias-Gymnasium in Breslau und zugleich Mitglied des pädagogischen Seminars eben daselbst. Im folgenden Winter habilitirte er sich an der Breslauer Universität als Privatdocent für deutsche Philologie, indem er kurz vor Weihnachten einen Vortrag über die Nibelungensage vor der Facultät hielt, am 29. Jänner 1867 seine Schrift „Verbesserungen zu den Drachenkämpfen" nebst den angehängten Thesen vertheidigte und den Tag darauf seine Antrittsvorlesung über die Gudrun hielt. Seine Vorlesungen beschränkten sich bald nicht auf die deutsche Philologie, sondern erstreckten sich auch aufs Englische, sowie aufs Altfranzösische und Provenzalische. Im April 1872 wurde er zum außerordentlichen Professor für nordgermanische Sprachen an die Universität Wien berufen. Herr von Dumreicher motivirt in seiner Schrift: „Verwaltung der Universitäten" eingehend diese Berufung, wodurch zum ersten Male eine Vertretung der nordgermanischen Sprachen in Oesterreich stattfand. Mit seiner Berufung wurde Zupitza zugleich für den ganzen Sommer Urlaub ertheilt, den er in Enland zubrachte; er hat seitdem öfter England in den Ferien wieder besucht, nämlich in den großen Ferien 1874, 1877, 1878, 1879, 1880, 1882, 1887, 1890 und in den Osterferien 1884. Im Sommer 1875 wurde seine Professur in eine ordentliche verwandelt; doch schon im Herbst 1876 vertauschte er diese mit der neugegründeten ordentlichen Professur für englische Philologie an der Universität Berlin. Seit Ostern 1877 ist er ordentliches Mitglied der wissenschaftlichen Prüfungscommission zu Berlin für Englisch. Vom 15. October 1880 bis ebendahin 1881 war er Decan der philosophischen Facultät. Außer den schon erwähnten zwei Dissertationen und einer Anzahl von Aufsätzen in verschiedenen Zeitschriften, namentlich in der von Haupt begründeten „Zeitschrift für deutsches Alterthum", in der „Anglia", in den „Englischen Studien", in dem „Archiv für das Studium der neueren Sprachen und Literaturen", das er seit Anfang 1890 mitherausgibt, sind von ihm erschienen: „Ueber Franz Pfeiffer's Versuch, den Kürenberger als den Dichter der Nibelungen zu erweisen", in der dem Director Dr. August Stinner in Oppeln aus Anlaß dessen 25jährigen Directorjubiläums am 17. März 1867 vom Lehrercollegium gewidmeten Schrift S. 25 bis 31. — „Rubin's Gedichte, kritisch bearbeitet" (Oppeln 1867, A. Reisewitz), Müllenhoff zu seinem 25jährigen Doctorjubiläum am 7. April 1867 gewidmet; — „Einführung in das Studium des Mittelhochdeutschen. Zum Selbstunterricht für jeden Gebildeten" (Oppeln 1868, Reisewitz; 2. Aufl. 1874; 3. Aufl. 1884; 4. Aufl. 1890); — „Dietrichs Abenteuer von Albrecht von Kemenaten nebst den Bruchstücken von

Dietrich und Wenezlan" (Berlin 1870, Weidmann'sche Buchhandlung) [„Deutsches Heldenbuch", 5. Theil]; — „Zur Literaturgeschichte des Guy von Warwick" (Wien 1873, K. Gerold); aus dem Juliheste des Jahrgangs 1873 der Sitzungsberichte der phil. histor. Classe der kaiserlichen Akademie der Wissenschaften" Bd. LXXIV, S. 623 besonders abgedruckt; — „Altenglisches Uebungsbuch zum Gebrauche bei Universitätsvorlesungen, mit einem Wörterbuche" (Wien 1874, Braumüller); später unter dem Titel: „Alt- und mittelenglisches Uebungsbuch" u. s. w. (2. Aufl. 1882; 3. Aufl. 1884; 4. Aufl. 1889); — „*The Romance of Guy of Warwick. The second or 15th century Version. Edited from the Paper Ms. Ff. 2. 38 in the University Library, Cambridge*" (London 1875 bis 1876 [Early English Text Society, Extra Series XXV — XXVI]); — „Cynewulf's Elene mit einem Glossar herausgegeben" (Berlin 1877, Weidmann'sche Buchhandlung; 2. Aufl. 1883; 3. Aufl. 1888); — „Aelfric's Grammatik und Glossar. Erste Abtheilung: Text und Varianten" (Berlin 1880, Weidmann'sche Buchhandlung); — „*Chaucer. The Book of the Tales of Canterbury.* Prolog (A 1—858) mit Varianten, zum Gebrauch bei Vorlesungen herausgegeben" (ebd. 1882, Weidmann'sche Buchhandlung); — „*Beowulf. Autotypes of the Unique Cotton Ms. Vitellius A XV in the British Museum with a Transliteration and Notes*" (London 1882, Early English Text Society, Original Series 77); — „*The Romance of Guy of Warwick. Edited from the Auchinlak Ms. in the Advocates-library-Edinburgh and from Ms. 107 in Caius College Cambridge Part I 1883, Part II 1887, Part III 1891*" (London, Early English Text Society, Extra Ser. XLII, XLIX, LIX); — demnächst soll erscheinen: „*Specimens of all the Accessible Unprinted Manuscripts of the Canterbury Tales. The Doctor-Pardoner Link, and Pardoner's Prologue and Tale. Part I: Seven Mss.*" Herr Dumreicher schließt seine ausführliche Charakteristik unseres Gelehrten mit den Worten: „Zupitza erscheint als eine junge Kraft, um deren Besitz die Wiener Facultät beneidet werden darf, zumal auch seine didaktische Befähigung von mehreren Capacitäten der Berliner und Breslauer Universität lebhaft constatirt wurde und sich in Wien bereits vollständig bewährt hat." Leider hat man diese Capacität in Oesterreich nicht zu fesseln gewußt.

Dumreicher, Die Verwaltung der Universitäten seit dem letzten Systemwechsel (Wien 1873, 8°.), S. 80. — Deutscher Literatur-Kalender auf das Jahr 1889. Herausgegeben von Jos. Kürschner (Berlin und Stuttgart, Spemann, 32°.) XI. Jahrg. (1889) S. 561.

Zurkan, Johann (Mitglied des Abgeordnetenhauses des österreichischen Reichsrathes, geb. in der Bukowina 19. April 1818). Er bildete sich zum Theologen heran und erhielt 1843 die Weihe zum griechisch-orientalischen Priester; 1845 wurde er Pfarrer, 1848 Consistorialassessor, 1868 Consistorialrath und 1887 Protopresbyter-Mitrophor in Czernowitz; in der Zwischenzeit wirkte er auch von 1883—1890 als Gemeinderath. Seit 1878 ist er Landtagsabgeordneter für den Großgrundbesitz der Bukowina und für die Jahre 1878—1883 war er auch Landeshauptmann-Stellvertreter. In das Abgeordnetenhaus des österreichischen Reichsrathes wurde er am 7. März 1891 von Seite des ersten Wahlkörpers des Bukowiner Großgrundbesitzes gewählt. Wie sein Vorgänger der

Archimandrit Czurerkowitz gehört er der conservativen Partei an. Am 20 December 1870 verlieh ihm die neu errichtete Universität in Czernowitz das Diplom eines Doctors der Theologie.

Hahn (Siegmund). Reichsraths-Almanach für die Session 1891/92 (Wien 1891, Hölder, 8°.) S. 287.

Zurla, Placidus (Cardinal, geb. zu Legnago, einer Festung an der Etsch in der damaligen venetianischen Delegation Verona, am 20. April 1769, gest. in Rom am 29. October 1834). Der Sproß einer vornehmen Veroneser Familie, erhielt er in der Taufe den Namen Hyacinth, den er dann bei seinem Eintritt ins Kloster mit dem Namen Placidus vertauschte. Die Eltern übersiedelten, als ihr Sohn sechs Jahre alt war, nach Crema, wo er in der Schule bei den Barnabiten den ersten Unterricht genoß, dann kam er in das Collegium des gleichen Ordens zu Lodi, wo er die für seinen künftigen Beruf erforderlichen Wissenschaften mit besonderer Vorliebe pflegte. Als Erstgeborener sollte er in das väterliche Erbe treten. Als er aber 1787 die Predigten des Barnabiten P. Quadrupani, eines der berühmtesten Kirchenredners seiner Zeit, hörte, rissen ihn dieselben so hin, daß er sich für das Klosterleben entschied. Zunächst schickten ihn dann die Eltern nach Venedig, wo er in San Michele auf der Insel Murano in den Orden der Camaldulenser eintrat, in welchem er seine mathematischen, philosophischen und theologischen Studien beendete, die Priesterweihe erlangte und sich dann dem Lehramte zuwendete, zuerst in der Philosophie, die er den Novizen seines Ordens vortrug, worauf er nach einigen Jahren die Lehrkanzel der Dogmatik bestieg. In dieser Zeit beschäftigte er sich mit einer Bearbeitung der Summa des h. Thomas von Aquino, deren Kürzung und klarere Darstellung für den Vortrag ihm besonders nöthig erschien, und welche er auch unter dem Titel: „*Enchiridion dogmatum et morum... ex Summa theologiae Divi Thomae Aquinatis ad verbum depromptum notisque auctum ac Pio VII. P. M. dicatum*", Vol. 3 (Venetiis 1802) herausgab. Nebenbei warf er sich aber mit besonderem Eifer auf das Studium der Geographie, wozu ihn eine alte Landkarte aus dem fünfzehnten Jahrhunderte, welche im Kloster als besonderer Schatz aufbewahrt, später aber an die St. Marcus-Bibliothek in Venedig abgegeben wurde, angeregt hatte. Als dann zu Beginn des laufenden Jahrhunderts im Königreich Italien die Aufhebung der Klöster erfolgte, entging das Kloster St. Michael der Camaldulenser in Murano dieser Verfügung infolge der Bemühungen des P. Zurla und P. Capellari, nachmaligen Papstes Gregor XVI., worauf im Kloster eine Erziehungsanstalt errichtet wurde, welche bald zu großer Blüte gelangte und meist von den Söhnen des venetianischen Adels besucht wurde. Während Zurla an der Entwickelung dieses Erziehungsinstitutes wesentlichen Antheil hatte, entzog er sich aber nicht den Diensten seines Ordens und seiner Angelegenheiten und wurde auf den 1804 und 1805 zu Perugia abgehaltenen Congregationen zum Generaldefinitor und 1809 zum Abt seines Ordens erwählt. Als dann 1810 auch das Camaldulenserkloster in Murano das Loos der Aufhebung theilte, wünschte der damalige Patriarch von Venedig, Milesi, daß Zurla dem Lehramte erhalten bleibe und in dem erzbischöflichen Seminar zu Venedig Moral- und Pastoraltheologie den Zöglingen desselben vortrage. Zurla übernahm diese Stelle, und so lange Cardinal Milesi lebte, gab es keine Anstände. Im Herbst 1820 besuchte Zurla Rom und nahm als ehemaliger Camaldulenser im Kloster des Ordens seine Wohnung. Die Ruhe und Stille des Klosterlebens wirkte auf ihn so mächtig ein, daß sie bei seiner Rückkehr ins Seminar von Venedig für seinen bald darauf gefaßten Entschluß entscheidend wurde. Nach Milesi war nämlich Ladislaus Pyrker auf den Patriarchenstuhl des h. Marcus berufen worden. Dieser, auf deutschen Lehranstalten gebildet, selbst ein begeisterter Poet, aufgeklärten Sinnes, konnte sich mit den veralteten Eigenheiten der italienischen Schule nicht befreunden, und die von Zurla im erzbischöflichen Seminar eingeführten Einrichtungen in Methode und Lehre fanden nicht immer Pyrker's Zustimmung, darob gab es Controversen, die Harmonie zwischen dem Patriarchen und dem Seminardirector war gestört; der heißblütige Italiener und der ruhige deutsche Kirchenfürst stimmten und konnten nicht zusammenstimmen. Die alte Sehnsucht nach der Ruhe und Stille des Klosterlebens wurde in Zurla immer mächtiger; er gab die Stelle des Seminardirectors auf, reiste im Herbste 1821 wieder nach Rom, zog das Camaldulensergewand, das er seit der Aufhebung seines Klosters im Jahre 1810 nicht mehr getragen, wieder an und Papst Pius VII. ernannte ihn sofort zum Präfecten des Collegiums der Propaganda. In Rom lebte Zurla in der klösterlichen Ruhe seinem Amte, bis ihn Papst Pius VII. am 10. März 1823 zum Cardinal ernannte, welche Ernennung am 16. Mai desselben Jahres bekannt wurde. Die Nachfolger des Papstes Pius VII.: Leo XII., Pius VIII. und Gregor XVI. erneuerten diese Würde, indem ihn der Erstere noch zum Vicar von Rom ernannte und Pius VIII. ihm die Präfectur der h. Congregation der Studien verlieh. 1834 unternahm Zurla eine archäologische Reise durch Sicilien, angeblich um an Ort und Stelle die Denkmäler der griechischen, arabischen und christlichen Kunst zu studiren. Auf seiner Heimreise nach Rom erkrankte er plötzlich in Palermo und starb schon nach wenigen Tagen im Alter von 75 Jahren, während seine körperliche Rüstigkeit noch ein längeres Leben voraussetzen ließ. Dieser plötzliche Tod Zurla's erweckte Gerüchte, die nie aufgeklärt worden. Man wollte wissen, daß Papst Gregor XVI. ihm die vertrauliche Mission gegeben, die Klöster Siciliens, in denen sich im Laufe der Zeit große Mißbräuche eingeschlichen, zu untersuchen und die Mönche, welche infolge dessen Enthüllungen und Reformen befürchteten, hätten den Cardinal vergiftet. Noch bleibt uns etwas über die wissenschaftliche Thätigkeit des Cardinals, die sich in einigen Werken zusammenfaßt, zu sagen. Außer dem oben erwähnten „Enchiridion“ gab Zurla noch heraus: *„Memorie intorno la vita e gli studii del Padre M. Ludovico Nachi, abate Camaldolense“* (Venezia 1810, wiedergedruckt 1838), ein Dankopfer, welches er seinem einstigen Meister und Lehrer darbrachte; — *„Nelle solenni esequie celebrate in S. Carlo de' Catinari all' Eminent. Signor cardinale Fontana ... il giorno 26 Marzo 1822“* (Romae 1822); — *„Il mappamondo di fra Mauro Camaldolense descritto ed illustrato da D. P. Z.“* (Venezia 1806. 164 S. Folio mit Tafeln); — *„Disser-*

tazione intorno ai viaggi e scoperte settentrionali di Nicolo ed Antonio Fratelli Zeni" (Venezia 1808, XVI und 144 S. 8⁰. mit Tafeln); — „*Dei viaggi e delle scoperte Africane di Alvise da Cà da Mosto, patrizio Veneto*" (Venezia 1815, 132 S. 8⁰.); — „*Dissertazioni intorno a Marco Polo ed altri Viaggiatori Veneziani illustri*", Vol. 2; herausgegeben unter den Auspicien des Erzherzogs Rainer, damaligen Vicekönigs der Lombardie und Venedigs; — „*Tre dissertazioni del... Cardinale Zurla. 1. Dei vantaggi recati della religione cattolica. 2. Sulla unità del soggetto nella Trasfigurazione di Raffaello. 3. Sul gruppo di Pietà e di altre opere di religioso argomento di Antonio Canova*" (Pesaro 1835). In den „Annali di scienze e lettere" (Milano) 1812, Nr. 27 steht seine „Lettera al signor conte Luigi Rossi intorno ai viaggi ed alle scoperte settentrionali di Nicolo ed Antonio Fratelli Zeni" und Bossi's Antwort darauf, welche gleichsam den Anhang zu obigem Werke Zurla's bilden; und in den von Bettoni in Padua und Mailand 1812 bis 1820 herausgegebenen „Vite e ritratti di illustri Italiani" ist Placidus Zurla's „Vita di Marco Polo" abgedruckt.

Sanseverino (Faustino). Notizie sulla vita ed opere di Placido Zurla, Cardinale di S. R. C. (Milano 1837, Ronchetti, gr. 8⁰.). — *Odescalchi dei duchi del Sirmio (Pietro)*. Elogio del Cardinale D. Placido Zurla letto in Arcadia dal Principe (Roma 1836). — Almanacco Cremasco per l'anno 1831, compilato dal prete Giovanni Solera. — Orazione gratulatoria per l'assunzione alla sacra porpora di sua Eminenza il Cardinale Placido Zurla, recitata nella Cattedrale della R. città di Crema il giorno 7. luglio 1823.

Zurn, Philipp (Cistercienserabt zu Welehrad, geb. zu Wien 21. März 1717, gest. zu Wischau 13. April 1800). Er trat nach Abschluß der Vorbereitungsstudien in den Cistercienserorden zu Welehrad, in welchem er, nachdem er zu Prag und Brünn die Theologie und die Rechte beendet hatte, sich durch seine Kenntnisse und seine praktische Gewandtheit bald so bemerkbar machte, daß ihn die Oberen nach Rom entsendeten, wo er für die Exemption seines Ordens in Böhmen und Mähren von der bischöflichen Jurisdiction thätig war. 1763 zum Welehrader Abt gewählt, wohnte er 1768 dem Generalcapitel seines Ordens in Frankreich bei, wurde 1779 Generalvicar desselben in Böhmen und überlebte dessen Aufhebung (1784) noch lange. Er war ein gründlich wissenschaftlich und vielseitig gebildeter Prälat, ein Kunstkenner und Sammler. Er hinterließ sehr viele Gemälde von guten Meistern, besonders von Ignaz Raab [Bd. XXIV, S. 158], eine Sammlung von geschnittenen Steinen, ein Ducatencabinet, eine der Stiftsbibliothek zum Gebrauche geliehene Büchersammlung von nahezu 4000 Bänden, von denen 1200 später in die Olmützer Bibliothek gelangten. Seine Verlassenschaft von 35.000 fl. erbte zum größten Theile das Wischauer Armeninstitut. Die Titel seiner hinterlassenen Schriften sind: „*Praxis Geometriae, Trigonometriae et Stereometriae*"; — „*Antiquitatum romanarum delineatorium*", 6 partes; — „Miscellen zur Kritgeschichte überhaupt und insbesondere jener von Mähren". Auch soll Philipp Zurn eine Geschichte seines Klosters Welehrad geschrieben haben. Sämmtliche Schriften in Folio, die Manuscript geblieben, befanden sich in der Cerroni'schen Sammlung.

Neuigkeiten (Brünner polit. Blatt, 1838, Nr. 67 im „Historischen Erinnerungskalender". — d'Elvert (Christian). Historische Literaturgeschichte von Mähren und Oesterreichisch-Schlesien (Brünn 1850, Rohrer's Witwe, 8°.) S. 499.

Jusner, Roman (Abt des Benedictinerklosters Ossiach in Kärnthen, geb. im ersten Viertel des 18. Jahrhunderts, gest. am 19. Juli 1788). Er trat nach beendeten Vorbereitungsstudien in jungen Jahren in das Benedictinerkloster Ossiach in Kärnthen, wo er Theologie studirte und nach empfangener Priesterweihe im Lehramt verwendet wurde. Im November 1748 für die Professur der theoretischen Philosophie an die damalige Hochschule Salzburg berufen, bekleidete er dieselbe bis zum Schlusse des Schuljahres 1750. Während dieser Zeit gab er über seine Wissenschaft folgende Werke heraus: „*Epitome Philosophiae rationalis*" (Salisburgi 1749, 4°.); — „*Praejudicium ad regulas logico-criticas depositum*" (ib. 1749, 4°.); — „*Principium judicii veri seu ratio sufficiens*" (ib. 1749, 4°.); — „*Qualitas sensibilis mechanice explicata*" (ib. 1750, 4°.); — „*Commercium corpus inter et animam philosophice expensum*" (ib. 1750, 4°.). Nun kehrte er in sein Kloster zurück, in welchem er in der Folge von seinen Klosterbrüdern zum Abte gewählt wurde. Als dann unter Kaiser Joseph II. 1782 die Aufhebung der Klöster erfolgte und auch das Stift Ossiach dieses Loos betraf, trat Abt Jusner in Pension und starb einige Jahre danach.

Verzeichniß aller akademischen Professoren von Salzburg, S. 39 u. f.

Jusner, Vincenz (lyrischer Dichter, geb. zu Bischoflack in Krain am 18. Jänner 1803, gest. in Graz am 12. Juni 1874). In Rede Stehender, dessen Vater ein sehr bewegtes Leben hatte, indem derselbe abwechselnd Officier, Beamter, Landwirth, Herrschaftsverwalter u. s. w. war, sollte sich anfänglich der wissenschaftlichen Laufbahn widmen und die vorgeschriebenen Studien machen, aber er war noch nicht mit den Normalclassen fertig geworden, als sich die Vermögensverhältnisse der Eltern so verschlimmerten, daß er den Schulbesuch aufgeben und als Lehrling in ein Handlungsgeschäft treten mußte. Auch in diesem hatte er kaum die Lehrjahre hinter sich, als die gänzliche Verarmung der Eltern ihm die traurige Aussicht eröffnete, lebenslänglich dienen zu müssen und sich nie zu einer unabhängigen Stellung hinaufarbeiten zu können. Er verlor aber nicht den Muth, und als er 20 Jahre alt geworden, entwarf er einen ganz eigenthümlichen Plan, um seine Lage zu verbessern. Während er noch als Lehrling im Geschäfte thätig gewesen war, hatte er in den letzten vier Jahren unaufhörlich Versuche angestellt, einige chemische Artikel, welche im rohen Zustande, in dem sie abgeliefert wurden, viel zu wünschen übrig ließen, wesentlich zu verbessern. Nun aber, um diese Verbesserung mit Erfolg zu betreiben, fehlten ihm die erforderlichen Geldmittel. Obwohl er reiche Verwandte hatte, wollte er doch nicht ihre Hilfe in Anspruch nehmen, und fest entschlossen, nur sich selbst und keinem Anderen etwas zu verdanken, verließ er das Kaufmannsgeschäft und nahm eine Amtsschreiberstelle auf einer in der Nähe von Graz gelegenen Herrschaft an. In dieser Stellung benützte er die wenigen freien Stunden, die ihm blieben, mit Hilfe von ein paar dazu abgerichteten Bauernjungen die erwähnten Handelsartikel in den verbesserten Zustand zu versetzen und in verschiedene Städte Steiermarks zu versenden. Die Sache ging langsam, aber sie ging. Nachdem er auf diese Art in wenigen Jahren einige hundert Gulden erspart und sich von dem guten Fortgange seines Unternehmens überzeugt hatte, übersiedelte er 1823 nach Gratz. Dort machte er sich seßhaft, arbeitete unablässig an der Ausdehnung und dem guten Fortgange seines Unternehmens und brachte es mit seiner Energie und rastlosen Thätigkeit bald dahin, daß er in wenigen Jahren nicht nur mit den bedeutenderen Städten der Monarchie, sondern auch mit den entferntesten ausländischen Handelsplätzen, als Livorno, Neapel, Constantinopel, Rio Janeiro in Geschäftsverbindung stand und von seinen eigenen Erzeugnissen und sonstigen Landesproducten Versendungen machte. So hatte er etwa zwanzig Jahre mit allem Eifer das Geschäft betrieben und sich eine vollkommen sichere Existenz erarbeitet, als er sich 1844 entschloß, dasselbe zu verkaufen. Seitdem lebte er in der reizenden Murstadt, mitten in einer herrlichen Natur, nur dem Vergnügen, den geselligen Genüssen und der Muse. Wann er zu dichten angefangen, ist nicht bekannt. Doctor August Schmidt's Taschenbuche „Orpheus", das 1840 zu erscheinen angefangen, gebührt das Verdienst, den gemüthvollen Lyriker zuerst in die literarische Welt eingeführt zu haben. Jedenfalls war Zusner zur Zeit, als er mit seinen Gedichten in die Oeffentlichkeit trat, schon über die Jünglingsjahre hinaus. Er selbst spielt in seinen Mittheilungen auf seinen verspäteten Besuch bei den Musen an und erscheint in der That als Autodidakt. Aber seinen Dichtungen merkt man es nicht an, er ist ein geborener Lyriker, und er wußte, wie weit seine dichterische Kraft reicht, und ging nie — als er auch schon als einer der besten österreichischen Lyriker galt, über dieselbe hinaus. Er besaß einen richtigen Sinn für das Niedlichschöne und Nutzbare. Auch sah man ihm nichts weniger als den Lyriker an. Ein Zeitgenoß schildert ihn als „biederen Philister, der mitten unter Philistern steckt, die philiströse Cerevisia mit bürgerlicher Seelenruhe trinkt, ein Verehrer ist von Schiller's „Gang zum Eisenhammer" (der Eisenhammer ist nämlich eines der besuchtesten und angerauchtesten Bierhäuser der Stadt Gratz) und in jeder Laune ein Wahrheitsfreund bleibt, was Andere nur in Weinlaune sind". Die erste Sammlung seiner lyrischen Arbeiten erschien unter dem schmucklosen Titel: „Gedichte" (Wien 1842; 2. Aufl. Schaffhausen 1858); — dann folgten etwas über ein Decennium „Neue Gedichte" (Wien 1853, 8°.) und wieder nach fünf Jahren „Im Walde. Naturbilder" (Schaffhausen 1862, 8°.). Die Kritik nahm Zusner's Gedichte mit einmüthigem Wohlwollen auf. Sie unterscheiden sich, wie ein Kritiker treffend schreibt, gleich unter den gewöhnlichen abgeschatteten Balladen und unter den lieben alltäglichen lyrischen Bretzeln in einem Almanach. Zusner mit seinen kurzen lyrischen Ergüssen mahnt an kein Vorbild, sie gehen auch nicht mit der Zeit, sie sind echte ungefälschte Naturlyrik, die für alle Zeit bestehen bleibt, wie Lerchenschlag und Amselgesang sich auch nicht nach der Zeit richtet und alle Lenze gleich und lieblich klingt. Das in den Quellen angeführte Urtheil des berühmten Historikers Dr. Johann Weiß gibt das zutreffendste Urtheil über Zusner den Lyriker. Er blieb auch in seiner letztwilligen Bestimmung trotz der Eitel-

'eit, die daraus hervorguckt, der liebenswürdige Lyriker. Er setzte in seinem Testamente ein Capital von 6200 fl. aus, dessen jährliche Zinsen er zu zwei Liederpreisstiftungen für diejenigen aus dem Wiener Conservatorium hervorgegangenen Tonsetzer bestimmte, deren Composition eines Zusner'schen Gedichtes als preiswürdigste erkannt wird. Er hat mit dieser Stiftung seinen Dichternamen mit der Aureole eines Kunstmäcens und Gönners junger Tonkünstler umgeben und ihnen nebenbei nicht eine zu schwere Aufgabe gestellt, denn seine Lieder sind zum Gesange wie geschaffen, klar ausgesprochene poetische Gedanken und Bilder und nicht gereimter Blödsinn, der schon manchmal in Musik gesetzt wurde, sie sind eine wahre Fundgrube von Liedertexten, und sein Gedicht „Das Licht am Fenster", componirt von Adolf Müller, machte die Runde bei allen Gesangvereinen.

Die Vincenz Zusner'sche Stiftung. Diese besteht jährlich für zwei Liederpreise im Betrage von zwanzig und zehn Ducaten. Die Entscheidung fällt das aus dem Director, dem Compositionslehrer und einem Gesanglehrer des Wiener Conservatoriums bestehende Preisgericht, und sind laut Stiftungsurkunde für jeden der drei Preisrichter für die Mühewaltung fünf Ducaten bestimmt. Die Preisausschreibungen begannen mit dem Jahre 1875 und haben bis 1891 deren 16 stattgefunden, deren Ergebniß wir hier mittheilen. Die mit einem * bezeichneten Compositionen sind gedruckt. Schuljahr 1875/76: Ernst Ludwig: „Das Abendglöcklein", 1. Preis; Joseph Saphir: „Die Blumenseelen", 2. Preis. — 1876/77: Ernst Ludwig: „Der Krieger und sein Roß, 1. Preis; Rudolf Novaczek: „Das alte Liebesplätzchen", 2. Preis. — 1877/78: Rudolf Krzyzanowski: „Das Abendglöcklein", 1. Preis; Ernst Ludwig: „Der verwelkte Flieder", 2. Preis. — 1878/79: Robert Fischhof: „Das Mädchen und die Zigeunerin", 1. Preis; *Rudolf Philipp: „Die gebeugte Rose", 2. Preis (Hainburg, Cranz). — 1879/80: Richard Mandl: „Das Echo", 1. Preis; Victor von Herzfeld: „Der Morgenstern", 2. Preis — 1880/81: Joseph von Woeß: „Die Blumenseelen", 1. Preis; Hans Fink: „Erinnerung", 2. Preis. — 1881/82: Joseph Rosenberg: „Die Blumenseelen", 1. Preis; *Hans v. Zois: „Einst hatt' ich einen Freund", 2. Preis (Wien, Gutmann). — 1882/83 *Robert Erben: „Vergißmeinnicht", 1. Preis (Wien, Gutmann); *Hans v. Zois: „Drüben am Wiesenplan", 2. Preis (Wien, Gutmann). — 1883/84: Robert Erben: „Der Harfner", 1. Preis; C. Humlisch: „Das Veilchen", 2. Preis. — 1884/85. Der erste Preis wurde nicht verliehen: *Gustav Glosner: „Lied und Liebe", 2. Preis (Wien, Doblinger). — 1885/86: *Gustav Glosner: „Vergißmeinnicht", 1. Preis (Wien, Wetzler); Ludwig Prechtl: „Das alte Liebesplätzchen", 2. Preis. — 1886/87: *Georg Valker: „Die schwimmende Rose", 1. Preis (Wien Gutmann); ein 2. Preis wurde nicht verliehen. — 1887/88: Joseph Mayer: „Der eingeschnittene Name", 1. Preis; Franz Wickenhauser: „Das Veilchen", 2. Preis. — 1888/89: Robert Grund: „Des Mädchens Klage", 1. Preis; Edmund Krauß: „Das lebendige Schild", 2. Preis. — 1889/90: Heinrich Czerwinka: „Das Mädchen und die Zigeunerin", 1. Preis; Edmund Krauß: „Das alte Liebesplätzchen", 2. Preis; — 1890/91: Alexander Zemlinsky: „Des Mädchens Klage", 1. Preis; Ignaz Weiß: „Das Abendglöcklein", 2. Preis. Im Ganzen wurden 21 Zusner'sche Lieder, von denen drei: „Das Abendglöcklein", „Das alte Liebesplätzchen" und „Blumenseelen" dreimal; vier Lieder: „Des Mädchens Klage", „Das Mädchen und die Zigeunerin", „Das Veilchen" und „Vergißmeinnicht"" zweimal, die übrigen 14 einmal componirt. Von den Componisten gewann Ernst Ludwig zwei erste und einen zweiten Preis; Hans v. Zois zwei zweite Preise, Gustav Glosner einen ersten und einen zweiten Preis und Edmund Krauß zwei zweite Preise. Sieben Compositionen sind im Druck erschienen. Wir verdanken diese Notizen der Gefälligkeit des Herrn Generalsecretärs der Gesellschaft der Musikfreunde und des Conservatoriums in Wien L. A. Zellner, dem wir dafür unseren Dank sagen.

Quellen. Kehrein (Joseph). Biographisch-literarisches Lexikon der katholischen deutschen Dichter, Volks- und Jugendschriftsteller im

19. Jahrhundert (Zürich, Stuttgart und Würzburg 1871, Woerl, gr. 8°.) Bd. II, S. 288. — Brümmer (Franz). Deutsches Dichter-Lexikon. Biographische und bibliographische Mittheilungen über Dichter aller Zeiten. Mit besonderer Berücksichtigung der Gegenwart (Eichstädt und Stuttgart 1877, Krüll'sche Buchhandlung, schm. 4°.) Bd. II, S. 331. — Derselbe. Lexikon der deutschen Dichter und Prosaisten des neunzehnten Jahrhunderts (Leipzig 1885, Reclam jun., 12°.) Bd. II, S. 333. — Wiener Theater-Zeitung, 9. Februar 1860 im Feuilleton: „Grazer Schriftstellerleben". — Oesterreichische illustrirte Zeitung (Wien, 4°.) IV. Jahrgang, 20. Februar 1854, Nr. 146: „Vincenz Jusner" (mit Porträt im Holzschnitt). — Grazer Zeitung, 1862, Nr. 231 im Feuilleton. — Tagespost (Grazer polit. Blatt) 1862, Nr. 231. — Blätter für literarische Unterhaltung (Leipzig, Brockhaus, 1863) Seite 417.

Porträts. 1) Holzschnitt von B. in der „Oesterr. illustr. Zeitung" 1850, Nr. 146. — 2) Unterschrift: Facsimile des Namenszuges V. Jusner. Ernst Moser gez., Stahlstich von C. Mahlknecht in Wien. Verlagseigenthum von G. J. Manz in Regensburg (8°.). Schönes Blatt. — Der berühmte Historiker und Professor der Weltgeschichte, Dr. Johann Weiß schreibt in dem Werke: „Ein treues Bild des Herzogthums Steiermark": „Eine ganz eigenthümliche Erscheinung ist Jusner. Von wohlhabenden, aber plötzlich ganz verarmten Eltern geboren, wußte derselbe schon in seinem frühesten Jünglingsalter durch eine seltene Willenskraft dem Schicksal eine ganz unabhängige Stellung abzuringen und dadurch in die Lage zu kommen, die ihm mangelnde Schulbildung durch eigene Studien zu ersetzen und sein angeborenes poetisches Talent zu pflegen und zu entfalten. Hievon ist auch die originelle Anschauungs- und Darstellungsweise abzuleiten, womit es ihm gelang, den oft ganz unscheinbaren Begebnissen die überraschendsten poetischen Seiten abzugewinnen und sich bald nach seinem ersten Auftreten zu einem Lieblingsdichter der Steiermark aufzuschwingen. Die Muse Jusner's gleicht einem durch frühlingshelle Auen dahinrieselnden Wiesenbache, der jetzt die Blütenflocken eines duftenden Lindenbaumes neckisch entführt, gleich darauf die friedliche Hütte eines Landmannes mit melodischem Wohllaut begrüßt und dann wieder mit bunt gefärbten Wiesenblumen kost und schäkert. So rauscht er fort von Flur zu Flur, unbekümmert um Zukunft und Vergangenheit, immer der Gegenwart sich freuend und immer den lachenden blauen Himmel in seiner Tiefe spiegelnd."

Juzerich, siehe: **Juzzeri**.

Juzorich, siehe: **Juzzeri**.

Juzzeri, Bernardo (Priester der Gesellschaft Jesu und Missionär, geb. zu Ragusa am 2. Jänner 1683, gest. in Rom am 3. April 1762). Er entstammt einer altberühmten Ragusaner Familie, über welche, wie über einzelne Mitglieder derselben die Quellen S. 325 berichten. Die Humanitätswissenschaften hörte er unter P. Majolini bei den Jesuiten, welche bald auf den sehr begabten talentvollen Jüngling aufmerksam wurden und ihn für ihren Orden zu gewinnen wußten. Im Alter von 14 Jahren trat er denn auch in den Orden, dessen Obere ihn sofort nach Rom schickten. Dort beendete er das Noviziat, studirte mit allem Eifer Rhetorik und Philosophie und trug erstere im Auftrage seiner Oberen in mehreren Städten Italiens vor. Darauf beschloß er die theologischen Studien in Rom und wurde Priester. Nachdem er dann einige Zeit in Florenz verweilt und im römischen Collegium in der Rhetorik und Theologie Unterricht ertheilt hatte, bat er mit einem Male seine Ordensoberen, ihm die Erlaubniß zur Erfüllung eines längst gehegten Wunsches zu geben, nämlich sich ganz der Verbreitung des Evangeliums unter seinen slavischen Landsleuten zu widmen. Dieselbe wurde ihm gewährt, und so begab er sich als apostolischer Missionär für Dalmatien und die illyrischen Nachbarländer 1719 nach Ragusa und arbeitete fortan rastlos an der Erfüllung der übernommenen Pflichten. Als Missionär besuchte er auch Zengg, Fiume, Triest, Görz und mehrere Städte Dalmatiens, auch mehrere Inseln des adriatischen Meeres. Ueberall entfaltete er die eifrigste Missionsthätigkeit, und seine Predigten waren von großer Wirksamkeit auf die Gemüther der Gläubigen. Er führte im Illyricum zuerst den Gruß Hvaljen Jesus (Gelobt sei Jesus Christus) mit dem Gegengruß Vazda budi (den ganzen Tag) allgemein ein. Den Winter brachte er regelmäßig in Ragusa zu, dem Predigtamte obliegend, zugleich Unterricht in der Christenlehre an Jünglinge und Mädchen ertheilend. Als dann 1734 die Predigerstelle an der Kathedrale zu Ragusa erledigt ward, lud ihn der Senat von Venedig ein, dieses Amt zu übernehmen, und er folgte dem Rufe. 1742 wurde er plötzlich von seinen Oberen nach Rom zurückberufen, aber auf Fürbitte des Erzbischofs von Ragusa wieder nach der Heimat entlassen, jedoch nicht mehr als Missionär, sondern als Rector des Collegiums in Ragusa. Nach einiger Zeit wieder nach Rom berufen, wirkte er als Beichtiger oder Praefectus spiritualis am Collegium seines Ordens daselbst durch fünf Jahre bis an seinen im Alter von 80 Jahren erfolgten Tod. Einige Jahre vor seinem Hinscheiden brachte er seine illyrischen in Ragusa gehaltenen Predigten in Ordnung und hinterließ dieselben druckfertig. In der „Biblioteca di fra Innocenzo Ciulich nella libreria de' R. R. PP. Francescani in Ragusa“ befindet sich ein Theil der von seiner Hand niedergeschriebenen Kanzelreden. Im Druck erschienen ist aber: *„Bešjede duhovne rečene pred skupštinom dobre smerti u carkvi s. go Ignatia u Dubrovniku“*, d. i. Predigten, gehalten in der St. Ignazinskirche zu Ragusa (Ragusa 1793, A. Trevisan); — eine neuntägige Andacht zu Ehren des h. Blasius ist ohne Namen abgedruckt in den von P. Nicolai herausgegebenen „Memorie di S. Biagio“ (Rom 1752). Ein Werk: *„Buone morti illiriche“* kam im Druck heraus zu Ragusa (4°.) gegen Ende des vorigen Jahrhunderts; auch schrieb er eine Geschichte der Missionen in Croatien in lateinischer Sprache, die ungedruckt blieb. Die oben erwähnte gedruckte Sammlung illyrischer Predigten, ein starker Band (XXIV und 424 S., 4°.), wurde von dem Secretär der ragusanischen Republik, Gianluka Volantić, viele Jahre nach Zuzzeri's Tode herausgegeben und ihr das Leben des Verfassers von Gjuro Bačić vorangeschickt.

Bassich (Giorgio P.). Besjedde duhovne otza Bernarda Zuzzeri, Dubrovojanina drucsbe Jezusove recene (Dubrovnik 1793, A. Trevisan, 4°.) p. VII—XVI: „Breve ragguaglio della vita del P. Bernardino Zuzzeri della Compagnia di Gesù descritta“. — Ilirska citanka za gornjo gimnazijo knjiga druga, d. i. Illyrisches Lesebuch für Obergymnasien, 1. Theil (Wien 1860, Schulbücherverlag, gr. 8°.) S. 305—322.

Die Familie Zuzzeri auch Cucci, slavisch Zuzorich, auch Zuzerich. Die Zuzzeri stammen aus Bosnien, wo sie das Dorf Zamandria und den Fürstentitel besaßen. Gegen Ende des 13. Jahrhunderts kamen sie nach Ragusa und entsagten 1130 ihrem Fürstentitel, um sich in die Cittadinanza (Bürgerschaft) Ragusas aufnehmen zu lassen. Ein **Francesco** Zuzzeri, der im 16. Jahrhunderte lebte, war mit Maria Radaglievich verheiratet und hatte aus dieser Ehe Söhne und Töchter; eine von ihnen **Fiora (Flora)** gelangte zu großer Berühmtheit [vgl. Nr. 2]. Nachdem er die jüngste Tochter **Margherita** an Girolamo Primi in Ragusa vermählt hatte, ging er mit den anderen Kindern nach Ancona, welches er seiner Geschäfte wegen zum ferneren Aufenthalte wählte. Von Ancona aus machte er mehrere Reisen nach

Ragusa, auf denen ihn öfter seine Tochter Fiora begleitete. Als dieselbe dann 1577 sich mit dem Florentiner Edelmanne Bartolomeo Pesrioni verheiratete, schlug er in Florenz seinen bleibenden Wohnsitz auf. Dieser Franz Zuzzeri ist als Stammvater der Folgenden zu betrachten, doch fehlen uns alle Behelfe, die Nachfolge der Generationen aufzustellen.

Noch sind erwähnenswerth. 1. **Benedict** Zuzzeri, ein Bruder des Johannes Lucas [Nr. 4]. Er lebte im 18. Jahrhunderte und trat in den Orden der Gesellschaft Jesu, nach Aufhebung desselben in den Weltpriesterstand. In demselben wurde er Erzbischof von Sardica. Er wird als großer Lateiner gerühmt, der mehrere lateinische Dramen und Lettere famigliari hinterlassen hat. — 2. **Fiora (Flora)** Zuzzeri (geb. in Ragusa um 1553, gest. in Florenz um 1600). Eine Tochter des oben erwähnten Franz Zuzzeri aus dessen Ehe mit Maria Radaglievich, genoß sie eine vortreffliche Erziehung und verband mit dieser eine seltene Schönheit. Sie stand mit Nicoletta Resti, Julie und Speranza Bona und Maria Gondola, welche Frauen großen Ruf in jenen Tagen besaßen, in freundschaftlicher Verbindung und wurde durch deren Beispiel zur Literatur und Dichtung angeregt, in welch letzterer sie sich selbst versuchte. In Ancona, wohin sie der Vater auf seinen Geschäftsreisen öfter mitnahm, lernte sie den reichen Florentiner Edelmann Bartolomeo Pesrioni kennen, mit dem sie sich am 14. März 1577 vermälte. In Florenz, damals der Sammelplatz von Allem, was Reichthum und Bildung besaß, kam sie in Verbindung mit verschiedenen Poeten, und von der Schönheit der italienischen Sprache angeregt, versuchte sie, die bisher im illyrischen Idiom gedichtet, auch im italienischen Verse zu schreiben. Ihre Sonette in demselben erwarben ihr großen Ruf in Italien. Ihr Haus wurde bald der Sammelplatz der auserlesensten Geister, und es besuchten dasselbe nicht nur Italiener, sondern auch die berühmten Ragusaner jener Tage, wie Domenico Ragnina, Domenico Zlatarich, Giovanni Gondola und viele Andere. Indessen gingen am Florentiner Hofe höchst betrübende Ereignisse vor, und da sie als reiche und vornehme Dame denselben besuchte, ward sie durch die Geschicke, welche das herzogliche Haus heimgesucht, aufs tiefste erschüttert. Als sie dann gar ihren Gatten durch den Tod verlor, fühlte sie sich nur noch mehr an Florenz gefesselt, bis sie ihr bald darauf erfolgter Tod von aller Trauer, die sie über die Wandelbarkeit des Geschickes erfüllte, erlöste. Domenico Zlatarich war ihr von allen ihren Freunden treu geblieben, und in der Poesie fand sie Trost. Doch ist von ihren Dichtungen nichts auf uns gekommen. Ihr Biograph meint: vielleicht liegen ihre Manuscripte, wie viele andere illyrische Dichtungen, in irgend einem Staubwinkel der Bibliotheken von Ragusa, Florenz und Ancona, an welchen Orten, wo ihre vier anderen Schwestern wohnten, sie sich aufzuhalten pflegte. Ihr in der Galleria di Ragusei illustri befindliches Bildniß zeigt ein weibliches Wesen von großer Schönheit und seltenem Liebreiz. [Danica ilirska. 1846, Nr. 18, 19, 20: „Flora Zuzorić čarlica iz historie ilirske knjizevnosti XVI. vieka. — La Dalmazia, 1846, Nr. 38, 39, 40. Uebersetzung aus vorigem Blatte mit Zusätzen von B. de Bizzaro. — Luna (Agramer deutsches Unterhaltungsblatt) 1846, Nr. 34—37. — Galleria di Ragusei illustri (Ragusa 1841, Martecchini, gr. 4°.). — **Porträt.** Unterschrift: „Flora Zuzzeri" ebenda. A. Narbelli del., Lithogr. Veneta in Venezia (gr. 4°.). — 3. **Franz**, ein Sohn des Franz Zuzzeri und ein Bruder der berühmten Fiora, trat in den Capucinerorden, und Gliubich rühmt ihn als „chiaro scrittore ed oratore", ohne weiter der Schriften desselben zu gedenken. — 4. **Johannes Lucas** Zuzzeri (geb. zu Ragusa 1716, gest. zu Rom 18. November 1746). Er trat in jungen Jahren in den Orden der Gesellschaft Jesu und kam nach Rom, wo er im Collegium romanum seine Studien beendete, vorzugsweise trieb er die griechische Sprache, Mathematik und archäologische Studien, und zwar mit solchem Erfolge, daß er bald zu großem Rufe gelangte. Im Lehramte verwendet, trug er diese Wissenschaften in Siena, Loreto und Macerata vor. Dann von seinen Oberen nach Paris gesendet, hatte er daselbst Gelegenheit, das numismatische Cabinet des Abbé Rothelin zu besuchen, und fand bei demselben die freundlichste Aufnahme. Als er dann nach Italien zurückkehrte und in den Ruinen Tusculums, des einstigen Landhauses Cicero's, manche werthvolle Antiquität aufzufinden so glücklich war, gab ihm dies Stoff zu zwei gelehrten Abhandlungen, die er unter dem Titel zusammenfaßte .. „D'un antica villa scoperta sul dosso del Tusculo e d'un antico orologio a sole ritrovato tra le rovine della medesima. Dissertazioni due" (Venezia 1746, 4°.); in der ersten Abhandlung führt er den Nachweis, daß die aufgefundene Villa wirklich Cicero's Tusculum sei; in der zweiten weist er auf die verschiedenen Methoden der Alten, die Zeit zu bestimmen, hin. Ferner gab er noch heraus: „Sopra una medaglia di Attala Filadelfa, e sopra una parimente d'Annia Faustina, due Dissertazioni" (Venezia 1747, 4°.), von denen die zweite auch in französischer Sprache in den „Mémoires de Trevoux 1748 zum Abdruck gelangte. Während Zuzzeri mit einer wichtigen Arbeit beschäftigt war, welche von der gelehrten Welt mit Spannung erwartet wurde, ereilte ihn der Tod im Alter von erst 30 Jahren. — 5. **Michael** Zuzzeri. In seinem sehr oberflächlichen „Dizionario biographico degli uomini illustri della Dalmazia" erwähnt Gliubich, daß derselbe dem Predigerorden angehörte, und nennt ihn „chiaro nelle lettere ed in oratoria", ohne auch nur annäherungsweise die Zeit anzudeuten, in welcher Zuzzeri lebte. — 6. **Nicoletta** Zuzzeri, Zeitgenossin. Aus Anlaß ihrer Vermälung mit Giovanni de Bizzarro erschienen: „Versi di varj Autori per nozze di Giovanni de Bizzaro con Nicoletta Zuzzeri" (Venezia 1808, Alvisopoli, 48 Seiten 8°.) [Gedichte von 14 Autoren, darunter von Monico, Scolari, Benzon, Cicogna]. — 7. **Paul** Zuzzeri (gest. um 1391). Er stammt — während die bisher Genannten Ragusaner sind — aus einer Cattarensischen Familie und gehörte dem Predigerorden an. Nachdem er die Studien der Philosophie und Theologie in Italien beendet hatte, begab er sich nach Ragusa, wo er durch seine Kanzelreden und durch die Heiligkeit seiner Sitten zu großem Ruhm gelangte. Er schrieb mehrere ascetische Werke in illyrischer Sprache, und zwar „Fastenreden" — „Lobreden" — „Ueber die Bruderschaft des h. Rosenkranzes" und „Ueber die Bruderschaft vom Namen Gottes".

Zvekina (sprich **Zvirzina**), Franz (Maler, geb. zu Hrotowicz in Mähren am 4. Februar 1835). Der jüngste Sohn eines mit zwölf Kindern gesegneten Elternpaares, trat er, nachdem er in Prag die Oberrealschule beendet hatte, daselbst in die Akademie der Künste, an welcher er unter Professor Haushofer's und Director Engerth's unmittelbarer Leitung seine Studien machte. Schon früh zeigte er ein besonderes Talent in Wiedergabe heimatlicher Landschaften und Volkstrachten. In seiner Kunst sich dem Lehrfache zuwendend, erhielt er 1859 die Stelle eines Hilfslehrers an der Realschule in Kuttenberg, später wirkte er als Lehrer an Gymnasium und Realschule in Görz, Marburg und Brünn, bis er als Professor an die Staatsrealschule im VII. Bezirke der Reichshauptstadt Wien berufen wurde, an welcher er noch zur Stunde thätig ist. Seit seiner Jugend lebte der Drang, Welt und Menschen kennen zu lernen, mächtig in ihm, und mit seinem neunzehnten Lebensjahre besuchte er die hohe Tátra, Polen, Ungarn und Südrußland, von wo er bis in die nogaische Steppe vordrang. Später bereiste er nicht nur alle Provinzen des völkerreichen Oesterreichs, sondern ging auch nach Italien, nach Montenegro, in die Hercegovina, nach Albanien und Griechenland. Seine Originalzeichnungen veröffentlichte er in den bedeutendsten deutschen und slavischen Zeitschriften, so in der „Leipziger illustrirten Zeitung" (J. J. Weber), in der „Neuen illustrirten Zeitung" (Wien, Zamarski), in der „Gartenlaube" (Leipzig, Robert Keil), im „Daheim", im „Světozor" (einer Prager illustrirten Zeitung), in den „Květy" (d. i. Blüten, Prag), in der „Zlatá Praha" (d. i. Das goldene Prag) u. a. Auch gab er eine Sammlung von über 200 Zeichnungen und Aquarellen heraus, welche in ihrer Eigenart und durch den reinsten Naturalismus in der Darstellung, der bei den halbasiatischen Volksstämmen, deren

Wohnsitze, Tracht, Bräuche und Sitten er schildert, an rechter Stelle ist, ein höchst interessantes Studium gewähren. Er begann frühzeitig (1853) im Prager Kunstverein auszustellen. Vom Haus unbemittelt, war er auf seine Kunst und auf Stipendien, die er zu seinen Reisen erhielt, angewiesen. Nur seine zähe Energie und vielseitige Sprachkenntniß machten es ihm möglich, unwirthliche und wenig bekannte Gegenden ohne fremde Hilfe zu durchstreifen. Die türkischen Balkanprovinzen durchwanderte er — um nur ein Beispiel seiner Thatkraft anzuführen — theils als Franciscaner-Laienbruder verkleidet von Kloster zu Kloster, theils als Rhapsode mit der Gusla, welches Instrument er, bereits über 30 Jahre alt, in seiner unglücklichsten Lebensperiode erlernte, als ihn das Mißgeschick einer zweijährigen hartnäckigen Augenkrankheit getroffen hatte. In den Achtziger-Jahren arbeitete er an einem größeren illustrirten Werke „Montenegro", wovon mehrere Blätter in einzelnen illustrirten Journalen bereits erschienen sind. Nach dessen Vollendung beabsichtigte er seine Studienreise nach dem Kaukasus und den centralasiatischen Steppen auszudehnen. Seine Zeichnungen machen, in ihrer originellen Art durchaus von der gewöhnlichen ethnographischen Schablone abweichend, auf den Beschauer einen ganz eigenthümlichen Eindruck, man sieht es den Blättern deutlich an: das ist treue ungefälschte Wiedergabe einer grotesken und deshalb höchst interessanten Natur. Seine Typen der Volksindividuen sind keine zierlichen Gliederpuppen, mit einem zugeschnittenen Stück Tuch malerisch drapirt, es sind die ungefälschten Darstellungen der Originale halbasiatischer, d. i. uncultivirter, uns meist nachbarlicher, nichtsdestoweniger aber wenig oder gar nicht gekannter Völker, welche Jeden, der sie betrachtet, inne werden lassen, welche Aufgabe Oesterreich noch in der Erziehung und Cultur dieser Halbbarbaren zu erfüllen hat. Zveřina's Blätter sind ein Stück Culturgeschichte, als solche nicht minder wichtig, ja ob der Nachbarschaft der sie Darstellenden ungleich wichtiger, als die zahllosen Bilder der Bewohner von Kamerun, Samoa, Kaiser-Wilhelmsland u. s. w., welche in der Gegenwart bis zum Ueberdruß die illustrirten Journale füllen. Weder dem Künstler, noch dem Lehrer Zveřina hat es an öffentlicher Anerkennung gefehlt. Der österreichische Cultusminister ließ ihm 1872 seine volle Anerkennung für die hervorragenden künstlerischen Leistungen übermitteln; der mährische Landesausschuß, der überhaupt in Wahrnehmung künstlerischer und wissenschaftlicher Leistungen ungemein thätig, subventionirte ihn zu öfteren Malen, die Wiener Weltausstellung 1873 brachte ihm ein Anerkennungsdiplom, und mehrere Zeichenlehrervereine wählten ihn wiederholt zum Vorstande. Eine Aufforderung, in russische Dienste zu treten, lehnte Zveřina als guter Oesterreicher ab.

Chronologische Uebersicht der Aquarelle und Zeichnungen des Franz Zveřina, soweit dieselben in die Oeffentlichkeit gelangt sind. 1853: „Häuserpartie", Aqu. (40 fl.) im Prager Kunstverein. — „Gewitterlandschaft", Aqu. (100 fl.) ebenda. — 1855: „Partie aus dem nördlichen Ungarn" (180 fl.) im Prager Kunstverein. — „Partie bei Trencsin in Ungarn" (30 fl.) ebd. — 1856: „Burghof in Árva [Ungarn]" (60 fl.) im Prager Kunstverein. — „An der Puszta" (90 fl.) ebd. — 1858: „Ungarisches Fuhrwerk" (160 fl.) im Prager Kunstverein. — „Eine Küche" (30 fl.) ebd. — 1859: „Slovakische Hirten" (250 fl.) im Prager Kunstverein. — 1864: „Erste Brücke im kleinen Pust-Thal mit

Tátra", in der „Zlatá Praha" 1864, Nr. 22, xylogr. Anst. von Seyfried. — „Zweite Brücke im kleinen Pust-Thal im Tátra". Seyfried xyl. Anst. Wirl sc., ebd. — „Eine Sennhütte (salaš) im Tátra", xyl. Anstalt Seyfried. B. Schwartze sc., ebd. — „Patrisko im kleinen Pust-Thal im Tátra", xyl Anst. von Seyfried, ebd. — 1865: „Aus dem hohen Tátra. Das dritte Meerauge der Fünfseengruppe an der Nordseite der Lomnitzer Spitze". Originalzeichnung in der „Illustrirten Zeitung" 9. December 1865, Nr. 1171. — „Aus dem hohen Tátra. Das russische Thor", Originalzeichnung. — „Aus dem hohen Tátra. Die Sarkonjoschlucht", Originalzeichnung, ebd. — „Der hohe Tátra. Liptauer Hirten". Originalzeichnung in der „Illustrirten Zeitung" 30. December 1865, Nr. 1174. — „Der dritte See in dem hohen Tátra. 6340 Fuß über der Meereshöhe", xyl. Anst. Seyfried. R. Sirk sc. in der „Zlatá Praha" 1865, S. 56 [eine von der in der „Illustr. Zeitung" 1865, Nr. 1171 befindlichen verschiedene Zeichnung] — Erster See. 6320 Fuß über Meereshöhe", xyl. Anst. Seyfried, R. Sirk sc., ebd. — „Blick auf das ‚wüste Thal' in dem Tátra". Seyfried xyl. Anst., Schwartze sc., ebd. — „Zweiter See. Mit der Lomnitzer Spitze", xyl. Anst. Seyfried, ebd. — 1868: „Istrisches Mädchen auf dem Markt zu Pisino" im „Světozor" (Prager illustrirtes Blatt) 1868, S. 466. — „Ein wanderndes Tschitschenmädchen auf dem Wege zum Markt in Triest". Patocka sc., ebd., Nr. 49. — 1869: „Auf dem Markt in Triest" in den „Květy", Nr. 31. — „Schiff in der Contumaz im adriatischen Meere", ebd., S. 204. — „Eine Dalmatinerin", ebd, Nr. 46, S. 364. — „Küstenländische Wanderer beim alten Brunnen", ebd., Nr. 47, S. 372. — „Die Morozenker Föhren", C. Mairner sc., ebd., Nr. 50, S. 397. — 1870: „Sängerin aus dem Küstenlande" in den „Květy" (Prager illustrirtes Blatt) 1870, Nr. 9 — „Slovenische Tänzer", F. Bartel, xyl. Inst., ebd., Nr. 18. — „Bilder aus Crivoscie. Eine Braut", ebd., Nr. 25. — „Ein Crivoscianer", ebd., Nr. 29. — „Eine Dalmatinerin" (im Begriff zum Kampfe zu eilen) ebd, S. 163. — 1871: „Eine Sennhütte (Salaš) in der Hercegovina" in den „Květy" 1871, Nr. 3. — „Ein Hirtenmädchen in der Hercegowina", ebd., Nr 16. — „Die Kirche in Log in der Militärgrenze", ebd., Nr. 26. — „San Giorgio (Ostrov sv. Jurji) an der albano-dalmatischen Küste", ebd., Nr. 32. — „Crivoscianer an der Seeküste", ebd., Nr. 34. — „Eine Hütte in Crivoscie", ebd., Nr. 39. — „Austernfang an der dalmatischen Küste", Eß sc., ebd., Nr. 47. — „Ein istrianischer Kutter am Strande", nach der Natur gezeichnet. Novak sc., ebd. — 1872: „Mohamedaner aus Banjaluka", Originalzeichnung in der „Heimat", 1872, S. 321. — „Die Bärenhöhle (Macka jama) in der Hercegovina" in den „Květy" 1872, S. 21. — 1873: „Ein dalmatinisches Gespann", Originalzeichnung in der „Illustrirten Zeitung" 1873, Nr. 1331. — „Eine türkische Mühle auf der Hochebene Dalmatiens", Originalzeichnung, ebd., Nr. 1336. — „Eine Hütte in den Centralkarpathen", Originalzeichnung, ebd., Nr. 1363. — 1874: „Kosaken am Pruth", Originalzeichnung in der „Illustrirten Zeitung" 1874, Nr. 1597. — „Die Morozenkobäume in der Steppe", Originalzeichnung in der „Illustrirten Zeitung", ebd., Nr. 1603. — „Eine Sennhütte auf dem Hochgebirge der Hercegovina", nach der Natur aufgen. Xyl. Anst. Aarland. Emil Klarbold sc. in der „Gartenlaube" 1874, S. 471. — 1875: „Das Gebet in der Steppe", nach der Natur aufgen. in der „Gartenlaube" 1875, S. 129. — „Die Evangelistenbrücke über die Drina in der Hercegovina", nach der Natur aufgen. Xyl. Anst. Aarland, ebd., S. 717. — „Die Črna Peć in der Hercegovina", nach einer Zeichnung in der „Neuen illustr. Zeitung" (Wien, Zamarski) 1875, Nr. 33. — „Weihnachts-Umzug in Deutsch-Böhmen", nach einer Zeichnung, ebd., Nr. 52. — 1876: „Montenegrinische Typen", Originalzeichnung im „Daheim" 1876, S. 709. — „Antimo, Archimandrit von Sarajevo", für die „Heimat" auf Holz gezeichnet, 1876, S. 677. — 1877: „Ungarische Schweinehirten", auf Holz gezeichnet in der „Neuen illustr. Zeitung" (Wien, Zamarski) 1877, Nr. 20. — „Kosakenwohnung am Pruth", ebd.,

1877, Nr. 21. — „Die Črna Zid, die wilde Mauer, in Montenegro", nach der Natur aufg. in der „Gartenlaube" 1877, S. 721. — „Dalmatiner Blumenmädchen", C. Ade xyl. Anst. in der „Heimat" 1877, S. 229. — „Der Juhász (ungarischer Schafhirt)", gest. von Michael, Originalzeichnung, ebd., S. 269. — „Jano", Originalzeichnung, H. M. sc., ebd., S. 292. — „Volkstypen aus Oesterreich-Ungarn: Gänsemädchen an der Save", Originalzeichnung, C. Ade xyl. Anst. in Stuttgart, ebd., S. 333. — „Volkstypen aus Oesterreich-Ungarn: Südslavische Geflügelhändler", Originalzeichnung, H. M. sc., ebd., S. 397. — „Volkstypen aus Oesterreich-Ungarn. Ruthenischer Steppenhirt", Originalzeichnung, ebd., S. 449. — „Wallfahrer in Albanien", Originalzeichnung, ebd., S. 541. — „Kosakenbilder. I. In der Staniţa", Originalzeichnung, F. Biberhofer sc., ebd., S. 673. — „Kosakenbilder. II. Auf der Lauer", Originalzeichnung, A. Stamler sc., ebd., S. 701. — 1878: „Steppenpferde in Südrußland nach einem Gewitter" in den „Meisterwerken der Holzschneidekunst" Bd. I, Blatt 19. — „Kosakenvorposten an der Donau während des letzten russisch-türkischen Feldzuges", ebd., Bd. I, Blatt 67. — „Bosnische Volkstypen", nach dem Leben gezeichnet in der „Gartenlaube", 1878, S. 678. — „Bosnisches Haus und Rajahhütte", nach der Natur aufgezeichnet, H. Friedbach sc., ebd., 1878, S. 681. — „Des Karsthirten Weihnacht", Originalzeichnung, Liebelt sc. in der „Heimat" 1878, S. 217. — „Abschied", Originalzeichnung, ebd, S. 310. — „Kampfbereite Montenegrinerin", Originalzeichnung, ebd., 1878, S. 823. — 1879: „Ziegen in den mährischen Karpathen", Originalzeichnung in den „Meisterwerken der Holzschneidekunst" Bd. II, Bl. 18. — „Die Mazochaschlucht bei Blansko in Mähren", Originalzeichnung, ebenda, Bd. II, Bl. 38. — „Bosnische Post", Originalzeichnung, Paar Xyl. Anst. in der „Neuen illustrirten Zeitung" (Wien, Zamarski) 27. September 1879, Nr. 52. — „Plündernder Bosniak", Reinhard sc. in der „Heimat" 4. Jahrg. (1878/79) S. 13. — „Montenegriner auf der Lauer", Originalzeichnung, ebd., S. 29. — „Selim, muhamedanischer Insurgent", nach einer Originalskizze auf Holz photographirt, ebd., S. 77. — „Avdia, Mitglied der bosnischen Deputation", Originalzeichnung, ebd, S. 329. — „Giorgio Radović, Mitglied der bosnischen Deputation", ebd., S. 345 — „Mustapha Beg Fadil Pasic, Mitglied der bosnischen Deputation", Originalzeichnung, ebd., S. 381. — „Soliman Kula, der schwarze Thurm in Klobuk (Hercegovina)" für die „Heimat", gezeichnet Biberhofer xyl. Anst., ebd., S. 597. — 1880: „Das Kloster zum heiligen Kreuz mit dem Wunderbrunnen in Albanien", nach der Natur gezeichnet in den „Meisterwerken der Holzschneidekunst" Bd. III, Blatt 69. — „Das Höhlenschloß Luegg in Krain. Originalzeichnung, A. Fiedler sc., ebd., Bl. 14. — „Im Borasturm", Originalzeichnung, Kaeseberg und Oertel xyl. Inst., in der „Gartenlaube" 1880, S. 209. — „Der Zirknitzer See", Zeichnung, xyl. Anst. Paar, in der „Neuen illustrirten Zeitung" 11. Jänner 1880, Nr. 16. — „Bei einer Cisterne", Originalzeichnung, xyl. Anst. P.(aar) ebd., Nr. 19. — „Bosnisches Wirthshaus" nach der Natur gez., Kaeseberg xyl. Inst., in der „Heimat" 1880, S. 161. — 1881: „Auf einem Skarillenweg im nordöstlichen albanischen Kalkgebirge" Originalzeichnung, in den „Meisterwerken der Holzschneidekunst" Bd. IV, Blatt 36. — „Ein natürliches Felsenthor der Crivoscie", Originalzeichnung, ebd., Bl. 69. — 1882: „Tulga. Eine tatarische Niederlassung in der Krim", nach der Natur gezeichnet in der „Neuen illustrirten Zeitung" 1882, Nr. 4, S. 52. — „Burg Kallinormis in Thessalien", nach der Natur gezeichnet H. Tas, ebd., Nr. 16, S. 246. — „Schwämmesucher in den Wäldern Nordungarns", W. Säder sc., in der „Heimat" 1882, S. 632. — „Idylle aus den Centralkarpathen", Originalzeichnung, Kellner sc., ebenda S. 773. — 1883: „Drevna krinj. Alter Brunnen nördlich vom Kilia Arm", Originalzeichnung, C. Angerer und Göschl xyl. Anst., in der „Neuen illustrirten Zeitung" (Wien, Zamarski, Fol.) 24. Juni 1883, S. 619. — 1885: „Wallfahrer in Albanien", H. M. sc., im „Světozor" 1885, S. 432. — „Ruthenischer Stepn hirt", im Clichékatalog der „Heimat" 66, Nr. 105

. rtenlaube. Redigirt von Robert Keil. 881, S. 219. — Illustrirte Zeitung Leipzig. J. J. Weber, 22. März 1873, Nr. 1331.

Porträt. Unterschrift: „František Zve-ina". Kreslil K. Maixner. Holzschnitt on Patocka in den „Květy" 1871, Nr 34.

Zverzina, siehe: **Zveřina**, Franz . 327].

Zviřina, siehe: **Zwirzina**, W. F. S. 345].

Zvonař, siehe: **Zwonař** [S. 346].

Ueberhaupt sind alle Namen auf **Zv** nter **Zw** zu suchen, weil die Schreibung it **v** nur bei den rein slavischen Namen orkommt, und weil ein und derselbe ame bald mit **v**, bald mit **w** geschrieben rscheint, wie zum Beispiel Zviřina, wiřina, Zvola, Zwola, Zvo-ař, Zwonař u. s. w.

Zwanziger, Ignaz (Botaniker und Poet, geb. zu Margarethen am Moos in Niederösterreich 5. October 1822, gest. zu Salzburg 29. November 1853). Den ersten Unterricht erhielt er n Krems, dann war er als Privatlehrer n Wien thätig. 1846 wurde er als Actuar bei der Amtsverwaltung in Gaunersdorf angestellt, kam aber schon 1847 als Sperrcommissärsadjunct in das Stift Schotten zu Wien. Im Schuljahre 1850 trug er am k. k. Josephstädter Gymnasium in Wien Naturgeschichte vor. Von da nach Frauendorf in Bayern als Secretär der praktischen Gartenbaugesellschaft berufen, gab er, als das schöne und nutzreiche Institut derselben durch Orkane und Hagelschlag vernichtet wurde, diesen Posten auf, sich um eine Anstellung bei der Landeshauptkasse in Salzburg bewerbend, die er auch erhielt. Seit mehreren Jahren an einem Lungenleiden kränkelnd, erlag er leider demselben im Alter von erst 31 Jahren. Die Muße der verschiedenen Stellungen, die er während eines kurzen Lebenslaufes bekleidete, widmete er vorzugsweise dem Studium der Naturgeschichte, namentlich der Botanik und Entomologie, in der er von dem Lehrer der Knabenschule zu Oberhollabrunn, Weß, die erste Anleitung erhielt, nachdem er schon in früher Jugend dafür große Neigung gezeigt. Später übertrug er seine Vorliebe für Gewächse auf die Insectenkunde. Er war ein ungemein fleißiger und ausdauernder Sammler und hinterließ nebst einer auserlesenen Bibliothek sehr belehrende und reiche Sammlungen von Pflanzen und Insecten. Von ihm ist ein vortreffliches „Handbuch der Schmetterlingskunde, der vaterländischen Jugend gewidmet. Mit color. Abbildungen" (Wien 1844; 2. Aufl. 1863, XVI und 233 S., kl. 8°.) und eine „Flora von Lungau", welche sich als Anhang in von Kürsinger's „Lungau historisch, ethnographisch, statistisch" (Salzburg 1854) abgedruckt befindet, erschienen. Er war aber auch sonst ungemein fleißig literarisch thätig und hat nahezu an fünfthalbhundert Aufsätze, theils Biographien, theils Recensionen über naturgeschichtliche ökonomische Gegenstände geschrieben. Seine Pflanzenliebe stimmte ihn auch dichterisch, und er hinterließ eine ganze Sammlung naturhistorischer Gedichte, in denen er beinahe jede Blume der Salzburger Flora besang, und welche nicht ungewöhnliche poetische Begabung bekunden. Er war Mitglied von acht gelehrten Gesellschaften des In- und Auslandes, mit denen er in lebhaftem Verkehre stand.

Storch (Franz Dr.). Skizzen zu einer naturhistorischen Topographie des Herzogthums

Salzburg (Salzburg 1837, Mayr, 8°.) im Aufsatze von Heinrich Reitzenbach: „Geschichte der botanischen Forschungen in Salzburg“ S. 24. — Gmundener Wochenblatt, V. Jahrg., 27. November 1855, Nr. 48: „Aus Zwanziger's dichterischem Nachlasse“.

Zwanziger, Johann Christian (philosophischer Schriftsteller, geb. zu Leutschau in Ungarn 1725, gest. zu Leipzig 10. März 1808). Ja Rede Stehenden, dessen Vater Mitglied des inneren Rathes der Stadt Leutschau war, verfolgte von früher Jugend auf ein widriges Geschick; nur die Hilfe wohlthätiger Menschen ermöglichte ihm den Schulbesuch seiner Vaterstadt. Dann ging er in die Fremde und kam nach Danzig, wo er mittels Unterrichtertheilens sein Dasein fristete und seine Studien fortsetzte. Auch nahm sich der hohe Rath dieser Stadt großmüthig des Fremden an und unterstützte ihn. Schon war Zwanziger 38 Jahre alt geworden, als er 1763 die Universität in Leipzig bezog. Dort wirkte er als Privatlehrer, in der Mathematik und Philosophie Unterricht ertheilend, dann als Magister legens und Collegiat des kleinen Fürstencollegiums bis an seinen Tod. Er war ein wissenschaftlich gebildeter Denker und hat folgende philosophische Schriften herausgegeben: „*Dissertatio de eo, quod libertatem et necessitatem interest*“ (Lipsiae 1763, 4°), seine philosophische Magisterdissertation; — „*Examen dubiorum quorundam, quibus libertatis et necessitatis nexus promitur*“ (1768, 4°.); — „Sendschreiben an den Herrn Pastor N. oder gegründete Zweifel wider einige philosophische Aphorismen des Herrn Dr. Plattner“ (Leipzig 1778, 8°.); — „Theorie der Stoiker und Akademiker von Perception und Probabilismus, nach Anleitung des M. T. Cicero, mit Anmerkungen aus der älteren und neueren Philosophie“ (ebd. 1788, 8°.); — „Commentar über Herrn Professor Kant's Kritik der reinen Vernunft“ (ebd. 1792, 8°.); — „Commentar über Herrn Professor Kant's Kritik der praktischen Vernunft. Nebst einem Sendschreiben an den gelehrten Herrn Censor, in Rücksicht der dem Verfasser des Commentars in den gelehrten gothaischen Zeitungen mitgetheilten kritischen Anmerkungen“ (ebd. 1794); — „*Immanuelis Kantii Constitutio Metaphysicae morum e Germanico in latinum idioma convertit*“ (Lipsiae 1796, 8°.); — „Unpartheiische Erläuterung über die Kant'sche Lehre von Ideen und Antinomien“ (Leipzig 1797, gr. 8°.); — „Philosophischer Katechismus zu einer gründlichen Beurtheilung der Kant'schen Kritik der reinen Vernunft“ (ebd. 1796, 8°.); — „Die Religion des Philosophen und sein Glaubensbekenntniss“ (Dresden 1799, 8°.). Wie oben bemerkt, war Zwanziger ein selbständiger Denker, der das in verba magistri jurare nicht anerkannte, in den verschiedenen philosophischen Systemen sich gut orientirt zeigte und es wagte, mit dem Königsberger großen Denker anzubinden. Nicht alles, was der von ganz Deutschland bewunderte Kant behauptet hat, und was seine Verehrer, die, welche ihn gelesen und nicht verstanden haben, sowie die, welche ihn gar nicht gelesen und dennoch verstanden haben wollten, als heilige und untrügliche Wahrheit betrachten, wollte unserem Leutschauer Philosophen einleuchten, und er stand nicht an, dem Königsberger Denker den Fehdehandschuh hinzuwerfen, und wenn er hie und da einseitig und nicht ganz unbefangen erscheint und älteren Systemen über die Gebühr anhing, so gab er doch in seiner Fehde mit Kant die kraftvollsten Beweise seines philosophischen Scharfsinnes und deckte hie und da manche Blößen, Fehler und Irrthümer auf.

Meyer. Das große Conversations-Lexikon für die gebildeten Stände (Hildburghausen, Amsterdam, Paris und Philadelphia, Bibliographisches Institut, gr. 8°.) II. Abtheilung O—Z. 15. Bd., S. 1210 [nach diesem 1732 zu Leutschen geboren; beides, Jahr und Ort unrichtig: das Geburtsjahr ist 1725, der Geburtsort heißt Leutschau]. — Melzer (Jacob). Biographien berühmter Zipser (Kaschau und Leipzig 1833, Ellinger, 8°.) S. 267 [nach diesem gest. 10. März 1808]. — Baur (Samuel). Allgemeines historisch-biographisch-literarisches Handwörterbuch aller merkwürdigen Personen, die im ersten Jahrzehnt des neunzehnten Jahrhunderts gestorben sind (Ulm 1816, Stettini, gr. 8°.) Bd. II, Sp. 767 [nach diesem gestorben 15. März 1808]. — Waitz (Fr. Aug.). Das gelehrte Sachsen (Leipzig 1780, Schneider, gr. 8°.) S. 283. — Annalen der Literatur und Kunst in dem österreichischen Kaiserthum (Wien, Doll, 4°.) Jahrgang 1809, Intelligenzblatt, Jänner, Sp. 17.

Zwerger, Johann Baptist (Fürstbischof von Seckau, geb. zu Altrey in Tirol 23. Juni 1824). Dem geistlichen Stande sich widmend, vollendete er die theologischen Studien und erlangte daraus in Wien die Doctorwürde. Am 12. December 1851 in Trient zum Priester geweiht, wurde er dann zum Hofcaplan an der Burgcapelle in Wien ernannt, wo er mehrere Jahre thätig war. Im Februar 1863 in das Kathedralcapitel von Trient aufgenommen, erhielt er am 9. März 1865 daselbst die Würde eines Dompropstes mit der Leitung des deutschen Diöcesanantheils, und am 3. August 1867 ward er vom Fürsterzbischof von Salzburg, Tarnóczy, kraft des dem dortigen Metropolitansitze zustehenden Rechts zum Fürstbischof von Seckau ernannt, welche Kirchenwürde er zur Stunde noch bekleidet. Mit seiner fürstbischöflichen Würde ist eine Virilstimme im Herrenhause des österreichischen Reichsrathes und im steirischen Landtage verbunden. Er zählt zu den eifrigsten und entschiedensten Mitgliedern der Ecclesia militans, und sein Auftrag im November 1880 an den Diöcesanclerus, bei der Kaiser Joseph-Feier keine gottesdienstliche Function zu halten, erregte gerechtes Aufsehen. Außer seinen bischöflichen Hirtenbriefen, die an oberhirtlicher Strenge nichts zu wünschen übrig lassen, hat er noch folgende Schriften durch den Druck veröffentlicht: „Die Volksschule in ihren Beziehungen zu Familie, Kirche und Staat" (Wien 1870, Sartori, 8°.); — „Die Reise in die Ewigkeit" (Gratz 1872); — „Die Kirche Jesu Christi in ihrer Wesenheit und in ihren Beziehungen zur Menschheit" (ebd. 1880); — „Die Nothwendigkeit der Rückgabe der weltlichen Macht an den Papst. Für Katholiken zusammengestellt. Ein Theil des Reinertrages ist für den Peterspfennig bestimmt" (1870); — „Was lehrt das vaticanische Concil von der Unfehlbarkeit des Papstes?" (1870). Diese und die vorige Schrift sind auch in čechischer Sprache übersetzt erschienen. Fürstbischof Zwerger erhielt 1883 das Großkreuz des Franz Joseph-Ordens und 1889 die Würde eines geheimen Rathes.

Neue Freie Presse (Wiener polit. Blatt) 1868, Nr. 1312: „Fürstbischof Zwerger gegen das in der städtischen Mädchenschule vom Gratzer Gemeinderathe eingeführte Turnen". — Dieselbe, 1868, Nr. 1226, Gratz 27. Jänner: „Fürstbischof Dr. Zwerger und die Presse". — Dieselbe, 1868, Nr. 1263: Gratz 4. März: „Fürstbischof Dr. Zwerger und die clericale Agitation". — Dieselbe, 29. August 1871, Nr. 2518: „Eine bischöfliche Streitschrift". — Dieselbe, 3. Jänner 1871, Nr. 2284: „Eine politische Kanzelrede". — Dieselbe, 1872, Nr. 2643: „Eine Predigt des Fürstbischofs Zwerger". — Dieselbe, 4. Juni 1875, Nr. 3869: Gratz 2. Juni: „Bischof Zwerger's Hirtenbrief". — Presse (Wiener polit. Blatt) 1872, Nr. 218:

„Ein Bischof über die Liebe“. — Allgemeine Zeitung (Augsburg, Cotta, 4°.) 1874, Nr. 52, S. 760: „Aus Gratz 16. Februar“. — Dieselbe, 27. November 1880, Nr. 332: „Aus Oesterreich 23. November: Verbot des Bischofs Zwerger einer gottesdienstlichen Function aus Anlaß der Kaiser Joseph-Feier“. — Dieselbe, 24. Juli 1885, Nr. 203, S. 2979: „Aus Oesterreich 22. Juli: Der Hirtenbrief des Bischofs Zwerger“. — Südtiroler Volksblatt, 1867, Nr. 96, Beilage. — Fremden-Blatt. Von Gust. Heine (Wien, 4°.) 1861, Nr 316: „Dr. Zwerger's Predigt in der Hofburg-Pfarrkirche“. — 1867, Nr. 221: „Ernennung des Trienter Dompropstes Zwerger zum Bischof von Seckau“.

Porträts. 1) Unterschrift: „Dr. Johann Bapt. Zwerger, | Fürstbischof von Seckau“. Dauthage (gez.) 1867, Druck von Reiffenstein und Rösch in Wien Verlag und Eigenthum von Karl Pendler, Kunsthändler und Besitzer der Ferstl'schen Buchhandlung in Gratz (Fol.) — 2) Ueberschrift: „Fürstbischof Zwerger“. Holzschnitt im „Illustrirten Wiener Extrablatt“ 1872, Nr. 147, ohne Angabe des Zeichners und Xylographen. — **Chargen.** 1) „Bombe“ (Wiener illustrirtes Witzblatt) 12. März 1871, Nr. 10, S. 59: „Die streitende Kirche“ (in zwei Exemplaren). Pederzani, der Prediger in der Kirche „am Hof“, Bischof Zwerger in Gratz. — 2) Ueberschrift: „Fürstbischof Zwerger“. Zeichnung von C. v. Štur. — 3) „Der Floh“ (Wiener Witzblatt) 1873, Nr. 47, Zeichnung von Lafosse.

Das Andenken an einen Priester gleichen Namens, 1648 Dompropst bei St. Stephan, **Johann Augustin** Zwerger, hat sich durch eine humane Stiftung, die derselbe am 10. März 1639 gemacht, erhalten. Laut Stiftbriefes erhalten fünf Stiftlinge, vorzüglich des Stifters Blutsfreunde, in deren Ermanglung bürgerliche Fischkäuflerskinder oder bedürftige Wiener Bürgerskinder, welch immer einem Studium dieselben obliegen, ein Stipendium von jährlichen 36 fl. 36 kr., können aber dasselbe erst nach zurückgelegten Grammaticalschulen durch sechs Jahre beziehen. Das Verleihungsrecht steht dem jeweiligen Wiener Dompropst und Domdechanten, dann einem von der Universität zu ernennenden Mitsuperintendenten und Rechnungsführer zu. [Geusau (Anton Reichsritter von). Geschichte der Stiftungen, Erziehungs- und Unterrichtsanstalten in Wien... (Wien 1803, kl. 8°) S. 147.]

Zwerzina, siehe: **Zveřina**, Franz [S. 327].

Zwettler, Theodor (Benedictiner bei den Schotten in Wien und Componist, geb. zu Weitra in Oesterreich 1758, gest. in Wien 30. August 1826). Er war in seiner Jugend Sängerknabe im Stifte bei den Schotten, in welches er später als Novize eintrat. Zum Priester geweiht, wirkte er in der Seelsorge als Cooperator in der Pfarre Schottenfeld, darauf als Pfarrer in Gumpendorf und versah dann durch 19 Jahre die Priorstelle im Stifte. Er unterstützte wesentlich den Abt Andreas Wenzel (1807 bis 1831) in der disciplinaren Leitung des Conventes. Streng gegen sich, aber mild seine Brüder zu ihren Pflichten hinleitend, sorgte er als Prior väterlich für seine Stiftsbewohner und förderte das Gute. Ein besonderer Freund und Gönner der Kirchenmusik, schaffte er für das Stift viel ausgezeichnete kirchliche Compositionen an, componirte selbst und war mit den damaligen Koryphäen der Musik, Haydn, Abbé Stadler und Hofcapellmeister Eybler enge verbunden. Seine Compositionen werden im Stifte aufbewahrt, und ein ebenso einfaches als tief ergreifendes „*Tantum ergo*“, wird gewöhnlich zur Auferstehungsfeier in der Schottenkirche aufgeführt. Auch ist von ihm ein Andachtsbuch: „Gebete für Katholiken“ vorhanden.

Hauswirth (Ernst Dr.). Abriß einer Geschichte der Benedictinerabtei U. L. F. zu den Schotten in Wien (Wien 1858, 4°.) S. 131, 163. [Zwettler erscheint in diesem Werke S. 131 mit zwei t, Zwettler S. 163 und im angeschlossenen Cataloge S. 21. Jahr 1826 mit einem t geschrieben.]

sind Träger dieses Namens zu erwähnen: **Joseph** Zwettler, der, zu Ende des rigen Jahrhunderts in Böhmen geboren, ch der Kunst widmete und um 1808 Schüler es Professors Bergler in der Prager unstakademie war. In der Folge errichtete r in Prag eine lithographische Anstalt. Von einen Arbeiten sind bekannt die zwei Bildnisse österreichischer Generale: des Karl Freierrn Mack von Leiberich, k. k. Feldmarschalls (gest. 1828), und des Andreas Grafen von Haddick, k. k. Feldmarschalls, eide in Folio. — 2. **Laurenz** Zwettler (geb. zu Zwittau um 1587, gest. zu Kremsier 1622). Derselbe beendete die theologischen Studien in Olmütz und wurde 1606 lateinischer Secretär des Cardinals Dietrichtein, der ihn 1612 zum Propst der Kremsierer Collegiatkirche ernannte, dann Olmützer und Brünner Domherr. Zur Zeit der mährisch-böhmischen Rebellion 1619 zugleich mit dem Cardinal und anderen Domherren von den aufrührerischen Ständen verhaftet, erhielt er nach Niederwerfung des Aufstandes seine Freiheit, kehrte nach Kremsier zurück, wo er als Obersthofmeister (Aulae colonellus) des Cardinals im besten Mannesalter von 35 Jahren starb. Er war ein fleißiger Forscher, namentlich in kirchlichen Dingen, und werden von ihm folgende Handschriften verzeichnet: „Augustini Moravi Catalogus Episcoporum Olomucensium continuatus et auctus usque ad Episcopum Franciscum de Dietrichstein inc."; — „Successio romanorum Pontificum"; — „Successio romanorum Imperatorum"; — „Tabulae Conciliorum"; — „Index sanctorum patrum, ecclesiae doctorum atque scriptorum"; — „Encomia quorundam SS. Patrum"; — „Index alphabeticus conversationum"; — „Catalogus haereticorum"; — „Persecutio christianorum". Nach Ziegelbauer befanden sich sämmtliche vorerwähnte Manuscripte im Stifte Allerheiligen in Olmütz, wurden aber bei Aufhebung desselben nicht vorgefunden. Dagegen ist sein „Urbarium ecclesiae Collegiatae S. Mauritii" zu Kremsier in Handschrift vorhanden. [D'Elvert (Christian). Historische Literaturgeschichte von Mähren und Oesterreichisch-Schlesien (Brünn 1850, gr. 8°.) S. 40, 199. — Derselbe. Geschichte des Bücher- und Steindruckes, des Buchhandels, der Büchercensur und der periodischen Literatur u. s. w., auch unter dem Titel: „Beiträge zur Geschichte und Statistik Mährens und Oesterreichisch-Schlesiens" I. Bd. (Brünn 1854, Rohrer, gr. 8°.) S. 241.]

Zweybrück-Birkenfeld, Friedrich Michael Pfalzgraf am Rhein (k. k. Feldmarschall, Ritter des goldenen Vließes, geb. 27. Februar 1724, gest. zu Schwezingen am 15. August 1767). Ein Sohn des Pfalzgrafen Christian III. von Zweybrücken aus dessen Ehe mit Karoline von Nassau-Saarbrück, stand er zuerst in französischen Diensten, wo er schon mit 18 Jahren die Charge eines Maréchal de Camp bekleidete. 1742 zu Prag mit Belleisle eingeschlossen, machte er 15 Jahre später, als er im zweiten Feldzuge des siebenjährigen Krieges an Seite Oesterreichs gegen den König von Preußen focht, die Gefahren des von dem preußischen Feldmarschall Keith wieder belagerten und durch Daun entsetzten Prag mit. Nach der unglücklichen Schlacht bei Roßbach (5. November 1757) übernahm er das Commando des geschlagenen desorganisirten Reichsheeres, welches in seinen Winterquartieren im fränkischen Kreise und in der Oberpfalz zwar ergänzt, in seiner inneren Verfassung aber wenig verbessert worden. Nichtsdestoweniger schritt der Prinz zum Wagestück des erneuerten Kampfes, rückte im April 1758 aus dem Lager bei Bayreuth gegen Eger und Saaz, nahm hier die österreichischen Verstärkungen auf und drang im Herbst in Sachsen ein. Durch Macquire ließ er den Sonnenstein nehmen, er selbst aber schloß Leipzig ein; im folgenden Jahre wurden letzteres, Torgau und Wittenberg, dann Dresden erobert, wohl gingen die erstgenannten Orte wieder verloren, aber Dresden blieb in unseren Händen und diente dem Feldmarschall Daun zum Stützpunkte, während der Prinz zwischen Kotta und Gießhübel Stand faßte und von da aus die Unternehmung bei Maxen (20. und 21. November 1759) sicherte, wo der preußische General Fink von den Oesterreichern aufgerieben wurde. Der Prinz hatte mit dem seit der Schlacht bei Roßbach nahezu desorganisirten Heere wider alles Erwarten seine Aufgabe befriedigend gelöst, und die Kaiserin Maria Theresia gab in der 3. Promotion (23. Jänner 1760) des Maria Theresien-Ordens dem Prinzen persönlich bei Hofe das Großkreuz des Ordens. Die nächsten Waffenthaten des Pfalzgrafen rechtfertigten diese Auszeichnung. Am 20. August 1760 bestand das Reichsheer bei Strehlen ein glückliches Gefecht, Torgau (am 26. September) und Wittenberg (14. October) fielen mit großem Vorrathe in des Prinzen Hände. Mit 12.000 Württembergern verstärkt, erwartete er mit Daun's Heer, das sich unter die Kanonen von Dresden gezogen, die Eröffnung des folgenden an Unternehmungen wenig bedeutenden Feldzuges. Der Prinz übergab nun im April 1761 das Commando der Reichstruppen in guter Verfassung an Feldmarschall Serbelloni. Das Ansehen der Reichstruppen, gegen die man schon ein großes Vorurtheil gefaßt hatte, begann wieder zu wachsen, und diese, die durch frühere widrige Erfolge nahezu das Vertrauen auf sich selbst verloren hatten, fingen an, dasselbe wieder zu gewinnen, eine moralische Wirkung, die wenigstens beim Soldaten nicht zu unterschätzen ist. Nach dem (am 15. Februar 1763) geschlossenen Hubertsburger Frieden erhielt der Prinz das Generalcommando in Böhmen, später das Präsidium der geheimen Militärconferenz. Nachdem er diese Stelle niedergelegt, lebte er zumeist im Pfälzischen, wo ihn im schönsten Mannesalter von erst 43 Jahren der Tod ereilte. Prinz Friedrich Michael war seit 1757 Inhaber des 2. Dragoner-Regimentes. Früher lutherisch, kehrte er 1746 in den Schoos der katholischen Kirche zurück. Er hatte sich mit Maria Francisca Dorothea, der Tochter des Erbprinzen von Sulzbach Joseph Karl Emanuel August — einer Seitenlinie des pfälzischen Fürstenhauses — vermält, aus welcher Ehe drei Söhne und zwei Töchter stammen. Vergleiche die Quellen.

Hirtenfeld (J.). Der Militär-Maria Theresien-Orden und seine Mitglieder (Wien 1856, Staatsdruckerei, kl. 4°.) Bd. I, S. 84. Jahr 1728.

Porträt. Hüftbild (Fol.) Fratrel fec.

Pfalzgraf **Friedrich Michael** ist der directe Stammvater der heutigen Könige von Bayern. Seine Söhne waren: **Karl, Clement August** und **Maximilian Joseph**. Letzterer wurde am 1. Jänner 1806 König von Bayern. Auf diesen folgte am 13. October 1825 dessen Sohn König **Ludwig I.**, auf diesen am 21. März 1848 dessen Sohn **Maximilian II.**, auf diesen am 12. März 1864 dessen Sohn **Ludwig II.** Nach Ludwigs II. am 13. Juni 1886 erfolgtem Tode übernahm, da sein Bruder **Otto** unfähig war, die Regierung anzutreten, des Königs Maximilian Bruder **Luitpold** am 10. Juni 1886 als Prinzregent die Regierung des Landes Bayern.

Zwickle, Joseph von (Zeichner, geb. zu Feldkirch 1846). Die Familie ist eine alte seit Jahrhunderten in Vorarlberg ansässige, in welcher drei Brüder, Johann, Felix und Gebhard Zwickle, wegen ihrer in den Türkenkriegen in Ungarn erworbenen Verdienste von Kaiser Joseph I. ddo. Wien 19. September 1709 den österreichisch-erbländischen Adelstand erlangten. Des obigen Joseph Vater Lukas war k. k. Staatsanwalt, seine Mutter Maria Josepha eine geborene Mayer. Joseph widmete sich der Kunst und befand sich zur Ausbildung in derselben 1868 in München, wo er in diesem Jahre eine größere Zeichnung, eine mit Gemsen staffirte Hochgebirgsscene vorstellend, vollendete, welche nach der unten benannten Quelle eine „außerordentliche künstlerische Begabung" bekundete. Ueber die ferneren künstlerischen Arbeiten Zwickle's, der im „Genealogischen Taschenbuch der Ritter- und Adelsgeschlechter" als Oekonom angeführt erscheint, liegt nichts vor. Der „Aristokratenalmanach für 1888" führt einen Joseph von Zwickle als städtischen Marktcommissär der Stadt Wien an.

Genealogisches Taschenbuch der Ritter- und Adelsgeschlechter (Brünn, Buschak und Irrgang, 32°.) V. Jahrg. (1880) S. 550. — Bote für Tirol und Vorarlberg (Innsbruck, Fol.) 1868, Nr. 13, S. 63 in der Rubrik „Kunst".

Wappen. Quadrirter Schild. 1 und 4 in Roth ein auswärts gekehrter aus dem unteren Rande des Feldes wachsender silberner Hirsch, im Maul ein grünes Kleeblatt haltend; 2 und 3 in Gold zwei blaue Sparren übereinander. Auf dem Schild ruht ein Turnierhelm, aus dessen Krone der im Maul ein grünes Kleeblatt haltende silberne Hirsch hervorwächst. Die Helmdecken sind rechts roth mit Silber, links blau mit Gold unterlegt.

Zwiedinek Edler von Südenhorst, Ferdinand (k. k. Oberst, geb. zu Leitomischl in Böhmen 19. October 1791, gest. in Graz 6. Juni 1872). Sein Vater hatte als Artillerist die Feldzüge in Belgien 1790—1792—1794 mitgemacht, kam dann zum Wurmser'schen Corps nach Italien, war bei der Belagerung von Mantua, unter Melas bei Marengo, 1809 unter Erzherzog Johann in Italien und bei Raab, 1812 bis 1813 mit dem österreichischen Auxiliarcorps in Rußland. Ferdinand erhielt seinen ersten Unterricht im Militär-Erziehungshause Nr. 63 (zuerst in Triest, dann in Leoben), wurde am 11. März 1811 als Unterkanonier beim 1. Feldartillerie Regiment assentirt, schon am 1. Juni desselben Jahres zum Oberkanonier befördert und wegen seiner Begabung und Strebsamkeit zur weiteren Ausbildung in die Stabsschule aufgenommen. Am 16. Mai 1813 kam er in das wegen seiner wissenschaftlichen Leistungen im Vormärz hochgehaltene Bombardiercorps in Wien und machte solche Fortschritte in den daselbst vorgetragenen Lehrgegenständen, daß ihm die Ausbildung des jungen Fürsten Johann Lobkowitz in der Mathematik und Kriegsgeschichte übertragen werden konnte. Im Jahre 1818 wurde er infolge seiner Befähigung und hervorragenden Talente in dem für die damaligen Verhältnisse ungemein frühen Alter von erst 22 Jahren außer der Tour zum Lieutenant im 3. Artillerie-Regiment befördert und 1819 nach Italien versetzt, wo er den überwiegend größten Theil seiner Jugend zubrachte. Er machte in der Brigade Baron Rathey den kurzen Feldzug in Piemont 1821 mit, befand sich 1823 als Batteriecommandant bei der Avantgarde des Generals Bretschneider im Graf Bubna'schen Corps, welches zur Herstellung der Ruhe im Königreich Sardinien einrückte, befehligte im Gefechte bei Buffalora (8. April) eine Batterie und zog mit der Avantgarde in Alessandria ein. Im Gefechte bei Novi zeichnete er sich durch rasches entschiedenes Vorgehen aus, welches die Insurgenten-Artillerie zur schnellen Umkehr veranlaßte und ein weiteres Umsichgreifen der Meuterei unter den königlich sardinischen Truppen verhütete. Bald darauf wurde er als

Artillerie-Directionsadjutant an die Seite des Feldzeugmeisters Baron Russo von Aspernbrand nach Verona berufen und blieb theils in dieser Stellung, theils als Batteriecommandant bis zum Frühjahr 1824 in Italien, woselbst er den großen taktischen Manoeuvern unter Radetzky beiwohnte und dann mit seiner Batterie bei der Occupation des Herzogthums Modena 1833 mitwirkte. 1834 wurde er zum Capitän im neuaufgestellten Raketencorps befördert und zwei Jahre später als Hauptmann erster Classe in das k. k. Bombardiercorps nach Wien berufen. Daselbst war es ihm nur kurze Zeit gegönnt, als Professor an der ausgezeichneten wissenschaftlichen Artillerie-Hochschule zu wirken, schon 1840 wurde er infolge specieller Wahl des damaligen General-Artilleriedirectors Erzherzogs Ludwig als Vertreter der österreichischen Artillerie zum Mitgliede der Militärcommission beim deutschen Bundestage in Frankfurt am Main ernannt, in welcher Stellung er bis 1848 als Schriftführer fungirte. In diese Zeit fallen der Bau und die Armirung der deutschen Bundesfestungen Rastatt und Ulm, sowie die Erweiterung und Verstärkung der Werke von Mainz. Da verstand es Zwiedinek, das reiche Füllhorn seiner wissenschaftlichen militärischen Kenntnisse und Erfahrungen in einer Reihe von fachgemäßen Gutachten zur vollen Geltung zu bringen und selbst unter schwierigen Verhältnissen die Ehre und Würde der österreichischen Artillerie gegenüber den schon damals häufig hervortretenden Ueberflüglungsgelüsten der gerade auf dem artilleristischen Gebiete ungemein strebsamen Bundesstaaten Preußen, Bayern und Württemberg zu wahren. Wohl wurde ihm manchmal das vormärzliche in Wien herrschende Zopfthum gegenüber den freier pulsirenden deutschen Militärverhältnissen etwas unbequem, und es war nicht immer leicht, gegenüber den preußischen und bayrischen Stabsofficieren, welche an den beiden Generalen Radowitz und Xylander die entschiedenste Unterstützung fanden, sich Geltung zu schaffen, dennoch aber setzte er es durch, daß Oesterreich mit der Artillerieausrüstung und Besatzung in Ulm und Rastatt betraut wurde. In den Revolutionsjahren 1848 und 1849 entfaltete er als Major und Artilleriecommandant des Wiener Besatzungscorps eine sehr erfolgreiche Thätigkeit in der Ausrüstung der für den Feldzug in Ungarn bestimmten Ergänzungsbatterien, welche ihm Feldzeugmeister Freiherr von Welden mit einem ganz selbständigen Wirkungskreise übertragen hatte. Kurze Zeit hindurch, vom 18. März bis 2. April 1849, leitete er auch den Artilleriedienst bei der Belagerung von Komorn. Er widmete sich dieser äußerst schwierigen artilleristischen Aufgabe mit aller Energie. Durch volle drei Wochen waren Laufgräben und Approchen seine Wohnung, schon war die feindliche Artillerie des Uj-Szönyer Brückenkopfes zum Schweigen gebracht und die Bresche vorbereitet, als die Niederlagen der Hauptarmee bei Gödöllö, Waitzen und Nagy-Sárló auch das Cernirungscorps bei Komorn zum Rückzuge und Aufgeben der Belagerung nöthigten. Am 18. Mai desselben Jahres zum Oberstlieutenant befördert, erhielt er die Bestimmung als Artillerie-Ausrüstungsdirector in Ulm. Am 13. August 1850 wurde er zum Obersten und Commandanten des neuerrichteten Festungsartillerie-Bataillons in Verona ernannt und mit der Armirung der neuen Befestigungen von Verona, Peschiera und Mantua betraut. Sein offenes rückhaltloses Auftreten gegen die Fehlgriffe und Fahrlässigkeiten einiger Vorgesetzten, welche ihm im artilleristischen Wissen weit nachstanden, erregte den Unwillen einer damals im Artillerie-Obercommando herrschenden einflußreichen Clique, gegen die selbst die Anerkennung, welche Zwiedinek von Seite des Marschalls Radetzki zutheil wurde, nicht aufzukommen vermochte. Die in den Quellen citirte „Deutsche Zeitung" erzählt mit Nennung der Namen diese Intriguen ganz ausführlich. Während der infolge des Libényi'schen Attentates eingetretenen Erkrankung Seiner Majestät des Kaisers wurde er (4. März 1853) in den Ruhestand versetzt. Er übersiedelte nun nach Gratz, wo er sich bis in sein spätes Alter mit artilleriewissenschaftlichen Studien und mit Malerei beschäftigte. Von Seiner Majestät dem Kaiser ward ihm für die Ueberreichung eines sehr ausführlichen handschriftlichen Werkes über die deutschen Bundesfestungen ein Brillantring, außerdem in Würdigung seines Verdienstes um die Entwickelung der österreichischen Artillerie eine Personalzulage verliehen. Am 20. Juni 1854 erfolgte seine Erhebung in den österreichischen Adelstand mit dem Prädicate Südenhorst und dem Ehrenworte Edler von. Von seinen militärwissenschaftlichen Arbeiten sind im Druck erschienen: „Anwendung des Eisens zu den Erzeugnissen der Artillerie" (Mainz 1846, Kupferberg, VIII und 168 S., 8⁰.) und „Darstellung eines neuen Systems, die Geschützrohre ohne Schildzapfen und Angussscheiben in die Lafetten zu lagern" (Gratz 1859, Leykam, 8⁰.). Zwiedinek war seit 20. Jänner 1827 mit Anna Francisca, Tochter des k. k. Majors Brunner, vermält, aus welcher Ehe sieben Kinder, und zwar fünf Söhne und zwei Töchter, alle aus der Stammtafel ersichtlich, entsprossen sind. Von den Söhnen ist der älteste, Alois, Ingenieur bei der ungarischen Staats-Eisenbahndirection; über die anderen drei, Anton, Julius und Hans (Johann Alois) vergleiche die folgenden Lebensskizzen.

Deutsche Zeitung (Wien, Folio) 1872, Nr. 162, Abendblatt vom 14. Juni: „Ein Stück österreichischer Militärintrigue". — Oesterreichisch-ungarische Wehrzeitung (Wien, Fol.) 1872, Nr. 69: „Nekrolog". — Genealogisches Taschenbuch der Ritter- und Adelsgeschlechter (Brünn, Buschak und Irrgang, 32⁰.) I. Jahrgang (1870) S. 482; V. Jahrg. (1880) S. 531 und VIII. Jahrg. (1883) S. 583.

Zur Genealogie der Adels- und Freiherrenfamilie Zwiedinek von Südenhorst. Der Adel der Familie Zwiedinek Edlen v. Südenhorst gehört unserer Zeit an. Und zwar wurde der Artillerieoberst **Ferdinand** Zwiedinek infolge seiner militärischen Verdienste mit ah. Entschließung vom 20. Juni 1854 mit dem Prädicate von Südenhorst und dem Ehrenworte Edler in den erbländisch-österreichischen Adelstand erhoben. Dessen Sohn **Anton**, k. k. Major im Ruhestande, erhielt die Gestattung, zum Prädicate Südenhorst den Namen seiner Gattin Schildlo als zweites Prädicat hinzufügen zu dürfen. Dessen zweiter Sohn **Julius Roman** erlangte als k. k. Generalconsul und Ritter des Ordens der eisernen Krone Krone dritter Classe ddo. 20. September 1873 den österreichischen Ritterstand und als Ritter des Ordens der eisernen Krone zweiter Classe ddo. 9. Juni 1880 den österreichischen Freiherrenstand.

Wappen. Halb gespalten und quergetheilt von Schwarz, Gold und Blau. Oben rechts in Schwarz ein einwärtsgekehrter geharnischter Arm mit blankem gegen das linke Obereck des Feldes gerichteten Dolch in der Faust. Oben links in Gold auf grünem Boden ein einwärts gewendeter rother Löwe, auf der rechten Pranke eine brennende Bombe tragend. Unten in Blau auf grünem Boden hinter einer goldenen Pallisadenreihe eine silberne Burg mit zwei Zinnenthürmen mit offenem goldenen Thor und halbaufgezogenem Fallgatter, besteckt mit einer silbernen Fahne.

Stammtafel der Zwiedinek Edlen und Freiherren von Südenhorst und der Edlen Zwiedinek von Südenhorst-Schidlo.

Ferdinand Leopold, k. k. Oberst
1854 Adel: Edler von **Südenhorst** [S. 337]
geb. 19. October 1791, † 6. Juni 1872.
Anna Francisca Brunner
geb. 9. März 1808.

Zwiedinek-Schidlo.

Alois
geb. 23. November 1827.
Henriette
geborene **Hugra**.

Kinder:
- **Irma** geb. 27. März 1862.
- **Luise** geb. 24 Mai 1863.

Anton [Qu., S. 341]
geb. 2. April 1829.
Francisca
geborene **Schidlo**.

Kinder:
- **Karl** geb. 20. October 1862.
- **Ferdinand** geb. 11. Juni 1868

Ferdinandine Thekla
geb. 17. November 1830.
Viktor v. Fleischhaker
†. September 1880.

Freiherr von Zwiedinek.

Julius Ferd. [S. 343]
geb. 9. August 1833.
Hermine Erimus
von **Erimberg**.

Kinder:
- **Frieda** geb. 14. October 1866. vm. Graf von **Logotheti**.
- **Rudolf** geb. 8. Februar 1869, † 1888.
- **Erich** geb. 28. August 1870.
- **Ada** geb. 22 Februar 1874.

Clementine Johanna
geb. 30. August 1836.
† 3. December 1871.
vm. **Anton** Freiherr v. **Söll**
geb. 28. Jänner 1824.

Hans
(**Joh. Alois**) [S. 341]
geb. 14. April 1843.
Anna Adele
geborene **Pettelbach**.

Kinder:
- **Margaretha** geb. 8 Juni 1869.
- **Otto** geb 24. Februar 1871.
- **Rosa Dorothea** geb. 16 Jänner 1877.

Mathilde Luise
geb. 20 April 1848.
vm. **Anton**
Freiherr von **Söll**
(Witwer ihrer Schwester Clementine).

Auf dem Schilde ruht ein Turnierhelm, aus der Krone desselben wallen drei Straußfedern, eine silberne zwischen einer schwarzen und goldenen, empor. Helmdecken rechts schwarz mit Silber, links roth mit Gold unterlegt.

Zur nämlichen Familie gehört **Anton Zwiedinek** Edler von Südenhorst-Schidlo. Er ist des Obersten Ferdinand [siehe diesen S. 337] zweiter Sohn und erhielt mit Diplom vom 8. Mai 1879 die Gestattung, seinem Prädicat Edler v. Südenhorst noch den Namen seiner Frau „Schidlo" beizufügen. Derselbe (geboren zu Verona 2. April 1829) trat am 20. September 1841 zur militärischen Ausbildung in die Wiener Neustädter Akademie, aus welcher er am 20. September 1847 als Lieutenant m. G. zu Erzherzog Rainer-Infanterie Nr. 11 eingetheilt wurde. Er rückte im Regimente am 1. Juli 1848 zum Lieutenant h. G., am 16. März 1849 zum Oberlieutenant vor und kam am 1. Mai 1852 in gleicher Eigenschaft zu Erzherzog Franz Karl-Infanterie Nr. 52. Am 10. Mai 1853 wurde er zum Hauptmann zweiter Classe, am 14. Februar 1858 zum Hauptmann erster Classe und am 29. October 1866 zum Major befördert und im August 1867 pensionirt. Im Jahre 1855 rückte er mit dem Regimente zur Occupationsarmee in der Walachei aus, kam 1859 zum 9. Corps in Italien, 1866 zum 3. Corps der Nordarmee. Als Commandant der 7. Division wurde er beim Sturme auf Chlum in den Nachmittagsstunden des 3. Juli von zwei Kugeln durch Gesicht und Brust geschossen und gerieth in Kriegsgefangenschaft. Wegen hervorragender Tapferkeit erhielt er die ah. Anerkennung, und beim Besuche des Spitals in Prag ernannte ihn Seine Majestät zum Major. Darauf mußte er den activen Dienst verlassen. Er ist seit 11. October 1858 mit Franziska, Tochter des verstorbenen Fabriksbesitzers Schidlo in Mährisch-Weißkirchen, vermält, und stammen aus dieser Ehe zwei Söhne: Karl und Ferdinand, Ersterer k. k. Gerichtsadjunct, Letzterer k. k. Lieutenant in der Artillerie. [Hoffinger (J. Ritter v.). Lorbeer und Cypressen von 1866. Nordarmee (Wien 1868, Prandel, gr. 12°.) S. 110.

Zwiedinek (Zwiedineck) Edler von Südenhorst, Hans [Johann Alois] (Geschichtsschreiber, geb. zu Frankfurt a. M. 14. April 1845). Der jüngste Sohn des Obersten Ferdinand, besuchte er das Gymnasium in Gratz und bezog im October 1862 daselbst die Universität, wo er unter Joh. von Weiß, Franz von Krones und Adam Wolf Geschichte, unter Karl Tomaschek germanistische und culturhistorische Studien betrieb. Nach erlangter philosophischer Doctorwürde trat er sofort in die steiermärkische Landesbibliothek am Joanneum ein, wurde jedoch im Frühjahre 1869 als Supplent an die Landes-Oberrealschule in Gratz berufen und nach abgelegter Lehramtsprüfung für Geschichte und deutsche Sprache im September 1870 zum Lehrer an dieser Anstalt ernannt. Als solcher wirkte er bis 1880, habilitirte sich jedoch in der Zwischenzeit — 1875 — als Docent für neuere und neueste Geschichte an der Universität. Nach dem Tode des Bibliothekars Dr. Franz Mitterbacher wurde er mit der Leitung der Landesbibliothek betraut und 1883 zum Landesbibliothekar ernannt; am 8. Juni 1885 erhielt er den Titel eines außerordentlichen Universitätsprofessors. Zwiedinek hat in seiner ersten schriftstellerischen Periode musik-ästhetische und literarhistorische Arbeiten geliefert, sich aber später ganz der Geschichte und Politik gewidmet; er war 1868—1869 Redacteur der von Leopold von Sacher-Masoch herausgegebenen „Monatshefte für Theater und Musik" (Gratz, Kienreich) und der „Oesterreich. Gartenlaube"; 1869 bis 1870 in Verbindung mit Franz Ilwof, Friedrich Marx, Robert Hamerling und Joseph Mayr-Tüchler Herausgeber der Zeitschrift „Edelweiß" welche als Fortsetzung der „Oesterreich. Gartenlaube" erschien. Im Sommer

1871 übernahm er die Leitung der von der deutschen Partei in Steiermark herausgegebenen „Deutschen Zeitung" und, nachdem dieselbe im October d. J. aufgehört hatte zu erscheinen, die Redaction der „Deutschen Wochenschrift" (Gratz), welche im Mai 1872 einging. Von 1884 bis 1888 Herausgeber der „Zeitschrift für allgemeine Geschichte und Culturgeschichte", welche im Verlage der J. G. Cotta'schen Buchhandlung erschien, leitet er seit 1885 auch die Herausgabe der „Bibliothek deutscher Geschichte", an der außer ihm die Historiker Jastrow, Mühlbacher, Theod. Lindner, Vict. v. Kraus, Egelhaaf, Moriz Ritter, K. Th. Heigel, Koser und Fournier mitwirken. Als Bibliothekar führte Zwiedinek, nachdem er sich auf wiederholten Reisen durch Studien in den bedeutendsten deutschen Bibliotheken die nothwendige Kenntniß des Bibliothekwesens zu erwerben gesucht hatte, eine vollständige Umgestaltung und Neuorganisirung der vom Erzherzog Johann gestifteten Bibliothek am Joanneum durch, welche durch ihn zu einer als Bildungsmittel für ganz Steiermark dienenden Landesbibliothek ausgebildet wird. Als Historiker lieferte er selbständige Forschungen auf dem Gebiete des dreißigjährigen Krieges, der venetianischen Geschichte, der religiösen Bewegungen in Innerösterreich und des Flugschriftenwesens im 17. Jahrhunderte. Aus Anlaß der historischen Ausstellung in Gratz zur Feier der 600jährigen Regierung des Hauses Habsburg in Steiermark erhielt er das Ritterkreuz des Franz Joseph Ordens, nachdem er schon 1874 wegen einer literarischen Leistung vom Herzoge von Anhalt durch die Verleihung des Ritterkreuzes des Ordens Albrechts des Bären ausgezeichnet worden war. Am 8. Juni 1885 wurde ihm der Titel eines außerordentlichen Universitätsprofessors verliehen. Hans von Zwiedinek ist seit 28. Juli 1868 mit Anna Abele, Tochter des verstorbenen Eisengroßhändlers Johann Dettelbach vermält, aus welcher Ehe ein Sohn und zwei Töchter stammen [vgl. die Stammtafel]. Wir schließen diese Lebensskizze mit einer Uebersicht seiner schriftstellerischen Thätigkeit in chronologischer Folge.

Uebersicht der selbständigen Werke und größeren Abhandlungen des Dr. Hans Zwiedinek (hat als Schriftsteller die Schreibung Zwiedineck angenommen) Edlen von Südenhorst. „Die Aufgaben und Mittel der Musik" (Gratz 1868, Kienreich); — „Die Neugestaltung des deutschen Nationalepos" (Sonderabdruck aus dem XIX. Jahresber. der st. Landes-Oberrealschule zu Gratz, 1871); — „Deutschlands Ringen um Staat und Verfassung" (Gratz 1871, „Polit. Flugblätter", herausgegeben vom Vereine der Deutschnationalen in Gratz); — „Leitfaden zum Unterrichte in der Geographie von Steiermark für Volksschulen", hiezu: „Wandkarte von Steiermark für Volks- und Bürgerschulen" (Gratz 1871, Leykam); — „Fürst Christian der Andere von Anhalt und seine Beziehungen zu Innerösterreich" (Gratz 1874, Leuschner und Lubensky); — „Innerösterreichische Religions-Gravamina aus dem 17. Jahrhundert" (Mittheilungen des histor. Vereins für Steiermark, 1874); — „Geschichte der religiösen Bewegung in Innerösterreich im 18. Jahrhundert" (Archiv für österreichische Geschichte, Bd. LIII, 1875); — „Das steirische Aufgebot von 1565" (Mittheilungen des histor. Vereins für Steiermark, 1877); — „Dorfleben im 18 Jahrhundert. Culturhistorische Skizzen aus Innerösterreich" (Wien 1877, C. Gerold's Sohn); — „Ruprecht von Eggenberg. Ein österreich. Heerführer des 16. Jahrhunderts" (Mittheilungen des histor. Vereins für Steiermark, 1878); — „Wallenstein" (Hölder's Histor. Bibliothek für die Jugend, herausg. von Dr. A. Egger, Wien 1878); — „Ueber den Versuch der Translation des deutschen Ordens an die ungarische Grenze" (Archiv für österr. Geschichte, Bd. LVI, 1878); — „Die Obedienz-

Gesandtschaften der deutschen Kaiser an den römischen Hof im 16. und 17. Jahrhundert" (Archiv für österr. Geschichte, Bd. LVIII, 1879); — „Des Freiherrn Adam v. Herberstein Gesandtschaftsreise nach Constantinopel" (Allgemeine Zeitung 1879, Nr. 129, 130); — „Hans Ulrich Fürst von Eggenberg" (Wien 1880, W. Braumüller); — „Culturgeschichte" (Jahresberichte der Geschichtswissenschaft, Berlin 1878, 1879, 1880); — „Venetianische Gesandtschaftsberichte über die böhmische Rebellion 1618—1620" (Gratz 1880, Leuschner und Lubensky); — „Beiträge zur Geschichte der Verwaltung aus dem Protokolle der Herrschaft Hohenwang" (Mittheilungen des histor. Vereins für Steiermark, 1882); — „Die Politik der Republik Venedig während des dreißigjährigen Krieges", 2 Bände (Stuttgart, J. G. Cotta, 1882 bis 1885); — „Kriegsbilder aus der Zeit der Landsknechte" (Stuttgart 1883, J. G. Cotta); — „Graf Heinrich Matthias Thurn in Diensten der Republik Venedig" (Archiv für österr. Geschichte, Bd. LXVI, 1884); — „Die Einleitung des Herbstfeldzuges 1813" (Zeitschrift für allgemeine Geschichte, Cotta 1884, VII); — „Wallenstein's Feldzug gegen Mansfeld" (Mitth. des Instit. für österr. Geschichtsforschung, VI., 2, 1885); — „Die Unglückstage von Mantua" (Zeitschrift für allgemeine Geschichte, 1885, XI.); — „Turenne und die Fronde" (ebenda, 1886, VI., VII.); — „Die neueste Wallenstein-Forschung" (ebenda, 1887, I.); — „Der Bund der mitteleuropäischen Kaisermächte" (Zeitschrift für Geschichte und Politik, 1888, I); — „Das böhmische Staatsrecht und die deutschnationale Politik in Oesterreich" (ebd. 1888, III.); — „Die öffentliche Meinung in Deutschland im Zeitalter Ludwigs XIV. 1650—1700" (Stuttgart 1888, J. G. Cotta); — „Die Schlacht von St. Gotthard 1664" (Mitth. des Instit. für österr. Geschichtsforschung, 1889); — „Die Augsburger Allianz von 1686" (Archiv für österr. Geschichte, LXXVI, I, 1890); — „Deutsche Geschichte im Zeitraume der Gründung des preußischen Königthums (1648—1740)" I. Bd., 1890 (Bibliothek deutscher Geschichte, J. G. Cotta'sche Buchhandlung, Nachfolger) — Für die „Allgemeine Geschichte in Einzeldarstellungen", herausgegeben von Wilhelm Oncken, schrieb Zwiedinek die „Geschichte Leopolds II.", als Abschluß von Adam Wolf's „Maria Theresia, Joseph II. und Leopold II." nach Adam Wolf's Tode; — für das Kronprinzenwerk „Oesterreich-Ungarn in Wort und Bild" Band Steiermark: „Die Geschichte Steiermarks von 1564 bis zur Gegenwart". — Als Erzähler versuchte sich Zwiedinek schon in seinen Studentenjahren mit der culturhistorischen Novelle: „Der Aufstand der steirischen Herren im Jahre 1291" (Gratz 1863, Settelle); in jüngster Zeit unterbrach eine kleine belletristische Arbeit die ernsten Abhandlungen: „Erwina, eine Bibliotheksgeschichte" (Deutsche Revue, XIV., Maiheft 1889). Auch ist zu bemerken, daß er sich zum Unterschied der übrigen Familienglieder, die sich Zwiedinek (infolge ihrer slavischen Abstammung) schreiben, der Schreibung mit c, Zwiedineck, bedient.

Kürschner (Joseph). Deutscher Literatur-Kalender auf das Jahr 1889 (Berlin und Stuttgart, Spemann, 32°.) XI. Jahrgang, Seite 561.

Zwiedinek-Südenhorst, Julius Freiherr von (Staatsmann, geb. zu Mantua am 9. August 1833). Der dritte Sohn des Obersten Ferdinand Zwiedinek, besuchte er das Gymnasium zu Frankfurt a. M. und in Gratz, wo er an der Universität die juridischen Studien begann. 1852 trat er in die k. k. orientalische Akademie zu Wien ein, und nach daselbst beendeten Studien kam er im September 1857 als k. k. Consularelevе nach Jerusalem. 1859 wurde er als Dolmetschadjunct der k. k. Internuntiatur in Constantinopel zugetheilt, vom 8. October 1860 bis August 1861 dem k. k. Delegirten bei der infolge der syrischen Wirren in Beirut eingesetzten internationalen Commission zur außerordentlichen Dienstleistung beigegeben, im August 1863 zum ersten Dolmetsch beim Generalconsulate in Smyrna und im December 1866 zum Viceconsul in Janina befördert. 1869 zum Consul daselbst ernannt, ward er in dieser Eigenschaft 1870 nach Trapezunt versetzt. Daselbst erhielt er 1871 Titel und Charakter eines Generalconsuls und ging 1872 in einer außerordentlichen Mission nach Persien, um für die Betheiligung der dortigen Handels- und Industriekreise an der Wiener Weltausstellung 1873 zu wirken. Nachdem er diese Aufgabe mit bestem Erfolge, von welchem die Ausstellung selbst Zeugniß gab, gelöst hatte, kam er als Generalconsul nach Beirut, woselbst er noch im Winter 1872 auf 1873 eine Monographie über Syrien ausarbeitete, welche aus Anlaß der Weltausstellung veröffentlicht und preisgekrönt wurde. 1877 vom Grafen Andrássy bei Beginn des russisch-türkischen Krieges als diplomatischer Agent nach Bukarest entsendet, nahm er vom October 1878 bis Mai 1879 als österreichisch-ungarischer Delegirter an den Arbeiten der internationalen Commission in Bulgarien theil, worauf er zur außerordentlichen Verwendung in das Ministerium des kaiserlichen Hauses und des Aeußern einberufen wurde. Nachdem er noch der aus Anlaß der griechisch-türkischen Grenzfrage in Berlin abgehaltenen Conferenz beigewohnt hatte, erhielt er die Stelle eines Hof- und Ministerialrathes im Ministerium des Aeußern. Als 1882 im Interesse der fremden Gläubiger der Türkei eine internationale Finanzcontrole in Constantinopel eingesetzt wurde, ließ er sich als österreichisch-ungarischer Delegirter in den Administrationsrath der türkischen Staatsschuld entsenden, kehrte jedoch im October 1886 auf seinen Posten im Ministerium des Aeußern zurück, indem er gleichzeitig den Titel und Charakter eines außerordentlichen Gesandten und bevollmächtigten Ministers erhielt. Anfangs 1888 erfolgte seine Ernennung zum wirklichen außerordentlichen Gesandten und bevollmächtigten Minister mit besonderer Verwendung im politischen Dienste des Ministeriums des Aeußern. Freiherr von Zwiedinek ist Verfasser der Werke: „Syrien und seine Bedeutung für den Welthandel" (Wien 1873, Hölder); — „Die Administration der türkischen Staatsschuld in der Zeit vom 1./13. Jänner 1882 bis 1./13. März 1883. Eine Studie. Als Manuscript gedruckt" (Graz 1883). Im Ausstellungsjahre 1873 erhielt er den Orden der eisernen Krone dritter Classe und den Statuten desselben gemäß den österreichischen Ritterstand, im April 1880 aber das Comthurkreuz desselben Ordens und im Juni 1880 den erblichen Freiherrnstand. Freiherr Zwiedinek ist seit 28. Mai 1864 mit Hermine, Tochter des verstorbenen k. k. Hofrathes beim obersten Gerichtshof, Wilhelm Grimus Ritter von Grimburg vermält, aus welcher Ehe zwei Söhne und zwei Töchter stammen, sämmtliche aus der Stammtafel ersichtlich.

Zwierkowski, Valentin (Publicist, geb. im Krakau'schen 1786, gest. in Frankreich 1859). Nachdem er seine Studien an der Jagiellonischen Universität in Krakau beendet hatte, übernahm er von seinem Vater die Bewirthschaftung des Erbgutes Biała Wielka, nahm aber den regsten Antheil an den Angelegenheiten seines damals von den Russen trotz aller staatsrechtlichen verbrieften Zusicherungen mit Füßen getretenen Vaterlandes. Er war nun Mitglied des polnischen Landtages, wurde Secretär desselben im denkwürdigen Jahre 1831 und zählte zu den entschiedensten Vertretern der nationalen Sache. Nach Niederwerfung der Erhebung floh er nach Frankreich, ließ sich bleibend daselbst nieder, war längere Zeit Mit-

[m]d des Comités der Union polonaise [u]nd gab mehrere die Angelegenheiten [de]s Vaterlandes im heftigsten Parteitone [b]ehandelnde Brochuren und Pamphlete, die zumeist gegen die polnische Aristokratie und die Fürst Czartoryski'sche Partei gerichtet waren, in polnischer und französischer Sprache heraus. Wir nennen folgende: „*Kilka słów o czynnościach sejmu polskiego*“, d. i. Einige Worte über die Obliegenheiten des polnischen Landtages (Paris 1833); — „*Dalszy ciąg zbioru uchwal sejmu*“, d. i. Weitere Fortsetzung der Sammlung der Beschlüsse des Landtages (ebd. 1833); — „*Historya ostatnych zdarzem 1831*“, d. i. Geschichte der letzten Vorgänge im Jahre 1831 (ebd. 1843); — „*Korpus drugi w r. 1833 z mappa*“, d. i. Das 2. Corps im Jahre 1833, mit Karte (ebd. 1844); — „*Zywot generala Malachowskiego*“, d. i. Die Biographie des Generals Małachowski (ebd. 1845). Die Biographie, welche Joseph Straszewicz in seinem Werke „Die Polen und Polinen der Revolution vom 29. November 1830. Deutsche Originalausgabe“ (Stuttgart 1832—1837, Schweizerbart, gr. 8°.) S. 328 u. f. mittheilt, und welche ausführliche Nachricht gibt über Zwierkowski's energische Thätigkeit während der Erhebung des polnischen Volkes in den Jahren 1830 und 1831, für dieses Werk aber weiter von keinem Belange ist, wird durch die obigen Notizen ergänzt.

Straszewicz (Jos.). Les Polonais et les Polonaises de la Révolution du 29 novembre 1830... (Paris 1832, A. Pénard, Lex. 8°.) in Alphabet.

Porträt. Unterschrift: Facsimile des Namenszuges: „Walenty Zwierkowski“. Gez. St. Edine. Lithogr. de Villina (gr. 8°.).

Zwirzina, W. F. (Publicist, geb. zu Prag 1824, gest. in Wien 19. April 1856). Wo er seine Studien gemacht, melden die Nekrologe nicht. Er kam um 1849 nach Wien und trat in die Redaction des Wiener politischen Parteiblattes „Der Wanderer“ ein, bei welchem er bis zu seinem in jungen Jahren erfolgten Tode auf volkswirthschaftlichem Gebiete arbeitete und sich sowohl wegen seiner reichen und schätzenswerthen Kenntnisse, als wegen seiner streng ehrenhaften von keinem Makel getrübten Gesinnung und unverrückbaren Consequenz die Achtung aller Jener, die ihn kannten, erwarb. Im Nachrufe, den ihm das Blatt, in dessen Redaction er arbeitete, widmet, heißt es: „Wenigen mag der Name dieses Mannes bekannt sein, noch Wenigere werden ihm persönlich im Leben begegnet sein, aber so Mancher wird sich finden, der hie und dort einen Gedanken erfaßt und aufgegriffen hat, welchen Zwirzina's Feder nach leichter journalistischer Art nur flüchtig hinwerfen konnte.“ Er vertrat mit seltener Beharrlichkeit auf national-ökonomischem Gebiete die Anschauungen der neueren Schule in mehreren der größeren Blätter der Monarchie. Seine Aufsätze sind in dem „Wanderer“, der „Donau“, der „Morgenpost“, dem „Pesther Lloyd“ und der „Triester Zeitung“ erschienen, und man kann wohl behaupten: daß viele Tausende ihre erste Anregung zum Studium über volkswirthschaftliche Gegenstände durch die Feder Zwirzina's erhalten haben. Derselbe zeichnete sich durch seltene Rechtlichkeit und Unbestechlichkeit seines Urtheils aus, kein Finanzmann wird sich rühmen können, dessen so gefürchtete Feder je durch klingende Gründe und Actienbetheiligung für sich gewonnen zu haben. (Das will etwas bedeuten in jenen Tagen journalistischer Corruption und ist wohl der schönste Nachruf für einen Publicisten.) Zwirzina schrieb unter dem Schriftstellernamen Gustav Claeß; im „Pesther Lloyd“ war sein Monogramm C den Wiener Correspondenzen vorangestellt.

Der Wanderer (Wiener polit. Blatt) 1856, Nr. 184 und 189. — Die Donau (Wiener polit. Blatt) 1856, Nr. 92 im Morgenblatt. — Pesther Lloyd, 1856, Nr. 98.

Zwonař (sprich Zwonarz), Joseph Leopold (Tonkünstler, geb. zu Kublow bei Žebrák am 22. Jänner 1824, gest. in Prag 23. November 1865). Ein Dorfkind, wuchs er unter den drückendsten und armseligsten Verhältnissen auf, die aber das ihm angeborene musicalische Talent nicht zu ersticken vermochten. Was der Dorfschulmeister von Musik verstand, war bald von dem eifrigen Zögling begriffen worden, der als kleiner Junge bereits im Chore seinen „Diskant“ geltend machte und im Orchester, so gut es ging, an der Flöte, der Clarinette und dem Waldhorn beschäftigt werden konnte. Doch diese Herrlichkeit sollte bald ein Ende nehmen, seine Eltern bestimmten ihn für eine minder edle Kunst — das Schneiderhandwerk, dem er sich nur mit Widerwillen widmete. Doch sollte es nicht lange dauern. Der Ortsseelsorger, der das schöne Talent des Knaben mit richtigem Blicke sofort erkannte, übernahm denselben unentgeltlich zur Ausbildung. So brachte es Zwonař zum Lehramtscandidaten, in welcher Eigenschaft er nach Prag kam, wo ihn das musicalische Leben begreiflicherweise außerordentlich fesselte, zumal als es ihm 1842 gelang, in die dortige Orgelschule — ein Lehrerbildungsinstitut, in welchem in zwei Jahrgängen die Harmonielehre und der Generalbaß Hand in Hand mit dem Orgelspiel gelehrt wird — aufgenommen zu werden. Hier brachte er es vom Schüler bald zum Lehrassistenten, in welcher Eigenschaft er einige Jahre verbrachte. In diesen Zeitraum fällt der größte Abschnitt seiner Thätigkeit, wie seines Lebens. Da er sich fortwährend mit Studien der Werke der Altmeister Bach, Händel, Beethoven, Mozart u. A. beschäftigte, erhielt sein ganzes Wirken und Schaffen eine tief ernste und classische Richtung. Er schrieb viel und gut (eine Uebersicht seiner theoretischen Werke, seiner vorzüglicheren Compositionen, seiner beliebteren Gesangswerke und Sammlungen älterer Musikwerke folgt S. 348), doch wenig, was seinen Namen in weiteren Kreisen hätte bekannt machen können. Glücklicher Weise, schreibt sein Biograph, hatten zwei Musen Raum in seinem Herzen; neben der Musik war es die Poesie, für die er sich begeisterte, und so wenig er es wagte, sich in der Dichtkunst selbst zu versuchen, so lebhaft ergriff er jede Gelegenheit, die beiden Künste einander zu vermälen. In der That auch blieb kaum einer der čechischen Poeten von ihm unberücksichtigt, in jedem entdeckte er irgend ein gangbares Lied, wenngleich ihm zwei derselben, J. Marek und Picek, insbesondere Letzterer, von dem er nahezu ein halbes Hundert Lieder componirte, vorzugsweise das Material lieferten. Unter seinen Compositionen finden wir sie alle, welche die Neuzeit in den čechischen Parnaß aufgenommen: Burgerstein, Chmela, Chmelensky, Čelakovsky, Erben, Hanka, Herlos, Heyduk, Hruby, Jablonsky, Kamenicky, Kellner, Kolař, Kulba, Lhotka, Marek, Pichl, Rubes, Sabina, Skroup, Smilovsky, Snaydr, Soukup, Stulc, Sušil, Tomicek, Vilimek,

Vinařický, und auch ein deutscher Poet fand — aber nur einer — Gnade vor seinen Ohren, der sangbare Dichter Eichendorf. So setzte denn Zwonař eine lange Reihe von Gedichten, wohl an die hundert, in Musik, einstimmige, Duette, Terzette, Quartette und Chöre. Letztere namentlich für Männer- und gemischten Chor zeichnen sich durchwegs durch edle Reinheit des Styles und der Empfindung mehr als durch Schwung aus und sind dann am wirksamsten, wenn sie sich dem Volksleben anschmiegen, wie er denn besonders Volkslieder und Gesänge aus älterer Zeit mit besonderer Vorliebe studirte. Daß aber seine Compositionen sich nicht den Weg in die musicalische Welt gebahnt, daran ist der Compositeur selbst schuld, der, anfänglich nur Musiker, sich nach und nach zum specifisch čechischen Musiker umwandelnd, sich vorweg selbst eine enge Grenze gezogen, indem er fast ausschließlich čechische Texte, wie wir oben dies ausführlich betonten, ausgewählt, die dadurch eben nur einem kleinen Kreise zugänglich bleiben. Nicht minder groß möchte die Zahl der von ihm componirten — aber nur zum kleinsten Theile gedruckten — Orgelpräludien und Fugen sein, die in der Form vollendet, reich an schönen Gedanken sind. Ueberhaupt war dies das Feld, auf dem er sich vorzugsweise bewegte, wie dies schon seine Stellung mit sich brachte. Als Assistent des berühmten Directors der Prager Orgelschule Karl Pitsch [Bd. XXII, S. 370] schloß er sich begreiflicher Weise bald enge an den gediegenen Meister an, und wie ein Musikfreund, der beide kannte, berichtet, muß man beide Männer in ihrem Nebeneinanderwirken beobachtet haben, um das Sonderbare und doch wieder Rührende ihres Verhältnisses zu erfassen. Pitsch, der erfahrene gewiegte Meister, dessen Urtheile sich selbst Felix Mendelssohn willig unterzog, der sein von langen weißen Haaren umwalltes Haupt energisch schüttelte, wenn er irgendwo einer Neuerung begegnete, dabei aber jeder musicalischen Schönheit, selbst bei Meyerbeer und Wagner, redlich Anerkennung zollte, der Sanguiniker, der angesichts einer „verbotenen Fortschreitung" wüthend um sich schlug, im nächsten Augenblicke aber sich über seine eigene Leidenschaftlichkeit ärgerte, dabei voll Mißtrauen gegen Jedermann, aber voll Achtung und Opferwilligkeit gegen jedes Talent — ein Sonderling von der edelsten Sorte. Und neben ihm der um die Hälfte jüngere Zwonař, eine untersetzte, fast knorrige Gestalt, jedes äußeren Anzeichens bar, durch das sich sonst Genialität gern bemerkbar macht, von einer Ruhe, wie sie nur Denker haben, zugeknöpft „bis ans Herz hinan", selten von etwas Anderem, nie von sich selbst redend, unscheinbar und jede Gelegenheit sorgfältig vermeidend, wo er auffallen konnte, wozu nach seinen Begriffen nicht viel gehörte. So standen sich diese beiden Männer zur Seite, und wer sie nur flüchtig beobachtete, wähnte sie einander fremd; es galt als Wunder, wenn sie einige Worte wechselten, und doch hing der alte Pitsch mit Achtung und Liebe an seinem Jünger, wie dieser mit Verehrung und Pietät an seinem Meister. Als Pitsch im Juni 1858 starb, ward Zwonař, den dieser Todesfall tief ergriff, Nachfolger im Amte, jedoch schon nach zwei Jahren Director der Sophienakademie und 1863 Regenschori in der Kirche zur h. Dreifaltigkeit. Trotzdem er von einer äußersten Zurückgezogenheit und Verschlossenheit war, seinen Lebenspfad stets einsam wandelte, Niemanden zum Vertrauten machte, sich aber auch gegen Niemanden unterwürfig zeigte, erkannten Alle, die mit ihm je in nähere Berührung kamen, die wahrlich antike Ehrenhaftigkeit seines Charakters, seine maßlose Bescheidenheit, hinter der sich Gediegenheit und Tüchtigkeit barg. Er war unbedingt einer der hervorragendsten Musiker, welche die tonreiche Moldaustadt ihr eigen nennen konnte. Nicht kraft seines Reproductionstalentes hatte er Anspruch auf diese Bezeichnung, sondern als schaffender Geist, als wissenschaftlicher Tonkünstler: denn so, wie er die Compositionslehre auffaßte, war sie ihm nicht bloß eine Kunst, sondern eine ernste heilige Wissenschaft, würdig des eingehendsten Studiums, der tiefen Speculation. Auf diesem Wege, durch selbsteigene Forschung, der es lange an der leitenden Hand gebrach, ein Autodidakt in des Wortes bestem Sinne, hat er sich zu einer Höhenstufe musicalischer Bildung aufgeschwungen, in die sich mit ihm zu theilen, wenige Zeitgenossen berufen sein dürften, und doch war sein Name nicht „berühmt", sein Ruf nicht verbreitet, und manche Kenner der musicalischen Literatur dürften von dem Manne und dessen Bedeutung erst aus diesem Lexikon das Nähere erfahren. Eine Reise, die der Tonkünstler Zwonař im Jahre 1858 über Bayern, Salzburg, Tirol nach Oberitalien, dann von Venedig über Triest, Graz, Wien zurück machte und in den „Pražske noviny" beschrieben hat, blieb künstlerischerseits auf ihn ohne Einfluß. Nur Mendel bringt in seinem Lexikon eine kurze Notiz über ihn. Andere, wie Bernsdorf-Schladebach, Hugo Rieman, Reißmann, Bremer, kennen seinen Namen nicht. Eine Uebersicht der ihn in seinen verschiedenen Richtungen charakterisirenden Arbeiten in einer entsprechenden Auswahl folgt unten. In seinem Nachlasse befanden sich mehrere Messen, ein Claviertrio (in *D-dur*) und auch zwei kleine Opern, deren eine den čechischen Titel „Zaboj" hat. Außerdem war Zwonař ein fleißiger Forscher auf dem Gebiete der altböhmischen Kirchenmusik, und verdankt man ihm neben Veröffentlichung einer Reihe von liturgischen Gesängen viele interessante und werthvolle Aufsätze, wie denn auch die trefflichen Musikkritiken in der čechischen Prager Zeitung (Pražski noviny) aus seiner Feder stammten. Er starb im besten Alter von erst 41 Jahren, ledigen Standes, eine Mutter und zwei Schwestern zurücklassend. Die Opuszahl seiner Compositionen erreichte schon im Jahre 1861 deren 122.

Compositionen des J. L. Zwonař. 1. Kirchliche. „Adventní píseň... s předehrou a dohrou a Tři vánoční skladby pro varhany", d. i. Adventlied mit Vor- und Nachspiel und drei Weihnachtcompositionen für die Orgel (Prag, Veit). — „Blažené Památce sv. Cyrilla a Methoda blahověstů slovanských. Zpěvy ku veškerým částem mše svaté", d. i. Dem seligen Andenken der slavischen Apostel HH. Cyrill und Method Gesänge für sämmtliche Theile der h. Messe (Prag, Hofmann). — „Gesänge religiösen Inhalts für Männerchor. 1. Abtheilung: Bitt- und Danksagungsgesänge" (Prag, Veit). — „Musica sacra. Nr. 1. Graduale (Salvum fac) pro sbor a smyčcowé nástroje", Op. 33 für 4 Singstimmen, 2 Violinen, Viola, Baß und Orgel (Prag, Christoph und Kuhé). — „Musica sacra. Nr. II. Missa pro defunctis", wie oben (Prag, Veit). — „Pět zpěvů k slavnosti Božeho Těla", d. i. Fünf Gesänge zur Frohnleichnamsprocession. Vier Lieder aus dem čechischen Cancional und Pange lingua-Hymne des h. Thomas von Aquino. Für Männerchor (Prag, Hofmann). — „Šestero předher pro varhany pro sv. vánoční čas", d. i. Sechs Pastoralpräludien (Prag, Veit). — „Písně pro spolek katolických

…ryin v Praze“, d. i. Gesänge für katho… …e Gesellenvereine in Prag (Prag 1862). — „Slavnostní předehra pro Boží hod velikanoční na motiv „Alleluja““, d. i. Prächtiges Vorspiel für den h. Tag auf Weihnacht auf das Motiv „Alleluja“ (Prag, Veit). — „Legenda o sv. Ludmile kněžně“, d. i. Legende von der h. Ludmilla, Königin, im 10. Hefte des von Karl Bendel in Prag bei Vitek herausgegebenen musicalischen Sammelwerkes „Hlahol“. — „Pastorale. Böhmisches Weihnachtslied mit Vor- und Nachspiel. Pastoralpräludien und ein böhmisches Adventlied“ (Prag, Veit). — **2. Theoretische Werke.** „Navedeni k snadnému potřebnych kadenci skladani“, d. i. Anleitung zum geläufigen Vortrag der nöthigen Cadenzen. Für minder geübte Orgelspieler (Prag, Rohlíček). — „Základy harmonie a zpěvu s příslušným navedením pro učitele hudby…“, d. i. Grundzüge des Gesanges und der Harmonie. Mit einer Anleitung für Musiklehrer… (Prag 1861, Řivnáč, gr. 8°., 206 S.). — „Zpěvníček pro dívčí školy“, d. i. Gesangbüchlein für Mädchenschulen. — „Příruční knižka při vyučování zpěvu pro I. i II. třídu vyšších dívčích škol“, d. i. Handbüchlein beim Unterricht im Gesange für die 1. und 2. Classe höherer Mädchenschulen; dieses und das vorige bilden das 11., 12., 13. Heft des pädagogischen Sammelwerkes „Dívčí škola“, d. i. Mädchenschule, Sammlung der nöthigsten Kenntnisse für böhmische Mädchen (Prag 1870, Kober). — „Theoretická-practická škola piana s národními písněmi pro cvičební látkou pro útlou mladež“, d. i. Theoretisch-praktische Pianoschule auf Grund von Volksliedern zur leichteren Uebung für die Jugend, 2 Hefte (Prag, Schalek und Wetzler). — **3. Ausgaben älterer Tonwerke.** „Hudební památky české. Výbor krásných zpěvů českých církevných i světských“, d. i. Čechische Gesangdenkmäler, eine Sammlung čechischer kirchlicher und weltlicher Gesänge, 2 Hefte (Prag 1863, Kober). — „Tři staročeské chorály z roku 1602“, d. i. Drei altčechische Chorále aus dem Jahre 1602 im 8. Hefte des von Karl Bendel herausgegebenen musicalischen Sammelwerkes „Hlahol“. — **4. Verschiedene Compositionen für Gesang, Piano, Orgel.** „Der Ritt zum Elfenstein. Ballade nach einer schwedischen Sage von Anton Oswald für Soli, Chor und Orchester“ (Winterthur, Rieter-Biedermann). — „Věneček rosmarinový z českých národních písní od Jos. Koláře“, d. i. Rosmarinkränzchen nach Volksliedern von Jos. Kolář für eine Singstimme (Prag 1863, Veit). — „Charakteristisches Tonstück für Pianoforte“ Op. 40 (Prag, Schalek). — „Impromptu (bei Sonnenuntergang) für Pianoforte“ Op. 2 (Prag, Hofmann). — „Morgenandacht des Brahminen“, für Chor und Orchester“. — „Loreley. Phantasiestück für Pianoforte“, Op. 3 (Prag, Hofmann). — „Prélude et fugue pour le Pianoforte“, Oeuv. 1 (ebd.) — „Primula veris. Composition für Pianoforte“, Op. 27 (ebd.). — „Quodlibet aus čechischen Volksliedern für Männerchor“ (Wien). — „Vier Sonaten für die Orgel“ — „Sonate *(F-moll)* für Pianoforte“, Op. 10 (Prag, Hofmann). — „Sonate *(F-dur)* für Pianoforte“ (ebd.). — „Große Suite. Auf vier Hände: 1. Marsch, 2. Scherzo, 3. Adagio, 4. čechisches Volkslied mit Variationen, 5. Intermezzo, 6. Finale“ (Prag 1862, Hofmann). — Mit Dr. J. B. Pichl gab er ein Gesellschafts-Liederbuch und mit Kellner ein Gesellen-Liederbuch heraus.

Quellen. Bohemia (Prager politisches und belletristisches Blatt, 4°.) 1862, Nr. 266; 1865, Nr. 280, S. 1371. — Oesterreichischer Volks- und Wirthschaftskalender (Wien, Prandl, gr. 8°.) Jahrg. 1867 [nach diesem gest. am 23. November 1865]. — Wiener Zeitung, 1865, Nr. 271, S. 393: „Jos. Leop. Zwonař“. — Průvodce v oboru českých tištěných písní pro jeden neb více hlasů (od r. 1800—1862). Sestavili Em. Meliš a Jos. Bergmann, d. i. Führer auf dem Felde gedruckter böhmischer Lieder für eine oder mehrere Stimmen. (Vom Jahre 1800—1862). Zusammengestellt von Em. Meliš und Jos. Bergmann (Prag 1863, 12°.) S. 223 [mit bis zum Jahre 1863 reichendem vollständigen Verzeichniß seiner Liedercompositionen]. — Dalibor. Hudobni časopis….., d. i. Dalibor, Musikzeitung. Redigirt von Emanuel Meliš (Prag, 4°.) IV. Jahrg. 1. Jänner 1861, Nr. 1—13 [die ausführlichste Biographie über diesen gediegenen und wenig gekannten Tonkünstler]. — Lumír (Prager čechisches Unterhaltungsblatt, Lex. 8°.) 1856, Nr. 32. — Květy, d. i. Blüten (Prager illustr. Blatt) 1871, Nr. 7. — *Šembera (Alois Vojtech)*, Dějiny řeči a literatury česko-slovenské. Vek novější, d. i. Geschichte der čechoslavischen Sprache und Literatur. Neuere Zeit (Wien 1868, gr. 8°.) S. 310 [nach diesem gest. am 23. November 1863]. — Světozor (Prager illust. Blatt) 1874., Nr. 25.

Porträts. 1) Lithographie in der Prager Steindruckerei von Pražák (1863, Fol.). — 2) Unterschrift: „Josepb Leopold Zwonař". Holzschnitt nach einer von Mukarowsky nach einem Lichtbild ausgeführten Zeichnung im „Světozor" 1874, Nr. 25 — 3) Holzschnitt von Stolař, nach einer Zeichnung von K. Mairner in den „Kvety" 1871, Nr. 7.

Zwoneček, Friedrich (Compositeur, geb. in Brünn 31. Mai 1817, gest. daselbst 9. Jänner 1848). Sohn eines Brünner Bürgers, zeigte er in früher Jugend großes Musiktalent. Dasselbe entwickelte sich, nachdem sein Oheim, der damalige Brünner Theaterdirector Zwoneček, darauf aufmerksam geworden, unter der Leitung seines älteren Bruders mit so glücklichem Erfolge, daß er, erst zehn Jahre alt, im Gesange, im Guitarre- und Pianospiel so gut ausgebildet war, um sich einer reisenden Sängergesellschaft anschließen zu können, deren Vorträge er mit großem Geschick auf dem Clavier begleitete. Diese Reise war auch auf die fernere Ausbildung seines Musiktalentes von dem günstigsten Einflusse, und als 17jähriger Jüngling übernahm er 1834 die Stelle des Chordirectors am Agramer Theater. Im nächsten Jahre finden wir ihn bei der Oper seiner Vaterstadt beschäftigt, und Ostern 1839 wurde er Chordirector derselben, bildete sich unter der Leitung des Capellmeisters Gottfried Rieger [Bd. XXVI, S. 118], der selbst ein tüchtiger Musicus war, im Generalbaß aus und zählte bald zu dieses greisen Meisters tüchtigsten Schülern. Nun erwachte auch der Schaffenstrieb in ihm, und alsbald componirte er Chöre, Quartette, Lieder und Entreacts. Als er dann 1843 ein einjähriges Engagement am Prager ständischen Theater antrat, blieb der dortige Capellmeister Ferdinand Stegmayer [Bd. XXXVII, S. 320], der sich ihm voll Theilnahme zuwendete, nicht ohne Einfluß auf die weitere Entwickelung des jungen Künstlers. Daselbst entstand Zwoneček's Composition zu dem Vaudeville „Doratinas Seiserle", dessen Text der Graf Schirnbing gedichtet, und zu der Operette „Das öde Schloss"; auch schrieb er damals mehrere Ouverturen und Gesangstücke mit Begleitung des vollen Orchesters. 1844 kehrte er zur Brünner Bühne als Capellmeister für das Vaudeville und Localstück zurück und blieb daselbst bis zu seinem Tode. Seinem Berufe sich ungetheilt hingebend, componirte er zu jener Zeit einige Lieder, darunter eines mit Posthorn oder Hornbegleitung, welches die damalige Localsängerin Fräulein Rubini mit großem Beifalle mehrmals sang, dann die Musik zu Riemer's Posse: „Eisele und Beisele in Brünn", welche 1847 gegeben wurde, ferner zu Kanne's Vaudeville „Ein Tag, eine Nacht, ein Morgen in Brünn" und zu jenem von S. Mandlzweig „Adolpho's Geheimnisse". Ein schleichendes Uebel, das ihn seit Jahren gequält, raffte ihn im Alter von erst 31 Jahren dahin. Unter den Klängen eines von ihm selbst componirten Trauermarsches, der zu seinen besten Schöpfungen zählt, wurde er, als im Leben sehr beliebt, unter zahlreichem Geleite zu Grabe getragen.

Moravia (Brünner Localblatt) 1848, Nr 8.

Zyblikiewicz, Nicolaus (Mitglied des Abgeordnetenhauses des österreich. Reichsrathes und galizischer Landesmarschall, geb. am 28. November 1823 zu Stare-miasto bei Sambor, gest. am 16. Mai 1887 in Krakau). Er entstammte einer ruthenischen bürgerlichen Familie. Nach Beendung seiner Gymnasialstudien in Sambor bezog er die Universität Lemberg und gedachte sich 1848 dem Lehrstande zu widmen. Schon damals spielte er eine politisch bedeutende Rolle, indem er in Lemberg gegen die Einberufung eines Ständetages energisch auftrat und sich unter den Anhängern der Bildung eines Landtages hervorthat. Dessenungeachtet erhielt er im Herbste 1848 eine Anstellung als Gymnasialsupplent für Weltgeschichte zu Tarnów, wurde aber schon 1849 bei Einführung der deutschen Unterrichtssprache entlassen und mußte, da er alle Aussicht auf eine Staatsanstellung verloren, an eine neue Berufswahl denken. Er wendete sich der Advocatur zu und zog nach Krakau, wo er 1851 den juristischen Doctorgrad erlangte und bei Advocaten arbeitete. 1855 konnte er eine eigene Kanzlei in Krakau eröffnen. Die Advocatur hatte dazumal in Galizien eine ganz außerordentliche Bedeutung. Das Land und namentlich der Landadel machte eine Krisis durch; die Grundlasten waren aufgehoben, viele Besitzer konnten sich in dem neuen System nicht zurechtfinden, die neue Art der Bewirthschaftung zog financielle Schwierigkeiten nach sich, die oft ganz erfolglos bekämpft wurden. Dazu kam im Gebiete der ehemaligen Freistadt Krakau die Collision des früheren, französischen Rechtes mit dem nunmehr geltenden österreichischen. In solchen Lagen hatte der Rechtsanwalt die Aufgabe eines ökonomischen Arztes, eines treuen Berathers, und dieser Aufgabe war Zyblikiewicz in des Wortes bester Bedeutung gewachsen. Sein Gewissen war empfindlich wie das eines ascetischen Mönches, und wie ein alter Ritter wußte er in den heikelsten Ehrenfragen immer richtigen Bescheid. Neben dieser ökonomischen Aufgabe, durch deren getreue Erfüllung die bedrohte Existenz zahlreicher Familien gerettet wurde, fiel dem polnischen Advocatenstande in Galizien auch eine politische zu. Die Advocaten waren die einzigen Juristen, die sich eine gewisse Unabhängigkeit zu wahren wußten und sich hie und da in der Lage befanden, für die Rechte des Polenthums einzutreten. Zyblikiewicz nahm an Adam Potocki's Seite an dem wenn auch sehr dürftigen politischen Leben Theil; via facti und durch ein Auftreten, das seine persönliche Sicherheit mehr als einmal gefährdete, erkämpfte er das Recht, vor Gericht polnisch sprechen zu dürfen. Mit Consequenz, ohne sich durch äußerste Schwierigkeiten aufhalten zu lassen, war er namentlich damit beschäftigt, jenen Beamten, die etwa ihre germanisatorische Thätigkeit als Deckmantel eigener Verderbtheit benützten, das Handwerk zu legen. Als höchstenorts die Worte: „Frei ist die Bahn" gesprochen waren, da war er unter den allerersten, die sofort die Situation begriffen, sofort alle Recriminationen fallen ließen, die herbe Vergangenheit vergessen und nur der Zukunft leben wollten. Im Jahre 1861 wurde er vom Krakauer Großgrundbesitze in den Landtag gewählt. Und hier war er ein Vorbild parlamentarischer Thätigkeit. Er folgte nie dem Redetriebe, wie er jungen Vertretern eigen ist, und sparte seine oratorischen Fähigkeiten für Fälle auf, wo es galt — wie im Wiener Reichsrath, in den ihn der Landtag entsandte — dem Lande wirklich zu nützen. Berühmt war seine

Rede vom 26. Februar 1862, die von der Wiener Tagespresse vielfach besprochen wurde. Den „Bayard des Hauses" nannte ihn ein Theil der Presse der Residenz. Mit gleicher Würde verstand er es, die Ehre der Nation angesichts der Vorfälle von 1863—1864 zu wahren, obgleich er dem Aufstande nicht angehörte; nach demselben war er wieder unter den ersten, die der Nation ein neues Arbeitsprogramm gaben, und wirkte namentlich vielfach auf ökonomischem Gebiete, wozu er seit 1865 als ständiger Berichterstatter des galizischen Budgets Gelegenheit fand. Eine neue Aera seiner Thätigkeit begann im Jahre 1874, da er als Bürgermeister an die Spitze jener Stadt trat, der er 1865 die Autonomie erkämpft hatte. Ihm hat Krakau einen frischen Aufschwung zu verdanken; namentlich in künstlerischer Beziehung hob es sich unter seiner Hand. In die Zeit seiner Wirksamkeit fällt das große Jubiläum der fünfzigjährigen literarischen Thätigkeit J. J. Kraszewski's, welches in Krakau gefeiert wurde, und der Besuch des Kaisers Franz Joseph I. im Jahre 1880, der sich zu einer großartigen Kundgebung der wärmsten Verehrung für den Herrscher gestaltete. Nicht nur das Land, auch der Kaiser lernte den Mann schätzen, und als im selben Jahre der Landmarschallposten vacant wurde, da sagte der Monarch: „In einem Lande, das einen Zyblikiewicz hat, kann die Ernennung eines Landmarschalls nicht schwer fallen." Als Marschall richtete er sein Hauptaugenmerk auf die wirthschaftliche Hebung des Landes und namentlich auf die Besserung der Lage der Handwerker; seiner Initiative sind die Entstehung der Landesbank, die Anbahnung der Flußregulirung und viele andere gemeinnützige Werke zu danken. Um seine Person gehörig zu würdigen, muß noch Eines hinzugefügt werden. Er war Ruthene. Und nur, wer die Zeit kennt, in der Zyblikiewicz heranwuchs, wer da weiß, welche Mittel angewendet wurden, um Polen und Ruthenen zu entzweien, kann beurtheilen, welcher Integrität und Gradheit es bedurfte, um in Zyblikiewicz's Geiste das richtige Verhältniß zwischen polnischem Patriotismus und ruthenischem Particularismus zu wahren. „Ruthene von Geburt, Abstammung und Glauben, Pole seinem Geiste und Gefühle nach", so nannte er sich selbst. In seiner Person erscheint die Lösung der polnisch-ruthenischen Frage vollkommen, in ihm, der auch einem andern Streite glücklich auswich und — von kleinbürgerlicher Abstammung — dennoch den Lockrufen der Demagogen nicht folgte, seinen echt bürgerlichen Sympathien aber immer Ausdruck gab.

Hahn (Siegmund). Reichsrathsalmanach für die Session 1873—1874 (Wien 1874, 8°.) Seite 186. — *Sarkady (István).* Hajnal, p. 106. — Tagespresse (Wiener polit. Blatt) 1870, Nr. 133. — Bohemia (Prager polit. und belletr. Blatt, 4°.) 1861, Nr. 247: „Silhouetten aus dem Abgeordnetenhause. VI. Die Polen". — J. J. K. (raßnicki). Aquarelle aus beiden Reichsstuben (Wien 1868, 12°.) Bd. I, S. 74 — Neue Freie Presse (Wien) 1872, Nr. 2723. — Handschriftliche Notizen des Herrn Hofrathes v. Blumenstock, dem ich hier verbindlichst danke.

Porträts. 1) Unterschrift: „Dr. Zyblikiewicz Miklós". Marastoni Jos. 1867 lith. — 2) Ueberschrift: „Dr. Nicolaus Zyblikiewicz". Unterschrift: „Ein in seinen Hoffnungen getäuschter polnischer Ministercandidat".

Charge. „Floh" (Wiener Witz- und Spottblatt) IV. Jahrg. 28 Jänner 1872, Nr. 4 als Titelbild [mit einer sehr kaustischen Charakteristik].

Zygadlowicz, Gustav Ritter von (k. k. Oberst im Infanterie-Regimente

Erzherzog Ludwig Salvator Nr. 58, geb. in Lemberg 13. April 1837). Der Sproß einer galizischen Adelsfamilie, trat er am 11. November 1848 zur militärischen Ausbildung in die Wiener-Neustädter Akademie, aus welcher er im August 1855 als Lieutenant m. G. zu Schönhals-Infanterie Nr. 29 kam. In derselben im April 1859 zum Lieutenant h. G. befördert, wurde er im Juni desselben Jahres als Oberlieutenant zu Roßbach-Infanterie Nr. 40 übersetzt. Dann als Hauptmann zweiter Classe in den k. k. Generalquartiermeisterstab übernommen, trat er aus demselben in gleicher Eigenschaft im März 1860 zum 6. Jäger-Bataillon. Im August 1863 rückte er zum Hauptmann erster Classe im 18. Jäger-Bataillon vor, aus welchem er im October 1865 als solcher zum 13. Jäger-Bataillon transferirt wurde. Im Mai 1880 kam er als Oberstlieutenant zu Erzherzog Ludwig Salvator-Infanterie Nr. 58, wo er zur Zeit als Oberst und Regimentscommandant sich befindet. In diesen Stellungen machte er als Jägerhauptmann den Feldzug 1864 gegen Dänemark und den Feldzug 1866 gegen Preußen mit. Im ersteren erhielt er für sein ausgezeichnetes Verhalten das Militär-Verdienstkreuz mit der Kriegsdecoration, im letzteren die ah. Belobung. Oberst Zygadlowicz ist zugleich Besitzer des Marianenkreuzes.

Thürheim (Andreas Graf). Gedenkblätter aus der Kriegsgeschichte der k. k. österreichisch-ungarischen Armee (Wien und Teschen, Prochaska, gr. 8°.) Bd. I, S. 333, Jahr 1866; S. 345, Jahr 1864.

Żygliński, Franz (Maler und Dichter, geb. in Krakau 1816, gest. daselbst 28. December 1849). Er besuchte die Gymnasial- und Lyrealclassen der alten Jagiellonenstadt und bezog dann die dortige Universität, wo er durch fün Jahre philosophische und rechtswissenschaftliche Studien betrieb, darin nicht die Befriedigung findend, die er suchte. Von Jugend an leidend, infolge dessen zur Melancholie hinneigend, dazu poetisch angelegt, wendete er sich dann ausschließlich der Dichtung und der Malerei zu. Zu letzterem Zwecke besuchte er die Malschule in Krakau, wo er sich unter Albert Cornel Stattler's [Bd. XXXVII, S. 242] Leitung ausbildete. In dieser Zeit, Ende der Dreißiger- und Anfang der Vierziger-Jahre, als ich im Regiment Graf Nugent Nr. 30 in Garnison in Krakau stand, machte mich mein Freund Groppler mit dem jungen Maler und Poeten bekannt. Schon damals trug er das Zeichen des Todes an sich, aber voll von tiefer Traurigkeit durchwebter Phantasien theilte er sich bald dem jungen für die polnische Dichtung begeisterten Soldaten rückhaltlos mit, las mir seine wirklich schönen elegischen Dichtungen vor, deren einige ich übersetzte. Als ich dann 1840 in meine neue Garnison Lemberg abrückte, verlor ich den jungen kranken Poeten aus den Augen, bis mir ihn die Nachricht seines Todes wieder in Erinnerung brachte. Er hatte indessen fleißig weiter gedichtet und gemalt und unternahm 1846 mit den Malern Leński und Zieliński [Bd. LIX, S. 61] die Pilgerfahrt nach Rom. Krankheit und Mittellosigkeit zwangen ihn aber, in Wien Halt zu machen, wo er bis 1848 verweilte. In seine Heimat Krakau zurückgekehrt, kam er durch Krankheit herab und verfiel vor Mangel und Elend in die tiefste Melancholie, die so sehr an völlige Narrheit grenzte, daß man ihn zuletzt ins Spital der Klinik brachte, wo er nach längerem Leiden im Alter von erst 33 Jahren starb. Seine

Dichtungen waren noch bei seinen Lebzeiten unter dem Titel *„Dumki i poezyje“*, d. i. Trauerlieder und Dichtungen (Posen 1844, Zupański) erschienen. In vollendeter Sprache weht religiöse Stimmung und tiefe Trauer, wie sie ihn selbst erfüllte, aus ihnen. Valerian Wielogowski [Bd. LVI, S. 20] gab eine neue Auflage derselben in Krakau heraus, deren Erlös er zu einem Denkstein auf dem Grabe des Dichters bestimmte. Was Żygliński's Malkunst betrifft, so war er ein fester Zeichner und führte viele Blätter mit religiösen Motiven in Bleistift aus. In Oel malte er Bildnisse, und finden sich dieselben zerstreut im Privatbesitz in Wien, Krakau und Posen.

Nowiny, d. i. Neuigkeiten (Lemberg, 4°.) 1833, Nr. 115, S. 302. — Przegląd Poznański, d. i. Posener Umschau, 1849 Bd. IX, S. 772—775, von J. Lepkowski. — Czas, d. i. Die Zeit (Krakauer polit. Blatt) 1832, Nr. 137: „Brief des Professors A. Stattler“. — *Rastawiecki (Edward)*. Słownik malarzów polskich tudzież obcych w Polsce osiadłych, d. i. Lexikon polnischer oder in Polen ansässig gewesener Maler (Warschau 1857, gr. 8°.) Bd. III, S. 102. — Kurs literatury polskiéj dla użytku ułożył szkoł Władysław Nehring, d. i. Lehrcurs der polnischen Literatur zum Schulgebrauch. Von Wladislaus Nehring (Posen 1866, gr. 8°.) S. 201.

Żyka (lies Schika), die Künstlerfamilie aus Böhmen. Sie besteht aus dem Vater Joseph und den fünf Söhnen Anton, Ferdinand, Franz, Friedrich und Joseph. Der Vater Joseph, in der ersten Hälfte des vorigen Jahrhunderts geboren, erhielt seine musicalische Ausbildung in Prag. 1744 kam er als Violoncellist an die Capelle zu Dresden, aus derselben 1764 an die Berliner Hofcapelle, an welcher er viele Jahre bedienstet war, bis er zu Anfang des laufenden Jahrhunderts starb. Er wird als ausgezeichneter Meister auf seinem Instrumente gerühmt und hat auch viel für dasselbe geschrieben: Concerte, Quartette, Terzette und Duette, von denen aber nichts im Druck erschienen ist. — Sein Sohn Anton war um 1786 Violinist an der königlichen Capelle in Berlin; — sein anderer Sohn Ferdinand um dieselbe Zeit Bratschist an derselben; — sein dritter Sohn Franz Violinist ebenda; — der vierte, Friedrich, von seinem Vater gebildet, kam mit demselben 1764 nach Berlin und gehörte seit 1766 der königlichen Capelle an; — sein jüngster Sohn Joseph, der sich vor allen Geschwistern durch sein außerordentliches Talent in der Musik auszeichnete, gehörte seit 1783 anfänglich als Violinspieler, später als Bratschist der genannten Capelle an und wurde zuletzt königlich preußischer Kammermusicus. Er spielte nicht bloß mit Meisterschaft seine Instrumente, sondern er schrieb auch mehrere Operetten, Cantaten und Clavierstücke. Ein „Stabat mater“ widmete er 1797 dem Kaiser von Rußland, der ihn dafür mit einer Ehrengabe auszeichnete. Ob etwas von seinen Compositionen gedruckt worden, ist mir nicht bekannt.

Dlabacz (Gottfried Johann). Allgemeines historisches Künstler-Lexikon für Böhmen und zum Theile auch für Mähren und Schlesien (Prag 1815, Haase, 4°.) Bd. III, Sp. 445. — Gaßner (F. S. Dr.) Neues Universal-Lexikon der Tonkunst. Neue Handausgabe in einem Bande (Stuttgart 1849, Franz Köhler schm. 4°.) S. 919. — Gerber (Ernst Ludwig). Historisch-biographisches Lexikon der Tonkünstler u. s. w. (Leipzig 1792) Bd. II, Sp. 816. — Derselbe. Neues historisch-biographisches Lexikon der Tonkünstler u. s. w. Bd. IV, Sp. 638 u. f.

Nachtrag

zur Biographie August Zang [Bd. LIX, S. 162].

Zang, August (Gründer der „Presse“ in Wien). Nach dem Erscheinen der Lebensskizze im 59. Bd., S. 162, sind in namhaften Blättern noch mehrere Nekrologe erschienen, welche nicht nur die journalistische Wirksamkeit des Verblichenen, sondern auch seine nationalökonomische und humanitäre ins Auge fassen, und welchen wir vorurtheilslos auch in diesem Werke eine Stelle gönnen. So bezeichnet die „Neue Freie Presse“ vom 20. März 1888 Zang als einen der letzten jener Männer, welche als die Pionniere der österreichischen Publicistik an den leidenschaftlichen Parteikämpfen des Jahres 1848 unerschrocken und unbeirrt durch die Drohungen und Einschüchterungen theilgenommen und in jenen unruhigen und stürmisch bewegten Tagen die bleibende und dauernde Grundlage für die weitere Entwickelung der Journalistik in Wien und in Oesterreich überhaupt geschaffen haben. Die „Presse“ hatte sich in einer Zeit, welche der Publicistik nichts weniger denn günstig war und als Anpreisungen financieller und ähnlicher Projecte noch nicht auf der Tagesordnung standen, so viel Ansehen erworben, daß z. B. der damalige Ministerpräsident Felix Fürst Schwarzenberg selbst in brieflichen Verkehr mit August Zang trat und mit demselben seine Ansichten über Zweckmäßigkeit oder Unzweckmäßigkeit von Publicationen tauschte. Einen Brief dieser Art theilt die „Neue Freie Presse“ 20. März 1888 mit. Die Haltung aber, welche Zang's Zeitung gegenüber der damaligen Regierung einnahm, veranlaßte, daß ihm im December 1850 durch die Wiener Stadtcommandantur streng verboten wurde, den Belagerungsrayon von Wien zu betreten, widrigenfalls er auf Belagerungsdauer ausgewiesen und wegen Uebertretung jenes Verbots gestraft würde. Den Druckern der Zeitung wurde mit Entziehung der Concession gedroht. Dasselbe widerfuhr der „Presse“ in Gratz und Brünn, von wo dann Zang nach London sich begab. Den Anstoß zur Aufhebung des Verbotes der „Presse“ in Wien gab der damalige Polizeiminister General von Kempen, welcher Zang kannte, da dieser wegen einer Gewehrerfindung als Kaiserjäger-Officier nach Wien zum Generalstab berufen worden. Kempen ließ Zang in London durch Polizeirath v. Felsenthal aufmerksam machen, daß er geneigt sei, unter gewissen Cautelen die Wiederherausgabe der „Presse“ in Wien zu gestatten. Zang folgte dem Winke des Generals, und so fand die „Presse“ aus ihrem Exil in Brünn ihren Weg zurück nach Wien und entfaltete sich im großen Style. Zang, sagt ein Wiener Journalist (R. Valdeck) in einem Feuilleton, betitelt: „Wie die Concordia entstanden ist?“ („Wiener allgemeine Zeitung“, Morgenbl., 21. October 1884, Nr. 1670). Zang ist der eigentliche „Gestalter des Wiener Zeitungswesens, namentlich seines geschäftlichen Theiles. Sein durchdringender praktischer Verstand, seine unermüdliche Arbeitskraft, sein hervorragendes Organisationstalent würde es außerhalb Wiens überall zu einer großen administrativen Stellung gebracht haben, aber seine bis zur Härte und oft durch Voreingenommenheit getrübte Verstandesnatur stand ihm überall im Wege.“ Als die constitutionelle Aera dämmerte, suchte der nachmalige Verfassungsminister Anton Ritter von Schmerling, wie Felix Fürst Schwarzenberg innige Fühlung mit Zang und lud ihn in einem Schreiben vom 8. December 1860 („Neue Freie Presse“ 20. März 1888) zur Eröffnung eines regen persönlichen Verkehrs ein. Die mexikanischen Kaiserpläne des Erzherzogs Ferdinand Max fanden keinen entschiedeneren Gegner als Zang; er wurde in dieser Gesinnung auch nicht wankend, als er Februar 1864 Gast des zum Kaiser von Mexiko erhobenen Max in Miramare war, und lehnte das ihm verliehene Officierskreuz des Guadeloupeordens ehrerbietig, aber entschieden ab. Die werkthätige Unterstützung, die er in der „Presse“ der Verfassungspartei in der Jugend der Verfassung geleistet, erkannte Moriz von Kaiserfeld in einem an ihn gerichteten Brief aus Graz 13. October 1865 warm an. Auch nach der nationalökonomischen Richtung ist Zang's Wirksamkeit beachtenswerth. Als Gemeinderath der Stadt Wien ließ er im Verein mit einigen Gleichgesinnten auf eigene Kosten englische Ingenieure zum Studium der Hochquellenleitung kommen, studirte selbst in Belgien das Canalsystem, um einen Modus zu finden, wie der Wiener-Neustädter Canal als Nutzwasserleitung für Wien ersprießlich gemacht werden könnte; trat mit bestimmten Plänen für die Einrichtung des großen Stadtparks und des Kinderparks in demselben ein und agitirte für die Bahnlinie Wien-Novi, sowie für die Verlegung der Casernen in ein „Militär-Lager“. Im Landtage, nachdem er, wie schon gemeldet, seine Diäten für die Erziehung eines Knaben gewidmet, trat er selbst für die Diätenlosigkeit der Abgeordneten ein. Sonst fehlte ihm für die parlamentarische Thätigkeit die Gabe der Rede und auch die kleinste Dosis diplomatischer Klugheit, indem er sich nur von den Eingebungen seiner Leidenschaft — bekanntlich die verderblichste Methode, die niemals Segen, aber immer nur Unheil stiftet — bestimmen ließ. Ein Hochverrathsproceß infolge eines am Tage der Schlacht bei Königgrätz (3. Juli 1866) erschienenen Artikels bestimmte ihn endlich, das Anerbieten, die „Presse“ der Regierung zu verkaufen, anzunehmen. Dabei blieb er doch immer beim Blatte mitthätig. Obwohl er nur selten selbst zur Feder griff, so wachte er doch sorgsam und unausgesetzt über alle Arbeiten im redactionellen Theile; kurz er kümmerte sich um die kleinsten Einzelheiten, daß ja nichts in das Blatt gerieth, was ihm nicht paßte. Dabei schulte er das ganze Redactionspersonal nach dieser Methode und brachte das Todtschweigen ihm mißliebiger Personen in ein förmliches System. Dabei war aber sein Hauptaugenmerk allzeit neben dem Inhalt des Blattes auch der technischen Herstellung desselben und dem Betriebe, sowie dem Inseratenwesen zugewendet. In Paris hatte er kennen gelernt, daß ein großes Blatt zu jenen Preisen, welche das Publicum für dessen Abonnement bezahlen will, ohne reichliche Einnahme aus dem Inserate sich nicht auf eigene Füße zu stellen vermag, und daß umgekehrt wieder alle Zweige des öffentlichen Verkehrs aus einer verständigen Benützung des Inserates Vortheile ziehen. Heutzutage sind dies wirthschaftliche Gemeinplätze für das Publicum wie für die Zeitungsunternehmer; freilich ohne Rücksicht darauf, was das Inserat enthält, für welches der Redacteur keine Verantwortung übernimmt. Damals war das für Wien und Oesterreich eine Neuerung, welcher Zang erst allmälig Bahn brechen mußte. Die Quellen seines Reichthums sind zunächst in seiner geradezu mährchenhaft ausdauernden Arbeitsthätigkeit und seinem streng eingehaltenen oben geschilderten System, mit möglichst geringem Kraftaufwand möglichst großen Effect zu erzielen, zu suchen. In der Finanzwelt genoß Zang den Ruf eines weitblickenden umsichtigen Mannes. Die Ziffer seines hinterlassenen, auf zehn Millionen berechneten Vermögens wird aber doch zu hoch angeschlagen. Das bei der Creditanstalt von jeher deponirte Barvermögen wurde auf eine Million in Werthpapieren berechnet; dazu gehört noch das Palais in Wien und das Schloß Greißenegg, beides kostspielige Voluptuarien ohne Einnahmen, und ein gesperrtes in vernachlässigtem Zustande befindliches Braunkohlenbergwerk, das jetzt Zang-Thal heißt. Als Gründer der Vereinsbank — zwei Jahre nach dem Verkauf der „Presse" — verfocht er das Princip, daß der Verwaltungsrath die Hälfte des Actiencapitals selbst zeichnen müsse. Die Prosperität des Unternehmens war wohl größtentheils sein Werk. Eine Meinungsverschiedenheit in der Beurtheilung eines Geschäftes, das er ungünstig für die Actionäre erachtete, führte seine Demission herbei, und er verzichtete entschieden auf den Wiedereintritt in die Bank und auf die gewinnbringende Verwaltungsrathsstelle. Zum Kampfe gegen die financiellen Mißbräuche und schwindelhaften Speculationen des Ausstellungsjahres 1873 gründete er mit einem Aufwande von 20.000 fl. die „Financiellen Fragmente", in denen principiell kein Inserat und keine Reclame Aufnahme fand, und für welche er große Opfer brachte. August Zang war in zweiter Ehe (nachdem er — nach dem Tode seines einzigen Kindes — von seiner ersten Frau geschieden und Staatsbürger von Coburg-Gotha geworden war) mit dem illyrisch-venetianischen Edelfräulein Ludovica von K(H)reglianovich aus dem uralten Geschlechte der Herren von K(H)reglianovich-Albinoni Burggrafen von Zengg und Wojwoden von Livno (reichsdeutsche Adelserhebung vom Jahre 1558, erzherzoglich österreich. Ritterstandsdiplom ddo. Gratz 21. Juni 161., k. k. Adelsanerkennung als Nobile ddo. 20. August 1822) vermält. Frau Ludovica Zang widmete als Vollstreckerin des Testaments mit Wissen und Willen ihres Gatten, Thornwaldsen's „Amor den Pfeil prüfend", die einzige im Privatbesitze befindliche Statue dieses Meisters, seiner von ihm so sehr geliebten Vaterstadt Wien „als letzten Liebesgruß des letzten Altösterreichers". Außerdem übersendete in demselben Sinne die Witwe Zang 50.000 fl. als August Zang-

Stiftung für das nothleidende Kleingewerbe, ferner spendete er ansehnliche Beiträge: der Wiener freiwilligen Rettungsgesellschaft, dem Schriftsteller- und Journalistenverein „Concordia", für die Witwen und Waisen der Setzer der „Presse", die Hausarmen Wiens, die Gratzer „Concordia", die protestantischen Diaconissen in Wien u. a. m. Ferner spendete die Witwe aus Anlaß der Vollendung des Lexikons und der Einschaltung dieses Nachtrages zur Biographie ihres verewigten Gatten die Summe von 1500 fl. ö. W. für wohlthätige Zwecke in Wien und Berchtesgaden..

Gottlob, das große Werk ist nun zu Ende,
Es war daran, dass ich es nicht vollende —*
Ich ganz allein schrieb diese sechzig Bände!
Lexikonmüde ruhen aus die Hände.

3. Juli 1891.

*) Im Februar 1891 erkrankte ich lebensgefährlich; der Druck des 60. Bandes war bis zum 12. Bogen gediehen, der Manuscriptvorrath reichte bis zum 13. Bogen. Ende Mai erst konnte ich die Arbeit wieder aufnehmen, die ich dann 3. Juli 1891 zu Ende führte.

Alphabetisches Namen-Register.

Die mit einem * bezeichneten Biographien kommen bisher noch in keinem vollendeten deutschen Sammelwerk (Encyklopädie, Conversations-Lexikon u. dgl.) vor und erscheinen zum ersten Male in diesem biographischen Lexikon, in welchem übrigens alle Artikel nach Originalquellen, die bisherigen Mittheilungen über die einzelnen Personen entweder berichtigend oder ergänzend, ganz neu gearbeitet sind; m. B. = mit Berichtigung oder doch mit Angabe der divergirenden Daten; m. G. = mit genealog. Daten; m. M. = mit Beschreibung des Grabmonumentes; m. P. = mit Angabe der Porträte; m. W. = mit Beschreibung des Wappens; die Abkürzung Qu. bedeutet Quellen, worunter der mit kleinerer Schrift gedruckte, jeder Biographie beigefügte Anhang verstanden ist.

Namen-Register nach den Geburtsländern
und den Ländern der Wirksamkeit.

Banat.

Böhmen.

Bukowina.

Croatien.

Dalmatien.

Galizien.

Kärnthen.

Krain.

Krakau.

Istrien, Küstenland und Triest.

Oesterreich unter der Enns.

Ungarn.

Venedig.

Nicht in Oesterreich geboren.

Oesterreicher, die im Auslande denkwürdig geworden.

Namen-Register nach Ständen

und anderen bezeichnenden Kategorien.

Adel.

Aerzte.

Archäologen, Kunstfreunde, Kunstforscher.

Architekten.

Bibliographen, Bibliothekare, Buchhändler.

Bildhauer, Medailleurs.

Frauen.

Geo-, Ethno-, Topographen, Reisende.

Geologen, Bergmänner, Forstmänner.

Geschichtsforscher, Geschichtsschreiber, Culturhistoriker.

Homileten.

Humanisten.

Industrielle.

Juden.

Kupferstecher.

Missionäre.

Musiker.

National-Oekonomen.

Naturforscher.

Ordensgeistliche.

Orientalisten.

Philosophische Schriftsteller.

Poeten.

Rechtsgelehrte.

Reichsräthe, Reichstags- und Landtags-Deputirte.

Revolutionäre.

Sänger, Schauspieler, Tänzer.

Schriftsteller.

Schulmänner.

Sprachforscher.

Staats- und Gemeindebeamte.

Tiroler Landesvertheidiger.

www.ingramcontent.com/pod-product-compliance
Lightning Source LLC
Chambersburg PA
CBHW020542300426
44111CB00008B/763
9783743439559